中華民國修憲史

（第二版）

謝政道◎著

再版序

　　自二零零五年六月第七次修憲完成後，筆者一直延至二零零七年初才完成《中華民國修憲史》的增訂。其主要原因仍不免回到筆者當初撰寫《中華民國修憲史》的目的不外透過中華民國的修憲體例（《動員戡亂時期臨時條款》、《中華民國憲法增修條文》）、修憲次數（六十年修憲十三次）來詮釋民主制度在我國的發展，並對我國未來民主制度的深化具有信心。然而，觀察二零零零年第六次修憲與二零零五年第七次修憲迄今，我國憲政的實然運作所呈現的卻是一種政治上的離心競爭。也就是說，國內似乎被「民粹主義」（Populism）、「麥卡錫主義」（McCarthyism）等意識型態割裂成兩股形同水火不容的政治勢力，並且呈現出「只問立場不問是非」的緊張狀態。至於，民主政治所強調的「責任政治」、「分權制衡」、「法治取代人治」等基本價值，也只能成爲充滿無力感的知識份子躲在學術象牙塔裡的喃喃自語！

　　其實，我國的代議式民主制度的缺點有二：其一是議會以及控制議會的輿論道德低落，其二是統治階層（白金）容易和黑金勢力（財團與黑道）掛勾，而使整個國家形成一種表象民主。對此，多數民主國家除了經由法規範來增加人民制衡政府的力量（例如讓人民擁有罷免、創制、複決等權利）之外，也只能透過修習公民課程的教育方式來讓民主法治的精神內化成爲人民的一種生活方式；自然而然，民主制度便能益發成熟、鞏固。而當前的知識份子大概也只能經由公民教育的途徑來深化我國的民主。

謝政道　謹識

序 言

　　本書旨在透過對中華民國憲法的變遷過程進行探討，以了解民主政治在臺灣的發展過程。蓋歷史告訴我們，民主要穩健長久，則對任何一個統治者採取合理的懷疑、不信任與監督是必要的基素。此乃基於權力本身帶有自腐性，所以權力必帶來腐敗，長期權力帶來長期腐敗，絕對權力帶來絕對腐敗。因此，民主政治的可貴不在於「選賢與能」，而在於「監督制衡」。因為，今日的「賢」與「能」者，並不保證明日仍為「賢」與「能」者；今日的清流在掃除今日的黑金之後，會不會由於被統治者的疏於監督制衡統治者，而使今日的清流變成明日的黑金？歷史給我們的答案似乎非常清楚。所以一個民主社會底下的知識份子所當扮演的角色，應當是永遠的在野黨、永遠的批判者、永遠的監督者，甚至是社會的良知，一股提升社會向上的力量。

　　其次，本書嘗試為分析中華民國憲法的變遷提供一個新的架構。此乃因為憲法史學家們所運用的分析工具，已不能充分解釋中華民國憲法結構的變遷。本書的理論架構期與其他社會學科整合，並將政治、經濟和意識形態等因素看做是解釋制度變遷的基本成分；當然，此種制度變遷理論的發展，亦僅能提供部分而非全部要素的說明。

　　最後，作者力圖儘量不使用專業性的憲法學語言，俾使本書與不具憲法學背景的讀者之間建立可親近性。讓書中每個論點均能深入淺出，從而使讀者充分了解中華民國憲法實然的變遷過程、變遷原因及應然的未來走向，進而關心並維護我們的憲法，以維持我國民主政治的成熟穩健發展。

謝政道　謹識

目　錄

表目錄

第一章
中華民國憲法的歷史發展

　　從民國成立以來，所謂憲法、約法或草案，已經不只一次。明白一點來說，已經四次，或者說七、八次，也沒有什麼不可以這麼說。所謂約法、所謂憲法既然已經頒布多次，何以條文自條文，政治自政治，好像有了憲法，也不過是一種具文。即就憲法以外之其他法律來說，如預算法規、審計法規或出版法，真能一條條照法律的原意實行，不偏私，不虛設，不濫用地執行，在我們國家實在是一件不常見的事。所以令人懷疑起來，好像中華民國是不是有實行憲法的能力，變成了一件大家擔心的事了。

　　就民國初年來說，有所謂臨時約法，民國三年袁世凱頒布所謂「中華民國約法」後來又變成洪憲帝制。直到北方政府消滅之日為止，關於憲法草案有「天壇憲草」，有「曹錕憲法」，均是一種虛擬而未實行的文件。國民政府成立後，有民國十九年中華民國約法草案，有民國二十年「訓政時期約法」，但說該項約法中國家主要機關，國府主席之權力來說，本未規定國民政府主席有提請各院院長之權，但後來在修正國府組織法中又改為主席不負政治責任之規定。

　　從以上各憲法或約法的翻來覆去來說，其中制度如民國初年南京政府時，本為總統制，及袁世凱被選為總統時，又改為內閣制。民國二十年六月訓政時期約法頒布，與二十年十二月國民政府修正組織法之頒布，相差不過六個月，但是在約法中無國民政府主席不負實際政治責任的規定，到了十二月修正國民政府組織法，又說出主席不負實際責任的話。與元年之由總統制變為內閣制，如出一轍。我們有了以往三、五、六年的經驗，知道我們對於憲法的條文或某種制度，有一種議而不決，決而不遵行的習慣。這實在是國民對於憲政施行犯了一種大毛病。我不得不拿來成為一種政治上的疾病，而加以診斷的。

　　　　　　　　　——張君勱，《中華民國民主憲法十講》，頁11-2

第一節　清末立憲的歷史發展

　　研究歷史的重心在變點的掌握；研究政治的重心在權力的所在。一八四〇年，西方列強挾船堅炮利之軍事優勢打開了滿清政府自一七五七年起對外實行近百年的閉關政策。隨著不平等條約的陸續訂立，使清廷體會到不改革將無以圖存，遂開始從事一連串的改革，以維持清朝的國祚。首先是自強運動的推展，然此一改革只偏重軍事建設，而忽略了文化、政治、經濟等層面的改革，殊不知這些因素彼此之間是環環相扣，只要一環脫節，便會萬事全非（小野川秀美著，林明德、黃福慶譯，1982：48-86）。換言之，清末朝廷的改革是在不改變舊有的陳腐君主統治的基礎上，做不得不的補救措施，所以根本無法應付內外環境的壓力。及至甲午一戰，日本戰勝俄國，證明了明治維新採全面改革路線的正確。如此的結果，迫使滿清政府為了救亡圖存不得不真正思考西方文明的重點所在，即「法治制度」；終底採取立憲的行為，茲分述如後。

一、一九〇八年的「憲法大綱」

　　一八九五年（清光緒二十一年、日本明治二十八年），中日甲午戰爭一役，日本戰勝中國，中國滿清政府不得不正視日本明治維新的政治改革成果；隨後一九〇五年（清光緒三十一年、日本明治三十八年），日俄戰爭一役，日本戰勝俄國。日本的勝利使中國滿清政府的改革派更加認定這是日本實行君主立憲的結果，所以朝中的改革派勢力大增，清廷在這股壓力下，遂不得不派載澤、戴鴻慈、徐世昌、端方與紹英等五大臣赴日考察[1]，五大臣返國後，極力倡言君主立憲的好處，一九〇六年（清光緒三十二年、日本明治三十九年）設立憲政編查館，並下詔預備立憲，一九〇八年（清光緒三十四年）公布憲法大綱二十三條，屬草

案性質。其內容分兩部分：其一，有關君上大權者十四條；其二，有關臣民權利義務者九條，合計二十三條，多取材自日本憲法，惟內閣組織付之闕如，更不具內閣制之權責相對精神，且大權獨攬於君主；簡言之，實爲敷衍國會請願龐大壓力下之產物，實際並無立憲誠意。

根據「憲法大綱」的規定，舉凡外交上之宣戰、媾和、訂約，行政上之設官制祿、黜陟百司，立法上欽定頒行法律、發交議案，軍事上統率海陸軍、編軍制、宣告戒嚴，司法上之恩赦等均由君主裁決，議院無置喙餘地，遑論監督。君主集行政、立法、司法之大權於一身，除議員民選（君主有解散議院之權）及不以命令廢法律外（實法律雖議院議決，未經詔令批准，亦不能施行），不具半絲民主憲政之氣息；簡言之，君主有權無責，議院無從反應民意，監督政府，根本無責任政治可言。人權方面，遷徙、書信秘密、宗教信仰自由及請願等權亦未見規定；復以，政府體制對司法組織之規劃付之闕如，足徵人權保障之精神難以發揮。

「憲法大綱」雖號稱「欽定憲法」，但事實上僅是與人民期約九年預備立憲的綱要，以發展教育和地方自治，而非一部完整的憲法，且不具憲法效力（中華民國開國五十年文獻編纂委員會，1965：623-38）。縱觀此一憲法綱要，充分的顯露出君主極權專制的一面，沒有所謂的「權力分立」與「權力制衡」的設計。

二、一九一一年的「十九信條」

光緒皇帝頒布「憲法大綱」後不久，旋因朝野改革派認爲九年時間過長，改革派遂有三次大請願，結果清廷讓步，而將預備立憲縮爲六年。隨後光緒皇帝便與慈禧太后相繼而亡，並由溥儀繼位。當時溥儀年幼，只好由攝政大臣輔佐。

一九一一年四月十日，清廷頒布內閣官制十九條，依此官制則內閣與過去之軍機處無異，國家大政仍操皇帝之手，故其立憲與不立憲實無

區別。同日裁撤軍機處，並任命總理及各部大臣如下：內閣總理大臣奕劻、協理大臣那桐、徐世昌、外務大臣梁敦彥、民政大臣善耆、度支大臣載澤、學務大臣唐景崇、陸軍大臣廕昌、海軍大臣載洵、司法大臣紹昌、農工商大臣溥倫、郵傳大臣盛宣懷、理藩大臣壽耆。上列十三位大臣中，漢籍四人，滿籍八人（其中皇族又佔五人），蒙古籍一人，故號稱「皇族內閣」，載灃之無立憲誠意可知[2]。復以，為了增加中央政府稅收，乃有鐵路國有化的政策[3]，政策一出，導致地方政府與中央政府對立的局面。清廷為了平息地方政府與中央政府的對立，不得不任用袁世凱為新軍統帥。袁世凱則一方面以北方的軍事力量壓迫南方的革命勢力，一方面又以南方的革命勢力壓迫北方的滿清政府，兩方面獲取政治利益。首先袁世凱壓迫滿清政府，迫使清廷頒布「十九信條」，「十九信條」是一部英式責任內閣制的憲法，依據該憲法，清代中國皇帝成為虛位的元首，實際上的軍政大權則掌握在內閣總理的手上。「十九信條」頒布後，袁世凱順理成章的當上總理大臣，成為清代中國末年北方政府的實際掌權者。「十九信條」的頒布，其歷史意義僅是給予袁世凱掌握軍政大權的合法地位，但未及實施，滿清政府已遭推翻，故「十九信條」在中國立憲史上，雖沒有太重要的分量，卻也開啟中國立憲史上議會制的先河。

十九信條與憲法大綱不同之處，在其精神以英國憲政為藍本，即議院地位提升，君權受抑。因此，在效力上，已具臨時約法性質。其中第十九條有開國會之權限，規定在國會未開前，資政院適用之。即行政權由國會公舉之內閣所掌，君主幾近虛位；尤其憲法之起草議定及改正提案權均由國會行使。如此，皇帝既無指派總理大臣之權，亦無欽定憲法之權。但就學理言之，所謂內閣制的兩大基礎：「副署」與「不信任投票」，並未規定於信條之中，故君主並非完全虛位。國會雖可彈劾總理大臣，但無不信任權，使責任內閣出現漏洞，蓋彈劾權屬司法作用，非政治性質，其與總統制及內閣制均無必然之關係。核諸第九條：總理大臣，受國會之彈劾時，非解散國會，即內閣總理辭職。顯見草擬者誤以

彈劾爲不信任投票，致議會無法以有效具體之方式監督內閣，故無從落實政治責任。

第二節　民初立憲的歷史發展

一、一九一一年的「中華民國臨時政府組織大綱」

袁世凱迫使滿清政府頒布「十九信條」，並擔任總理大臣之後，清代中國的歷史亦步上歷史的盡頭。一九一一年十月十日（辛亥年八月十九日）武昌革命軍起義，各省紛紛響應，一個月內宣告獨立者達十四省。尤其，各省政府與革命勢力互相結合後[4]，長江以南各省，在十月初，幾乎已落入主張共和者的勢力；各省革命勢力鑑於彼此有加強聯繫之必要，乃成立都督代表聯合會，並於該年十月十日集議於漢口英租界順昌洋行，並於十月十三日議定通過「中華民國臨時政府組織大綱」，乃是臨時性的政府組織綱要，全文共四章，二十一條，乃中華民國最早的根本大法。「中華民國臨時政府組織人綱」的基本精神爲美國三權憲法架構下的總統制，其要點如下：

1. 設臨時大總統以統治全國（第二條）、統率陸海軍（第三條），臨時大總統得經參議院之同意，行使宣戰、媾和、締約、派遣外交專使、任用各部長及設立中央審判所之權利（第四條至第六條）。

2. 臨時大總統之下，不設國務總理，只設外交、內務、財政、軍務、交通五部（第十七條）。臨時大總統處理國務無須各部部長副署。

3. 臨時大總統由各省都督代表選舉，而非由人民代表選舉（第一

條），此與美國革命時代十三邦代表產生方法相似。各省代表選舉臨時大總統的投票權，每省以一票爲限（第一條）。

4. 立法機關採一院制，名爲參議院，參議員由各省都督派遣（第七條），每省以三人爲限，派遣方式由各省都督自定（第八條）。

5. 參議院的重要職權有三（第十條）：

(1)同意權，即臨時大總統行使締約、和戰、任免文武官吏時，須得參議院的同意。

(2)控制國家財用之權。

(3)立法權。

6. 臨時大總統對於參議院的決議不以爲然，則應於具報十天內，聲明理由，交參議院覆議，參議院到會議員，有三分之二以上仍執前議時，則臨時大總統唯有依案交部執行之（第十三條）。

縱觀「中華民國臨時政府組織大綱」全文，如以憲法視之，實殊多疏漏之處。如人民權利義務、司法機關組織及大綱修改程序等均未規定；但在中國憲政史上，卻是一部重要文獻。

二、一九一二年的「中華民國臨時約法」

一九一一年底，孫中山自歐洲返回上海後，在南京被公舉爲臨時大總統，並於一九一二年（中華民國元年）一月一日就任該職。惟當時袁世凱在北方，也正意圖迫使清帝退位，準備接任民國的臨時大總統。爲了因應袁世凱的即將迫使清帝退位，南方革命政府無法依據臨時政府組織大綱之規定，在六個月內召集國會，制定永久憲法，也因爲「臨時政府組織大綱」無人權保障條款；因此，當時的國會參議院於一九一二年二月七日成立委員會，開始起草「臨時約法」以取代「臨時政府組織大綱」。

一九一二年二月十二日，清帝宣布退位；十五日，袁世凱被推舉爲

臨時大總統；三月十一日，國會參議院公布「中華民國臨時約法」，全文共七章，五十六條，爲一部三權憲法，其要點如下：

■第一章「總綱」

規定國家的體制，第一條規定「中華民國由中華人民組織之」，第二條規定「中華民國之主權屬於國民全體」，第三條規定領土的範圍，第四條規定以參議院、臨時大總統、國務員及法院行使國家統治權。

■第二章「人民的權利與義務」

第五條至第十二條規定人民各種權利，第十三及十四條規定人民的義務，第十五條明訂「本章所載人民之權利，有認爲增進公益、維持治安，或非常緊急必要時，得依法律限制之」。

■第三章「立法機關」

立法機關採一院制，名稱爲「參議院」（第十六條）。臨時約法下的參議院權力有（第十九條）：

1. 立法權，即議決一切法律案。
2. 選舉權，即選舉正副總統。
3. 財政權，即議決預決算、稅法、幣制、公債、度量衡之準則、國庫負擔之契約。
4. 任官同意權，即總統任命國務員大使須得該院同意。
5. 外交同意權，即宣戰、媾和及締約須得該院同意。
6. 質問權，即得提出質問書於國務員，並要求其答覆。
7. 彈劾權，即對於總統認爲有謀叛行爲，或對於國務員認爲有失職或違法時得彈劾之。

此外該院尚有受理請願權、大赦同意權、咨請懲官權、建議權、顧問權等。

■第四章「臨時大總統副總統的產生及其職權」

規定於參議院選舉正副總統時，應有總員四分之三以上之出席（第二十九條），當選得票數應達投票總數三分之二以上。關於大總統職權的規定，除有統治權、命令權、統帥權、組織權、任官權、外交權外，又特規定大總統有公布法律、宣告戒嚴、接受外使、提出法案、頒給勳典、赦免減刑及復權等各種權力。且規定大總統受彈劾後之審判方法（第三十條至四十條）。

■第五章「國務員」

第四十五條規定「國務員（國務總理與各部總長）於臨時大總統提出法律案、公布法律及發布命令時，須副署之」。

■第六章「法院組織原則」

如第四十八條規定「法院以臨時大總統及司法總長，分別任命之法官組織之，法院之編制及法官之資格以法律定之」。但法院只負審判民刑訴訟之責，不受理行政訴訟，另設行政法院以裁決行政訴訟（第四十九條）。

■第七章「附則」

第五十四條規定「中華民國之憲法，由國會制定；憲法未施行以前，本約法之效力與憲法等」，第五十五條並規定約法的修正提案權及議決方法「本約法由參議院議員三分二以上，或臨時大總統之提議，經議員五分四以上之出席，出席議員四分三之可決，得增修之」。

據此而改組的臨時政府，由袁世凱擔任臨時大總統，只是國家元首而非行政首長。國務員掌握了實際政治權力，另設有國務總理，各部的首長稱「總長」而不稱為部長，國務總理及各部總長皆國務員。國務員是對行政立法權之一院制的參議院負責。臨時大總統提出之法律案及公布法律、發布命令時，皆須國務員副署，故中央政府精神上偏向內閣制。

三、一九一四年的「中華民國約法」

一九一二年，國民黨在國會選舉中大獲全勝，袁世凱因懼其野心受阻，乃採取兩面策略，一方面找人籌組政黨以對抗國民黨，並期有利於對國會的掌控；另一方面則以威逼利誘方式來分化國民黨。前者即利用共和、民主、統一三黨對國民黨的不滿，而促其合組進步黨，俾與國民黨抗衡。後者先軟化國民黨中的部分成員（如劉揆一、景耀月等）脫離國民黨，再另組小政團，以削弱國民黨的勢力，復於一九一三年三月二十日遣人暗殺國民黨之首要宋教仁，導致國民黨實力大衰，而退居在野黨，進步黨則成爲執政黨，於是袁世凱掌控政府與國會的陰謀遂大功告成（張朋園，1978：25-8）。

一九一三年九月，袁世凱授意梁士詒組織公民黨，主張擁護袁世凱爲總統。十月四日通過大總統選舉法；六日，袁世凱當選大總統；十日，袁世凱就職大總統；十六日，袁世凱咨文國會，要求修改臨時約法，並干擾憲法之制定；二十一日，進步黨、國民黨中的部分人士，憤袁世凱違法亂紀，組成民憲黨，對外宣言以維護憲法爲宗旨（楊幼炯，1989：74-7）。但袁世凱既達成當選總統之目的，復嫉恨政黨政治束縛其行動，不易實現帝制自爲之野心，乃於十一月四日下令解散國民黨[5]，取消國民黨議員資格。一九一四年一月十日，復正式下令停止國會議員職務。

國會解散後，袁世凱於一九一四年三月另行組成約法會議，對一九一二年的「中華民國臨時約法」加以增修，於四月二十九日完成三讀，並於五月一日公布「中華民國約法」，又稱「袁氏約法」或「新約法」，計十章，六十八條。

「中華民國約法」一改臨時約法的內閣制爲總統制，政府仍由袁世凱任大總統，既是國家元首亦是行政首長，掌握實際政治權力，總統下設國務卿而非國務總理，來協助大總統。國務卿及各部總長皆由總統來

任免，向總統負責。總統頒布命令亦無副署制，實際政治責任由總統向全體國民負責，實傾向總統制並超越之。一九一四年十二月，約法會議又完成大總統選舉法修正案。依該修正案，「大總統任期十年，得連任」，候選人由在位總統推薦三人，此無異為帝制的翻版。

四、一九二三年的「中華民國憲法」

一九二三年直奉戰爭結束，國會於北京復會。同年十月，乃將一九一三年起草之憲法草案在三日內匆匆二、三讀審議通過，並於曹錕就職之十月十日予以宣布，是為一九二三年的「中華民國憲法」，又稱「曹錕憲法」或「賄選憲法」[6]，計十三章，一四一條。一九二三年，段祺瑞臨時政府成立，便遭廢棄。

據此所組的政府，設有大總統，為國家元首，而非行政首長。實際政權在國務院，國務院由國務員組成，國務員包括國務總理及各部總長。國會採二院制，由參議院（代表地方）及眾議院（代表人口）組成，國務院只向眾議院負責。國務院總理的任命須得眾議院同意，國務院對總統發布之命令及有關國務之文書有副署權，故偏向內閣制。另值得注意的是其中「國權」一章，除列舉中央與地方之權限外，乃於第二十六條特別說明未列舉事項性質關係國家者屬國家，關係各省者屬各省，該制之精神已改單一制為聯邦制。此外，在「地方制度」一章，將全國分為省、縣二級制，並規定省縣機關之組織型態，第一二五條甚至規定省得制定省自治法，此乃當時「省憲派」與「反省憲派」相互爭執的結果，足見憲法不僅在反映當時的實際政治情況，同時也為妥協下的產物。就憲法學理論之，該部憲法雖為賄選而來，但內容並不差。

五、一九二四年的「中華民國臨時政府制」

「中華民國臨時政府制」只包括簡單的六條。由此制而組織成臨時

執政政府，由段祺瑞任臨時執政。既爲元首又爲行政首長，故具實權。該制並未設置國務總理一職，而是設置九部，各部設總長一人，總長合起來組成國務會議，由臨時執政爲主席。該制設有國會，但偏向總統制。

一九二五年十二月二十六日修正之後，增加國務總理一職，且會議由國務總理擔任主席。另設國務院，臨時執政所發布之命令及重要文書，皆須由國務總理及總長分別全部副署。臨時執政之權力轉到國務院，此時偏內閣制。

第三節　國民政府時期立憲的歷史發展

一、一九二八年的「國民政府組織法」、「五院組織法」

一九二八年，國民政府在南京成立，中國國民黨在形式上完成中國的統一，並依據該黨已故總理孫中山軍政、訓政、憲政的建國程序，企圖制定「五權憲法」。爲此，由中央常務委員會通過「訓政綱領」[7]六條，以做爲組織法的依據。此次公布之國民政府組織法，其要點如下：

■ 採行五院制

國民政府爲總攬治權之機關，下設行政院、立法院、司法院、考試院及監察院。

■ 採合議制組織

依第六條規定，國民政府設主席一人，委員十二至十六人；第十一條規定國民政府以國務會議處理國務，爲合議制的組織。惟就主席兼陸海空軍總司令，及國民政府統率陸海空軍之規定而言，則其組織又非單純的合議制。再從第十三條之國務會議又隱然可支配五院，則五權分立

的精神，亦未必完整。

■立法院的設計不同

其職權不僅涉及立法，而且也涉及行政的監督，而立法委員應由院長提請國民政府任命。

■其他各院職權的擴大

司法院職權不僅涉及司法審判，也辦理司法行政；考試院兼及銓敘；監察院兼及審計。

二、一九三一年的「中華民國訓政時期約法」

一九三一年六月一日，蔣中正辭去國民政府主席一職（初由林森代理，後正式選其爲主席），國民政府公布「中華民國訓政時期約法」，計八章，八十九條，其要點如下：

■第一章「總綱」

係規定領土、主權、國體、國旗及國都等事項。領土部分，係採半概括式之規定，故第一條謂：「中華民國領土，爲各省及蒙古西藏。」主權部分，則採用臨時約法第二條之原文：「中華民國之主權，屬於國民全體。」惟訓政時期約法對於「國民」的認定，有其特定意涵，即「凡依法律享有中華民國國籍者，爲中華民國國民」。國體部分，定爲「中華民國永爲統一共和國」，以示中國非爲聯邦國家。國旗定紅地左上角青天白日，國都定於南京，均秉承孫中山的遺訓而來。

■第二章「人民之權利義務」

其中第六條至第二十三條規定人民之權利，第二十四條至二十七條規定人民之義務。關於權利者，首先承認「中華民國人民無男女種族宗教階級之區別，在法律上一律平等」。其次則以四種政權入憲，即第七條規定「中華民國國民在完全自治之縣，享有選舉罷免創制複決之

權」；人民的自由權利，除規定「人民非依法律，不得逮捕拘禁審問處罰」外，並特定「人民因犯罪嫌疑被逮捕拘禁者，其執行逮捕拘禁之機關，至遲應於二十四小時內移送審判機關審問，本人或他人並得依法請求於二十四小時內提審」。又第九條規定「人民除現役軍人外，非依法律不受軍事審判」。約法承認「人民之財產，非依法律不得查封或沒收」，並明定人民財產所有權的行使，在不妨害公共利益的範圍內，始受法律的保障；而為公共利益的必要，且得依法律徵用或徵收人民的財產。此外對於住宅自由、遷徙自由、通信秘密之自由、言論出版之自由，以及請願權、訴訟權、訴願權、考試權及人民應盡之納稅、當兵、服公務、守法律之義務，均有明確規定。

■第三章「所以有訓政綱領的規定」

本章除規定建國大綱為訓政時期的政治綱領，並依地方自治開始實行法以推行地方自治外，將一九二八年十月三日第一七二次中國國民黨中央常會制定的訓政綱領諸要義，分別規定之。

■第四章「國民生計」

第九十四條規定獎勵生產事業，發展農村經濟，並詳及婦孺、勞工、殘廢軍人及工人等的保護與救濟；對於勞資關係，則採「協調互助原則」。又規定人民有擇業、營業及締結契約之自由，以其事屬經濟活動範圍，故特規定於本章中。

■第五章「國民教育」

該章首揭「三民主義為中華民國教育之根本原則」的要義，並承認男女教育機會平等的原則。對於全國教育採集權主義，故規定「全國公私立之教育機關，一律受國家之監督，並負推行國家所定教育政策之義務」。此外又規定實施強迫義務教育及成年補習教育，保障教育經費獨立，獎勵私立學校，補助華僑教育，保障教職員生活，設置免費及獎金學額，獎勵學術研究，保護古蹟文物。凡此各端，均作原則的規定，足

以顯示當時教育政策的動向。

■第六章「中央與地方權限」

首先明定中央與地方的權限採「均權制度」，承認地方於其事權範圍內得制定地方法規，但不得牴觸中央法規。中央與地方課稅的劃分，以法律定之，但中央對於地方的課稅爲免除各種弊害起見，得以限制之。

■第七章「政府組織」

關於中央政府的體制，即以一九二八年十月八日公布的「國民政府組織法」所規定的綱領納入。關於地方制度乃規定採省縣二級制。工商繁盛、人口集中，或有其他特殊情形的地方，得設各種市區；蒙藏地方制度，得就地方情形，另以法律定之。

■第八章「附則」

乃規定約法的效力、約法的解釋、約法的公布及將來的制憲方法。約法既爲訓政時期的根本法，自有最高的效力，故法律牴觸約法者無效。約法的解釋由中國國民黨中央執行委員會爲之。約法由國民會議制定，而其公布機關則爲國民政府。

根據該約法第三十條規定：「訓政時期，由中國國民黨全國代表大會代表國民大會行使政權。中國國民黨全國代表大會閉會時，其職權由中國國民黨中央執行委員會行使之。」換言之，是以黨領政，俾符合孫中山訓政時期，即人民必須經過訓練，才能實施民主政治的想法。

一九三一年十二月三十日，國民政府公布修正後的「國民政府組織法」，主席不負實際政治責任，故爲委員制。一九四三年八月一日，國民政府主席林森去世，中國國民黨總裁蔣中正代理主席，並於九月十日修改組織法，五院院長向主席負責，主席向中國國民黨中央執行委員會負責，將主席地位提高。蔣中正並於九月十三日正式當選爲主席兼行政

院院長，此時又偏向總統制。

　　總之，訓政時期的國民政府，原為中國國民黨以黨建國之黨治政府，故中華民國訓政時期約法並未修改，但政府組織法卻隨中國國民黨內部權力的轉變而修改，尤以根據蔣中正之職位而修改。

三、一九二六年的「五五憲草」

　　根據「中華民國訓政時期約法」第八十六條的規定，憲法草案應根據建國大綱及訓政時期成績，由立法院選定。一九三三年一月二十日，立法院開會時，組織憲法草案委員會，負責起草工作，經長期研究起草，於一九三四年十月十六日完成「中華民國憲法草案」，經三次修訂，而於一九三六年五月五日公布，稱為「五五憲草」。

　　「五五憲草」計八章，一四八條。但一九三七年五月八日又公布修正案，將第一四六條刪除，而成為一四七條。據憲草設計之中央政府，其中第五十五條雖規定行政院為行政權最高機關，但第五十六條規定，行政院院長、副院長、政務委員由總統任免；第五十九條規定，行政院院長、副院長、政務委員各對總統負責；換言之，行政院官員皆成為總統的幕僚，實權操在總統手中。第四十六條規定，總統對國民大會負責，但第三十一條又規定國民大會每三年由總統召開一次，會期一個月，必要時得延長一個月，故國民大會之常會每三年才召開一次，每次才一個月，故應屬非常設機關，加上國民大會臨時會的召開十分困難，因此在實際上並不能使總統向國民大會負責。故「五五憲草」下的總統為有權而無責的總統，所以「五五憲草」偏向總統制。

　　「五五憲草」公布後，原來決議在該年十一月召集國民大會完成制憲；但是，後因國民大會選舉延誤，以致決議延至一九三七年十一月舉行，後因中日戰爭爆發，制憲會議就此無法召集而延宕。

　　一九四○年四月六日，國民參政會通過該會下轄的憲政期成會所草擬的「五五憲草」（中華民國憲法修正案），其重點在於國民大會閉會期

間，增設「國民大會議政會」，並爲常設機關，旨在擴大國民大會職權，使相當於民主國家的國會，俾能在實際上負起監督總統的責任。

四、一九四六年的「政協憲草」

一九四五年八月十日，日本宣告無條件投降。九月一日，國民政府指派葉楚傖爲國民大會代表選舉總事務所主任、張厲生爲副主任、張維翰爲總幹事、金體乾爲副總幹事，國民大會代表選舉總事務所恢復運作。並按黨派、區域、職業等方式，以推選或遴選制憲國民大會代表。此一期間，政治協商會議亦於一九四六年一月十日展開。政治協商會議的展開，表面乃爲國民參政會所發動，實則爲國共數次會談的結果（王雲五，1965：171；荊知仁，1985：438）。會議召開的目的旨在邀集各黨各派與社會賢達三十八人，共商「和平建國方案」與「國民大會召集有關事項」，及至開會時又把這兩個範圍分爲下列五個項目，即：(1)政府組織；(2)施政綱領；(3)國民大會；(4)憲法草案；(5)軍事問題。各方面的人選名單與其背景資料如**表**1-1所示。

政治協商會議於一月三十一日結束，雖僅爲期二十二日，但影響中華民國政治極大。期間共開大會九次，如**表**1-2所示。

在政治協商會議第五次大會上，秘書長雷震宣布了國民政府主席蔣中正所指定之分組委員會名單，其中「憲法草案組」成員有：孫科、邵力子、吳玉章、周恩來、常乃惠、羅隆基、章伯鈞、郭沫若、傅斯年（召集人）、陳啓天（召集人）等十人（卓兆恆等編，1981：112）。

一九四六年一月三十一日，政治協商會議之大會討論告一段落。此後，政治協商會議便轉入對五大議題分組協商的階段。由於分組協商的爭論甚多，故前後共計延會三次。二十五日，「憲法草案」與「軍事」兩組首先協商完畢；二十六日，「施政綱領組」獲得協議；二十八日，「政府組織組」獲得協議；三十一日，「國民大會」獲得協議。至此，政治協商會議的五項議題，才算都有了結果。以下，僅探討與本文有關

表1-1 政治協商會議人選名單與其背景資料簡介表

中國國民黨代表八人		
1	孫　科	孫中山之子，當時擔任立法院院長、中蘇文化協會會長。
2	吳鐵城	從前做過上海市市長、廣東省政府主席、海外部部長，當時擔任中國國民黨中央黨部秘書長。
3	陳布雷	新聞記者出身，當時擔任國民政府主席蔣中正的親信秘書。
4	陳立夫	陳英士的姪子，做過教育部部長，當時擔任中國國民黨中央組織部部長。
5	張厲生	當時擔任內政部部長。
6	王世杰	大學教授出身，做過教育部部長，當時擔任外交部部長。
7	邵力子	前清舉人，新聞記者出身，做過宣傳部部長和駐俄大使，當時擔任參政會秘書長。
8	張　群	日本士官學校畢業，做過上海市市長、外交部部長、行政院副院長，當時擔任四川省省主席。
中國共產黨代表七人		
1	周恩來	法國留學生，做過黃埔軍官學校政治部主任、政治部副主任，當時擔任中國共產黨中央委員會副主席和中央政治局委員。
2	董必武	日本大學畢業，老同盟會會員、中國國民黨中央委員。後來加入中國共產黨。一向做中國共產黨中央委員，抗戰後做參政員，當時剛由美國出席舊金山會議回來。
3	王若飛	莫斯科東方大學出身，曾任中國共產黨中央書記，當時擔任中國共產黨中央委員。
4	葉劍英	雲南講武堂畢業，後來留學蘇俄，做過中國紅軍參謀長、中國共產黨中央政治局委員，當時擔任八路軍總參謀長，是中國共產黨中央委員。 ※（後有事離開，改由秦邦憲代之，故有些書寫秦邦憲。）
5	吳玉章	老同盟會會員，後來加入中國共產黨，民國十二、三年做國共兩黨的聯絡員，國共分裂後到過蘇俄，當時擔任中國共產黨中央委員，是中國有名的歷史學家。
6	陸定一	交通大學畢業，留學蘇俄，做過《解放日報》總編輯，當時擔任中國共產黨中央宣傳部部長。
7	鄧穎超	周恩來的夫人，做過中國共產黨中央婦女部部長、參政員，當時是政治協商會議中唯一的女會員。
青年黨代表五人		
1	曾　琦	做過大學教授，是中國青年黨的主要負責人之一，當時擔任參政員。
2	陳啓天	做過大學教授、書局編輯，當時擔任參政員。
3	楊永浚	青年黨華南方面負責人之一。
4	余家菊	大學教授，當時擔任參政員。

（續）表1-1　政治協商會議人選名單與其背景資料簡介表

5	常乃惠	大學教授，當時擔任參政員。
民主同盟代表九人		
1	張　瀾	做過四川省省長，當時擔任參政員，是民主同盟的主席，年已七十五歲。
2	羅隆基	曾做大學教授和報紙主筆，當時擔任昆明國立西南聯合大學教授，是民主同盟的宣傳部部長。
3	張君勱	做過大學校長和教授，當時擔任參政員。
4	張東蓀	大學教授，一直在北平，太平洋戰爭發生曾被敵人逮捕，坐過半年牢，勝利後才到重慶。
5	沈鈞儒	前清進士，日本留學生，在政界和教育界做過很多事情，是有名的抗日救國七君子的領袖，當時擔任參政員。
6	張申府	大學教授，本為中國共產黨員，後來脫離。
7	黃炎培	前清舉人，日本留學生，做過江蘇省教育會會長，提倡職業教育，創設「中華職業教育社」，當時擔任參政員，又和一批民族資本家組織了「民主建國會」。
8	梁漱溟	大學教授，曾任山東鄉村建設院院長、廣州政治分會建設委員會常委，當時擔任參政員。
9	章伯鈞	德國留學生，在德國時曾加入過中國共產黨，後來和鄧演達創立第三黨，曾任第一屆參政員。
無黨無派代表九人		
1	莫德惠	做過農工總長、奉天省長、中東鐵路督辦，當時擔任參政員和東北宣慰使。
2	王雲五	商務印書館總經理，當時擔任參政員。
3	傅斯年	大學教授，當時擔任西南聯大校務委員、參政員、中央研究院歷史語言研究所所長。
4	胡　霖	日本留學生、《大公報》總經理、參政員、舊金山會議中國代表。
5	郭沫若	日本帝國民大會學醫科畢業，是世界聞名的左翼作家，組織過「創造社」，蘇俄科學院舉行二百二十週年紀念大會，邀請世界各國學者參加，郭沫若就是被邀的中國代表，著有《蘇聯紀行》。
6	錢永銘	曾任復旦大學校長，當時擔任參政員，交通銀行董事長。
7	繆嘉銘	雲南工業家，在西南各省辦有很多工廠，是西南民族資本家的代表人物。
8	李燭塵	東北工業家，久大精鹽公司總經理，永利化學廠負責人，全國企業協會常務理事。
9	邵從恩	日本留學生，四川地方士紳，當時擔任參政員，年已七十五歲，信佛教，已經吃長素三十年。

資料來源：李炳南，〈政治協商會議之研究〉，政治大學三民所博士論文，1990，第三章，頁64-6。

表1-2　政治協商會議歷次大會日期及會議事項表

開會次別	開會時間	開會主旨
1	1946/01/10	揭幕，主席宣布重要事項。各方面致詞。
2	1946/01/10	報告國共會談經過。授權秘書長排定會議議程，議決推選八人組織軍事考察團。
3	1946/01/12	周恩來、邵力子分別報告會談經過。通過何基鴻、林可璣、王葆眞、章元善、李德全、周炳琳、林斌丞、伍觀淇八人為軍事考察團代表。
4	1946/01/14	商定議程，分政治、軍事、國民大會、憲草四類，開始討論。擴大國府組織問題，政府提出具體意見，各會員廣泛交換意見。
5	1946/01/15	討論施政綱領問題。
6	1946/01/16	討論軍隊國家化問題。成立軍事三人小組。
7	1946/01/17	討論國民大會問題。
8	1946/01/18	繼續討論國民大會問題。
9	1946/01/19	討論憲草問題。

資料來源：王雲五，《岫廬論國是》，台北：臺灣商務，1965，頁176-7。

之「憲法草案」議題。

　　憲法草案組委員會從一月二十一日下午開始協商，並歷經四次討論，而在二十五日達成協議。其主要內容有二：其一，組織「憲草審議委員會」，由組成政治協商會議的五方面各推五人，再推會外專家十人，共計三十五人組成。在兩個月內，根據政治協商會議擬定之修改原則，並參酌憲政期成會修正案、憲政實施協進會研討結果及各方面所提出之意見，彙整成五五憲草修正案，供制憲國民大會參考。其二，則是制定「政治協商會議憲草修改原則」十二條，俾使憲草審議委員會有依循方向，其條文如下（繆全吉，1989：590-4）：

　　1.國民大會：
　　　(1)全國選民行使四權，名之曰國民大會。
　　　(2)在未實行總統普選制以前，總統由省級及中央議會合組選舉機關選舉之。
　　　(3)總統之罷免，以選舉總統同樣方法行之。

(4)創制複決兩權之行使，另以法律定之。

　　（附註）第一次國民大會之召集，由政治協商會議協議之。

2.立法院為國家最高立法機關，由選民直接選舉之；其職權相當於各民主國家之議會。

3.監察院為國家最高監察機關，由各省級議會及各民族自治區議會選舉之；其職權為行使同意、彈劾及監察權。

4.司法院即為國家最高法院，不兼管司法行政，由大法官若干人組織之。大法官由總統提名，經監察院同意任命之。各級法官須超出於黨派以外。

5.考試院用委員制，其委員由總統提名，經監察院同意任命之。其職權著重於公務人員及專業人員之考試。考試院委員須超出黨派以外。

6.行政院：

(1)行政院為國家最高行政機關，行政院長由總統提名，經立法院同意任命之，行政院對立法院負責。

(2)如立法院對行政院全體不信任時，行政院長或辭職，或提請總統解散立法院，但同一行政院長，不得再提請解散立法院。

7.總統：

(1)總統經行政院決議，得依法發布緊急命令，但須於一個月內，報告立法院。

(2)總統召集各院院長會商，不必明文規定。

8.地方制度：

(1)定省為地方自治之最高單位。

(2)省與中央權限之劃分，依照均權主義規定。

(3)省長民選。

(4)省得制定省憲，但不得與國憲牴觸。

9.人民之權利義務：

(1)民主國家人民應享之自由及權利，均應受憲法之保障，不受非

法之侵犯。

(2)關於人民自由，如用法律規定，須出之於保障自由之精神，非以限制爲目的。

(3)工役應規定於自治法內，不在憲法內規定。

(4)聚居於一定地方之少數民族，應保障其自治權。

10.選舉應列專章，被選年齡，定爲二十三歲。

11.憲法上規定基本國策一章，應包括國防、外交、國民經濟、文化教育各項目：

(1)國防之目的，在保障國家安全、維護世界和平，全國陸海空軍，須忠於國家、愛護人民，超出於個人、地方及黨派關係以外。

(2)外交原則，本獨立自主精神，敦睦邦交，履行條約義務，遵守聯合國憲章，促進國際合作，確保世界和平。

(3)國民經濟，應以民生主義爲基本原則，國家應保障耕者有其田、勞動者有職業、企業者有發展之機會，以謀國計民生之均足。

(4)文化教育，應以發展國民之民族精神、民主精神，與科學智識爲基本原則，普及並提高一般人民之文化水準，實行教育機會均等，保障學術自由，致力科學發展。

（附註）以上四項之規定，不宜過於繁瑣。

12.憲法修改權，屬於立監兩院聯席會議，修改後之條文，應交選舉總統之機關複決之。

政治協商會議閉幕後，國民政府即依照協議，組織「憲法草案審議委員會」。由參加政治協商會議之政府代表、中國共產黨代表、中國青年黨代表、中國民主同盟代表、社會賢達代表等五方面各推五人及會外專家十人組織之。名單如下（李炳南，1990：17）：

1.中國國民黨代表：孫科、王寵惠、王世杰、邵力子、陳布雷。

2.中國共產黨代表：周恩來、董必武、吳玉章、秦邦憲、何思敬。

3.中國青年黨代表：曾琦、陳啓天、余家菊、楊永浚、常乃愿。

4.中國民主同盟代表：張君勱、黃炎培、沈鈞儒、章伯鈞、羅隆基。

5.社會賢達代表：傅斯年、王雲五、胡霖、莫德惠、繆嘉銘。

6.會外專家：吳尙鷹、林彬、戴修駿、史尙寬、樓桐孫、吳經熊（以上六人爲「五五憲草」起草人）。周覽、李中襄、錢端升、周炳琳（以上四人爲參政員，曾參加憲政期成會及憲政實施協進會工作）。

一九四六年二月十四日至十九日，憲法草案審議委員會連續舉行會議六次。第一次會議首先商討委員與專家之職權、如何進行會議之討論及表決方式等有關會議的程序問題，並決定（孔繁霖編，1946：265）：

1.成立協商小組，由五方面各推二人，專家由主席指定一人參加。

2.凡涉及變更政協會議之憲草修改原則者：
　(1)無論在大會或協商小組，均須由五方面議協決定。
　(2)某一問題是否涉及原則之變動，其認定由五方面出席委員之過半數爲之。

3.大會及一切小組，專家均得參加。

4.根據憲草修改原則起草條文時，無論在大會或小組，均以出席三分之二之多數表決之（專家包括在內）。

5.就以下各問題繼續舉行若干次大會，廣泛討論後，再分國民大會、中央政制、地方制度、人民權利義務、選舉制度、基本國策六組來起草。

接著進行憲法草案有關問題的廣泛討論，因適逢張君勱已先期寫成一稿，經與會人士同意，乃根據張君勱所擬之稿，逐條審查，而成爲

「政協憲草」[8]。當憲法草案審議委員會第六次會議結束後，大會暫告一段落。有關各項研究意見，涉及政治協商會議決定原則之修改，則移由協商小組商議後，再行起草。經協商小組數次協商，於三月十五日，憲章審議委員曾與政協綜合委員會舉行第二次聯合會議時，獲致三項協議（劉振鎧，1960：190）：

1. 國民大會仍爲有形之國民大會。
2. 憲章修改原則第六條二項「立法院對行政院全體不信任時，行政院院長或辭職，或提請總統解散立法院，但同一行政院院長不得再提解散立法院」予以取消。
3. 省憲改爲省自治法。

憲章審議委員會於四月下旬舉行最後一次會議，會中中國共產黨代表李維漢代表該黨提出保留聲明。由於中國共產黨提出保留聲明，致使憲草審議委員會的憲草修正工作未能完成。

五、一九四七年的「中華民國憲法」

一九四六年四月二十四日，國民政府應政治協商會議各代表之建議，乃決定於十一月十二日召開制憲國民大會，並擴充代表名額爲二、○五○位，確定第一屆國民大會之職權爲制定憲法。此項決定，由國民政府於七月四日公布。並於會期前一個月通知各代表自十一月二日起報到，各項籌備工作，均於大會開幕以前完成。十月十六日，國民政府主席蔣中正發表關於處理目前時局的八項聲明，其中第七項聲明爲「憲草審議委員會應即召開，商定憲法草案，送由政府提交國民大會作爲討論之基礎」（國防部史政局編，1960：107-8）。及至十一月十二日，開會期屆，又以中國共產黨及民主同盟問題，再延期三天，隨後中國共產黨蓄意叛亂，拒絕參加[9]。政府乃保留其席次，等候參加。

一九四六年十一月十五日，制憲國民大會在南京國民大會堂開幕，

到會國民大會代表計一千五百餘人，並由代表吳敬恆主持開幕典禮，國民政府主席蔣中正親臨致詞，說明　國父倡導革命之目的、政府實施憲政之決心，以及期望諸代表完成制憲，還政於民，以立民國百年不拔之根基之至意。制憲國民大會於一九四六年十一月十五日開幕後，便休會兩日，於十八日繼續開會，會議分四個階段進行（詳**表1-3**）。

　　會中，中國國民黨再度與中國青年黨、中國民主社會黨及社會賢達會商，並根據政治協商會議的修改原則，再加審訂整理和補充，始完成草案。立法院在接到憲法草案之修正案後，旋即開始討論憲法草案，代表發言者至為踴躍，統計各代表對於憲草之批評，大都集中下列各點：

　　1.國民大會之組織與權力問題。

　　2.五院制度、立法與行政關係問題。

　　3.地方制度問題。

　　4.建都地點問題。

　　5.本屆大會職權，是否兼及行憲問題。

　　6.婦女及職業代表問題等。

　　至十二月六日停止廣泛討論，決設憲草審查會，分八組同時進行。總計各代表提案有四百二十餘件，分發各組審查。在審查會中，各代表發言極為熱烈，指摘憲草者更為激昂，當時情景，大有將草案基本原則一一推翻之勢，於是民社、青年兩黨代表，以「政協原則不可變更，否則此次參加大會毫無意義，情願退出」為詞，而中國國民黨領袖，對其黨員代表，亦屢加勸導，以顧全大局。完成憲法為第一要義，任何缺點，可俟將來依法修改者，不必在此時力爭。然八組審查會結果，對於原案仍多重要之修改，如國民大會職權之加以擴充，將五五憲草所規定之四權及修改憲法權，完全恢復，並定每二年召集一次；立法委員與監察委員改由國民大會選舉及罷免。十二月十四日，憲法草案綜合審查委員會組織成立，將八組初步審查結果綜合核議，開會五日，各方領袖經多方協商，始將國民大會之職權回復採用政協原草案之規定，其他憲法

表1-3 制憲國民大會會議進行程序表

一、預備會議階段：主要為選舉主席團				
開會時間	會議名稱	出席人數	會議主席	開會內容
1946/11/18	第一次預備會議	1,382	孫科	國民大會組織法第七條規定，主席團之產生，由出席代表互選五十五人組織之。茲經籌備委員會擬具選舉辦法，提出大會討論。
1946/11/19	第二次預備會議	1,382	孫科	上次備會由籌備委員會提出之主席團選舉辦法，經修正通過。
1946/11/21	第三次預備會議	1,440	孫科	朱經農等一四六人臨時動議為表示大會和平民主之精神，為民主同盟保留主席團四名、中國共產黨保留主席團五名，經決議通過，旋大會進行選舉，除為中國共產黨及民盟保留主席團九名外，就候選名單圈定四十六人。
1946/11/22	第四次預備會議	1,294	孫科	大會主席團選出並推舉洪蘭友為大會秘書長，陳啓天、雷震為副秘書長。茲將主席團名單及第一次大會主席團分組一併列下： 第一組　蔣中正、胡適、張厲生、谷正綱、阿合買提江、孔祥熙、黃國書、丁惟汾、郭仲隗、田炯錦。 第二組　于右任、左舜生、鄒魯、于斌、孔庚、張群、圖丹桑批、孫蔚如、王德溥、李大明。 第三組　曾琦、白崇禧、陳果夫、朱經農、胡庶華、何成濬、梁寒操、黃芸蘇、段錫朋、徐傅霖。 第四組　孫科、陳啓天、白雲梯、莫德惠、李宗仁、吳敬恆、張繼、賀衷寒、余井塘。 第五組　吳鐵城、李璜、程潛、朱家驊、林慶年、曾擴情、劉衡靜、王雲五、周雍能。
二、大會討論階段：接受國民政府提出之憲法修正案，由大會討論				
開會時間	會議名稱	出席人數	會議主席	開會內容
1946/11/25	第一次大會	1,454	蔣中正	討論國民大會議事規則案，決議組織審查委員會先行審查，並通過輪流擔任大會主席辦法。
1946/11/26	第二次大會	1,409	于右任	通過國民大會議事規則並修正通過各

（續）表1-3　制憲國民大會會議進行程序表

開會時間	會議名稱	出席人數	會議主席	開會內容
				審查委員會組織通則。同時通過本屆大會議事範圍為制憲並決定施行日期
1946/11/28	第三次大會	1,485	胡適	會議進入正式議程。蔣主席以中華民國憲法草案提交大會，並即席說明憲草經過，繼由立法院長孫科說明憲草內容。
1946/11/29	第四次大會	1,468	左舜生	通過主席團所組織之代表資格審查委員會擬定之人選。並開始自由廣泛討論憲草。
1946/11/30	第五次大會	1,318	于斌、吳鐵城	決議分設九組審查委員會，分別審查憲法草案。
1946/12/02	第六次大會	1,403	白崇禧、白雲梯	對憲草廣泛加以討論，各代表所提意見甚多。
1946/12/03	第七次大會	1,376	孔庚、劉蘅靜	對憲草廣泛加以討論，各代表所提意見甚多。
1946/12/04	第八次大會	1,377	胡庶華、王雲五	對憲草廣泛加以討論，各代表所提意見甚多。
1946/12/05	第九次大會	1,427	張繼	除繼續討論憲草外，主席團並決定： 一、大會延長會期十日； 二、審查委員會各組名單由出席代表自由認定； 三、根據審查委員會組織通則第六條之規定，由主席團就審查委員中指定各組召集人。

三、分組審查階段：由審查委員會審查，提交大會

組別	召集人	開會內容
1	張知本、黃少谷、祁志原、夏爾康、任卓宣、李俊夫、劉瑤章、陳逸雲	審查關於前言總綱人民之權利義務及選舉。
2	邵力子、易維精、張強、宋鴻儒、王普涵、黃宇人、劉志平、林彬	審查關於國民大會及憲法之施行及解釋。
3	王寵惠、潘公展、王世杰、史尚寬、蔣勻田、楊幼炯、柳克述、陳紫楓、夏濤聲	審查關於總統行政及立法。
4	高一涵、石志泉、水梓、李中襄、徐漢豪、陶玄、黃伯耀、范予遂、江一平	審查關於司法、考試及監察。

（續）表1-3　制憲國民大會會議進行程序表

5	章士釗、羅卓英、黃季陸、白海峰、伍藻地、劉鵬九、王家楨、許孝炎、趙棣華	審查關於中央及地方之權限。
6	褚輔成、李敬齋、張伯倫、鄭彥棻、相菊潭、谷正鼎、鄧珠娜姆、劉中一、方少雲	審查關於省縣制度。
7	傅斯年、樓桐蓀、土丹桑布、謝澄平、劉斐、蕭錚、岑有常、賴璉、鍾天心	審查關於基本國策。
8	白崇禧、楊浚明、劉健群、潘昭賢、黃正清、姜蘊剛、彭秀仁、劉蹤萍、麥斯武德	審查關於蒙藏地方制度。
9	綜合審查委員會由各組審查委員會委員互推一人，召集人中各推二人，主席團推選九人，及各代表產生單位各推三人組織之。各審查委員會，為便利進行得分設若干小組，分別研究。必要時，有關各審查委員會，得聯合審查。	為綜合審查各組相互有關之事項、全草案章節與文字之整理。

四、三讀通過階段：完成制憲程序

開會時間	會議名稱	出席人數	會議主席	開會內容
1946/12/18	第十次大會	1,505	何成濬	一、主席團報告憲法草案綜合審查委員會委員及召集人名單。 二、第一至第四組審查委員會報告。
1946/12/19	第十一次大會	1,486	田炯錦	第五至第八組審查委員會報告。
1946/12/20	第十二次大會	1,509	程潛	憲法草案綜合審查委員會委員報告。
1946/12/21	第十三次大會	1,558	胡適	一、憲法草案綜合審查委員會委員補充報告。 二、討論各委員會報告書。
1946/12/21	第十四次大會	1,454	朱家驊	憲法草案第二讀會（前言至第五十三條）。
1946/12/22	第十五次大會	1,507	白崇禧	憲法草案第二讀會（第五十四條至第八十二條）。
1946/12/23	第十六次大會	1,325	谷正綱	憲法草案第二讀會（第八十三條至第一〇九條）。
1946/12/23	第十七次大會	1,464	孫科	憲法草案第二讀會（第一一〇條至第一三九條）。
1946/12/24	第十八次大會	1,543	孔祥熙	憲法草案第二讀會（第一四〇條至第一四七條）。
1946/12/24	第十九次大會	1,481	王雲五	一、憲法草案第二讀會（第一四八條至第一五一條）。 二、通過「憲法實施之準備程序」。
1946/12/25	第二十次大會	1,559	于右任	一、憲法草案第三讀會（通過憲法全文）。 二、決定憲法實行日期。

資料來源：國民大會秘書處，《國民大會實錄》，南京：國民大會秘書處，1946。

之解釋，亦仍照政協原草案文字提出大會。自十二月十八日至二十日，大會聽取綜合審查委員會之審查報告；二十一日，大會（即第十三及第十四兩次會議）完成一讀程序，隨即進入二讀。二十四日第十八次會議，二讀告成，隨付三讀；二十五日上午第二十次大會，全體代表一、四五八人，一致起立表決通過三讀，並決議於一九四七年十二月二十五日爲憲法實施日期。同日下午，制憲國民大會舉行閉幕典禮，大會主席吳敬恆以大會制定之中華民國憲法正式致送國民政府主席蔣中正。至此，歷時四十一天的制憲國民大會，於完成制憲任務後便功成身退。其後，國民政府於一九四七年一月一日公布，同年十二月二十五日施行，這就是中華民國現行憲法（國史館編，1990：1000-1；國民大會秘書處編，1946：337-9；劉振鎧，1960：218-64）。然而憲法之施行，不但沒有給中華民國帶來安定的新局面，反而因爲一九四六年制憲期間的衝突，而引發了更爲嚴重的國共內戰。

註釋

[1] 考察報告由梁啓超代筆。

[2] 林增平、章開沅，《辛亥革命史（中冊）》，北京：人民，1980，頁439-40；金沖及、胡繩武，《辛亥革命史稿（第二卷）》，上海：人民，1985，頁446-60；張玉法，〈學者對清季立憲運動的評估〉，《中國近代的維新運動——變法與立憲》，台北：中研院近史所，1982，頁154。

[3] 頒布「鐵道國有政策」，而導致四川請願運動的發生，其導因在於民間反對清廷將鐵路收回國有，理由如下：一、清廷借舉外債，被視爲是外國侵略的行爲；二、郵傳部大臣盛宣懷不被信任；三、士紳的切身利害，蓋鐵路原由士紳（多爲改良派）申請興建，一旦收回國有，則損失極大。此時朝野之改良派開始有立場上的改變。請願失敗後，立憲派請願代表共同達成一項決議，即各回省諮議局報告：「同人各返本省，向諮議局報告清廷政治絕望，吾輩公決祕謀革命，並即以各諮議局中之同志爲革命之幹部，若日後遇有可發難之問題，則各省同志應即竭力響應援助起義獨立。」此點乃辛亥革命成功之要因。詳閱全漢昇，〈鐵路國有問題與辛亥革命〉，該文收錄於吳相湘編，《中國現代史編叢（一）》；張朋園，《立憲派與辛亥革命》，台北：商務，1969，頁132-40；李雲

漢，〈同盟會與辛亥革命〉，收錄於張玉法編，《中國近代現代史編集（第十七編）》，台北：商務，1986，頁386-94。

[4] 歸納各省起義模式，大抵由軍人領導，先以和平方式來推翻滿清統治，再宣布獨立。接著，推出軍事領袖為都督，並在省諮議局（相當今日的省議會）集合，由省諮議局授與合法性。詳閱謝政道，〈辛亥革命前後的政治團體〉，《政大中山人文社會科學期刊》，第六卷，第二期，1998，頁81-9。

[5] 袁世凱於一九一九年十一月四日，下達「解散國民黨令」，全文請參閱《政府公報》，第541號。

[6] 一九二二年，吳佩孚企圖用國會法統具來統一南方，而曹錕則想藉此將總統黎元洪逼迫下台，以獲取總統的位置。一九二三年六月，曹錕以重賄誘使離京議員去而復返，選其為大總統。當時孫中山號召國人討伐曹錕，段祺瑞亦通電予以攻擊，政局陷於混亂，在此情形下所完成的憲法當然不會受到人們的承認或尊重。

[7] 訓政綱領（一九二八年十月三日中國國民黨第一七二次中央常會公布）全文如下：

中國國民黨實行總理三民主義，依照建國大綱，在訓政時期，訓練國民使用政權，至憲政開始，弼成全民政治，制定下列綱領：

一、中華民國於訓政期間，由中國國民黨全國代表大會代表國民大會，領導國民行使政權。

二、中國國民黨全國代表大會閉會時，以政權付託中國國民黨中央執行委員會執行之。

三、依照總理建國大綱所定選舉、罷免、創制、複決四種政權，應訓練國民逐漸推行，以立憲政之基礎。

四、治權之行政、立法、司法、考試、監察五項，付託於國民政府總統而執行之，以立憲政時期民選政府之基礎。

五、指導監督國民政府重大國務之施行，由中國國民黨中央執行委員會政治會議行之。

六、中華民國國民政府組織法之修正及解釋，由中國國民黨中央執行委員會政治會議議決行之。

[8] 張君勱（1971：自序頁1-2）自曰：「此稿之立腳點在調和　中山先生五權憲法與世界民主國憲法之根本原則；　中山先生為民國之創始人，其憲法要義自為吾人所當尊重，然民主國憲法之根本要義，如人民監督政府之權，如政府對議會負責，既為各國通行之制，吾國自不能自外。」再根據張君勱書中所言，其

起草原則有三：一、如何將歐美民主政治和五權加以折衷；二、中國國民黨和中國共產黨的厲害加以協調；三、其他各黨的主張亦要顧到。

[9] 根據陳啓天的說法，民、青兩黨最後決定參加制憲國民大會的原因有二：其一是爭取到增加代表名額各十名，其二是中國民主社會黨主席張君勱致函國民政府主席蔣中正要求徹底實現政治協商會議決議等事項，其中包括制憲國民大會應通過政協憲章，經蔣中正以中國國民黨總裁名義函復同意，因此民、青兩黨代表才同意出席制憲國民大會。詳見陳啓天，《寄園回憶錄》，台北：商務，1965，頁206-7。

第二章
中華民國動員戡亂時期
臨時條款的修憲過程

近代國家，除極少數特殊情形或於政權變革最短期間外，莫不有憲法的存在，以為其立國的基本法則。但憲法觀念起於何時？如何發展始成為近代普遍的制度？實為治憲法學者首應了解的問題。但憲法觀念因時代先後及國家文化而有區別：就時代言，時期愈早，憲法觀念愈為簡單，或且根本無有，時期愈晚，愈為複雜，甚至紛歧變質；就文化言，凡政治思想，側重人治或德治者，憲法觀念較為抽象，側重民治或法治者，較為具體。所以憲法觀念，與民治或法治思想，關係最為密切，民治或法治思想愈盛，憲法觀念愈為發達而健全。

中國古代政治思想，側重人治或德治，兼採禮治或法治，憲法觀念不能說是完全沒有，但極簡單抽象，無具體表現。例如尚書說命：「監於先王成憲，其永無愆」；晉書：「稽古憲章，大釐制度」；唐書：「永垂憲則，貽範後世」；凡此所謂憲、憲章及憲則，均含有久遠莫違及根本典則之意，似略具憲法觀念，然皆空洞之論，既無形式制定，復無實體法典。此外，國語：「賞善罰姦，國之憲法」，此雖明用憲法一詞，但按其意義，實指普通法律而言。至於唐之六典、明清之會典，雖規定國家各重要機關的組織與職掌，略具成文法典形式，但與當時普通法律，如各朝刑律等，俱由臣僚草擬，由君主裁可頒布，制定手續相同，效力相等；且有若干重要事項，如人民權利及君主繼承等，均未列入；論其性質，僅與近世普通行政法規相當，亦未可以憲法或根本組織法目之。由此可見，中國古代所謂憲、憲章、憲則、憲法等詞的意義，以及歷朝會典的性質，均與一般的憲法觀念不同，至多只能說是略具簡單的或抽象的憲法意識而已，而未可語於真正憲法觀念的起源。直至清末，因受西方政治思潮的影響，接受西方政治理論，產生立憲運動，始有具體的憲法觀念可言。故欲述及憲法觀念的起源與發展，只有求之於西方的歷史。

西方的憲法觀念，依據可靠的史實與典籍，以古代希臘、羅馬的根本組織法觀念為最早，以後則逐漸發展；從發展的內容說，由理論而成為實體，由實質而進於形式；從發展的地域說，由歐洲而擴及美洲，由西方而傳至東方；舉世風靡，與時並進。

——左潞生，《比較憲法》，頁1-2

第一節　動員戡亂時期臨時條款的制定

一、制定時間：一九四八年四月十八日第一屆國民大會第一次會議第十二次
　　　　　　　大會通過

　　　　　　　一九五四年三月十一日第一屆國民大會第二次會議第七次大
　　　　　　　會決議「動員戡亂時期臨時條款」繼續有效

二、制定地點：南京國民大會堂

三、公布時間：一九四八年五月十日國民政府公布

四、本節摘要：本次制定臨時條款的重點，在於授與總統「緊急處分權」，
　　　　　　　而不受中華民國憲法條文第三十九條「戒嚴權」及第四十三
　　　　　　　條「緊急命令權」的程序限制，以處理國家重大變局

一、肇因

　　一九四五年八月十日，日本宣告無條件投降，八年中日戰爭告終。原本中國似可承平而治，惟不旋國共內戰又起，究其主因在於執政的中國國民黨一則企圖攏斷政權，再則是「內鬥內行，外鬥外行」（郭緒印，1992：617-39；陳立夫，1994：381-2）而造成自身實力的削減。誠如郭廷以（1980：778）所言：「收復了土地，失去了民心」，正適以形容當時的中國國民黨。而「動員戡亂時期臨時條款」的制定，也說明了當時中國國民黨是抱著「臨時」的自大心態去「戡亂」，如此大意輕敵的結果[1]，最終導致了大陸的淪陷。以下茲就四個因素略述：

（一）政治方面

　　中日戰爭爆發前夕，國民政府（中國國民黨執政）本有逐步實施憲政的計畫；抗戰爆發後，憲政計畫停止，但國民政府還是設置了「國民

參政會」作爲政策諮詢機關，以擴大政權的民意基礎。中日戰爭末期，由於國際勢力的介入，而使中日戰局逆轉，但中國共產黨勢力的崛起，亦使得中國國民黨的統治地位漸趨鬆動；此外，許多政治團體也開始積極恢復政治活動，這使得戰後中國的政局面臨了政權重新分配的問題；實施憲政、開放政權遂成爲中外關切的焦點。一九四三年九月，中國國民黨第五屆十一中全會決定要在戰爭結束後一年內，召集國民大會，制定憲法並頒布實行。

中國共產黨將中國國民黨上述宣示當作對其地位的政治攻勢，故於隨後展開的國共會談中，提出全面改組政府，組織包括各黨各派人士在內的聯合政府，同時召開國是會議等主張（程思遠，1988：187-90；蔣勻田，1976）。一九四四年九月，「中國民主同盟」[2]公開與中國共產黨唱和，要求中國國民黨結束一黨專政體制，遂使中國國民黨既定的憲政計畫漸漸失去外在的參與基礎。

勝利前夕，美國介入國共談判，赫爾利（Patrick J. Hurley）以駐華大使身分於一九四四年十一月親訪延安，與中國共產黨作了有關組織聯合政府的協議。國民政府主席蔣中正表示反對，堅持要還政於民，而不是聯合政府，但允諾中國共產黨可以參加政府，赫爾利旋又支持國民政府的立場。一九四五年春，國民政府再度重申定期召開國民大會之意；中國共產黨則強硬表示反對，並要求召開黨派會議，成立聯合政府。國、共兩黨隨後在各自舉行的全國黨代表大會中發表針鋒相對的主張；簡言之，兩黨之間並不存有互信的基礎（Fairbank, 1986: 260-9）。

一九四六年一月一日，「重慶會談」開幕，中國國民黨、中國共產黨、中國民主同盟、中國青年黨和社會賢達共三十八位代表參加。會中各民主黨派[3]支持中國共產黨，孤立中國國民黨，並通過了「和平建國綱領」、「關於政府組織問題」、「關於憲法草案問題」、「關於國民大會問題」、「關於軍事問題」等五項協議。會議於三十一日閉幕，原本要通過一個擴大政府案，也就是修改國民政府組織法，其主要內容爲：設國民政府委員總額四十人（中國國民黨佔一半名額，其他各黨及社會

賢達佔一半名額）；關於重要決議案，要三分之二決議通過才生效。爲此，中國共產黨及中國民主同盟一直要求佔有十四個委員名額（使中國國民黨無法掌握三分之二以上的席次，即二十七席），俾能在重要決議案上制衡中國國民黨，但中國國民黨只給中國共產黨及中國民主同盟共十三個委員名額，而造成談判破裂，故前述協議不久即歸失效。

　　一九四六年十一月十五日，中國國民黨在南京召開制憲國民大會，仍有中國青年黨和中國國家社會黨的黨員出席，故形式上並非中國國民黨一黨修憲（曾琦，1947：13-5；立誠，1948：1-2）；十二月二十五日，國民大會通過「中華民國憲法」。然依一九四六年初，政治協商會議決議的規定，國民大會須於停止內戰、改組政府、結束訓政及修正憲草完成後才能召開。但中國國民黨爲使其統治基礎合法化，而撕毀政治協商會議的決議；接著，中國共產黨與部分人民團體和民主黨派也先後聲明，表示不承認中國國民黨召集的制憲國民大會及該次制憲的合法性。

　　平心而論，一九四六年底所召開的制憲國民大會本是當時中國國民黨對共軍事優勢下的產物，故一九四七年四月所進行改組的中華民國政府仍是中國國民黨一黨統治的政權，這與當時社會各界期望的民主制度仍有極大落差。對中國國民黨而言，繼續專政乃是其領導百廢待興的國家與對抗中國共產黨叛亂的不得已措施；但對大多數望治心切的中產階級與國際友邦而言，長期壟斷政權卻是一切腐敗黑暗及動亂的根源（方景仁，1947：2-4）；復以，戡亂軍事不利的結果，更加深國內各階層的矛盾與對立。當時依據制憲國民大會的規定，在憲法公布後，即應如期召集第一屆國民大會並選舉總統組成行憲政府；但一開始很多人便對上述如期行憲的可能性與必要性產生懷疑，蓋在客觀上全國一半地區陷於戰亂，不可能順利辦理選舉，在主觀上一個制度不健全的選舉只會製造派系糾紛與破壞黨內團結。面對這些問題，中國國民黨內部激起極大爭論與不和，並與戡亂前方軍心渙散的現象適相對應；最終，以改朝換代似的全盤政權轉移做爲收場（蔣勻田，1976：1-51）。

（二）經濟方面

中日戰爭結束之前，中國的經濟實已瀕臨崩潰邊緣。由於戰爭導致供需失調、導致物價膨脹嚴重，民心渙散。及至戰爭結束，做為主戰場的中國境內是滿目瘡痍，數千萬的難民流離失所，數百萬畝的田地荒蕪，工廠、交通設施尤其遭受到相當嚴重的破壞，國家復員與重建的工作十分艱難。尤甚，中日戰爭結束不久，接著國共內戰登場，造成國民政府在財政上入不敷出，其主因在於軍費支出龐大（一九四六年的軍費支出佔政府全部支出的60%，一九四七年政府支出增加約九倍，但軍費支出仍佔政府全部支出55%）。惟當時國民政府正與中國共產黨邊打邊談判，一直無法達成停戰協議；為此，國民政府必須保持戰時的龐大軍隊，而不能縮編軍隊，減少軍費的開支，故持續形成對國家財政支出的重大壓力。中國共產黨深知此點，乃一方面破壞馬歇爾努力促成的「整編和統編方案」，一方面又破壞美國的軍事調處（例如一九四六年三月間，正在進行協商及軍事調處之際，而美國允予中國五億元的信用貸款突告中止，使國民政府喪失恢復全國秩序所需的資金），致使政府整編軍隊和復員計畫無法完成。加上稅制不良、官貪吏污（林桶法，1997：235-51），更加速政府財政赤字的持續增加（參閱表2-1），所以中華民國政府行憲後的首務便是挽救頻臨崩潰的財政經濟，這從首任行政院長由抗戰以來便一直負責經濟決策事物的翁文灝擔任得知（齊植璐，

表2-1　一九四五年至一九四八年中華民國的財政收支表

單位：法幣百萬

年份	財政支出	財政收入	增加倍數	赤字
1945年	2,348,085	1,241,389		-1,106,696
1946年	7,574,790	2,876,988	2.3	-4,697,802
1947年	43,393,805	14,064,383	5.7	-29,329,512
1948年1月至7月	655,471,108	220,905,475	14.1	-434,565,612

資料來源：孫震（等著），《中華民國經濟發展史》，第二冊，台北：近代中國，1983，頁146。

1947a：4-7）。

　　戰時的經驗，已使工商界人士對赤字及貨幣發行特別敏感，對國幣的信心不穩定，如游資紛求出路，競相投機與搶購，形成惡性循環。唯有印發大量紙幣應急，紙幣流通額的增加，更刺激物價上升，使政府開支更為龐大。一九四八年後財政狀況更急轉直下，軍事開支增加到政府全部開支的64％，政府不僅必須繼續大量印製國幣，且須增加對土地的徵稅，並實施強迫徵糧的政策，此種不得已的措施，增加了人民對政府的不滿。

　　財政的瀕臨崩潰，終於迫使政府依照「動員戡亂時期臨時條款」的授權，於一九四八年八月十九日宣布實施「財政經濟的緊急處分辦法」（張子敬，1948：2-4；李公權，1948：3-4）：其一是進行幣制改革，以新發行的金圓券代替法幣，限期兌換完成；其二是凍結所有物價和勞務價格；其三是禁止黃金、白銀及外幣外匯流通買賣或持有；其四是提高稅率，限制消費。命令頒行後，國人對於新幣的反映，初期至為優良，以其持有的黃金外匯，兌換金圓券。兩個月內，政府就收到了價值二億美元的黃金，混亂的金融情況一度恢復平穩。但在此之前已不斷上漲的物價卻壓制不下來，因為屯積操控物資的權豪根本不接受限價政策；加上大局惡化太快，當東北、華北前線軍事失利的消息不斷傳至後方，金圓券無法維持其信用。工商界對政府的前途漸漸失去信心，而政府規定有錢的人交出其黃金外匯的政策並未收到預期的效果。凡以金銀外匯向政府兌換金圓券者，必然是支持政府的人，而大部分利益重於政治的工商界，則必定設法規避，最後當金圓券崩潰時，受到損害者多為支持政府的人；於是，這一部分人也對政府產生埋怨（雋冬，1948：4-7）。

　　對一般民眾而言，物資供應是最急迫的需要，當貨幣無法解決現實的物資分配問題時，便迫使政府在十一月十二日，即宣布允許人民持有金、銀、外幣；同時，宣布解除金圓券二十億元的發行限制，人民紛紛擠兌黃金，搶購物資，不論需要與否，物價一夕數漲，如上海基本商品

物價指數到一九四九年四月，竟已較一九四八年八月發行金圓券時漲了二十一萬倍，很多機關乾脆以實物代替薪資，民間則出現以貨易貨的原始交易行為，金圓券的價值一路下滑，成為廢紙。金融一旦崩潰，百業生產自然無法維持；自此，國民政府的財經系統全面崩解（張潤蒼，1948：5-8）。

（三）軍事方面

一九四六年十一月制憲國民大會召開後，中國共產黨決定暫緩與中國國民黨的政治鬥爭，而集中全力於軍事擴張；當時中國共產黨部隊（以下簡稱「共軍」）大約八十萬人，並分為三個集團：

1. 東北的「東北民主聯軍」，有兵力三十萬人，總司令為林彪。
2. 華北方的「第十八集團軍」，兵力約三十萬人，總司令為朱德。
3. 華中的「第四軍」，兵力約二十萬人，軍長為陳毅。

一九四七年初，中國共產黨中央宣布取消國民革命軍的番號，共軍一律稱「中國人民解放軍」，原屬第十八集團軍的四個軍區直隸中國共產黨軍事委員會；第四軍改編為華東人民解放軍。相對的，當時中國國民黨的部隊（以下簡稱「國軍」）在一百五十萬人以上，分布如下：

1. 東北方面由熊式輝、杜聿明指揮，約二十萬人。
2. 河南境內由劉峙指揮，約二十二萬人。
3. 蘇、院、魯方面由顧祝同指揮，約四十六萬人。
4. 晉、冀、察、綏方面則由傅作義、閻錫山、孫連仲指揮，約五十萬人。
5. 陝、甘地區由胡宗南指揮，約十五萬人。

一九四七年初，國共內戰展開，國軍採取重點進攻戰略，將主力分別集中進攻陝甘寧邊區和山東，企圖先解決共軍兩翼，逼迫共軍撤向黃河，然後調動全力，從東、西、南三面夾擊，在華北與共軍決戰。共軍

則自一月起連續向魯南及魯中進攻，國軍受挫於徐州。而駐陝國軍則於二月集結於洛川、宜川，自三月中旬起向共軍中央所在地延安進攻，並於二十四日佔領；共軍中央撤往陝北山區，國軍迂迴掃蕩數月，卻始終未獲共軍主力。而山東告急，晉南空虛，因東西戰線有被截斷之慮，不得已暫停攻勢。五月，東北共軍與蘇俄簽訂「哈爾濱協定」，獲得蘇俄五十萬部隊的武器，旋對國軍展開猛烈的夏季攻勢，佔領瀋陽至長春及吉林的所有鐵路及城市；國軍將帥不和，士氣低落，潰敗到遼南北寧鐵路兩側。東北形勢自此無法挽回（郭廷以，1980：783-5）。

國軍對共軍發起的重點進攻，歷經半年宣告失敗。估計全線損失二十多萬兵力，以山東戰場損失最重；不僅未能達成東西夾擊共軍的目標，且引共軍北侵晉南，取得黃河以北的有利地位。面對這種嚴峻的局勢，中國國民黨中央決定採取緊急措施，七月四日，由國民政府宣布「厲行全國總動員戡平共匪叛變方案」，一面通緝中國共產黨首要，撤銷政治協商會議及國民政府、國民大會中的中國共產黨名額；一面重新部署軍事，再事進攻。

一年半下來，國軍損失兵力在百萬以上，共軍則擴增了一倍餘；東北三省、漠南四省，及河北、河南、山西、陝西、山東大部全為共軍佔領，國軍在這廣大的地區只剩下長春、瀋陽、北平、天津、太原、西安、濟南、青島、煙台等幾處城市。戰局如此逆轉的原因，就中國共產黨而言，主要是「以鄉村包圍城市」的戰略運用成功。蓋自對日抗戰以來，中國共產黨長期潛據華北廣大鄉村，發動土地改革運動，在其長期經營下，華北農村社會經濟結構早已發生改變，中、下層農民成了共軍主要的兵力來源，國軍在這些地方作戰常常得不到民眾支持，無法捕捉共軍的主力，補給也接濟不上，以致陷於被動。內戰期間的國軍主力本來多為抗戰後期接受美國裝備與訓練者，許多統兵將領為後起之秀，非不能戰，但中央指揮紊亂，調度失當，例如以雲南軍隊負責東北，以河南軍隊去打山東，既不熟地利，也不洽民情。更重要的是，官兵不知為何而戰，此種精神思想上的弱點，則是與日趨混亂的政治以及經濟局面

息息相關（郭廷以，1980：786-90；齊植璐，1947：2-4；景昌極，1948：14-5）。

（四）外交方面

■蘇俄部分

抗日戰爭初期，中國國民黨唯一的軍事外援來自蘇俄，故與蘇俄的關係較好。其時，蘇俄雖然支持中國共產黨，但在抗日戰爭結束前後，中國共產黨的勢力尚不足與中國國民黨抗衡，蘇俄爲自中國國民黨手中獲取在中國的權益，也不欲中國國民黨倒向美國一方，一面表示支持中國國民黨在中國的領導地位，一面尚約束中國共產黨的過度發展，以免刺激中國國民黨與美國的結合。中國國民黨鑑於中國共產黨的勢力發展迅速，對蘇俄勢力介入中國非常警覺，這可從一九四五年七、八月間中蘇友好同盟條約的談判中看出（楊奎松，1997：519-70）。

一九四〇年以後，特別是太平洋戰爭爆發後，蘇俄由於在歐洲應付德國不暇，與中國國民黨的友好關係減弱；一九四三年中國國民黨將新疆置於中央政府直接控制下之後，蘇俄與中國國民黨的關係趨於緊張。一九四五年八月十四日，國民政府派宋子文、蔣經國爲代表，在莫斯科談判「中蘇友好同盟條約」時，史達林即表示如果能保證不讓美國在東北獲得權益，蘇俄可以讓步（張國慶，1985：119）。當時蘇俄的主要目標是與英、美、法等國爭奪東歐的控制權，以「中蘇友好同盟條約」[4]在中國所獲得的權利爲滿足，並未計劃全力支持中國共產黨奪取中國政權。

蘇俄於日本投降的前五天對日宣戰，並派兵進入我國東北，收繳日軍的武器，扣留日俘。同時處處阻撓國民政府派遣軍隊進入東北接收，而爲中國共產黨軍隊進據東北爭取時間。嗣又將其所收繳的百餘萬日軍所使用的武器交給共軍。

一九四七年三月，國軍對中國共產黨以延安爲中心的陝、甘、寧等地區大舉進攻，共軍轉進東北及華北地區，以直接獲得蘇俄援助，並成

立「人民民主政府」。同一期間，蘇俄與國民政府維持外交關係期間，雖然積極幫助中國共產黨，但因估計中國共產黨的叛亂不會很快成功，所以在表面上還是與國民政府保持著正常的外交關係，以防止國民政府與美國的關係太親近，而損及蘇俄在中國的利益。反之，國民政府也迫於情勢，而對蘇俄處處退讓，但終不能換取蘇俄的眞正友善。例如一九四七年，美國援華協定在南京簽字，便受到蘇俄的公開抨擊，俾破壞中美關係，阻止美國援華（楊奎松，1997：571-98）。

■美國部分

美國與中國的關係向稱良好，但美國的「重歐輕亞」政策使中國蒙受相當不利的影響。因當時盟軍欲集中全力於擊敗德國，使中國戰區所得到的美援物資寥寥無幾。中國在艱難的境況下，和日軍長期苦鬥而因而形成戰後的疲弱狀態。復以，美國左傾份子及中國共產黨同情者如戴維斯、謝偉志及史迪威等不斷批評國民政府，讚揚中國共產黨，多少影響美國對華政策。

一九四一年十二月，太平洋戰爭爆發，美國投入中國戰場，美國與中國國民黨的關係逐漸密切；此後，中國國民黨的外援幾乎仰賴美國。初時美國希望中國戰場能牽制日軍，俾減輕日軍對西太平洋的壓力。在中日戰爭期間，美國只扶植中國國民黨，不扶植中國共產黨，因而在中國獲得許多特權，然而在一九四四年十月，國民政府主席蔣中正爲了維護中緬印戰場的統帥權與史迪威（Joseph W. Stilwell）衝突，使美國無法統一調度此一戰區的軍隊，最後另派魏德邁（Albert C. Wedemeyer）將軍爲參謀長；從而對國軍的戰鬥力表示不信任，但國民政府仍把外援的希望寄託在美國身上，同時國民政府也希望美國支持中國國民黨在中國的領導地位（梁敬錞，1972：263-317）。

一九四四年八月十八日，美國總統羅斯福派私人代表赫爾利將軍至華調解國共內戰。是年十月，赫爾利草就五點方案作爲國共雙方談判的基礎，大意如下：(1)雙方承認國民政府主席蔣中正的統一領導；(2)國民

政府給予中國共產黨及其他政黨以平等、合法地位；(3)共軍接受國民政府編制。隨後，赫爾利多次協調，但告破裂（梁敬錞，1985：309-51）。

　　赫爾利辭職之日，美國總統杜魯門任命馬歇爾（George C. Marshall）為大使，至中國繼續調停國共糾紛，並有兩點指示：(1)促使中國政府召開全國政治份子會議，使中國得到統一；(2)國共停戰。其目的在迫使國民政府與中國共產黨進行和談。一九四六年一月五日，美國派遣馬歇爾來到中國進行調處[5]，及至一九四七年一月，馬歇爾調停任務徹底失敗（黃大受，1991：250-315）。調停之前，政府軍隊尚佔優勢，有足夠的力量可擊敗共軍，但為了接受停戰，致處處被動，讓共軍乘機不斷擴張，雙方軍事優劣形勢，乃逐漸轉移。一九四六年十二月，馬歇爾返美任國務卿，把調停失敗的責任歸咎於國民政府，並對中國改採「靜觀其變」的策略，且中止對華的軍事援助，造成國軍因美制武器裝備彈藥零件的缺乏而減損戰力。一九四七年五月，美國解除對華軍火禁運，並於七月派魏德邁到中國對中國情勢作一調查，結論認為中國國民黨面對中國共產黨軍事威脅，仍不肯作大幅度改革，即使有大量援助，仍難消滅中國共產黨勢力，預期國民政府即將崩潰。稍後，中國國民黨內部出現「對外聯蘇、對內和共」的聲音。一九四七年九月，蔣中正在六屆四中全會上表示要加強與蘇俄的關係，並不再依賴美國。十月，美國中央情報局向白宮報告，預測一年後中國共產黨將獲得勝利，即使美國援助中國亦無法改變此一局勢。一九四八年一月，蘇俄駐華武官羅申表示蘇俄願意出面調停國共爭端，引起美國官員不安。美國怕中國國民黨抗共失敗，美國民主黨籍總統杜魯門在共和黨的督促下，於二月恢復援助中國國民黨（陳政均，1948：5-8）。但美國的援助，並未能使中國國民黨扭轉局勢[6]。一九四九年一月，由於國軍在徐蚌會戰中失利，長江以北絕大部分地區為共軍所有。美國駐華大使司徒雷登（Leighton Stuart）希望以副總統李宗仁和第三黨派取代蔣中正，同中國共產黨講和，劃江而治。於是二十一日，蔣中正引退，李宗仁代行總統職權。李宗仁負責軍

國大政後，一面與中國共產黨和談，一面爭取美援，又一面央求蘇俄出面調停。蘇俄以中國國民黨不肯疏遠與美國的關係，拒絕了李宗仁的請求。一九四九年五月，美國國務院即訓令美國駐華大使館，提出美國承認中國共產黨的條件，包括履行國際義務、穩定國內秩序等。八月，美國發表「中美關係白皮書」[7]，亦置中國國民黨於不顧。在這種情形下，中國國民黨的外援斷絕，而中國共產黨得自蘇俄的援助卻不斷增加。中國國民黨謀和不成，作戰失敗，乃不得不自大陸撤守臺灣。

在二次大戰期間，蘇俄和美國在遠東戰場的主要目標是抗日。初時蘇俄在歐洲全力防德，在遠東不僅支持國民政府抗日，且希望中國共產黨與中國國民黨合作抗日，目的在維護蘇俄後方的安全。及至德國對蘇俄的威脅消除後，蘇俄始伺機投入中國戰場，俾獲利益。反之，美國的對華政策是「扶蔣、打共、反蘇」，反蘇時必須連上中國共產黨，所以蘇俄對華政策在形式上不能不與中國共產黨隔離。比較說來，在戰後的頭二、三年，中國國民黨對美國的依賴較中國共產黨對蘇俄的依賴為大。當馬歇爾調解國共衝突失敗、美國減少對華事務的干預時，中國國民黨頓失所依；而蘇俄眼見中國共產黨勢力發展迅速，由限制中國共產黨擴張轉而支持中國共產黨擴張，使國共鬥爭的後援力量此消彼長。此為中國國民黨失敗的重要原因。

二、過程

（一）第一屆國民大會第一次會議的召集

一九四七年一月一日，國民政府明令公布「中華民國憲法」與「憲法實施之準備程序」；三月三十一日，頒布「國民大會組織法」；十一月二十一日，全國選舉國民大會代表；二十二日，國民政府為籌備第一屆行憲國民大會開會事宜，特設國民大會籌備委員會，並公布國民大會籌備委員會組織規程；同時特派孫科、張繼、曾琦、徐傅霖、莫德惠、

吳鐵城、吳鼎昌、甘乃光、邵力子、陳立夫、余井塘、張厲生、洪蘭友、李惟果、雷震十五人爲國民大會籌備委員會委員，並指定孫科爲主任委員，張繼、曾琦、徐傅霖、莫德惠爲副主任委員，又特派洪蘭友兼任秘書長（國民大會秘書處，1961a：1-98）。十二月二十五日中華民國憲法正式實施。

根據「憲法實施之準備程序」第四條的規定，依照本憲法產生之國民大會代表之選舉，應於各有關選舉法公布後六個月完成之。按「國民大會代表選舉罷免法」於一九四七年三月三十一日公布，則第一屆國民大會代表之選舉，應於一九四七年九月底以前完成，並定期召集。惟當時選舉事務，因國共內戰，使若干地區不能按照原定程序，如期辦理完竣[8]（徐漢豪，1947：7-9）。截至一九四七年九月底，各地已選出代表尚未報齊，造成第一屆國民大會第一次會議不得不延期召集。一九四七年十二月六日，國民大會籌備委員會秘書長洪蘭友發表談話稱：「按國民大會之召集日期，依照憲法實施之準備程序第八條之規定，依憲法產生之國民大會代表、立法委員、監察委員已選出各達總額三分之二時，得爲合法之集會及召集，是行憲國民大會召集之日期，須視依憲法產生之代表已否選出達三分之二爲準。現全國國民大會代表之選舉結果，尚未分別報齊，是否已選出達總額三分之二，倘無從計算，則召集國民大會之期，自不能遽爲預定。至上年國民大會第二十次大會議決定一九四七年十二月二十五日爲憲法施行日期，此謂自此日起國家正式進入憲政階段，政府一切措施，均當依憲法之規定行之，如國民大會之召集及立法院自行集會等等，皆爲行憲之首端，並非謂國民大會即於是日開幕。國民政府自本年元旦公布憲法以來，業經依照實施之準備程序次第爲實施之準備……現政府對於召集國民大會日期問題，正在等候全國代表之選舉結果爲決定，不久當有所公布。」（國民大會秘書處，1961a：97）

一九四七年十二月二十五日，國民政府依憲法實施之準備程序第五條及第八條之規定，明令定於一九四八年三月二十九日召集國民大會。是日上午十一時，第一屆國民大會第一次會議在南京國民大會堂舉行開

會式，出席代表一、六七九人[9]，接著由國民政府主席蔣中正致開會詞，其重點如下（國民大會秘書處，1961a：117-9）：

1. 強調第一屆國民大會開會受著全國選民的付託，行使憲法所賦予的職權，乃中華民國實行民主憲政的開始，也是國父領導國民革命五十餘年犧牲奮鬥以求達到的目標，並以國父嘗言「所謂民國者，不務民國之名，當務主權在民之實」與「三民主義的意思，就是民有民治民享，國家是人民所共有，政治是人民所共管，利益是人民所共享」與國民大會共勉。

2. 強調中華民國憲法頒行的過程充滿了困苦艱難，故須珍視憲法的價值，芟除民主的障礙，保障憲政的成功。世界各國的憲政，無不是逐漸發展，隨潮改進，逐漸充實，而達到完全的境界。憲法不重在條文的美好，而重在圓滿的實行。

3. 將中華民國憲法分為三大部分：第一是人民的權利義務；第二是國家的政治組織；第三是國家的基本政策。這三部分也就是民有民治民享的內容。唯有人民有行使政權的能力和習慣，就了解人民權利與自由的可貴，能善盡國民對於國家的義務，而後國家基礎得有確實的保障，國家乃始成為人民所有的國家。

4. 將中國共產黨的叛亂視為民主憲政最大的障礙，故要求戡亂與行憲應該並重，以剷除這個建國的障礙與民主的敵人。

5. 認為本次國民大會是行憲的第一屆大會，憲法甫告施行，利弊得失之所生，還沒有具體的經驗可供修改的參考。因之，大會的使命，只是行使選舉權，以完成中華民國政府的組織。

主席致詞後，由代表吳敬恆領導全體代表宣誓，誓詞為：「謹以至誠，恪遵憲法，代表中華民國人民行使職權。謹誓。」宣誓畢，宣告禮成。

(二) 提案與讀會

一九四八年三月二十九日，第一屆國民大會在南京召開，其主要目的在於選舉產生中華民國第一任總統。當時，國共已在各地戰場展開激烈的內戰，因此，開會之初，即有國民大會代表提案修改憲法，以應付亂局。但是，憲法頒行三個月即予修訂，對憲法之尊嚴將有嚴重損害，再者，修憲應付亂局恐緩不濟急。會中，乃由王世杰領銜提案，制定「動員戡亂時期臨時條款」，以取代修憲。有關修改憲法之提案，總計十三件。但經四月十四日主席團第十五次會議決定處理程序：

1. 修改憲法之提案合於憲法第一七四條之規定者，逕提大會。
2. 與憲法有關但非修改憲法者，照一般提案交付審查。
3. 修改憲法之提案不合於憲法第一七四條之規定者，由秘書處分別通知原提案人。據此原則，修改憲法提案合於憲法第一七四條規定者計六件，依照大會議事規則規定，應經過讀會。

一九四八年四月十五日，第一屆國民大會第九次大會開會討論修改憲法案，依議事規則第四十六條之規定：「第一讀會朗讀議案後，提案者須說明其要旨，如出席代表有疑義時，得請提案人解釋之。」有關修改憲法提案六件，經秘書長洪蘭友宣讀各案案由後，依次由秘書處宣讀員宣讀提案全文，主席即請原提案人說明提案要旨，復徵詢大會有無疑義，分別經大會決議：「交第一審查委員會審查」，茲就其中有關修改憲法提案兩件之案由、修改內容及原提案人說明提案要旨，分別列舉如表2-2。

一九四八年四月十六日，各組審查委員會開會，審查修憲提案之第一審查委員會上午連續開會，對莫德惠等代表所提制定臨時條款使總統得為緊急處分案，並無反對意見。對代表張知本所提增加國民大會職權及國民大會改為每二年集會一次案，民、青兩黨代表則大力反對，並發生激辯（文伯，1948：1-2）。蓋自一九四六年制定憲法時，對於國民大

表2-2　第一屆國民大會第一次會議提案表

案由	修改內容	提案人說明提案要旨
張知本等六八九位代表提請修改憲法第二十七條及第二十九條條文案。	憲法第二十七條修改為「國民大會之職權如左： 一、選舉總統副總統。 二、罷免總統副總統。 三、創制立法原則。（新增） 四、複決有關人民權利義務之法律。（新增） 五、修改憲法。 六、複決立法院所提之憲法修正案。 　前項第三款至第六款之政權行使辦法，由國民大會制定之。 　第二十九條修改為「國民大會每二年集會一次，如屆總統任滿，該次集會應於任滿前九十日舉行，均由總統召集之。	原提案代表張知本說明提案要旨： 　「本案修改條文理由，已有書面詳細說明，秘書處也已經宣讀，各位代表都已知道，不必兄弟重複說明，耽擱各位的時間。不過兄弟要加以說明的，我們是依法行使職權，提議修改憲法，而外界對於這一次國民大會應不應該修改憲法，有諸多懷疑。兄弟想說明懷疑的理由，不外有幾點，就是憲法還沒有實行，怎麼就要提議修改。兄弟看來，選舉法是一種公法，就是憲法中間的一部分，這一年以來我們行使的選舉法，就是根據憲法訂定的，我們憑良心講，我們種種的選舉，辦得好不好？內政部長兼選舉總事務所主席委員在大會報告，承認逼我採用的選舉法，在中國目前環境之下實行起來，很容易發生流弊。這是說明選舉法已經在實行了。並且憲法不在乎實行不實行，不是一個東西一定要先試驗而後修改，現在已看到行之不通，為什麼不修改呢？如果讓他試驗了行不通，然後再修改，無異把國家人民生命財產來作試驗，實在太殘忍了。我們不是在化學室裡，試驗錯了，只不過糟蹋一些物質而已。拿憲法做試驗，這是有損國家人民生命財產的。同時就這幾天大家討論的情形看來，都覺得以往的政治不夠民主，表現政府無能，我們實行憲法以後，要人民有權，政府有能。假定人民沒有權，政府便不會有能；所以要政府有能，一定要人民有權，這個道理，不必兄弟細說。還有人說這一部憲法是政治協商會議協商的結果，似乎不好修改，修改了怕傷感情。兄弟是有黨籍的，當然不希望傷感情，不過我們是國民大會，憲法規定我們中華民國的主權屬於人民全體，我們國民代表是代表人民行使職權的，同時這是國民代表大會，不是黨派會議。而且這一部憲法是百年大計，不好隨便敷衍遷就，本案簽署同仁幾經商量，認為如果單憑我們的理想，把全部憲法

（續）表2-2　第一屆國民大會第一次會議提案表

案由	修改內容	提案人說明提案要旨
		修改成爲適合中國國情的憲法，爲時間所不許，因此我們愼重的研究，擇其重要者修改，既節省時間，又適合實際，也不必全部更動。至於全部憲法的修正，只有俟之將來，使成爲一部盡善盡美的國家憲法。各國憲法也是逐漸改進的，所以我們有這樣一個修正的提議。因爲外面有誤解，甚至於有人怕中國共產黨說話，這是笑話，我們知道現在是戡亂時期，還怕什麼是中國共產黨嗎？我們希望這一個最少限度的修改案件，能夠順利通過，節省大會時間。」
莫德惠等一、二〇二位代表（提出一讀會時爲七七一位代表）提請制定動員戡亂時期臨時條款案。	茲依照憲法第一七四條第一款程序，制定動員戡亂時期臨時條款如左：　總統在動員戡亂時期，爲避免國家或人民遭遇緊急危難，或應付財政經濟上重大變故，得經行政院會議之決定，爲緊急處分，不受憲法第三十九條或第四十三條所規定程序之限制。　前項緊急處分，立法院得依憲法第五十七條第二款規定之程序，變更或撤銷之。　動員戡亂時期之終止，由總統宣告，或由立法院咨請總統宣告之。	原提案代表莫德惠說明提案要旨：　「本席對於所提請制定動員戡亂時期臨時條款案，有兩點補充說明。第一，就是這個提案完全是適應現在國家的需要。因爲現在全國同胞都在水深火熱中，這是奸匪所造成的，我們爲要加緊戡亂建國工作，必須賦予元首以緊急應變的臨時權限。第二，就是要說明這種提案性質的產生，過去在國際制憲史也有先例，比如第二次世界大戰時候，美國國會之對羅斯福總統的授權，英國國會之對邱吉爾首相的授權，這是大家所共知的。這種授權，與其說是授權，毋寧說是加重他們的責任。我們國家現在正在戡亂時期，我們也必須如此，才能達成戡亂工作和安定全國的目的。因此，本席希望大會同仁共體時艱，挽救危亡，對於這個提案務須予以考慮，予以贊同。至於在法律上的觀點，我們應該還有充分的說明，現請本案提案人之一王代表世杰再作補充。」　代表王世杰補充說明：　「我們七百餘人提這個議案，其根本目的，在求行憲戡亂並行不悖。我們知道，現在政府有兩大任務，一爲開始憲政，一爲動員戡亂。但在憲法裡，對於政府在變亂時期的權力，限制甚嚴。如果沒有一個適當的辦法補救，則此次國民大會閉會以後，政府實行憲政，必有兩種結果：一爲

（續）表2-2　第一屆國民大會第一次會議提案表

案由	修改內容	提案人說明提案要旨
		政府守憲守法，但不能應付時機，敉平叛亂，挽救危機；一為政府為應付戡亂需要，蔑視憲法或曲解憲法條文，使我們數十年流血革命，付了很大犧牲而制定的憲法，變為具文，我們提這個案，以沈重的心情，要使國民大會休會以後，真正能行憲而且能戡亂，故有此提案。第二，本案提出的補救方法，在我們商討的時候，曾有人認為可以採取決議案的方式，由大會通過授權總統處置戡亂，無庸修改憲法。這個意見，我們考慮結果，認為不當。因為大會決議案不能與憲法有同等效力，影響憲法條文，說到修改憲法，同仁見仁見智，各有不同，一般社會人士認為目前修改憲法，有損憲法尊嚴。但我們的提案是有時間性的，僅能適用於戡亂時期，變亂平定以後，條文的效力便要消失，我們考慮了很久，也參考了其他國家的先例，所以我們不用大會的決議，也不作憲法本身的修正，僅僅係在憲法條文之後，再加一個臨時性的條款，其制定的方式，仍照修憲方式，俾與憲法具有同等效力。第三，我們所提出的臨時條款只牽涉憲法第三十九條與第四十三條。憲法第四十三條：『國家遇有天然災害、癘疫或國家財政經濟上有重大變故，須為急速處分時，總統於立法院休會期間，得經行政院會議之決議，依緊急命令法，發布緊急命令，為必要之處置。但須於發布命令後一個月內提交立法院追認，如立法院不同意時，該緊急命令立即失效。』依照這條條文，如果沒有另外條款的補充，在有重大緊急變故時，政府必會被迫採取違憲違法的措施，或者貽誤時機，坐使事態擴大。憲法第三十九條：『總統依法宣布戒嚴，但須經立法院之通過或追認；立法院認為必要時，得決議移請總統解嚴。』換句話說，總統宣布戒嚴，必須經過立法程序，在立法院開會期間，必得立法院之通過，在立法院休會期間，亦須事後提交

（續）表2-2　第一屆國民大會第一次會議提案表

案由	修改內容	提案人說明提案要旨
		追認。此種規定，在戡亂期間，對於一切應變之處置，是有窒礙的。我們對於憲法本身固不願意輕易修改，但對此兩條文，如無補充規定，則將來不是只能行憲不能戡亂，便是只能戡亂不能行憲。同時我們顧慮到，為防止總統與行政院濫用職權，故有『前項緊急處分，立法院得依憲法第五十七條第二款規定之程序，變更或撤銷之』之規定，一面也是尊重了立法院的尊嚴，其次，戡亂終止以後，總統不宣告撤銷時，也可以『由立法院咨請總統宣告之』。在憲法條文之外，如果再補充了我們所提議的臨時條款，我們相信在負責的政府裡，一定可以守法，也一定可以戡亂，這樣雙重的目的就可以達到。故我們請求各位代表對本提案予以支持和援助。」

資料來源：國民大會秘書處，《第一屆國民大會實錄（第一編）》，台北：國民大會秘書處，1961a，頁210-21。

會之職權，經過政治協商關係，較之「五五憲草」削減甚多，故多所辯論。是以在本次會議召集前，已有部分代表醞釀修憲；及大會開幕，此一問題遂成為大會討論重心，在討論大會議事規則時，已充分表現擴大國民大會職權之主張，成為會場上爭辯之中心。因此在審查會中，贊成修憲者多主張擴大國民大會職權，每二年或三年召開一次，並設置駐會代表會經常行使政權，以達所謂人民有權、政府有能之理想；反對修憲者則謂甫經行憲，善否未見，此時修改，徒滋紛擾[10]。後經王寵惠、陳布雷、王世杰、谷正綱與陳啟天、孫亞夫等商得結果兩項：

1.制定臨時條款，必須通過。

2.國民大會兩年後開會討論修改憲法問題。

上項辦法提出後，主張修憲代表仍不同意，審查會遂無結果而散。四月十七日，國民大會第十一次大會繼續討論修改憲法案時，第一審查

委員會召集人張映書報告：「在昨天的審查會中，一共有十三案，歸納起來，可以分為四個範圍：第一是修改憲法，第二不贊成修改憲法，第三增加臨時條款，第四召開臨時會議。因為這些問題與憲法有密切關係，大家廣泛討論，不易得到個別的具體結論，各位代表發言踴躍，情緒非常熱烈，直至午後六時散會，還沒有得到一個結論。我們計算出席審查會的人數，計五百八十餘人，要求發言者計一百十一人，已發言者只有三十二人，還有許多代表的寶貴意見，沒有時間來得及發表。我們並不是得不出結論，因為有這麼多人還沒有發言，審查會就未便作結論。所以今天大會的議事日程，雖然討論修改憲法，第一審查委員會還沒有結論可以報告。昨天主席團開會時，召集人被邀參加陳述審查情形，大家認為有繼續審查必要，今天是否變更議程，繼續審查，請大會作最後決定。」（國民大會秘書處，1961a：264）經大會主席秦德純按照議事規則第五十五條規定，「議事日程所列議案不能開議或議而未能完結者，主席團得徵詢大會同意，改定議事日程」提付大會表決。當時在場代表一、八七七人，贊成者一、四〇九人，多數通過，乃交付第一審查委員會繼續審查。

　　四月十七日，國民大會決定繼續審查修改憲法提案。第一審查委員會於是日上下午兩度開會（第二次審查會議與第三次審查會議），下午審查時，通過召集人所擬之審查報告：「本審查委員會審議有關憲法各案，認為在此動員戡亂時期，莫德惠所提臨時條款確有必要；同時，國民大會臨時會之召集，亦應予以確定，俾本屆所提其他修改憲法各案得於臨時會中獲得適當之討論與決定。茲本以上意旨，擬就莫德惠等代表所提案加列一項，謹請大會將左列全文予以採納，移付二讀會與三讀會。」於是第一審查委員會對於修改憲法提案之審查，始告一段落。

　　四月十八日上午，第十二次大會，主席于斌宣布討論修改憲法案一讀會。當由第一審查委員會召集人張映書向大會報告審查經過及審查結果。審查報告宣讀後，主席請第一組召集人羅文謨補充說明：「前昨兩天上下午開會，各位代表發表寶貴的意見很多，就各位代表口頭或書面

意見歸納起來，可以看出裡面有二個共同要點：第一，就是應付目前戡亂要緊工作；第二，無論主張修改憲法或反對修改憲法，都承認在戡亂緊急期間，全國人民遭受重大損害，或者是財政上經濟上損害時，如果照憲法通常程序，實在不夠應付這個危局，所以無論主張修改憲法或反對修改憲法，都以這個為最高理想，但達到這最高理想，不一定修改憲法原來條文。我們為雙方兼顧，求得兩全的辦法，就是歸納各位代表的提案和審查會各位委員的意見，提出折衷辦法。我們在憲法上不修改條文，同時又顧到張代表知本等所提的修改第二十七及三十九條的提案，使將來可以達到修改的目的，所以在臨時條款中加上這一項，在這次大會中決定三十九年十二月二十五日以前召集臨時會，討論修改憲法問題，那時候戡亂工作可望告一段落，行憲利弊得失，可以蒐集更多資料，加以詳細周密的考慮，再提出修改意見，在臨時大會討論。這樣，張代表知本的提案顧到了，各位代表召開臨時會的意見也顧到了，同時事實與最高理想、最高要求都兼顧到了。希望各位代表對這折衷意見，能在二讀會三讀會通過，以完成我們的任務，達到理想目的。」（國民大會秘書處，1961a：266）

修改憲法案，照大會議事規則第四十五條規定程序經過一讀會，根據第四十七條交付審查。現審查會已提出審查報告並經說明，主席團為求進行程序能清楚解釋，再請王世杰解釋修改憲法程序，然後進行討論。王世杰（國民大會秘書處，1961a：267-8）說明重點如下：

1. 以提案人的身分向大會鄭重聲明，臨時條款屬於修改憲法的案。凡是變更或是廢止與補充憲法條文的提案，都是修改憲法。

2. 回答審查會許多代表問為什麼不直接修改憲法本文？要用臨時條款？理由很簡單，因為所提這個案，有效時間是有限的，與憲法其他條文不同；而憲法本身的條文只要不經過國民大會的修改，永遠有效。這個臨時條款時效有限制，不須經過修改程序，俟戡亂終了，自然消滅，所以應該用臨時條款。

3.回答許多代表問這個方式，旁的國家有無先例？這一點用不著答覆，旁的國家有先例，我們固可以仿效，沒有先例，我們也可以創制。而且旁的國家先例很多，旁的國家往往在憲法本文以外，設臨時補充條款，這個條款因時間性或區域性而設的；譬如一九一九年德國威瑪憲法最後一章，就是臨時條款。

4.有若干代表在會外說，訂立臨時條款，將來會不會有危險？我們提案人提這個案，經過慎重考慮，臨時條款的有效期間，只有兩年，而且僅限於戒嚴的宣告和應付財政經濟上重大變故的緊急處分；同時這種權限，立法院可以依法變更或廢止，最後臨時條款到了某一個時期，沒有廢止，本大會可以廢止。這個條款範圍不大，而保障則頗為嚴密。

5.強調本案的提出並非對未來的總統（指蔣中正）特別信任才提這案，乃純為國家人民著想，且說明提這個案的時候，主席蔣中正正向中國國民黨執行委員會要求允許他不競選總統。提這個案，是認為對未來的總統，不妨給他這個權；因為沒有這個臨時條款，戡亂工作沒有法子做下去。

6.認為憲法需要修正的地方確實不少，但事實上不可能在最短時間內考慮周詳。

　　進行程序說明後，主席即依照議事規則第四十七條之規定，將審查意見提付討論，當有田植萍、賈永祥等代表發言，反對與贊成者均有。主席以「根據一讀會程序，大體討論後可停止討論，須決議交付二讀會討論或再付審查，當徵詢大會同意」，將審查意見提付表決。表決結果，在場代表二、○四五人，贊成將審查會報告付二讀會者一、七二九人（按二、○四五的四分之三為一、五三三人），多數通過。

　　上項報告於四月十八日提出於大會，並經大會迅速完成二讀及三讀程序，通過「動員戡亂時期臨時條款」，並於文後加一項有關修憲之規定：「第一屆國民大會，應由總統至遲於民國三十九年十二月二十五日

以前，召集臨時會，討論有關修改憲法各案。如屆時動員戡亂時期，尚未依前項規定宣告終止，國民大會應決定臨時條款，應否延長或廢止。」並決議「動員戡亂時期臨時條款」自一九四八年五月十日起施行。

四月十九日，國民大會舉行總統選舉大會，共有二、七三四位國民大會代表出席，候選人有蔣中正[11]、居正。蔣中正獲得二、四三○票，居正獲得二六九票。依「總統副總統選舉罷免法」[12]規定第一次得總額過半數則當選，故由蔣中正當選。

四月二十三日，舉行副總統選舉大會，共有二、七九○位國民大會代表出席，六個候選人參與副總統選舉。第一次投票結果：孫科五五九票，李宗仁七五四票，于右任四九三票，程潛五二二票，徐傅霖二一四票，莫德惠二一八票[13]。第二次投票，由取得票較多之前三名參與。於二十四日舉行，出席人數二、七六五人，結果：李宗仁一、一六三票，孫科九五四票，程潛六一六票，尚無總額過半數，故還要再投票。同日，中國國民黨向程潛施壓力，故程潛放棄競選。由於中國國民黨在事前宣布開放競選，而此時卻施壓力，故李宗仁和孫科亦放棄參與副總統選舉。稍後經蔣中正分別召見他們，並於二十八日再度選舉。該日共有二、七四四位國民大會代表出席，結果：孫科一、○四○票，李宗仁一、一五六票，程潛五一五票，尚無總額過半數，故還要再投票。二十九日再度選舉，共有二、七六六位國民大會代表出席，結果：孫科一、二五七票，李宗仁一、四三八票，李宗仁以多數當選副總統。該次副總統選舉的特色在於副總統人選有六人，並經四次投票才選出，此亦為唯一一次有二人以上競選副總統的情形。

第一屆國民大會自三月二十九日開幕，五月一日閉幕，歷時三十四日，計開預備會議六次、大會十六次、總統選舉大會一次、副總統選舉大會四次、分組審查會四次。其間雖有波折，然終使大會圓滿結束。而當時學者和政論雜誌對「動員戡亂時期臨時條款」的批評，可以《觀察雜誌》（第四卷，第十期）於一九四八年五月一日所載樓邦彥〈論動員

戡亂時期臨時條款〉一文爲代表，全文如下（司馬既明，1995：251-6）：

「我一直認爲動員戡亂與實施憲政絕對不能同時並行，因爲動員戡亂是超乎理性的行動，實施憲政乃基於理性的制度。動員戡亂一天尚在進行著，也就是說內戰尚一天未能獲得合理的解決，實施憲政便終究是政府虛懸的招牌，或竟是政府玩花樣的手法。今觀乎『動員戡亂時期臨時條款』的制定，更加強了我的看法的正確性。

『動員戡亂時期臨時條款』係依照新『憲法』第一七四條第一款的程序制定的，第一七四條規定新『憲法』的修正程序，第一款是兩種程序中之一，即『由國民大會代表總額五分之一之提議，三分之二之出席及出席代表四分之三之決議』，修正新『憲法』，修正當然包括補充。『動員戡亂時期臨時條款』顯然並非嚴格的憲典修正，而是專爲適用於所謂動員戡亂時期的臨時補充條款。

『動員戡亂時期臨時條款』制定前，有一個值得大家注意的背景。四月四日蔣主席於國民黨中執委臨全會致訓，其大要是：『外界批評國民黨無組織、無力量、無紀律，但如每一黨員忠於紀律，即可發揮力量。我爲國民黨領袖，黨員或不忠組織，我不能如此；黨員或不守紀律，我不能如此。故有人希望我表示競選總統態度，我認爲應由黨內決定。反之，自己表示即不忠組織、不守紀律。我們應該接受歷史教訓，民國元二年間，黨的失敗即因爲黨員不遵守總理之指示……。個人認爲當前局勢嚴重之時，總統可由非國民黨人競選，個人雖不爲總統副總統，仍可與共產黨奮鬥。』（載天津《益世報》）後經臨全會根據黨務委員的研究報告，經全場無異議通過擁護蔣主席競選總統，蔣主席大概爲了忠組織、守紀律，也就接受了。此一插曲的眞相或許永遠不會弄得清楚，但是跟著便發生了修憲提案，不免令人聯想到種種相關的問題。蔣主席一再向黨員致訓，不主張修憲，於是其他修憲提案都被擱在一旁，最後僅僅通過了『動員戡亂時期臨時條款』。緊接著便是四月十九日的

總統選舉投票，結果蔣主席以獲得二千四百三十票當選爲總統，他即得以總統的地位，在動員戡亂時期享有『動員戡亂時期臨時條款』所賦予的緊急處分權。

茲就『動員戡亂時期臨時條款』本身，逐項來加以討論：

第一，緊急處分權的範圍。『動員戡亂時期臨時條款』第一項規定：『總統在動員戡亂時期，爲避免國家或人民遭遇緊急危難，或應付財政經濟上重大變故，得經行政院會議之決議爲緊急處分，不受憲法第三十九條或第四十三條所規定的程序之限制。』用無論任何觀點看，像這樣的緊急處分權的範圍，可謂爲龐大無比。根據新『憲法』第三十九條與第四十三條的規定，總統在非常時期能行使的權力原已很大，第三十九條的規定如下：『總統依法宣布戒嚴，但須經立法院之通過或追認，立法院認爲必要時，得決議移請總統解嚴。』

所謂『依法』，在現行法制下，當然是指依『戒嚴法』。總統宣布戒嚴是由於戰爭或叛亂的發生，視情勢的緊急與否，由立法院事後追認或事前通過，但立法院認爲有必要時，得請求總統解嚴。今『動員戡亂時期臨時條款』既經制定，總統的宣布戒嚴權更進一步地可以隨時便宜行使，第三十九條以及『戒嚴法』當然就成爲具文了，而立法院在制度上可能發生的限制總統權力之行使的作用也就變成虛無了。第四十三條的規定如下：『國家遇有天然災害癘疫，或國家財政經濟上有重大變故，須爲急速處分時，總統於立法院休會期間，得經行政院會議之決議，依緊急命令法發布緊急命令，爲必要之處置，但須於發布命令後一個月內，提交立法院追認，如立法院不同意時，該緊急命令立即失效。』

這是新『憲法』賦予總統的緊急命令權，行使此種權力的場合，是發生天然災害癘疫或財政經濟上有重大變故，而必須以急速處分來應付之，行使此種權力的條件是爲必要處置而發布緊急命令，必須於命令發布後一月內提交立法院追認，只要立法院表示不同意時，緊急命令便不能繼續發生效力：一切緊急命令的發布應依『緊急命令法』的規定。類似這種緊急命令權的規定，誠然不無相當危險，猶似德國威瑪憲典第四

十八條被運用的一段歷史。但是在原則上，任何國家既不能避免危機的發生，而應付危機首須爭取時間，不然將會造成難以收拾的局面，那麼發布緊急命令的辦法自然是有其可辯護之處的。這不過是說明了緊急命令權的必要，它之能否被運用得成功，尚須視守法的精神與憲政的傳統而為定，要是沒有這種精神與傳統存在，任何權力，固不僅是緊急命令權而已，都是可畏的。今『動員戡亂時期臨時條款』既經制定，總統的緊急處分權已遠超過緊急命令權的範圍，因為緊急命令在程序上，尚須於發布後提交立法院追認，立法院並可對之表示不同意，反之，在『動員戡亂時期臨時條款』之下，立法院所能發生的作用幾乎喪失殆盡了。

所以根據『動員戡亂時期臨時條款』，只要發生了緊急危難或財政經濟上重大變故，而在動員戡亂時期，隨時隨地都是緊急危難，隨時隨地都有財政經濟上重大變故，總統皆得不受『戒嚴法』與『緊急命令法』的約束，而為緊急處分。其僅有的程序上的限制是『經行政院會議之決議』，這在實際上恐怕並不過分重要，乃是顯而易見的。

第二，緊急處分權的限制。『動員戡亂時期臨時條款』第二項規定：『前項緊急處分，立法院得依憲法第五十七條第二款規定之程序變更或廢止之。』此項規定授權立法院可以變更或廢止總統的緊急處分，其應採取的程序依新『憲法』第五十七條第二款之規定。根據該款規定的程序，立法院得以決議移請行政院變更（包括廢止它所不贊同的行政院的重要政策適用於『動員戡亂時期臨時條款』時便是指緊急處分），行政院並無非遵行不可的義務，經總統的核可，它得移請立法院加以覆議，『覆議時如經出席立法委員三分之二維持原決議，行政院院長應即接受該決議或辭職』。這裡可得注意者有兩點：第一點是制度上的枝節問題，第二點是所以表明立法院予緊急處分權有限的限制。在制度上說，緊急處分仍由行政院對立法院負責，因為表面上，緊急處分權的行使都是經行政院之決議的，但將來的行政院恐仍是總統的御用機關。立法院的變更或廢止緊急處分的權力並不是絕對的，因為行政院可以移請覆議立法院關於變更或廢止緊急處分的決議，覆議時若未經三分之二出

席立法委員維持原決議,緊急處分仍不失其效力。這就是說,只有絕對大多數的立法委員不贊同緊急處分時,該緊急處分始有失其效力的可能,即使在理論上這也是相當困難的,而假令把現在的中國政治考慮在內,那是更不必說了。所以在實際的效用上,『動員戡亂時期臨時條款』第二項規定幾乎全是具文。

第三,動員戡亂時期的終止。『動員戡亂時期臨時條款』第三項規定兩種終止動員戡亂時期的方式,一是『由總統宣告』,一是『由立法院咨請總統宣告』。此項規定,事實比法律尤為重要,因為僅是法律上的宣告,不足以終止必須出諸動員戡亂的客觀現象。換言之,內戰的延長也就是緊急處分權的延長,內戰一天不結束,動員戡亂時期便不會被宣告終止,憲政也只是藉以騙騙人罷了。

第四,國大臨時會的召集。『動員戡亂時期臨時條款』第四項規定:『第一屆國民大會,應由總統至遲於民國三十九年十二月二十五日以前,召集臨時會,討論有關修改憲法各案,如屆時動員戡亂時期尚未依前項規定宣告終止,國民大會臨時會應決定動員戡亂時期臨時條款應否延長或廢止。』此項規定予人以不同的印象,一方面它似乎表示政府的樂觀處,戡亂將在一年半以內可以完成;另方面它又好像顯露政府的悲觀處,至遲於三十九年十二月二十五日召集的國大臨時會,將因屆時動員戡亂時期尚未宣告終止,而決定『動員戡亂時期臨時條款』的延長問題。果真是後一種情形的話,我們實不敢想像到那時局勢已演變到如何地步。關於召集國大臨時會『討論有關憲法各案』一點,也有兩種可能的解釋:一是單純的在平抑此次國大中主張修憲者的情緒;一是目前以『動員戡亂時期臨時條款』來應付動員戡亂時期,日後再以修憲為手段來使既成事實合法化。後一打算,或許正是政府的本意。別的不說,我們在這裡更看到了政府用心的真實面。

『動員戡亂時期臨時條款』的分析,已如上述,我的結論非常簡單明瞭。為了趨尚時髦並即合某幾方面,政府以頒布一部憲典來打出一面民主憲政的漂亮旗子,並以之遮蓋內戰的嚴重性。但是憲典的條文,對

於權力的運用究竟是一大障礙，尤其是在這生死關鍵的動員戡亂時期，這就是『動員戡亂時期臨時條款』的由來。『動員戡亂時期臨時條款』的制定是十足表現了政府一隻手頒布了憲典，另一隻手又把它撕毀了。讓我再重複地說，既拋棄了和平方法來解決國內的政治問題，政府的行憲誠意是永遠無以令人置信的。像目前這樣的局面，尤其在『動員戡亂時期臨時條款』制定以後，快要爲人遺忘了的一九二三年以後的德國人民的遭遇與經歷，又泛上了我們每個人的心頭。」

一九四八年底，戰局轉劣。第一任中華民國總統蔣中正於一九四九年一月二十一日宣布「引退」，並由副總統李宗仁「代行」其職權（郭廷以，1980：787；張玉法，1977：714）。十月一日，「中華人民共和國人民政府」成立，中華民國政府於十二月七日遷設台北。中國自此一分爲二，所差者僅領土與人民的管轄區域不同。

一九五〇年三月一日，蔣中正在台復行視事，繼續行使總統職權。八月十三日，行政院會議依動員戡亂時期臨時條款第四項規定「第一屆國民大會，應由總統至遲於民國三十九年（一九五〇年）十二月二十五日以前，召集臨時會，討論有關修改憲法各案。如屆時動員戡亂時期尚未依前項規定宣告終止，國民大會應決定臨時條款應否延長或廢止」，而提出國民大會臨時會開會問題，會議中一致認爲在台之國民大會代表僅一、〇九〇人，未達法定開會人數，故無法召集臨時會。經呈總統核示，再根據各方意見，乃決定緩召國民大會臨時會，並於八月二十四日通告之；另在十二月二十三日改開國民大會代表全國聯誼會，以交換國是意見（國民大會秘書處，1961b：199-200）。

一九五四年二月九日，第一屆國民大會第二次會議於台北市中山堂辦理代表之報到，十九日舉行開會典禮（國民大會秘書處，1961b：17-31）。本次會議的重點有二：

1. 通過動員戡亂時期臨時條款繼續有效之決議。
2. 選舉中華民國第二任總統、副總統。

　　前者於三月十一日第七次大會上討論，計出席代表一、四六三人，主席爲秦德純，發言計有張曉景、劉振鎧等二十三位代表。最後由陳其業、莫德惠等八十七位代表提臨時動議：請由大會決議，動員戡亂時期臨時條款繼續適用案。全文如下：「陳代表其業等八十七人提：請由大會決議動員戡亂時期臨時條款繼續適用案。同仁等聽了各位代表對於動員戡亂條款一案的發言，主張廢止本條款的沒有一人，主張修改本條款而加以擴充的，則人數甚多。查本條款在六年前，因匪共猖獗，爲動員戡亂而制定，現在意欲反攻大陸，動員戡亂的情勢更爲緊張，本條款不能廢止，固不待言，而針對目前情形，主張修改亦有其理由。但本條款是依照憲法第一七四條第一款的程序制定，必須有國民大會代表總額五分之一之提議，三分之二之出席及出席代表四分之三的決議，方能廢止與修改。目前由於大陸的淪陷，在台代表，總額三分之二之出席，既不可能，則對於本條款的廢止與修改，均難實現。本條款在未依照憲法程序廢止與修改以前，自應繼續有效。惟國民大會集會於此動員戡亂最緊張的時期，對於本條款似不可無明確的表示。所以同仁等建議大會，決議本條款未經正式廢止以前，自應繼續適用，既可以應當前反攻的需要，又可以表明國民大會同仁的公意。是否有當？敬候公決。」（國民大會秘書處，1961b：203-4）

　　本案提出後，提案人公推莫德惠向大會報告提案理由：「此項臨時動議已印送各位閱覽，本席謹將提出此一動議之意義說明如下：剛才各位代表對於臨時條款之發言，主張修改與延長者甚多，並無人主張廢止。臨時條款爲六年前朱毛匪幫猖獗，爲動員戡亂而制定者，今日吾人急欲反攻大陸，動員戡亂之情勢更爲緊張，此一條款自應繼續有效。有人主張此條款應予修改與加強，自亦有理由。不過，臨時條款係依據憲法第一七四條第一款規定之程序及人數而制定者，在形式上已構成憲法之一部分。今日修改臨時條款，並非大會無權，乃不免受到人數之限制耳。現吾人不能修改之，當然亦不能廢棄之。但臨時條款既爲有利於反共抗俄之法律，大會自不能不有一個明確之表示。故同仁等請求大會明

確表示動員戡亂時期臨時條款繼續適用，因爲此爲大會同仁之一致公意也。」（國民大會秘書處，1961b：204-5）繼由王雲五提出對於動員戡亂時期臨時條款的處理方法（國民大會秘書處，1961b：205）：

1. 廢止：以現在事實言，不應廢止，亦無人提及廢止，且依憲法規定，亦無法廢止之。
2. 修改加強：如要修改加強，亦須依照憲法規定程序，其人數亦不足。
3. 延長：延長臨時條款，用意雖好，但人數亦成問題，因臨時條款最後一項規定：「總統至遲應於三十九年（一九五○年）十二月二十五日召開臨時會議，討論有關憲法修改問題。」而「延長」二字係產生於臨時條款第四項「國民大會臨時會應決定臨時條款應否延長或廢止」，因此如要延長亦須代表人數總額三分之二。所以廢止、變更、延長，依照人數均不可能。現在本席等之臨時動議，乃認爲臨時條款在未曾正式廢止前應繼續有效，既非延長，亦非修改，完全爲合法之決定。至大會既已討論此案，應有所表示，表示大會公意，擁護此一臨時條款於未經正式廢止前繼續有效，並表示本大會一致擁護臨時條款繼續存在。

最後經大會主席賀衷寒徵求大會意見，出席代表全體鼓掌，一致無異議通過「動員戡亂時期臨時條款在未經正式廢止前繼續有效」之決議。此外，亦於三月二十日至二十五日選出蔣中正與陳誠爲中華民國第二任總統、副總統（國民大會秘書處，1961b：207-22）。

三、分析

動員戡亂時期臨時條款之條文內容見**表2-3**。

表2-3　動員戡亂時期臨時條款制定的條文內容

項	條文內容	備註
1	總統在動員戡亂時期，爲避免國家或人民遭遇緊急危難，或應付財政經濟上重大變故，得經行政院會議之決議，爲緊急處分，不受憲法第三十九條或第四十三條所規定程序之限制。	本項之規定，是以「緊急處分權」來凍結憲法第三十九條「戒嚴權」與第四十三條「緊急命令權」之適用。
2	前項緊急處分，立法院得依憲法第五十七條第二款規定之程序，變更或廢止之。	憲法第五十七條第二款之規定如下：「立法院對於行政院之重要政策不贊同時，得以決議移請行政院變更之。行政院對於立法院之決議，得經總統之核可，移請立法院覆議。覆議時，如經出席立法委員三分之二維持原決議，行政院院長應即接受該決議或辭職。」
3	動員戡亂時期之終止，由總統宣告，或由立法院咨請總統宣告之。	本項之規定宣告動員戡亂時期終止的方式有二： 一、由總統宣告。 二、由立法院「咨請」總統宣告之。
4	第一屆國民大會，應由總統至遲於三十九年十二月二十五日以前，召集臨時會，討論有關修改憲法各案。如屆時動員戡亂時期，尚未依前項規定，宣告終止，國民大會臨時會，應決定臨時條款應否延長或廢止。	依本項之規定，應由總統於一九五〇年十二月二十五日以前，召集臨時會，討論有關修改憲法各案。但因戡亂，故延至一九五四年三月十一日的第一屆國民大會第二次會議第七次大會，才決議「動員戡亂時期臨時條款」繼續有效。

（一）緊急處分權

　　緊急處分權乃動員戡亂時期臨時條款裡面，對中央政府體制所造成的影響最大的條款；其目的旨在將憲法第三十九條（戒嚴權）、第四十三條（緊急命令權）凍結，而賦予總統較大的權力，這使得原本屬於修正式內閣制精神的中華民國憲法，一變而爲總統制。

■緊急處分權、戒嚴權與緊急命令權的主要差異

　　緊急處分權、戒嚴權與緊急命令權的主要差異如表2-4。

表2-4　緊急處分權、戒嚴權、緊急命令權之主要差異表

	戒嚴權	緊急命令權	緊急處分權
根據不同	直接根據憲法第三十九條，另間接根據戒嚴法，戒嚴才可行使。	根據憲法第四十三條，另根據緊急命令法，因後者沒制定，且不須制定（因有了緊急處分），故無法行使。	根據動員戡亂時期臨時條款第一、二項，不需要根據任何法律，故行使較簡便。
性質不同	根據戒嚴法所採取之行政行為，此為憲法所賦予之正常性職權。	根據緊急命令法所採取之行政行為，本身為行政措施，而非法律，此亦是正常性之職權。	緊急處分乃根據動員戡亂時期臨時條款所採取之立法行為，即國家在緊急狀態下所下之命令，等於法律。為一種真正的緊急命令，而非執行命令，為動員戡亂時期之臨時性職權。蓋民主離不開法治，而此法治應指憲法及立法機關所通過之法律，而非行政機關之命令。
原因不同	限於戰爭或叛亂已經發生，而對全國或某些地方實行戒嚴。戒嚴就是軍事統治，因此要在戰爭、叛亂期間才可戒嚴。主要是起因於過去已經發生之具體情事，而補救於事後。	國家已經遇到天然災害、瘟疫，或國家財政經濟上有重大變故，必須做即時處分時才可。即起因於過去已經發生的具體情事，而補救於事後。	只要為了避免國家或人民遭遇緊急危難或財政、經濟上的重大變故。即起因於未來可能發生的抽象推測，要防患於未然之前。
程序不同	須先經行政會議之議決，後要經立法院之通過或追認，並要依戒嚴法與行政院院長或副院長及有關部會首長副署。	須經行政院會議之議決及立法院之追認，並依緊急命令法及行政院院長或副院長及有關部會首長副署。	先經行政院會議議決及院長和有關部會首長之副署即可。
時限不同	可在立法院開會時行使，亦可於休會時行使。且在立法院開會時間，可先通過再戒嚴，亦可先戒嚴後追認。	只能於立法院休會時行使；開會時，不可下達緊急命令。	可在立法院開會或閉會期間行使。
效力不同	受立法院之絕對控制，立法院只要以出席委員之普通多數，通過一個決議案，即可移請解嚴。移請解嚴時，總統就應宣告解嚴。	受立法院之絕對控制。要在發布命令後一個月內提請立法院追認，才可繼續有效。立法院只要以出席的普通多數通過決議案，則緊急命令立刻失效。	只受立法院相對控制。立法院唯有以出席委員的三分之二多數（絕對多數）通過決議案，才能將緊急處分變更或廢止。（見憲法第五十七條第二款）

■ 緊急處分權行使的限制

依據動員戡亂時期臨時條款的規定，緊急處分權行使的限制如下：

1. 時間上之限制：限於「動員戡亂時期」。
2. 原因上之限制：
   (1) 為避免國家或人民遭遇緊急危難。
   (2) 應付財政經濟上重大變故。
3. 程序上之限制：須先經行政院會議之決議。
4. 效力上之限制：須受憲法第五十七條第二款的限制，並可由立法院通過決議案要求行政院變更或廢止。

■ 總統運用緊急處分的情形

在實施「動員戡亂時期臨時條款」期間，總統運用緊急處分的情形如下：

1. 一九四八年四月十八日，第一屆國民大會第一次會議針對國共內戰，通過「動員戡亂時期臨時條款」，隨後總統蔣中正即於八月十九日，依據「動員戡亂時期臨時條款」頒布「財政經濟緊急處分令」，以整頓當時混亂的財政金融狀況。又依據該緊急處分令而同時頒布「金圓卷發行辦法」、「人民所有金銀外幣處理辦法」、「中華民國人民存放外國外匯資產登記管理辦法」與「整理財政及加強管制經濟辦法」，以整頓當時混亂的財政金融狀況。

2. 一九四八年十二月十日及一九四九年七月七日，依據「動員戡亂時期臨時條款」之規定，經行政院會議之決議，由總統頒布「全國戒嚴」之緊急處分令，宣告：「全國各省市，除新疆、西康、青海、臺灣及西藏外，均宣告戒嚴。」一九五〇年一月，又補充宣告第二次全國戒嚴令，將臺灣、海南島均劃為接戰地區（王壽南，1981：645-6）。

3.一九五九年八月三十一日，針對「八七水災」而頒布搶救、重建工作之緊急處分令。

4.一九七八年十二月十六日，針對美國宣布與中華人民共和國建交，而頒布緊急處分令，對正進行中之增額中央民意代表選舉，延期舉行，並停止一切競選活動。

5.一九八八年二月，針對總統蔣經國的逝世，而發布國喪期間，禁止人民集會遊行請願之緊急處分令。

■ 緊急處分權的研究

1.緊急處分的基本意義：緊急處分權是由各國之緊急命令權的法例而來的，因此要了解緊急處分權，就應先了解緊急命令權。緊急命令是國家遇緊急事件、狀態或事變，要做即時之處分而發布的命令，可代替法律（等於法律）、變更法律，必要時還可以牴觸憲法，故必須要有憲法上的明文規定。也就是說，法律的規定，要經過一定的法律程序，但遇到緊急情況，則可發布緊急命令代替法律，此種做法不但直接侵害到立法權，間接的破壞了憲政體制，故必須要憲法上的明文規定，以防濫用。且命令只是行政機關的一種行政行為，只是特別緊急的情況，便可成為一種立法行為，若被濫用，則後果不堪設想。最好不採用，否則也必須做非常嚴格的限制。

2.緊急處分權的歷史先例：緊急處分權來自於外國之緊急命令權之法例（薩孟武，1989：378），且為日耳曼法系國家所特有的制度（左潞生，1988：193-4）。事實上創始於一九一九年德國威瑪憲法，根據威瑪憲法第四十八條的規定：「遇有德意志國家內，公共安全及秩序遭受到重大破壞時，聯邦總統為了恢復公共安全及秩序，得採取必要措施，亦即必要時得以武力協助干預之。聯邦總統依本條之第一項或第二項所採取之措施，應立即通知聯邦議會，如聯邦議會之請求，所採措施應馬上失效。」由此規定證明，聯邦總統之緊急命令權在效力上仍受聯邦議會的限制。再根據該憲法第五十條的規定，聯邦總統的一切命令及處分，

都須經過聯邦總理或主管之聯邦部長的副署才有效力，關於軍事方面亦是如此。聯邦總理及部長只要副署，就必須負擔責任。由此條進一步證明，聯邦總統的緊急命令權在程序上須經副署，並由副署之人承擔政治責任，故此權名義上給總統，實際上是在內閣手中（鄒文海，1977：424-72）。

正因創立緊急命令的威瑪憲法，在程序及效力上皆受相當之限制，所以希特勒時代想打破此制度，進一步提高命令的效力，以達到其專政之目的，故要求下議院通過「授權法案」[14]，使其可用命令改變國家的體制。下議院通過「授權法案」後，從此威瑪憲法名存實亡。

3.賦予總統緊急處分權的影響：民國創立以來，中國就希望追求政治的現代化與民主化。一九二八年，中國國民黨形式上統一全國，成立國民政府，本按中國國民黨宣告之革命程序爲憲政時期就是革命完成之期，故軍政、訓政應是過渡階段，後由於種種原因，訓政由原訂的六年拖到十九年（一九二九年至一九四七年）。

一九四五年八月十日，日本宣告無條件投降，國民政府乃於一九四六年一月十日召開政治協商會議。政治協商會議的召開，表面乃爲國民參政會所發動，實則爲國共數次會談的結果（王雲五，1965：171）。會議召開的目的之一即爲擬定憲法草案，後以張君勱所擬之稿，逐條審查，而成爲「政協憲草」，亦即「中華民國憲法」之前身。

中華民國憲法公布之後，國共和談已全然絕望，一九四七年一月六日美國召回馬歇爾，形同宣告放棄對中國國民黨政權的支持。二月，國內黃金美鈔猛漲，相對國幣大貶，物價高漲，人心浮動。當時參政員傅斯年於《世紀評論》發表〈這個樣子的宋子文非走開不可〉一文（當時宋子文爲行政院院長），三月一日宋子文下台，但經濟局勢仍繼續惡化。及至八月二十九日，陳誠調升參謀總長兼東北行轅主任，並誇口不准中國共產黨有第六次攻勢，結果兵敗如山倒。十二月二十五日開始實行中華民國憲法。一九四八年三月二十九日，中華民國憲法名義上實行三個月，而中國國民黨籍的國民大會代表就想修改憲法，究其主因在於

依中華民國憲法屬內閣制[15]之規定，應由行政院院長掌握實權來進行戡亂。惟眾所皆知，當時政權實際掌握在依中華民國憲法規定所選出之應為有名位無實權的總統蔣中正手中，而造成名實不符之權力運作上的不便與困擾，故有人提議修改憲法（棄張君勱之修正式內閣制，而回歸五五憲草）；惟中華民國憲法方實行三個月就要修改，實為不妥。加上當時國民大會開會時，蔣中正於咨文時強調，戡亂與行憲該同重視（此乃制定動員戡亂時期臨時條款之理由）。故於四月十五日，王世杰（名義上是莫德惠）提「動員戡亂時期臨時條款」案，將憲法第三十九條（戒嚴權）、第四十三條（緊急命令權）凍結，另訂「緊急處分權」，而賦予總統極大的權力，這使得原本屬於修正式內閣制精神的中華民國憲法，一變而為總統制，便解決了名實不符的問題。

　　就程序限制而論，其實緊急處分權是給行政機關的緊急應變權。在憲法規定的正常體制下，行政院是國家的最高行政機關，總統只是國家的元首，故此權形式上給總統，實際上給行政院。正因如此（此權屬於行政院）故須受立法院之控制，使立法院可依憲法第五十七條第二項之規定要求變更或廢止，使行政院無法濫用此權。再就效力限制而論，根據動員戡亂時期臨時條款第二款之規定，立法院按憲法第五十七條第二項規定之程序，要求變更或廢止緊急處分時，行政院院長依法只有兩條路可選：接受或辭職，而絕對無第三條路（不接受又不辭職）可言。或問萬一「行政院院長接受，而總統不願廢止或變更」應如何處理？按憲政常理而言，根本不可能發生此一問題，因總統根本無權不接受變更或廢止；若有，則總統違憲。

　　總之，民主政治不承認絕對的權力，所以對於任何權力的行使，都給予某種法定的限制，用來防止權力的濫用，特別是對於緊急處分權；該類性質的權力若被濫用，則後果不堪設想。動員戡亂時期臨時條款第二款的規定，就是對於緊急處分權的起碼限制。將此限制之權，賦予代表人民的立法機關，因此不論是行政院或總統，都要遵守此一限制，不可跨越。

(二) 後續問題的發展與解決

　　一九四九年一月二十一日，蔣中正宣布下野，並失去總統的合法身分；因此，一九五○年初，蔣中正來台之初，只具「中國國民黨總裁」[16]身分；換言之，蔣中正在臺灣的統治基礎立即出現合法性的危機。三月一日，立法院決議要蔣中正「復行視事」[17]，本質上乃屬不合法。蓋就法理角度來看，當時蔣中正已是退位總統，而合法總統乃是李宗仁。若要取回總統身分，必須靠國民大會，而不能倚靠與總統並無瓜葛的立法院。然而，播遷來台的第一屆國民大會代表總額不足法定開會人數，因此無法藉由國民大會來恢復喪失的總統身分。故從一九五○年到一九五四年間，儘管蔣中正以總統身分復行視事，但實質上仍屬非法總統。為此，蔣中正遂決定召開國民大會，並開始處理以下問題：

■ 國民大會出席人數問題

　　國民大會開會受法定人數限制，此法定人數是以「總額」來計算。而總額是按「憲法實施之準備程序」之規定，以應選名額做標準，因此是三、○四五人。再依一九四七年三月三十一日公布的國民大會組織法第八條規定：「國民大會非有代表過半數之出席，不得開議。其議決除憲法及法律另有規定外，以出席代表過半數之同意為之。」依此規定，國民大會開會之法定人數要有一、五二三人。但截至一九五三年年底，據內政部調查居留臺灣及散居港澳海外各地之代表人數，未達總數之半。為因應實際情況，使國民大會之集會得以順利進行，行政院於一九五三年十二月十七日函請立法院修正國民大會組織法第八條條文為：「國民大會非有代表三分之一以上（一、○一五人）人數之出席，不得開議。其議決除憲法及法律另有規定外，以出席代表過半數之同意為之。」經立法院討論通過，並完成立法程序，總統於一九五四年一月六日公布施行。及至一九六○年年初，代表總額問題已成為第一屆國民大會第三次會議召開的障礙，因此行政院咨請司法院解釋之。司法院遂於

二月十二日舉行大法官會議，並做成釋字第八十五號解釋，從而解決此一問題（國民大會秘書處，1961a：1-16）。

■國民大會代表出缺遞補問題

自中華民國政府遷台以來，第一屆國民大會代表或因附共而遭通緝、或因陷落共區、或因行蹤不明，而產生遞補問題。皆統由內政部依法處理，再呈請行政院轉報備案。而根據「國民大會代表選舉罷免法」第二十九條規定，代表出缺時，由候補人依次遞補；同法施行條例第五十八條又規定，當選人因故出缺時，由候補人依次遞補。內政部乃就法令規定辦理國民大會代表出缺遞補一案，於一九五三年三月間擬具「第一屆國民大會出缺註銷遞補補充條例草案」，呈送行政院院會修正通過，函請立法院審議，完成立法程序，並經總統於十月一日公布。（《總統府公報》，第432號：1）內政部遂於十月十日起至十二月底止辦理代表之遞補聲報，經整理審核後，國民大會代表因故出缺，而依法註銷者計四二三人，所遺缺額由候補人依次遞補者計二四二人。依照第一屆國民大會代表出缺遞補補充條例及缺額補充辦法規定分別遞補者一五九人，尚有缺額二十三人，無候補人申請遞補。總計第一屆國民大會代表已聲報及已遞補之總人數為一、六四三人（國民大會秘書處，1961b：5-6）。

■國民大會代表任期問題

依照憲法第二十八條第一項規定：「國民大會代表每六年改選一次。」而第一屆國民大會代表係於一九四七年十一月選舉產生；故依規定，第二屆國民大會代表應於一九五三年改選產生。然因大陸已為中國共產黨竊據，因此第二屆國民大會代表之改選，有實質困難。一九五三年九月，行政院對此問題於第三○五次會議中，決議根據憲法第二十八條第二項之規定：「每屆國民大會代表之任期，至次屆國民大會開會之日為止。」在第二屆國民大會代表未能依法辦理改選集會以前，第一屆國民大會代表自應適用該項條文之規定，俟將來情勢許可，再行辦理改

選，並於九月二十三日轉請國民大會查照（《總統府公報》，第430號：2-3；黃嘉樹，1994：100-6）。

■罷免副總統李宗仁

　　一九五〇年五月五日，胡鍾吾等國民大會代表依「總統副總統選舉罷免法」之規定，向國民大會秘書處提出罷免聲請書。以副總統李宗仁於一九四九年十一月間，在國內軍事緊急之際，稱病出國，置國家於不顧，實有負國人重託為由，申請罷免之（國民大會秘書處，1961b：165-79）。一九五二年一月十二日，監察院亦向國民大會提彈劾副總統李宗仁違法失職案。十六日，國民大會秘書長洪蘭友即去函轉請監察院依法辦理。然因當時可出席之國民大會代表總數，未達法定人數，故無法開會。及至一九五三年九月，立法院通過第一屆國民大會代表出缺遞補條例；十二月，復通過修正國民大會組織法第八條條文，將開議法定人數，由總額過半數改為三分之一。稍後，因距一九五四年二月十九日之法定國民大會集會會期已近，乃依司法院大法官會議釋字第二十九號解釋，將監察院所提彈劾副總統李宗仁案，依憲法第二十九條規定，於國民大會集會時，報請大會依法處理。

　　當時國民大會秘書長洪蘭友鑑於罷免副總統李宗仁為國民大會首次行使罷免權，為使李宗仁有答辯之機會，乃於一九五四年一月十二日致電在美國之副總統李宗仁，返國答辯，然因李宗仁無意返國，且不復電[18]，秘書長洪蘭友乃將原彈劾案提報國民大會依法處理。及至第一屆國民大會第二次會議開議，三月十日舉行第六次大會時，先由主席團提報胡鍾吾等代表簽署罷免副總統李宗仁案列入大會紀錄，隨即進行監察院彈劾副總統李宗仁違法失職案。各代表對該案討論後，均一致主張副總統李宗仁應予罷免，稍後，衡文燦、黃天鵬等代表動議：本案請停止討論，即付表決。經主席徵求大會同意後，乃依照總統副總統選舉罷免法第十條、第十二條，及國民大會組織法第九條第一項之規定，於下午進行罷免副總統李宗仁案，並於該日下午通過同意罷免副總統李宗仁案

（國民大會秘書處，1961b：184-94）。

　　上述工作完成之後，第一屆國民大會第二次會議於一九五四年召開，蔣中正正式當選總統。惟就憲政學理論之，第一屆國民大會代表的任期理應結束，然蔣中正以非法總統的身分予以延長，使第一屆國民大會代表的身分由非法變合法，當第一屆國民大會代表的任期延長之後，再由原本非法變合法的第一屆國民大會代表投票給蔣中正，使其成為中華民國第二屆合法的總統，這種互為合法的利益交換模式逐告形成，更表現在往後的修憲過程。

第二節　動員戡亂時期臨時條款的第一次修正

一、制定時間：一九六○年三月十一日第一屆國民大會第三次會議第六次大
　　　　　　　會修正通過
二、制定地點：台北市中山堂
三、公布時間：一九六○年三月十一日總統公布
四、本節摘要：動員戡亂時期臨時條款第一次修正之重點，在於賦予總統、
　　　　　　　副總統於動員戡亂時期期間得連選連任，不受中華民國憲法
　　　　　　　第四十七條連選得連任一次的限制。

一、肇因

　　按中華民國憲法第四十七條之規定：「總統、副總統之任期為六年，連選得連任一次。」而中華民國第一、二任總統皆由蔣中正依法當選，故依規定，第二任中華民國總統之任期，應於一九六○年五月二十日屆滿，依法當時在任的總統蔣中正已不得連任。

　　據雷震日記所載，早在一九五八年起，當時朝野已就蔣中正是否連任第三任中華民國總統一事做探討[19]。王雲五亦擬制定「反共抗俄時期

臨時條款」以解決總統連任問題（王雲五，1965：396-411）。及至一九五九年，蔣中正是否連第三任中華民國總統的事，已成為當時國內、外的熱門話題（《中央日報》，1959/01/04；《聯合報》，1959/01/15）。而當時反對蔣中正連任的傳播媒體可以《自由中國》雜誌為重心。

一九五八年十二月二十三日，總統蔣中正在光復大陸設計研究委員會第六次全體委員會議致詞，對於修憲問題再加說明：「我還要在此重申去年在貴會所說的我不贊同修改憲法的主張。到了今天，我認為這個主張，關係於我們反攻復國的大計，更為重要。我們維護憲法的有力行動，實莫過於光復大陸；我們光復大陸的武器，亦莫過於尊重憲法。當然，憲法之應否修改，乃為國民大會全體代表之職權，非中正個人所能干預；但中正此一願望，懇切的盼能為大家所諒解和採納。」在總統蔣中正表示反對修改憲法後，《自由中國》即於第二十卷第一期發表社論，對總統蔣中正維護憲法的熱忱，表示最高的敬意。不過該篇社論仍希望更進一步看到總統蔣中正對是否連任有所澄清，但是對於這樣的要求，官方及中央社卻沒有回應。於是一九五九年二月十六日，《自由中國》於第二十卷第四期，再刊出由方望思撰寫的〈請看香港發出的臺灣政治颱風警報〉，文中對香港的輿論界，如《真報》、《新生晚報》、《星馬日報》都對蔣中正反對修憲的聲明持肯定的態度。但相對於這些讚揚，臺灣的官報和黨報則一致地保持了高度的緘默。及至十二月二十五日召開的國民大會年會中，既有修改憲法的正式提案，且有不修改憲法而使總統蔣中正繼續連任的臨時動議，遂有部分人士不免質疑蔣中正的誠意；而一九五九年一月四日，蔣經國在《中央日報》發表〈我們是為勝利而生的！〉一文，暢談海明威的《老人與海》，並對老人多所稱讚，而引發「老人」就是在隱喻讓總統蔣中正連任的想法。

一九五九年五月十八日，蔣中正在中國國民黨八屆二中全會的總理紀念週上表示：只要一不使敵人感到稱心、二不使大陸億萬同胞感到失望、三不使海內外軍民感到惶惑，而反共復國重任的完成，有了妥善安排，他絕不為個人的出處考慮[20]。換言之，蔣中正已不排除三連任的可

能。對此，《自由中國》在六月十六日發表〈蔣總統不會做錯了決定吧？〉的社論，指出「違憲毀憲以圖把持權位，那是北洋軍閥所幹的把戲。以北洋軍閥為革命對象，而又經常強調法治的蔣總統，總該不會做出這樣的事來。何況蔣總統迄今還能夠用以號召反共的唯一有力的憑藉，就是這一部憲法。如果連這部憲法都可丟掉不管而連任下去，我們真不知道蔣總統將憑什麼而能安於其位？」[21]只是當時的政府在該段時期的作為卻是動輒查扣主張反對三連任、反對修憲的言論與雜誌，但又讓主張變更憲政體制與勸進連任的言論可以到處散播，而不免令人啓疑。

隨著蔣中正可能三連任的政治訊息愈來愈強，《自由中國》便於一九五九年七月刊登顧達德的〈籌安會的醜劇〉（第二十一卷第一期）一文，文中採藉古諷今手法，將袁世凱當年為了更國體就帝位的作為，用以影射蔣中正可能的三連任。同年八月，又刊登看雲樓主的〈曹丕怎樣在群臣勸進下稱帝的？〉（第二十一卷第三期）一文，文中論述曹丕如何裝腔作勢，並用盡種種方法來顯示自己就帝位乃是「民意所迫」，同樣用以影射蔣中正在塑造民意[22]。

隨著國民大會召開的時間愈來愈近，《自由中國》對蔣中正三連任行動的批評也愈來愈頻繁。一九五九年十一月，唐德剛發表〈羅斯福總統究不敢毀憲〉（第二十一卷第十期）；十二月，方望思發表〈請重視海外對總統連任問題的看法〉（第二十一卷第十一期）等文章，以反對蔣中正透過修憲或修訂動員戡亂時期臨時條款來連任[23]。傅正亦指出，國民大會與立法院的代表「總額」並不足修憲規定的「法定人數」，因為不論是透過增加動員戡亂時期臨時條款或由國民大會作成臨時決議都屬修憲行為，都必須依循憲法第一七四條之規定進行，而這修憲的道路又因人數足額及公布日期的問題（需於「國民大會開會前半年公告之」，時已超過公告期間），所以修憲已沒有合法途徑可言[24]。

此時，行政院與國民大會向司法院提出對國民大會代表總額的釋憲聲請。大法官會議也在一九六〇年二月十二日做出「八十五號解釋」，

而化解國民大會代表總額問題所帶來的修憲問題。在取得修憲的合法性之後，二月二十日國民大會揭幕，二十九日國民大會再度因修憲案應探無記名投票抑或記名投票產生很大爭執。三月三日，總統蔣中正表示，將讓國民大會代表的待遇從無給職調整到與立法委員的待遇相等[25]。十一日，國民大會通過讓總統連任次數無限制的動員戡亂時期臨時條款；三十一日，蔣中正依新通過的總統連任次數無限制之動員戡亂時期臨時條款，而當選中華民國第三任總統[26]。

二、過程

(一) 第一屆國民大會第三次會議的召集

　　第一屆國民大會代表第三次會議召集之前，所面臨的是法定開會代表人數不足的問題。蓋當時依法應選出之國民大會代表名額應為三、〇四五人，實際所選出之國民大會代表名額實為二、九六一人。在第一次會議時，到會代表為二、八四一人；在第二次會議時，到會代表為一、五七八人。第二次會議之後，代表因故陸續出缺者，共九十五人，出缺原因如下（國民大會秘書處，1961c：2）：

1. 病故者八十五人。
2. 作戰陣亡者一人。
3. 因案褫奪公權者三人。
4. 自請辭職者四人。
5. 附匪有據依法通緝者一人。
6. 吸用鴉片或其他代用品者一人。

　　所有缺額依法由候補人遞補者僅二十八人，其餘缺額因無聲報有案之候補人，依法任其缺額。於是代表總額問題，在第三次會議召集之前，早已引起國內外各方之注意。按憲法第一七四條規定，憲法之修改

應由國民大會代表「總額」五分之一之提議，並有三分之二之出席，始
得進行討論。又總統副總統選舉罷免法第四條規定，在初次投票，總統
候選人必須獲得國民大會代表「總額」過半數之票數，始能當選。選舉
總統副總統及修改憲法為國民大會主要職權中之兩項，依照上述條文，
行使第一項職權所需之法定人數為代表總額之過半數之出席，行使第二
項職權所需之法定人數又為代表總額三分之二之出席。此項代表總額之
計算，第一次會議時，依據憲法實施之準備程序第八條規定：「依憲法
產生之國民大會代表、立法委員、監察委員，在第四條規定期限屆滿，
已選出各達總額三分之二時，得為合法之集會及召集。」此係以應行選
出人數為計算代表總額之標準。即第一屆國民大會代表總額為三、○四
五人。第二次會議時，仍以應選出之名額三、○四五人為計算標準，惟
因代表到會人數減少，不得不修正國民大會組織法第八條之開議法定人
數，及總統副總統選舉罷免法第四條之選舉程序，以適應事實。至第三
次會議到會代表，事實上將再減少，為使大會能順利行使職權，則對於
代表總額之計算標準，自應有所計慮。

　　一九六○年一月，行政院根據內政部呈報，以國民大會第三次會議
即將集會，對於代表總額如仍以應行選出人數為計算，則國民大會行使
職權，將恐不無窒礙，似應依憲法第一七三條之規定，咨請司法院予以
解釋[27]。二月一日，國民大會秘書處復函請司法院解釋代表總額之疑義
[28]。司法院接准前函，於二月十二日舉行大法官會議第一三八次會議，
經決議做出釋字第八十五號解釋：「憲法所稱國民大會代表總額，在當
前情形，應以依法選出而能應召集會之國民大會代表人數為計算標
準。」當即公布，其解釋理由如下：「本件准行政院及國民大會秘書
處，先後以國民大會代表不能改選，其出缺者亦多無可遞補；國民大會
第三次會議行將集會，即需依據國民大會代表總額計算集會人數；對於
國民大會代表總額之計算標準，發生疑義，聲請解釋。查憲法及法律上
所稱之國民大會代表總額，在國民大會第一次會議及第二次會議時，雖
均以依法應選出代表之人數為其總額；但自大陸淪陷，國家發生重大變

故已十餘年，一部分代表行動失去自由，不能應召出席會議。其因故出缺者，又多無可遞補。而憲法所設立之機構，原期其均能行使職權；若因上述障礙，致使國民大會不能發揮憲法所賦予之功能，實非制憲者始料所及。當前情況較之以往既顯有重大變遷，自應尊重憲法設置國民大會之本旨，以依法選出而能應召在中央政府所在地集會之國民大會代表人數，爲國民大會代表總額。其能應召集會而未出席會議者，亦應包括在此項總額之內。」（國民大會秘書處，1961c：6）

　　國民大會秘書處接到司法院解釋，即函請內政部依上項解釋意旨計算代表人數總額。內政部於一九六〇年二月十七日復電[29]，第一屆國民大會代表現有人數，截至一九六〇年二月十六日止，爲一、五七六人，即以此爲代表總額計算標準。

　　第一屆國民大會第三次會議的召集，乃是依據憲法第二十九條的規定，即「國民大會於每屆總統任滿前九十日集會，由總統召集之」而來，按此應於一九六〇年二月二十日集會[30]。而開會目的旨在選舉中華民國第三任總統、副總統。會議地點設於在台北市中山堂，並於二月二十日上午十時舉行開幕典禮，出席代表計一、四五四人。二十六日上午，舉行第二次預備會議，進行主席團的選舉，結果由薛岳、谷正綱等八十五人當選。主席團於二十七日舉行第一次會議時，推谷正綱爲大會秘書長，劉東嚴、崔心一爲副秘書長，經提第一次大會決議通過。

（二）提案與讀會

　　第一屆國民大會第三次會議自二月二十日起至三月二十五日止，其間共舉行主席團會議十九次，大會十二次。各代表先後提出各項議案（國民大會秘書處，1961c：244-60）。然依照憲法第一七四條第一款之規定，關於憲法之修改，應由國民大會代表總額五分之一之提議，三分之二之出席，及出席代表四分之三之決議。按本次會議代表總額以一、五七六人計算，五分之一之提議人數爲三一六人，以上四案提案人數，均合規定，提案要旨詳**表2-5**。

表2-5　第一屆國民大會第三次會議提案表

案由	修改內容	原提案人說明提案要旨
莫德惠等九六六位代表提。	「為適應國家當前實際需要，擬請順應海內外反共愛國同胞之共同期望，修正動員戡亂時期臨時條款，以鞏固國家領導中心，確保反共復國大業之必勝必成案」（提案一四一號附一）。	張知本代表說明第一四一號提案要旨： 　　「今天第一案的提案人莫代表德惠先生因事沒有出席，要兄弟來代表說明。本案的內容包括總統連任問題，創制、複決權問題及修改憲法問題，據報告的還有兩個案子的內容，也是這幾個問題，三個參考的案子，也不外這幾個問題，這些案子的性質是相同的，所不同的僅是先後緩急的區別而已。兄弟先把本人連署這個案子的目的及根據說一說，因為理由書面上已經說得很詳細，書面大家都已看到而且也報告過，不必重複，本案的辦法也很簡單，我不要再說明。 　　我們的目的，就是在反共抗俄的情勢之下，最要緊的是我們合法的地位。我們有團結的精神，這是我們最優越的條件，以千分之三的土地，四十五分之一的人口，在國際上能佔重要的地位，這就表現我們是合法的，我們有反攻復國的信心，就表現我們的一心一德。我們提案的目的，是加強我們合法的地位，加強團結的精神，以達到反攻復國的要求。 　　在辦法上，是分情、理、法三方面。以情來講，比方大家在此共患難共生死，國大代表同仁在情感上是不應該有距離的，是很團結的。憲法前言要我們遵循　國父孫中山先生的遺教，國父遺教告訴我們，大家要有豐富的情感，運用正確的理智，達到求真理的目的，這是我們立國的精神之所在，所以我們要以共生死、共患難的精神往前做去。第二點就是理，我們一定要有法的根據，來把我們合法的地位更加強，不要把我們優越的條件減少，大家中心之所在，是要把我們政府的局面弄得更有利。我們國大代表還有主人，在臺灣的主人，差不多有一千萬，海外有兩千萬，淪陷大陸的有幾萬萬，我們不能忘記主人的痛苦，我們以對主人負責任的心思，來提出這個案，把創制、複決權，把修憲放在一個適當時期，是慎重的意思。比方修憲，不是咄嗟之間可以辦得好的，一定要有一個準備的時間，假定大家又用功，又用心，很快就可以見諸實施，假使大家不用心，不用功，那慢是我們自己慢，以前總額成問題，我們有這種害怕，現在總額不成問題，隨便幾時準備好，三天功夫預備好，三天就可以實行，權完全操在我們自己手上，沒有問題，不必懷疑，這是我們簽署這個案意思之所在，與我們歷來的主張不相違背。

（續）表2-5　第一屆國民大會第三次會議提案表

案由	修改內容	原提案人說明提案要旨
		去年發表的聲明裡面有兩項，第一就是希望總統連任，第二就是修改憲法和臨時條款。所以修改憲法和臨時條款是連貫的，並不是對立的。還有幾位的提案內容，我們都拜讀了，和我們的案完全沒有衝突的地方，所不同的是在程度上有先後緩急，如果隨隨便便的做，到後來欲速則不達，為愼重起見，所以提出這個案。本案究竟應該怎麼樣處理，當然要大會通過，大會大多數人的意思一致，表示國民大會代表之精神是一致的。我們這個提案，並不是說沒有這個提案我們就不能直接為之，而是表示民主精神，我們在學政治學的時候，老師就說：民主就是自己有意見就要憑良心有勇氣發表出來，對於反對的意見，有容納之雅量。假如不具備這兩種條件，就不是民主國家，一是憑良心有勇氣發表意見，二是有容納反對意見之雅量，這樣才是眞正的民主。如果自己說一句話，而不許他人提相反意見，那就不民主了。就是人家民主，自己不民主了。我們把這幾個案子都拿出來共同商量，得到妥善的結論，拿出確實可行的案子出來，這是本席的期望。」
顏澤滋等九八七位代表提。	「擬請修訂動員戡亂時期臨時條款，以配合反攻建國之急切需要案」（提案第一五○號附二）。	顏澤滋代表說明第一五○號提案要旨： 「本席對第一五○號提案，代表九百幾十位簽署人加以說明。在未說明提案內容以前，本席還有四點意見要說明的。 一、本席是主張修改憲法的，不過為免多所更張，所以也可能贊成修改臨時條款。但本席以國民大會代表的職責，主張以修改憲法為主，假定憲法無法修改，或者大家討論結果不修改憲法，本席主張臨時條款的修改。 二、本席對於修改臨時條款也好，修改憲法也好，這個中間最主要的有兩點，一是使我們總統連選連任，二是要行使創制複決兩權。 三、今天上午通過沿用舊的議事規則，這不是說就是沿用舊議事規則進行讀會。今天上午本席曾經說過，因為一讀會與議事規則裡面所謂無記名投票方式無關，當時為免耽誤一千多人的時間起見，所以贊成依舊的議事規則來進行一讀會，但第二讀會就有表決，所以第二讀會以前，本席覺得要用新的議事規則。究竟新的議事規則裡面，對於表決方式用無記名投票也好，有記名投票也好

（續）表2-5　第一屆國民大會第三次會議提案表

案由	修改內容	原提案人說明提案要旨
		，這是大的抉擇了，本席是贊成無記名投票的，這是本席在報告說明以前的一個說明。 四、關於這個案子，本席有一個說明，因為現在印發給各位的提案，簽署人有九七四人，但前天目錄列有九七七人，九七四人印在先，目錄印在後，加了三人。但到現在為止，所有簽署人數有九八八人，本案原來提案時，簽署人數有一千二百多人，經過審查，經過核對後，除去了重複的人，除去了沒有選舉權的同仁，再除去了自己寫信要求撤退的人，原來人數一、二二一人包括這些在內，除去這些人後，一共有九八八人。我報告完畢後，將另外增加簽署的人的名字送議事組補充，現在簽署人數應該是九八八人，還有繼續簽署的，送來後再補充。 　　我們這九百多人的提案，要請大家注意一點，現在外邊人對於修改臨時條款說：『臨時條款還要修改嗎？它是旁邊的東西，你們還要修改？』請大家注意，我們的提案不是修改臨時條款，而是制定新的臨時條款，這不是修改，與剛才的其他提案是不同的，我們新的臨時條款通過以後，就要把以前的廢止。 　　現在我把提案的要點簡單說明。我們覺得提這個案是基於事實的需要，同時是對歷史的交代，也是我們良心的安慰。所謂事實的需要，依照憲法的規定總統是六年一期，兩期就是十二年，十二年的時間不能夠說不短，人生有多少年，在平常說起來這十二年實在很夠了，憲法的規定並沒有錯，並沒有不合的地方，可是在今天這個情形之下，事實上的需要，要有一個領導我們、替我們負起反共抗俄的責任，選舉這樣一個人。當此全國國內外同胞各方面紛紛來電邀請蔣總統連選連任，雖然憲法上規定，連選僅連任一次，但是憲法是幹什麼的，憲法是為國家好的，因為這樣的原因，我們就可以把它修正，使蔣總統能夠照全民的意思連選連任，負起反共抗俄、收復大陸的責任。其次，有一樁事情也是大家特別注意的，就是各位在那裡夙夜匪懈的維持憲法所賦予我們應當有的創制、複決權。講到創制、複決權，好多人在外邊談，說是國民大會爭權，大家要注意，憲法規定我們代表全

（續）表2-5　第一屆國民大會第三次會議提案表

案由	修改內容	原提案人說明提案要旨
		國國民行使四權，這四權包括選舉、罷免、創制、複決，現在我們有沒有創制、複決權呢？今年是行憲第十二年，十二年到現在創制權沒有行使，複決權也沒有行使，試問我們如何對得住我們的責任、我們的　國父、我們的百姓。我想，假定我們是在大陸的話，大陸上的老百姓是要指責我們的，『你究竟幹了什麼？你做了十二年國大代表，你盡不盡責任？』這叫我們怎麼答覆？叫我們怎麼對歷史交代？我們有很多朋友當律師，也有很多朋友是法官，也有很多朋友在公營事業等機構服務，他們說，『律師法不太適合，當三年立法委員就可以當律師，請問法律不太懂，你們幹些什麼？你們究竟負不負責任，明知不合法，為什麼不複決它？』唉！我們是沒有辦法，我們的複決權受了限制。現在我們要抬起頭來，一定要爭取憲法上所賦予我們的權利。我們國大同仁每年開會一次，由海外來的同仁也許有參加，也許沒有參加，每年都有提案，如關於公務護照條例，去年曾提出一個案，該條例規定省級參議員、立法委員、監察委員都可以用公務護照出國，唯獨國大代表不可以。我們國民大會代表經大法官的解釋，國大代表、立法委員、監察委員是三位組織一體的國會一份子，何以不能領護照？去年我們提出來了，毫無響應，什麼道理，就是我們沒有創制權，而造成不維持制度的不合理現象。這並不是說國大代表對立法院如何，而是講到制度問題。我們常常看到有的官員們到立法院去備詢，官員們說：『我去受審判。』怎麼是受審判，原來受質詢的時候，質詢人家的人，態度種種有問題，這是什麼道理，就是沒有一個制衡作用的關係。譬如去年八七水災，副總統兼行政院長，以他的魄力、以他的努力來行使動員戡亂時期臨時條款，使災區能迅速恢復。但是，假使這緊急措施，立法院提出不能同意，那就不會有這樣好的結果。現在的情形立法院是同意的，我們認為萬一立法院不予同意，則應該由總統提出國民大會複決，加以制衡。所以關於政策、法律案、預算案、條約案，根據憲法第五十七條第二、三兩款的規定，假使行政院與立法院對是項政策不能決定時，行政院長要辭職或接受，但是很好的政策，不能行使怎麼辦？至於辭職，很好的行政院長要辭職，這是對國家的損失，又

（續）表2-5　第一屆國民大會第三次會議提案表

案由	修改內容	原提案人說明提案要旨
		如不辭職，自己很好的政策不能行使，這怎麼辦？這時行政院長可提請總統，由總統提出要國民大會複決，國民大會根據案子的內容作公平的裁判。如行政院長的意見正確，支持行政院長的意見，複決立法院的複議案，行政院長應該繼續，不必辭職，這樣有制衡作用。然在行憲十二年以來，事實告訴我們，沒有創制、複決權，失去平衡的作用，『民所欲之法不立，民所惡之法不去』。這國家就成問題，且這不亞於反共抗俄的事情，而這是反共抗俄的基礎。基於這幾種原因，這是我們責任的交代，亦是歷史的交代，所以，假使能行使，我們良心有安慰。現在我們提出五條，條文內容已由播音小姐宣讀，這是一讀會，我簡單說明。」
凌鐵庵等三八一位代表提。	「憲法上關於國民大會行使創制、複決兩權之限制，亟應解除，奠定權能分立良制，促進民主法治。關於總統連任之限制，應修改為彈性規定，俾資適應時勢需要案」（提案第一六七號附三）。	凌鐵庵代表說明第一六七號提案要旨： 　「我請各位代表同仁連署提出本案，但是我既沒有學術，又多病，恐怕將案子的內容不能說到恰到好處，所以，關於『法』的問題請朱代表煥虨說明，我已徵得主席同意。 　本案連署的人數最少，為什麼人數如此之少，就是簽署時，很多代表說『我不敢簽署』，或者說『我不簽署，但是，我嘴裡不簽署，心裡卻允簽署的』，又有說『我明的地方不簽署，暗的地方是簽署的』。所以，我對那樣的代表致深深的敬意。除此外，還有最鼓勵的是常簽到合法人數，第一有人臨時撤銷名字或其他問題使這法案不能提出時，我做預備隊，對這種人，我尤其感謝。現在同時有三個案子提出，有二案是臨時條款，內容雖不同，然名字是臨時條款，其中的一個是爭取二權。我對臨時條款，要行使二權，是相當的表示同情，何以呢？一個案子有九百餘人簽署，我費九牛二虎之力，才剛夠法定人數，我仍以十二年經驗，大膽的提出一定有通過的信心嗎？有的，何以有呢？就是此次修憲，一種是本大會的職權，一種是在戡亂反共時候，不能沒有好的領袖領導。什麼人是好的領導？就是第一公民蔣中正先生。因此憲法第二十七條和第四十七條一定要修改。說到這裡，我說二句話，請原諒，我過去亦算追隨中山先生的，以後又追隨總統有年，我愛蔣總統比要修改臨時條款的還要愛總統，我們簽署修憲的人愛他比要修改臨時條款的愛得更厲害，又名不簽，在心裡簽名的，亦是不折不扣愛總統的，我希望蔣

（續）表2-5　第一屆國民大會第三次會議提案表

案由	修改內容	原提案人說明提案要旨
		總統做怎樣的人？就是精神完全無缺，甚至將來在歷史上、世界上都是完全無缺的人，這樣更不能忍心讓以後的人來毀壞第一公民蔣中正先生的名譽。蔣先生到現在不能表示要為我修憲，但是，話要說回來，如一定要修憲，他是尊重民主的，哪有不服從呢？有人說，蔣先生不敢使修憲的案子產生，這話更荒唐。蔣總統尊重憲法，尊重國民意見，我們擁戴他，全國國民更尊敬第一公民蔣中正先生，他不來是不行的，我們是同意他，要選舉他做總統，還有全國國民尊敬他做總統。所以我打一個比喻，以中華民國的歷史講，在南京政府時，臨時約法產生的政府，當時選孫中山先生為臨時大總統，至廣東後，非常國會，選非常總統，以後是大元帥，這因沒有正當選舉機構。又段祺瑞，這人好不好，是另外一個問題，他的政府是國父孫中山先生承認的，然沒有國會，沒有人支持，所以只能稱『執政』。如在我們總統以上加『臨時』二字，我想，大家不會願意的。我講對不對，請指教，關於『法』的問題，請朱代表煥虨說明。」 　　朱煥虨代表說明第一六七號提案要旨： 　　「我補充凌代表鐵庵先生關於提案的說明。本案是修憲案，今天提出來三個案，兩個是臨時條款修正案，一個是修憲案。比較陣容是第一案提臨時條款修正案陣容最大，有九百多人連署，第二案也是九百多人，比莫代表案子陣容還要大，依照人數多寡，應該多數在前，那麼我們修憲案人數最少。但是我們為什麼還要提修憲案？就是因為我們現在所要修改的意思是關於我們國民大會職權問題，也就是關於組織方面。第二，關於總統連選連任問題，也屬於組織方面，關於組織方面的問題，應該在憲法上加以修改，絕對不能修改臨時條款。如第一次所謂緊急處分案，屬於事務方面，可以的。而這一種關於國民大會的組織，關於我們的職權，這個不能用臨時條款，關於總統連選連任，屬於制度問題組織問題，也不能用臨時條款。所以我們本於愛護我們國家，愛護我們總統起見，所以還是提出修改憲法案（鼓掌）。我們現在說修改憲法案。我們從二十七條說起，二十七條第一項增列兩款，創制法律複決法律，同條第二項修正為：關於創制、複決兩項政權，由國民大會制定辦法行使之。今天我們國民

（續）表2-5　第一屆國民大會第三次會議提案表

案由	修改內容	原提案人說明提案要旨
		大會職權是四權，但現在只有兩權，而對於創制、複決兩權本來是給我們的，不過在憲法上加以限制，貼了封條，我們現在不是沒有來向他要，而是原來有的請他把封條揭開，所以這是完成我們國家一種組織的體制。在我們的五權當中，只有一個立法院有立法權，這在全世界各國是沒有的——除了殖民地。那我們爲什麼要這兩權呢？就是因爲由行使政權的國民大會控制立法權。今天我們控制立法權的政權不能行使，就是我們國家對於這一種政治制度沒有能夠建立（鼓掌）。我們行憲十二年，國家的政治制度還沒有能夠完全建立，這是國家的損失，毋怪人家說我們無組織。我從來沒有聽見人家說關於組織的東西用臨時條款，我沒有聽見過，所以關於國民大會的職權我們主張修改。至於國民大會的職權將來如何行使，這是屬於我們國民大會的行使職權的程序方面，那麼這一種程序要另外定一個行使創制、複決的法才能行使。究竟將來幅度如何，在那個時候再儘管從長計議，但是原則非要拿到兩權不可。我們這一種相忍爲國的精神，同所謂中央黨部的先生們，所謂主席團的先生們，我相信是一貫的。關於創制、複決權，我們一定要徹底的來堅持，來爭取，如果不給我們，我們一定要詳述我們的理由，請大會的主席、將來主持大會的主席，甚至於將來審查的時候，對於本案的意見，要充分的給它拿出來，萬萬不能用自己的主席權控制會場。所以關於總統的連選連任問題，我們也是一致的擁護，但是本席乃至於我們提案同仁覺得這件事情非常的重大，我們一個代表我們中華民國的國家元首，叫他由臨時條款出來，我們於心不忍（鼓掌）。尤其我們總統要連選連任，我們拿這種辦法對待元首，恐怕將來幾千年以後有議論。我們是對事不對人，只問現在是不是需要他，如果確實需要他，應該拿這一種事實，就是深深的敬意擺到憲法上，變成永久的制度，絕對不是因爲蔣總統個人而來修憲法。所以本席希望關於組織關於制度的問題，絕對不能用臨時條款。關於這一點，是我們提案人共同的、一致的意見是如此。 　　其次就是關於我們國民大會爭取這種制度，我們不是爭權力，是爭組織方面的制度、爭我們的職權，不是爭事權。所

（續）表2-5　第一屆國民大會第三次會議提案表

案由	修改內容	原提案人說明提案要旨
		以關於這一點，外界報紙上說爭權，我們要同新聞記者說，我們是爭職權，不是爭權力。我們所以要行使這種政權，我們是爲監督立法權。剛才顏澤滋代表已將現在立法院種種情形都說過了，本席不想再說，如今既有這種現象發生，我們行憲十二年之久，這種不合法的情形給存留在法律上，使得他們自己取得了律法資格，這一點要請諸位注意，他們是轉彎取來的，先行在法院組織法上說有任法官的資格，公務員資格一定要經過考試才能取得，在行憲以前不考試過可以，但行憲以後是絕對要經過考試才能取得，不是做三年立法委員就可取得法官資格，而他們不將牴觸憲法的法律廢止，反而自己用以取得這種資格，以至於使現在的司法威信掃地（鼓掌）。要知道我們人民與政府發生直接關係的就是司法，司法的公平不公平可以瞞住上面，不能瞞過老百姓，老百姓同我們知道（鼓掌）。已經發生了這種情形，社會上一致呼籲，我們國民大會每次開年會，甚至於也在臺灣舉行的第二次會議，都有這案子提出，但政府當局從來不問，爲什麼？怕立法院。爲什麼怕立法院？因立法院控制到預算權，如果不敷衍立法院，恐怕經費減少（鼓掌）。爲顧自己的方便，影響到憲法的效率，所以對這一點，我們內心感到非常沈痛。要行使我們的職權，必須每年集會一次，如不每年集會一次，發生了事情就不能及時控制，這個權拿在我們手上，仍等於是空的。」
郎雲鵬等三四八位代表提。	「增訂動員戡亂時期臨時條款，國民大會應設置機構，研究行使創制、複決兩權實施辦法，及有關憲法問題，提出國民大會臨時會，加以審議，當否？請公決案」（提案第二二六號附四）。	郎雲鵬代表說明提案要旨： 　「本提案的動機爲解決問題，現在斟酌的二個問題，莫案主張修改臨時條款，同時創制複決權沒有放在裡面，其次顏案亦主張修改臨時條款，並主張行使創制複決權。本席以爲當前的環境，總統一再表示不要修憲，又說創制複決權的行使可以研究，但目前以不要變更國家體制較爲適宜。因此我提出折衷案希望解決問題。我們看，莫案能否通過，本席估計不會通過；其次顏案能否通過，大家心裡明白，亦是不會通過的。如果兩案都被否決，到那時形成僵局，所以我提出雙方接近的案子，予以折衷，使能解決。解決問題是大家共同的要求，我提案的意義就在這裡，本案的內容要設常設機構，這常設機構和過去的憲政督導委員會和光復大陸設計研

（續）表2-5　第一屆國民大會第三次會議提案表

案由	修改內容	原提案人說明提案要旨
		究委員會不同，那兩個會是國民大會以外的組織，我提的是要設在國民大會以內的機構。各位代表的精神、物質及待遇平等問題，在這機構內能獲得解決。至於案子的內容當然需要大家研究、修改和補充。」

資料來源：國民大會秘書處，《第一屆國民大會實錄（第三篇）》，台北：國民大會秘書處，1961c，頁241-73。

　　三月二日上午九時舉行第三次大會，出席代表一、三六一人，首先由代表王雲五說明進行讀會程序；接著，主席徵詢大會對於程序是否同意，當時即有何冰如、凌鐵奄、裴鳴宇等代表等發言，對於議事程序問題，有主張俟議事規則審查決定後討論提案，有主張在新議事規則未決定前沿用原議事規則，立即開始一讀會。主席乃提付表決，經多數通過，在議事規則未通過前，援用第二次會議通過之議事規則，照該日議事日程所列，進行有關修訂動員戡亂時期臨時條款及修改憲法各案第一讀會。

　　三月四日舉行第二次會議，主席張其昀宣布先行廣泛討論，各代表紛紛發言，辯論至為熱烈。其要點有二：一為總統任期問題，二為行使創制、複決兩權問題。對於總統任期問題，一致表示希望蔣總統連任，以穩定國家領導中心。但對於憲法規定總統連任一次之限制及行使創制、複決兩權問題，有主張修改憲法者，主張修訂臨時條款者。經主席提付表決，在場代表五八八人，贊成採用修訂臨時條款方式者五五五人，多數通過。

　　三月五日，計有潘克、劉振鎧等十幾位代表相繼發言，並提出書面意見。發言代表多係該提案連署人，所發表意見亦多為補充說明，惟代表劉振鎧於說明時提出四十七人簽署之動議，認為動員戡亂時期臨時條款中之「動員戡亂」及「臨時」之涵義，已不能適應當前反共抗俄時代之意義，為適應需要，擬請制定「反共抗俄時期條款」，實行非常時期緊急授權，以利反攻建國大業。又郎案內設置機構之名稱為「憲政研究

委員會」，代表周烈範主張設「駐會委員會」，代表施奎齡主張爲「國民大會憲政策進督導委員會」，代表周開慶主張設「國民大會憲政研究督導委員會」，代表王廷柱等六人書面建議爲「憲政促進委員會」。名稱雖各有異，但均認爲行使創制、複決兩權在其討論研究階段，應有常設機構，詳細研究，充分準備。在代表終止發言後，經大會決議：郎雲鵬等代表之提案，連同有關各案及各代表發表意見，一併交第一審查委員會併案審查。提案第一審查委員會依照大會決議交付審查有關修改憲法及臨時條款各案，連同各代表所發表意見，併案審查。

三月七日，第一審查委員會舉行第三次會議，以審查會委員數逾千人，意見繁多，須歸納整理，決定成立整理小組，推張群等四十七位代表爲整理小組委員。於當日下午開會，熱烈討論八小時以上，整理各項意見如下（國民大會秘書處，1961c：275-7）：

1.關於名稱問題：
　　(1)改爲「反共抗俄時期條款」。
　　(2)改爲「反共抗俄時期臨時條款」。
　　(3)改爲「反共建國時期條款」。
　　(4)改爲「戡亂時期條款」。
　　(5)制頒安全條款，凍結憲法第四十七條「總統連選得連任一次」之限制。
　　(6)名稱應改爲「動員戡亂時期補充條款」或「動員戡亂時期增訂條款」。
　　(7)原名稱爲法律名稱，並富有歷史性，應予維持。
2.關於總統連選連任問題：
　　(1)莫案、顏案對總統連選連任均有限制，是很好的，但應合併修正。
　　(2)莫案原辦法第一項擬修正爲「在戡亂時期尚未終止前，爲適應國家需要，總統得不受憲法第四十七條連任一次之限制」。

　(3)在反共建國時期總統副總統不受憲法第四十七條之限制，得連
　　選連任。絕不可採「暫停適用四十七條」之字樣。

　(4)「行憲首任總統之任期，不受憲法第四十七條連任一次之限
　　制，連選得連任。」

　(5)「憲法第四十七條關於限制連任一次之規定，在動員戡亂時期
　　尚未終止前，暫停適用。」

3.關於行使創制、複決兩權問題：

　(1)將創制、複決兩權放寬並詳加規定其範圍。

　(2)創制、複決兩權之行使爲本黨向來之主張，爲提高民主政治，
　　現應實行創制、複決兩權。

　(3)成立「國民大會憲政改進委員會」研究創制、複決權之行使。

　(4)討論修憲各案，先成立國民大會憲政研究委員會，預爲準備，
　　以期達成修憲之任務。

　(5)創制、複決權有高度之技術性，如無長期研究，不易實行，郎
　　案並非折衷。

　(6)創制、複決權爲經常的政權，非緊急應變之措施，與臨時條款
　　性質不合，不宜列於臨時條款中，以莫案爲藍本，酌加郎案的
　　精神，予以修正。

　(7)莫案原辦法第二項，擬修正爲：「在第三屆總統任期內之適當
　　時期，召集國民大會臨時會，討論關於創制、複決兩項政權之
　　行使辦法與其他修改憲法各案，及決定臨時條款應否延長或廢
　　止，並於本次會議後成立憲政研究機構，分別草擬具體方
　　案。」

　(8)設置憲政委員會，以全體代表爲委員，分組研究工作。

　(9)國民大會行使創制、複決權之辦法，由國民大會特設機構研擬
　　之，提請國民大會臨時會審議通過後施行。

　(10)修正爲：「在第一屆國民大會在動員戡亂時期未終止前，下屆
　　總統任期內，應由總統召集臨時會，討論創制、複決兩權之行

使及其他有關修改憲法各案，並決定臨時條款應否延長或廢
止。」

4.關於體制問題：

(1)臨時條款應簡單明瞭作原則性的規定，可以莫案爲藍本，加以
修正。

(2)擬定新條款，廢止原條款。

(3)在原動員戡亂時期臨時條款中增訂條文。

(4)就原臨時條款予以修正。

5.關於國民大會臨時會召開問題：

(1)於適當時期由總統召集臨時大會。

(2)總統頒布之緊急處分，如有異議時，應召集國民大會臨時會解
決之。

(3)國民大會臨時會之召集，必須有代表總額五分之二之簽署，憲
法第三十條已有規定，臨時條款中，無需再行規定。

6.其他：以莫案爲藍本，將三案合併審查。

(1)莫案第一項應加修正，第二項應增加內容，顏案第二項、郎案
第三項均可採用。

(2)臨時條款之延長或廢止，應由國民大會決定。

(3)動員戡亂時期的終止，應由總統宣告或由國民大會咨請宣告。

(4)原緊急授權條文末段，應刪除非常措施，既已實施，不應按五
十七條二款規定辦理。

(5)動員戡亂時期之終止，及本條款之廢止與修訂，由國民大會決
議，咨請總統宣告之。

(6)設「國民大會駐會代表會」以研究憲法及處理大會決議等事
項。

整理小組就以上意見，草擬修訂臨時條款草案及設置機構三項原
則，提報三月八日第一審查委員會，整理小組推代表王雲五報告整理經

過，經詳加討論後，照案通過。即擬具審查報告，送請主席團提請大會討論。及大會發交本審查委員會參考各案，與各代表所發表之意見，詳加討論，決議成立整理小組，推代表張群、何應欽等四十七位代表爲整理小組委員。經於三月八日本會第四次會議提出整理報告，經詳加討論後，全體委員一致通過，將動員戡亂時期臨時條款修正如下（國民大會秘書處，1961c：278-9）：

茲依照憲法第一七四條第一款程序，制定動員戡亂時期臨時條款如左：

總統在動員戡亂時期，爲避免國家或人民遭遇緊急危難或應付財政經濟上重大變故，得經行政院會議之決議爲緊急處分，不受憲法第三十九條或第四十三條所規定程序之限制（原條文）。

前項緊急處分，立法院得依憲法第五十七條第二款規定之程序變更或廢止之（原條文）。

動員戡亂時期總統副總統得連選連任，不受憲法第四十七條連任一次之限制（新增）。

關於國民大會創制、複決兩權之行使，於國民大會第三次會議閉會後，設置機構，研擬辦法，連同有關修改憲法各案，由總統召集國民大會臨時會討論之（新增）。

國民大會臨時會由第三任總統於任期內適當時期召集之（修正）。

動員戡亂時期之終止，由總統宣告之（修正）。

臨時條款之修訂或廢止，由國民大會決定之（新增）。

另關於臨時條款設置之機構，擬請大會作如下之決議：

1.組織名稱，須冠以「國民大會」字樣。

2.組成份子，應由全體代表參加分設各小組，自行認定，分組研討。

3.研究工作以一九六一年十二月二十五日爲預先完成期限，俟草擬

辦法，完成初稿，廣泛徵求各方意見後，彙呈總統，作爲決定召集臨時會會期之參考。

　　主席團接到第一審查委員會審查報告後，經決定列入第五次大會議事日程討論，並以國民大會議事規則業經第四次大會通過，應即依照新通過之議事規則所定程序進行。

　　三月十日上午九時，舉行第五次大會，出席代表一、四二四人，主席于斌，討論第一審查委員會所提修改動員戡亂時期臨時條款案審查報告。宣讀全文後，由第一審查委員會代表王雲五說明，其重點如下（國民大會秘書處，1961c：280-3）：

1. 關於修訂「動員戡亂時期臨時條款」這個名稱，經各代表發表意見，歸納有七個名稱之多。但整理小組研究之後，仍然認爲以採用原來的「動員戡亂時期臨時條款」爲宜，理由是四個提案除了凌案外，均仍主張沿用原名稱。

2. 在修正臨時條款內容中，「總統在動員戡亂時期，爲避免國家或人民遭遇緊急危難，或應付財政經濟上重大變故，得經行政院會議之決議，爲緊急處分，不受憲法第三十九條或第四十三條所規定程序之限制。」這是原條文的規定，與憲法上是符合的，沒有加以修改的必要。「前項緊急處分，立法院得依憲法第五十七條第二款規定之程序變更或廢止之。」這也是原條文，也沒有加以修改的必要。因爲緊急處分也是憲法上的規定，而且總統在做緊急處分之後，仍然要咨請立法院追認，現在依照臨時條款的規定，事後固可不必咨請立法院追認，但是立法院卻可以依照憲法第五十七條第二款規定的程序予以變更；換句話說，立法院仍然有請求追認權。所以緊急處分的變更或廢止之權屬於立法院，是與憲法規定符合的，不宜變更。「動員戡亂時期，總統副總統得連選連任，不受憲法第四十七條連任一次之限制。」這是一條新增的條文，也是全體同仁共同一致的願望，也是各提案一致的主

張，這是毫無疑問的。因此關於這點在實質上是沒有問題，不過
文字上如何才能求最妥當，還需要費時推敲。

3.「關於國民大會創制、複決兩權之行使，於國民大會第三次會議
閉會後，設置機構，研擬辦法，連同有關修改憲法各案，由總統
召集國民大會臨時會討論之。」是新增的一條條文，也是三個案
子中主張的不同之點。其中莫案、郎案都主張需要經過一個研究
的階段，顏案雖然主張早點實行，但是在技術方面也認為應該廣
泛的慎重的研討。在整理小組會議中，也曾儘量地使這個機構研
擬行使兩權的辦法，連同有關修憲各案，由總統召集臨時會討
論。這個機構當然是由全體代表所組織的，並且定期在離開現在
不滿兩年之內把這些研究工作完成，繼之再廣泛的徵求各方面的
意見，送請總統決定作為召集臨時會的參考，或者是希望臨時會
在「第三任總統任期內適當時期召集之」，這是召開臨時會的原
則，修正條文是「國民大會臨時會由第三任總統於任期內適當時
期召集之」。

4.我們認為在「動員戡亂時期之終止，或由立法院咨請總統宣告之」
條款中規定「或由立法院咨請總統宣告之」，實無此必要，原因
是用不著由立法院來咨請總統宣告，只有緊急處分權立法院在憲
法上有追認之職權，動員戡亂時期之有效或無效，與憲法上規定
立法院之職權並無任何關係，所以才作了這麼一個修訂。那麼現
在修正的臨時條款，包括是很廣的，有總統副總統連選連任問
題，也有創制、複決兩權行使的問題，這些都是我們國民大會的
職權，所以將原條文中與立法院職權無關的條文予以刪除，這是
適當而且必要的。另「臨時條款之修訂或廢止，由國民大會決定
之」這也是新增的條文，因為動員戡亂時期臨時條款的制定是國
民大會制定的，也是國民大會的職權，所以其修正或廢止，也應
該由國民大會來決定，這是很合乎道理的。

其後，主席宣告開始討論，並說明先作一般性的討論，於一般性問題討論終了後，再開始進行逐條討論。代表請求發言者四十餘人，已發言者有葛建時、吳曾育等八位代表，對於第一審查委員會所提報告，均大體同意，惟關於召集臨時會之時限及設置機構之名稱，希望明確規定。繼有樓兆元等三十二位代表提臨時動議：「修訂臨時條款最主要的用意，是順應國內外同胞輿情一致要求，使得總統能夠連選連任。本案已將此項願望經審查後增訂，同時對於創制、複決權與修憲問題之研究，亦已明白訂定組設機構。本席等敬向大會臨時動議，請主席提請大會停止討論，按二讀程序開始進行」（國民大會秘書處，1961c：283）。主席徵詢大會，可否停止討論，進行第二讀會程序，當有代表章正綬、展恒舉等提出異議，主張繼續討論。經提付表決，在場代表一、○六一人，起立贊成停止討論進行第二讀會者九七七人，多數通過。隨即主席宣告進行二讀後，並說明二讀會為逐條朗讀，如有意見，請在宣讀條文時發言。又根據議事規則第二十一條規定：「對於修正憲法案之審查結果提出修正案者，應擬具具體條項及附具理由，並須有代表總額十分之一人數之連署，送由主席團交秘書長於二讀會前一日印送各代表。」

二讀會條文討論與決議詳**表2-6**。

經主席宣告，修訂動員戡亂時期臨時條款案全文，已逐條宣讀表決，並經多數通過，完成第二讀會程序，宣布進行第三讀會。依照議事規則有關三讀會之條文，為議事規則第五十條：「第三讀會應議決議案全體之可否。」第五十一條：「第三讀會得為文字上之更正，除發現議案有互相牴觸外，不得為修正之動議。」接著，由大會秘書吳紹璲朗讀動員戡亂時期臨時條款全文。繼由秘書長谷正綱報告進行之程序，即依照動員戡亂時期臨時條款前言規定，制定動員戡亂時期臨時條款，須依憲法第一七四條第一款之程序（由國民大會代表總額五分之一之提議，三分之二之出席，及出席代表四分之三之決議，得修改之）。經查國民大會代表之總額為一、五七六人，三分之二為一、○五一人，當時出席代表為一、二○四人，已足法定人數。主席即付表決，表決結果，在場

表2-6　二讀會條文討論與決議表

條文	討論	在場人數／贊成人數 決議
標題：動員戡亂時期臨時條款	標題宣讀後，有代表章正綬、牛存善、楊慎修等三位代表發言，時已屆中午，主席宣告休息。下午三時繼續開會，主席余井塘宣告繼續進行「動員戡亂時期臨時條款」標題之討論。有展恒舉、王廷拔等發言。大抵對於臨時條款中「臨時」二字，有不同之意見，有主張改為「動員戡亂時期特定條款」者，有主張改為「動員時期安全條款」者，有主張改為「反共建國時期條款」者，有主張改為「動員戡亂條款」者。亦有認為臨時條款係一九四八年第一次會議時應國家情勢之迫切需要而制定，一九五四年第二次會議決議繼續有效，其名稱經延用十二年之久，已為國人所習聞。並以一九五九年八七水災時，政府引用臨時條款，採取緊急應變之措施，使災害能在短期內迅速恢復，深得人民之信仰，皆知此項緊急措施乃根據動員戡亂時期臨時條款而發布。因而主張維持原名稱，並以依議事規則第二十一條之規定，對於修正憲法案之審查結果提出修正案者，須有代表總額十分之一人數之連署，十分之一人數為一五七人，而各代表所提意見皆不足條件，請主席根據議事規則所定程序，對於名稱問題付表決。	998／964 照審查報告 原標題通過
前言：「茲依照憲法第一七四條第一款程序，制定動員戡亂時期臨時條款如左：」	代表林有壬對前言提出書面意見，修正前言為「為適應動員戡亂時期迫切需要，順應國內海外同胞一致願望，期達救國救世偉大目的，依照憲法第一七四條第一款程序，修正動員戡亂時期臨時條款如左：」。繼有王虞輔、王星華、池瀅、何緝生、劉宜廷、孫雲峰等代表對於程序問題發生爭議，一方主張依照議事規則第二十一條規定，對修憲案審查報告提出修正意見，應有代表總額十分之一人數連署；一方面根據議事規則第四十八條、第四十九條之規定處理	1,072／981 照審查報告 原文通過

（續）表2-6　二讀會條文討論與決議表

條文	討論	在場人數／贊成人數 決議
	，並非程序問題。主席當將前言原文提付表決，時在場代表一、○七二人，起立贊成前言原文者九八一人，多數通過。	
第一項：「總統在動員戡亂時期，為避免國家或人民遭遇緊急危難，或應付財政經濟上重大變故，得經行政院會議之決議，為緊急處分，不受憲法第三十九條或第四十三條所規定程序之限制。」	主席宣告為慎重起見，進行表決，代表尹葆宇認為討論修訂臨時條款，並非制定臨時條款，既無變動，為何表決。代表富聖廉則建議有反對意見時付表決，無反對時即無異議通過。	1,072／1,031 照審查報告 原文通過
第二項：「前項緊急處分，立法院得依憲法第五十七條第二款規定之程序，變更或廢止之。」	朗讀後，代表王昌華發言，認為憲法修正案須有出席代表四分之三之決議，無異議通過究為幾分之幾，此應載入紀錄，為慎重起見，不能無異議通過。主席仍進行正式表決。	1,072／1,025 照審查報告 原文通過
第三項：「動員戡亂時期，總統副總統得連選連任，不受憲法第四十七條連任一次之限制。」	朗讀後有劉燕夫、宋淵源、芮晉等代表發言，代表宋淵源仍主張為總統連任應採用修改憲法方式。時有代表要求停止討論，主席徵得大會同意後將原案提付表決。	1,072／1,062 照審查報告 原文通過
第四項：「關於國民大會創制複決兩權之行使，於國民大會第三次會議閉會後，設置機構，研擬辦法，連同有關修改憲法各案，	討論本項時，有鄔繩武、王星華等十四位代表發言，多數提出修正意見，對於設置機構之名稱及組織，希望在臨時條款中明確規定。於是有主張本項條文維持原案，而將修正意見歸納之，以決議案補充；亦有主張本項條文交付審查或交主席團重新整理。最後有提出延長時間問題，主席提付表決，在場代表一、○七二人	1,200／1,147 照審查報告原文刪去「關於」二字，通過

（續）表2-6　二讀會條文討論與決議表

條文	討論	在場人數／贊成人數 決議
由總統召集國民大會臨時會討論之。」	，贊成延長時間者三八一人，少數，主席遂宣布散會。 　　三月十一日上午九時，舉行第六次大會，出席代表一、三八八人，主席張代表其昀，宣告繼續討論動員戡亂時期臨時條款第四項，並說明：「昨日大會討論至第四項時，各代表貢獻意見甚多，昨晚主席團開會時，將各項意見愼重考慮，詳爲商討，當推定小組向大會作研討結果與建議。此一小組由主席團推定十人組成，即代表王雲五、谷正綱、張其昀、黃季陸、李宗黃、余井塘、顏澤滋、張旦平、何應欽、王培基。其中小組推定王雲五向大會報告。」 　　代表王雲五報告： 　　「本席爲了修正臨時條款案，已經向大會報告二次，第一次是代表整理小組，第二次是代表第一審查會，今天是代表主席團的研究小組向大會報告。上兩次報告感覺這個問題非常重大，本席是帶著惶恐的心情報告，今天是以惶恐與沈重的心情，向大會報告。我相信大家都知道，這次大會主要的任務是選舉總統副總統，對於總統的連選，我相信大會中可以99%以上，都是要擁戴蔣總統連任的。根據憲法之規定，總統的任期限連選連任一次，因此，在大會中有好多提案要修正臨時條款，將總統連選連任的限期加以修正，達成我們在動員戡亂時期擁護我們所擁戴的蔣總統繼續連任，所以這個案在昨天三讀會中，對於第一款、第二款、第三款，很少討論，都是照原案通過。到了討論第四款創制、複決兩權的行使時，各位同仁爲關心本會職權行使，發言非常熱烈，有人主張修改文字，有人主張增加但書，更肯定的達成確保國民大會代表在研擬創制、複決權	

（續）表2-6　二讀會條文討論與決議表

條文	討論	在場人數／贊成人數 決議
	行使的願望，能夠早日行使創制複決兩權，我想這是人同此心的。不過有人提出許多建議，昨天因為沒有時間來不及決定，昨天晚間主席團討論很久，結果認為應該有小組作更慎重的研究，因此推定十人組織研究小組，本席也是其中一人，並擔任召集人。今天早晨很早就來討論，討論結果要本席向大會報告。我們感覺昨天各位同仁發表許多意見，對於文字修改，我們認為應該儘量的容納，不過個人的看法不同，如果每個人的意見都採納，可能使原條文不大清楚，所以對於文字方面應該如何，等一等我再報告。但是最主要的就是確保我們國民大會決定，這個意思是經過我們很慎重的考慮。我們感覺到如果在臨時條款中加一款，說明設置機構是由國民大會決定，我們不但是在現在考慮到，在我們整理小組也考慮到，在臨時條款中加一項理由很多，現在不允許我詳細報告。因此，我有第二個報告：第一，設置之機構，須冠以國民大會字樣；第二，全體國民大會代表都可以參加這個組織；第三，在不滿兩年內完成研究工作，然後報請總統召集國民大會臨時會討論。這三個原則建議大會作決議，這個決議是配合條款的。究竟怎麼採用這三個原則來決定，我們聽到大會中熱烈發言，這三個原則不是完全符合各位代表的願望，我們的決議沒有更廣泛、更充分研究，可能不詳盡。所以今天小組將各位的意見細細的研究，我們建議在臨時條款通過後即刻作決議。現在將決議文談談，表面上很簡單，但是涵義很廣。『關於臨時條款規定設置之機構，由國民大會主席團擬定組織原則，提國民大會通過，送由政府照案辦理。』請各位注意，我們特別強調『照案辦理』。各位代表都知道，我們國民	

（續）表2-6　二讀會條文討論與決議表

條文	討論	在場人數／贊成人數 決議
	大會雖然是最高行使政權的機構，但是我們的組織法還是要經過立法程序，在這裡我們自己訂這個規則，關於經費問題以及其他種種問題，都可能發生，不容易解決。所以現在『送由政府照案辦理』，這四個字是交予政府，政府要照案辦理。到這裡，我的報告完了，不過我還要表示一點簡單的意思。本席很惶恐，我想第三次說話，大家已經討厭，要挨罵了，但是我沒有辦法，大家讓我來報告，作一個中華民國國民，又是國民大會代表，不幸的又當選為主席團的一份子，有義務，不能推辭，我是商人出身，最講信用，雖然作了官，我不是政客，希望各位相信我。」 　代表王雲五報告後，主席即宣告：對本案之處理分為兩項，第一項對於臨時條款第四項進行表決；表決後，對於主席團建議再進行表決。惟臨時條款第四項「關於國民大會創制、複決兩權之行使」句中，「關於」兩字，決定刪去。	
第五項：「國民大會臨時會由第三任總統於任期內適當時期召集之。」	本項無討論，即付表決。	1,200／1,190 照審查報告 原文通過
第六項：「動員戡亂時期之終止，由總統宣告之。」	本項無討論，即付表決。	1,200／1,190 照審查報告 原文通過
第七項：「臨時條款之修訂或廢止，由國民大會決定之。」	朗讀後，代表王昌華要求發言，代表孫儉請提付表決，主席宣告停止討論，即付表決。	1,200／1,189 照審查報告 原文通過

資料來源：國民大會秘書處，《第一屆國民大會實錄（第三篇）》，台北：國民大會秘書處，1961c，頁284-5。

出席代表一、二○四人，依規定出席四分之三之決議，四分之三為九○三人，起立贊成照第二讀會議決之全文通過者一、一八八人，超過法定人數，主席宣告：「動員戡亂時期臨時條款」案三讀通過。

三、分析

動員戡亂時期臨時條款第一次修正的條文內容詳**表**2-7。

表2-7　**動員戡亂時期臨時條款第一次修正的條文內容**

項	條文內容	備註
1	總統在動員戡亂時期，為避免國家或人民遭遇緊急危難，或應付財政經濟上重大變故，得經行政院會議之決議，為緊急處分，不受憲法第三十九條或第四十三條所規定程序之限制。	同動員戡亂時期臨時條款第一項。
2	前項緊急處分，立法院得依憲法第五十七條第二款規定之程序，變更或廢止之。	同動員戡亂時期臨時條款第二項。
3	動員戡亂時期，總統副總統得連選連任，不受憲法第四十七條連任一次之限制。	依本項之規定，乃凍結憲法第四十七條連任一次之限制，故總統副總統得連選連任。
4	國民大會創制、複決兩權之行使，於國民大會第三次會議閉會後，設置機構，研擬辦法，連同有關修改憲法各案，由總統召集國民大會臨時會討論之。	依本項之規定，應於國民大會第三次會議閉會後，設置機構，以研擬「創制、複決兩權之行使辦法」，並連同有關修改憲法各案，由總統召集國民大會臨時會討論之。
5	國民大會臨時會，由第三任總統，於任期內適當時期召集之。	依本項之規定，第三任總統，應於任期內適當時期召集國民大會臨時會。
6	動員戡亂時期之終止，由總統宣告之。	依本項之規定，乃將「動員戡亂時期之終止，由總統宣告，或由立法院咨請總統宣告」，修正為「由總統宣告」。
7	臨時條款之修訂或廢止，由國民大會決定之。	依本項之規定，乃將「臨時條款應否延長或廢止」，修正為「臨時條款之修訂或廢止」，交由國民大會決定。

　　本次修訂動員戡亂時期臨時條款對中華民國憲政體制的主要影響如下：

（一）動員戡亂時期，中華民國總統、副總統得連選連任

　　第一屆國民大會第三次會議乃根據新修訂之動員戡亂時期臨時條款第三項的規定：「動員戡亂時期，總統副總統得連選連任，不受憲法第四十七條連任一次之限制。」而於三月二十一日與二十二日，分別選出蔣中正與陳誠爲中華民國第三任總統、副總統（國民大會秘書處，1961c：308-11）。

（二）設置「國民大會憲政研討委員會」

　　三月十一日第六次大會通過修訂動員戡亂時期臨時條款之經過，已如前述。依照修訂之臨時條款第四項規定：「國民大會創制、複決兩權之行使，於國民大會第三次會議閉會後，設置機構，研擬辦法，連同有關修改憲法各案，由總統召集國民大會臨時會討論之。」爰於同次大會繼續討論，主席團對此項規定所提出之意見：「臨時條款規定設置之機構，由國民大會主席團擬定組織原則，提國民大會通過，送由政府照案辦理。」當經決議通過後，第一審查委員會報告關於臨時條款規定應設置之機構，建議三項原則：

1.組織名稱：須冠以「國民大會」字樣。
2.組織份子：應由全體代表參加，分設各小組，自行認定，分組研討。
3.研究工作以一九六一年十二月二十五日爲預定完成期限。俟草擬辦法完成初稿，廣泛徵求各方意見後，彙呈總統，作爲決定召集臨時會會期之參考。

　　上項原則，亦於同次大會提出討論。郭鴻群、劉燕夫等十四位代表相繼發言，大多就機構名稱、組織體制、工作範圍、成立日期等項提供

意見。旋經決議：

1. 照審查報告所提三項原則通過，連同各代表所發言之意見，一併交主席團研究辦理。
2. 未發言之代表請改以書面送主席團合併辦理。

三月十五日主席團舉行第十三次會議，依照上述各項規定與決議，以及有關提案與各代表發言意見，詳加討論，並推王雲五、李壽雍等十三位代表專案研究，擬具組織原則，提經三月十八日主席團第十五次會議修正通過，提請大會公決。三月十九日舉行第十次大會，出席代表一、三九三人，先由主席團推代表李宗黃向大會補充說明，其重點如下：

1. 擬定機構名稱爲「國民大會憲政研討委員會」。
2. 擬公推總統及副總統分別擔任主任委員及副主任委員。
3. 設常務委員七至九人，以協助主任委員及副主任委員處理會務。

代表李宗黃說明後，主席即付討論，張益東、王振先等十二位代表相繼發言。關於定名方面，有主張改爲「憲政實施委員會」，設召集人三人至九人，副主任委員增爲一人至五人，主席團主席不必擔任綜合委員，常務委員增至七人至十五人及職員由國民大會秘書處職員兼任等意見。最後由主席徵詢大會同意，停止討論提付表決。在場代表九五八人，起立贊成主席團所提組織原則七六四人，決議通過「國民大會憲政研討委員會」組織原則如下：

1. 定名：國民大會憲政研討委員會。
2. 任務：研擬創制、複決兩權之行使辦法，連同有關修改憲法各案，於廣泛徵求各方意見後，彙咨總統作爲決定召集國民大會臨時會會期之參考。
3. 組織：

(1)全體國民大會代表爲委員組織之，並按研擬性質分設各組，由各代表自行認定之。

(2)各組設召集人三至五人，由各該組委員互選之。

(3)設主任委員、副主任委員各一人，公推總統、副總統分任之。

(4)設綜合委員若干人，以第一屆第三次會議主席團主席及各組召集人任之。

(5)設常務委員七至九人，由主任委員就綜合委員中指定之，襄助主任委員、副主任委員處理會務。

(6)設秘書長一人，以國民大會秘書長兼任之。

(7)設職員若干人，由秘書長商承主任委員副主任委員定之。

4.研擬方法：

(1)除分組研討外，每三個月舉行綜合會議一次，由主任委員、常務委員、綜合委員組成之。

(2)每年十二月二十五日舉行全體會議一次。

5.時期：

(1)本委員會於一九六○年七月一日成立。

(2)研究工作限於一九六一年十二月二十五日以前完成。

(3)本委員會之存廢，由國民大會決定之。

　　第一屆國民大會第三次會議閉會後，秘書長谷正綱將前項有關設置機構決議案函請政府查照辦理。至六月三十日，總統以四九台統（一）智字四一八七號代電致秘書長谷正綱，電文如下：「四十九年四月十三日國台參議字第五一八八號函經本府張秘書長轉陳，當即核交行政院參照所開國民大會憲政研討委員會組織原則，制定條例，完成立法手續在案。因立法院須交付法制十二委員會審查，勢難於短期內完成立法程序，惟國民大會第三次會議決議，該會定於四十九年七月一日成立，審度當前情勢，在本案未經立法院完成立法手續前，可否權以『組織綱要』或『組織暫行辦法』之名稱，先請核定實施，俾該會得如期成立，以資

適應等情。准以「國民大會憲政研討委員會組織綱要」之名稱先行實施，於七月一日成立。除電行政院外，特抄送國民大會憲政研討委員會組織綱要一份，電請查照辦理。」（國民大會秘書處，1961c：293）

秘書長谷正綱接奉前電，即日分電全體代表，宣布「憲政研討委員會」於一九六○年七月一日成立。茲將「國民大會憲政研討委員會組織綱要」照錄如下：

第一條　本綱要依據動員戡亂時期臨時條款第四項之規定訂定之。

第二條　本會定名爲國民大會憲政研討委員會（以下簡稱本會）。

第三條　本會之任務爲研擬創制、複決兩權之行使辦法，連同有關修改憲法各案，完成初稿，廣泛徵求各方意見後，彙咨總統，作爲決定召集國民大會臨時會會期之參考。

　　　　前項研擬初稿，限於民國五十年十二月廿五日以前完成。

第四條　本會以第一屆國民大會全體代表爲委員組織之。

第五條　本會設主任委員、副主任委員各一人，由總統、副總統分任之。

第六條　本會按研擬性質，就委員居住地，分台北、台中、台南三區，各設創制、複決兩權行使辦法研究組，及有關修改憲法各案研究組，由各委員自行認定一組。

　　　　每組委員人數滿一百人者，設召集人五人，未滿一百人者，每滿二十人設召集人一人，均由各該組委員互選之。

　　　　每組設秘書一人，由主任委員就委員中遴派兼任之。

第七條　本會設綜合委員若干人，以第一屆國民大會第三次會議主席團主席及各組召集人擔任之。

第八條　本會置常務委員七人至九人，由主任委員就綜合委員中指定之，襄助主任委員、副主任委員處理會務。

第九條　本會各組會議每月舉行一次，由各組召集人召集之。每三個月舉行綜合會議一次，每年十二月二十五日舉行全體會

議一次，均由主任委員召集之。

第十條　本會置秘書長一人，以國民大會秘書長兼任之，承主任委員、副主任委員之命，處理本會會務，並簡派副秘書長一人或二人襄助之。

第十一條　本會設編纂委員若干人，由主任委員就委員中遴派之。

第十二條　本會事務由國民大會秘書處兼辦。

第十三條　本會會議規則及分組研討辦法，由秘書長商承主任委員、副主任委員訂定之。

第十四條　本綱要自奉准核定後實施。

　　秘書長谷正綱於憲政研討委員會成立後，依照組織綱要第十三條之規定，擬訂「國民大會憲政研討委員會分組研討辦法」，奉准核定，即分函各委員自行認組。分組辦法係按研擬性質分設創制、複決兩權行使辦法研究組，及有關修改憲法各案研究組，每組委員人數以一百人為原則，每一地區同組委員如超過編一組之人數時，得按人數增組，此項分組劃編則以抽籤方法定之。各委員認組後，於七月十七日舉行抽籤分組。分組結果，台北、台中區參加創制、複決兩權行使辦法研究組者九十五人，參加有關修改憲法各案研究組者九十四人；台南區參加創制、複決兩權行使辦法研究組者二十九人，參加有關修改憲法各案研究組者三十六人。台中、台南兩區同組委員均未超過編一組之人數，各分成兩組。總計台北、台中、台南三區，共劃編十七個研究組，參加分組研討之委員為一、四四四人。其未參加編組採用通訊研究辦法之委員，在臺灣者二十七人，在海外各地者七十五人。七月三十一日，各研究組復依照組織綱要之規定，同時選舉各該組召集人，共計選出六十九人。至此各研究組組織完成，自八月份起，各組會議即開始進行。

　　國民大會憲政研討委員會於一九六〇年七月一日成立。同年九月，便出版《國民大會憲政研討委員會參考資料（一）》一書，內容包括國民大會歷次會議有關修改憲法之提案，乃研究修憲的重要資料。

（三）宣告動員戡亂時期終止權

　　該項權利為制定動員戡亂時期臨時條款時就有的規定（第三項），而於一九六〇年第一次修改時，把「或由立法院咨請總統宣告之」去掉，只保留「動員戡亂時期之終止，由總統宣告之」（動員戡亂時期臨時條款第一次修正案第六項）。其原因在於國民大會代表不希望立法院擁有此權，所以將其刪除。此外，根據大法官會議釋字第三十一號解釋案的規定，立法委員與監察委員的任期不受憲法規定所限，而國民大會代表則因憲法二十八條保障其任期在次屆國民大會開會之日止，故即使動員戡亂時期終止，亦無法使國民大會改選。

　　動員戡亂時期的終止宣告，只有總統可為之，但國民大會可經由廢止動員戡亂時期臨時條款，而達到同樣的效果。

（四）影響與評估

　　依中華民國憲法的實質規定，國民大會原本是個任務單純的政權機構。當初制憲之時，國民大會除了選舉總統、修改憲法之外，並無其他實際職權可言（原本規劃成無形國民大會）（張君勱，1986：8）。換言之，國民大會代表任期與總統相同，總統任期屆滿之年，即為國民大會召集之年（相當於美國的總統選舉人團）；除此之外，國民大會並無其他會期，國民大會代表並且是無給職。

　　一九六〇年，蔣中正已連任兩屆總統，依據憲法「連選得連任一次」的規定，蔣中正已不再能擔任總統。蔣中正為了繼續連任，勢必藉由「修憲」或「修改動員戡亂時期臨時條款」以維持政權的合法性與正當性，但上述兩項程序都必須靠國民大會完成；於是，蔣中正乃以同意國民大會取得「創制、複決兩權的行使」（「國民大會創制、複決兩權之行使，於國民大會第三次會議開會後，設置機構，研擬辦法，連同有關修改憲法各案，由總統召開國民大會臨時會討論之。國民大會臨時會由第三屆總統於任期內適當時機召集之），來換取「總統再連任」（動員戡亂

時期，總統、副總統得連選連任，不受憲法第四十七條連任一次之限制）的交換行為遂告出現。但就國民大會而言，「創制、複決兩權的行使」並不重要（可由國民大會從未行使創制、複決兩權看出），重點在於成立「光復大陸設計研究委員會」，將原來行政院設計委員會委員全部納入之外，所有的國民大會代表也都成為兼任委員，可以領取出席費；於是，國民大會代表由無給職變成有給職。蓋中國國民黨將國民大會視為法統象徵的結果，造就了國民大會遂行利益勒索的傳統。爾後，更形成中華民國憲政危機的潛在因素，因為若沒有執政者以「創制、複決兩權行使」來交換「總統的再連任」，怎麼可能會有往後的國民大會，每每藉集會之名，假實踐　中山先生五權憲法為由，而行權力擴張，以達牟取私利之實。

第三節　動員戡亂時期臨時條款的第二次修正

一、制定時間：一九六六年二月七日國民大會臨時會第三次大會修正
二、制定地點：台北市中山堂
三、公布時間：一九六六年二月十二日總統公布
四、本節摘要：動員戡亂時期臨時條款第二次修正的重點有二：其一，賦予國民大會於動員戡亂時期，得制定辦法，創制中央法律原則與複決中央法律，不受憲法第二十七條第二項的限制；其二，國民大會於閉會期間，設置研究機構，研討憲政有關問題

一、肇因

第一屆國民大會臨時會的召集，係依據「動員戡亂時期臨時條款第一次修正案」第四項「國民大會創制、複決兩權之行使，於國民大會第

三次會議閉會後，設置機構，研擬辦法，連同有關修改憲法各案，由總統召集國民大會臨時會討論之」與第五項「國民大會臨時會，由第三任總統，於任期內適當時期召集之」的規定而來。

當時會中同時又通過關於第三次會議閉會後「設置機構」的組織原則，其中規定「該一研討機構之任務，爲研擬創制、複決兩權行使辦法，連同有關修改憲法各案，於廣泛徵求各方意見後，彙呈總統作爲召集國民大會臨時會會期之參考。研討時期，研究工作限五十年（一九六一年）十二月二十五日以前完成」。其後憲政研討委員會成立，並如期完成研究工作後，復將「創制複決兩權行使辦法草案」初稿，廣泛徵求各方意見，然後彙呈總統，作爲召集國民大會臨時會之參考。

第一屆國民大會第三次會議閉會後，秘書長谷正綱將前項有關設置機構決議案函請政府查照辦理。經彙呈總統，准以「國民大會憲政研討委員會組織綱要」的名稱先行實施之後，即分電全體代表，宣布憲政研討委員會於一九六○年七月一日成立。

憲政研討委員會代表，依照組織綱要第十三條規定，擬定分組研討辦法，並規劃自一九六○年八月至一九六一年六月，爲分組研討；一九六一年七月至九月，爲綜合起草兩權行使辦法草案。在一九六一年六月第四次綜合會議時，兩權各組各提出兩權行使辦法草案一種，共計七種，當經決議成立兩權行使辦法綜合起草委員會，綜合各組草案，使成爲一完整草案。綜合起草委員會於一九六一年七月十日成立，在兩個月內，連續舉行三十二次會議，並根據起草原則，完成「國民大會創制複決兩權行使辦法草案初稿」，如下：

第一章　總則
第一條　本辦法依據動員戡亂時期臨時條款制定之。
第二條　國民大會行使創制、複決兩權，除修改憲法，複決立法院所提之憲法修正案，憲法另有規定外，依辦法之規定。
第三條　法律與本辦法牴觸者無效。

第二章　創制

第四條　國民大會對於中央法律有創制權。

第五條　國民大會創制之立法原則，咨請總統移送立法院，立法院應於同一會期內依據原則，完成立法程序；但內容繁複，或有特殊情形者，得延長一會期。
前項立法原則立法院不得變更。

第六條　關於國民大會創制之立法原則，經完成立法程序後，非經國民大會決議，立法院不得修正或廢止。

第三章　複決

第七條　國民大會對於中央法律有複決權。

第八條　政府移請覆議案，立法院仍維持原決議時，得由總統咨請國民大會複決之。

第九條　國民大會複決之法律，經公布生效後，非經國民大會決議，立法院不得修正或廢止。

第四章　程序

第十條　國民大會代表提出之創制案、複決案，須有代表總額六分之一之簽署。

第十一條　國民大會代表提出之創制案、複決案，須備具提案書，載明左列事項：
一、案由。
二、理由。
三、內容。
四、簽署人。
五、年月日。

第十二條　總統咨請之複決案，須備具咨請書，敘述理由並附送有關文件。

第十三條　國民大會為行使創制、複決兩權之需要，分設各種委員會，分別研究各種法案。

第十四條　國民大會討論創制案、複決案，非有代表總額二分之一以上之出席，不得開議。非有出席代表二分之一以上之同意，不得決議。
前項決議須經三讀程序，但廢止或否決之法律，得省略第三讀會。

第十五條　經國民大會複決成立或廢止之法律，應咨請總統於收到後十日內公布之。

第五章　附則

第十六條　討論創制、複決案之議事程序，除本辦法另有規定外，依國民大會議事規則。

第十七條　本辦法之修改，以國民大會代表總額六分之一之提議，五分之三之出席，及出席五分之三之決議爲之。
本辦法由國民大會制定，咨請總統於十日內公布施行，修改時亦同。

　　一九六一年九月底，第五次綜合會議舉行，並提出此項研擬初稿，經審查研討修正通過。復提出一九六一年十二月二十五日第二次全體會議，作最後研討，並將草案初稿修正通過。該草案全文計分五章，十八條。第二次全體會議除通過草案外，復對本案作成決議文。

　　有關修改憲法各案部分，參加委員爲八九一人，分爲十組，自一九六〇年八月開始研討至一九六一年九月底爲分組研討，逐案交換意見，所謂有關修改憲法，計有八案。各組會議爲研討便利起見，大多依據憲法分章分節研討，將有關修改憲法各案合併討論。至一九六一年九月底舉行第五次綜合會議時，修憲各組均在規定期限內，將中華民國憲法全部條文研討完畢，並分別提出研討結論報告，計有十種。第五次綜合會議以十種研討結論報告，必須綜合整理，合而爲一，乃參照兩權綜合起草辦法，通過有關修改憲法各案綜合整理委員會組織辦法，將各組結論報告，一併交由該委員會綜合整理。綜合整理委員會於一九六一年十月

七日成立，在兩個月內共舉行會議三十次，始將各案整理完竣。並將整理結果，提出十二月十九日第六次綜合會議審議，修正通過。二十五日，再經提出第二次全體會議作最後決定，第二次全體會議研討本案時，除通過研討結論外，並作成決議文，建議國民大會將此項研討結論，留俟大陸光復後國民大會集會進行修憲時，作爲研討之基礎。

　　國民大會憲政研討委員會第二次全體會議，在兩權行使辦法草案研究過程中，曾擬成「動員戡亂時期臨時條款修訂草案初稿」一種，提經第六次綜合會議及第二次全體會議研議，當經決議將標題改稱爲「關於行使創制複決兩權之補充辦法四項，建議國民大會臨時會於修訂動員戡亂時期臨時條款時參考」。建議案四項內容辦法如下（國民大會秘書處，1966a：247-8）：

1. 關於創制複決兩權，由國民大會制定辦法並行使之，不受憲法第二十七條第二項所附條件之限制。
2. 國民大會爲行使創制權、複決權，得依憲法第三十條第四款之規定，召集臨時會。
3. 立法院對於國民大會之創制案，應依照所定原則，於限期內，完成立法程序。
4. 立法院對於行政院移請之複議案，仍以三分二之多數，維持原決議時，總統得咨請國民大會複決之，行政院院長應否接受或辭職，即以複決結果爲準，不受憲法第五十七條第二款所規定之限制。

　　依照大會賦予憲政研討委員會之任務，於創制複決兩權行使辦法及有關修改憲法各案獲致研討結論後，尚須廣泛徵求各方意見，然後彙咨總統，作爲決定召集臨時會會期之參考。其徵求重點如下：

1. 國民大會創制案是否以創制立法原則爲限。
2. 複決權之行使，是否以中央法律爲限，抑包括憲法第五十七條第

二、三兩款重要政策在內。

　　3.國民大會行使創制複決兩權，究採修改憲法途徑抑採修訂臨時條款途徑。

　　並規定自一九六二年二月一日起至七月三十一日止，爲徵求意見期限。在此期間，計收到各方書面意見二五五件，舉行專家學者、大專學院教授、學術團體人士等座談會三次，作成發言紀錄二十六件，蒐集報章雜誌有關論文十七件，合計二九八件。廣徵意見結束後，復先後訂定整理要點，以爲整理準則，並組織整理委員會，將各方意見整理成爲「國民大會創制複決兩權行使辦法草案初稿各方意見摘要彙編」一種，並冠以說明，略述整理意見經過及整理情形，暨各方意見內容分析。至於憲政研討委員會委員寄會之書面意見，參加座談會發表之意見及在報章雜誌刊載之意見，照整理委員會決定，均不加整理，僅予照錄於原文之內。

　　整理委員會通過之「國民大會創制複決兩權行使辦法草案初稿各方意見摘要彙編」[31]，復經憲研會副主任委員於一九六二年十二月十一日邀集常務委員會商研究，研商結果決定，依照憲政研討委員會組織綱要第三條規定程序，於十二月十六日將本案所有關係文件，並連同有關修改憲法各案關係文件，一併彙咨總統；十二月二十六日，總統咨復「自當作爲召集國民大會臨時會會期之參考」。此乃召集本次國民大會臨時會之依據。

二、過程

（一）國民大會臨時會之召集

　　依照國民大會第三次大會修正通過之動員戡亂時期臨時條款第四項：「國民大會創制複決兩權之行使，於國民大會第三次會議閉會後，

設置機構，研擬辦法，連同有關修改憲法各案，由總統召集國民大會臨時會討論之。」及同條款第五項：「國民大會臨時會，由第三任總統於任期內適當時期召集之。」暨國民大會第三次會議第十次大會關於臨時條款規定設置機構之組織原第二項決議：「研擬創制複決兩權之行使辦法，連同有關修改憲法各案，於廣泛徵求各方意見後，彙咨總統，作為決定召集國民大會臨時會會期之參考。」等規定，國民大會憲政研討委員會於一九六○年七月一日正式成立，至一九六一年十二月二十五日完成研討工作，並於一九六二年二月一日至七月底止，將研擬之國民大會創制複決兩權行使辦法草案初稿及廣泛徵求各方意見摘要，連同有關修改憲法各案研討結論，於一九六二年十二月十六日一併彙咨總統，作為決定召集國民大會臨時會會期之參考。

　　一九六五年十二月二十三日，總統依據動員戡亂時期臨時條款第一次修正案第四項的規定，頒發國民大會臨時會召集令，並於一九六六年二月一日，在台北市中山堂集會八天，共計有國民大會代表一、三四三人出席。開會首日，總統蔣中正親臨參加，更在開幕典禮致詞：「我全體代表同仁，在此次大會中，對於議題之討論與決定，必須遵重全體選民的熱望與整個國家的前途，即以光復大陸、拯救同胞為準繩，而毋負於國民大會的神聖職責。……對於一切問題之思考與決定，絕不可以小我的權利關係，以影響復國建國的大計。……如果不授權政府，衡量戡亂形勢，而硬性規定行使創制複決兩權，並設置常設機構，固定會期，那不但違背了國父遺教，……其勢將破壞憲法精神，損害國民大會的尊嚴。」（國民大會秘書處，1966a：54-5）言詞之中所顯示的意涵，並不樂見國民大會行使創制複決兩權。

（二）提案與讀會

　　國民大會憲政研討委員會既將創制複決兩權行使辦法草案初稿研擬完成，其中關於行使創制複決兩權與國民大會會期問題以及「此項辦法之制定程序」暨「生效之法律之廢止或修改案，究應列入複決案之範

圍，或創制案之範圍？」等項問題，均懸而未決。在起草期間，兩權綜合起草委員會認為以上幾項問題，對於兩權之行使甚關重要，當經決議列為兩項專案（詳**表2-8**），提請第五次綜合會議研討。

經憲政研討委員會第五次綜合會議審議「國民大會創制複決兩權行使辦法草案初稿」及上述兩項專案連同附帶之決議時，乃交付兩權行使辦法草案審查會先行審查。審查會除對兩權行使辦法草案條文提出審查意見外，並由全體委員共同提出有關修訂臨時條款修正案提案一件，均經第五次綜合會議詳加研討，作成研討結論如下[32]：

1.照審查意見將國民大會創制複決兩權行使辦法草案初稿修正通

表2-8　創制複決兩權行使辦法草案問題提案

專案	問題	原提案
1	本辦法制定，究應採用憲法第一七四條之程序，或另訂程序？抑比照一般創制案程序？請綜合會議決定。	抄附執筆人原提案如下： 　國民大會行使創制複決兩權辦法之制定及修正應用何種程序案。 一、依憲法第一七四條第一款之程序為之。 二、以國民大會代表總額六分之一之提議，五分之三之出席，及出席五分之三之決議制定之。修正時亦同。 三、列入附則章 　1.「本辦法之制定及修正，依憲法第一七四條第一款之程序為之。」 　2.本辦法制定及修正以國民大會代表總額六分之一之提議，五分之三之出席及出席五分之三之決議為之。
2	已生效之法律之廢止或修改案，究應列入複決案之範圍，或創制案之範圍？民權主義第四講，第六講與五權憲法講詞，似有出入，請綜合會議予以確定。	附關於國民大會會期問題綜合起草委員會第七次會議之決議 一、國民大會每年自行集會一次，早經第三次綜合會議決定，自應遵照辦理，建議綜合會議研擬如何修改憲法有關條文，或增訂臨時條款，俾創制複決兩權之行使，得以實現。 二、國民大會會期，既已照上列規定列入憲法或臨時條款，似可不必列入創制複決兩權行使辦法條文之內，此項決議併同本辦法草案提請綜合會議討論。

資料來源：國民大會秘書處，《第一屆國民大會實錄（第四編）》，台北：國民大會秘書處，1966a，頁241-73。

過。

2.審查會全體委員提案一件，照案通過。交有關修改憲法各案綜合
整理委員會，研擬修訂動員戡亂時期臨時條款，提報下次綜合會
議研討決定。

修憲各案綜合整理委員會於一九六一年十月至十二月間開會，除綜
合整理修憲各組研討結論報告外，並即根據上項提案及決議，擬具「動
員戡亂時期臨時條款修訂草案初稿」一種，其中刪除三、四兩項原文，
並在原條款第四項之後，新增四項條文，將行使兩權之法源、會期及創
制案、複決案之重要事項，均予規定。

第六次綜合會議將本案提出研討時，出席委員認爲本案名稱未盡恰
當，並以修訂動員戡亂時期臨時條款未經國民大會授權，故不可越俎代
庖。幾經研商，爰將標題改稱爲「關於行使創制複決兩權之研擬辦
法」，並就原案內容列爲四項：

1.關於創制、複決兩權，由國民大會制定辦法並行使之，不受憲法
第二十七條第二項所附條件之限制。
2.國民大會爲行使創制權、複決權，得依憲法第三十條第四款之規
定，召集臨時會。
3.立法院對於國民大會之創制案，應依照所定原則，於限期之內完
成立法程序。
4.立法院對於行政院移請之覆議案，仍以三分二之多數維持原決議
時，總統得咨請國民大會複決之，行政院院長應否接受或辭職，
即以複決之結果爲準，不受憲法第五十七條第二款第三款所規定
之限制。

綜合會議通過上項辦法後，復經提出一九六一年十二月二十五日第
二次全體會議研討，將標題中「研擬」二字，改爲「補充」二字，其餘
四項辦法內容，均照案通過。並決定建議國民大會臨時會於修訂動員戡

亂時期臨時條款時參考。茲錄四項補充辦法如後：

1. 關於創制、複決兩權，由國民大會制定辦法並行使之，不受憲法第二十七條第二項所附條件之限制。
2. 國民大會為行使創制權、複決權，得依憲法第三十條第四款之規定，召集臨時會。
3. 立法院對於國民大會之創制案，應依照所定原則，於限期之內完成立法程序。
4. 立法院對於行政院移請之覆議案，仍以三分二之多數維持原決時，總統得咨請國民大會複決之，行政院院長應否接受或辭職，即以複決之結果為準，不受憲法第五十七條第二款第三款所規定之限制。

　　國民大會臨時會集會後，以「國民大會創制複決兩權行使辦法草案初稿」既係國民大會憲政研討委員會之建議，當於二月四日國民大會臨時會舉行第二次大會時，將本案列入議程作為研討修訂臨時條款之基礎。此外，與本案有關者，尚有李壽雍等一、○八九位代表及顏澤滋等三七九位代表同時簽署提案，均已足修憲法定人數，經主席團會議決定，一併提出大會與本案合併討論。是日上午九時開會，大會由代表張其昀主持，討論事項共列三案：

1. 總統咨送「國民大會創制複決兩權行使辦法草案初稿」案。
2. 總統咨送「國民大會憲政研討委員會對有關修改憲法各案研討結論」案。
3. 國民大會憲政研討委員會擬定「關於行使創制複決兩權之補充辦法四項」，建議國民大會臨時會修訂動員戡亂時期臨時條款時參考案。

　　各案之後，均附列有關提案多件，經主席團決定一併提出大會討論。在討論開始時，先宣讀案由及內容，並分別請各提案人加以說明，

再開始發言。是日因登記發言之代表極爲踴躍，會場空氣緊張，而各代表意見又極爲紛歧，故三案無法分別逐案進行討論，主席雖未宣布三案合併討論，但因三案內容互相牽連，事實上三案已合併進行。計有劉華、張中寧等十九位代表發言，各代表對修訂臨時條款一案之發言內容，焦點均集中於三大問題（詳**表2-9**）。

會議下午改由代表陳啓天主持，代表發言熱烈，後由李蔭國等三十位代表提出臨時動議一件，請求立即停止討論，交付特種審查委員會併案審查，經主席依照議事規則第三十六條規定，提付表決結果：在場代表五七七人，表決贊成代表四五四人。於是主席宣告，三案均停止討論，並作決議，一併交付特種審查委員會審查。於是，本案關於臨時條款修訂案第一讀會，至此乃宣告完成。

二月五日特種審查委員會舉行第一次會議，將大會交付審查之三案，同時列入議程。修訂臨時條款一案仍照大會次序，列爲討論事項第三案。又大會同時交下李壽雍與顏澤滋等代表提案二件，因與本案有

表2-9　國民大會憲政研討委員會對有關修改憲法各案研討結論

項次	問題	結論
1	國民大會行使創制複決兩權之法源問題。	多數代表主張採取修訂臨時條款途徑，其間亦有少數代表認爲在憲政研討委員會廣徵各方意見期間有70%至80%主張循修憲途徑以行使兩權者，故亦主張修改憲法，而不主張修訂臨時條款。
2	國民大會行使創制複決兩權之會期與召集問題。	部分代表堅持行使兩權必須有固定之會期，最好每年自行集會一次，但亦有部分代表認爲國民大會行使創制複決兩權是臨時性的、偶然性的，不能作硬性規定定期集會，因爲我們不能預知何時有創制案與複決案提出，亦不能事先確定在一年或二年之內，即可行使兩權爲適應動員戡亂需要，因應時機，故宜授權總統決定。
3	國民大會閉會期間應否設置常設機構問題。	大多數代表均一致主張國民大會在閉會期間，爲便於研討憲政有關問題，應經常設置一研究機構。

資料來源：國民大會秘書處，《第一屆國民大會實錄（第四編）》，台北：國民大會秘書處，1966a，頁262-3。

關，一併列入審查會議程，另由主席團交下與本案有關者亦有五案，經一併列入議程合併審查。主席團交下之五案案由如下（國民大會秘書處，1966a：264）：

1. 吳麟等二十四位代表提：爲李壽雍等所提第十九號提案，依照憲法第一七四條第一款程序修訂動員戡亂時期臨時條款案，擬具修正意見案（提案第二十六號）。

2. 楊揚等一九八位代表提：依據國民大會憲政研討委員會決議之建議，茲擬「動員戡亂時期臨時條款修訂案」（提案第二十七號）。

3. 王培基等二十四位代表提：國民大會行使創制複決兩權，修訂中華民國憲法動員戡亂時期臨時條款案（提案第二十九號）。

4. 彭慶修等五十四位代表提：國民大會行使創制複決兩權應採修訂動員戡亂時期臨時條款途徑案（提案第三十號）。

5. 趙恒愿等三十二位代表提：爲適應動員戡亂時期之需要，特擬具動員戡亂時期臨時條款修正案，請公決案（提案第三十一號）。

第一次審查會由召集人薛岳主持，首先，就三案進行討論之程序問題發言，發言計有王培基、謝幼石等十一位代表。大致認爲第二案修憲各案研討結論審查報告爭論較少，不必浪費太多時間，應改列爲第一案討論，以求迅速解決。而第一案關於兩權行使辦法一案，似應等待修訂臨時條款一案確定後，有法源可資依據時，再行討論，較爲適宜。因此，主席乃徵詢出席委員同意，變更議事日程，將原列討論事項第二案提前討論，原列第三案改爲第二案，原列第一案改爲第三案。

當第一案審查完畢，再進行審查提案時，已接近中午時間，主席請各有關提案人李壽雍、顏澤滋等代表分別補充說明後，下午始正式進入審查階段，對本案發言者，計有賈永祥、彭慶修等十七位代表，因登記發言委員很多，直至下午六時十分散會時，尚未發言完畢，主席乃宣布定於二月六日下午三時舉行第二次審查會議繼續審查。

因臨時會會期有限，大會日程表業已事先排定，第二次審查會議無

法在已排定之日程時間內舉行，所以臨時決定在星期日下午加開一次審查會議，繼續審查本案，會議由代表張其昀主持，發言有劉韻石、王星華等二十六位代表。迄下午六時十五分，提案仍未審查完畢，乃由主席徵得出席委員同意，決定將各委員所發表之意見，交由五位召集人整理於下次會議提出整理案供審查會研討採擇。

在第二次審查會開始時，五位召集人鑑於第一次審查會中，各委員所發表之意見非常廣泛，無從獲得具體的結論。本次審查會乃就本案有關爭論之點，歸納成六項中心問題，要求各位委員根據此六項中心問題依次發言，並希望酌留半小時時間，把中心問題的意見歸納起來，在審查會結束時，再由五位召集人把已歸納的意見，加以整理，提出第三次審查會決定。該六項中心問題如下（國民大會秘書處，1966a：265-6）：

　1. 法源問題。
　2. 研究機構問題。
　3. 立法原則問題。
　4. 複議案問題。
　5. 會期問題。
　6. 十日內公布問題。

關於法源問題，李案、顏案均主張在動員戡亂時期臨時條款內訂入國民大會得制定辦法以行使創制複決兩權，不受憲法第二十七條第二項之限制，且各委員的意見均趨一致，故未討論。

關於研究機構問題，各委員意見較為紛歧。惟多數委員均贊同設立研究機構，僅在名稱上有不同看法而已。有主張國民大會應分設各委員會，分別研究各種法案者，有主張設「國家法制研議委員會」，研擬有關戰時體制者，有主張定名為「行使創制複決兩權會」或「中央法律檢討會」者，亦有主張繼續設置「憲政研討委員會」或在憲政研討委員會下分設各種委員會研究各種法案者，但亦有部分委員認為研擬兩權之任

務已完成，憲政研討委員會不宜繼續存在應予撤銷。除此以外，還有人主張設「國民大會憲政研究督導委員會」以及照五權憲法體制設「五院委員會」者，眾議紛陳，不一而足。

關於會期問題，有主張有固定會期者，大多贊成每年自行集會一次。亦有主張行使兩權不宜定期集會者。有主張依憲法規定凡有代表五分之二以上請求時，總統應予召集。但亦有主張在戡亂時期行使兩權應授權由總統決定。意見亦無法集中。

其餘關於立法原則問題、覆議案問題，以及應否於十日內公布問題等，因時間限制，無從討論。惟在前一日審查會中本案進行廣泛討論時，關於前項問題亦有少數委員於發言時涉及，大致認為（國民大會秘書處，1966a：266-7）：

1. 主張在臨時條款中規定：「立法院對於行政院移送之覆議案，仍以三分之二之多數，維持原決議時，總統得咨請國民大會複決之，行政院院長應否接受或辭職，即以複決之結果為準，不受憲法第五十七條第二款、第三款所規定之限制。」
2. 國民大會創制權之行使，不應以立法原則為限。至於應否在十日內公布問題，係在兩權行使辦法中規定，則未有人提及。

審查會五位召集人根據以上各委員所發表之意見，漏夜加以整理，作成整理報告，包括修訂臨時條款及行使兩權辦法兩案。國民大會臨時會特種審查委員會於一九六六年二月六日下午舉行第二次會議時，部分代表曾就修訂臨時條款及行使兩權辦法有關各案分別發言，於散會前決定交召集人就已發表之意見再加整理，俾供審查會第三次會議研討採擇。召集人等當於同日晚間集議詳加整理，並聽取有關各提案人蔣忍祖、林紫貴等代表列席陳述意見，續密研討。

二月七日上午九時繼續舉行特種審查委員會第三次會議，由召集人王雲五主持，討論事項將修訂臨時條款及兩權行使辦法合為一案，並將各代表所提有關各案，一併提請審查會繼續審查，附加說明如後（國民

大會秘書處，1966a：268）：

1. 以上各案合併審查，本委員會第二次會議討論尙未完畢，經主席
   徵詢出席委員決定，將各委員所發表之意見交由召集人王雲五整
   理，於本委員會第三次會議提出整理案，供審查會研討採擇。
2. 茲經召集人提出整理報告一件，敬請公決。

會議開始後，召集人王雲五爲使本案獲得大多數委員之支持與接
受，並能順利通過起見，特作詳細之補充說明，茲整理如下（國民大會
秘書處，1966a：269-72）：

1. 整理「創制複決兩權行使辦法草案」的理由：
   (1) 第七條以上是一字未改。
   (2) 第八條「政府移請覆議案，立法院仍維持原決議時，得由總統
       咨請國民大會複決之」，關於這條，我們的看法是因爲創制複
       決是以法律爲對象，覆議是立法院與行政院之間的關係，我們
       認爲爲了純粹的創制複決，以及根據世界上採行創制複決兩權
       的先例，我們認爲這一條可以刪除。
   (3) 第九條未修改，現在擬移列爲第八條，因爲第八條擬予以刪
       除。
   (4) 第十條未修改，因爲第九條移列爲第八條，所以第十條移列爲
       第九條。
   (5) 第十一條也沒有變動，因爲第十條改爲第九條，所以這一條改
       爲第十條。
   (6) 第十二條「總統咨請之複決案，須備具咨請書，敘述理由，並
       附送有關文件」，這條所謂總統咨請複議案與原第八條有關，
       原第八條已經刪除，所以這一條當然也要刪除。
   (7) 第十三條「國民大會爲行使創制、複決兩權之需要，分設各種
       委員會，分別研究各種法案」。我們也擬刪除，其理由是因爲

這個機構的設置，應該是在臨時條款上規定的，臨時條款上既然有規定，這裡就不必再重複，所以我們擬予以刪除。

(8)第十四條原條文未作變動，因為原第十二條及第十三條刪除，所以改為第十一條。

(9)第十五條原條文沒有變動，所以移列為第十二條。

(10)第十六條原條文也沒有變動，所以改為第十三條。

(11)第十七條原條文沒有變動，現在改為第十四條。

(12)第十八條原條文「本辦法由國民大會制定，咨請總統於十日內公布施行，修改時亦同」，關於這一條，最初我們擬將日期刪除，就是「咨請總統公布施行」就可以了，後來這點似有未妥，同時很多代表同仁認為沒有訂期，沒有一定日期，可能總統會擱置很久不予公布，我們考慮的結果，還是訂期的好，所以修改為六個月，因為這是一種重要的法案，它與一般普通的法律不同，普通的法律，立法院通過之後，咨請總統公布，總統假定在十日內不予公布，可以交回覆議，這一條的限期是國民大會的決議，國民大會的決議是高於立法院的決議，總統不會有退回覆議的，所以十日內的限期似乎不妥，但是為著尊重許多代表的意見，總應當有一個日期，我們覺得憲法的公布是經過相當長的時間才實行的，我們這個重要案子不必照普通法律的時間來公布，所以我們擬修改為「本辦法由國民大會制定，咨請總統於六個月內公布之」。

2.關於行使創制複決兩權之補充辦法四項：

(1)第一項，關於創制複決兩權，由國民大會制定辦法並行使之，不受憲法第二十七條第二項所附條件之限制。這是要把兩權的行使在臨時條款裡規定出來，這樣可以排除憲法第二十七條第二項的限制，這一點我們已經採納了，已在修正的臨時條款裡面容納這一項。

(2)第二項，國民大會為行使創制權、複決權，得依憲法第三十條

第四款之規定，召集臨時會。因為現行憲法第三十條第四款具在，是繼續有效的，我們並沒有於臨時條款裡排除它，所以我們不予規定也就是遵守它原來的規定，因此我們沒有再作規定，如果再作規定，將來反而會引起解釋上的誤會。事實上所有憲法的規定都是有效的，除了臨時條款中有變更或解除它的約束，否則不必在臨時條款裡另作規定，原來憲法第三十條第四款規定依然有效。

(3)第三項，立法院對於國民大會之創制案，應依照所定原則，於限期之內，完成立法程序。我們於兩權行使辦法當中已有明白規定，「立法院應於同一會期內依據原則，完成立法程序」，「如內容複雜或特殊情形，得延長一個會期」，所以已經有了限制在兩權行使辦法之內。

(4)第四項，立法院對於行政院移請之複決案，仍以三分之二多數維持原決議時，總統得咨請國民大會複決之，行政院長應否接受或辭職，即以複決之結果為準，不受憲法第五十七條第二款第三款所規定之限制。這一點是關於複議案的。

3.刪去兩項都是因本次臨時會開會後而失去效用的臨時條款：

(1)「國民大會創制複決兩權之行使，於國民大會第三次會議閉會後，設置機構，研擬辦法，連同有關修改憲法各案，由總統召集國民大會臨時會討論之。」現在已經兌現了！應予刪除。

(2)「國民大會臨時會由第三任總統於任期內適當時期召集之。」現已召集了，也應刪去。

4.新增的臨時條款：

(1)「動員戡亂時期，為適應戡亂需要，國民大會得制定辦法，創制中央法律原則與複決中央法律案，不受憲法第二十七條第二項之限制。」這是各位代表一致的主張，應該放在裡面。

(2)「在戡亂時期，總統對於創制案或複決案認為有必要時，得召集國民大會臨時會決定之。」

(3)「國民大會於第四次會閉會後，設置研究機構，研討憲政有關問題。」

因為五位召集人所擬整理報告，係將兩權行使辦法列在之前，而將修訂臨時條款列在之後，主席宣布討論時，乃將兩權行使辦法先行付諸討論，但代表翟宗濤不接受，並認為在程序上應先研究臨時條款，而後再研究行使辦法，因為行使辦法是根據臨時條款來的。於是主席遂將此一程序變更，並徵詢出席委員同意，先討論臨時條款，再討論兩權行使辦法。

本案提付討論後，計有蘇友仁、崔榮等十五位代表發言。代表的意見仍多集中於設置研究機構、創制立法原則、會期等項問題，因大會日程表規定，該日上午原係舉行大會，嗣因審查會未完，乃將是日上午半天時間，臨時改開審查會，但直至中午十二時，該案審查工作尚無法獲得具體結論。主席鑑於當日下午大會即將討論本案審查報告，乃會同五位召集人商量，接受代表周士傑意見，宣布請每位委員將書面意見在一小時內送交秘書處，由召集人在大會前將各位委員的意見（包括書面意見）一併加以縝密研究考慮，再加以整理後提出下午大會，當經徵詢出席委員同意，無異議通過，並作成動員戡亂時期臨時條款原文及特種審查委員會建議修訂各款的正式決議文，如下（國民大會秘書處，1966a：274）：

茲依照憲法第一七四條第一款程序，制定動員戡亂時期臨時條款如左：（原文）

總統在動員戡亂時期，為避免國家或人民遭遇緊急危難或應付財政經濟上重大變故，得經行政院會議之決議，為緊急處分，不受憲法第三十九條或第四十三條所規定程序之限制。

前項緊急處分，立法院得依憲法第五十七條第二款規定之程序變更或廢止之。（原文）

動員戡亂時期總統副總統得連選連任，不受憲法第四十七條連任一

次之限制。（原文）

（國民大會創制、複決兩權之行使，於國民大會第三次會議閉會後，設置機構，研擬辦法，連同有關修改憲法各案，由總統召集國民大會臨時會討論之。）（擬刪除）

動員戡亂時期，國民大會得制定辦法，創制中央法律原則與複決中央法律，不受憲法第二十七條第二項之限制。（新增）

在戡亂時期總統對於創制案或複決案認爲有必要時，得召集國民大會臨時會討論之。（新增）

國民大會於閉會期間，設置研究機構，研討憲政有關問題。（新增）

動員戡亂時期之終止，由總統宣告之。（原文）

臨時條款之修訂或廢止，由國民大會決定之。（原文）

二月七日下午三時，國民大會臨時會舉行第三次大會，由代表何應欽擔任主席，並進行特種審查委員會審查關於修訂臨時條款案之審查報告。本案宣讀完畢，主席旋即宣布：提案須循修改憲法的程序，進行第二讀會。接著，秘書長谷正綱報告有關二讀會進行程序，即憲法第一七四條規定，憲法之修改，應依「由國民大會代表總額五分之一之提議，三分之二之出席，及出席代表四分之三之決議，得修改之」的程序爲之。現在國民大會代表總額，依據內政部函告的人數爲一、四八八人，應出席人數亦爲一、四八八人，三分之二之出席人數爲九九二人，現在出席的人數爲一、二〇五人，已足法定人數，可以開議。於是，大會主席乃請召集人王雲五對本案審查經過及結果加以說明，重點如下（國民大會秘書處，1966a：277-812）：

1. 關於創制複決兩權由國民大會制定辦法並行使之，不受憲法第二十七條第二項所附條件之限制。因爲要兩權行使有效，不受憲法第二十七條第二項之限制，一定要在臨時條款裡面有所規定。因爲臨時條款是依據修憲程序通過的，其效力等於憲法的效力，如

在臨時條款上有規定，就排除憲法定的約束。因爲這樣關係，不能不從修訂臨時條款著手。

2. 「國民大會爲行使創制權、複決權，得依憲法第三十條第四款之規定，召集臨時會。」審查會審查時認爲憲法第三十條第四款的規定，現仍依然存在有效，不必有所變更。這樣還是可以行使我們國民大會召集臨時會的權，不過應按規定由總統召集。
   這兩條有關憲法的問題，第一條不能不在臨時條款中有所規定，以解除憲法的限制。第二條，憲法的原文仍然有效，並不妨害兩權的行使，所以不必在臨時條款中有所增訂。

3. 「立法院對於國民大會之創制案，應依照所定原則，於限期內，完成立法程序。」這一點用不著在臨時條款中規定。因爲臨時條款中已確定了行使兩權的法源，由我們制定了兩權行使辦法，這一點留在辦法中規定便可。辦法第五條規定：「關於國民大會創制之立法原則，咨請總統移送立法院，立法院應於同一會期內依據原則，完成立法程序；但內容繁複或有特殊情形者，得延長一會期。前項立法原則立法院不得變更。」這個行使兩權辦法尚未審查終結，今天晚上再繼續審查，可能明天就會提大會討論。有了這條規定，便可放心。

4. 「立法院對於行政院移請之覆議案，仍以三分之二之多數，維持原決議時，總統得咨請國民大會複決之。行政院院長應否接受或辭職。即以複決之結果爲準，不受憲法第五十七條第二款第三款所規定之限制。」照　國父遺教及世界各國的通例，複決權之行使，應當是以法律爲對象。依照憲法第五十七條之規定，行政院對於立法院負責，立法院對於行政院之重要政策不贊同時，得以決議移請行政院變更之；行政院對於立法院所爲變更政策之決議，或對於立法院決議之法律案、預算案、條約案，認爲有窒礙難行時，得經總統之核可，移請立法院覆議。覆議的結果如經出席委員三分之二維持原決議，依照我們憲政研討委員會創制、複

決兩權行使辦法草案中，有對此加以複決之規定。關於這一點，在審查會初步審查時，認爲涉到行政、立法兩院政治上的關係，與創制複決兩權之原意不盡相符，所以初步審查時，把這一項刪除。

5. 原來的臨時條款中有：「國民大會創制、複決兩權之行使，於國民大會第三次會議閉會後，設置機構，研擬辦法，連同有關修改憲法各案，由總統召集國民大會臨時會討論之。」這一規定的目的既已達到，應予刪除。

6. 「國民大會臨時會由第三任總統於任期內適當時期召集之。」現在第三任總統已依規定在任內召集了，目的亦已達到，沒有繼續存留的必要，所以亦建議刪除。

7. 建議增加「動員戡亂時期，國民大會得制定辦法，創制中央法律原則與複決中央法律，不受憲法第二十七條第二項之限制。」這一項是根據剛才所報告的四項補辦法第一項而增訂的。在審查會中提出這個草案，有些代表認爲「原則」兩字應予刪除，成爲「創制中央法律與複決中央法律」。在審查會結束之後，這次大會開會之前把各位發言同仁的意見，以及已有書面意見的同仁或者沒有書面意見的同仁事後所補充的意見，由五位召集人予以檢討，有什麼要修訂的地方，就加以修訂，在本條中修訂了幾個字，今天早上審查會所審查的草案是，「動員戡亂時期，爲適應戡亂需要，國民大會得制定辦法，創制中央法律原則與複決中央法律，不受憲法第二十七條第二項之限制」。經採納各位代表的意見，對文字上有不妥當的，予以刪除。所以現在所提出大會的草案，與我們特種委員會今天所審查的初稿相較，已刪除了幾個字。就是把「爲適應戡亂需要」這幾個字刪除了。對「創制中央法律原則」中的「原則」兩字，也曾考慮刪除，但是我們根據法源，憲政研討委員會經過一年多的研究所做的結論，審查會審查的時候，採納了這個結論。經表決結果，絕大多數通過。可見各

位代表，就是從前參加憲政研討委員會的代表，過去擁護憲政研討委員會決議，現在當然還是竭力擁護。當時所完成的初稿，就是我們國民大會創制複決兩權行使辦法草案初稿。這一初稿，明天可望提到大會討論，其中第四條規定：「國民大會對於中央法律有創制權。」第五條規定：「國民大會創制之立法原則，咨請總統移送立法院，立法院應於同一會期內依據原則，完成立法程序；但內容繁複或有特殊情形者，得延長一會期，前項立法原則立法院不得變更。」第六條規定：「關於國民大會創制之立法原則，經完成立法程序後，非經國民大會決議，立法院不得修正或廢止。」由此可見憲政研討會各委員就是在場的各位，經過一年半的詳細研究所達成的結論。在「創制」一章中，第五條、第六條，都有「原則」字樣。從這三條看起來，憲政研討會原來的精神是國民大會創制立法原則，交立法院立法，立法院不能違背這個原則。我告訴各位，依照憲法的規定，所謂法律是要經立法院通過，經總統公布的，不過我們國民大會的地位不能與立法院比擬。我們國民大會是政權機關；立法院是治權機關。我現在記得一件事情，在行憲前，我曾擔任國民政府委員，國民政府是國家最高機關，決定立法原則，交給立法院，完成立法程序，國民政府所設的委員會，是最高政權機構。那時立法院尚非民選，是政府一個機構，但是國民政府委員不願影響他們專家的職權，所以，只決定立法原則，交給他們立法，現在國民大會創制法律原則交給立法院立法，則我們的地位似乎還要比立法院高一點。我們再三考慮結果，覺得還是保持「原則」二字，現在提供各位賢明代表作最後的決定。

8. 照理臨時條款要修正，加這一條，刪除那兩條就可以了，但為尊重各位代表的公意，各位代表都想要「行使」不只是制定「辦法」，所以加了一條：「在戡亂時期，總統對於創制案或複決案認為有必要時，得召集國民大會臨時會討論之。」這條沒有「行

使」字樣，有人會誤會，但本席可以肯定的說明，辦法中有多少條都是關於兩權行使的，但仍這點力量還不夠，所以臨時條款又加了一項，標明「戡亂時期，總統對創制案複決案認為有必要時，召集國民大會臨時會討論之」。並沒有說不包括「行使」，這也是尊重今天上午審查會各位代表的意見，本來是用「決定之」，後來聽各位代表說「決定」不如「討論」，所以在中午再度整理，決定改為「討論」。

9. 「國民大會於閉會期間設置研究機構，研討憲政有關問題」，這條本來在四項補辦法內，但是為使得效力更大，同各位代表的意見，原來是「國民大會於第四次會議閉會後」，現改為「國民大會於閉會期間」，把「第四次會議」數字刪去，改為「於閉會期間」，這樣比較妥當一點。

召集人說明後，主席宣布該案照二讀程序進行，逐條朗讀，再經審查後共修訂五項，其中刪除二項，新增三項，均經逐條討論表決通過。第二讀會完畢，主席宣告：修訂「動員戡亂時期臨時條款」案，已完成第二讀會程序。茲依照國民大會議事規則第五十條及第五十一條之規定，進行第二讀會。並即由秘書長報告三讀程序（國民人會秘書處，1966a：283）：

1. 查國民大會第一次會議，制定動員戡亂時期臨時條款，係依照憲法第一七四條第一款之規定程序辦理。憲法第一七四條第一款規定，關於憲法之修改，應由國民大會代表總額五分之一之提議，三分之二之出席，及出席代表四分之三之決議。

2. 國民大會代表之總額為一、四八八人，三分之二為九九二人，現在在場代表一、二一一人，已足法定人數。

三讀程序報告完畢，主席當即宣布將經過第二讀會通過之「動員戡亂時期臨時條款」修正案全文，交由宣讀員朗讀，完成三讀程序。並將

修正案全文提付表決：在場代表人數一、二一一人，四分之三代表人數
為九〇九人，舉手贊成通過修正案全文者一、〇七八人。大會作成決
議：「動員戡亂時期臨時條款」修正案三讀通過，總統乃於二月十二日
公布，至此歷時八日之國民大會臨時會宣告落幕。

三、分析

動員戡亂時期臨時條款第二次修正條文內容詳**表2-10**。

表2-10　動員戡亂時期臨時條款第二次修正的條文內容

項	條文內容	備註
1	總統在動員戡亂時期，為避免國家或人民遭遇緊急危難或應付財政經濟上重大變故，得經行政院會議之決議，為緊急處分，不受憲法第三十九條或第四十三條所規定程序之限制。	同動員戡亂時期臨時條款第一項。
2	前項緊急處分，立法院得依憲法第五十七條第二款規定之程序變更或廢止之。	同動員戡亂時期臨時條款第二項。
3	動員戡亂時期，總統副總統得連選連任，不受憲法第四十七條連任一次之限制。	同動員戡亂時期臨時條款（第一次修正）第三項。
4	動員戡亂時期，國民大會得制定辦法，創制中央法律原則與複決中央法律，不受憲法第二十七條第二項之限制。	依本項之規定，乃凍結憲法第二十七條第二項之規定：「關於創制、複決兩權，除前項第三、第四兩款規定外，俟全國半數之縣、市曾經行使創制、複決兩項政權時，由國民大會制定辦法並行使之。」
5	在動員戡亂時期，總統對於創制案或複決案，認有必要時，得召集國民大會臨時會討論之。	依本項之規定，總統於一九六六年二月八日召集國民大會臨時會制定「國民大會創制複決兩權行使辦法」，並於同年八月八日公布。
6	國民大會於閉會期間，設置研究機構，研討憲政有關問題。	同動員戡亂時期臨時條款（第一次修正）第四項。
7	動員戡亂時期之終止，由總統宣告之。	同動員戡亂時期臨時條款（第一次修正）第六項。
8	臨時條款之修訂或廢止，由國民大會決定之。	同動員戡亂時期臨時條款（第一次修正）第七項。

（一）國民大會臨時會集會之研究

國民大會臨時會之召集乃依據中華民國憲法第三十條規定之四種情形，得召集臨時會。

1. 依中華民國憲法第四十九條之規定，應補選總統副總統。（由立法院院長通告集會）
2. 依監察院之決議，對總統副總統提出彈劾案時。（由立法院院長通告集會）
3. 依立法院之決議，提出憲法修正案時。（由總統召集之）
4. 國民大會代表五分之二以上請求召集時。（由總統召集之）

另根據「動員戡亂時期臨時條款」第二次修正第五項的規定，復授權總統，在動員戡亂時期，如認為有必要，得召集國民大會臨時會。此外，尚有：

1. 根據中華民國憲法第四條規定：「中華民國領土，依其固有之疆域，非經國民大會之決議不得變更之。」換言之，中華民國之領土，只有國民大會有權變更；於是，當中華民國領土要變更時，而又不在開會時期，就要召開臨時會。
2. 根據中華民國憲法第一七四條第一款規定，憲法修改程序之一為「由國民大會代表總額五分之一之提議，三分之二之出席及出席代表四分之三之決議，得修改之」。今假設臺灣省省長欲改為直接民選，國民大會堅持要經修改臨時條款的途徑，且若真達中華民國憲法第一七四條第一款之情形，則必須開臨時會。
3. 根據總統、副總統選罷法規定，有總額六分之一以上簽署罷免總統、副總統，則國民大會必須召開臨時會。而動員戡亂期間，臨時會只開過二次（一九六六年開臨時會，是因總統的任期屆滿，而總統想再連任，必須修改臨時條款；一九九一年開臨時會，主

要是規範第一次中華民國憲法增修條文的修憲程序，以做為第二階段實質修憲之準備），另有二次要開而沒開成（一九五〇年之臨時會未能開成，因為大陸淪陷；一九五二年，監察院對李宗仁提出彈劾案，要罷免總統、副總統，所以應開臨時會，但由於人數未達法定標準，且無經費，而拖到一九五四年開常會時，才罷免李宗仁）。

此外，一般民意機關原則上「應」自行集會，何以國民大會需要「召集人」？原因在於制憲當時就不希望國民大會常常開會，以免產生憲政問題，蓋「召集人」不召集，國民大會便開不成會。依規定，召集人有以下數種：

1. 總統召集（據憲法第二十九條、三十條及臨時條款第八項的規定）：
   (1)每屆總統任滿前九十天的常會。（憲法第二十九條）
   (2)依立法院之決議所提之憲法修正案，由總統召集。（憲法第三十條第一項第三款）
   (3)國民大會代表五分之二以上請求召開臨時會時。（憲法第三十條第一項第四款）
   (4)動員戡亂時期，總統認為有創制、複決二案，需召開國民大會臨時會時。（臨時條款第八項）
   (5)領土變更。（憲法第四條）
   (6)國民大會代表五分之一以上提議修憲而召開臨時會時。（憲法第一七四條第一款）
2. 立法院院長通告集合或召集：
   (1)根據憲法第四十九條規定「補選總統、副總統」。（憲法第三十條第一項第一款）
   (2)依監察院之決議，對總統、副總統提出彈劾案。（憲法第三十條第一項第二款）

(3)國民大會代表六分之一以上，對總統、副總統簽署罷免，提出
　罷免申請書時。（總統、副總統選舉罷免法）

(二)「國民大會創制複決兩權行使辦法」之研究

　　本次修訂動員戡亂時期臨時條款的主要影響在於通過「國民大會創制複決兩權行使辦法」。蓋國民大會創制複決兩權的行使源自中華民國憲法第十七條「人民有選舉、罷免、創制、複決之權」與第一二三條「縣民關於縣自治事項，依法律行使創制複決之權」。在政治協商會議時期原定由「無形國民大會」行使，以反映人民直接立法之眞義。立法院院長兼憲法起草委員會主任委員孫科，在制憲國民大會曾解釋中華民國憲法草案何以刪除「國民大會創制法律複決法律」的原因，即「五五憲章規定國民大會創制法律，複決法律，許多人都認爲一個國家之內，不能有兩個行使立法權的機關，所以暫時先行使憲法修改之創制及複決立法院所提出之憲法修正案」（國民大會秘書處，1946：394），可以說對國民大會不宜行使創制複決兩權作了最好的詮釋。蓋理論上，國民大會行使的「創制權」、「複決權」與立法院行使的「立法權」看似性質不同，可是一旦實際運作起來，國民大會行使的「複決權」，勢必會對立法院行使的「立法權」產生影響（張君勱，1997：53-9）。除非雙方都具有相當好的默契與共識，可是實然的政治制度設計，本就應以最壞的情況來建構，才不致流於空想或無法運作。但部分代表仍以創制複決既係政權，即應由代表人民行使政權的國民大會行使，始能符合孫中山權能劃分的原義。幾經協議，始有憲法第二十七條第二項之規定：「關於創制複決兩權，俟全國有半數之縣市曾經行使創制、複決兩項政權時，由國民大會制定辦法並行使之。」從表面上看，國民大會雖擁有這兩個政權，但必須要等到「全國有半數縣市已經行使過這兩項政權」時，國民大會才能制定辦法行使；反之，如沒有具備這個條件，國民大會不能行使之。故事實上已被制憲者透過這樣的立法技巧，把國民大會行使創制、複決兩權完全凍結（董翔飛，1997：187-9）。

一九六〇年二月，第一屆國民大會第三次會議時，與會的國民大會代表便以憲法第二十七條之規定，剝奪國民大會行使創制複決兩權為由，乃循修改動員戡亂時期臨時條款之途徑，增訂如下條文：「國民大會創制複決兩權之行使，於國民大會第三次會議閉會後，設置機構，研擬辦法，連同有關憲法各案，由總統召集國民大會臨時會討論之。」

一九六六年二月一日，第三任中華民國總統即依上述規定召開國民大會臨時會，將原規定國民大會行使兩權及總統召集臨時會之字樣刪除，另訂如下條款：「動員戡亂時期，國民大會得制定辦法，創制中央法律原則與複決中央法律，不受憲法第二十七條第二項之限制。在戡亂時期，總統對於創制案或複決案，認為有必要時，得召集國民大會臨時會討論之。」復於同年二月八日，制定「國民大會創制複決兩權行使辦法」，由總統於同年八月八日公布。

於是原本由制憲代表，透過「俟全國過半數縣市曾經行使創制複決兩項政權時，由國民大會制定辦法並行使」之條文予以凍結的這兩項政權，又被行憲國民大會透過修訂動員戡亂時期臨時條款「不受憲法第二十七條第二項之限制」的方式，把它從憲法中解凍了出來。然因臨時條款第五項復規定「在戡亂時期，總統對於創制案、或複決案，認為有必要時，得召集國民大會臨時會討論之」，而將「有無行使此兩權必要的決定權」交給總統；換言之，有無必要行使創制複決兩權與要不要召集國民大會之權在總統，國民大會不得自行集會行使創制複決兩權。故行憲以來，國民大會雖常有行使創制複決兩權之議，但始終未獲總統回應而作罷，以致雖有創制複決兩權辦法之制定，但迄動員戡亂時期臨時條款廢止，並無任何行使紀錄。

（三）影響與評估

第一屆國民大會臨時會，乃是在一九六六年二月八日制定「國民大會創制複決兩權行使辦法」，根據該法第十三條之規定：「本辦法由國民大會制定，咨請總統於六個月內公布之。」而總統蔣中正拖到同年八

月八日（法定期限最後一天）才公布，足證當時總統蔣中正並不樂見國民大會行使創制複決兩權。蓋中華民國制憲過程中的「五五憲草」，對國民大會的職權相當膨脹，包括選舉、罷免正副總統、立監兩院正副院長與委員、罷免司法考試兩院正副院長、創制複決法律、修改憲法、變更領土之決議等。這種構想乃是「權能區分」觀念下之產物，與後來的設計格格不入，假設讓國民大會行使兩權，必致憲政問題治絲益棼，國民大會將成「太上立法院」。

對於該次的「利益互換」，實為促成蔣中正（中國國民黨總裁）連任總統，而不得不和國民大會妥協。這點可由執政的中國國民黨將國民大會拖延到一九六六年第四次國大會議集會前一個月始召集，儘管通過「國民大會創制複決兩權行使辦法」，施行細則卻被擱置下來，而使國民大會未曾使用創制複決兩權看出。

其實，早在一九六二年國民大會成立「國民大會憲政研討會」，並完成「國民大會創制複決兩權行使辦法草案」，隨即於同年十二月十六日彙咨總統。但由於國民大會行使創制複決兩權對憲政的權力結構運作影響極大，所以總統蔣中正（中國國民黨總裁）在中國國民黨中央政策委員會會議中，對於實行創制複決兩權提出六點指示（郭澄，1966：316）：

1. 不能違反總理遺教。
2. 不能有礙於反攻復國國策之行使。
3. 在不修改憲法之條件原則下，研究辦法。
4. 不宜以戡亂時期的臨時條款來規定辦法，最好另覓一種比較合理的辦法。
5. 這一辦法，絕不可另設常設機構，徒滋政治紛擾。
6. 如有行使兩權之必要時，其臨時大會之召集與日期，應授權總統決定之，方不致與反共復國之國策有礙。

此外，一九六四年國民大會就請國民大會秘書長谷正綱於九月十五

日，致電總統府秘書長張群，請其轉陳總統睿察國民大會對於召開臨時會之希望。結果總統蔣中正回覆如次，藉以拒絕召集國民大會臨時會。

1. 在第三任期內，余當選擇適當時機，召開臨時大會，去年表示能在本年內召開之希望，乃確屬內心之眞實意願，隨時期其實現。

2. 惟反攻大陸，拯救同胞，應爲國大同仁當前對國家、對選民負責之最高課題，較之任何其他問題，更爲重要。此亦當爲國大代表目前全心全意努力之第一目標，並希隨時協助政府，策劃推進。

3. 以目前亞洲形勢而論，實爲十五年來實施反攻復國最微妙之有利時機，如東南亞之動亂，以及匪俄衝突之益趨尖銳，均顯示世界新變局方始，吾人全力注視情勢之演變，及反攻動員之部署，如於此時召開臨時會議，勢必影響此一任務之遂行。以此余認爲本年九月至明年九月之一段時日內，實不宜分心其他工作；故臨時會議之召開，亦以延至明年九月以後爲宜。

一九九〇年三月，第一屆國民大會召開第八次會議時，本擬提案修訂臨時條款，意圖每年自行集會一次，並定期行使創制複決兩權。旋因各方輿論強烈譴責，復經朝野疏導而結束（董翔飛，1997：189-94）。

第四節　動員戡亂時期臨時條款的第三次修正

一、制定時間：一九六六年三月十九日第一屆國民大會第四次會議第九次大
　　　　　　　會修正
二、制定地點：台北市中山堂
三、公布時間：一九六六年三月二十二日總統公布
四、本節摘要：動員戡亂時期臨時條款的第三次修正的重點有三：其一，授
　　　　　　　權總統得設置動員戡亂機構，決定動員戡亂有關大政方針，
　　　　　　　並處理戰地政務；其二，總統為適應動員戡亂需要，得調整

中央政府之行政機構及人事機構；其三，對於依選舉產生之
中央公職人員，因人口增加或因故出缺，而能增選或補選之
自由地區及光復地區，均得訂頒辦法實施之

一、肇因

由於國民大會臨時會修訂之動員戡亂時期臨時條款第二次修正案
中，增訂條款計有三項，其中一項爲「國民大會於閉會期間，設置研究
機構，研討憲政有關問題」。但臨時會閉會時，對於設置研究機構一案
未能討論定案，故於本次會議由謝瀛洲等九六七位代表重行提出：「提
請擬定國民大會設置研究機構組織原則草案討論案」；而林友仁等一〇
七位代表亦提出：「爲擬定『國民大會憲政研討會組織綱要草案』提請
公決案」。以上兩案，經主席團決定，交由第一提案審查委員會審查
後，擬定成「國民大會憲政研討委員會組織綱要修正草案」，再提大會
討論。並於二十三日第十次大會上，進行討論與逐條表決通過（國民大
會秘書處，1966b：305-17）。此乃本次動員戡亂時期臨時條款修正的肇
因。

二、過程

（一）國民大會第四次會議之召集

一九六六年一月九日，總統依法召集國民大會於一九六六年二月十
九日集會[33]。一九六六年二月八日，國民大會臨時會閉幕之後；隔天，
便緊接著辦理第一屆國民大會第四次會議的代表報到（總計有國民大會
代表一、四四六人報到[34]），並於十九日舉行開幕典禮。本次會議自二
月十九日至三月二十五日結束，共舉行主席團會議十五次，大會十一
次。

（二）提案與讀會

國民大會第四次會議，各代表為適應反攻需要，先後簽署提出有關修改憲法及動員戡亂時期臨時條款等三案。秘書處以張知本、王雨生、翟宗濤等代表所提三案，均涉及修憲及動員戡亂時期臨時條款，且各案提案人數符合憲法第一七四條第一款的規定，而於三月十六日提請主席團第九次會議核示處理辦法，經討論結果，最後主席陳啓天動議，提付表決關於秘書處所擬審查方式兩項，並作成以下決定（國民大會秘書處，1966b：318）：

1. 以上三案一併提請大會決定。
2. 建議大會依國民大會組織法第七條之規定，組織特種委員會審查之。
3. 建議大會，特種委員會由主席團全體主席，及第一至第八提案審查委員會召集人組織之。並擬推王雲五、薛岳、于斌、張其昀、陳啓天、孫亞夫、謝瀛洲、顏澤滋、盛紫莊、余井塘、郭澄十一位主席為該委員會召集人。

三月十七日舉行第八次大會，出席代表一、二三二人。主席余井塘宣告討論事項，隨即進行第一讀會，並由秘書處朗讀各提案全文，詳**表2-11**。

隨後主席便根據議事規則第九章第四十六條：「第一讀會朗讀議案後，提案者須說明其要旨，如出席代表有疑義時，得請提案人解釋之。」的規定，按登記發言次序，依次請各代表發表意見，並歸納各代表發言要點，約有八端（國民大會秘書處，1966b：328）：

1. 對張案提請增訂臨時條款，授權總統設置「動員戡亂委員會」[35]一點，大多表示贊成。惟對於原案實質方面，在職權上有嫌不夠顯明文字，須加以修正者。

表2-11　國民大會第四次會議提案表

案次	案由	說明
1	張知本等八五二位代表提：擬請增訂動員戡亂時期臨時條款，授權總統得設置動員戡亂委員會，以適應反共情勢需要，完成反攻復國歷史任務。是否有當？敬請公決案（提案第三四三號）。	張知本說明第三四三號提案要旨： 「主席、各位同仁，不只兄弟一人提的，而是多數同仁共同商量提出來的。本案剛才宣讀理由與辦法時，大家都已聽見，同時已印刷出來送給各位看了。本案主要包括三點：一、是實行統帥的職權；二、選拔青年新人；三、開闢政治新機。這個原則，不但各位同仁都同意，而且也是全國國民的希望。我們大家到臺灣來已經來有十六年之久，我們的目的，就是早日光復大陸，天天在希望如何反攻。現在我們如同在救生船上面，救生船的目的就是達到彼岸。所以我們在這裡是以臺灣為基地，其目的是為反攻大陸。我們想到大陸同胞都在水深火熱之中，我們應該以救焚救溺的精神去拯救他們，我們在這救生船上，巴不得即刻到達彼岸，這是共同的目的。如何才能達到這個目的？那就非加強統帥權不可！否則不容易達到這個目的。這是世界各國的通例，世界各國在戰時，如果是總統制的國家，就授權總統，內閣制的國家，就授權內閣，這是一個通例。所以在第三次會議的憲政研討委員會也有說過這種話，就是加強政府的職能，加速反攻力量，這也是大家共同的意思。至於對於新人，要使新人有出路，也是大家共同的感覺。要能用新人，行政，我們做一樁事，一定要全國人共同起來，人力集中，群策群力，才能順利地達到這個目的。所以在行政方面，隨時要使有才能的人有出路。在民意機關，比方人口有增加，像臺灣人口增加了好多，在中央民意機關，也久已沒有選舉權，而且也沒有選舉權，我們初到臺灣來時只有十幾歲的人，但現在均有三、四十歲了，他沒有這種權，心裡感到不平，所以要增選，我增加了多少人口，但額數不全，按比例額若增加多少。至於補選，譬如有一個地區的額數本來是八個人，現在剩了四人，或者附逆，或者是死亡，都應該補選，把額數充實起來，使新人都來參加以加速反攻的力量。所以這三四三號提案，是大家共同商量的結果，也就是以這三個目的為標準。加速反攻，並能達到我們早日光復大陸的願望，同時也盡到我們的職責。至於詳細的理由在書面裡已有說明，大家也都知道這個意思，不必再說。王代表善祥是本案提案人之一，而且研究動員問題有素，擬請他再來補充說明。」 王善祥代表補充說明： 「剛才提案人張代表知本先生對本案是就理論方面說明提案的要旨，張代表要善祥再加以補充說明，現在謹就立法的根據及理由，向各位報告，敬請各位指教。本案第一點，就是適用時期的問題，適用

（續）表2-11　國民大會第四次會議提案表

案次	案由	說明
		時期，就是在動員戡亂的時期，我們國家從三十六年七月四日政府頒布全國總動員，國家就一直處在總動員狀態中。這點說明很簡單。第二點，本案授權案在憲法上是有根據的，依照憲法第三十六條規定的『總統統率全國陸海空軍』，就是統帥權的一個規定，統帥權是總統以國家元首地位一個固有的權力，因為我們現在打的是總體戰，總體戰的分類又大致可分為四點：軍事戰、政治戰、經濟戰、文化戰。 　　這四種戰是以軍事戰為主，其他三種戰是輔助軍事戰的。所謂總體戰也者，是傾注全國的人力物力財力來作戰的總體戰，總體戰最高的指揮者就是最高統帥，這一最高指揮權，本來就是在統帥權的行使範圍之內。統帥權行使的範圍，依照憲法第四十八條之規定，和憲法的前言，他的行使只要是為了達成增進人民的福利、保衛國家，或者是鞏固國權、保障民權的任務，那自然不會發生違憲的問題，所以統帥權的行使，只因是為了國家利益，是不受限制的。為了早日達成我們當前戡亂的國策，發揮軍事上的威力，國民大會必須要督促總統依據憲法加強統帥權的行使。因此，本案授權，是完全基於憲法統帥權的規定及統帥權行使範圍以內的理由，因此本案在憲法上是有絕對根據，是合於憲法的。第三點要報告的，就是動員戡亂委員會職權上的說明，實行總體戰我剛剛報告過，現在我們打的是總體戰，實行總體戰的方法是什麼呢？就是動員，動員的意義，就是一個國家在戰事發生以後，或是將要發生戰事的時候，由政府下達總動員令，將全國一切的人力物力財力，及全部有形無形的潛力，由政府加以嚴密的組織與合理的運用統制，並將國家由平時的態勢轉變成戰時的態勢，以上這許多的措施，它的目的就是在發揮戰力，而達到克敵致勝的目的，以確保國民族的生存。動員制度的樹立同徹底的實施，是克敵致勝唯一的要件，為了達成戡亂的目的，一定要實施動員，因此本案才授權總統設置動員戡亂委員會機構。這個機構的職掌，照所擬的條文一共有兩項。 　　第一項，是處理戰地政務事宜。戰地政務的目的，就是積極的要支援軍事的需要，消極的是要減少軍事上的損害，使戡亂戰爭有一個成功的的結果。以重建戰區民政，實行地方自治，戰地經過決戰以後，在收復地區，戰地政務是千頭萬緒，譬如潛伏的匪諜要肅清、戶口要清查、社會秩序要恢復安定、經濟文化要恢復正常等，尤其是戰後瘡痍滿目，災民很多，如何來撫戢災民？如何來恢復經濟生產？還有敵後的接收問題、土地政策問題、捐稅稽徵問題、貨幣政策問題、兵役

（續）表2-11　國民大會第四次會議提案表

案次	案由	說明
		政策問題、人事政策問題，一切的一切，都有待於戰地政務來處理。還有最大一個問題。就是戰地人民思想改造的問題，對戰地政務如果處理不當，可以抵銷軍事的成果。所以戰地政務是非常重要，而且也是很艱巨的工作，這屬於統帥權行使範圍的重要事項，所以將它規定在第一項之內。 　　關於條文的第二項：『總統爲適應動員戡亂之需要，得調整中央政府之行政與人事機構，並對於依選舉產生之中央公職人員，因人口增加或因故出缺，而現能增選或補選之地區及光復地區能選舉時均得訂頒辦法實施之』，剛剛原提案人張代表知本先生已經說明得很詳細，我僅僅只補充一點，這個條文立法的根據，就是因爲屬於總體戰——政治戰的部門內的事。因爲政治戰的目在於支援軍事戰的需要，在總體戰之下的政治戰，其基本原則，必須它的政治制度帶有戰鬥性的，這樣才可以顯示出來政治戰支援軍事戰的意義。因爲國家一旦在戰時發生了軍事行動，軍事部門的負擔是非常沉重的，如果得不到其他行政機關的通力合作與支援，軍事部門因爲沉重的負擔就不能靈活運用以配合軍事需要，對於軍事是非常不利的。所以在中央組織方面要授權總統機動的作一個臨時性的調整，以便靈活運用，配合軍事需要。這個政治戰部門以內的事，更是屬於統帥權的範疇的重要事項，必須加以規定。 　　最後說到選舉的問題，也是屬於政治戰的一種。因爲我們政治戰的政策，除了在我們自由地區，要能得到人民對政府擁戴以外，同時也要以政治號召爭取大陸人心的嚮往。我們近年來辦理的地方選舉，已經得到了自由地區及大陸人心的嚮往，所以訂上選舉的一個補充規定，以爲政治號召。善祥學識膚淺，談不上什麼研究，只是作一個補充報告，如果有錯誤或不當的地方，本案提案代表很多，請即時糾正。」
2	王雨生等三五〇位代表提：副總統缺位時，其任期尚有六個月以上者，應即補選案（提案第三五七號）。	王雨生代表說明第三五七號提案要旨： 　　「主席，各位同仁：首先要說明的是：一、大會決議張知本提請授權總統案，本人提副總統補選案，及翟宗濤提行政院對總統負責案一併交第一審查委員會審查，而第一審查委員會開會時主席蔣慰祖代表採用分別審查，在程序上處理錯誤，這是第一憾事；二、爲大會討論三案如何審查時，有陳啓天代表、周治平代表不明程序，竟對本案表示意見，作了十八年的國大代表，到現在還不懂得程序發言，這是太可憐了。現正式報告這個案，特別將這個案的經過情形，向各位作一

（續）表2-11　國民大會第四次會議提案表

案次	案由	說明
		個簡單的說明。去年三月十八日因陳副總統誠的病故，特向國民大會代表全國聯誼會提出這個案，從那個時候開始，在聯誼會裡經過了兩次研究會、兩次常務幹事會、四次幹事會，花了三個多月的時間，動員了兩百多人，研究的結果：『關於副總統出缺，應否補選問題，第九次臨時幹事會議決：交研究組根據憲法繼續研究結果附後：一、根據憲法，副總統單獨缺位時，並無補選規定；二、副總統輔弼元首，地位重要，單獨出缺補選問題，俟下次大會討論修憲時提出討論。決議：照案通過。關於副總統出缺補選問題，憲法應如何修改？交研究組研究草案，以備下次大會討論修憲時提出討論。』 因此本人在道義上應該提出這個案子。第一個理由，是國家的安全。我們想一想，副總統如果在某一個時間之內缺位了，時間要是過久，對國家制度是一個殘缺，如果我們為著保衛國家的安全，必須在制度上求得完整。第二個理由，是由美國總統繼位法曾明定繼位者有十三人之多，為什麼呢？這就是唯恐發生意外，我們國家對總統缺位時，只有副總統與行政院長兩個人。但美國到現在還沒實行過。 第三個理由，有很多人說，如果副總統缺位時，我們可以多開一次會，不對的，我們今天處在戰爭時期，如果總統副總統都缺位，元首的職權由行政院長代理，那時候補選，大家都來競選是可以，但是在政治上非發生混亂不可。基於上述理由，我們為了國家制度上求得完整，我提出一個案是一件很好的事情，因為我們的憲法不好修正，現在最好納入臨時條款之內。因此我提出本案，承蒙三百多位同仁簽署，希望大會多支持，很順利的通過，我表示特別謝謝。
3	翟宗濤等三九四位代表提：動員戡亂時期，行政院院長由總統逕行任免之，並對總統負責，以提高總統職權，加強行政效率，早日完成反攻復國大業案（提案第	翟宗濤代表說明第三五二號提案要旨： 「前言中說明中華民國憲法，依據孫中山先生創立中華民國之遺教，制定本憲法，將政權和治權分開，也就是權能區分，中央的治權，在總統以下設立五院，這五院都各個平衡分工做政府事，在總統以上設立五院，都應該對總統負責，總統是對國民大會負責。可是現在的憲法有一點特殊規定，就是行政院對立法院負責，這猶如國民大會內組織的各審查委員會，而要第一審查委員會對第五審查委員會負責，這是否講得通呢？可是憲法規定，無法違反。 現在我們要反攻大陸，總統常常為很多事引起很多麻煩，所以我提案行政院院長的任命權，由總統行使。即總統可任免行政院院長，行政院長對總統負責，不要對立法院負責。這樣，總統決定很多行政措施，可以很迅速的做到，這是有利於對總統授權的意思的，我希望各

（續）表2-11　國民大會第四次會議提案表

案次	案由	說明
	三五二號）。	位對本案加以支持。

還有我附帶要說明的，在今天的議事日程內，在列出張知本、王雨生、翟宗濤等三大提案後，有說明五點。我覺得這三大提案都符合法定修憲程序的規定，可是說明第五項說：主席團會議決定，對以上三大案預備組織特種委員會審查，主席團的決定，雖然是要提請大會討論決定，然我認為主席團有這樣的決定和提議，是『於法無據』，是不正確的。根據國民大會組織法第七條規定『必要時得設特種委員會』，這在臨時會時，沒有其他審查委員會，而設立特種委員會，還可以說是可行的。現在是大會期間，已經設有第一至第八，八個提案審查委員會，根據各委員會組織規程，第一審查委員會是審查有關憲法問題。今天議程中的三大案，都是修憲問題，臨時條款需按照修憲程序辦理，所以，這是第一審查委員會的職權，不許主席團侵犯。至於說現在第一審員會人數眾多，不能很快的審查完竣，這話完全是強詞奪理。我們知道參加第一審查委員會人數眾多，可見大家對憲法問題很重視，現在九百餘人，但是我對案子的審查，值得考慮的，一定從長考慮，不做不正確的決定。這一點，各位可相信。再者，國民大會是最高民意機關，什麼地方都應該要守法、講法，『法』不可以隨便亂來，況且主席團只有八十五人，不及第一審查委員會人數的十分之一，如他們要包辦的話，我絕對反對。所以本席主張不能交給特種委員會審查，而應該照法定程序交給第一審查委員會審查，請大家多多支持。」

資料來源：國民大會秘書處，《第一屆國民大會實錄（第五編）》，台北：國民大會秘書處，1966b，頁305-17。

2. 對於王案、翟案兩案，因係修憲案，在上月臨時會中，曾有不修改憲法之決議，故主張保留，不予討論者。

3. 有主張三案均為修憲案，應根據規定程序，交付審查者。

4. 關於審查方式，不贊成主席團建議，組織特種審查委員會，而應依照規定程序，交第一審查委員會審查者。

5. 憲法第五十五條、五十七條，暫停使用，行政院院長由總統任命，不必經立法院同意，更不必對立法院負責者。

6. 有對張案持相反意見者[36]，其理由：(1)憲法所賦予總統之統帥權，已經足夠使用，不必另設動員戡亂委員會；(2)關於中央公職人員增選補選問題，在原案文字上看不出能貫徹到光復地區，將來光復地區如果規定為改選，在一屆議會裡面，有不同屆議員，是不是合適。如果把翟案通過，總統的權就非常之大。

7. 有主張張案交特種委員會審查者。

8. 有主張將參加第一審查委員會原列代表名單，依次分為九個小組，同時分別進行審查，主席團建議組設之特種審查委員會，改為綜合小組，綜合整理九個小組意見，提出大會報告作為大會進行二讀之依據。

接著，張世良等三十四位代表提臨時動議，主張張知本等代表所提增訂動員戡亂時期臨時條款案，應如何審查，討論時間已久，擬請停止討論，提付表決。主席隨即綜合各方意見，並歸類以下三種：

1. 主席團所提出來的，組織特種審查委員會審查。

2. 翟代表等幾位代表所提的，不要交特種審查委員會審查，而逕付第一審查委員會審查。

3. 包代表所提的，將參加第一審查委員會原列代表名單，依次分為九個小組，同時分別進行審查，主席團建議之特種審查委員會改為綜合小組，綜合整理九個小組意見，提報大會。

以上三種意見，依次表決結果，多數通過交第一審查委員會審查。三月十八日舉行第四次會議，出席代表九二一人，主席劉心皇宣讀提案第三四三號，張知本等八五二位代表提：「擬請增訂動員亂時期臨時條款，授權總統設置動員戡亂委員會，以適應反共情勢需要，完成反攻復國歷史任務案」，並由提案人說明提案要旨，先行廣泛討論，各代表紛紛發言，並有提出書面意見者，辯論至為熱烈。發言代表為張玉振、蘇友仁等代表；提出書面意見者為姚谷良、顏澤滋等代表，歸納各代表發

言及書面意見，其要點如下（國民大會秘書處，1966b：329-31）：

1. 關於授權總統得設置動員戡亂委員會，以適應反共情勢需要，完成反攻復國歷史任務部分，全體一律支持原案。

2. 關於原案辦法第一項部分，提出修正意見者：

   (1)「動員戡亂期間」句下，應增列「在憲政體制下」五字。

   (2)「決定動員戡亂有關問題之大政方針」句，應將「有關問題」四字刪去。

   (3)「……得設置動員戡亂委員會」句，修正為「得以命令設置動員戡亂機構」。

   (4)「決定動員戡亂有關問題之大政方針」句，修正為「策定動員戡亂有關重要政策」。

   (5)原辦法末句「事宜」二字，刪除。

   (6)「並處理戰地政務事宜」句，在「並」字下，「處理」二字上加「督導」兩字。

3. 關於原案辦法第二項部分，提出修正意見者：

   (1)「總統為適應動員戡亂之需要」句下，增列「在憲政體制下」五字。

   (2)「得調整中央政府之行政與人事機構」句，修正為「得調整中央政府之行政機構與人事機構」。

   (3)原案第二項後段文字，修正為「並對於依選舉產生之中央公職人員，臺灣及海外地區，因人口增加或因故出缺，而現能增選或補選時，均得依照憲法第二十六條、第六十四條、第九十一條之規定，訂定辦法實施之」。

   (4)光復地區之選舉應改為「光復地區，須俟光復省份過半數時，且已實行地方自治後，得依法選舉之」。

   (5)「……能選舉時」四字刪除。

   (6)修正原辦法第二項條文為「總統為適應動員戡亂之需要，得調

整中央政府之行政與人事機構，並對於依選舉產生之中央公職
人員，因人口增加而能增選之地區，得訂頒辦法增選之」。

(7)「依選舉產生之中央公職人員」句中「之」字下，「中央」二
字上，加「行憲第一屆」五字。

(8)在「而現能增選或補選之地區」句下，修正其末段文字爲「臺
灣、澎湖、金馬地區，及光復地區中已經實行地方自治之地
區，均得訂頒辦法實施之」。

4.關於原案理由部分，修正意見者：

(1)動員戡亂委員會應修正爲動員戡亂機構。

(2)原案理由第三點，「然在自由地區或光復地區之國民」句之
「光復地區」四字，及「光復地區能舉行選舉時」十字均應刪
除。

(3)原案理由第三點，「尤其青年一代」六字刪除。

最後代表張希文就程序問題提出建議：「凡是遞過發言條的人，不
管是否已經發過言，或正等待發言的人，和本審查會的召集人，加上另
外七個審查會召集人，共同組織一個整理委員會，將大家的意見，加以
歸納整理，以他們的最高智慧，一定會修訂出一個妥善的草案，逕提大
會討論。」

任覺五等四十位代表提出臨時動議：查張知本等所提「增訂動員戡
亂時期臨時條款」一案，本審查會討論時間已久，爲使本案進行迅速起
見，特提出臨時動議，請停止發言，將本案交整理小組（整理小組以第
一審查委員會全體召集人，及第一審查會中已發言者，暨已遞發言條而
未及發言者組織之）綜合整理後，逕提大會討論。

召集人沈哲臣說明：「剛才這案包括遞發言條已發言未發言，與遞
有書面意見未宣讀的，連同本審查會召集人，這三個人數，計遞發言條
的一〇六人，書面意見十三人，本審查會召集人九人，共一二八人，連
同另外七個審查會召集人，今天晚上要漏夜將各位的意見，加以整理完

畢。」主席當即宣告：本案停止討論（無異議）並決議如下（國民大會
秘書處，1966b：332）：

1.將各委員之發言意見及書面意見，交由整理小組綜合整理，作成
　審查意見，提報大會討論。
2.整理小組由本委員會召集人，會同各審查委員會召集人，暨本案
　提案人張代表知本及本次審查會已遞發言條而未發言之委員組織
　之。

三月十八日下午八時，在光復廳舉行第一提案審查委員會關於審查
提案第三四三號案整理小組會議。整理小組依照第一審查委員會決議，
交付綜合整理各委員對提案第三四三號案之發言意見以及書面意見，進
行討論時，發言或提出書面意見者，計有唐毅、周士傑等代表。綜合各
代表發言意見或書面意見的重點如下（國民大會秘書處，1966b：
332）：

1.對張案之基本精神，一律表示同意。
2.對原案文字部分加以修正
3.對原案實質方面，有主張名稱改為「國家建設委員會」，或「動
　員戡亂機構」者，有主張增選補選問題，應將光復地區刪除，將
　來光復地區辦選舉，可由內政部依法訂定辦法實施，不必在臨時
　條款中特為規定者。有主張將提案第三五二號翟案之精神，納入
　本案之內者。有主張本案補充或修正之意見，可以授權法案行
　之，不必增訂臨時條款者。其餘部分意見，大體不出第一審查委
　員會第四次會議各委員表示意見之範疇。

旋由李士襄等二十七位代表提出臨時動議：

1.本會為第一審查委員會對修正動員戡亂時期臨時條款修正案授權
　整理，現各委員發言時間，已逾兩小時，擬請推舉若干人為條款

文字之修正，（依各委員發言意見）再提報本會討論。

2.在推定文字整理委員作文字整理時，休息十分鐘，整理人將文字
整理妥當後，再提本會通過，作成審查意見，提報大會。

經會議決定，推由委員張其昀、孫亞夫、谷正綱、李壽雍、郭澄、
顏澤滋、朱煥虨、高心一、張希文、李士襄、王昌華及本委員會召集人
翟宗濤、周治平、田桂林、楊揚、劉心皇、段輔堯、林紫貴、沈哲臣、
蔣慰祖等九位代表為執筆人，綜合各委員之發言，及書面意見，加以整
理，作成結論，提報本會通過，作為審查意見，提報大會。嗣經執筆人
張其昀等綜合整理意見提出修正文字，報由整理小組決定，於動員戡亂
時期臨時條款第三項之後，增列兩項，其條文擬定如下（國民大會秘書
處，1966b：333）：

1.動員戡亂時期，本憲政體制，授權總統得設置動員戡亂機構，決
定動員戡亂有關大政方針，並處理戰地政務。

2.總統為適應動員戡亂需要，得調整中央政府之人事機構，並對於
依選舉產生之中央公職人員，因人口增加或因故出缺，而能增選
或補選之自由地區及光復地區，均得訂頒辦法實施之。

三月十九日下午三時舉行第九次大會，出席代表一、二四五人。主
席賀衷寒宣布進行「第一提案審查委員會審查報告第三號提請討論案」
如下：

代表張知本等八五二人所提第三四三號案「擬請增訂動員戡亂時期
臨時條款，授權總統得設置動員戡亂委員會，以適應反共情勢需要，完
成反攻復國歷史任務」，經提出三月十八日本委員會第四次會議審查，
決議將各委員就本案所發表之意見，交由本委員會召集人會同提案審查
委員會召集人，本案提案人張知本，本次會議已發言及未發言各委員聯
合整理，提報大會討論，經於昨日（十八）午夜整理完竣，擬於動員戡
亂時期臨時條款第三項之後，增列兩項，其條文擬定及說明如**表2-12**。

表2-12　國民大會第四次會議第三四三號案提案說明表

條文	說明
動員戡亂時期，本憲政體制，授權總統得設置動員戡亂機構，決定動員戡亂有關大政方針，並處理戰地政務。	一、修正案加上了「本憲政體制」五個字。關於這一點，有人主張用「遵循憲政體制」的，亦有主張用「在憲政體制之下」，亦有主張用「在憲政範圍之內」，不過大家的意見認為還是「本憲政體制」比較適宜。所謂「本憲政體制」，何所「本」呢？「本」於什麼？「本」就是本於憲法第三十六條，總統統率全國陸海空軍的統帥權，本於這個統帥權而來的，所以「本憲政體制」，就是本於憲法第三十六條。在消極方面說，還有一種意見，認為臨時條款可能對於憲政體制有所影響，有所損害，殊不知統帥權也是憲法本身所明白規定的，所以許多代表要增加這一句，以期昭告中外，這部憲法還是完整的。本來，臨時條款是憲法的一部分，當然要遵循憲政體制。這句話加不加，似乎是無關宏旨。但是大家為了明確起見，還是把憲政二字特別加上去。以減少外界對本案的疑慮。但是為什麼不採用「在憲政體制之下」、「在憲政範圍之內」、「遵循憲政體制」而用「本」呢？因為「本」字就是說本於憲法第三十六條。 二、說明「授權」二字，亦是原文所有的。有許多代表說，要賦予總統以充分的權力，應使總統可以用命令來行使統帥權。不過後來大家商議結果，與其把「以命令」字樣加在條文上，不如光明正大，名正言順用「授權」二字。我們行使政權的國民大會，對總統是可以授權的，總統有了權，當然可以用命令來設置動員戡亂機構，所以大家覺得「授權」比較用「以命令」措辭更好。還有一個顧慮，因為「命令」二字放在臨時條款之內，容易引起許多無謂的辯論，譬如說：命令不能與法律牴觸，命令不能與憲法牴觸。現在這樣寫法，可以避免無謂的辯論，因為授權是堂堂正正的事。 三、原文是「動員戡亂委員會」，修正文是「動員戡亂機構」，這完全是信任總統的意見，讓總統有選擇和斟酌的餘地。他可以用動員戡亂委員會的名稱，也可以用更好更適宜的名稱，所以用「動員戡亂機構」，就是對名稱不作嚴格的規定，使將來設置機構時，留有變通的餘地，讓總統來考慮究竟用哪個名稱比較適宜，這就是大家信賴總統的意思。 四、「大政方針」四字原文是有的，但是很多代表發表意見，主張加以修改，把「大政方針」改為「重要政策」，但是到最後還是原文不動。理由，因為立法院所管的，就是國家的重要政策。倘是這裡也用「重要政策」，就是將國民大會的權力與立法院相等，政權與治權混淆不清。國民大會所管的應當是大政方針。對於這一點，還有很多其他修正意見，不一一列舉了。 五、是比較小的修改，就是「處理戰地政務」一句，原文是「處理戰地政務事宜」，把「事宜」二字刪除了。這樣並不影響原來條文的用意，但比較簡單明瞭些，大家認為「事宜」二字是多餘的。

（續）表2-12　國民大會第四次會議第三四三號案提案說明表

條文	說明
總統為適應動員戡亂需要，得調整中央政府之行政機構及人事機構，並對於依選舉產生之中央公職人員，因人口增加或因故出缺，而能增選或補選之自由地區及光復地區，均得訂頒辦法實施之。	一、總統可以調整中央政府的行政機構及人事機構，原文是「行政與人事機構」，後來大家覺得意義不夠明顯，人事機構是人事機構，行政機構是行政機構，固然人事也是行政，人事機構可以包括在行政機構之內。但是我們實行五權憲法的政府，人事機構屬於考試院，所以為了清楚起見，行政二字之下加上機構二字。便是說，行政機構屬於行政院，總統有權可以調整，人事機構屬於考試院，總統也有權可以調整。人事問題在當前在動員戡亂時期是非常重要的。修正文多出機構兩個字，就是表明調整的範圍，乃是牽涉到行政院與考試院。 二、「並對於依選舉產生之中央公職人員」一句，「依選舉產生」這五個字是原來有的。但也有人主張把這五個字刪去，實有未妥。因為本案第二款下半段的原意，只限於立法院委員、監察院委員和國民大會代表之增選補選部分。如果不加「依選舉產生」的話，易於發生誤會，以為是漫無邊際，牽動太大了。所以要保留這「依選舉產生」五字，就比較明確，認為有此必要。 三、「依選擇產生之中央公職人員，因人口增加或因故出缺，而能增選或補選之……」這一句，「增選或補選」五個字是非常重要的。因為現在一般人包括我們國民大會同仁在內，以為這次臨時條款修訂以後，民意機關將有改選的可能。這一點，我們要絕對否認。明明只有增選，只有補選，而沒有改選的字樣在內。國民大會也好，立法院也好，監察院也好，區域代表也好，婦女代表也好，職業代表也好，一律不改選。所謂增選或補選，是有條件的，有限度的。至於國民大會本身，立法院本身，監察院本身，還都是很完整的。本案原意，不過是增加新血液，對原來的憲政體制依然是完整的。也有同仁要在這句之上加「第一屆」字樣，大家覺得「第一屆」這三個字實在不需要，因為既然是增選與補選，當然是第一屆裡的增選，第一屆裡面的補選，並不發生第二屆問題，何必要將「第一屆」三個字寫出來！因為既沒有改選，就不會發生第一屆與第二屆的問題，就不發生新與舊的問題，所以覺得「第一屆」三個字不必加。 四、「……而能增選或補選……」本案原文，能字上面有個「現」字，大家認為這個現字是多餘的，因為不但是現在，就是明年後年，也有增選或補選的可能，並不限於現在。「能」字是非常要緊的，究竟是能或是不能，都有確定的意義，不能的時候就不增選補選，所以「能」字的關係很重要。 五、「自由地區與光復地區」，自由地區很明顯的是指臺灣省及海外華僑所居住的區域，可是關於「光復地區」這幾個字，引起了很多很長的辯論。因為有的代表主張把「光復地區」四字刪去，但是大家考慮的結果，認為應

（續）表2-12　國民大會第四次會議第三四三號案提案說明表

條文	說明
	該保留。固然主張刪去的，也是言之成理，持之有故，以爲現在大陸的情況還不清楚，光復以後，滿目瘡痍，經過共匪長久佔據以後，將來所能增選與補選的，究竟是些什麼人，其結果會不會使國民大會、立法院、監察院爲之變質，使我們勝利的成果受到莫大的損失，故不能不有所顧慮，覺得這時規定「光復地區」未免太早了，也許是冒險的，還是暫時不提的好。但是審查會裡多數代表認爲應該要提，這是對大陸同胞的一種號召，便是說將來光復以後，大陸同胞一樣的享有選舉和被選舉權，大家以爲這種顧慮是多餘的。因爲本案第一款有「處理戰地政務」一句，這戰地政務內容是什麼？就是要重建地方政權，實行地方自治。到了地方政權已經重建，地方自治已經實行，而我們中央政府認爲這個地區同自由地區一樣，能增選，能補選，到那時當然不會使得我們現有的民意機構爲之變質，使勝利的成果受到損害，故不必多所顧慮，「光復地區」四字仍應加入，藉以增強對大陸同胞的向心力。還有幾位代表主張在這訂頒辦法一句裡，明確說明本於憲法第幾條等，譬如說，國民大會在第幾條，立法院在第幾條，監察院在第幾條，大家認爲無此必要，因爲現在是增選與補選，原有的代表和委員們如何產生，原有辦法都有了詳細規定，也都有其憲法根據，可以不必再在這個臨時條款一一標明出來。
	六、本案的精神就是我們這一次大會的使命，是要選舉總統副總統，我們擁護蔣總統，要支持蔣總統，讓最高政權機構，在反攻前夕，給他充分的權力，使他能夠放手做去，達成戡亂勝利的目的，以符海內外同胞共同一致的願望，這是本案最大的意旨，可說是人同此心，心同此理。

資料來源：國民大會秘書處，《第一屆國民大會實錄（第五編）》，台北：國民大會秘書處，1966b，頁335-40。

　　其後，主席徵詢大會可否省略大體討論，逕付二讀；經同意，乃逕付二讀。並由秘書長谷正綱報告：依照國民大會議事規則第四十八條之規定，第二讀會應將議案逐條朗讀議決之（詳**表2-13**）。

　　主席宣告：增訂「動員戡亂時期臨時條款」案，兩項條文文字，已經逐條宣讀表決，並經多數通過，完成第二讀會程序。隨後，主席宣告進行三讀，秘書長谷正綱報告如下（國民大會秘書處，1966b：342）：

　　1.依照動員戡亂時期臨時款載明：制定動員戡亂時期臨時條款，依

表2-13　國民大會第四次會議第二讀會討論決議表

條文	討論	決議
第一項：動員戡亂時期，本憲政體制，授權總統得設置動員戡亂機構，決定動員戡亂有關大政方針，並處理戰地政務。	主席宣布第一項條文，宣讀完畢，即有代表曾三省、富伯平等代表相繼發言；大體對審查意見表示贊同，授權總統是根據憲政體制，程序並無不合，請照審查意見通過者。亦有認為關於授權問題，在文字上仍嫌不夠顯明有力，在解釋上難免發生爭論，應該說明總統為適應動員戡亂的需要，得以命令設置動員戡亂機構而不受立法院行使立法程序之限制者。有主張「本憲政體制」一句，不應擺在「授權總統」之前，應擺在「授權總統」之後者。有主張停止討論，進行表決者。 　主席徵詢大會意見，停止討論提付表決有無異議？（眾鼓掌）無異議，進行表決，在場代表一、一六九人，舉手贊成審查意見者一、一四二人，多數通過。	第一項文字照審查報告原文通過。
第二項：總統為適應動員戡亂需要，得調整中央政府之行政機構及人事機構，並對於依選舉產生之中央公職人員，因人口增加或因故出缺，而能增選或補選之自由地區及光復地區，均得訂頒辦法實施之。	朗讀第二項原文後，即有張一夢、盛長忠、宋選銓等代表相繼發言。綜其發言要點： 一、提出文字修正意見，將「得調整中央政府之行政機構及人事機構，並對於……」句中之「並」字應改為「再」字。 二、在戡亂時期，依各國通例，停止行使監察院的審計權。 三、希望總統注意加強考試制度，不要削弱考試制度。最後孫代表儉提議停止討論，逕付表決。 　主席宣告：剛才幾位代表的發言，一律列入紀錄，現在停止發言（鼓掌）逕付表決。並再宣讀增訂第二項條文後進行表決，在場代表人數一、一六九人，贊成本項條文者一、一四一人。多數，通過。	第二項文字照審查報告原文通過。

資料來源：國民大會秘書處，《第一屆國民大會實錄（第五編）》，台北：國民大會秘書處，1966b，頁340-1。

照憲法第一七四條第一款之規定程序辦理。憲法第一七四條第一款規定，關於憲法之修改，應由國民大會代表總額五分之一之提議，三分之二之出席，及出席代表四分之三之決議。

2.國民大會代表總額人數依內政部函告為一、四八八人，其三分之二為九九二人，現在出席代表為一、一六九人，已足法定人數。

接著，主席宣告動員戡亂時期臨時條款原共八項，現在增訂兩項條文，三讀付表決，在未表決前，關於臨時條款次序說明，現在所增訂之兩項，列為第四項及第五項，原條款第四項至第八項，依次遞改為第六項至第十項。動員戡亂時期臨時條款修正案全文付表決，在場代表一、一六九人，四分之三為八七七人，舉手贊成者為一、一三八人，多數通過。至此，動員戡亂時期臨時條款修正案三讀通過。

三、分析

動員戡亂時期臨時條款第三次修正條文內容詳**表2-14**。
本次修訂動員戡亂時期臨時條款的主要影響如下：

(一) 總統有權設置動員戡亂機構

動員戡亂時期臨時條款第三次修正案第四項的規定：「動員戡亂時期，本憲法體制，授權總統得設置動員戡亂機構，決定動員戡亂有關大政方針，並處理戰地政務。」故總統根據此項規定，有權設立動員戡亂機構。然行使此權受三項限制：

1.時間上：須在「動員戡亂時期」。

2.實質上：須於「本憲政體制」（此本憲政體制為中國青年黨所加入的，以限制此條之運用）。

3.效力上：限於決定動員戡亂有關的大政方針，並處理戰地政務，而不能處理一般行政。

表2-14　動員戡亂時期臨時條款第三次修正的條文內容

項	條文內容	備註
1	總統在動員戡亂時期，爲避免國家或人民遭遇緊急危難或應付財政經濟上重大變故，得經行政院會議之決議，爲緊急處分，不受憲法第三十九條或第四十三條所規定程序之限制。	同動員戡亂時期臨時條款第一項。
2	前項緊急處分，立法院得依憲法第五十七條第二款規定之程序，變更或廢止之。	同動員戡亂時期臨時條款第二項。
3	動員戡亂時期，總統副總統得連選連任，不受憲法第四十七條連任一次之限制。	同動員戡亂時期臨時條款（第一次修正）第三項。
4	動員戡亂時期，本憲法體制，授權總統得設置動員戡亂機構，決定動員戡亂有關大政方針，並處理戰地政務。	總統根據本項授權而公布「國家安全會議組織綱要」，設置「國家安全會議」。
5	總統爲適應動員戡亂需要，得調整中央政府之行政機構及人事機構，並對於依選舉產生之中央公職人員，因人口增加或因故出缺，而能增選或補選之自由地區及光復地區，均得訂頒辦法實施之。	總統根據本項授權而在行政院下設置了「人事行政局」。
6	動員戡亂時期，國民大會得制定辦法，創制中央法律原則與複決中央法律，不受憲法第二十七條第二項之限制。	同動員戡亂時期臨時條款（第二次修正）第四項。
7	在戡亂時期，總統對於創制案或複決案認爲必要時，得召集國民大會臨時會討論之。	同動員戡亂時期臨時條款（第二次修正）第五項。
8	國民大會閉會期間，設置研究機構，研討憲政有關問題。	同動員戡亂時期臨時條款（第二次修正）第六項。
9	動員戡亂時期之終止，由總統宣告之。	同動員戡亂時期臨時條款（第一次修正）第六項。
10	臨時條款之修訂或廢止，由國民大會決定之。	同動員戡亂時期臨時條款（第一次修正）第七項。

　　一九六七年二月一日，總統根據該項授權而公布「國家安全會議組織綱要」，設置國家安全會議，以爲動員戡亂有關大政方針之決策中樞與戰地政務之指導機構。該綱要的主要規定如下：

1. 國家安全會議的任務：（第二條）

　　(1)關於動員戡亂大政方針之決定事項。

　　(2)關於國防重大政策之決定事項。

　　(3)關於國家建設、科學發展之研究指導事項。

　　(4)關於總體作戰的策定及指導事項。

　　(5)關於國家總動員的決策事項。

　　(6)關於戰地政務的處理事項。

　　(7)關於總統核交研議事項。

2. 組織：

　　(1)會議主席：總統為國家安全會議主席，主持會議，總統因故不能出席時，由副總統代理。（第五條）

　　(2)組成分子：

　　　A.總統府方面：副總統、總統府秘書長、參軍長。

　　　B.行政院方面：行政院院長、副院長、外交、財政、國防、經濟、參謀總長。

　　　C.國家安全會議各委員會之主任委員。

　　　D.總統指定之人員：總統於必要時得召開國家安全會議特別會議，除經常出席者外，並得指定立法、司法、考試、監察各院院長、國民大會憲政研討委員會副主委、國民大會秘書長、行政院有關部會首長、光復大陸設計研討委員會主任委員，及其他有關人員出席會議（因國民大會憲政研討委員會主委是總統，因此要指定副主委參加）。總統叮指定有關人員，經常或臨時來列席國家安全會議之特別會議及經常會議。故此組織完全以總統為核心。（第六條）

3. 內部機構：下設「國家建設委員會」、「科學發展指導委員會」與「國家安全局」等三個機構。（第七條）另組織綱要初公布時，尚有「國家總動員委員會」與「戰地政務委員會」這兩個機構。但至一九七二年六月十三日第五位總統就職後，由行政院院

長宣布奉總統之命令，將這兩個機構撤銷，撤銷是因為反攻在短期內無希望，故撤銷之。

4. 幕僚單位：設秘書長，承總統之命，依國家安全會議之決議，處理會議方面之事務，並設副秘書長一人至二人，協助會議之事。

5. 國家安全會議之性質：為動員戡亂時期國家最高決策機關，主要是研究、策劃及少部分執行的事。

6. 國家安全會議之權力：國家安全會議之決議案，經總統核定之後，即可依其性質交給主管機關實施（幾乎交給行政院執行）（董翔飛，1997：261）。

7. 國家安全會議之探討：「國家安全會議」最早源自一九四七年七月二十六日，美國國會通過「國家安全法」（The National Security Act），美國政府根據此法設立「國家安全會議」（The National Security Council），下設「中央情報局」，負責提供有關國防、內政、外交等資料。出席國家安全會議的包括副總統、國務卿、國防部部長等人。一九五四年，中華民國亦根據總統蔣中正的命令而設立「國防會議」。同年七月一日由總統特任周至柔上將為秘書長，蔣經國任副秘書長，負責協調政軍戰略，審議國防政策及國家總動員，使國防政策和各方面能配合，並設戰地政務的策略，下設「國家安全局」、「戰地政務委員籌備處」等機構，出席者有行政院院長、國防、外交、財政等各部首長。一九六六年，國民大會召開第四次會議時，由張知本等代表提議修訂臨時條款，授權總統設立動員戡亂機構，而訂定「動員戡亂時期國家安全會議組織綱要」，經總統核定後於一九六七年公布，同時設立「國家安全會議」，此乃我國「國家安全會議」成立源由。

另由以上的分析可知，國家安全會議不僅是動員戡亂時期之決策機關，而且是決策中樞所在，在其決策範圍內，行政院退而成為執行其決

策的機關。國家安全會議之會議分二種：經常會議（特定出席人員）與
特別會議（指定出席人員包括在內）。其中經常會議並未有特定時間開
會，而設立初期，每個月開一次。一九六八年開三次，一九七一年開一
次，後來大多一年開一次，皆於二月開會，以討論政府總預算。開會時
亦無謂出席人數及表決，主要由總統裁決（林紀東，1988b：418-21）。
最後再由法律層面與政治層面論之：

■ 從法律層面而言，是否合於動員戡亂時期臨時條款之立法原意？

　　法規的制定須有法規的根據，國家安全會議是根據動員戡亂時期臨
時條款第三次修正案第四項之規定而來。當時是由張知本所提，旨在授
權總統設置一機構來決定動員戡亂之大政方針及處理戰地政務，此案在
當時引起極大的疑義及爭論，後來所通過者是經修正過的，和其原條文
之差別在「本憲政體制」五字。就立法原意而言，此五字爲動員戡亂時
期臨時條款設置動員戡亂機構最重要的法律限制。蓋國家安全會議由總
統擔任主席，且經總統核可後，其決議就可交由主管機關執行。而所謂
主管機關，雖未明指爲行政院，但實際上主要的就是行政院。就國家安
全會議之任務分析，幾乎都是行政院所管之事，故行政院不得不聽命於
國家安全會議，行政院院長亦不得不聽命於總統，故憲法規定之原來體
制，就受到很大的傷害，如憲法第五十三條與五十八條皆因設置國家安
全會議而失其意義。這種情形顯然變更原憲政體制的設計，故就法理而
言，國家安全會議是否合於憲政體制，似乎大有問題。

■ 從政治層面而言，是否合於民主政治基本原理？

　　民主政治的本質就是「責任政治」。所謂責任政治，即指有權力就
有責任，有責任就應給其權力；因此，實際掌握行政權力之機關及官
吏，皆應負政治責任；反之亦然。且擔負幾分責任，就應掌握幾分權
力，方符合比例原則。但國家安全會議有權決議一切有關行政方面之大
政方針，並由總統核定後直接交行政院執行，而不必向立法院負責；相
對而言，行政院院長、國防部長、外交部長、經濟部長、財政部長等政

務官員雖出席國家安全會議，但只有發言權而已。此外，行政院尚有其他部會及政務委員均不能參加，除非總統認爲必要，且經總統指定之後才有資格出席。且會議上之任何決議案，經總統核定之後，均要由這些人來執行。特別是行政院執行之決議案，皆須向立法院負責，而形成國家安全會議有權無責，行政院有責無權的情況，似乎並不符合民主政治權責相符的基本原理。

（二）總統有權調整中央行政與人事機構及其組織

由於孫中山強調五權分立，故在三權之外，尚有考試權及監察權，故設置獨立之考試院，並於其下設考選部與銓敘部。分析憲法第八十三條對考試院的職權規定，除考試一項，其他皆與人事行政有關。而用人最多的院是行政院，故由考試院來考，行政院來用，考選往往不能合一，故總統根據動員戡亂時期臨時條款第三次修正案第五項的規定，在行政院底下設置了「人事行政局」。實則行政院之人事行政局與考試院之銓敘部爲同性質的機關，之所以重複設置，乃動員戡亂時期臨時條款第三次修正案第五項規定只能調整行政機構及人事機構，不能動考試機關，故銓敘部仍然存在。究其因，乃當時怕總統藉戡亂時期臨時條款之規定，將各院去掉，故規定只能「調整」人事及行政機構，而非原本的「增減」、「調整」、「編制」與「職權」（林紀東，1988b：421-4）。故該項職權的限制如下：

1.實質上：需要受動員戡亂時期之限制。
2.效力上：限於中央政府的行政、人事機構及其組織。

（三）通過「國民大會憲政研討委員會組織綱要」

在國民大會臨時會修訂動員戡亂時期臨時條款第六項規定：「國民大會於閉會期間，設置研究機構，研討憲政有關問題。」由於臨時會於修訂動員戡亂時期臨時條款之次日，即行閉會，對於設置研究機構一案

之組織與名稱問題，未及討論，故在本次會議重行提出。謝瀛洲等九六七位代表提請討論「為擬定國民大會設置研究機構組織原則草案」，林友仁等一○七位代表提請公決「國民大會憲政研討會組織綱要草案」。以上兩案，經會議主席團決定，交由第一提案審查委員會審查，再交由本委員會召集人整理後，逕提大會討論，並於三月二十三日三讀通過（國民大會秘書處，1966b：373-5）。

（四）總統有權訂頒「自由地區中央公職人員增補選辦法」

根據動員戡亂時期臨時條款第三次修正案第五項的授權，總統蔣中正先於一九六九年元旦文告中提示一九六九年內辦理中央公職人員增選補選。執政黨為推動此一增補選工作，早於一九六七年間，即經中央常會第二九二次會議決議，成立專案小組，負責研討有關中央公職人員增選補選辦法之立法原則問題，經多次會議之研商，就法理與事實慎重討論結果，並獲得有關中央公職人員增選補選立法原則十二項，經於一九六九年一月五日，由有關方面簽奉總統核可，上項立法原則十二項如下（國民大會秘書處，1972：2-5）：

1. 關於中央民意代表之增選補選，應從何時辦理，及國大代表與立法委員之候補人問題：
   (1)中央民意代表增選補選問題，動員戡亂時期臨時條款既經明定，應積極規劃，於一九六九年底以前辦理。
   (2)增選補選之中央民意代表，仍稱為「第一屆」，其改選與原有中央民意代表同時辦埋之。
   (3)原有國大代表及立法委員之候補人問題，仍依現行法令及解釋之有關規定，分別辦理。
2. 海外僑區應否辦理中央公職人員之增選補選問題：
   (1)在海外僑區，辦理中央民意代表之增選補選，雖困難良多，但海外僑胞多達一千七百餘萬人，憲法既規定有僑選名額，為加

強政治號召，在原則上仍應舉辦。

(2)辦理僑選之地區如何選擇，以及其實施步驟與有關問題，由主管機關會同有關單位研商籌劃。

3.金門、馬祖地區應否辦理增選補選問題：金門、馬祖地區，地位十分重要，爲鼓勵人心及加強政治號召，如果福建省國大代表或立法委員尚有缺額，在原則上可將金門、連江兩縣劃成一個選區，辦理增選補選，其有關問題，由預備小組續作研究。

4.職業及婦女團體應否辦理增選補選問題：

(1)關於婦女團體者：婦女團體選出國民大會代表，爲憲法所規定，惟原有全國性婦女團體，在第一屆國民大會代表選舉後，即告停頓，現在亦無活動，目前已無辦理選舉對象，應不辦理補選。

(2)關於職業團體者：職業團體選出國民大會代表，分爲下列三種：

A.爲「分業分區」，並規定應由臺灣省選出之名額者，如有缺額，應辦理補選。

B.爲「分業分區」，但未規定臺灣省應選出之名額，且在原規定選區中，臺灣僅爲一個省份，並非全區者不能辦理全區之補選。

C.爲「分業不分區」者，職業團體之選舉，雖係由會員直接投票，但因「分業不分區」乃屬全國性者，自不能由臺灣之職業團體會員，行使全國同業會員之選舉權而辦理補選。

5.增選補選之中央民意代表應否設置候補人問題：臺灣省自實施地方自治以來，省縣市議員之選舉，均無候補人之設置，現在同一地區辦理選舉，爲期一貫，增選補選之中央民意代表，均以不設置候補人爲宜。

6.臺灣省行政區劃變更，可否併辦增選補選，及臺灣省辦理立法委員選舉，應否劃分選區問題：

(1)臺灣省各縣市行政區域，自一九五〇年調整區劃後，縣市單位已有增加。又台北市已於一九六七年七月改制爲直轄市，應分別另選國大代表、立法委員及監察委員，經詳愼研究，認爲台北市改制爲直轄市，實係由於人口之增加，在臨時條款所定情況之下，應在此次訂頒增選補選辦法時，一律予以規定，以資辦理。又由於行政區域調整，人口增加，釐訂國大代表增選補選名額時，如新竹與苗栗原爲新竹一縣，台中與南投原爲台中一縣等，其原選出之現任代表，屬於何一選區，由主管機關查明商定。

(2)關於立法委員之增選，有主張仍採過去辦法，以全省爲一個選區者（即不劃分選區），經詳加研究，認爲台北市既已改制爲直轄市，自應另設一個選區，同時爲辦理選務方便，以及節省候選人之精力與費用起見，臺灣省立法委員之增選，仍以劃分選區爲宜，惟究應劃分幾個選區，可由主管機關商定。

7.實施增選補選時，應否舉辦政見發表會問題：增選補選國大代表及立法委員之時，以許可候選人舉辦政見發表會爲宜。

8.中央民意代表候選人積極資格應否限制問題：應有積極資格之規定，以提高候選人之素質，期達選賢與能之理想。

9.中央民意代表增選補選名額之計算，應如何規定問題：可沿用憲法規定，不另定標準。

10.增選補選之選舉權與被選舉權之行使，應如何規定問題：此次實施增選補選時，凡屬公民，應均有依法選舉及被選舉之權。

11.增選補選辦法之名稱應如何規定，及應訂頒幾種辦法等問題：此次辦理增選補選，係爲適應動員戡亂需要，既不同於依據憲法程序所辦理者，應依臨時條款第五項規定，另訂辦法實施。訂頒此項辦法時，對有關增選補選事項，可僅作原則性之規定，其名稱可定爲「動員戡亂時期自由地區中央公職人員增選補選辦法」，至於國大代表、立法委員、監察委員增選補選實施細則，則由行

政院依上開辦法訂頒之，以利執行。

12.增選補選事宜，應否由中央成立選舉總事務所主辦，及宜否建立選舉監察制度問題：關於辦理增選補選事宜，中央應成立選舉總事務所主辦其事，以專責成。至於選舉時之監察制度，當年在大陸辦理第一屆中央民意代表選舉時，並未建立，此次辦理增選補選，可責由最高法院檢察署檢察長，督率所屬檢察官，擔任選舉監察工作。

　　上項中央公職人員增選補選之立法原則呈奉總統核可後，並奉指示：發交國家安全會議根據原則研訂實施辦法，呈准公布實施。國家安全會議乃協同有關部門積極規劃，於一九六九年一月二十三日簽報總統核定，於國家安全會議國家建設計畫委員會設置一專案小組，負責研訂實施辦法。同時為開展此項增補選辦法之研討工作，復指示國家建設計畫委員會於專案小組下設置一工作小組，限於二月十五日以前完成草案初稿。工作小組於一九六九年二月八日、十二日、二十二日舉行三次會議，起草「動員戡亂時期自由地區中央公職人員增選補選辦法」草案初稿，報請專案小組核辦。

　　專案小組於一九六九年二月十五日、十九日、二十七日先後舉行審查會三次，核定該項增選補選辦法草案，提報一九六九年三月二十六日第十八次國家安全會議（特別會議）討論修正通過，並附具立法總說明。三月二十七日，總統公布「動員戡亂時期自由地區中央公職人員增選補選辦法」及相關施行細則。而所謂「增選補選」，係指國民大會代表之增選補選、立法院立法委員之增選與監察院監察委員之增選。同年十二月二十日舉辦國民大會代表與立法院立法委員選舉、二十九日舉辦監察院監察委員選舉，共選出三種中央民意代表二十八名。其中國民大會代表十五名，立法委員十一名，監察委員二名（教育部，1991：774-85）。

（五）影響與評估

　　一九六六年三月，當不改選的第一屆國民大會召集第四次常會，準備選舉第四任的總統時，亦提出第三次修改臨時條款，授權總統設置戡亂機構，並得調整中央政府之行政機構、人事機構以及增額中央公職人員之權。蔣中正順利連任第四任總統，並經由臨時條款的授權，總統蔣中正設置了「國家安全局」、「國家安全會議」，行政院設置了「人事行政局」。經此變更後，行政決策權實由總統掌握，行政院似乎成了總統之幕僚機構了。當然執政當局也成立「國民大會憲政研討委員會」；表面上，雖然國民大會代表的實質權力未增，但因為總統兼任憲政研討會主任委員，卻使國民大會的榮譽性更高，而擔任國民大會憲政研討委員會委員的國民大會代表也多了領取津貼的名目。

第五節　動員戡亂時期臨時條款的第四次修正

一、制定時間：一九七二年三月十七日第一屆國民大會第五次會議第九次大
　　　　　　　　會修正
二、制定地點：台北市中山堂
三、公布時間：一九七二年三月二十三日總統公布
四、本節摘要：動員戡亂時期臨時條款第四次修正的重點有二：其一，在自
　　　　　　　　由地區增加中央民意代表名額，定期選舉；其二，授權總統
　　　　　　　　訂定選舉辦法，使僑居國外之國民亦有選出或遴選之立法委
　　　　　　　　員、監察委員等依法行使職權

一、肇因

　　一九四九年九月二十一日，毛澤東（1977：5）在人民政協的開幕

詞說：「中國人從此站起來了！」標幟著中國大陸政權的更替；惟一九五○年三月一日，蔣中正在台北復行視事，自此中國一分爲二，隔海而治，但兩岸之間衝突不斷。一九五四年九月，第一次台海危機爆發（大陳島戰役）；一九五八年八月，第二次台海危機爆發（金門八二三炮戰）；一九六○年至一九六二年，第三次台海危機爆發。中國共產黨三度企圖軍事解放臺灣，皆告失敗。一九六四年，中國共產黨原子彈試爆成功，蔣中正知反攻大陸無望；一九六七年，蔣中正在元旦文告指出：「解決當前中國問題，政治重於軍事」（蔣總統中興講詞總集編輯委員會，1971：205），實際上已放棄軍事反攻大陸。自此，雙方已將鬥爭由軍事轉至政治，並表現於外交。

一九五四年，中華民國有五十七個邦交國，中華人民共和國則有四十八個；一九六九年，中華民國有六十八個邦交國，中華人民共和國減爲四十四個，這是中華民國邦交國數量最高的一年。

在聯合國席位問題方面，一九四九年十一月十八日，周恩來便以中華人民共和國外交部長身分致電聯合國大會主席Carlos Romulo和聯合國秘書長Trygve Lie，要求取代中華民國在聯合國的席位。當時由於中華民國仍然在自己的領土上行使政權，而中國共產黨政權的國號又爲「中華人民共和國」，故聯合國大會秘書處乃將周恩來的電報當作「非聯合國會員國文件」，未予理會。

一九五○年一月十日，蘇聯在安理會提案，否認中華民國的代表權證，該案經安理會特別會議以六票反對，三票贊成，兩票棄權遭否決。九月，印度在第五屆聯合國大會會議中，首度提出排除中華民國接納中華人民共和國案，而以美國爲首的自由國家則提「暫緩討論」（moratorium）案予以阻止。

一九六一年九月二十一日，聯合國大會首次將蘇聯所提「恢復中華人民共和國在聯合國的合法權利」排入議程，美國、日本等五國乃另提「任何改變中國代表權的提案都是重要問題」[37]提案，蘇聯提案被否決，美國等五國提案則獲通過。

一九六六年第二十一屆聯合國大會召開時，義大利等六個國家提出組織「研究委員會」以謀解決中國代表權問題的案子，由於該案帶有「兩個中國」的色彩，中華民國方面堅決反對。美國爲了換取義大利等國在「重要問題」案及中國代表權案的支持，也表示贊成義大利提案。當時中華民國與中華人民共和國都全力反對這項提案，而形成了中華民國與中華人民共和國同一立場的景象，表決結果以三十四票贊成，六十二票反對，二十五票棄權，而未能通過。

一九六七、六八兩年，義大利等國仍續提此案，在海峽兩岸合力反對下，依舊否決，最後沒有國家再提這種案子。一九六九年九月，中華人民共和國與蘇聯交惡（珍寶島事件），這一場武裝衝突促成了中國共產黨與美國在七○年代關係的緩和，以至於正常化。

一九六九年一月二十日，尼克森就任美國總統，在其就職演說中提出以「談判」（negotiation）代替「對抗」（confrontation），作爲其改變外交政策的理論基礎。對尼克森政府來說，最迫切的問題莫過於儘速結束越戰；爲此，有必要改善美國與中國共產黨的關係，這是美國對華政策轉變的基本原因。另就中國共產黨而言，經過一九六九年三月的珍寶島事件之後，蘇聯已成了中國共產黨所面對的最現實的威脅，中國共產黨不可能長期獨力對抗蘇聯，因此也有必要改善對美國的關係，這是中國共產黨對美政策轉變的基本原因。

一九七○年十二月十八日，毛澤東表明歡迎尼克森以私人旅行的身分或以總統身分訪問中國大陸。一九七一年二月二十五日，尼克森致國會的外交政策咨文中，首度使用「中華人民共和國」國號，該篇咨文雖仍重申對中華民國的條約承諾，但主要強調的重點已經放在與中國共產黨改善關係的意願上。

一九七一年六月十五日，中華民國總統蔣中正在國家安全會議中，針對當時美國態度之轉變提示「莊敬自強，處變不驚」，足證蔣中正對於當時外交形勢的逆轉，已有先見之明。

一九七二年二月二十一日，尼克森到北京訪問；二十八日，尼克森

與周恩來在上海發表「上海公報」（Shanghai communique）。而上海公報中最受矚目的，就是中國共產黨與美國雙方對臺灣問題各自表述的立場。

中國共產黨方面重申自己的立場：臺灣問題是阻礙中美兩國關係正常化的關鍵問題；中華人民共和國政府是中國唯一合法政府，臺灣是中國的一個省，早已歸還祖國；解放臺灣是中國內政，別國無權干涉；全部美國武裝力量和軍事設施必須從臺灣撤走。中國政府堅決反對任何旨在製造「一中一台」、「一個中國，兩個政府」、「兩個中國」、「臺灣獨立」和鼓吹「臺灣地位未定」的活動。

美國方面聲明：美國認識到，在臺灣海峽兩邊的所有中國人都認為只有一個中國，臺灣是中國的一部分。美國政府對這一立場不提出異議，並重申美國對中國人自己和平解決臺灣問題的關心。考慮到這一前景，美國確認從臺灣撤出全部美國武裝力量和軍事設施的最終目標。在此期間，美國將隨著這個地區緊張局勢的緩和逐步減少在臺灣的武裝力量和軍事設施。

當一九七○年十月，聯合國大會出現五十一對四十九的比數，贊成中華人民共和國入會成了多數時，雖然賴「重要問題案」使中華民國席位得以再延長一年，但當時美國已深知不可能再阻止中華人民共和國入會。一九七一年四月，尼克森派代表來台北面見蔣中正，討論聯合國席位保衛戰問題。墨斐帶來尼克森的口訊是：由於不可能再阻止中國共產黨進入聯合國，華府想知道如果是美國提出允許北京進入聯合國，同時要求讓中華民國保有聯合國大會席位，中華民國政府的反應將如何？蔣中正表示，為了大局著想，他可以勉強同意美方的這項計畫，不過他堅持，美國本身不得支持中國共產黨入會，同時美國也應再次領導聯合所有看法相同的國家支持所謂「重要問題案」（即需聯合國大會三分之二會員國同意才得排除一個會員國）。而中華民國為了堅持立場，仍將投票反對「雙重代表權」案，但可以不要求友邦投票反對此案。換句話說，蔣中正已有條件同意「雙重代表權」的計畫，但是美國其實並沒有

認眞去執行。由此可見，當時臺灣方面是願意接受雙重代表權的安排的。一九七一年，第二十六屆聯合國大會有關中國代表權的提案主要有三案：

1. 阿爾巴尼亞等二十三國提出的，建議大會決定恢復中華人民共和國的一切權利，承認中華人民共和國政府的代表爲中國在聯合國的組織的唯一合法代表，並立即把蔣中正的代表從他在聯合國組織及其所屬一切機構中所非法佔據的席位上驅逐出去。
2. 美國等二十二國提出的，建議大會決定凡是向大會提出的提案，其結果將剝奪中華民國在聯合國代表權者，都屬重要問題[38]。
3. 美國等十九國提出的，要求確認中華人民共和國應有代表權，並建議由其出席安理會爲常任理事國，並確認中華民國繼續享有代表權。

一九七一年十月二十日至二十六日，正當聯合國大會辯論中國代表權的關鍵時刻，季辛吉再度去北京訪問，安排尼克森往訪的行程。季辛吉的這趟訪問，使得許多國家認定美國對中華民國的政策已經動搖，對中華民國在聯合國的席位已不感興趣，紛紛轉向支持中華人民共和國。儘管美國駐聯合國大使布希費盡唇舌，陳說美國的政策是希望中華民國仍能以一般會員國的身分留在聯合國大會，但許多國家根本視此爲美國準備背棄中華民國之前，言不由衷的表面飾辭。

一九七一年十月二十五日，聯合國大會表決美國所提的「重要問題」案，結果贊成五十五票，反對五十九票，棄權十五票。既然「剝奪中華民國代表權」已不被視爲重要問題，中華民國退出聯合國已勢成定局。其後，大會並以七十六對三十五票通過阿爾巴尼亞案，此一決議案即聯合國第二七五八（二十六）號決議，長達二十年之久的聯合國席位保衛戰，至此黯然落幕。前述美國等十九國提出的雙重代表權案也就連表決都免了。中華人民共和國方面駐聯合國代表黃華於十一月二十二日首度出席安全理事會，而率團參加聯合國大會的中華民國外交部長周書楷當

即聲明，譴責聯合國已自行破壞了憲章，中華民國退出聯合國，並率領代表團走出會場。

二、過程

(一) 國民大會第五次會議之召集

依照中華民國憲法第四十七條規定：「總統副總統之任期爲六年。」第二十九條規定：「國民大會於每屆總統任滿前九十日集會，由總統召集之。」所謂任滿前九十日，依據司法院大法官會議釋字第二十一號解釋：「應自總統任滿前一日起算，以算足九十日爲準。」依此，則國民大會第五次會議，應於一九七二年二月二十日集會。

一九七二年一月十日，總統依據中華民國憲法第二十九條的規定，頒布第一屆國民大會第五次會議於一九七二年二月二十日集會。國民大會代表於二月十日開始報到，截至三十日止，總計有一、三四四人報到。二月二十日舉行開幕典禮，二十一日第一次預備會議首先討論主席團選舉辦法，二十五日第二次預備會議依法選出主席團八十五人後，二十六日主席團舉行第一次會議，截至三月二十五日大會閉幕，共舉行主席團會議十四次。

此次會議之召開，適逢中華民國被迫退出聯合國（一九七一年十月二十六日）與美國總統尼克森訪問中國大陸，並與中國共產黨聯合發表「上海公報」之際（一九七二年二月），國民大會乃先後發表聲明反對（行憲三十年紀念專刊編輯委員會，1977：361-4）。

一九七二年二月二十日，國民大會集會，本次會議開會典禮主席，經推請代表張知本擔任，其致詞要點有三（國民大會秘書處，1972：73-4）：

1.這次會議的中心所在，就是要鞏固領導中心，策動反攻復國大

業。

2.擁戴蔣中正連任。

3.強調在第四次會議時，曾授權總統制定增補選條例，增加中央民意機關新血輪，此次仍應授權總統，擴大增補選條例，加強民意基礎。

(二) 提案與讀會

國民大會第五次會議時，各代表為適應動員戡亂需要，擴大授權總統，以鞏固國家領導中心，充實中央民意代表機構，以擴大政治基礎，先後簽署提出有關修訂動員戡亂時期臨時條款之提案，計有八案。然依照動員戡亂時期臨時條款前言規定，及歷次會議修訂臨時條款之成例，修訂臨時條款須依憲法第一七四條第一款規定之修改憲法程序辦理。憲法第二七四條第一款規定：「關於憲法之修改，應由國民大會代表總額五分之一之提議，三分之二之出席及出席代表四分之三之決議。」按本次會議代表總額為一、三七四人，五分之一之法定人數為二七五人。故有三案於提出時，提議人數均合規定（詳**表2-15**）。此外尚有不足法定提議人數之提案計有五件，其案由如下：

1.周士傑等三十三位代表提：為適應戡亂需要，選拔才俊之士，充實中央民意機構，加強監督政府功能，爰擬具動員戡亂時期臨時條款修訂案（提案第二九○號）。

2.楊揚等四十四位代表提：為加強行憲效率，厚培國力，以適應動員戡亂需要，特擬具動員戡亂時期臨時條款修訂案，提供大會討論，是否有當？敬請公決案（提案第二九二號）。

3.張一夢等一二一位代表提：修訂動員戡亂時期臨時條款，擴大憲政基礎案（提案第二九三號）。

4.蘇友仁等一九三位代表提：充實中央民意機構案（提案第二九五號）。

表2-15　第一屆國民大會第五次會議提案表

提案	說明	辦法
谷正綱等八七九位代表（後增為一、○三九位代表）提：為適應動員戡亂需要，特擬具動員戡亂時期臨時條款修訂草案，提請核議案（提案第二八五號）。	一、現行動員戡亂時期臨時條款第五項前段原已規定：「總統為適應動員戡亂需要，得調整中央政府之行政機構及人事機構。」惟為使運用益臻靈活，擬加「及其組織」一語，俾得斟酌實際需要，適時予以調整。 二、查現行動員戡亂時期臨時條款第五項後段原已規定：「總統為適應動員戡亂需要，對於依選舉產生之中央公職人員，因人口增加或因故出缺，而能增選或補選之自由地區及光復地區，均得訂頒辦法實施之。」政府並曾於五十八年在自由地區辦理中央公職人員之增選補選。但此次舉辦之增選補選，依照授權本旨，係以人口增加或因故出缺為要件，同時受憲法有關條文所定名額之限制，致增選補選之國民大會代表、立法委員、監察委員，人數無多，難以符合各方之期望；且憲政法統必須使其綿延不息，是故臨時條款第五項，有關選舉中央公職人員部分，亟須加以修訂，授權總統訂頒辦法，俾次屆中央民意代表得以產生。 三、為擴大政府基礎，自應在自由地區增加中央民意代表名額，定期選舉，同時為使僑居國外國民參與政治，亦應增加其選出之名額。惟海外地區亦有不能依憲法第一二九條規定辦理選舉者，故規定「得由總統訂定辦法遴選之。」 四、第一屆中央民意代表係經全國人民選舉所產生，有普遍之代表性，目前既不能舉辦全面選舉，自應與增加名額選出之中央民意代表，同於次屆中央民意機構，依法行使職權，至原選舉區光復能辦理選舉選出中央民意代表之日為止。增加名額選出者，於任期屆滿時，應依法改選。	現行動員戡亂時期臨時條款第五項擬修正為兩項，其條文如次： 五、總統為適應動員戡亂需要，得調整中央政府之行政機構、人事機構及其組織。 六、動員戡亂時期，總統得依下列規定，訂頒辦法，充實中央民意代表機關，不受憲法第二十六條、第六十四條及第九十一條之限制： 1.在自由地區增加中央民意代表名額，定期選舉，其須由僑居國外國民選出之立法委員及監察委員，事實上不能辦理選舉者，得由總統訂定辦法遴選之。 2.第一屆中央民意代表，係經全國人民選舉所產生，仍依法行使職權，其增選補選者亦同。大陸光復地區次第辦理中央民意代表之選舉。 3.增加名額選出之次屆中央民意代表，與第一屆中央民意代表，同於次屆依法行使職權。增加名額選出者，任期屆滿時，依法改選。

（續）表2-15 第一屆國民大會第五次會議提案表

提案	說明	辦法
朱煥虨等三一三位代表提：為適應動員戡亂需要，特擬具動員戡亂時期臨時條款修訂草案，提請討論案（提案第二九一號）。	一、在動員戡亂時期，政府機關之設置及其組織，必須具有適度之機動性，並力求精簡靈便，以期提高效率，迅赴事功。現行動員戡亂時期臨時條款第五項前段原已規定：「總統為適應動員戡亂需要，得調整中央政府之行政機構及人事機構。」授權意旨極為明確；惟範圍較狹，難收因應制宜之效，尚須酌予修訂，加強總統應變權力，俾對於中央政府之機關及其組織，皆得斟酌實際需要，予以調整。 二、查現行動員戡亂時期臨時條款第五項後段原已規定：「總統為適應動員戡亂需要，對於依選舉產生之中央公職人員，因人口增加或因故出缺，而能增選或補選之自由地區及光復地區，均得訂頒辦法實施之。」政府並曾於五十八年在自由地區辦理中央公職人員之增選補選。但此次舉辦之增選補選，依照授權本旨，係以人口增加或因故出缺為要件，同時受憲法有關條文所定名額之限制，致增選補選之國民大會代表、立法委員、監察委員，人數無多，難以符合各方之期望。是故臨時條款第五項有關選舉中央公職人員部分，亟須加以修訂，授權總統訂頒辦法，俾資充實。	現行動員戡亂時期臨時條款第五項擬修正如次： 五、總統為適應動員戡亂需要，本憲政體制，得調整中央政府之機關及其組織。 　動員戡亂時期，總統得依下列規定，訂頒辦法，增選立法院立法委員、監察院監察委員，不受憲法第六十四條及第九十一條規定名額之限制。 一、第一屆立法院立法委員及監察院監察委員，均仍依法繼續行使職權，其增補選者亦同。 二、在自由地區及光復地區增加立法委員、監察委員名額，定期選舉，其須由僑居國外國民選出之立法委員及監察委員，事實上不能辦理選舉者，得經政黨提名，由總統咨請國民大會選舉之。 三、依本辦法增加名額選出之立法委員、監察委員依憲法第六十五條、第九十三條規定之任期屆滿時，應予改選。

（續）表2-15　第一屆國民大會第五次會議提案表

提案	說明	辦法
唐君武等二三六位代表提：為維護憲政體制，擬具修訂臨時條款第八項，賦予研究機構考核之權，以加強其功能案（提案第三〇一號）。	一、查中華民國憲法，為我立國之本，亦為摧毀共匪極權暴政之利器，因此國民大會臨時會曾有「在未光復大陸前，不修改憲法」之決議，國民大會憲政研討委員會，亦就就以維護憲法之尊嚴與完整為念。 二、惟查國民大會憲政研討委員會之職責，依民國五十五年修訂公布之動員戡亂時期臨時條款第八項，僅限於憲政有關問題之研討，既不能考核治權機關之行使治權是否符合憲法之文字與精神，更不能進而糾正治權機關或有之違憲行為，如此而欲求憲法之尊嚴與完整，獲得周密之維護，無乃空言徒託。 三、或謂憲法第一七一條第二項已規定：「法律與憲法有無牴觸發生疑義時，由司法院解釋。」可見違憲行為，已可由司法院予以考核制止；然治權機關可能為之違憲行為，初不以制定法律為限。即以立法院而論，其所得議決者，除法律案而外，尚有預算案、戒嚴案、大赦案、宣戰案、媾和案、條約案，及國家其他重要事項，其就預算案、條約案或國家其他重要事項作成之決議，既非憲法所稱之法律（參照憲法第一七〇條），則縱有牴觸憲法之處，司法院亦無從過問。然則憲法之尊嚴與完整，又將何以維護？ 四、歷年來治權機關行為之牴觸憲法者，頗不乏其例。例如：立法院會期每年兩次，第一次自二月至五月底，第二次自九月至十二月底，為憲法第六十八條所明定，雖同條後段規定：「必要時得延長之」，是乃不得已時方可適用之例外規定。十餘年來立法院每一會期莫不延長，已習以變態為常態，其為牴觸憲法第六十八條之精神，至	擬修訂動員戡亂時期臨時條款第八項：「國民大會於閉會期間，設置研究考核機構，研討憲政有關問題，並考核治權機關實施憲政之績效。」 　　以上所擬，是否有當？敬請公決。

（續）表2-15　第一屆國民大會第五次會議提案表

提案	說明	辦法
	為顯然。又如：憲法第六十七條第二項研定「各種委員會得邀請政府人員及社會上有關係人員到會備詢」。所謂「備詢」，顯非質詢，蓋立法委員對社會人士斷不能有質詢之權也。乃立法院之決議，竟認立法委員在各種委員會開會時亦有質詢之權，並認行政院各部會首長有向各種委員會提出施政報告之責，其為牴觸憲法第五十七條第一項及第六十七條第二項之明文，尤屬顯明。再如：司法院於民國四十九年即已解釋高等法院以下各級法院及分院，應隸屬於司法院，迄今歷十餘年而未見實行。如司法院之解釋牴觸憲法，則該院亟應變更解釋，否則為治權機關行使治權之違憲；反之，如司法院之解釋符合憲法精神，則該管治權機關之不予照辦，亦屬違憲。以上治權機關行使治權違憲之事例，為世所共知，而迄無人過問而糾正之，我代表全國國民行使政權之國民大會，實不能逃避其責任。 五、因此，為有效維護憲法之尊嚴與完整，現有之國民大會憲政研討委員會，必須加重其職責，便於研討憲政有關問題之外，兼具監督考核治權機關實施憲政得失之功能。爰擬提請修訂動員戡亂時期臨時條款第八項如後。	

資料來源：國民大會秘書處，《第一屆國民大會實錄（第六編）》，台北：國民大會秘書處，1972，頁272-83。

5.楊揚等二十四位代表提：為鞏固國家領導中心，強化政府功能，特擴大戰時授權，以加強基地建設，增加作戰準備，開創反攻復國機運案（提案第三〇六號）。

　　大會秘書處以表2-15所提有關修訂動員戡亂時期臨時條款案，其提案人數均符合憲法第一七四條第一款之規定，便於三月十四日，報告主席團第七次會議核議處理辦法，經秘書處宣讀案由及秘書處有關議事程序之各項說明後，主席朱文伯即徵詢各出席代表之意見，並將已合規定提議人數之三案，提請大會進行一讀。

　　三月十五日，在陽明山中山樓中華文化堂舉行第八次大會，出席代表一、一八〇人，主席張其昀宣告第一讀會進行程序：由秘書處將討論事項所列各案依次朗讀，並請各提案人依次說明，如出席代表有疑義時，再請提案人解釋之。接著，第一讀會開始，先由秘書處朗讀討論事項第一案谷正綱等八七九位代表提案全文暨議事程序之說明。原提案人谷正綱代表口頭說明提案要旨（國民大會秘書處，1972：287-91），其重點如下：

1. 本案修訂的條款是動員戡亂時期臨時條款第五項，該項原來規定：「總統為適應動員戡亂需要，得調整中央政府之行政機構及人事機構，……」現為使其適用更為靈活，所以在「人事機構」之下加「及其組織」，俾調整幅度，更具彈性。

2. 擬增第六項，以充實中央民意代表，其主要精神有以下幾點：

   (1)為了要增加自由地區及海外地區中央民意代表名額，使自由地區及海外地區人民多能參加中央政治，因而凍結憲法第二十六條、第六十四條及第九十一條之限制。因為憲法第二十六條規定，國民大會代表每縣市選出代表一人。但人口超過五十萬，每增加五十萬人增加一名，此外還有其他各種的規定；這次如要達成增加中央民意代表名額的目的，這一條就不能適用，故予凍結。選舉立法委員也是如此，第六十四條規定，立法委員由各省、各直轄市選出者，其人口在二百萬以下者為五人，其人口超過三百萬者，每滿一百萬人增選一人，因為有了這個限制，增選的目的不容易達到，也同樣予以凍結。第九十一條規

定監察委員由各省市議會或華僑團體選出，受到此一限制，使增選目的也不能達到。因此修訂案的條文授權總統增加中央民意代表名額，不受憲法第二十六條、第六十四條及第九十一條之限制。

(2)僑居海外國民選出之立法委員及監察委員爲什麼採用遴選辦法？根據憲法第一二九條：「本憲法所規定之各種選舉，除本憲法別有規定外，以普通、平等、直接及無記名投票之方法行之。」以今天海外僑民僑居地區的政治環境來說，是否能依據這一條來辦理選舉呢？事實上辦不到的呀！今天海外僑胞有一千八百萬人，我們民族的力量包含三大部分，一部分是自由地區，一部分是海外地區，一部分是大陸地區，現在自由地區增加民意代表依照憲法實施民主選舉是沒有問題。大陸地區是由在大陸原選出的代表延續，依法行使職權，亦無問題。海外假如不能選出代表來參加，那是一大憾事；尤其在當前與共匪激烈鬥爭情況下，應使海外僑胞們，特別是學人和青年學生們有參加中央政治的機會，以爭取他們的向心力。因此，依照憲法第一二九條，除憲法「別有規定外」之規定，授權總統採用遴選的辦法。臨時條款經過國民大會依修憲程序修訂後，與憲法有同等效力。代表同仁中有主張，改爲「授權總統另謀辦法產生之」，或「授權總統另訂辦法選舉之」，蓋憲法是法源，如不把「遴選」兩個字載在臨時條款，總統今後就沒有辦法實行遴選之權。那就是海外僑胞及學人，沒有機會來參加中央政事。因此仍把遴選載在臨時條款。使總統能依據憲法來遴選海外中央民意代表，這是合法的，也是民主的。

3.再次報告修正內容：

(1)第一項：「……其須由僑居國外國民選出之立法委員及監察委員，事實上不能辦理選舉者，得由總統訂定辦法遴選之。」爲什麼只有立法委員、監察委員。而沒有國民大會代表呢？因爲

國民大會代表有選舉總統、副總統之權，國民大會代表不宜由總統遴選，比較合理。

(2)第二項：「第一屆中央民意代表，係經全國人民選舉所產生。仍依法行使職權，其增選補選者亦同。」這是由於大陸選出的第一屆中央民意代表，既是由大陸人民所選舉，在大陸原選舉地區未光復前，其原選出中央民意代表仍然延續依法行使他的職權；至於「增選補選者亦同」，此地所稱「增補選」是指一九六九年自由地區所選出的中央民意代表而言，他們為什麼要「亦同」？因為當時增補選辦法上規定，他們與第一屆中央民意代表以同等條件產生並共同行使職權，所以他們與第一屆代表享有相同權益。第二項後一段：「大陸光復地區次第辦理中央民意代表之選舉」，我們推測未來光復的形勢，不是一下子全面光復，可能次第光復，所以每光復一個地區，就選舉這個地區的中央民意代表，還有兩點重大意義；第一，表示我們還要完成光復大陸偉大的任務；第二，保障大陸選出之第一屆中央民意代表，一直任到他所選出地區光復之日為止。各位了解這一點後，對於謠傳中央排除大陸所選出之第一屆中央民意代表的疑義就可冰釋。

(3)第三項：「增加名額選出之次屆中央民意代表，與第一屆中央民意代表，同於次屆依法行使職權。增加名額選出者，任期屆滿時，依法改選。」這是指增加名額之中央民意代表與第一屆中央民意代表同在第二屆行使職權，這裡所稱「次屆」的意義與憲法第二十八條所說的「次屆」意義不同。第二十八條的「次屆」就指第二屆而言。修訂案所稱的「次屆」是依次類推的意思，就是第一屆的次屆是第二屆，第二屆的次屆是第三屆，第三屆的次屆是第四屆等等。也就是說，第一屆中央民意代表將延續行使職權，直到其原選舉區光復依法改選之日為止。有一點非常重要而要指出的，就是這要使我們中華民國的

民主憲政法統綿延不息。現在在國際間每每有人說，中華民國
國會之民意代表已有二十多年沒有選舉，已失去代表性；同時
也聽到好多人說，中華民國之中央民意代表是一潭死水。因
此，我們在這次國民大會，就要想出辦法來使我們的法統綿延
不絕，使它生生不息，而且是有源泉的政權，能發生新陳代謝
的作用，以擴大中央政權政治基礎，而使中央政權更加鞏固，
以加強我們動員戡亂的功能。這一點要請各位代表同仁充分了
解。所說的次屆絕對沒有排除第一屆中央民意代表的意思。

　　主席宣告：「第一案經代表谷正綱詳細說明，現在宣告本案交第一
提案審查委員會審查。」是時，代表顧毓琇根據議事規則第四十六條提
出疑義，認為將「第一屆」改為「次屆」，於法無據。主席當即裁定：
「顧代表對本案提出之疑義，提案人如有解釋，請於第一提案審查委員
會解釋之。其他要求發言各位代表，一同在第一提案審查委員會發
表。」嗣經大會決議，本案交第一提案審查委員會審查。秘書處宣讀討
論事項第二案全文。但旋因第二案與第三案連署人撤銷其連署，致使第
二案與第三案面臨不足法定簽署人數而遭撤回，故不予討論。

　　三月十五日，第八次大會決議，將代表谷正綱等提：為適應動員戡
亂需要，特擬具動員戡亂時期臨時條款修訂草案提請核議一案，交第一
提案審查委員會審查。該委員會即於十五日下午二時三十分，在中山樓
中華文化堂舉行第四次會議，出席委員九七三人，由召集人劉振鎧、沈
哲臣先後擔任主席，就本案進行審查。主席宣布開會並宣讀上次會議紀
錄後，先由提案人谷正綱針對代表顧毓琇質疑「哪一個有權把第一屆國
民大會改為第二屆國民大會？」做說明。谷正綱認為，有權制定憲法或
修改憲法的機關就有此權力。本案是修訂動員戡亂時期臨時條款，臨時
條款之修訂也是依據修改憲法的程序而成立，因此臨時條款之修訂如獲
通過，就同於憲法的效力，甚至優先憲法的效力。假如臨時條款規定了
這是第幾屆第幾屆，它就有這個效力。但對憲法第二十八條第二項並未

凍結，所以現任國民大會代表仍是依據憲法第二十八條延續行使職權，一直行使到大陸光復，原選舉區域改選中央民意代表之日爲止。

　　提案人谷正綱說明後，即按遞發言條次序由各委員相繼發言。是日下午發言委員有易大德、崔榮等十八位代表。三月十六日上午九時，第一提案審查委員會仍在中山樓中華文化堂舉行第五次會議。出席委員一、一二一人，由召集人袁日省、崔震權先後擔任主席。主席宣告開會，首先宣讀第四次會議紀錄後，即繼續進行審查。發言委員有孫儉、黃濟夫等十四位代表。提出書面意見者有委員王昌華、陸蔭初等代表。會議進行至中午時，出席委員對程序問題提出兩個緊急動議，一爲張旦平等三十四位代表提：臨時條款案討論已久，擬建議授權召集人組織整理小組，包括九位召集人，有關各案原提案人等，其名單提本日下午審查會報告，並在下午酌定時間停止討論，以便開始整理工作。一爲周士傑等三十二位委員提：爲修改動員戡亂時期臨時條款，關係重大，似宜詳加研究，方期妥善，擬請援照第三、第四次會議先例，成立特別專案小組，予以討論，並限期向審查會提出具體意見案。兩個動議案經第一審查委員會九位召集人會商決定：接受兩個動議案，組成專案小組，審查谷案。專案小組人選包括：

　　1.谷案及其他參考的六案各推五人，共計三十五人。
　　2.本審查委員會九位召集人。
　　3.主席團全體同仁。

　　本會上午未及發言的委員，在下午繼續發言，如有不同的或新的意見，馬上送專案小組，專案小組與審查會同時開會。召集人劉心皇將上項決定報告審查會後，有賀永祥、王星華等代表先後發言，最後決定，組織專案小組，其人選爲：

　　1.主席團八十四人。
　　2.第一審查委員會召集人九人。

3.谷案及參考各案提案人每案各推五人，共計三十五人。

4.凡已遞發言條者，不論已否發言，全部參加小組。

三月十六日下午，專案小組於陽明山中山樓綜合會報室舉行第一次會議，出席委員一六六人，主席任覺五宣布開會後，先由在審查會已登記尚未發言者繼續發言，有戴天球、申慶壁等二十五位代表發言。其後，有何宜武等三十七位代表提動議，建議組成執筆整理小組，修正文字，作成結論，以節省時間。並經主席徵詢會議同意小組成員為：

1.第一審查會九位召集人。

2.主席團推選九人。

3.谷案及參考各案提案人每案推定三人，共二十一人，合計三十九人。

綜合各委員在第一提案審查委員會及專案小組之發言及所提出之書面意見，對谷正綱等代表提案之立案精神：擴大授權總統，鞏固領導中心；充實中央民意代表機構，以擴大政治基礎，均一致支持。惟對修訂條文之實質問題則有不同之意見，其爭執最大者，則為海外地區民意代表之「遴選」，及增補選後，中央民意代表改稱「次屆」問題，茲將其不同意見分別擇要簡述如下：

1.關於原提案辦法：現行動員戡亂時期臨時條款第五項修正為兩項部分：

(1)絕大多數代表均支持修正為兩項。

(2)提出修正意見者有：

A.將第五、第六項擬修訂條文略加修正，均列為第五項，不另增列第六項。主張是項意見者，有朱煥虩等三一三位代表提案。

B.將第五項條文修正為：「總統為適應動員戡亂需要，在憲政體制下，得調整中央政府之行政機構及人事機構，並為擴大

自由地區人民之政治參與，增加中央民意代表名額，得制定辦法完成立法程序辦理之，其名額不受憲法第二十六條、第六十四條，及第九十一條規定之限制。」主張是項意見者有張一夢等一二一位代表提案。

(3)將第五項條文修正爲：「總統爲適應動員戡亂需要，得調整中央政府之行政機構及人事機構，並對於依憲法第六十四條及第九十一條依選舉產生之立法委員、監察委員，在自由地區及光復地區，得放寬名額，予以增選，或因故出缺，予以補選，除自由地區應由公民及省市議會分別選舉外，海外僑居國民因無法直接選舉，得經政黨提名候選人，由國民大會選舉之。其增補選舉辦法，授權總統頒訂實施之。」主張是項意見者有蘇友仁等一九三位代表提案。

2.關於原提案第五項擬修訂條文：「總統爲適應動員戡亂需要，得調整中央政府之行政機構、人事機構及其組織」部分：

(1)絕大多數代表支持原提案修訂條文。

(2)提出修正意見者主張應修改爲：「總統爲適應動員戡亂需要，本憲政體制，得調整中央政府之機關及其組織。」表明其調整必須受憲政體制之約束，且其調整之幅度，並不以行政及人事機關爲限。主張是項意見者有朱煥虨等三一三位代表提案。

3.關於新增第六項條文：「動員戡亂時期，總統得依下列規定，訂頒辦法，充實中央民意代表機關，不受憲法第二十六條、第六十四條及第九十一條之限制……」部分：

(1)絕大多數代表支持原提案所擬條文。

(2)提出修正意見者主張：

A.原文「訂頒辦法」以下，修改爲：「增選立法院立法委員、監察院監察委員，不受憲法第六十四條及第九十一條規定名額之限制」。表示憲法第二十六條所規定不能凍結。主張是項意見者有朱煥虨等三一三位代表提案。

B.原修訂條文最後一句，應修正爲：「不受憲法第二十六條、第六十四條及第九十一條所定名額之限制」。以表示僅凍結其「所定名額」之規定，其選舉單位等規定仍應適用。主張是項意見者有于歸等一二一位代表提案。

C.「中央民意代表」仍應改稱「中央公職人員」。主張是項意見者有代表方念諧。

D.「中央民意代表」是一種概括或稱謂，宜採取列舉方式，即改爲：「國民大會代表、立法委員、監察委員」。主張是項意見者有馮放民、高心一等代表。

4.關於第六項第一款：「在自由地區增加中央民意代表名額，定期選舉，其須由僑居國外國民選出之立法委員及監察委員，事實上不能辦理選舉者，得由總統訂定辦法遴選之。」部分，提出修正意見有下列數端：

(1)依民主憲政體制，用增選補選辦法，以充實中央民意機構。主張是項意見者有蘇友仁等一九三位代表提案。

(2)國民大會代表現有人數達一千多人，不必增選。主張是項意見者有蘇友仁等一九三位代表提案。

(3)立法委員、監察委員增選名額，以不超過現有人數三分之一爲原則。其名額分配，自由地區與僑居國外之國民（包括敵後）各佔半數，按人口比例分配名額。主張是項意見者有蘇友仁等一九三位代表提案。

(4)修正爲：「自由地區增選之立法委員，由人民直接普選之，監察委員由省市議會選舉之，海外等地區之立、監委員，不能公開直接選舉者，得經政黨提出候選人，由國民大會選舉之。」主張是項意見者有蘇友仁等一九三位代表提案。

(5)修正爲：「在自由地區及光復地區增加立法委員、監察委員名額，定期選舉，其須由僑居國外國民選出之立法委員及監察委員，事實上不能辦理選舉者，得經政黨提名，由總統咨請國民大

會選舉之。」主張是項意見者有朱煥虓等三一三位代表提案。

(6)修正為：「在能選舉的地區，增加國民大會代表、立法委員、監察委員名額，定期選舉。……得由總統訂頒辦法選出之。」主張是項意見者有代表許質庵。

(7)「遴選」可用於官吏，民意代表只能由選舉產生；若遴選，有違民主憲政原則。主張是項意見者有代表蘇友仁等一九三位代表提案。

(8)最後兩句修正為：「事實上不能辦理選舉者，得由總統訂定辦法『產生之』或『選舉之』」，比「遴選之」恰當。主張是項意見者有周士傑、顏澤滋等代表。

(9)最後兩句修正為：「事實上不能辦理選舉者，得遴選之，均各依憲法規定之期間改選。」主張是項意見者有代表王昌華。

(10)制憲國民大會代表二千餘人，依法選出的只有八百多人，其餘一千多人都是遴選產生的，中華民國憲法是遴選的代表制定的，現在非常時期，自可援引先例，遴選一部分立、監委員，以加強監督政府的功能。主張是項意見者有代表王善祥、段輔堯等代表。

5.關於第六項第二款：「第一屆中央民意代表，係經全國人民選舉所產生，仍依法行使職權，其增補選者亦同。」及「大陸光復地區，次第辦理中央民意代表之選舉。」部分：

(1)多數代表均支持原提案所擬條文。

(2)提出修正意見有下列數端：

A.前兩句修正為：「第一屆中央民意代表，在其原選舉地區未能辦理改選以前」，其最後一段修正為：「大陸光復，各選舉地區次第辦理中央民意代表之改選」。主張是項意見者有代表王昌華。

B.修正為：「國民大會代表、立法委員、監察委員，既經全國人民選舉所產生，仍依法行使職權，其增補選者與大陸光復

地區依法改選之。」主張是項意見者有代表許質庵。

C.第三句「仍依法行使職權」,「仍依法」三字改爲「延續」
　二字。主張是項意見者有代表彭慶修。

D.第三句修改爲:「依法自應繼續行使職權」。主張是項意見
　者有代表李楚狂。

E.刪除「第一屆」字樣,修改爲:「中央公職人員在淪陷地區
　不能改選仍繼續行使職權,其餘增補選者亦同。大陸光復地
　區次第辦理中央公職人員之選舉。」主張是項意見有代表華
　壽褚。

6.關於第六項第三款:「增加名額選出之次屆中央民意代表,與第
　一屆中央民意代表,同於次屆依法行使職權」、「增加名額選出
　者,任期屆滿時依法改選」部分,除孫儉、何緝士、段輔堯、戴
　鼎、洪東生、王善祥、王虞輔等代表支持原案外,對本款提出修
　正意見最多。茲分述如下:

(1)憲法第二十六條規定:「國民大會代表每六年改選一次。每屆
　國民大會代表之任期,至次屆國民大會開會之日爲止。」國民
　大會代表要在大陸依法改選才能產生「次屆」,否則即無「次
　屆」可言,「次屆」二字及「同於次屆」四字刪除。主張是項
　意見者有代表崔榮、周士傑、楊揚等三十一位代表。

(2)第一屆民意代表是大陸人民選出來的,代表大陸人民,次屆的
　代表,非大陸人民所選出,如何能代表大陸人民?主張是項意
　見者有代表楊揚。

(3)所謂「次屆」一定要經過全國合法選舉,方能稱爲「次屆」,
　並非一省份選舉幾十個代表,就能稱爲「次屆」,現在沒有全
　部改選,要變成「次屆」,實屬不妥。主張該項意見者有柴
　毅、張佩文等代表。

(4)我們無權將我們自己由「第一屆」改爲或過渡爲「第二屆」。
　主張是項意見者有代表賈永祥。

(5)修正爲：「依本條例增加名額選出者，爲次屆中央民意代表，第一屆中央民意代表，同於次屆依法行使職權。但第一屆國民大會代表之任期，仍至依憲法選舉之次屆國民大會開會之日爲止。」主張是項意見者有代表王昌華。

(6)修正爲：「中華民國三十七年選舉的國民大會代表及中華民國五十八年增補選的國民大會代表，及依據國民大會第五次會議修訂動員戡亂時期臨時條款增選之國民大會代表共同行使職權。」主張是項意見者有代表陳特向。

(7)修正爲：「增加名額選出之中央民意代表包括國民大會代表、立法委員、監察委員，與第一屆中央民意代表，共同依法行使職權。增加名額選出者，任期屆滿時，依法改選。」主張是項意見者有劉香谷、彭浩一等代表。

(8)修正爲：「增加名額選出之次屆中央民意代表，與第一屆中央民意代表，同時依法行使職權。」主張是項意見者有代表丁宣孝。

(9)「同於次屆，依法行使職權」內之「同於次屆」四字刪除。本款修正爲：「增加名額選舉次屆之中央民意代表同與第一屆中央民意代表依法行使職權。」主張是項意見者有代表李楚狂。

(10)修正爲：「增加名額選出之中央民意代表與第一屆中央民意代表一同依法行使職權。」主張是項意見者有代表劉榮博。

(11)修正爲：「增加名額選出之國民大會代表，與第一屆國民大會代表依法行使職權。增選之立法院委員、監察院委員與依法繼續行使職權之立法院委員、監察院委員，任期屆滿時，凡能辦理選舉之地區，均依法改選。」主張是項意見者有代表唐君武。

(12)修正爲：「增加名額選出之國民大會代表、立法委員、監察委員與原有之國民大會代表、立法委員、監察委員個別依法行使職權，增加名額選出之國民大會代表任期六年，立法委員任期

三年，監察委員任期六年，任期屆滿者，即行改選。」主張是
項意見者有代表許質庵。

(13)修正爲：「自由地區增加名額，中央公職人員任期屆滿時，依
法改選。」主張是項意見者有代表華壽松。

(14)不提「次屆」或「第一屆」，將第一款稍加修改，二、三款併
爲一款：

　A.在自由地區增加國民大會代表、立法委員、監察委員名額，
　　定期選舉，其須由僑居國外國民選出之立法委員、監察委
　　員，事實上不能辦理選舉時，得遴選之。

　B.經前款增選名額產生及原有之國民大會代表、立法委員、監
　　察委員，於改選期屆或任期屆滿時，凡能辦理之選舉地區，
　　即行改選，其事實上不能辦理選舉之地區，原有國民大會代
　　表不予改選，原有立法委員、監察委員仍繼續行使職權。主
　　張是項意見者有代表黃濟夫。

　　執筆整理小組於三月十六日下午七時至十時半漏夜開會整理，小組
委員三十九人全體出席，推請于斌擔任主席。主席宣告開會後，首先請
原提案人谷正綱說明，其重點如下（國民大會秘書處，1972：306）：

1.名額必須增加，憲法第二十六條、第六十四條及第九十一條要予
　以凍結。

2.新增第六項第一款內「遴選」二字，是選舉辦法之一，憲法第一
　二九條規定：「本憲法所規定之各種選舉，除本憲法別有規定
　外，以普通、平等、直接及無記名投票之方法行之。」海外地區
　無法辦理選舉，依據「別有規定」之精神，用「遴選」辦法，使
　海外僑胞能參加中央政權。

3.「屆」的問題，要使六年之後能再選舉，所以有「次屆」二字。
　基於以上三點精神，假使能增加名額，以合法民主方式定一個辦
　法，使僑胞也能參加中央政權，使新選出來的民意代表，能夠於

六年或三年依法改選，生生不息。文字上並不堅持，惟對擴大名
額，使總統能依法有一個辦法使海外僑胞參加中央政權，今後選
出的民意代表不是終身職而要使法統生生不息，以鞏固中央政權
一定要堅持的。「次屆」二字可以考慮刪除，假使刪除，第六項
第三款文字則要修改爲「……增加名額選出之國民大會代表每六
年改選，立法委員每三年改選，監察委員每六年改選。」

　　谷正綱說明後，張其昀補充說明：「谷委員的話，不僅代表連署的
九百多人，也代表執政黨經過最高當局核定的（指總裁蔣中正）。今天
所有的意見可以說是一致的，假使有異議就在『次屆』二字，現在『次
屆』既可刪除，我希望我們的意見愈簡單愈好，只要『次屆』刪除，增
加定期改選字樣，今天的會議就可以圓滿結束，國民大會也可以圓滿成
功。」（國民大會秘書處，1972：306-7）

　　張其昀補充後，谷正綱應委員的要求再把第六項第三款修訂條文加
以說明：即第二款第一目擬修改爲「增加名額選出之次屆中央民意代
表，與第一屆中央民意代表，共同依法行使職權。」或修改爲：「增加
名額選出中央民意代表，與第一屆中央民意代表，依法行使職權。」第
三款第二目擬修改爲：「增加名額選出之國民大會代表每六年改選，立
法委員每三年改選，監察委員每六年改選。」

　　谷正綱二度說明後，主席于斌起立致詞：「我覺得大家都一致擁護
中央政策，對於增選，沒有問題，因爲擴大政治基礎，鞏固中央政權，
以至於延攬僑民參加政事，這都是大家所希望的，我們不能忽視海外一
千八百萬僑民，爲使他們參政，我們願意想出特別辦法，使總統能達成
任務，這個辦法，有的主張『遴選』不要見諸文字，可用『由總統另定
辦法產生之』。有的主張可以用『遴選』，表示大家擁護中央政策的眞
誠。剛才提案人谷先生已聲明把『次屆』二字取消，假如『遴選』能用
『另定辦法產生之』來代替，也可以包含『遴選』，假如還不行，直接了
當就用『遴選』也無所謂。依本人看，把谷先生的提案簡單改一下，明

天上午提審查會，下午可以提大會。」（國民大會秘書處，1972：307）
詞畢，先後發言者有周士傑、何立武等三十二位代表。因爲提案人谷正
綱自動表示「次屆」二字刪除，各位委員均表示贊成，本小組會議中發
言多集中「遴選」二字。

　　除以上意見外，各委員發言多係對名詞之統一及文字之修改，主張
第六項內憲法第二十六條不必凍結，國民大會不必充實，「機關」二字
改爲「機構」，「增加名額」改爲「特別選舉」者，有委員賈永祥。主
張第六項內「中央民意代表機關」改爲「國民大會、立法院、監察院」
者，有委員翟宗濤。主張第六項末句修改爲：「不受憲法第二十六條、
第六十四條及第九十一條規定名額之限制」者，有委員蘇友仁等代表。
主張第六項內「中央民意代表」修改爲：「國民大會代表、立法院立法
委員、監察院監察委員」者，有委員朱煥彪、劉華。主張第六項第二款
第二目內「選舉」二字改爲「改選」，第三款第一目末句內「依法」二
字改爲「共同」，第二目內「時」字刪除者，有委員張旦平。主張第三
款第二目修改爲：「增加名額選出者，依憲法規定之任期屆滿時應予改
選」者，有委員朱煥彪。主張改爲：「增加名額選出之國民大會代表、
立法委員、監察委員，均依憲法所規定之任期改選之」者，有委員蘇友
仁。主張「增加名額選出之國民大會代表每六年改選，立法委員每三年
改選，監察委員每六年改選」者，有委員谷正綱、陳啓天。

　　小組委員就連日來各代表在第一提案審查委員會及專案小組與本小
組所發表及以書面提出之意見，暨大會交下代表谷正綱等提案及參考各
案，綜合整理，反覆審愼研討，最後授權于斌、谷正綱、張其昀、陳啓
天、孫亞夫等委員，對全案作最後整理，擬具修訂條文草案，由于斌向
執筆整理小組宣布結論，經與會委員一致通過，並即決定提十七日上午
專案小組會議及第一提案審查委員會第六次會議審議通過後，報請大會
討論決定。茲將五人小組擬訂並經執筆整理小組最後通過之修訂條文草
案照錄如下：

動員戡亂時期臨時條款修訂案修訂條文草案

現行動員戡亂時期臨時條款第五項擬修正爲兩項，其條文如次：

五、總統爲適應動員戡亂需要，得調整中央政府之行政機構、人事
　　機構及其組織。

六、動員戡亂時期，總統得依下列規定，訂頒辦法，充實中央民意
　　代表機構，不受憲法第二十六條、第六十四條及第九十一條之
　　限制：

　　1.在自由地區增加中央民意代表名額，定期選舉，其須由僑居
　　　國外國民選出之立法委員及監察委員，事實上不能辦理選
　　　舉者，得由總統訂定辦法遴選之。

　　2.第一屆中央民意代表，係經全國人民選舉所產生，依法行使
　　　職權，其增選補選者亦同。

　　　大陸光復地區次第辦理中央民意代表之選舉。

　　3.增加名額選出之中央民意代表，與第一屆中央民意代表，依
　　　法行使職權。

　　　增加名額選出之國民大會代表每六年改選，立法委員每三
　　　年改選，監察委員每六年改選。

　　三月十七日上午九時，第一提案審查委員會專案小組在中山樓綜合
會報室舉行第二次會議。出席委員八十八人，主席石鍾秀，首先請于斌
報告執筆整理小組會議情形；接著，由谷正綱說明，其重點如下（國民
大會秘書處，1972：309-10）：

　　1.這個提案，我們堅持政策，不堅持文字。

　　2.要增加自由地區中央民意代表的名額，使自由地區同胞都能參與
　　　中央政事，不受憲法第二十六條、第六十四條及第九十一條之限
　　　制。

　　3.是「遴選」二字。昨天辯論了很久，最後大多數代表都表贊成，

因為海外地區如果不用遴選方法，海外同胞就無法產生中央民意
代表。有人說：遴選是違法的。我們依據憲法第一二九條規定：
「本憲法所規定之各種選舉，除本憲法別有規定外，以普通、平
等、直接及無記名投票之方法行之。」假使不將遴選作「別有」
的規定，總統就無法遴選海外代表。當初我們討論這個問題時也
特別慎重，曾經請司法院院長田炯錦參加。田院長說：「如果將
來有疑義送到大法官會議來解釋，我是會議主席，沒有明文規定
的話，恐怕總統無權遴選。」修訂臨時條款係採修憲程序。臨時
條款之效力等於憲法，同時憲法第一二九條有「別有規定外」，
所以在臨時條款中規定遴選辦法是合法的，也是民主的。

4. 於刪除「次屆」二字之後，必須明文規定中央民意代表要依憲法
規定的任期改選。各位很注意「次屆」二字，把上面的選出「次
屆」與下面的同於「次屆」，兩個「次屆」都刪也可以。但「次
屆」刪除以後，次目「任期屆滿依法改選」之文字則非改不可，
所以提案人提出文字的修改經執筆整理小組同意改成：「增加名
額選出之國民大會代表每六年改選，立法委員每三年改選，監察
委員每六年改選。」這樣可以達到新陳代謝的作用，使中央政權
成為一個有生命的和有源之泉的政權，是對中華民國的民主憲政
法統有極大的貢獻。

　　谷正綱說明後，主席以修正條文草案徵詢小組會議意見，眾鼓掌無
異議通過，專案小組會議即行結束。三月十七日上午十時，第一提案審
查委員會在中山樓中華文化堂舉行第六次會議，出席委員一、〇八九
人，由召集人蔣慰祖、任覺五先後擔任主席。宣告開會後，首先宣讀上
次會議紀錄；繼即進行討論「動員戡亂時期臨時條款修訂案」事項。時
先由第一審查委員會召集人劉振鎧代表該委員會九位召集人報告審查經
過及向大會提出的審查報告第三號的內容。繼由執筆整理小組于斌報告
執筆整理小組開會情形，其重點如下（國民大會秘書處，1972：

311）：

1. 民主政治就是要大家交換意見，不同的意見愈多，最後歸於一致，才顯出民主自由的結論。

2. 該案自始至終，大家在實質上都是一致的，所差的就是「次屆」兩個字，最後還是谷正綱自己提出予以取消，把任何方面的疑慮掃空，便不容易發生誤會。

嗣由原提案人及執筆整理小組委員谷正綱就修正案加以說明。谷委員說明要旨如下：

1. 執政黨（中國國民黨）在三中全會中，是以民主精神來提這個案，除執政黨同志們研討之外，並和中國青年黨、中國民主社會黨，以及無黨無派各位代表交換過意見，這個提案，可以說是中國國民黨的基本政策，也是國民大會各黨各派的共同政策，我站在中國國民黨立場，同時也站在國家立場，希望本案能在大會通過。

2. 本案有兩大目的：一是維護民主憲政法統，一是擴大中央政權的政治基礎，以促進政治革新。基於這兩個目的，提案人堅持本案的中心政策不能改變，文字可以修正。

3. 本案要堅持的三點政策：

   (1)要在自由地區擴大中央民意代表的名額，使自由地區的同胞都能參與中央政治，以鞏固我們的法統，同時鞏固我們的中央政權。

   (2)要授權總統訂定遴選辦法，使僑居海外國民也有選出之立法委員和監察委員參加中央政治，在自由地區採用自由選舉方法，在海外地區無法採用選舉方法，只有採用遴選的辦法。

   (3)對於「次屆」一字大家既不同意，提案人並不堅持。但要堅持一個政策，就是今後選出來的國民大會代表六年改選，立法委

員三年改選，監察委員六年改選。使我們中央民意機關是有生命的，是一個有源之泉。專案小組業已採納這個修正文字，希望審查會能採納此一決議案，接受執筆整理小組的建議。

本案經說明後，主席即命宣讀員宣讀動員戡亂時期臨時條款修訂案修訂條文草案後，徵詢出席委員對修正案條文有無異議，眾鼓掌，為了慎重起見，遂請大家起立表決，表決結果，全體出席委員一致起立無異議通過。本案審查工作，至此即告順利完成。

三月十七日下午二時三十分，在陽明山中山樓中華文化堂舉行第九次大會，出席代表一、一一六人，主席谷正綱，宣布進行討論「第一提案審查委員會審查報告第三號提請討論案」事項。即谷正綱等九九六位代表提：為適應動員戡亂需要，特擬具動員戡亂時期臨時條款修訂草案，提請核議案（提案第二八五號），經第八次大會決議：交第一提案審查委員會審查。茲接審查報告，依議事規則規定，提報大會，進行二讀。

三月十五日下午及三月十六日上午分別舉行本委員會第四及第五兩次會議，詳加討論「第一提案審查委員會審查報告第三號」，當經決議，成立專案小組研究。專案小組由主席團八十四人，委員會召集人九人，谷案及其他參考各案提案人每案各推五人，共三十五人，以及已發言委員三十四人，未及發言委員一○九人，合計三七一人，其中重複者五十一人，實為二二○人。專案小組於十六日下午二時三十分舉行會議，經熱烈研討後，至同日下午六時會議結束。會中又決定由本委員會召集人九人，主席團推定九人，谷案及參考各案提案人各推定三人，共二十一人，合計三十九人，組織執筆整理小組。復於十六日下午七時至十時半漏夜開會整理，推請于斌擔任主席，經審慎研討後，最後於十時十分暫時休會，授權于斌、谷正綱、張其昀、陳啟天、孫亞夫等五人，對全案作最後整理，擬具修正條文，由于斌向執筆整理小組宣布結論，經與會委員一致通過；提出十七日上午九時專案小組及委員會第六次會

議審議通過。謹將修訂條文附後：

動員戡亂時期臨時條款修訂案修訂條文草案

現行動員戡亂時期臨時條款第五項擬修正爲兩項，其條文如次：

五、總統爲適應動員戡亂需要，得調整中央政府之行政機構、人事
　　機構及其組織。

六、動員戡亂時期，總統得依下列規定，訂頒辦法，充實中央民意
　　代表機構，不受憲法第二十六條、第六十四條及第九十一條之
　　限制：

　　1.在自由地區增加中央民意代表名額，定期選舉，其須由僑居
　　　國外國民選出之立法委員及監察委員，事實上不能辦理選
　　　舉者，得由總統訂定辦法遴選之。

　　2.第一屆中央民意代表，係經全國人民選舉所產生。依法行使
　　　職權，其增選補選者亦同。

　　　大陸光復地區次第辦理中央民意代表之選舉。

　　3.增加名額選出之中央民意代表，與第一屆中央民意代表，依
　　　法行使職權。

　　　增加名額選出之國民大會代表每六年改選，立法委員每三
　　　年改選，監察委員每六年改選。

　　宣讀全文後，主席依照議事規則第九章讀會第四十七條：「審查完
竣之議案，總審查委員會說明其審查之經過及結果後，就大體討論議
決，或開第二讀會，或再付審查。」現在審查委員會審查報告及修訂條
文已經報告完畢，進行大體討論，依遞發言條次序發言，又依照議事規
則規定，凡參加審查委員會而沒有保留發言的，今天不能再發言，所以
在本大會發言的只限於沒有參加審查委員會，或已參加審查委員會而保
留發言的才能發言。現在依遞發言條先後次序請代表薛岳發言。

　　代表薛岳認爲本案經多次審查協調，修訂條文非常圓滿，請各位
用明智的抉擇，一致通過。繼由代表張旦平發言，認爲修訂條文在審查

會已費了極大苦心，毋須再大體討論，應進行二讀會。主席當即徵詢大會，經無異議，故進行第二讀會程序。並由秘書長報告：依照國民大會議事規則第四十八條之規定，第二讀會應將議案逐條朗讀議決之（詳**表2-16**）。

　　第二讀會程序完成後，主席宣告，王兆槐等九十七位代表動議，請將修訂臨時條款草案，於二讀會通過後，立即進行三讀會。經動議成立，並通過，即進行第三讀會。主席宣告，茲依照國民大會議事規則第五十條及第五十一條之規定進行第三讀會，宣讀臨時條款修訂案第五項及第六項條文，並由秘書長報告關於修憲程序及議事規則有關條文如下：

1. 依照「動員戡亂時期臨時條款」前言規定及歷次會議慣例，制定或修改「動員戡亂時期臨時條款」，須依照憲法第一七四條第一款之規定程序辦理。憲法第一七四條第一款規定，關於憲法之修改，應由國民大會代表總額五分之一之提議，三分之二之出席，及出席代表四分之三之決議。
2. 國民大會本次會議代表總額為一、三七四人，三分之二為九一六人，現在在場代表一、○三五人，已足法定人數。
3. 議事規則第五十條：「第三讀會應議決議案全體之可否」；第五十一條：「第三讀會得為文字上之更正，除發現議案有互相牴觸外，不得為修正之動議。」

　　主席宣告：經第二讀會通過之「動員戡亂時期臨時條款」兩項，列作動員戡亂時期臨時條款第五項及第六項，原條款第六項至第十項，依次遞改為第七項至第十一項，茲將動員戡亂時期臨時條款修訂案全文付表決。眾無異議。經表決結果，在場代表一、○二五人，四分之三為七六九人，起立贊成修正條文者一、○二四人，連主席在內。全體一致通過。大會遂決議：「動員戡亂時期臨時條款」修訂條文三讀通過。

　　動員戡亂時期臨時條款修訂案經大會通過後，由大會秘書長於三月十八日將修訂全文以代電送總統府秘書長轉陳總統，並經總統於三月二

表2-16　第一屆國民大會第五次會議第二讀會討論暨表決結果

宣讀條文	討論	決議
第五項條文：總統爲適應動員戡亂需要，得調整中央政府之行政機構、人事機構及其組織。	宋選銓：認爲應在「動員戡亂需要」下加「本憲政體制」幾個字，未被採納，宋選銓要求列入紀錄，作爲今後解釋之依據。請經主席裁定，宋代表發言列入紀錄。	在場代表一、〇五七人，四分之三爲七九三人，起立贊成審查報告之修正條文者一、〇五六人。 當經大會決議：通過。
第六項條文：動員戡亂時期，總統得依下列規定，訂頒辦法，充實中央民意代表機構，不受憲法第二十六條、第六十四條及第九十一條之限制： 一、在自由地區增加中央民意代表名額，定期選舉，其須由僑居國外國民選出之立法委員及監察委員，事實上不能辦理選舉者，得出總統訂定辦法遴選之。 二、第一屆中央民意代表，係經全國人民選舉所產生。依法行使職權，其增選補選者亦同。 　大陸光復地區次第辦理中央民意代表之選舉。 三、增加名額選出之中央民意代表，與第一屆中央民意代表，依法行使職權。 　增加名額選出之國民大會代表每六年改選，立法委員每三年改選，監察委員每六年改選。	綜合所有意見之要點，約有下列數端： 一、「中央民意代表機構」修正爲「國民大會、立法院、監察院」。 二、「中央民意代表」修正爲「國民大會代表、立法委員、監察委員」或「第一屆立法委員、監察委員」，或「中央公職人員」。 三、「充實中央民意代表機構」修正爲：「增加國民大會代表、立法委員、監察委員名額」。 四、第一款內「遴選」修正爲「產生」，或「實施之」。 五、第一款末句後加「不受憲法第一二九條之限制」或加「由國民大會複決之」。 六、第二款內首兩句修正爲：「第一屆立法委員、監察委員係依憲法選舉所產生」。 七、第二款內「依法行使職權」修正爲：「依法自仍應繼續行使職權」。 八、第三款末段修正爲：「增加名額選出之國民大會代表、立法委員、監察委員，均各依憲法規定任期，按時改選。」 九、原臨時條款第六項改爲第七項。	在場代表一、〇七一人，四分之三爲八〇四人，起立贊成審查報告之修正條文者一、〇六〇人。 當經大會決議：通過。

資料來源：國民大會秘書處，《第一屆國民大會實錄（第六編）》，台北：國民大會秘書處，1972，頁316-7。

十三日明令公布（國民大會秘書處，1972：319-20；《總統府公報》，第2394號：1）。

　　同一期間，第一屆國民大會第五次會議分別於三月二十一、二十二日，選出中華民國第五任總統蔣中正與副總統嚴家淦，並於二十五日閉幕（國民大會秘書處，1972：359）。

三、分析

　　動員戡亂時期臨時條款第四次修正條文內容詳**表2-17**。

　　一九七二年三月，國民大會第五次常會召集期間，作成動員戡亂時期臨時條款的第四次修改，也是動員戡亂時期臨時條款最後一次的修改。該次會議原來最主要的目的，在選舉蔣中正擔任第五任總統；但是，由於一九七一年，中華民國退出聯合國，使得所謂的「一年準備，二年反攻，三年掃盪，五年成功」的反共復國計畫，不但沒有絲毫進展，且在一夕之間成為笑柄。經此大變，執政當局遂於國民大會第五次常會期間，修改了臨時條款，授權總統制定辦法，辦理中央增額民意代表的選舉，藉此試圖穩定民心。

　　本次修訂動員戡亂時期臨時條款的主要影響，在於凍結憲法第二十六、六十四、九十一條的規定，授權總統依動員戡亂時期臨時條款第四次修正案第六項之規定，訂頒辦法，充實中央民意代表機構。雖總統不受原規定之限制，但仍受四項限制：

1.時間上：限於「動員戡亂時期」。
2.地區上：限於「自由地區」。
3.方式上：限於「定期選舉」的方法。唯有由僑居國外選出之立、監委員，才可由遴選方式產生。遴選者就是官派。此限於海外，亦限於立、監委員。
4.效力上：限於增加名額，與第一屆之代表依法行使職權。因此絕

表2-17　動員戡亂時期臨時條款第四次修正的條文內容

項	條文內容	備註
1	總統在動員戡亂時期，爲避免國家或人民遭遇緊急危難，或應付財政經濟上重大變故，得經行政院會議之決議，爲緊急處分，不受憲法第三十九條或第四十三條所規定程序之限制。	同動員戡亂時期臨時條款第一項。
2	前項緊急處分，立法院得依憲法第五十七條第二款規定之程序，變更或廢止之。	同動員戡亂時期臨時條款第二項。
3	動員戡亂時期，總統副總統得連選連任，不受憲法第四十七條連任一次之限制。	同動員戡亂時期臨時條款（第一次修正）第三項。
4	動員戡亂時期，本憲政體制，授權總統，得設置動員戡亂機構，決定動員戡亂有關大政方針，並處理戰地政務。	同動員戡亂時期臨時條款（第三次修正）第四項。
5	總統爲適應動員戡亂需要，得調整中央政府之行政機構、人事機構及其組織。	同動員戡亂時期臨時條款（第三次修正）第五項。
6	動員戡亂時期，總統得依下列規定，訂頒辦法，充實中央民意代表機構，不受憲法第二十六條、第六十四條及第九十一條之限制。 　在自由地區，增加中央民意代表名額，定期選舉，其須由僑居國外國民選出之立法委員及監察委員，事實上不能辦理選舉者，得由總統訂定辦法遴選之。 　第一屆中央民意代表，係經全國人民選舉所產生，依法行使職權，其增選補選者亦同。 　大陸光復地區，次第辦理中央民意代表之選舉。 　增加名額選出之中央民意代表，與第一屆中央民意代表，依法行使職權。 　增加名額選出之國民大會代表每六年改選，立法委員每三年改選，監察委員每六年改選。	總統根據本項授權而公布「動員戡亂時期自由地區增加中央民意代表名額選舉辦法」，以辦理中央民意代表之選舉。
7	動員戡亂時期，國民大會得制定辦法，創制中央法律原則，與複決中央法律，不受憲法第二十七條第二項之限制。	同動員戡亂時期臨時條款（第二次修正）第四項。
8	在戡亂時期，總統對於創制案或複決案，認爲有必要時，得召集國民大會臨時會討論之。	同動員戡亂時期臨時條款（第二次修正）第五項。
9	國民大會於閉會期間，設置研究機構，研討憲政有關問題。	同動員戡亂時期臨時條款（第二次修正）第六項。
10	動員戡亂時期之終止，由總統宣告之。	同動員戡亂時期臨時條款（第一次修正）第六項。
11	臨時條款之修訂或廢止，由國民大會決定之。	同動員戡亂時期臨時條款（第一次修正）第七項。

對不能影響到第一屆所選出之代表及增補之代表。而增加名額的
部分則要定時改選。

茲將監察院與立法院、國民大會歷次選舉名額列表如**表2-18**、**表2-**
19、**表2-20**。

表2-18　監察院歷次選舉名額表

		地方議會選出	僑民代表	總數
1947年 第一屆選舉	名額	215	8	223
	百分比	96.4%	3.6%	100%
1972年 增額選舉	名額	10	5	15
	百分比	66.7%	33.3%	100%
1980年 增額選舉	名額	22	10	32
	百分比	68.8%	31.2%	100%
1986年 增額選舉	名額	22	10	32
	百分比	68.8%	31.2%	100%
1992年 增額選舉	名額	44	10	54
	百分比	81.5%	18.5%	100%

資料來源：中央選舉委員會出版之中央民意代表選舉實錄。

表2-19　立法院歷次選舉名額表

		區域代表	邊疆民族代表	僑民代表	職業團體代表	總數
1947年 第一屆選舉	名額	622	43	19	89	773
	百分比	80.4%	5.6%	2.5%	11.5%	100%
1972年 增額選舉	名額	27	1	15	8	51
	百分比	52.9%	2%	29.4%	15.7%	100%
1980年 增額選舉	名額	52	2	27	16	97
	百分比	53.7%	2%	27.8%	16.5%	100%
1986年 增額選舉	名額	55	2	27	16	100
	百分比	55%	2%	27%	16%	100%
1992年 增額選舉	名額	97	4	29	18	130
	百分比	60.8%	3.1%	22.3%	13.8%	100%

資料來源：中央選舉委員會出版之中央民意代表選舉實錄。

表2-20　國民大會歷次選舉名額表

		區域代表	邊疆民族代表	僑民代表	職業團體代表	婦女團體代表	總數
1947年 第一屆選舉	名額	2,177	148	65	487	168	3045
	百分比	71.5%	4.9%	2.1%	16%	5.5%	100%
1972年 增額選舉	名額	36	2	0	10	5	53
	百分比	67.9%	3.8%	0%	18.9%	9.4%	100%
1980年 增額選舉	名額	51	2	0	16	7	84
	百分比	67.1%	2.6%	0%	21%	9.2%	100%
1986年 增額選舉	名額	59	2	0	16	7	84
	百分比	70.4%	2.4%	0%	19%	8.3%	100%
1992年 增額選舉	名額	193	4	0	25	8	230
	百分比	83.9%	1.7%	0%	10.9%	3.5%	100%

資料來源：中央選舉委員會出版之中央民意代表選舉實錄。

註釋

[1] 陳誠就認爲能在數月之內消滅中國共產黨，後來部分國民大會代表以此爲由，要求殺陳誠，以振軍心（郭廷以，1980：774；司馬既明，1995：187-95）。

[2] 一九二九年秋，國民參政會成立不久，一些不屬於國、共兩黨的參政員鑑於國共矛盾未解，爲謀各黨各派團結抗戰，便成立了「統一建國同志會」。一九四一年初，「新四軍事件」（蔣永敬，1986：321-32）發生後，乃將「統一建國同志會」更名爲「中國民主政團同盟」，以發揮協調作用，參加者主要有中國青年黨、中國國家社會黨、職教社及鄉建派，不久「抗日救國會」等中國共產黨外圍組織也加入。由於創會的人士，如張瀾、黃炎培、沈鈞儒、章伯鈞、梁漱溟、羅隆基等人，皆是全國知名的「異議人士」，在知識界有一定的影響力。其最初宗旨在促進民主憲政、加強抗戰力量；具體主張爲結束一黨專政、開放政權、保障人民言論思想自由，及屬行法治、軍隊國家化等。後來在中國共產黨滲透及影響下，也鼓吹成立聯合政府，對中國國民黨多所指摘。

　　一九四四年九月，「中國民主政團同盟」在重慶召開全國代表大會，決議通過改名爲「中國民主同盟」，以便吸收無黨無派人士參加。十月，正式舉行第一次全國代表大會，乃公開反對中國國民黨內戰獨裁，支持中國共產黨的和平民主政策，因而導致中國青年黨與中國國家社會黨相繼退出。此後在政治協商會議及召開國民大會行憲等政治運動上，中國民主同盟都站在中國共產黨方面，彼此更訂有合作協定。

[3] 當時各黨派原皆是八名代表，但中國民主同盟之名額不夠分配，於是中國共產

黨讓出一個名額給中國民主同盟，自然爭取到中國民主同盟與其他黨派支持。

[4] 中蘇友好同盟條約的談判，起因於一九四五年二月的「雅爾達密約」。當時美、英兩國爲促使蘇俄對日參戰，在中國沒有代表的狀況下，將中國東北及外蒙古的權利讓給蘇俄。同年六月十五日美國駐華大使赫爾利奉命向中國民政府主席蔣中正報告雅爾達協定內容時，蔣中正表示願意由中、蘇、美、英四國共同使用旅順海軍基地，並願邀請美、英共同參加中、蘇談判（國民政府不希望蘇俄單獨享有東北及外蒙古的利權），但美國對蔣中正的意願不表支持。

中國對「中蘇友好同盟條約」的談判，由當時行政院院長宋子文和外交部部長王世杰共同負責。關於允許外蒙古獨立，中國代表不堅持，因爲外蒙古自一九二四年已受蘇俄鼓動而獨立，一切體制早已學蘇俄；中國希望先劃疆界再承認外蒙獨立，但未達到願望。關於旅大問題，大連市政權歸中國，港口租與蘇俄三十年；旅順則委託中蘇軍事委員會共同管理。關於中長鐵路，承認由中蘇共管，但理事長由中方出任，蘇俄且不得在鐵路沿線駐兵、運兵。附帶條件有蘇俄於日本投降後三星期內自東北撤兵，三個月內撤兵完畢。值得一提的是，蘇俄保證絕不支持中國共產黨，並不支持新疆的匪亂。蔣中正明白指出，蘇俄的這兩項保證，是中國允許外蒙獨立的必要條件（許相濤，1985：367-428）。

[5] 在馬歇爾的要求下，成立三人小組：中國國民黨代表張群，中國共產黨代表周恩來，美國代表馬歇爾，並達成發布停戰命令的協議。

[6] 一九四八年，美國國務院爲尊重國會意見，向國會提出了一個有效期間十五個月的援助中國經濟的計畫，這個援華法案於四月二日通過，其中有一項規定將一億二千五百萬美元交由中國政府全權使用。照此規定，這筆款當然可用於購置武器和軍火，可是美國行政當局對這件事並不熱心，法案通過了八個月，根據法案規定給中國的武器，實際並未起運。是年十一月，中國所提軍事援助的新要求爲美國拒絕，因爲美國駐華軍事代表們認爲國民政府已無可挽救。

[7] 美國於八月五日發表「中美關係白皮書」。該項文件公布於國共形勢逆轉之時，文件中歷述自清代以來到一九四九年之間的中美關係。但就一九四四年至一九四九年的評述，則對中華民國政府有過甚的批評，多少藉以擺脫美國政府對中華民國政府在大陸失敗所負責任。

[8] 參閱一九四七年《中國評論月刊》，第六期，社評〈民主第一課的教訓〉一文。

[9] 依照國民大會代表選舉罷免法之規定，代表總額爲三、○四五人，依法業經選出之代表有二、九○八人，截至當日報到之代表爲一、六九四人，當日出席之代表爲一、六七九人，已足法定人數。

[10] 當時民、青兩黨則竭力反對國民大會代表所提修憲案（多欲恢復「五五憲草」

中之國民大會職權），其反對的言論，可以一九四八年四月十八日出版的《再生周刊》（二一○、二一一期合刊）社言〈反對本屆國大修改憲法〉一文爲代表，其內容如下（司馬既明，1995：248-51）：

　　這次第一屆國民代表大會，預備會開了將近一週，結果把主席團二十五人擴爲八十五人，選舉主席，重排座次，擾擾粗定，本月六日起進入正式議程，討論議事規則，又起了不少風波，第三次大會竟通過在第一章裡加了「問政」一條，文曰：「國民大會開會時，得聽取政府施政，檢討國是，並得提出質詢建議。」從這一條的加入，我們本已感覺到飄風之起，雨電將臨。最近大會，果有改憲之動議。

　　去年國大所通過的這一部憲法，其披荊斬棘的經過，當爲本屆諸代表所周知，而且本屆代表，甚多去年參加此項光榮艱苦工作者，我們相信三千個代表，在從事競選之前，必曾熟誦大法，以立肩荷民治鉅任之諾言，而代表之權力範圍，亦必瞭然胸中，及至梯山涉水而來，自應介然翁然，期於可能之最短期間，完成總統選舉，俾行憲政治，早日開府，行政與立法兩院剋期觀成，歸去可以告慰選民，不負所託。中國數千年之專制壓迫，固爲人民所痛恨，即民國後之假共和、假革命，亦陷人民於水深火熱之中，內亂外侮交乘，復興固強之機會，摧殘殆盡，此次代表之選出匪易，國事已非、民困已甚，若不把握此空前時機，齊一目標，以國家人民爲至上，而徒逞私見，橫生枝節，眾議龐雜，盲從歧路，曠日持久，耗靡億兆，人民又何貴乎有此一會，憲治未行，已罹凶險，豈中國國運，卒至萬劫而不可復乎？

　　頃聞代表諸公之所均自而倡言修改者爲憲法第二十七條，第二十七條爲國民大會職權，職權只限於選舉與罷免總統副總統、修改憲法與複決立法院之憲法修正案。代表中有深病其職權之過狹隘，乃倡設駐會委員會，連帶及於第二十八、二十九、三十諸案，皆須刪改，蓋代表之希望駐會，絕非爲冠蓋京華、長享俸祿，受大會之重寄，必有其無上職權之發揮，質詢歟、建議歟、監督歟，以尚無具體之提出與規定，不敢懸揣，又如果一旦而如議事規則第一章之猝然通過，試問將置憲法第六十二條所規定之國家最高立法機關之立法院於何地？第五十七條之行政院除對立法院負責外，其將何以事兩姑之間之另一姑乎？第二十七條有問題，縱橫牽掣，則條條有問題矣，條條若有問題，去年四十五天之國大，豈不多此一舉乎。去年國大代表其細密遠見，勇於負責，以視本屆，得毋相去過遠乎？

　　聽到一部分代表在反駁不修改憲法的主張，說是：「『行憲未開始，不宜修改』是錯誤的。譬如一架飛機，在未飛上天之時，機師應盡力檢查機件，不能說機

廠出品，就算完善，難道說要等飛上天掉下來傷了人，再修改嗎？」這句話說來很新穎動轉，卻是比擬錯了。工業製品之良是客觀的，憲法之優劣是主觀的。飛機機件有毛病，倘由專家提出，經科學的判斷定是非，不能強辭奪理。憲法的條文利弊，則是眾見不同，仁者見仁、智者見智，非有切實與長久的施行，無法得到公眾和公允的論斷。還有一種人說：「選國大、選立委、開國大，就是實行憲法，既知利弊所在，當然要改。」我們以爲一部憲法的精神與運用，選舉和國民大會不過是其初步而且不是主體，憲法是政治行爲的準繩，其包含遠較選舉與國大爲多，若非行憲政府通體官施，斷難確定其缺點何在。現在甫經官施，便譁言修改，等到行憲政府成立，少數人的喜怒愛憎，動即提議改正，則憲政要亂到什麼樣子，何時中國才能制定一部公認完美的憲法，簡直不能臆料。

我們絕不以爲這部憲法是神明到不能增刪一字，但我們以爲代表諸公若稍能顧念到當日憲法制定之艱苦，和今日客觀環境之不容多所更張，自不會再吵嚷著要馬上修改，迫不及待。我們以爲中華民國憲法比起現代民主各大國的憲法並無遜色，所不同的是我們憲法是遵依中山先生直接民權與代議政治的主張，所以國大與立法院並存。但憲法明定國大職權，原只限於選舉，和美國兩院相等人數合組的總統選舉人數無大區別。目前這樣並存，自屬直接民權未能普效前權宜之計，但貿然將國大職權修改，在選舉終了以後，再有一個突出的常駐機構，結果必致與立法院混淆職權，或逕變成立法院之上的「太上國會」，國大常駐機構提出法案，自須依法經立法院通過，在這樣一個既相生又相剋的形勢下，立法院代誰議事？政府對誰負責？恐是世界民主政治最難解答的試題；何況曠觀世界各國議會制度，兩院權限各不相同。而且最新趨勢，正向一元制度上行進，若果我們反在立法院外又樹機構，豈不是逆流？

憲法條文的修改，即使可以盡善盡美，若政府與人民都缺乏守法的精神，則修改與不修改相等。大家都尊重大法爲國家傳統精神之發揚，和期求大法之擬定，以培養人民對於民治的了解，即使憲法稍有缺陷，以運用之努力和忠誠，也可以使之天衣無縫。更有我們不得不坦率言之者，去年國大既可制憲，本也可以行憲，所以把行憲之責留與本屆國大者，全因當日政治環境扞格，此爲三黨及國人所共諒；本屆國大席次，國民黨數目遠超過其他黨派和無黨無派代表之總和，若果以大多數之投票，將憲法修改，甚至復現了五五憲法的面目，不但當日三黨協議已被搗碎，即國民黨所信誓旦旦之「還政於民」，亦杳不可尋。在各黨各派協力同心開創民治之時，多數黨挾其優遇之勢，開此第一炮，得毋不智之極？

　　過去政府所頒布的法令條例，已如山積，究其實是朝令夕改，因人而施，人民早已視同具文，但也深深感到徒有具文的罪惡和痛苦。諸代表來自民間，洞悉民隱，首當瞭然於具文政治之必須唾棄，觀於目下斤斤於章節之修改，似乎款段入都，不爭不足以增身價於廊廟，豈刹那之間已忘民飢民溺乎？抑有進者，議憲，大事也，今側聞大會開會以來，風平浪靜者甚少，叫囂怒罵者為多，稍一拂意，嘘逐隨之，即延十分二十分鐘之討論亦不能耐，必待蔣主席蒞會之鎮攝而後寂然，諸代表以為此是民主之好現象乎？竊恐是民主之幼稚園也，以如此不愉快之心情、不忍耐之精神、不守法之習慣，遽言修改憲法，則憲法之制成，不亦太易乎？

　　在會場裡有人喊：「國家將亡！」這位是有心人，我們聞之肅然起敬。希望國家不亡，唯有迅速行憲、忠實行憲，把這一部國家基本大法，貫以精神與生命，使之不為廢紙，我們人民急於要看到它的實際效用，反對本屆國大把憲法做不成熟的修改。

[11]原先有人提議讓蔣中正當行政院院長，因中華民國傾向內閣制，而推胡適選總統。但中國國民黨人皆反對，認為行憲後第一任總統自然非蔣中正莫屬。而總統制和內閣制之區別，主要在名位和權勢分開，故原先限制要名位就不能要權勢，但蔣中正二者都要，故才有以後之臨時條款。詳閱程思遠，《政海秘辛》，香港：南粵，1988，頁200-2。

[12]國民大會代表最主要工作即選舉總統、副總統，其主要規則如下：

一、時間：每屆國民大會於前屆總統、副總統任滿前六十日（九十日集會），舉行總統、副總統之選舉。

二、次序：先選總統，再選副總統。

三、連署：國民大會代表一百人以上可連署提出候選人，連署的人數多，則候選人的號碼順序則在前面。每一代表，僅得提名連署一次。（後來要求減少連署人數，因國民大會代表逐年凋零）

四、投票：

　1.候選人只有一名時：

　　(1)第一次投票，未得代表總額過半數之票數時，重行投票。（只取前三名做第二次投票）

　　(2)第二次投票，得以出席代表過半數之半數為當選，如所得票數不足出席代表過半數時，重行投票。

　2.候選人有二名時：第一次投票，無人得代表總額半數時，就該二名各重行投票，圈選一名以得較多數票者當選。票數相同時重行圈選，以得較

多票數者當選。

3.候選人超過二人時：如無人得代表總額之過半數票時，就得票比較多之
首三名重行投票，圈選一名；如無人當選（即未得總額過半數票時），舉
行第三次投票，圈選一名。如仍無人當選時（即未得總額之過半數票
時），就第三次得票比較多數之首二名，圈選一名，以得較多票數者爲當
選，票數相同時，重圈選一名，以得較多票數者爲當選。

[13]李宗仁此時爲北平行轅主任；程潛、徐傅霖：民社黨；莫德惠：無黨派（和張
作霖關係很深）。

[14]希特勒爲了使「授權法案」通過，最初同意總統和國會兩院不能用命令加以改
變。後仍將國會取消，由總統兼任總理，實行獨裁。故希特勒之獨裁，非由緊
急命令而來，而是由緊急命令所產生之授權法而來。授權法案乃將緊急命令擴
大，而提高命令的效力，使命令在程序上及效力上完全不受限制，而造成希特
勒之獨裁。

[15]按張君勱之規劃，中華民國憲法乃屬「修正式內閣制」的設計；換言之，總統
有名位無實權，行政院院長（總理）有實權無名位，本無不妥之處。然強人政
治之下總想兩全其美，方導致動員戡亂時期臨時條款的產生。蓋當時掌握實權
之國民政府主席蔣中正，亦曾「有意」推胡適爲總統，而自任行政院院長，但
中國國民黨人皆反對，認爲行憲後第一任總統（名位）自然非蔣中正莫屬（程
思遠，1988：200-2；司馬既明，1995：257-75；胡頌平，1984：2022-5）。

[16]自一九一四年中華革命黨成立開始，黨領袖的頭銜爲「總理」，並由孫中山任
「總理」至一九二五年逝世爲止。孫中山逝世，中國國民黨保留「總理」之名，
而不另設「總理」。其後蔣中正任「總裁」，至一九七五年逝世，中國國民黨保
留「總裁」之名，而不另設「總裁」。所以中國國民黨有二句話：「總理以外無
總理；總裁以外無總裁」，故另設「主席」以做爲黨領袖的頭銜，並由蔣經國任
「主席」，當蔣經國逝世，往後中國國民黨的領袖皆稱「主席」，以避免紛擾。

[17]中華民國總統不能視事時的代行辦法：

依中華民國憲法第四十九條的規定：「總統因故不能視事，由副總統代行。」
故在法定任期未任滿之前，由副總統代行之。但「因故不能視事」極爲抽象，
中華民國憲法未加以規定，且此種代行沒有時間性，總統可運用其自己的意思
而再回來視事。

美國憲法對總統「因故不能視事」做了詳細的規定，即參、眾兩院有權根據
美國憲法修正案第二十五條（一九六七年生效）的規定，決定總統是否能夠視
事。詳閱柯威恩（著），廖天美（譯），《美國憲法釋義》，台北：結構群，

1992，頁380-6。

[18]李宗仁於一九五四年一月三日致函蔣中正稱：「總統六年任期屆滿，正爲吾儕還政謝罪之時，豈竟私心戀棧，竟欲召集第一屆國民大會代表違法選舉第二屆正、副總統，輿論譁然，國際側目。中外人士均認爲此種選舉，違法亂紀，絕不可行。深望考慮，以免蹈袁世凱、曹錕之覆轍。」信裡還特別強調三點：其一，依照憲法規定，每屆國民大會代表任期六年，行使他們選舉正、副總統的權力一次。條文具在，聚然可徵。其二，「動員戡亂時期臨時條款」只能爲緊急時期的緊急處分，不能引用來延長國民大會代表的任期。其三，立法委員任期三年，本屆立法委員應於一九五一年任滿，其本身已失去法律依據。詳閱程思遠，《李宗仁先生晚年》，餘不祥，頁158-9。

[19]傅正（主編），《雷震全集（42集）》，第39集，台北：桂冠，1989，頁267（1958年4月15日日記）、頁294（1958年5月24日日記）、頁401（1958年11月17日日記）。

[20]傅正（主編），《雷震全集（42集）》，第40集，台北：桂冠，1989，頁91（1959年5月19日日記）。

[21]《自由中國》，第20卷，第12期，頁3-4。

[22]該篇文章曾迫使王世杰透過夏道平向雷震示警，擔心雷震因此而遭致執政當局的暗殺。參閱傅正（主編），《雷震全集（42集）》，第40集，台北：桂冠，1989，頁143（1959年8月12日日記）。

[23]詳見《自由中國》，第20卷，第12期；第21卷，第1期；第21卷，第3期；第21卷，第10期；第21卷，第11期；黃嘉樹，《國民黨在臺灣1945-1988》，台北：大秦，1994，頁383-9。

[24]傅正，〈修憲已沒有「合法途徑」了！〉，《自由中國》，第21卷，第5期，頁13-4。

[25]《自由中國》在一九六○年三月十六日發表〈怎樣才使國大的紛爭平息了的！〉社論（第二十二卷第六期），對此提出批評，文爲「國大代表的待遇，即令可以比照立法委員的待遇來調整，但是爲什麼要在這個時候給以諾言呢？……國民黨領導權的維持，究竟靠的是什麼？主義嗎？政策嗎？威望嗎？還是國庫裡面的金錢？」

[26]請參閱〈國大代表的總額〉，《中央日報》社論，1960/02/13；〈論無記名投票：進步的民主制度〉，《中央日報》社論，1960/03/01；《中央日報》，1960/03/05；《中央日報》，1960/03/12；《中央日報》，1960/03/22。

[27]行政院致司法院函（摘自國民大會秘書處，《第一屆國民大會實錄（第三

編)》，台北：國民大會秘書處，1961c，頁3）：

一、據內政部四十九年一月十一日（四九）內錦發字第五號呈稱：

　　1.查第一屆國民大會代表之名額，依照國民大會代表選舉罷免法第四條及
　　　國民大會代表名額分配表之規定，應行選出三、○四五名，實際選出者
　　　為二、九六一人。國民大會第一次會議在南京集會時，係以應行選出人
　　　數為計算代表總額之標準。政府遷台後，國民大會第二次會議因距離大
　　　陸淪陷不久，仍以前項應行選出代表人數為代表總額。

　　2.復查第二屆國民大會代表出缺遞補補充條例之規定，國民大會代表行蹤
　　　不明三年以上並於政府公告期限內，未向指定機關親行聲報者，視為因
　　　故出缺，由候補人依次遞補。其候補人未依法聲報者，應喪失其候補資
　　　格。所有淪於陷區之代表行動失去自由，迄今已達十餘年之久，其不能
　　　出席第三次會議已成為確定之事實。在大陸光復以前，既無法改選，而
　　　憲法第二十八條又有國民大會代表之任期至次屆國民大會開會之日為止
　　　之規定。是國民大會仍可行使職權，自無疑義。

　　3.茲以國民大會第三次會議即將集會，各方對於憲法所稱之總額，如仍以
　　　應行選出人數為計算，則國民大會行使職權，將恐不無窒礙。似應依憲
　　　法第一七三條之規定，咨請司法院予以解釋，以昭慎重。

　　4.謹呈請鑑核等情。

二、茲依憲法第一百七十三條之規定，相應據情函達，敬請查照惠予解釋為
　　荷。

[28]國民大會秘書處致司法院函原文錄下（摘自國民大會秘書處，《第一屆國民大
會實錄（第三編）》，台北：國民大會秘書處，1961，頁4）：「查國民大會組織
法第八條規定：國民大會非有代表三分之一以上人數之出席不得開議。其議決
除憲法及法律另有規定外，以出席過半數之同意為之。依照國民大會第一次會
議及第二次會議前例，對於此項法定集會人數之計算，均以國民大會代表總額
為標準。又憲法第一七四條第一款規定：『由國民大會代表總額五分之一之提
議三分之二之出席，及出席代表四分之三之決議得修改之。』總統副總統選舉
罷免法第四條第三款規定：『國民大會代表應就選舉票上所列之各候選人中，
以無記名投票法圈選一名為總統，以得代表總額過半數之票數者為當選。』同
法第九條第一款規定：『罷免聲請書應敘述理由，並須有國民大會代表總額六
分之一以上之代表簽名蓋章……』以上各項規定，均關係國民大會職權之行
使，並皆以國民大會代表總額為其法定人數計算之依據。但對於國民大會代表
總額，究應如何計算，憲法及法律均無明文規定。第一屆國民大會代表，依法

應行選出名額爲三、〇四五人，實際選出者爲二、九六一人。國民大會第一次會議集會時，因憲法實施之準備程序第八條規定：『依憲法產生之國民大會代表在第四條規定期限屆滿，已選出各達總額三分之二時，得爲合法之集會及召集。』係以應選人數爲計算代表總額之標準，當時實際報到者，爲二、八四一人。國民大會第二次會議前，政府依照第一屆國民大會代表出缺遞補充條例之規定，舉辦聲報，依法聲報之代表爲一、六四三人。因當時淪陷大陸代表能否應召集會，尚難判明。第二次會議仍依前例，以應行選出之代表人數爲國民大會代表總額。當時實際報到者爲一、五七八人。惟自第二次會議以後，已聲報之代表迭有出缺而無法遞補之情事。而淪陷大陸代表生死不明，至今已逾十載以上，其無法通知集會及無法應召出席會議，亦爲當前之事實。凡此實際情況，較之過去顯然已有重大變遷。而國民大會代表暨社會人士，對此問題亦迭經發表不同意見，或主張以實際選出人數爲計算標準，或主張仍以應選人數爲計算標準，或主張以第一次會議實際出席人數爲計算標準，或主張以第二次會議前依法聲報人數爲計算標準，或主張以依法選出，曾經宣誓，除去死亡喪失資格與淪陷大陸代表之人數爲計算標準，或主張以目前在職人數爲計算標準，茲以國民大會第三次會議集會在即，在大會舉行第二次預備會議時，本處即需依據國民大會代表總額計算法定集會人數，而屆時大會主席團尚未產生，本處事實上無可秉承，在現況之下，對於國民大會代表總額，究應如何計算，以事關憲法疑義，相應函請貴院迅賜釋復，俾資依據。」

[29] 內政部復國民大會秘書處代電（摘自國民大會秘書處，《第一屆國民大會實錄（第三編）》，台北：國民大會秘書處，1961c，頁5）：

一、本年二月十六日台參（四九）議字第三〇二四號函敬悉。

二、查第一屆國民大會代表現有人數截至四十九年二月十六日止爲一、五七六人，依司法院大法官會議議決釋字第八十五號解釋意旨，憲法所稱國民大會代表之總額可依上項現有代表人數爲計算標準。

三、復請查照爲荷。

[30] 中華民國總統於五月十九日任滿，總統任滿前九十日，爲二月十九日或二月二十日（閏年），即國民大會開會日。

[31] 國民大會創制複決兩權行使辦法草案初稿各方意見摘要彙編說明（國民大會秘書處，1966a：104-5）

一、廣徵意見經過：本會依據國民大會第三次會議第十次大會決議暨本會「廣徵各方意見辦法」之規定，經將擬定之「國民大會創制複決兩權行使辦法草案初稿」，以座談、通訊、廣播、啓事等方式，廣徵海內外及大陸同胞意

見，其徵求重點：1.國民大會創制案是否以創制立法原則爲限；2.複決權之行使，是否以中央法律爲限，抑包括憲法第五十七條第二、三兩款重要政策在內；3.國民大會行使創制複決兩權，究採修改憲法途徑抑採修訂臨時條款途徑。並規定自五十一年二月一日起，至同年七月三十一日止，爲徵求意見期限。計收到各方意見書二五五件，舉行座談會三次，作成發言紀錄二十六件，蒐集報章雜誌有關論文十七件，合計二九八件。

二、整理情形：本會先後制定整理辦法及整理要點以爲整理準則，並組織整理委員會，自本年八月起整理，至十月底完成。其整理程序，係由編纂委員初編，送整理小組研審，再提整理委員會討論通過，其整理方式，係將各方意見，歸併爲五類。然後就每類意見中之不同主張，再行逐項臚列，分別統計，以表列方式，輯爲「國民大會創制複決兩權行使辦法草案初稿各方意見摘要彙編」一種，另附各方意見原文及摘要，併供參考。其逾期送會之意見十一件，不在整理之列，仍將其原文列入附錄。

三、各方意見內容分析：綜合各方意見文件共二九八件，除四十六件表示無意見及二件與兩權行使無關者外，另有十件，因提供意見者，具有本會委員身分，不予列入。計加整理者二四○件。每件有分提意見若干則者，共爲八二一則。其中提供行使意見者八一二則，佔98.9%，主張暫緩行使者九則，佔1.1%。

四、茲將內容分析如後：第一類屬於創制範圍意見共二一四則。其中主張以創制立法原則爲限者四十二則，佔本類意見總數9.6%；主張應爲完整之法律條文者七十三則，佔34.1%；主張原則創制與條文創制並用者九十七則，佔45.3%；其他主張二則，佔0.9%。

第二類屬於複決範圍意見共二○八則。其中主張以複決中央法律爲限者三十四則，佔本類意見總數16.3%；主張應包括憲法第五十七條第二、三兩款重要政策在內者一六三則，佔78.4%；主張複決權之行使以特定之事項爲限者九則，佔4.3%；主張可複決立法機關依創制原則所立之法者二則，佔0.9%。

第三類屬於兩權行使途徑意見共二百則。其中主張以修改憲法爲宜者一三○則，佔本類意見總數65%；主張以修訂臨時條款爲宜者五十六則，佔28%；主張採修憲或修訂臨時條款均可者十四則，佔7%。

第四類屬於辦法草案條文意見共八十四則。其中對草案條文全部贊同者八則，提出修正意見者七十六則。

第五類屬於有關兩權行使之其他意見共一一五則。其中主張在辦法中規

定國民大會行使兩權之固定會期者五十三則，主張應有固定會期而未表示如何規定者四十五則，主張在常會或臨時會行使者三則，其他主張者十四則。

茲將各方意見摘要彙編印附如下：

　　附註：本案提案簽署者原為五十二人，後經林代表耀山、羅代表克典先後聲明撤銷，改為五十人。

五、周代表士傑等一○八人提：提請大會通過憲政研討委員會決議之修改憲法案內有關行使創制複決兩權條款以實現　國父遺教奠定權能分立體制促進民主憲政案（提案第十六號）

　　說明：世有永恆不變之理，而無一成不變之法，法為治具，應以適應時代之演進為歸趨，不宜墨守成規，固步自封，我國現行憲法，原係遷就當時政治環境，依據政治協商，匆遽制定，與五權憲法精神實質，均相背馳。

[32]茲將其中有關修訂臨時條款部分審查會全體委員提案原文及決議文照錄如下：

兩權行使辦法案審查會全體委員提案及決議（第五次綜合會議通過）

　　案由：為請交修憲各案綜合整理委員會研擬動員戡亂時期臨時條款修正案草案，並包括立法院不依國民大會創制原則制定法律時之救濟規定，及國民大會為行使創制複決兩權之集會規定，請討論案。

　　理由：一、國民大會行使創制複決兩權，已定有辦法，惟國民大會之集會規定；而憲法有關集會之規定，未能浮合行使兩權之要求。然此項集會，性質在國民大會創制之立法原則，如立法院不予貫徹，則國民大會創制複決兩權將無以充分發揮，而國民大會創制複決兩權行使辦法之地位，次於憲法，殊不足以拘束立法院，故宜在動員戡亂時期臨時條款中規定補救辦法，俾資貫徹。二、國民大會行使創制複決兩權，應如何集會，涉及憲法中有關國民大會之集會規定；而憲法有關集會之規定，未能符合行使兩權之要求。然此項集會，性質上在國民大會創制複決兩權行使辦法中，不便規定，自應另謀救濟，俾資貫徹。

　　辦法：擬請由修憲各案綜合整理委員會研擬動員戡亂時期臨時條款草案，此項草案中應包括下列兩點：一、立法院不依國民大會創制之立法原則制定法律時之救濟規定。二、國民大會行使創制複決兩權時有關國民大會集會之規定。是否有當，敬請公決。

　　決議：照案通過。交有關修改憲法各案綜合整理委員會研擬修訂動員戡亂時期臨時條款，提報下次綜合會議研討決定。竇委員墨山所提關於解除憲法第二十七條之限制問題及兩權行使與憲法有關條文之修訂問題兩項意見，一併送交

有關修改憲法各案綜合整理委員會研究。

[33]依照中華民國憲法第四十七規定：「總統副總統之任期為六年」。同憲法第二十九條規定：「國民大會每屆總統任滿前九十日集會，由總統召集之。」所謂任滿前九十日，依據司法院大法官會議釋二十一號解釋：「應自總統任滿前一日起算，以算足九十日為準。」憲法實施以後，首任總統於一九四八年五月二十日就職，至一九五四年五月二十日任滿，國民大會第二次會議，於一九五四年二月十九日集會。第二任總統於一九五四年五月二十日就職，至一九六○年五月二十日任滿，因一九六○年為閏年，國民大會第三次會議，於一九六○年二月二十日集會。第三任總統係於一九六○年五月二十日就職，至一九六六年五月二十日任滿，則國民大會第四次會議，應於一九六六年二月十九日集會。

[34]內政部於國民大會臨時會集會前，曾函達國民大會秘書處，略謂「第一屆國民大會代表現有人數，截至五十五年一月十日為止，共一、四八八人，依照司法院大法官會議議決釋字八十五號解釋意旨，國民大會代表之總額，可依上項現有代表人數為計算標準。」故國民大會臨時會議及第四次會議之代表總額，均就上項現有人數計算。

[35]分析張知本等代表向大會提請增訂「動員戡亂時期臨時條款」的提案，該案中心內容有二：一、是無限擴大總統權力。張知本的提案稱：應授權總統成立「動員戡亂委員會」，以適應反共情勢，完成反共復國歷史任務。因此要求「動員戡亂時期臨時條款」增加設置「動員戡亂委員會」，決定此時期大政方針，並有處理戰地政務之全權，其組織由總統以命令定之。二、是「動員戡亂委員會，對於中央政府機關之增減、調整編制與職權，及依法選舉產生之中央公職人員，因人口增加或任期屆滿，而現能增選或改選之地區及光復地區能舉行選舉時，均有制定辦法實施之」。該案還提出「以上兩款之施行，不受憲法有關條文之限制」。

[36]張知本等代表提案一經提出，許多代表質問提出該案的理由。張一夢、楊震清、黃風池等代表首先發言認為，修訂「動員戡亂時期臨時條款」就是毀憲，並且更為嚴重的是可能引起政潮，動搖國本。如「戡亂委員會」對國府機關有權增減、調整、編制，那將置五院於何地位？是不是會使五院的職權混淆不清？其所謂「不受憲法有關條文之限制」，這勢必要毀掉數十條憲法，最高政權機關的權利豈不是被剝奪殆盡。此外，代表楊揚認為，憲法所列舉中央政府機關包括國民大會、總統府和五院，以下為地方政府，各部會為五院附屬機構，憲法並未列舉。關於中央政府機關之增減、調整、編制與職權，憲法均有明文規定，則「動員戡亂委員會」為憲法列舉的中央政府機關，實不能授權准其增

長，否則，其究竟在國民大會之上還是在五院之上。

　　至於依法選舉產生之中央公職人員，楊揚認為，當係包括國民大會代表和立、監委員，如授權「動員戡亂委員會」來處理國民大會代表與立、監委員，這豈不成了相當民主國家之「太上國會」嗎？楊揚認為張知本所提「兩款之施行，不受憲法有關條文之限制」，甚為荒唐，因為：第一，憲法為國家根本大法，為現行憲政體制組織所由來，任何一條都與憲政體制有關，如不受憲法條文限制，等於不受憲法限制，如將來曲解演變之結果，必致全部憲法落空，這不僅是修憲，而且是廢憲了。第二，「動員戡亂時期臨時條款」修訂於國民大會第一次臨時會議，總統公布為時不及一月，現又急急予以修訂，其如人言可畏何？第三，變更國體是何等重大事情，怎可視國家為兒戲。

　　張知本代表見反對聲浪甚高，乃作補充說明：「本提案擬增列條文中所稱『任期屆滿』之中央公職人員（指中央民意代表），並不包括國民大會代表在內。」但立法委員莫萱元認為有本位主義之嫌，並質疑行政院院長嚴家淦，認為憲法與臨時條款按規定不得隨便更改，張知本的提案不但非當前形勢需要與官民一致願望，且將紊亂國體，破壞歷年政治上的安定局面。行政院長為行政最高首腦，有盱衡國家全局之責，對此項增訂臨時條款設置動員戡亂機構的提議，應向總統陳述意見並呈請總統善為調處，以免將來行政院遭遇絕大困難。

　　為此，總統蔣中正邀宴王雲五、于斌、陳啟天、孫亞夫等代表，經過坦白陳述，決定對張知本案作以下重大修正：一、所謂「中央政府機關」改為「中央政府之行政與人事機構」。很顯然，這樣一改使立、監兩院及國民大會代表均不包括在內，自然失去反對藉口。二、中央公職人員由「改選」變為「補選」，立、監委員亦因而得以延任無礙。三、刪除張知本案的「以上兩款之施行，不受憲法有關條文之限制」，以此來顯示尊重民意的開明作風。

[37] 「重要問題」，就得獲三分之二多數才能通過。「重要問題案」的設計，使中華民國在聯合國的席位多維持十年，蓋一九七○年阿爾巴尼亞提案表決結果，五十一票贊成，四十九票反對，二十五票棄權。贊成票雖已超過半數，但因重要問題案已先獲通過，阿爾巴尼亞案乃因未獲三分之二多數而被否決。

[38] 這裡面的「重要問題案」提法與過去歷年不同，過去的提法是「任何改變中國代表權之提案，均係重要問題」，此次的提法卻是「大會之任何提議，其結果將剝奪中華民國在聯合國之代表權者為重要問題」。前者的目的在積極阻擋大陸方面入會，而後者的目的僅在避免臺灣方面退會。

第三章
中華民國憲法增修條文時期的修憲過程

　　憲法的目的在限制政府權力的濫用。不問這種理論有否缺點，但制憲者確有如此用心，那是無可否認的。憲法的內容，或為保障人民的權利，或為規定政府的體制，其最後的宗旨，無非使政府在軌道之內行動，使之不會流入專制。因之，憲法對政府必然會有其不方便之處。執政者如因施政不便而即欲修改或雖不修改而另求變通之道，憲法的作用即等於零。憲法僅為白紙上的黑字，不會自己發生效用，制憲者縱於憲法中規定若干護憲機構，從各國憲法史中所得的經驗，護憲機構仍然擋不住有力者破壞憲法的決心。政府尊重憲法，一般稱之為憲政精神，這才可以說是憲法得以確立不移的重要原因。

　　但所謂尊重憲法，又非咬文嚼字的拘泥於憲法的文字。上文講到憲法定必須生長的，而所謂憲法的生長，往往是條文逐漸在隨時代而變更其意義。故尊重憲法者，只是尊重憲法的精神，把握憲法的精神，在不違背憲法精神的條件下作活動的適應。

──鄒文海，《比較憲法》，頁17-8

第一節　第一次中華民國憲法增修條文的制定

一、制定時間：一九九一年四月二十二日第一屆國民大會第二次臨時會議第
　　　　　　　六次大會三讀通過

二、制定地點：台北市陽明山中山樓

三、公布時間：一九九一年五月一日總統（80）華總（一）義字第二一二四
　　　　　　　號令公布

四、本節摘要：第一次中華民國憲法增修條文的修改，主要是規範程序性的
　　　　　　　議題，以做為第二階段實質修憲作準備。其內容如下：其
　　　　　　　一，重新規範總統緊急命令權之行使，以因應台海之情勢；
　　　　　　　其二，為第二屆中央民意代表之產生，提供法源依據；其
　　　　　　　三，因動員戡亂臨時條款廢止後，對國家安全會議及人事行
　　　　　　　政局等原屬動員戡亂機構，作過渡性之安排；其四，同時為
　　　　　　　重視兩岸關係之發展，明定自由地區與大陸地區間人民權利
　　　　　　　義務關係及其他事務之處理，得以法律為特別之規定

一、肇因

　　回顧中華民國在臺灣，能以和平方式完成政治改革，確屬難能可
貴；檢視其因，不外執政者面臨內部與外部的雙重壓力所致。蓋依據政
治發展理論（the theory of political development）的說法，任何政治體制
（political regime）往往為了因應各種危機，而不得不有所反應與調適。
按此析之，在一九八〇年代中期，中華民國在臺灣的政治發展則面臨以
下三種危機（Binder, 1971: 65-9）：

　　1.認同的危機（identity crises）：即指一個地區中的數個群體，對

政治取向的認同不一致，而形成的危機。當時臺灣的政治發展，
則有相當明顯的統獨政治意識形態路線之爭。

2. 合法性的危機（legitimacy crises）：即執政者統治的基礎，在被
統治者的心目中是否具有正當性（legitimacy）與合法性
（legality）[1]。當時國民大會與立法院這兩個機構的大部分民意代
表已長達四十幾年未改選；另外，執政的中國國民黨，其內部亦
因黨主席蔣經國驟然逝世，而造成黨內持續不斷之接班問題的權
力鬥爭。

3. 參與的危機（participation crises）：即人民意識到有參與的企圖
與權利，但在現實環境中，統治者不能也不願提供參與的管道，
而形成危機。當時臺灣的經濟發展迅速，人民生活品質提升，進
而影響人民對政治參與的擴大，尤其是在野黨（民主進步黨）的
掘起與挑戰，使得當時中國國民黨長達數十年的一黨執政局勢，
面臨相當大的考驗[2]。

　　檢視中國國民黨在臺灣的統治歷史，首在一九四九年自中國大陸播
遷臺灣，當時中國國民黨總裁蔣中正在深切檢討中國大陸淪陷的慘敗經
驗之後，而發動黨的全面改造（教育部，1991：828-64），並以鞏固領
袖地位、強調三民主義與反共抗俄的意識形態及反攻大陸為總目標。另
透過政府宣布戒嚴，修訂動員戡亂時期臨時條款，實施黨禁、報禁，並
建立一黨威權體制[3]，全面掌控黨、政、軍權；復以，美國為了防堵共
產勢力的擴散，乃將中國國民黨遷台政府納入西太平洋集團安全體系，
更加穩固中國國民黨在台的統治地位。然基於現實的考量，中國國民黨
必須爭取臺灣同胞的認同與支持，使其統治更具正當性與合法性，以達
到反攻大陸、實踐三民主義的目的。因此，中國國民黨採取有限度的推
行地方自治（開放縣、市長及省議員的局部選舉）、進行土地改革（實
施三七五減租）、發展經濟、改革幣制、促進教育（推行三民主義教育）
及整編部隊（建立政工體制）等配套措施，俾鞏固其統治地位。

　　一九七一年十月，聯合國通過以中華人民共和國取代中華民國席位，中國國民黨威權統治的反攻復國總目標遭受嚴重挫敗，乃開始由追求國家的統一轉向追求臺灣內部的社會安定與經濟繁榮。為此，以往所實施的非常體制，就失去了正當性，而必須更弦易轍。一九七二年五月二十日，蔣經國出任行政院長（一九七五年，總統蔣中正逝世，蔣經國順利繼承領袖位置），由於反攻復國機會渺茫，所以勢必根留臺灣，而臺灣本土人口眾多，加上經濟繁榮、社會進步及教育普及，所以民智大啓，並對以少數外省人士主導的威權統治體制的正當性，也開始提出質疑和挑戰；因此，政治權力的本土化已是大勢所趨。蔣經國當時提出十項行政革新與十大建設，其目的旨在將反攻復國的目標轉化成行政革新與經濟建設。此外，蔣經國深知，欲使中國國民黨在臺灣能夠長治久安，就必須解決省籍矛盾，必須向臺灣省籍人士開放黨、政、軍各系統中級以上的位置，才能真正獲得臺灣民眾的持續支持，此即所謂的「本土化」政策[4]。於是，蔣經國開始將落實本土化方針作為其新政的重要特色，故其組閣名單，具有臺灣省省籍的成員有徐慶鍾（行政院副院長）、林金生（內政部部長）、高玉樹（交通部部長）、李登輝（政務委員）、連震東（政務委員）、李連春（政務委員）等人。

　　一九七二年，臺灣省省籍人士劉闊才被國民黨推選為立法院副院長、戴炎輝被推為司法院副院長、謝東閔被任命為臺灣省省主席。一九七三年，臺灣省省籍人士周百鍊又被中國國民黨推選為監察院副院長。一九七八年，臺灣省省籍人士施啓揚出任法務部部長，在行政院的八部二會中，臺灣省省籍人士擔任部長的有內政、交通、法務三部。在七名政務委員中，有高玉樹、張豐緒、郭為藩、蕭天讚等四人。一九八七年，臺灣省省籍人士黃尊秋和林洋港又分別出任監察院院長和司法院院長，原來由臺灣省省籍人士出任的該兩院的副院長，仍由臺灣省省籍人士接掌。

　　在黨務系統內，一九七七年三月，中國國民黨十屆三中全會增選徐慶鍾為中常委，使臺灣省省籍人士的中常委名額從一九五九年以來的二

名增至三名；一九七八年十一月，中國國民黨十一屆一中全會增選林金生、蔡鴻文爲中常委，臺灣省省籍人士名額增至五名。一九七九年十二月，十一屆四中全會又增選林洋港、李登輝、邱創煥、洪壽南爲中常委，臺灣省省籍人士名額達到九名。一九八四年，中國國民黨召開十二屆二中全會，又增加許水德、高育仁、張建邦、連戰、黃尊秋等五人爲中常委（林金生、蔡鴻文退出；徐慶鍾退休），空缺名額由辜振甫接任，使臺灣省省籍人士名額增加爲十二名。一九八八年，中國國民黨十二屆三中全會又選出吳伯雄、施啓揚爲中常委，臺灣省省籍人士名額增至十四名，佔中常委總數（三十一名）的46%。截至蔣經國逝世前，由臺灣省省籍人士佔有的重要位置有：副總統、監察院院長、司法院院長、行政、立法、監察、司法等四院的副院長、三名部長、四名政務委員、臺灣省省主席、台北市市長、高雄市市長，以及78%的省政府單位首長、100%的縣市長。中國國民黨黨內有十四名中常委、一名中央副秘書長、二名工作會主任、六名副主任，以及台北、高雄市黨部主任委員皆由臺灣省省籍人士出任。

就表面數字的觀察，蔣經國的本土化政策極爲落實；但仔細加以分析的話，上述各項體現本土化方針的人事任命，並未能有效地化解省籍矛盾情結。究其因，在於中國國民黨在台政權的重心爲軍隊系統和特務系統，而這兩個系統始終由外省籍人士及其第二代掌控。即使在作爲決策中樞的中國國民黨中央常務委員會上，雖然臺灣省省籍人士的比例愈來愈高，但眞正有發言權的仍然是外省籍人士。

其後，執政當局雖把選舉層次由地方民意代表升至中央民意代表（象徵性的開放少數名額），卻已逐漸不能滿足人民政治參與的腳步，因而「中壢事件」、「美麗島事件」[5]等社會運動接踵而至，並向執政當局提出更強烈的民主改革訴求。一九八六年九月二十八日，民主進步黨[6]「非法」（「戒嚴法」第一條規定：「戒嚴時期，停止結社自由。」）成立，臺灣乃進入民主化的轉型期。執行當局遂不得不進行更深層的民主改革，先後於一九八七年七月，正式宣告解除戒嚴（戒嚴時間長達三十

八年之久），取消黨禁；一九八八年一月，開放報禁。

　　一九八八年一月十三日，總統蔣經國逝世，由副總統李登輝（臺灣省省籍）繼任中華民國第七任總統；二十七日，李登輝再繼任蔣經國所遺留的中國國民黨黨主席職位[7]。自此，中國國民黨所建立起來的威權體制，遂開始產生結構性的重大變化。過去以外省籍菁英所領導的中國國民黨中央常務委員會以及地方黨部組織，已逐步改由臺灣省省籍人士領導[8]。換言之，朝向臺灣本土化的發展速度加快，並逐漸放棄反攻復國的原定目標，上述可稱為第一次中華民國憲法增修條文制定的遠因。至於引發第一次中華民國憲法增修條文制定的近因，則是一九九〇年所發生的的「二月政爭」與「三月學運」。

　　「二月政爭」肇因於中國國民黨內部為第八任總統、副總統的提名，而導致黨內激烈的政治鬥爭。一九九〇年初，國民大會第八次會議召開在即，而中國國民黨所提名的總統候選人則屬現任總統李登輝，至於副總統候選人的產生方式則眾說紛紜（按中國國民黨遷台之後的慣例，皆由總統選定），一般皆看好當時的行政院院長李煥。及至李登輝內定李元簇為副總統候選人，始引發黨內各方的爭議，其原因在於中國國民黨部分高層人士認為李登輝並未與他們商量就提名李元簇為副總統而感到十分不滿[9]。

　　二月十一日上午，中國國民黨中央委員會上，委員們對總統提名選舉的辦法，產生不同的意見。部分委員希望這次總統候選人的提名，改採無記名投票的方式產生（以往，中央委員都以起立表示贊成，坐下表示不贊成的方式，進行表決）。當時中國國民黨秘書長宋楚瑜表示，希望依據蔣經國時代的慣例，以起立方式提名總統候選人。下午由中央委員以舉手表決通過提名辦法，支持記名投票者七十人（包括行政院院長李煥、俞國華、林洋港等中央委員），贊成起立者有九十九人，故確定以起立方式推舉總統候選人，並通過以舉手方式選出副總統候選人。最後，執政的中國國民黨終於推舉出李登輝、李元簇為總統及副總統候選人（《聯合報》，1990/02/12：3）。

　　中國國民黨總統及副總統候選人提名確定之後，中國國民黨黨內反對人士立即發起國民大會代表連署，支持林洋港及蔣緯國爲中華民國正副總統候選人。自此，中國國民黨黨內逐漸分裂成所謂的「主流派」（以李登輝爲主）與「非主流派」（以反李登輝爲主）。

　　二月十九日上午，國民大會第八次會議於陽明山中山樓召開，共有國民大會代表七一九人報到，展開三十五天的議程。國民大會秘書長何宜武提名薛岳爲大會主席，民主進步黨籍的國民大會代表立即表示抗議，並且以質疑薛岳的合法性以及不願與未改選的國民大會代表同時宣誓爲理由，進行議程的抗爭。大會方面並將黃昭輝、蘇嘉全、蔡式淵三位民主進步黨籍國民大會代表強行驅逐出場。同日中午，總統邀請全體國民大會代表午宴時，民主進步黨籍國民大會代表黃昭輝當總統李登輝的面，連續掀翻了七桌酒席，餐會只好草草結束。究其原因，在於反對勢力認爲他們在國民大會佔的席次太少，根本起不了什麼作用；因此，必須採取體制外的手段來和執政的中國國民黨抗爭。反之，部分中國國民黨籍國民大會代表卻認爲總統李登輝面對反對黨的挑釁，表現實在無能，而傳出支持林洋港與蔣緯國的訊息。

　　三月三日，李登輝邀請謝東閔、陳立夫、黃少谷、袁守謙、倪文亞、李國鼎、蔣彥士和辜振甫八位中國國民黨黨國元老徵詢如何化解正副總統選舉所引發的黨內派系對抗，並出面與黨內非主流派協調，進而勸退林洋港與蔣緯國[10]。同日，林洋港與蔣緯國連袂出席將近二百位國民大會代表爲其助選的餐會。五日中午，蔣彥士邀集李煥、郝柏村、謝東閔、黃少谷等人在台北賓館會面，轉達李登輝穩定政局、整合黨內的期望，並對未來黨的決策過程，達成四項共識：(1)集體領導；(2)共同諮商模式；(3)要求李登輝公開就憲政體制之走向予以定位；(4)對統一中國的大陸政策再予澄清。此外，非主流派並提出兩大要求：(1)李登輝當選總統後不再兼任中國國民黨黨主席；(2)替換中國國民黨秘書長宋楚瑜（《自立早報》，1990/03/06：1）。

　　七日，李登輝公開發表國是談話，以回應非主流派（《聯合晚報》，

1990/03/07：1）。九日，國民大會代表連署支持林洋港、蔣緯國競選中華民國第八屆正副總統；不旋，林洋港於同日宣布無條件退選（趙賢明，1995：47-9；王丰，1996：108-47）；隔日，蔣緯國亦宣布退選副總統。表面上，中國國民黨內部的紛爭暫時紓解，但國民大會的朝野衝突卻方興未艾。首先，是民主進步黨國民大會代表於二月十九日第一屆國民大會第八次會議開幕的時候，就因抗爭而未宣誓，其後雖經數次補行宣誓，但又因改變誓詞（將「中華民國人民」改為「臺灣人民」、將年制改為西曆），被國民大會主席團宣布無效；因此，依法不能行使國民大會代表職權，並調派憲警阻絕未完成宣誓的國民大會代表進入會場。為此，無黨籍國民大會代表亦退席抗議。

　　三月十四日，國民大會在民主進步黨與無黨籍國民大會代表缺席下，第一審查委員會議決通過「國民大會每年定期自行集會一次」、「出席費由原預算的五萬二千元提高到二十二萬元」、「增額代表任期從二年延長到九年」與「依據動員戡亂時期臨時條款第七項規定行使創制複決二權」等擴權案。隨即遭各界輿論譴責，民主進步黨且發動各種示威抗議活動；十六日，北部幾所大學學生開始集結在中正紀念堂前靜坐示威，並積極展開全國性跨校性的串聯行動；十七日，總統李登輝發表國是談話，相信國民大會代表一定會尊重民意反應；十八日，聚集在中正紀念堂的學生已達三萬人，示威現場的秩序良好，政府除勸慰外並未採取任何干預行動。此時，許多國民大會代表發現其擴權行為已引起各界訾議，也開始反對修改臨時條款。十九日，中正紀念堂靜坐抗議運動學生提出「解散國民大會、廢除臨時條款、召開國是會議及訂定民主改革時間表」四大政治訴求；同日，國民大會決定將審查會通過的臨時條款翻案取消。二十日，總統李登輝宣示召開國是會議；二十一日，李登輝當選中華民國第八任總統；是晚李登輝在總統府接見在中正紀念堂靜坐的五十位學生代表，表示政府了解學生所提各項改革的訴求，也有決心與誠意儘速的解決；二十二日，李元簇當選為副總統。至此，由「二月政爭」延續的中國國民黨內部政治鬥爭，暫告結束（國是會議實錄編

輯小組，1990：3235-46；李炳南，1992：23-43）。

　　一九九○年五月二十二日，總統李登輝於就任後所舉行的中外記者會中宣示：「將在一年內終止動員戡亂時期臨時條款，兩年內完成憲政改革」（中國國民黨中央文工會，1992：20），隨即執政的中國國民黨便提出「一機關二階段」的修憲主張。所謂「一機關」是指國民大會，而排除由國民大會以外的機構（主要指立法院）參與修憲的可能性。所謂「二階段」，乃是指第一個階段，在一年內召開第一屆國民大會臨時會，由第一屆國民大會通過廢止臨時條款，以提供第二屆中央民意代表（主要是國民大會與立法院）的選舉法源。第一個階段屬「形式修憲」，所以由「無民意基礎」的第一屆國民大會為之。第二個階段是指，第一屆國民大會臨時會結束，並終止動員戡亂時期後，由具有充分民意基礎的第二屆國民大會進行「實質修憲」（董翔飛，1991：35-40）。

　　一九九○年六月二十一日，司法院大法官會議針對第一屆中央民意代表退職問題，提出釋字第二六一號解釋案。該解釋案重點在於確認大法官會議於一九五四年所做成的釋字第三十一號解釋、憲法第二十八條與臨時條款第六項，三者均無意使第一屆中央民意代表無限期繼續行使職權或變更其任期；同時，基於國家情勢變遷，民意代表定期改選為反映民意、貫徹民主憲政之途徑，從而與總統李登輝預定在兩年完成憲政改革的宣示相呼應。

　　六月二十八日至七月五日，國是會議召開，並以「健全憲政體制」及「大陸政策與兩岸關係」為主軸，依此再細分為「國會改革」、「地方制度」、「中央政府體制」、「憲法（含臨時條款）修訂」、「大陸政策與兩岸關係」五個子題。前三項談的是憲政改革實質內容的問題，第四項是談憲政改革的方法與程序問題。國是會議所達成的重要共識如下：

　　1.國會改革部分：
　　　⑴與會者主張廢除國民大會者佔少數，多數贊成採用「選舉人團」

或「委任代表制」方式來保留國民大會。

(2)主張保存監察院，並加以改進。

(3)依政黨比例代表制選出「全國不分區代表」，併入原職婦團
體、僑選代表，以及爭議中的大陸代表。

2.地方制度部分：

(1)地方自治應予合憲化、法制化。

(2)目前省與中央的關係，可以透過國土重劃方式，變更行政區
域。無論採多市、多省制，臺灣或臺灣省的名稱不廢除。

(3)省縣市長民選是地方自治民主化的主要內涵。

(4)有關地方自主權問題，多數均認爲應使地方政府享有更多人事
權、財政權、警察權、教育權，俾使權力由中央下放地方。

3.中央政府體制部分：

(1)總統與國民大會之間的關係，多數認爲總統選舉方式應予改
進，原則上應由民選方式產生；至於選舉與實施方式則頗爲分
歧，包括直接民選、維持現狀由國民大會選出、國民大會委任
代表制選出數種。

(2)總統、立法院、行政院之間的關係，出席者意見分歧，除英式
內閣制、美式總統制之外，與會者還有以下見解：

A.主張廢除臨時條款，總統職權及行政院與立法院之關係，均
依憲法規定。

B.主張廢除臨時條款，總統職權除依憲法規定外，另將緊急處
分權略爲擴大。總統及行政院均爲中央政府體制中心。

C.總統由人民直選，行政院院長由總統任命，立法院可彈劾總
統、對行政院提不信任案，總統也可解散國會，總統爲中央
政府體制中心（一九九七年中華民國憲法增修條文即以此爲
本）。

(3)關於考試院方面，與會者多未表示意見。表示意見者多數主張
廢除考試院，改設人事局，隸屬行政院；也有意見要維持現狀

或廢除行政院人事行政局，回歸考試院主管。

(4)關於監察院方面，與會者多數主張維持監察院並加以改進，成
為專司糾彈的「準司法機關」或併入立法院，成為單一國會。

4.憲法與臨時條款修訂方式部分：與會人士贊成修憲者居多數，約
有七成；主張制憲者，不到三成；主張制定中華民國基本法者，
人數甚少。會議主要共識有三：

(1)「動員戡亂時期」宣告中止，「動員戡亂時期臨時條款」應予
廢止。

(2)中華民國憲法應予修正。

(3)憲法之修訂，應以具有民意基礎的機關為之。

5.大陸政策與兩岸關係部分：多數認為應以台、澎、金、馬地區之
人民福祉為前提，考慮國際與中共情勢，在能力範圍內促使大陸
邁向民主化、自由化。依據這個原則制定開放與安全兼顧的階段
性大陸政策；現在的兩岸關係在肯定「兩府」的情況下，以務實
的態度促進兩岸關係正常化；成立專責機構，逐步走向統一（國
是會議實錄編輯小組，1990：3157-207；李炳南，1994：127-
65）。最後，大會主席團建議成立「策劃小組」，以研議策劃各項
有關憲政改革的重要政策。

國是會議結束後，七月十一日中國國民黨中央常務委員會中，正式
通過成立「憲政改革策劃小組」，由李元簇擔任召集人，郝柏村、林洋
港、蔣彥士三人為副召集人。該小組經過八個月的研議後，終於在一九
九一年三月二十五日提出「中華民國憲法增修要點」，並對第一階段修
憲有以下的堅持（高永光，1991：27）：

1.必須堅持中華民國法統而不是變成臺灣地區。

2.修憲應著眼於中國統一。

3.堅持五權憲法體制不變。

4.修憲而不制憲。

5.憲法本文不動。

經中國國民黨中央常務委員會核定後，正式交付中國國民黨國民大會黨團在國民大會臨時會提出。其主要內容如下：

1. 前言：宣示係因應國家統一前之需要，增修本憲法條文。
2. 訂定中央民意代表名額之分配及當選名額之保障與限制。
3. 中央民代之選舉罷免，依公職人員選舉罷免法規定辦理；中央民代全國不分區及僑選代表名額，採政黨比例代表方式選出。
4. 第二屆中央民意代表選出時間及有關任期之規定：第二屆國代任期應於一九九一年二月一日起至第三屆國民大會於民國一九九六年第八任總統任滿前，依憲法第二十九條規定集會之日止；依臨時條款增加名額選出之國大代表，於一九九三年一月三十一日前，與第二屆國大代表共同行使職權。第二屆立委及監委應於一九九三年一月三十一日前選出，均自二月一日開始行使職權。
5. 第二屆國民大會臨時會之召開：國民大會為行使憲法第二十七條第一項第三款之職權，應於第二屆國民大會代表選出後三個月內由總統召集臨時會。
6. 授與總統必要之緊急命令權：總統為避免國家或人民遭遇緊急危難或應付財政經濟重大變故，得經行政院會之決議發布緊急命令，不受憲法第四十三條之限制，但須於發布命令後十日內提交立法院追認，如立法院不同意，該緊急命令立即失效。
7. 規定原僅適用於動員戡亂時期之法律未完成修定者之效期：得繼續適用至一九九二年六月。
8. 設立機關之授權：總統為決定國家安全有關大政方針，得設國家安全會議及所屬之國家安全局。行政院設人事行政局。其組織均以法律定之，在未完成立法程序前，其原有組織法規繼續適用。
9. 兩岸人民關係條例特別立法之授權：自由地區與大陸地區間人民權利義務關係及其他事務之處理，得以法律為特別之規定。

二、過程

（一）第一屆國民大會第二次臨時會之召集

第一屆國民大會第二次臨時會之召集，係依據中華民國憲法第三十條第一項第四款之規定，經國民大會代表五分之二以上連署，請求總統召集。蓋一九九○年，第一屆國民大會第八次會議第九次大會翁純正等三十一位代表提出臨時動議：「關於修訂臨時條款一案，由於目前政治趨向等原因，建議本次會議不予討論，希望政府在一年內召開臨時會審慎研討，以肆應當前國家發展情勢，而符國人期望案」（國民大會秘書處，1991b：1-2）。同時與會代表亦提議，在本次會議期間，不再討論臨時條款修正案，經主席裁定，併同本案討論。當經決議：「通過。本次會議會期有限，爲廣徵國人意見，取得全民共識，大會一致決議，有關臨時條款之修訂，本次會議不予討論，留待召開臨時會時商討。」（國民大會秘書處，1991b：2）

一九九○年十一月三十日，第一屆國民大會代表一九九○年度年會籌備委員會暨全國聯誼會幹事會決議通過「連署召開臨時會」提案，請總統於一九九一年五月二十日以前，召開第一屆國民大會臨時會，並立即展開連署。同時決議於一九九一年一月三十一日以前完成連署，請總統於次年擇定適當時機，發布臨時會召集令。

一九九○年十二月二十五日，總統李登輝主持慶祝中華民國行憲紀念大會、國民大會憲政研討委員會第二十五次全體會議暨第一屆國民大會代表一九九○年度年會聯合開會典禮時，再度明確宣告，在明年五月前宣告終止動員戡亂時期；同時，亦將在後年年中，完成憲政的改革。且認定憲法的修改，屬於國民大會的職權。

一九九○年十二月三十一日，國民大會代表全國聯誼會召開幹事會議，針對連署書的格式與內容進行討論。並於一九九一年一月五日完成

簽署書，其內容為：「茲為維護憲政體制，推動憲政改革，爰依憲法第
三十條第四款之規定，請總統於中華民國八十年五月二十日前，召集第
一屆國民大會臨時會。」（國民大會秘書處，1991b：3）依據中華民國
憲法第三十條第一項第四款規定，臨時會之召集，應有代表五分之二以
上請求，在完成連署後，由總統召集之。根據國民大會秘書處統計，當
時實有國民大會代表人數為六二三人，五分之二以上，即必須超過二五
〇人連署，而此次連署人數已達五〇四人，已達召開國民大會臨時會的
人數。

　　一九九一年二月二十六日，總統依據上項規定，明令召集第一屆國
民大會第二次臨時會，並於同年四月八日集會，令文如次：「茲依據中
華民國憲法第三十條第一項第四款及第二項後段之規定，第一屆國民大
會第二次臨時會定於中華民國八十年四月八日集會。」（國民大會秘書
處，1991b：4）

　　一九九一年三月二十九日，第一屆國民大會第二次臨時會在陽明山
中山樓辦理報到。此次臨時會係以長期未改選之第一屆國民大會代表為
主，另外還包括一九八六年選出的增額國民大會代表，出席的國民大會
代表總數共計五八三人。各黨之國民大會代表人數與比例如**表3-1**。

　　由表3-1可知，中國國民黨籍國民大會代表有五一〇席，席次佔國

表3-1　各政黨在國民大會代表之席次與比例表

政黨名稱	國民大會代表人數	比例
中國國民黨	510	87.48％
無黨籍	25	4.29％
中國青年黨	16	2.74％
中國民主社會黨	15	2.57％
青年中國黨	9	1.54％
民主進步黨	8	1.38％
總計	583	100％

資料來源：國民大會秘書處，《第一屆國民大會第二次臨時會實錄》，台北：國民
　　　　　大會秘書處，1991b，頁18。

民大會代表出席總額之87%，遠超過主導修憲所需的出席代表「四分之三」之決議。此種席次上的懸殊優勢，雖有利於中國國民黨主導修憲的運作，但也讓中國國民黨飽受一黨修憲之訾議。

一九九一年四月八日上午十時，第一屆國民大會第二次臨時會於台北市陽明山中山樓中華文化堂舉行開會典禮。開會典禮開始前，代理秘書長朱士烈向大會報告以下事項（國民大會秘書處，1991b：24-5）：

1. 本年二月二十六日總統令，茲依據中華民國憲法第三十條第一項第四款及第二項後段之規定，第一屆國民大會第二次臨時會定於中華民國八十年四月八日集會。

2. 根據內政部本年四月三日台（80）內民字第九一四六九九號函告：查國民大會代表現有人數前於召集令頒發前一日經本部查明為六一九人。復查司法院大法官會議釋字第八十五號解釋：憲法所稱國民大會代表總額在當前情形，應以依法選出而能應召集會之國民大會代表人數為計算標準。故凡於召集令發出後死亡、退職、事實上不能應召集會之代表人數，於計算總額時，自應逐行查明予以扣除。準此規定，在此期間退職代表二十一人，死亡代表五人，截至目前止，現有代表總額應為五九三人。

3. 本次臨時會已報到代表人數為五六九人。本日出席代表人數為五五五人，已足法定開議人數。

4. 依照國民大會組織法第四條規定，國民大會代表於國民大會舉行開會式時，應行宣誓。經依照宣誓條例第四條之規定，函請司法院指派大法官馬漢寶先生為監誓人。請各位代表在宣誓時依照宣誓儀注宣誓，並在誓詞上簽名。

5. 本次會議開會典禮主席經推定趙代表昌平擔任。現在請趙代表昌平就主席位。

主席趙昌平致開會詞，其重點如下：

1. 爲因應海峽兩岸形勢的開展，動員戡亂時期即將由總統宣告終止；則中華民國憲法動員戡亂時期臨時條款必經由本次臨時會通過廢止。
2. 爲因應國家統一前需要，在不修改憲法本文、不變更五權憲法架構的原則下，由本次臨時會集思廣益，體察憲政革新的需求，以及海內外國民的公意，在不違背國家利益及國民福祉的前提下，依照憲法第一七四條第一款修憲程序，制定中華民國憲法增修條文。

接著，總統李登輝致詞，全文重點如次：「希望在今年五月前終止動員戡亂時期，並以兩年爲期，完成憲政改革工作。近一年來，經由各界廣泛的討論，終於達成若干寶貴的共識，即在保留憲法原文，不變更五權體制的前提下，增修條文，以促進民主憲政的新開展；藉由動員戡亂時期的終止，邁進國家統一的新階段。」（國民大會秘書處，1991b：27-9）

（二）提案與讀會

本次臨時會主要任務乃因應國家統一前之需要，在不修改憲法本文與不變更五權憲法架構之原則下，完成第一階段修憲工作。依照憲法第一七四條第一款修憲程序，由陳建中、孔德成、張導民、朱士烈等四五三位代表簽署提案，擬具「中華民國憲法增修條文草案」（國民大會秘書處，1991：110-4），提請討論公決。國民大會秘書處隨即依照規定程序，完成收受提案手續後，經提一九九一年四月十一日主席團第二次會議決議，送請大會討論。

十二日，進行「中華民國憲法增修條文」一讀會的討論，主席林詩輝報告：「依憲法第一七四條規定，應有國民大會現有代表總額三分之二以上人數之出席，現在是上午十時二十分，經清點在場代表人數爲四四五人，已足法定修憲開議人數。」（國民大會秘書處，1991b：117）

隨即宣讀陳建中、孔德成等代表所提「中華民國憲法增修條文草案」，經提案代表陳建中作提案說明，並經代表葉金鳳補充說明後，繼有趙昌平、李伯元等代表發言，後經決議本案交特種審查委員會審查。

　　特種審查委員會自一九九一年四月十五日起至十八日止，先後舉行四次審查會議審查完竣並提出審查報告，提報四月十九日第四次大會，進行二讀會。主席王應傑爲愼重起見，特再徵詢出席代表對修憲案一讀會業已完成有無異議，在場代表四三五人，經表決結果，舉手贊成者四一五人，多數通過。本案一讀會完成。

　　第四次大會於一九九一年四月十九日舉行，首先宣讀特種審查委員會審查「中華民國憲法增修條文案」審查報告（詳**表3-2**），並由審查會召集人許石吉向大會報告。隨即進行二讀。

　　一九九一年四月二十二日上午，第一屆國民大會第二次臨時會第六次大會，在台北市陽明山中山樓中華文化堂舉行，由葉金鳳擔任主席，並進行第三讀會的程序。主席葉金鳳說明重點如下：

1.根據議事規則第五十條的規定：「第三讀會應議決議案全體之可否。」第五十一條規定：「第三讀會得爲文字上之更正，除發現議案有互相牴觸外，不得爲修正之動議。」
2.根據主席團會議的決議：如果在第三讀會對文字有修正意見，仍然要根據議事規則第二十一條的規定：「對於修正憲法案之審查結果提出修正案者，應擬具具體條項及附具理由，並須有代表總額十分之一人數之連署，送主席團交秘書長於二讀會前一日印送各代表。」辦理。

　　根據以上規定，有二個修正案符合這個程序：其一，蔡天再等六十五位代表所提的修正案，建請將本次憲法修正案第五條條文中之「民國」紀元，均加「中華」二字於民國之上。理由是憲法條文中，凡提國名之處，均以「中華民國」四字，以示正統，如前言、第一、二、三條。「民國」多少年只是俗稱，不宜在國家憲法文書中引用。盼能依主旨及

表3-2　「中華民國憲法增修條文案」審查報告

本文	審查意見	表決結果
前言：爲因應國家統一前之需要，依照憲法第二十七條第一項第三款及第一七四條第一款之規定，增修本憲法條文如左：	係照原提案前言原文。	在場代表四三五人，贊成者四〇九人，超過法定人數，通過。
第一條：國民大會代表依左列規定選出之，不受憲法第二十六條及第一三五條之限制： 一、自由地區每直轄市、縣市各二人，但其人口逾十萬人者，每增加十萬人增一人。 二、自由地區平地山胞及山地山胞各三人。 三、僑居國外國民二十人。 四、全國不分區八十人。 　前項第一款每直轄市、縣市選出之名額及第三款、第四款各政黨當選之名額，在五人以上十人以下者，應有婦女當選名額一人，超過十人者，每滿十人應增婦女當選名額一人。	照原提案第一條條文。	在場代表四三五人，贊成者四一〇人，超過法定人數，通過。
第二條：立法院立法委員依左列規定選出之，不受憲法第六十四條之限制： 一、自由地區每省、直轄市各二人，但其人口逾二十萬人者，每增加十萬人增一人；逾一百萬人者，每增加二十萬人增一人。 二、自由地區平地山胞及山地山胞各三人。 三、僑居國外國民六人。 四、全國不分區三十人。 　前項第一款每省、直轄市選出之名額及第三款、第四款各政黨當選之名	王昌華代表提出修正意見，經主席徵求大會無人附議，不成立。	在場代表四五四人，贊成者四二八人，超過法定人數，通過。

（續）表3-2 「中華民國憲法增修條文案」審查報告

本文	審查意見	表決結果
額，在五人以上十人以下者，應有婦女當選名額一人，超過十人者，每滿十人應增婦女當選名額一人。		
第三條：監察院監察委員由省、市議會依左列規定選出之，不受憲法第九十一條之限制： 一、自由地區臺灣省二十五人。 二、自由地區每直轄市各十人。 三、僑居國外國民二人。 四、全國不分區五人。 　前項第一款臺灣省、第二款每直轄市選出之名額及第四款各政黨當選之名額，在五人以上十人以下者，應有婦女當選名額一人，超過十人者，每滿十人應增婦女當選名額一人。 　省議員當選爲監察委員者，以二人爲限；市議員當選爲監察委員者，各以一人爲限。	審查意見照原提案第三條條文。	在場代表四五一人，贊成者四三一人，超過法定人數，通過。
第四條：國民大會代表、立法院立法委員、監察院監察委員之選舉罷免，依公職人員選舉罷免法之規定辦理之。僑居國外國民及全國不分區名額，採政黨比例方式選出之。	討論第四條條文時，有部分代表要相繼發言，但照議事程序應在審查會時提出保留大會發言權者始能發言，引起爭執，經主席請議事組說明，由顧問楊振萬報告：凡參加特種審查委員會的委員，在審查會中有不同意見者，均可聲明保留大會發言權，但未聲明保留大會發言權者，不能在大會中提出與審查結果相反的主張。至於沒有參加審查會的代表當然可以在大會中發言。參加審查會的委員如係支持審查結果之意見者，亦可發言，但不能提與審查結果相反的意見。華壽崧代表提出補充意見，由於附議人數未達十分之一，不成立。	在場代表四二二人，贊成者二八三人，超過法定人數，通過。

（續）表3-2　「中華民國憲法增修條文案」審查報告

本文	審查意見	表決結果
第五條：第二屆國民大會代表應於民國八十年十二月三十一日前選出，其任期自民國八十一年一月一日起至民國八十五年第三屆國民大會於第八任總統任滿前依憲法第二十九條規定集會之日止，不受憲法第二十八條第一項之限制。 　依動員戡亂時期臨時條款增加名額選出之國民大會代表，於民國八十二年一月三十一日前，與第二屆國民大會代表共同行使職權。 　第二屆立法院立法委員及第二屆監察院監察委員應於民國八十二年一月三十一日前選出，均自民國八十二年二月一日開始行使職權。	民國八十年四月二十日舉行第五次大會繼續進行第二讀會。主席趙昌平宣告開會後，首先主席團報告：蔡天再等六十五位代表提：「建請將本次憲法修正案第五條中之『民國』紀元，均加上『中華』二字於民國之上」修正案一件，經四月十九日主席團第六次會議慎重研究後，決定： 一、蔡天再等六十五位代表所提修正案，不合二讀會程序，但該案屬文字之修正，送三讀會處理。 二、第二讀會提修正案應依議事規則第二十一條規定辦理，不得臨時提出修正案。 三、第三讀會提出文字修正之附議人數比照議事規則第二十一條辦理。	在場代表四二三人，贊成者四〇三人，超過法定人數，通過。
第六條：國民大會為行使憲法第二十七條第一項第三款之職權，應於第二屆國民大會代表選出後三個月內由總統召集臨時會。	照原提案第六條條文。	在場代表四二六人，贊成者四一二人，超過法定人數，通過。
第七條：總統為避免國家或人民遭遇緊急危難或應付財政經濟上重大變故，得經行政院會議之決議發布緊急命令，為必要之處置，不受憲法第四十三條之限制。但須於發布命令後十日內提交立法院追認，如立法院不同意時，該緊急命令立即失效。	照原提案第七條條文。	在場代表四一二人，贊成者四〇五人，超過法定人數，通過。
第八條：動員戡亂時期終止時，原僅適用於動員戡亂時期之法律，其修訂未完成程序者，得繼續適用至中華民國八十一年七月三十一日止。	照原提案第八條條文。	在場代表四一二人，贊成者四〇六人，超過法定人數，通過。

（續）表3-2 「中華民國憲法增修條文案」審查報告

本文	審查意見	表決結果
第九條：總統為決定國家安全有關大政方針，得設國家安全會議及所屬國家安全局。 行政院得設人事行政局。 前二項機關之組織均以法律定之，在未完成立法程序前，其原有組織法規得繼續適用。	第九條：總統為決定國家安全有關大政方針，得設國家安全會議及所屬國家安全局。 行政院得設人事行政局。 前二項機關之組織均以法律定之，在未完成立法程序前，其原有組織法規得繼續適用至中華民國八十二年十二月三十一日止。	在場代表四一二人，贊成者四〇四人，超過法定人數，通過。
第十條：自由地區與大陸地區間人民權利義務關係及其他事務之處理，得以法律為特別之規定。	照原提案第十條條文。	在場代表四一一人，贊成者四〇四人，超過法定人數，通過。
本增修條文名稱	宣讀中華民國憲法增修條文名稱	在場代表四〇三人，贊成者二八一人，超過法定人數，通過。

資料來源：國民大會秘書處，《第一屆國民大會第二次臨時會實錄》，台北：國民大會秘書處，1991b，頁118-25。

理由，把文中之「民國」紀元，更正為「中華民國」四字。其二，楊公邁等八十五位代表提請修正憲法增修條文審查結果第五條之文字案。理由是國民大會自第一次會議集會之日始，就稱之謂「第一屆國民大會代表」，立法委員、監察委員亦同。究其國民大會之職權係代表全國人民行使政權，故政權機構之國民大會不宜分成階段，代表之產生是有第一屆、第二屆之分；因此，應將屆別置於國民大會之後，故應更正為：「國民大會第二屆國民大會代表」，立法委員更正為：「立法院第二屆立法委員」，監察院亦同。隨後進行修正案的表決，主席宣告表決結果：

1.在場代表四五九人，舉手贊成蔡天再等代表建議於憲法修正案第

五條、第八條、第九條條文中之「民國」紀元上加「中華」二字者有四三四人，多數通過。

2.在場代表四五九人，舉手贊成楊公邁等代表之修正案者二六八人，多數通過。

另外，代表朱祖貽也提出對第四條的修正意見，將第二句「依」字改為「以」字，因不符修憲的規定程序，故列入紀錄。代表孫榮吉提出修正後之第五條前段文字變成「國民大會第二屆國民大會代表應於中華民國八十年十二月三十一日前選出，其任期自中華民國八十一年一月一日起至中華民國八十五年國民大會第三屆於第八屆總統任滿前」，其中「第三屆」不改為「第三屆代表」的話，則文字上有值得商榷之處。經主席裁定，由於第五條已表決修正通過，孫榮吉代表的發言列入紀錄作為將來的參考。隨即宣讀剛才修正過後的全文，並進行「中華民國憲法增修條文」三讀的表決；結果，在場代表四七○人，舉手贊成中華民國憲法增修條文案者四五七人，超過法定人數，通過。並決議：中華民國憲法增修條文三讀通過，咨請總統公布。

中華民國憲法增修條文十條全文，於一九九一年四月二十二日第一屆國民大會第二次臨時會第六次大會三讀通過後，五月一日，總統李登輝明令公布通過「中華民國憲法增修條文」，並宣布動員戡亂時期於一九九一年五月一日終止；至此，第一屆國民大會第二次臨時會的第一階段修憲任務始告完成（國民大會秘書處，1991b：151-2）。

三、條文的比較與分析

第一次中華民國憲法增修條文內容詳**表3-3**。

此次第一階段修憲，具有濃厚的「過渡性質」。蓋在動員戡亂時期雖已宣告終止，但因國家尚未統一，原有憲法條文仍有窒礙難行之處，為因應國家統一前的憲政運作，第一屆國民大會第二次臨時會的重點是

表3-3　第一次中華民國憲法增修條文內容

條	條文內容	備註
1	（國民大會代表應選名額分配） 　　第一項：國民大會代表依左列規定選出之，不受憲法第二十六條及第一三五條之限制： 一、自由地區每直轄市、縣市各二人，但其人口逾十萬人者，每增加十萬人增一人。 二、自由地區平地山胞及山地山胞各三人。 三、僑居國外國民二十人。 四、全國不分區八十人。 　　第二項：前項第一款每直轄市、縣市選出之名額及第三款、第四款各政黨當選之名額，在五人以上十人以下者，應有婦女當選名額一人，超過十人者，每滿十人應增婦女當選名額一人。	本條凍結憲法第二十六條憲法第一三五條
2	（立法委員應選名額分配） 　　第一項：立法院立法委員依左列規定選出之，不受憲法第六十四條之限制： 一、自由地區每省、直轄市各二人，但其人口逾二十萬人者，每增加十萬人增一人；逾一百萬人者，每增加二十萬人增一人。 二、自由地區平地山胞及山地山胞各三人。 三、僑居國外國民六人。 四、全國不分區三十人。 　　第二項：前項第一款每省、直轄市選出之名額及第三款、第四款各政黨當選之名額，在五人以上十人以下者，應有婦女當選名額一人，超過十人者，每滿十人應增婦女當選名額一人。	本條凍結憲法第六十四條
3	（監察委員應選名額分配） 　　第一項：監察院監察委員由省、市議會依左列規定選出之，不受憲法第九十一條之限制： 一、自由地區臺灣省二十五人。 二、自由地區每直轄市各十人。 三、僑居國外國民二人。 四、全國不分區五人。 　　第二項：前項第一款臺灣省、第二款每直轄市選出之名額及第四款各政黨當選之名額，在五人以上十人以下者，應有婦女當選名額一人，超過十人者，每滿十人應增婦女當選名額一人。 　　第三項：省議員當選爲監察委員者，以二人爲限；市議員當選爲監察委員者，各以一人爲限。	本條凍結憲法第九十一條
4	（國民大會代表、立法委員、監察委員之選舉罷免方法）	

（續）表3-3　第一次中華民國憲法增修條文內容

條	條文內容	備註
	國民大會代表、立法院立法委員、監察院、監察委員之選舉罷免，依公職人員選舉罷免法之規定辦理之。僑居國外國民及全國不分區名額，採政黨比例方式選出之。	
5	（第二屆國民大會代表、立法委員、監察委員選舉期限及職權之行使） 　　第一項：國民大會第二屆國民大會代表應於中華民國八十年十二月三十一日前選出，其任期自中華民國八十一年一月一日起至中華民國八十五年國民大會第三屆於第八任總統任滿前依憲法第二十九條規定集會之日，不受憲法第二十八條第一項限制。 　　第二項：依動員戡亂時期臨時條款增加名額選出之國民大會代表，於中華民國八十二年一月三十一日前，與國民大會第二屆國民大會代表共同行使職權。 　　第三項：立法院第二屆立法委員及監察院第二屆監察委員應於中華民國八十二年一月三十一日前選出，均自中華民國八十二年二月一日開始行使職權。	本條凍結憲法第二十八條第一項
6	（第二屆國民大會臨時會召開期限） 　　國民大會為行使憲法第二十七條第一項第三款之職權，應於第二屆國民大會代表選出後三個月內由總統召集臨時會。	本條凍結憲法第四十三條
7	（總統發布緊急命令權） 　　總統為避免國家或人民遭遇緊急危難或應付財政經濟上重大變故，得經行政院會議之決議發布緊急命令，為必要之處置，不受憲法第四十三條之限制。但須於發布命令後十日內提交立法院追認，如立法院不同意時，該緊急命令立即失效。	
8	（未修訂之動員戡亂時期法律適用期限） 　　動員戡亂時期終止時，原僅適用於動員戡亂時期之法律，其修訂未完成程序者，得繼續適用至中華民國八十一年七月三十一日止。	
9	（國家安全會議、國安局、人事行政局之設置及原組織法規適用期限） 　　第一項：總統為決定國家安全有關大政方針，得設國家安全會議及所屬國家安全局。 　　第二項：行政院得設人事行政局。 　　第三項：前二項機關之組織均以法律定之，在未完成立法程序前，其原有組織法規得繼續適用至中華民國八十二年十二月三十一日止。	
10	（兩岸人民關係法律之制定） 　　自由地區與大陸地區間人民權利義務關係及其他事務之處理，得以法律為特別之規定。	

在不修改憲法本文、不變更五權憲法架構的原則下，在一九九一年四月通過「中華民國憲法增修條文」第一條至第十條，由總統公布，其主要內容為：

（一）明定第二屆中央民意代表產生的法源、名額、選舉方式、選出時間及任期

早在一九九一年六月二十一日，司法院大法官會議作出的釋字第二六一號解釋案，即針對第一屆中央民代退職問題，提出了影響重大的解釋。該解釋案重點有三：

1. 在於確認一九五四年，司法院大法官會議所做成的釋字第三十一號解釋案、憲法第二十八條以及臨時條款第六項，並非讓第一屆中央民意代表無限期行使職權；同時，由於國家情勢變遷，民意代表之定期改選，實為反映民意、貫徹民主憲政之途徑；從而提供第二屆中央民意代表產生的法源。

2. 採「落日條款」方式，明定第一屆未定期改選之中央民意代表，除事實上已不能行使職權或經常不能行使者，應即查明解職外，其餘應於中華民國一九九一年十二月三十一日以前，終止行使職權。

3. 強調「中央政府依憲法之精神、本解釋之意旨及有關法規，適時辦理全國性之次屆中央民意代表選舉，以確保憲政體制之運作」，而所謂「全國性之次屆中央民意代表選舉」係指「在自由地區適時辦理含有全國不分區各類選舉而言」。這部分的解釋對於「政黨比例代表制」的安排，預留了廣大的彈性空間。

隨後在第一次中華民國憲法增修條文中，即設有全國不分區中央民意代表名額，此項名額之代表係採政黨比例方式產生，乃中華民國憲政史上的首創。按中華民國憲法與政黨相關的條文，僅第七條：「人民無分男女、宗教、種族、階級、『黨派』，在法律上一律平等。」故以往

均由公民直接行使參政權（選舉權或被選舉權），而非以政黨名義為之。此次，增修條文增設全國不分區名額，並依政黨比例制產生，即以團體形式直接參政，此乃肯定政黨的功能。再就中華民國政黨政治的發展觀察，競爭性的多黨體系模式（Sartori, 1984）應是未來趨勢，而比例代表制應較能適應競爭性的多黨體系模式，俾使中華民國政黨政治的發展更趨穩定、更切合當今多元化社會政治參與的需求。

　　另從中央民意代表的任期分析，依大法官會議第二六一號解釋，第一屆未定期改選的中央民意代表，應至一九九一年底全部退職，僅剩增額代表行使職權。就國民大會而言，增額國民大會代表的任期要到一九九三年一月底才屆滿，第二屆國民大會代表將於一九九二年初選出就職；其間，則約有一年的時間，國民大會是處在新、舊國民大會代表共同行使職權的局面。就法理分析，增額國民大會代表於動員戡亂時期臨時條款廢止之後，其所依存之法律已告消失；而第二屆國民大會代表的任期，又因配合本屆總統任期而不到六年就已屆滿。故前者有「不屬任何屆次的認定」；後者則有「修憲國民大會代表」之稱。再就職權來說，第二屆國民大會代表依增修條文第六條之規定，並不足以限制其行使憲法第二十七條的權力。按第六條之規定為「國民大會為行使憲法第二十七條第一項第三款（修憲）之職權，應於第二屆國民大會代表選出後三個月內由總統召集臨時會」，以及前言中提及憲法第二十七條第一項第三款，因而制定本增修憲法條文，均不足以構成對國民大會代表行使憲法第二十七條職權的限制。因為現任總統乃第一屆國民大會選出，如今第二屆國民大會產生，是否有權要求依憲法規定改選總統，亦值得深思？雖然上述情事未發生，但或許能提供往後修憲參考。

（二）總統職權的擴增

■緊急命令權

　　總統的緊急命令權原係憲法第四十三條賦予總統的權力。依該條規定，必須先由立法院制定「緊急命令法」以做為法源依據。行憲之初，

因為戡亂，而以「動員戡亂時期臨時條款」變更其程序與名稱為「緊急處分權」。本來結束動員戡亂時期之後，應當回歸憲法，如今以增修條文方式予以修改，實有可議之處。特別是當前憲政體制下，總統與行政院院長的職權劃分不甚清楚，而增修條文第七條與第九條之規定，實有總統制之傾向。

■ 為決定國家安全有關大政方針，得設國家安全會議及所屬國家安全局

動員戡亂時期期間，總統得依動員戡亂時期臨時條款授權所設立之「國家安全會議」、「國家安全局」與「行政院人事行政局」，在本次增修條文第九條中仍承認總統可設立之，惟其組織皆應以法律定之，在未完成立法程序前，其原有組織法規得繼續適用至一九九三年十二月三十一日止。而最具爭議的是，總統以往依動員戡亂時期臨時條款所設立的國家安全會議、國家安全局與行政院人事行政局，在此次增修條文中仍獲維持，只是其組織應以「法律」定之。重點是總統下轄之國家安全會議的功能是否如同動員戡亂時期一樣，凌駕行政院之上，則未能從增修條文裡頭得到具體答案。若以增修條文第九條乃源自動員戡亂時期臨時條款第四項的規定來看，其答案應屬肯定。假設如此，則當初終止動員戡亂時期臨時條款，俾恢復憲政狀態的意義便有所喪失。尤其依增修條文第九條第一項「總統為決定國家安全有關大政方針，得設國家安全會議及所屬國家安全局」之規定來看，該項條文在設計上的問題是：其一，未明確界定「國家安全有關大政方針」事項的範圍，極易產生爭議；其二，把國家安全會議與國安局定位成總統掌握下的一種跨府院組織，旨在幫助總統行使有關國家安全的大政方針決定權，但卻又缺乏一套對國會負責的制衡體制。所幸，國家安全會議與國安局的主要運作程序與組織規範，是授權立法院以法律定之，故仍受到一定程度的監督。

（三）賦予依據動員戡亂時期臨時條款所制定之相關法令一種過渡性的安排

　　根據增修條文第八條規定，爲因應一年內終止動員戡亂時期之決定，許多法規是依臨時條款而設置，卻未能如期完成修改，故針對適用於動員戡亂時期之法律，其修訂未完成程序者，增列落日條款；換言之，所有未完成修法之「動員戡亂時期法令」，得繼續適用至一九九二年七月三十一日，逾時則失去效力，亦即該「落日條款」的規定，有其事實上之需要，論者謂此乃臨時條款的合憲化。

（四）重視兩岸關係之發展

　　以憲法位階規範兩岸人民權利義務關係，並賦予法律爲自由地區與大陸地區人民權利義務及其他事務處理之特別規定，已屬必要。其實，早在一九八七年九月十六日，蔣經國便指派李登輝、俞國華、倪文亞、吳伯雄及何宜武成立小組，研討兩岸通商旅遊的法規。十月十五日，中華民國的大陸政策作了重大的轉變，行政院終於通過「赴大陸探親辦法」，當時開放大陸探親係基於三項考慮層面（丁樹範，1992：5-7）：

1. 人道與內政的壓力：當時反對黨已動員老兵爭取返鄉探親，使中國國民黨擔心喪失老兵的支持，開放探親乃具有化解社會壓力，又能達到人道的目標。
2. 想對大陸採取攻勢作爲：希望以「官民分離」及「社會先行」的策略改變中國大陸，爭取到兩岸競爭的長期優勢，以確保臺灣地區的安全。
3. 想化解臺灣內部台獨意識的壓力：希望開放探親可以讓臺灣的居民，重新認識臺灣與中國文化的連貫性。

　　臺灣方面宣布開放大陸探親之時，正好也是中國大陸方面提出「外向型經濟的沿海發展戰略」的時候，大陸迫切需要臺灣的資金、技術，

而臺灣方面也正開始遭遇對美貿易的困境[11]，迫切需要大陸的勞力與市場，兩岸交流也就在這種高度的默契中展開。兩岸交流之門既經打開，兩岸民間的各種經貿、文化交流也就自發地迅速發展，兩岸關係也就正式邁向交流時代。

一九八八年一月十三日蔣經國去世，李登輝繼任總統，同年七月十二日，中國國民黨第十三次全國代表大會通過「現階段的大陸政策案」，該項決議案提出了「立足臺灣，放眼大陸，胸懷全中國」的概念，旨在強調建立一個完善民主的臺灣，以作為將來統一大陸的基礎，但仔細分析該文並未提出任何具體的大陸政策。

一九九○年，李登輝就任中華民國第八任總統後，於六月二十八日至七月四日召開國是會議，俾凝聚臺灣內部各方面的意見（主張臺灣獨立的人士也在受邀之列）。關於兩岸關係與大陸政策總結報告，茲整理如下：

1. 共識部分：肯定「兩府」的現實，即臺灣與大陸地區是分別擁有統治權的政治實體；兩岸交流中，功能性的交流從寬，政治性的交流從嚴；兩岸間的談判，功能性（非政治性）的談判可以開始，以「中介團體」對等談判為宜，政治性的統一談判時機未到；應從速設立專責的政策機構和政府授權的中介團體。

2. 分歧部分
   (1)「一國」
      A.有人認為中國的主權屬於全體中國人民，中華民國擁有整個中國的主權。
      B.有人認為臺灣的主權屬於臺灣人民；沒有人認為臺灣的主權屬於中華人民共和國。
   (2)「統一」
      A.有人認為應走三民主義統一之途。
      B.有人認為在臺灣人民自主決定下，逐步走向統一。

　　C.有人認為應逐步以大陸與臺灣兩個對等的主權，走向一族兩國。

　　八月三十一日，當時的行政院院長郝柏村在立法院進行施政報告時，便提出「一國兩地區」（簡稱「一國兩區」）的概念，便屬國是會議共識中，「兩個政治實體」概念的具體化[12]。九月二十一日，中華民國總統府以任務編組方式設置「國家統一委員會」（簡稱「國統會」）。一九九一年一月二十八日，總統公布實施「行政院大陸委員會組織條例」，行政院「大陸委員會」（簡稱「陸委會」）乃正式成立；二月九日，行政院大陸委員會核准民間團體「財團法人海峽交流基金會」（簡稱「海基會」）成立。三者的分工如**表3-4**所示（行政院大陸委員會編，1997）。

　　二月二十三日，國家統一委員會制定「國家統一綱領」，三月十四日經行政院院會通過實施。「國家統一綱領」旨在確定於理性、和平、對等、互惠的原則下，分階段逐步達到兩岸統一的目標，乃中華民國政府推動大陸政策的最高指導原則，全文如下：

壹、前言

　　中國的統一，在謀求國家的富強與民族長遠的發展，也是海內外中國人共同的願望。海峽兩岸應在理性、和平、對等、互惠的前提下，經過適當時期的坦誠交流、合作、協商，建立民主、自由、均富的共識，

表3-4　中華民國政府對大陸工作的法制組織機構

隸屬機構	機構名稱	職權
總統府	國家統一委員會 （國統會）	決策單位
行政院	行政院大陸委員會 （陸委會）	規劃和協調單位
受政府委託執行公權力的民間單位	財團法人海峽交流基金會 （海基會）	直接與中共交涉的仲介單位

共同重建一個統一的中國。基此認識，特制定本綱領，務期海內外全體中國人同心協力，共圖貫徹。

貳、目標

　　建立民主、自由、均富的中國。

參、原則

　　一、大陸與臺灣均是中國的領土，促成國家的統一，應是中國人共同的責任。

　　二、中國的統一，應以全民的福祉爲依歸，而不是黨派之爭。

　　三、中國的統一，應以發揚中華文化、維護人性尊嚴、保障基本人權、實踐民主法治爲宗旨。

　　四、中國的統一，其時機與方式，首應尊重臺灣地區人民的權益並維護其安全與福祉，在理性、和平、對等、互惠的原則下，分階段逐步達成。

肆、進程

　　一、近程：交流互惠階段

　　　　1.以交流促進了解，以互惠化解敵意；在交流中不危及對方的安全與安定，在互惠中不否定對方爲政治實體，以建立良性互動關係。

　　　　2.建立兩岸交流秩序，制定交流規範，設立中介機構，以維護兩岸人民權益；逐步放寬各項限制，擴大兩岸民間交流，以促進雙方社會繁榮。

　　　　3.在國家統一的目標下，爲增進兩岸人民福祉，大陸地區應積極推動經濟改革，逐步開放輿論，實行民主法治；臺灣地區則應加速憲政改革，推動國家建設，建立均富社會。

　　　　4.兩岸應摒除敵對狀態，並在一個中國的原則下，以和平方式解決一切爭端，在國際間互相尊重，互不排斥，以利進入互信合作階段。

　　二、中程：互信合作階段

1.兩岸應建立對等的官方溝通管道。

2.開放兩岸直接通郵、通航、通商，共同開發大陸東南沿海地區，並逐步向其他地區推展，以縮短兩岸人民生活差距。

3.兩岸應協力互助，參加國際組織與活動。

4.推動兩岸高層人士互訪，以創造協商統一的有利條件。

三、遠程：協商統一階段

成立兩岸統一協商機構，依據兩岸人民意願，秉持政治民主、經濟自由、社會公平及軍隊國家化的原則，共商統一大業，研訂憲政體制，以建立民主自由均富的中國。

茲將「國家統一綱領」的重點分析如下：

1.「一國」：指一個統一的中國，統一的重點是中國能夠統一在「民主」、「自由」、「均富」的基礎上；具體而言，「一個中國」的最終目標是指「政治民主化」、「經濟自由化」、「社會多元化」和「文化中國化」。

2.「二區」：承認目前海峽兩岸確實分屬兩個不同地區的現實，而且是兩個「對等」的政治實體，並各自分別享有治權，但這兩個不同的區域都屬於中國的領土。

3.「三階段」：由於兩岸分治已久，政治、社會、經濟狀況差異極大，立即進行國家統一相當困難；因此，要分「三階段」來實現。那就是：近程（交流互惠階段）、中程（互信合作階段）、遠程（協商統一階段）。

4.「四原則」：指兩岸在分階段完成統一大業的過程中，必須要確實掌握「理性」、「和平」、「對等」、「互惠」四原則。

「國家統一綱領」的通過，象徵中華民國政府的大陸政策已經完全具體化，有了清晰的大陸政策方針，進行憲政修改時，便能據此將大陸政策與兩岸關係事務入憲。四月二十二日，第一屆國民大會第二次臨時

會通過廢止在臺灣實施了四十三年的動員戡亂時期臨時條款，並同時通過十條的憲法增修條文；五月一日，總統李登輝公布廢止「動員戡亂時期臨時條款」，同時公布施行「憲法增修條文」。其中，增修條文第十條，即闡明臺灣地區與大陸地區間人民權利義務的關係及其他事務之處理，而讓往後的大陸政策與兩岸關係事務有了公開明確的法律根據。一九九二年七月三日，立法院並據此三讀通過「臺灣地區與大陸地區人民關係條例」，而成為中華民國處理大陸政策與兩岸關係事務的最高指導原則；至此，中華民國對大陸工作組織與基本法制建設，已全部建構完成。

(五) 影響與評估

第一，總統的「緊急命令」與「為決定國家安全有關大政方針，得設國家安全會議及所屬國家安全局」兩項權力，可謂沿襲動員戡亂時期臨時條款而來。但令人質疑的是既然花費極大心力才廢除動員戡亂時期臨時條款，又何不回歸中華民國憲法，而另訂中華民國憲法增修條文？如此無異換湯不換藥，只是把「動員戡亂時期臨時條款」更名為「中華民國憲法增修條文」，其實質意義何在？其實，中華民國憲法本身即屬「修正式內閣制」，並非不可行的制度，如今修憲者一再畫蛇添足，疊床架屋，實心態可議。

第二，論者謂此次修憲是「中國國民黨一黨修憲」，主要是中國國民黨在國民大會的代表有五一○席，席次佔國民大會代表出席總額87％，遠超過主導修憲所需的出席代表「四分之三」之決議。換言之，此種席次上的懸殊優勢，使中國國民黨完全主導修憲的運作。而在野勢力只能透過肢體抗爭與議程干擾來凸顯其立場，於是會議期間先後爆發「民主進步黨國民大會黨團退出第一屆國民大會第二次臨時會」(國民大會秘書處，1991：45-7)、「四一七群眾運動」(《聯合報》，1991/04/18-9)、「無黨籍增額國民大會代表退出第一屆國民大會第二次臨時會」(國民大會秘書處，1991：17-9)，往後便在中國國民黨國民大會黨團幾

近一黨修憲的基礎上，於四月二十二日所舉行的第六次會議中通過了
「中華民國憲法增修條文」，並以起立決的方式通過「廢止動員戡亂臨時
條款」。然平心而論，該次修憲事實上是以國是會議的共識作基礎，執
政黨已在民主程序上盡其努力，這點可由執政黨盡力撫平「資深代表提
擴增僑選代表案」（《中國時報》，1991/04/03：3；1991/04/04：2）、「護
憲會資深國民大會代表的活動」（《中國時報》，1991/04/04：2）看出。

　　第三，本次修憲實為民眾的期待和象徵法統的「未改選資深中央民
意代表」的凋零所致，並藉由大法官釋字二六一號的解釋，讓第一屆國
民大會代表必須在一九九一年十二月三十一日終止行使職權。為了使這
些未改選的資深中央民意代表順利退職，俾達到和平轉移政權，政府提
案讓立法院通過「退職條例」，使每位未改選的資深中央民意代表領取
約四百萬元的退職金，並附帶優惠存款一分八厘。迄今，中華民國國庫
每年都仍需支付數億元以補貼這項利息差額。

　　第四，在本次修憲過程中，朝野協商模式的有效建立，對中華民國
政黨政治的健全發展有所裨益。即四月十七日，民主進步黨發動「反對
老賊修憲大遊行」群眾運動，為免該運動失控，中國國民黨（以宋楚瑜
等五人為代表）與民主進步黨（張俊宏等五人為代表）於午夜十二時起
在西華飯店展開協商。協商結果[113]，民主進步黨在會談中及會後共同聲
明中得以傳達該黨對於憲改的基本立場，所以最後使四一七群眾運動和
平收場。修憲結束後，朝野兩黨已對協商具有共識，並擬於黨中央設立
層次更高、更具體、次數更多的制度化溝通管道，以加強雙方的溝通。

第二節　第二次中華民國憲法增修條文的制定

一、制定時間：一九九二年五月二十七日第二屆國民大會臨時會議第二十七
　　　　　　　次大會三讀通過
二、制定地點：台北市陽明山中山樓

三、公布時間：一九九二年五月二十八日總統（81）華總（一）義字第二六
　　　　　　　　五六號令公布

四、本節摘要：第二次中華民國憲法增修條文的主要增訂內容如下：其一，
　　　　　　　　調整國民大會職權，以利政權與治權之運作；其二，明定總
　　　　　　　　統、副總統由中華民國自由地區全體人民選舉之原則，惟其
　　　　　　　　選舉方式，則由總統於一九九五年五月二十日起召集國民大
　　　　　　　　會臨時會決定之；其三，司法院大法官增設憲法法庭，以審
　　　　　　　　理政黨違憲之解散事項；其四，調整考試院職權，公務人員
　　　　　　　　任免、考績、級俸、陞遷、獎懲之法制事項，歸由考試院主
　　　　　　　　管，至於其執行事項，則由用人及有關機關主管，以劃清權
　　　　　　　　責，增進效率；其五，對監察院重新定位為國家最高監察機
　　　　　　　　關，而非民意機關，使其專司糾舉、彈劾與審計，其同意權
　　　　　　　　則改由國民大會行使，並減少監察委員人數，廢除地區分
　　　　　　　　配，俾能充分發揮監察功能；其六，依據實際需要，明定直
　　　　　　　　轄市市長及臺灣省省長，改由人民直接選舉，以貫徹地方自
　　　　　　　　治法制化精神，落實地方制度方案；其七，充實基本國策，
　　　　　　　　保障殘障者與山胞權益，並加強經濟、科技發展與環境保
　　　　　　　　護，以增進國家建設與人民福祉

一、肇因

　　一九九一年四月二十二日第二屆國民大會第二次臨時會第六次大
會，三讀通過中華民國憲法增修條文第一條至第十條，其中第五條規
定：「國民大會第二屆國民大會代表應於中華民國八十年十二月三十一
日前選出。其任期自中華民國八十一年二月一日起至中華民國八十五年
國民大會第三屆於第八任總統任滿前依憲法第二十九條規定集會之日
止，不受憲法第二十八條第一項之限制。依動員戡亂時期臨時條款增加
名額選出之國民大會代表，於中華民國八十二年一月三十一日前，與國

民大會第二屆國民大會代表共同行使職權。」中央選舉委員會乃據以辦理第二屆國民大會代表之選舉，於一九九一年十二月二十一日順利完成，同月二十二日公告當選第二屆國民大會代表三二五人名單。第二屆代表在第一屆代表退職後，於一九九二年一月一日依法親持當選證書向國民大會辦理報到，此乃本次臨時會召集之依據。

其實，早在一九九一年五月一日，第一屆國民大會完成第一階段修憲。八月十四日，中國國民黨成立「第二階段憲改策劃小組」，成員如表3-5所示。

八月二十七日，中國國民黨第二階段修憲策劃小組召開第一次會

表3-5　中國國民黨第二階段修憲組織成員分工表

組別	成員名單
修憲策劃小組	召集人：李元簇（副總統） 成　　員：郝柏村（行政院院長）、蔣彥士（總統府秘書長）、林洋港（司法院院長）、李煥（總統府資政）、黃尊秋（監察院院長）、蔣緯國（國家安全會議秘書）、宋楚瑜（國民黨中央委員會秘書長）、梁肅戎（立法院院長，後卸任）、林金生（考試院副院長）、邱創煥（考試院院長）、連戰（臺灣省省主席）、朱士烈（國民大會秘書長，後卸任）、施啓揚（行政院副院長）
研究分組	學者專家：蔡政文、吳庚、蘇俊雄、王友仁、荊知仁、謝瑞智、蘇永欽、李念祖、郎裕憲、姚立明 監察委員：張文獻 立法委員：洪玉欽、李宗仁、劉興善、丁守中 國大代表：趙昌平、葉金鳳、汪俊容、孫禮光 黨務主管：林棟、陳金讓、祝基瀅、華力進 政府官員：施啓揚、汪道淵、吳伯雄、董世芳、馬英九、陳水逢
協調分組	政府官員：蔣彥士、邱進益、邵玉銘、蕭天讚 地方議長：簡明景、陳田錨、陳健治 監察委員：林榮三、柯明謀 立法委員：洪玉欽、王金平、黃主文、沈世雄、饒穎奇、陳癸淼、黃正一、蕭金蘭 國大代表：脫德榮、謝隆盛、陳川、陳璽安、許石吉、林詩輝、李伯元、周勝彥、王應傑、蔡淑媛 黨務主管：鄭心雄、林棟、陳金讓、祝基瀅、王述親、簡漢生、黃鏡峰

資料來源：高永光，《修憲手冊》，台北：民主文教，1991/11，頁38-9。

議，決定分五大議題研究：(1)研究有關總統選舉與國民大會問題；(2)研究有關總統、行政院及立法院之關係問題；(3)研究有關考試院及監察院問題；(4)研究有關地方制度及中央權限劃分問題；(5)研究其他有關憲法修改問題（《聯合報》，1991/08/28：2）。各議題的小組召集人、成員及撰稿人亦經定案，並決定最遲於十月初提出利弊分析。茲就五大議題的內容與中央政府體制相關的重要部分簡述如下。

（一）總統、副總統選舉方式（兩案）

■委任代表選舉制

即指總統、副總統由國民大會代表集會選出，但國民大會代表候選人登記時，應同時登記其所支持之總統、副總統候選人，並載明於選舉公報及選票。國民大會代表當選人必須依其登記投票選舉總統、副總統，屆時若不依其登記投票或未投票者，仍視為其原登記支持之總統、副總統候選人之選票。但遇總統、副總統補選時，則不適用此項規定。總統、副總統之選舉，以獲國民大會代表較多數票者為當選；票數相同時，以候選人所得選票中，非由政黨比例方式選出之國民大會代表，其當選時所得選民票數之和較多者為當選。總統、副總統補選時，以獲得國民大會代表總額過半數票者為當選。

■直接民選制

即由全體選民選舉總統、副總統，以獲得全體選民有效票過半數者為當選。

（二）國民大會職權

憲法賦予國民大會的主要職權有總統、副總統的選舉與罷免權、行使創制、複決權和修憲等權。其中創制、複決權因長期被凍結使用，一旦總統、副總統直接民選之後，將再失去選舉權，則國民大會續存的必要性就相當可議了；即使國民大會接受委任直選方式，其功能勢必成為

美國總統選舉人團。爲考慮國民大會代表對弱化其職權可能產生的反彈，憲改小組乃決定增加「國民大會集會時，得聽取總統國情報告，檢討國是，提供建言；如遇國民大會一年內未集會，亦得由總統召集臨時會，聽取國情建言及檢討國是，提供建言」此一條文；同時，又因應監察院性質的調整，把原屬於監察院對司法、考試兩院人事的同意權，劃歸國民大會行使；並將國代任期縮爲四年以配合總統任期的改變。

（三）總統、行政院與立法院之間的關係（三案）

■ 現制改良案

1. 行政院院長依慣例於新任總統就職前總辭。
2. 總統與行政院權限劃分，原則上維持原先憲法條文及增修條文不變，且行政院爲國家最高行政機關與立法院爲國家最高立法機關的職掌和相互關係，原則上也不予修正。
3. 行政院院長副署範圍加以改進；總統發布任免行政院院長之命令，無需經行政院院長之副署。
4. 立法院每會期開議，行政院院長向立法院提出施政方針及施政報告後，立法委員之口頭質詢應於　定時間內完成。
5. 覆議案經立法院維持原決議時，行政院院長除依原規定接受該決議或辭職外，得經總統核可解散立法院，重新辦理立法委員選舉。

（本案明確規範行政院長要隨總統的新任總辭，並縮小行政院院長有關本身人事案的覆議權等，都將使總統對新內閣的組成有充分的人事權；同時，行政院院長也得以在經總統核可的情況下解散立法院，而達到平衡行政、立法兩權的關係。）

■ 總統制調整案

1. 總統直接民選，對外代表國家，對內爲最高行政首長；總統之下

設各部會,由總統主持國務或內閣會議。

2.總統發布命令、公布法律無需副署,宣告戒嚴、發布緊急命令等
權均歸總統行使。

3.總統每年至立法院發表國情咨文,但立法委員無質詢權。

4.總統對立法院通過之法律案或預算案,認為窒礙難行,得移請覆
議。

(本案勢必修改頗多條文。)

■內閣制調整案

1.總統應提名立法院多數黨所支持之人選為行政院院長,且無免職
權。

2.立法委員得兼政務官,多數政務官應具有立法委員身分。

3.行政院院長掌理行政實權,總統統而不治,成為虛位元首,國家
安全會議裁撤。

4.立法院與行政院互有不信任投票與解散立法院之權。

(本案勢必修改頗多條文。)

(四)總統選舉方式對中央政府體制的配合問題(三案)

1.總統選舉方式如採現行的法定代表制,則中央政府體制以採現制
改良案,較為適宜。另二案皆較不適宜。

2.總統選舉方式如採委任直選制,則中央政府體制以採現制改良案
或總統制調整案較為適宜,採「內閣制」較不適宜。如採委任直
選及現制改良案,則:

(1)國民大會保留,其職掌原則上不予更動。

(2)中央政府體制可維持五權分立基本架構。

(3)憲法修改幅度較小。

(4)可維護政治安定、憲政改革穩定發展。

3.總統選舉方式如採公民直選制,則中央政府體制以採總統制案比

較適宜，則：

(1)國民大會無保留必要，其原有職掌另行調整。

(2)中央政府五權分立基本架構無法維持，必須全面調整。

(3)憲法必須大幅度修改，始能調整為總統制。

(4)中央政府體制重大變更，政治生態失去平衡，影響政治安定。

（五）考試院

■考試院職權之變更（三案）

1. 甲案依據憲法第八十三條之精神，確定考試院為國家最高考試機關及人事行政機關；將人事行政局劃歸考試院。本案可以說是回歸憲法的精神。

2. 乙案則是擬將考試院的職權作調整，規定考試院為國家最高考試機關，掌理下列事項：(1)考試；(2)公務人員之銓敘、保障、撫卹、退休；(3)公務人員之任免、考績、級俸、陞遷、褒獎之法制事項。而公務人員之任免、考績、級俸、陞遷之執行，由各用人及有關機關分別主管；公務人員待遇、養老事項由行政院主管。本案基本是在增修條文中反應現有的運作狀況。

3. 丙案則劃分考試權與人事行政權，考試院除掌理考試外，其餘事項由行政院主管。

■考試分省定額制的取消

因應政府遷台、此項制度無法實施的實際情況。此外，牽涉國民大會職權的變更，考試院正、副院長暨考試委員的人事任命同意權將轉移到國民大會。

（六）監察院（兩案）

即維持現狀或將監察院修正為專司彈劾的機關，修憲策劃小組傾向後者。即讓監察院只司監察、彈劾、審計等權，同時將同意權交出；此

外，監察委員的產生也改由總統提名、國民大會同意，並提高監察委員的資格。實際的設計是使監察院不再是國會暨中央民意機構，原先第一階段修憲中有關第二屆監察委員的選舉方式和名額亦同時停止適用。另外，有關彈劾公務人員或總統副總統的提議、議決人數的門檻也予以提高，並將糾彈的範圍擴展到已不具民意代表身分的監察委員本身，惟原先憲法對於監察委員的言論免責權與非現行犯不得逮捕或拘禁的保障權，也因監察委員已不具民意代表身分而取消。同時，為避免黨派運作影響糾舉彈劾的公正性，也建議修法規定監察委員需超出黨派之外，獨立行使職權。

（七）司法院

1. 設立憲法法庭，以審理政黨違憲事項。
2. 因應前述國民大會職權之調整，同時也因應監察院變為非民意機關，並將同意權交出的這個變化，而建議把司法院院長、副院長與大法官的任命方式，改為由總統提名、經國民大會同意任命之[14]。

　　一九九一年十二月二十一日，選舉第二屆國民大會代表，選舉結果如**表3-6**所示；此外，中國國民黨再加上第一屆增額國民大會代表六十四席，總共三一八席。民主進步黨再加上第一屆增額國民大會代表九席，總共七十五席。換言之，第二屆國民大會代表選舉，執政的中國國民黨大勝，佔總席次四〇三席的79%，明顯超過通過憲法修正案所需的「四分之三」多數；反觀，民主進步黨只佔總席次18%，總數未達足以否決修憲案所需的四分之一議席，甚至必須聯合全部在野力量（無黨籍五席、非政黨聯盟四席、民社黨一席），才勉強達到法定五分之一的提案權。在這種情形下，中國國民黨已充分掌控一九九二年第二階段修憲之絕對主導權。

表3-6　第二屆國民大會代表選舉之席次與比例表

	政黨 得票數	政黨 得票比率	華僑政黨 分配名額	全國不分區 政黨分配名額	當選席次
中國國民黨	6,053,366	71.17%	15	60	254
民主進步黨	2,036,271	23.94%	5	20	66
全國民主 非政黨聯盟	193,234	2.27%	0	0	3
無黨籍	655,751	2.62	0	0	2
合計	8,938,622	100%	20	80	325

註：政黨得票未達5%或未獲席次或無黨籍者均未計列於本表

資料來源：國民大會秘書處，《第二屆國民大會臨時會實錄》，台北：國民大會秘書處，1992，頁38-43。

二、過程

（一）第二屆國民大會臨時會之召集

第二屆國民大會第一次臨時會進行程序詳**表3-7**。

一九九二年三月二十日，第二屆國民大會臨時會在台北市陽明山中山樓中華文化堂揭幕。上午九時，到會出席代表二四五人，已足本會組織法第八條規定之開議人數，典禮開始前，代理秘書長陳金讓向大會報告以下事項（國民大會秘書處，1992：78-9）：

1. 本年二月九日總統令，茲依據中華民國憲法增修條文第六條之規定，第二屆國民大會臨時會定於一九九二年三月二十日集會。
2. 根據內政部本年三月六日函告：本次臨時會能應召集會之國民大會代表人數為四〇三人。現有代表總額應為四〇三人。
3. 本次臨時會已報到代表人數為四〇三人，本日出席代表人數為三六七人，已足法定開議人數。
4. 本次會議開會典禮主席，業經準備會議推定陳代表重光擔任。現在請陳代表重光先生就主席位。

表3-7　第二屆國民大會第一次臨時會進行程序

階段	日期	工作項目
第一階段	3/20-3/25	舉行預備會議，確定代表席次安排，選舉主席團。
第二階段	3/26-4/1	舉行大會，通過正副秘書長人選，修訂國民大會議事規則及委員會組織規章。
第三階段	4/2-4/10	政府部會首長報告，並提出建議。
第四階段	4/11-4/27	舉行大會及審查會，進行修憲案之一讀及審查。
第五階段	4/28-5/6	舉行大會及審查會，進行一般提案之審查與討論。
第六階段	5/7-5/15	舉行修憲案之二讀與三讀。

資料來源：國民大會秘書處，《第二屆國民大會臨時會實錄》，台北：國民大會秘書處，1992。

　　接著，主席陳重光、總統李登輝先後致詞；然在此時，民主進步黨黨籍國民大會代表穿著紫色背心，持載明「廢除黑名單」、「廢除國民大會」、「制定新憲法」等綠色布條，使會場氣氛凝重而緊張。李登輝致詞結束後離開會場，民主進步黨黨籍國民大會代表即開始用閩南語高喊「總統直選」，並衝向台前要把布條交給總統李登輝。所有民主進步黨黨籍國民大會代表亦拒絕出席總統李登輝的午宴款待。

　　隨後在三月二十日至二十三日的會期中，民主進步黨黨籍國民大會代表經常衝上前台，將桌椅安放在台上，坐著抽煙，將麥克風搶在手上，將中國國民黨黨籍國民大會代表逼下台。二十四日，在選舉主席團時，中國國民黨贏得二十六席，掌握了主席團議事的優勢。但是在投票前朝野雙方衝突加強，場面火爆，對峙情形嚴重。原定上午舉行的選舉，拖到晚上六時才開始投票。選舉結果，民主進步黨只佔主席團六席，對議事進程不足以造成任何影響。二十六日，朝野兩黨代表一直爭論不休。中國國民黨黨籍國民大會代表王百祺數度辱罵民主進步黨黨籍國民大會代表蘇治洋，引起民主進步黨女性國民大會代表強烈不滿，而要求王百祺公開道歉。二十八日，朝野國民大會黨團決定在議場內建立制度化的協商管道，以化解國民大會議場內衝突，各推六位代表於出現議事糾紛時，立即出面協調。同日，民主進步黨中央黨部召開中常會；

會中，民主進步黨認為李登輝在中國國民黨內保守勢力的壓力下，為了遷就政治現實，而極可能擱延總統直選的議案，因此決定於四月十九日結合各社運團體，舉辦全省各縣市同步遊行，以擴大抗爭層面。對於國民大會臨時會的策略亦確立兩大原則：

1. 為了推動總統直選，在議場內可以拱手讓出主導權，與執政黨直選派合作結盟。
2. 在議場外，民主進步黨以各種形式的群眾運動累積社會力量，做為議場內推動總統直選的籌碼。

四月十二日，立法委員李勝峰於立法院審查國民大會預算時批評國民大會只會要錢、擴權，沒有人搞得懂國民大會代表在幹什麼，並說：「像王應傑（國民大會代表）之類的，把他擺到一邊去，像垃圾堆把他丟掉一樣，不理他。」（《自立早報》，1992/04/14：2）而引發了國民大會與立法院之間的「互批」事件。隔日，王應傑上台發言時說：「如果我是垃圾，李勝峰就是蟑螂，一直在垃圾堆中長大。」（《聯合報》，1992/04/15：2）王應傑每罵一句，台下國民大會代表們就起而響應，一片掌聲。此即所謂的「垃圾、蟑螂大戰」事件，亦造成國民大會與立法院之間的心結，並導致此次關於「立法委員任期延長四年」的修憲案無法通過。

四月十九日，民主進步黨黨團召集人黃信介帶領部分黨籍國民大會代表到總統府前請願，要求晉見總統李登輝，表達公民直選總統的主張，引起軍警的包圍，雙方緊張對峙了一整天仍然無功而返。二十日，舉行「四二〇」大遊行，並以「一人一票，總統直選」作為訴求。下午四時左右，隊伍經過台北車站即休息整隊，不再前進。決策小組便決定在台北火車站附近就地靜坐抗爭。二十二日晚上，警政署長莊亨岱召開記者會，做最後的鄭重呼籲，希望群眾主動解散，否則警方將會採取強制驅散的行動。午夜時分，火車站前群眾終於離散全空。

（二）提案與讀會

本次臨時會主要任務乃因應國家統一前之需要，在不修改憲法本文與不變更五權憲法架構之原則下，繼一九九一年四月第一屆國民大會第二次臨時會完成第一階段憲法增修條文第一條至第十條條文之後，體察社會脈動，依循海內外國民公意，適應國家政治情勢發展，積極推動憲政改革，進行第二階段修憲工作。

本次臨時會秘書處自一九九二年三月十日代表開始報到起，至四月十日中午十二時截止，共收受代表所提合於憲法第一七四條第一款修憲程序之修憲提案總計一五五案。依照「國民大會議事規則」第十六條規定程序，完成收受提案手續後，分別提報主席團核議，最後統計尚有一二一案修憲提案（國民大會秘書處，1992：346-61），列入一讀會議事日程。

秘書處依照議事規則所訂程序，並按大會通過的日程表，將本次臨時會代表所提合於憲法規定之修憲提案，列入四月十五日第十二次大會之一讀會議程。惟因權宜問題之發言及「國民大會旁聽規則」之討論，而延後至四月十七日第十四次大會始正式進入修憲之一讀會議程。一讀會開始，主席郭柏村首先宣布朗讀修憲提案各案案由，朗讀完畢，相繼有陳宗仁、高光承等九位代表針對議案發言。

四月二十日上午第十五次大會，預定進行一讀會大體討論，開會前，主席孫榮吉宣布出席人數未達三分之二的法定修憲人數，經二次延長時間仍未足三分之二出席人數後，宣布改開談話會。引起代表對於第一讀會是否應有代表三分之二出席始得開議這個問題的熱烈討論，最後主席裁示有關一讀會出席人數疑義一事，提交主席團解釋。四月二十一日，主席團第八次會議經討論後作成決議：「本案本次主席團會議不做決定，仍以現行三分之二出席人數來努力進行一讀會。於閉會後成立專案小組研究。」隨後數天皆進行一讀會的大體討論，由各提案人說明要旨；最後，討論完畢，共有一二一案列入一讀會議事日程，並已完成一

讀會程序，依照議事規則第四十三條規定交第一審查委員會審查。

　　大會完成全部修憲提案一讀會程序，有蘇永欽等三十一位代表提臨時動議：「在修改本會議事規則前，建立主席團行使規則第七十三條解釋權時，邀請聲請人或關係人代表到會做簡短說明或提出書面說明之慣例。書面說明並應列入主席團會議紀錄作為附件，以保障主席團解釋之品質。」經討論後，大會作成決議：交主席團研究。本案經送交四月三十日主席團第九次會議討論，並經決議：「主席團於解釋議事規則時，得視實際需要，決議邀請相關人員到會說明。」

　　依照「國民大會議事規則」第四十三條第二項規定，修憲提案經第一讀會大體討論後，應即交付審查。又依據「國民大會提案審查委員會組織規程」第二條規定，提案之審查分設八個委員會，其中第一審查委員會審查關於憲法之提案及不屬於其他審查委員會之提案。本次臨時會共收到合於憲法規定之修憲提案一二一件，經依照國民大會議事規則第十六條規定之程序送交主席團決議提請大會討論，旋經四月十七日、四月二十日、四月二十一日、四月二十二日第十四、十五、十六、十七次四次大會，進行朗讀議案、提案人要旨說明及解釋疑義等一讀會程序後，大會決議：修憲提案一二一件交第一審查委員會審查。第一審查委員會當即依照國民大會提案審查委員會組織規程及國民大會議事規則等有關規定，進行修憲提案之審查工作。

　　四月十四日舉行第一次會議，首先選出召集人十一人，隨即召開召集人第一次會議，研商對於修憲提案審查方式，決定採全體委員會議集體審查方式進行。為使議案審查進行順利，召集人會議決議爰就所有修憲各案之案號順序，依其「內容性質相同」及「前案吸收後案」與「全體吸收部分」之原則，併為十八項，編列為「第一審查委員會審查修憲各案彙編」資料一種，提報第一次審查會議通過後，據以依序進行審查。

　　第一審查委員會按大會通過之日程表，於四月十三日舉行第二次會議開始審查修憲提案，計先後舉行全體委員審查會議八次、召集人會議

五次；五月四日舉行第九次會議，全部審查工作遂告完成（國民大會秘書處，1992：393-402）。主席隨即宣布：「現在修憲提案全部審查完畢，依議事規則第五十四條規定，應將議案審查之經過及其結果，給具報告書，送經主席團提請大會討論決定，並推定召集人一人向大會說明。」

依照國民大會議事規則第十八條第一項規定：「修改憲法之提案同審查報告書送由主席團交秘書處印送各代表。」第一審查委員會於提案之審查後，即召開召集人第五次會議，確定審查報告格式與內容最後由召集人審定通過。審查報告本文分為「審查範圍」、「審查方式」、「審查經過」附有「建請大會進行二讀討論決定之中華民國憲法增修條文一覽表」、「建請大會不予討論之修憲提案一覽表」及「第一審查委員會委員對修憲提案聲明保留大會發言權一覽表」等三項附件（國民大會秘書處，1992：403-12）。

五月十五日國民大會臨時會召開第十九次大會，進行修憲提案第二讀會議程。依照國民大會議事規則第四十四條第一、二兩項規定：「第二讀會就審查完竣之議案，於審查委員會說明其審查之經過及結果，經廣泛討論後，依次逐條提付討論議決。前項議決以代表總額三分之二之出席，出席代表四分之三之決議行之。」二讀會開始，首先宣讀第一審查委員會審查報告書第一號內容，宣讀完畢，大會主席陳璽安向大會報告：「依照議事規則規定，先請第一審查委員會召集人曾永權說明審查經過及審查結果。」代表曾永權說明審查經過及審查結果，其說明要點如次：

1.第一審查委民會依照「國民大會提案審查委員會組織規程」及「國民大會議事規則」等有關規定，進行審查本次臨時會第十七次大會所交付本委員會審查之修憲提案共計一二一件。

2.審查結果分為三部分：

(1)建請大會進行二讀討論決定者，計有三十一件。

(2)建請大會不予討論者，計有八十二件。

(3)同意原提案人請求撤回改為一般提案，送請相關委資會審查
　者，計有七件。

　　代表曾永權報告完畢，主席宣布：「依照國民大會議事規則第十八
條規定：『各代表於收到審查報告書起五日內，可以對於審查結果提出
修正案。』」五月十五日第十九次大會，在經第一審查委員會召集人說
明審查經過及結果、秘書長報告修正案收受情形，及確定審查結果之處
理程序後，接著進行對修憲提案審查結果與條文內容之廣泛討論。大會
首先處理第一審查委員會審查報告建請大會不予討論之修憲提案，共有
八十二件。依照大會先前之決議，對未保留發言權之五十一件修憲提
案，大會已決定不予討論；對於有委員保留發言權之三十一件修憲提
案，則由大會逐案決定是否予以討論。五月十六日下午繼續第二十次大
會議程，在對審查報告建請大會不予討論部分處理完畢後，主席沈銀和
宣布進行第一審查委員會審查報告審查結果第一項「建請大會進行二讀
討論決定之中華民國憲法增修條文」之討論。

　　對於上項憲法增修條文討論順序，秘書處依照審查報告及其修正案
之資料，編印「第一審查委員會審查結果延請大會進行二讀之增修條文
與各修正案所提之修正條文對照表」乙種，提供大會進行二讀討論之參
考。嗣有代表提出會議詢問；對此，主席徵詢大會意見，作成兩項決
議：

1.憲法修改之體例問題，本次臨時會是否沿用憲法增修條文之方
　式，經徵詢大會無異議通過。

2.有關二讀會的討論方式，是否依國民大會議事規則第四十四條先
　廣泛討論後，再逐條討論議決，經徵詢大會同意，先就五十一案
　之全部，同時進行二讀會的廣泛討論，再逐案討論，逐條議決。

　　五月十九日第二十一次大會，繼續進行二讀會廣泛討論，會中有溫

錦蘭、楊吉雄等七位代表針對二讀會討論方式提出會議詢問，經主席一一答覆並處理後，隨即宣布進行就第一審查委員會審查結果第一項建請大會進行二讀之修憲各案增修條文廣泛討論。及至二讀會廣泛討論完畢，五月二十一日第二十三次大會，進行第二讀會逐條討論議決之議程，該議程經秘書長依照五月十九日主席團第十三次會議之授權，擬具六項具體建議文字，報告大會並經大會同意，照此原則進行。六項建議如次（國民大會秘書處，1992：419-20）：

1. 二讀會以第一審查委員會審查結果為逐條討論議決之基礎。
2. 二讀會進行方式採逐條討論逐條表決之進行方式。
3. 單一條文之表決順序，如有修正案提出時，修正案先表決，審查案後表決。修正案如有兩個以上時，以距離審查案之遠近為表決先後順序：距離審查案內容最遠者先表決，次遠者次表決，依此類推，最後表決審查案。
4. 同一條文雖分列數項但無修正案提出時，仍以審查會審查結果整個條文一次表決。
5. 同一條文分列數項而又有修正案分項提出修正時，先進行分項表決；分項表決後，將可決之各項條文納入一整個之條文內，再作全條條文之表決。
6. 多數修正案之一如獲通過，勢須否決其他修正案時，其他修正各案不再付表決。

第二讀會逐條討論議決之議程，自五月二十一日第二十三次大會至五月二十六日第二十六次大會止，將第一審查委員會決議建請大會進行二讀之三十一件修憲提案，及針對審查結果提出之修正案十一件，全部討論完畢[15]。

五月二十六日第二十六次大會，對第一審查委員會建請大會二讀會討論決定之修憲提案及其修正案，均已逐條討論議決完畢。依據國民大會議事規則第四十五條規定：「第二讀會修正議決之條項文句，得由主

席團交原審查委員會或指定代表若干人整理之」，本次臨時會「二讀會議決條項文句整理小組」，前經主席團第十三次會議決議推葉金鳳擔任召集人，請董翔飛、楊振萬及主席團主席願意參加者於會後登記組成整理小組，當經整理小組就二讀會逐條討論議決通過之憲法增修條文，進行文句條項之整理，並由召集人葉金鳳隨即在第二十六次大會提出報告如次：「本次二讀會所通過的是陳重光等二四五位代表所提之修正案第二號，其原訂有增修條文之條次現因其中第十三條部分遭大會擱置，致使相關之條次及部分條文內容所引用之條文亦有所更正，因此本席在此提出整理報告。」（國民大會秘書處，1992：457）

1. 修正案第二號第十一條有關國民大會之職權部分，除第一項中之「增修條文第十四條第一項、第十五條第一項及第十六條第二項之規定」，整理為：「增修條文第十三條第一項、第十四條第二項及第十五條第二項之規定」外，其餘文字及條次均不變。

2. 修正案第二號第十二條，照原條文條次不變。

3. 修正案第二號第十四條有關司法院部分，條次整理為「第十三條」，內容照原條文不變。

4. 修正案第二號第十五條有關考試院部分，條次整理為「第十四條」，內容照原條文不變。

5. 修正案第二號第十六條有關監察院部分，條次整理為「第十五條」，內容照原條文不變。

6. 修正案第二號第十七條，條次整理為「第十六條」；另該條條文第一、二項中之「增修條文第十六條」均整理為「增修條文第十五條」；又第三項中之「增修條文第十四條第一項及第十五條第二項」亦整理為「增修條文第十三條第一項及第十四條第二項」；其餘文字不變。

7. 修正案第二號第十八條有關地方制度部分，條次整理為「第十七條」，內容照原條文不變。

8.修正案第二號第十九條，條次整理爲「第十八條」，內容照原條
　文不變。

　　條項文句整理小組報告完畢之後，主席李伯元隨即宣布：「中華民
國憲法增修條文第十一條至第十八條條文二讀會逐條討論議決業經全部
進行完畢，並經整理小組作條項文句之整理，將提報三讀會進行三讀程
序。」

　　五月二十七日第二十七次大會，進行憲法增修條文之三讀會議程，
主席林欽濃首先報告大會：「本次大會所列討論事項爲中華民國憲法增
修條文第十一條至第十八條條文案之三讀會。本案經第一審查委員會提
出審查結果連同代表所提出之修正案，依照國民大會議事規則之規定，
提經第十九次大會至第二十二次大會廣泛討論，並自第二十三次大會至
第二十六次大會依次逐條提付討論議決，業經完成二讀程序。爰依國民
大會議事規則第四十六條規定，爰於本次大會提出進行三讀程序。」

　　主席報告後，大會宣讀經過二讀並經整理小組整理條文之中華民國
憲法增修條文第十一條至第十八條全文。宣讀畢，嗣有林榮輝、莊隆
昌、江惠貞、高正治等四位代表提出權宜問題，均經秘書長予以說明。
接著針對憲法增修條文發言的有李念祖、孫榮吉等六位代表，另登記發
言未及發言而改提書面意見的有謝瑞智、張麗堂等二十四位代表。另有
王述親、謝隆盛等一七五位代表連署提出文字修正案如次：憲法增修條
文第十二條第六項：「總統、副總統均缺位時，由立法院院長於三個月
內召集國民大會臨時會補選總統、副總統，繼任至原任期屆滿爲止。」
修正爲：「總統、副總統均缺位時，由立法院院長於三個月內通告國民
大會臨時會集會補選總統、副總統，繼任至原任期屆滿爲止。」提請大
會公決。

　　本案修正要點爲在原條文「由立法院院長於三個月內召集國民大會
臨時會補選總統、副總統……」中之「召集」改爲「通告」，並在「臨
時會」下增加「集會」二字。針對本項修正案發言的有林銘德、溫錦蘭

等四位代表，討論完畢，主席宣布對本項文字修正案進行表決。清點在場人數爲二八七人，贊成上項文字修正案者二一○人，依照國民大會議事規則第四十七條之規定，經出席代表過半數之同意爲之。現已超過半數，故表決結果通過。將憲法增修條文第十二條第六項文字修正爲：「總統、副總統均缺位時，由立法院院長於三個月內通告國民大會臨時會集會補選總統、副總統，繼任至原任期屆滿爲止。」

上午十一時五十四分，主席徵詢大會同意延長開會時間至三讀會討論完畢爲止。接著，繼續處理另一個文字修正案，即翁純正等一一四位代表連署提出文字修正動議如次：「茲依國民大會議事規則第四十七條規定，就二讀會通過之憲法增修條文第十七條文字，提出修正動議，建議將其中『市』字部分均予刪除，提請大會公決。」修正動議主要修正要點，即建請將增修條文第十七條有關地方制度條文各款中「市」字均予刪除。針對本案發言的有任富勇、孫榮吉二位代表。主席宣布對本案進行表決。清點在場人數爲二七八人，贊成上項文字修正者二三五人，表決結果：多數通過，而刪除增修條文第十七條中十四個「市」字。

針對代表所提兩項文字修正案逐項處理完畢後，主席宣布：「中華民國憲法增修條文第十一條至第十八條已完成第三讀會文字修正程序，現在依照國民大會議事規則第四十六條之規定進行全案條文表決。」清點在場人數爲二八五人，表決結果：贊成者二七七人，超過四分之三之法定人數，通過。主席宣布大會最後決議：中華民國憲法增修條文第十一條至第十八條完成三讀法定程序，第三讀會至此結束。

中華民國憲法增修條文第十一條至第十八條全文，於一九九二年五月二十七日第二屆國民大會臨時會第二十七次大會三讀通過後，旋即送請當日中午召開之主席團第十五次會議，經決議照第一屆國民大會第二次臨時會通過中華民國憲法增修條文處理程序，將本次臨時會三讀通過之中華民國憲法增修條文，以主席團名義並經秘書長署名，咨請總統公布。

總統李登輝於二十八日公布實施，第二屆國民大會臨時會於三十日

閉幕，第二階段修憲至此乃告完成（國民大會秘書處，1992：458-70）。

三、條文的比較與分析

第二次中華民國憲法增修條文內容詳**表3-8**。

第二屆國民大會第一次臨時會，總共完成憲法增修條文第十一條至第十八條。這八條新增的條文，除第十七條修正地方自治事項與第十八條規定基本國策事項外，其餘六條條文皆是關於國家組織與權力結構的修正條文，涉及中央政府體制之變動部分，包括國民大會職權之擴增，總統副總統選舉、罷免辦法、任期與職權之改變以及司法院、考試院與監察院三院組織及職權之調整，而造成行憲以來國家中央政府組織結構的大幅調整。茲分述如下：

（一）國民大會

■國民大會人事同意權之取得

根據憲法增修條文第十一條第一項規定：「國民大會之職權，除依憲法第二十七條之規定外，並依增修條文第十三條第一項、第十四條第二項及第十五條第二項之規定，對總統提名之人員行使同意權。」換言之，賦予國民大會對於總統提名之司法院院長、副院長、大法官、考試院院長、副院長、考試委員、監察院院長、副院長、監察委員等總統提名人員，行使同意權。至於人事同意權之行使，則依增修條文第十一條第二項規定：「由總統召集國民大會臨時會爲之，不受憲法第三十條之限制。」故本次修憲，國民大會乃取得其對司法院、考試院、監察院三院之人事同意權。

■國民大會集會得聽取總統國情報告及提供建言

根據增修條文第十一條第三項規定：「國民大會集會時，得聽取總

表3-8　第二次中華民國憲法增修條文內容

條	條文內容	備註
11	（國民大會職權與代表之任期） 　　第一項：國民大會之職權，除依憲法第二十七條之規定外，並依增修條文第十三條第一項、第十四條第二項及第十五條第二項之規定，對總統提名之人員行使同意權。 　　第二項：前項同意權之行使，由總統召集國民大會臨時會爲之，不受憲法第三十條之限制。 　　第三項：國民大會集會時，得聽取總統國情報告，並檢討國是，提供建言；如一年內未集會，由總統召集臨時會爲之，不受憲法第三十條之限制。 　　第四項：國民大會代表自第三屆國民大會代表起，每四年改選一次，不適用憲法第二十八條第一項之規定。	本條凍結 憲法第三十條 憲法第二十八條 第一項
12	（正副總統之選舉、任期、罷免與缺位之補選） 　　第一項：總統、副總統由中華民國自由地區全體人民選舉之，自中華民國八十五年第九任總統副總統選舉實施。 　　第二項：前項選舉之方式，由總統於中華民國八十四年五月二十日前召集國民大會臨時會，以憲法增修條文定之。 　　第三項：總統、副總統之任期，自第九任總統、副總統起爲四年，連選得連任一次，不適用憲法第四十七條之規定。 　　第四項：總統、副總統之罷免，依左列規定： 　　　一、由國民大會代表提出之罷免案，經代表總額四分之一之提議，代表總額三分之二之同意，即爲通過。 　　　二、由監察院提出之彈劾案，國民大會爲罷免之決議時，經代表總額三分之二之同意，即爲通過。 　　第五項：副總統缺位時，由總統於三個月內提名候選人，召集國民大會臨時會補選，繼任至原任期屆滿爲止。總統、副總統均缺位時，由立法院院長於三個月內通告國民大會臨時會集會補選總統、副總統，繼任至原任期屆滿爲止。	本條凍結 憲法第四十七條
13	（司法院正副院長、大法官之任命與憲法法庭之組成） 　　第一項：司法院設院長、副院長各一人，大法官若干人，由總統提名，經國民大會同意任命之，不適用憲法第七十九條之有關規定。 　　第二項：司法院大法官，除依憲法七十八條之規定外，並組成憲法法庭審理政黨違憲之解散事項。 　　第三項：政黨之目的或其行爲，危害中華民國之存在或自由民主之憲政秩序者爲違憲。	本條凍結 憲法第七十九條

（續）表3-8　第二次中華民國憲法增修條文內容

條	條文內容	備註
14	（考試院職權與正副院長、考試委員之任命） 　　第一項：考試院為國家最高考試機關，掌理左列事項，不適用憲法第八十三條之規定： 　　　一、考試。 　　　二、公務人員之銓敘、保障、撫卹、退休。 　　　三、公務人員任免、考績、級俸、陞遷、褒獎之法制事項。 　　第二項：考試院設院長、副院長各一人，考試委員若干人，由總統提名，經國民大會同意任命之，不適用憲法第八十四條之規定。 　　第三項：憲法第八十五條有關按省區分別規定名額，分區舉行考試之規定，停止適用。	本條凍結 憲法第八十三條 憲法第八十四條 憲法第八十五條
15	（監察院職權、監察委員、正副院長之任命與彈劾案之提出） 　　第一項：監察院為國家最高監察機關，行使彈劾、糾舉及審計權，不適用憲法第九十條及第九十四條有關同意權之規定。 　　第二項：監察院設監察委員二十九人，並以其中一人為院長、一人為副院長，任期六年，由總統提名，經國民大會同意任命之。憲法第九十一條至第九十三條、增修條文第三條，及第四條、第五條第三項有關監察委員之規定，停止適用。 　　第三項：監察院對於中央、地方公務人員及司法院、考試院人員之彈劾案，須經監察委員二人以上之提議，九人以上之審查及決定，始得提出，不受憲法第九十八條之限制。 　　第四項：監察院對於監察院人員失職或違法之彈劾，適用憲法第九十五條、第九十七條第二項及前項之規定。 　　第五項：監察院對於總統、副總統之彈劾案，須經全體監察委員過半數之提議，全體監察委員三分之二以上之決議，向國民大會提出，不受憲法第一○○條之限制。 　　第六項：監察委員須超出黨派以外，依據法律獨立行使職權。 　　第七項：憲法第一○一條及第一○二條之規定，停止適用。	本條凍結 憲法第九十條 憲法第九十四條 憲法第九十一條 憲法第九十二條 憲法第九十三條 增修條文第三條 增修條文第四條 增修條文第五條第三項 憲法第九十八條 憲法第一○○條 憲法第一○一條 憲法第一○二條
16	（監察院新職權與三院人員任命新規定之施行日） 　　第一項：增修條文第十五條第二項之規定，自提名第二屆監察委員時施行。 　　第二項：第二屆監察委員於中華民國八十二年二月一日就職，增修條文第十五條第一項及第三項至第七項之規定，亦自同日施行。 　　第三項：增修條文第十三條第一項及第十四條第二項有關司法院、考試院人員任命之規定，自中華民國八十二年二月一日施行。中華民	

（續）表3-8　第二次中華民國憲法增修條文內容

條	條文內容	備註
	國八十二年一月三十一日前之提名，仍由監察院同意任命，但現任人員任期未滿前，無須重新提名任命。	
17	（省縣地方制度） 　省、縣地方制度，應包含左列各款，以法律定之，不受憲法第一○八條第一項第一款、第一一二條至第一一五條及第一二二條之限制： 　　一、省設省議會，縣設縣議會，省議會議員、縣議會議員分別由省民、縣民選舉之。 　　二、屬於省、縣之立法權，由省議會、縣議會分別行之。 　　三、省設省政府，置省長一人，縣設縣政府，置縣長一人，省長、縣長分別由省民、縣民選舉之。 　　四、省與縣之關係。 　　五、省自治之監督機關爲行政院，縣自治之監督機關爲省政府。	本條凍結 憲法第一○八條 第一項第一款 憲法第一一二條 憲法第一一三條 憲法第一一四條 憲法第一一五條 憲法第一二二條
18	（國家應實施之政策） 　第一項：國家應獎勵科學技術發展及投資，促進產業升級，推動農漁業現代化，重視水資源之開發利用，加強國際經濟合作。 　第二項：經濟及科學技術發展，應與環境及生態保護兼籌並顧。 　第三項：國家應推行全民健康保險並促進現代和傳統醫藥之研究發展。 　第四項：國家應維護婦女之人格尊嚴，保障婦女之人身安全，消除性別歧視，促進兩性地位之實質平等。 　第五項：國家對於殘障者之保險與就醫、教育訓練與就業輔導、生活維護與救濟，應予保障，並扶助其自立與發展。 　第六項：國家對於自由地區山胞之地位及政治參與，應予保障；對其教育文化、社會福利及經濟事業，應予扶助並促其發展。對於金門、馬祖地區人民亦同。 　第七項：國家對於僑居國外國民之政治參與，應予保障。	

統國情報告，並檢討國是，提供建言；如一年內未集會，由總統召集臨時會爲之，不受憲法第三十條之限制。」換言之，即保證國民大會每年至少集會一次。

■國民大會代表任期之變更

　　根據增修條文第十一條第四項的規定：「國民大會代表自第三屆國

民大會代表起，每四年改選一次，不適用憲法第二十八條第一項之規定。」換言之，國民大會代表任期自第三屆起，由原來的六年一任，改為四年一任，以配合總統的任期的改變。

（二）總統

■總統、副總統選舉方式的變更

根據增修條文第十二條第一項的規定：「總統、副總統由中華民國自由地區全體人民選舉之，自中華民國八十五年第九任總統、副總統選舉實施。」但由於中國國民黨內部在第二階段修憲時無法對委任直選、公民直選達成共識，故憲法增修條文第十二條第二項復規定：「前項選舉之方式，由總統於中華民國八十四年五月二十日前召集國民大會臨時會，以憲法增修條文定之。」而將總統選舉方式延至下次修憲決定，換言之，在一九九五年五月二十日以前，總統得再召開國民大會臨時會決定總統、副總統的選舉方式[16]。

■總統、副總統任期的變更

根據憲法增修條文第十二條第三項的規定：「總統、副總統之任期，自第九任總統、副總統起為四年，連選得連任一次，不適用憲法第四十七條之規定。」

■總統、副總統罷免方法的變更

根據憲法增修條文第十二條第四項的規定，罷免總統、副總統的方法有二：

1. 由國民大會代表提出之罷免案，經代表總額四分之一之提議，代表總額三分之二之同意，即為通過。
2. 由監察院提出之彈劾案，國民大會為罷免之決議時，經代表總額三分之二之同意，即為通過[17]。

■總統、副總統補選方式的規定

中華民國原憲法對於副總統缺位並無任何補選之規定，故憲法增修條文第十二條第五項規定：「副總統缺位時，由總統於三個月內提名候選人，召集國民大會臨時會補選，繼任至原任期屆滿爲止。」至於總統、副總統均缺位時，憲法增修條文第十二條第六項之規定，與憲法原來第三十條、四十九條之規定相同，即「總統副總統均缺位時，由立法院院長於三個月內通告國民大會臨時會集會補選總統、副總統，繼任至原任期屆滿爲止」。

■總統取得監察委員提名權

中華民國憲法原本是賦予總統提名行政院院長、司法院院長、副院長、大法官、考試院院長、副院長、考試委員、監察院審計長之權利，但根據憲法增修條文第十三條第一項、第十四條第二項、第十五條第二項的規定，而凍結憲法第七十九條、八十四條、九十一條、九十二條、九十三條與憲法增修條文第三條及第四條、第五條第三項，有關監察委員之規定。換言之，修憲後，司法院院長、副院長、大法官、考試院院長、副院長、考試委員、監察院院長、副院長、監察委員亦由總統提名，經國民大會同意任命。

(三) 司法院

■司法院組織與職權的變更

司法院正、副院長及大法官之產生，原由總統提名，經監察院同意後任命之（憲法第七十九條）。然修憲後，監察院性質已由「準民意機關」一變而爲「準司法機關」，故司法院人員產生方式亦隨之變更。況且依憲法增修條文第十五條之規定，其職權已不包括同意權，加上監察委員已非由間接選舉產生，而改由總統提名，經由國民大會同意任命之，因而司法院人事之任命，改由國民大會行使同意權。

■憲法法庭的設立

　　根據憲法增修條文第十三條第二項的規定，大法官「組成憲法法庭審理政黨違憲之解散事宜」，而所謂「政黨違憲」，乃指「政黨之目的或其行為，危害中華民國之存在或自由民主之憲政秩序者為違憲。」（憲法增修條文第十三條第三項）換言之，大法官之職權，除現行憲法規定解釋憲法、法律及命令外，並增列憲法法庭審理政黨違憲解散事項。

（四）考試院

■考試院人員產生方式的變更

　　中華民國憲法第八十四條原規定考試院院長、副院長及考試委員由總統提名，經監察院同意任命之。但由於監察院性質已改變，故依憲法增修條文第十四條第二項之規定：「考試院院長、副院長及考試委員由總統提名，經國民大會同意任命之。」然已由總統提名經監察院同意任命之司法院、考試院人員，則依憲法增修條文第十六條第三項之規定：「自中華民國八十二年二月一日施行。中華民國八十二年一月三十一日前之提名，仍由監察院同意任命。但現任人員任期未滿前，無須重新提名任命。」

■考試院職權的變更

　　中華民國憲法第八十三條原規定考試院職權包括「考試、任期、銓敘、考績、級俸、陞遷、褒獎、撫卹、退休、養老等事項」，考試院不僅為國家最高考試機關，同時亦為全國最高人事行政機關。為避免影響到行政機關首長對內的指揮監督，故增修條文第十四條第一項，乃將公務人員之考試、銓敘、保障、撫卹、退休等劃歸考試院掌理，其他之任免、考績、級俸、升遷、褒獎等之「執行」，劃歸行政院人事行政局與各用人機關掌理，考試院則專責其「法制事項」。此外，原憲法第八十五條有按省區分別規定名額，分區舉行考試之規定，因會產生省籍不公平之結果，故予以停止適用。

（五）監察院

■ 人事同意權的取消

　　根據憲法增修條文第十五條第一項的規定，將監察院職權修改為：「監察院為國家最高監察機關，行使彈劾、糾舉及審計權，不適用憲法第九十條及第九十四條有關同意權之規定。」換言之，監察院對於司法院院長、副院長、大法官及考試院院長、副院長、考試委員之產生，不再行使同意權。

■ 監察權行使程序的修正

　　1.一般彈劾案：中華民國憲法第九十八條、九十九條原本規定：「監察院對於中央、地方公務人員及司法、考試兩院人事之彈劾案，須經監察委員一人以上之提議，九人以上之審查及決定。」由於一般彈劾案僅須監察委員一人即可提議，似嫌草率，故憲法增修條文第十五條第三項規定「監察院對於中央、地方公務人員及司法院、考試院人員之彈劾案，須經監察委員二人以上之提議」，俾提高彈劾門檻，以示慎重。

　　2.對總統、副總統的彈劾案：中華民國憲法第一○○條原規定：「監察院對於總統、副總統之彈劾案，須經全體監察委員四分之一以上之提議，全體監察委員過半數之審查及決議，向國民大會提出之。」惟彈劾總統、副總統，事關重大，極易引起政治紛爭，貿然提出，縱使彈劾案未能成立，亦將造成實際傷害，因而有增修條文第十五條第五項之修訂，俾對總統、副總統之彈劾案，從嚴限制，以期慎重。此外，增修條文第十五條第二項復規定，監察院設監察委員二十九人，則對總統、副總統之彈劾案，按規定至少需有十五人以上之提議，二十人以上之決議，方得向國民大會提出。但是監察委員係由總統提名，而又對總統提出彈劾案，此點無論就法理上或實務上令人不無存疑之處。

　　3.監察委員彈劾對象擴及監察人員：根據憲法增修條文第十五條第四項的規定：「監察院對於監察院人員失職違法之彈劾，適用憲法第九

十五條、第九十七條第二項及前項之規定。」此乃因在增修條文制定之後，監察委員已不具民意代表身分，故不再享有言論免責權及其人身之特別保障，而受「公務員服務法」的約束。故亦當成為彈劾權行使之對象。

（六）明定省（市）長改由人民直選，以貫徹地方自治法制化精神

臺灣地區的地方自治源自一九三五年（日本昭和十年）日本殖民統治末期，當時臺灣總督府公布「臺灣地方自治制度改正案」；同年，宣布開放地方議會一半的議員名額給臺灣人民投票選舉，這也是臺灣歷史第一次由人民以選舉投票的方式產生地方議會之議員，乃臺灣地方自治的濫觴（臺灣省文獻委員會，1992：1-5）。

一九四五年，日本戰敗，中華民國政府於台北接受日本投降，並於臺灣地區成立臺灣省行政長官公署，接管政務。是年十一月，開始接收地方行政，重劃全省為八縣九省轄市，並恢復縣市區鄉鎮制。一九四六年二月起，次第成立村里民大會、區鄉鎮民代表會、縣市參議會（間接選舉）、省參議會（間接選舉），至於各級地方行政機關首長之產生，皆由上級機關依法選任，故稱不上地方自治。此乃由於大陸淪陷，「省縣自治通則」及有關省（縣）民代表大會選舉與組織法未能完成立法程序，無法讓各省根據立法院制定之相關省（縣）民代表大會選舉及組織法，選出省、縣民代表，組成省縣民代表大會，以制定「省（縣）自治法」；進而選出省（縣）民代表，組成省（縣）議會，行使省（縣）之立法程序。所以臺灣地區修憲前各級地方政府之體制，係依訓政時期通過的「省政府組織法」及行政院或臺灣省政府以行政命令的方式所公布之「臺灣省議會規程」、「台北市各級組織及實施地方自治綱要」、「高雄市各級組織及實施地方自治綱要」、「臺灣省各縣市實施地方自治綱要」、「臺灣省各縣鄉鎮縣轄等市民代表會組織規程」等法規而建立，實具有臨時過渡的性質。故臺灣地區雖號稱實施地方自治四十年，實際

與憲法所規定之地方自治相去甚遠，乃是建立在行政命令的架構上，並缺乏充分民意的地方自治。若依中華民國憲法第十章「中央與地方之權限」、第十一章「地方制度」的規定，中華民國之地方自治團體係為省、縣二級，其自治權限是受憲法保障。至於市制，則係委由法律另定之。總之，依據憲法之規定，地方自治應依下列程序進行：

1. 由立法院制定「省縣自治通則」及有關省（縣）民代表大會選舉與組織法。
2. 由各省根據立法院制定之相關省（縣）民代表大會選舉及組織法，選出省、縣民代表，組成省縣民代表大會。
3. 省（縣）民代表大會根據「省縣自治通則」，制定「省（縣）自治法」。
4. 根據「省（縣）自治法」之規定，由省（縣）民選舉省（縣）議員，組成省（縣）議會，由省（縣）民選舉省（縣）長，組成省（縣）政府。

　　然而「省縣自治通則」於一九四九年送到立法院審議後，囿於政治之考慮，迄今未完成立法程序，因此臺灣地區之地方自治，並非根據憲法上相關規定，而係以各種行政命令之自治法規為依據。易言之，地方自治完全建立在行政命令之架構上，而非依據憲法規定，因而有違憲之虞。

　　本次憲法增修條文第十七條的制定，即在使臺灣地區地方制度法制合憲化，除能具體落實「主權在民」的地方自治理念外，也符合現階段國家分裂時期之政治情勢，並避免現行制度與憲法規定不符的尷尬狀態。依據憲法增修條文第十七條規定：「省縣地方制度，以法律定之，其內容應包含左列各款，不受憲法第一〇八條第一項第一款、第一一二條至第一一五條及第一二二條之限制。一、省設省議會，縣設縣議會，省議會議員、縣議會議員分別由省民、縣民選舉之。二、屬於省、縣之立法權，由省議會、縣議會分別行之。三、省設省政府，置省長一人，

縣設縣政府，置縣長一人，省長、縣長分別由省民、縣民選舉之。四、省與縣之關係。五、省自治之監督機關爲行政院，縣自治之監督機關爲省政府。」

　　一九九四年七月，立法院並根據該條規定，三讀通過「省縣自治法」、「直轄市自治法」，於臺灣地區開始實施憲法所規定的地方自治。茲就修憲前後的省（市）地方制度分析如**表3-9**所示。

（七）基本國策的充實

　　本次增修條文第十八條旨在充實中華民國憲法第十四章「基本國策」中的不足。茲依增修條文第十八條的規定，簡析如下：

■國民經濟的推動

　　增修條文第十八條第一項、第二項乃規定：「國家應獎勵科學技術發展及投資，促進產業升級，推動農漁業現代化，重視水資源之開發利用，加強國際經濟合作」與「經濟及科學技術發展，應與環境及生態保護兼籌並顧」。前者旨在促進產業升級、提升國家競爭力，並積極投入國際經濟的整合；後者乃強調在追求經濟與科技高度發展的過程中，亦不可忽略對環境的保護。

■社會安全的強化

　　增修條文第十八條第三項、第四項、第五項乃規定：「國家應推行全民健康保險，並促進現代和傳統醫藥之研究發展」、「國家應維護婦女之人格尊嚴，保障婦女之人身安全，消除性別歧視，促進兩性地位之實質平等」與「國家對於身心障礙者之保險與就醫、無障礙環境之建構、教育訓練與就業輔導及生活維護與救濟，應予保障，並扶助其自立與發展」。其目的在加強對社會弱勢族群福利的重視，藉由全民健康保險的實施，以提升全民健康品質；擴大婦女權益，促使兩性真正平等；透過國家補助，讓身心障礙者能自立與發展。

表3-9　省（市）縣地方自治體制之法令依據

單位	修憲前省（市）縣地方制度	修憲後省（市）縣地方制度
臺灣省省議會	臺灣省省議會在臺灣省各縣市實施地方自治之前，其前身為參議會，並依「省參議會組織條例」成立；當時，省參議會是臺灣唯一的民意機關。臺灣省各縣市實行地方自治後，為了配合憲法之精神，行政院於一九五一年公布「臺灣省省議會臨時組織規程」，成立臺灣省臨時省議會。一九五九年又公布「臺灣省議會組織規程」，改為現今的省議會，議員由人民直選，任期四年，職權也較原來的省參議會大。 　　然而當時的省議會並非憲法上所謂的省議會，因為省議會的設置並非依據憲法的規定設置，而是根據臺灣省議會組織規程第一條之規定：「臺灣省在省縣自治通則及省自治法未公布前暫依本規定設置省議會」而來。	依「省縣自治法」第十七條的規定，省議會由省民依法選舉省議員組織之，任期四年，連選得連任。省議員總額不得超過七十九人，每一縣（市）最少一人，最多不得超過十二人。並參酌各該省財政、區域狀況，於省議會組織規程定之。省有平地原住民人口在一千五百人以上者，於前述總額應有平地原住民選出之省議員名額。有山地鄉者，應有山地原住民選出之省議員名額。以保障少數民族。第十八條則規定省議會之職權如下： 一、議決省法規。 二、議決省決算。 三、議決省特別稅課、臨時稅課及附加稅課。 四、議決省財產之處分。 五、議決省政府組織規程及省屬事業機構組織規程。 六、議決省政府提案事項。 七、審議省決算之審核報告。 八、議決省議員提案事項。 九、接受人民請願。 十、其他依法律或中央法規賦予之職權。 　　其議決省法規，除法律另有規定者外，應函由省政府報中央主管機關轉行政院備查，但不得逕行修正。
臺灣省省政府	乃根據一九二六年頒布的「省政府組織法」、一九三八年行政院公布的「省政府合署辦公暫行規程」，與經行政院核定後，由省政府公布施行的「臺灣省政府合署辦公施行細則」而來。 　　依上述法令的規範，省政府為合議制機關，由委員組成。省政府主席是委員之一，其地位與其他委員相同。但實際運作時，省主席的職權顯然高於其他省府委員，而偏向獨任制。 　　總之，省政府組織非依憲法	依「省縣自治法」第三十五條之規定，省政府置省長一人，綜理省政，並指導監督所轄縣、市自治，由省民依法選舉之，任期四年，連選得連任一次。置副省長二人，襄助省長處理省政，一人職務比照簡任第十四職等，另一人職務列簡任第十四職等。前項職務比照簡任第十四職等之副省長，由省長報請行政院備查，省長辭職、去職或死亡時，應隨同離職。省政府一級機關首長職務均比照簡任第十三職等，除副省長一人、主計、人事、警政及政風主管由省長「依法」任免外，其餘由省長任免之。副省長為省長之副手。

（續）表3-9　省（市）縣地方自治體制之法令依據

單位	修憲前省（市）縣地方制度	修憲後省（市）縣地方制度
	規定設置，其原因有二：其一，是現行省政府並非依據憲法規定之程序所設立；其二，是現行省政府的首長並非由人民選舉產生。	
直轄市	憲法第一一八條規定「直轄市之自治，以法律定之」，此項通則性之法律至目前未通過。台北和高雄自升格為直轄市後，此二大直轄市之自治，自須另立法令以為規範，修法前台北市和高雄市之自治係以「台北市各級組織及實施地方自治綱要」、「高雄市各級組織及實施地方自治綱要」為主要依據，依法兩個直轄市的首長皆為官派，而非由地方的公民所選舉。另外，則以前二法令和市組織法制定「台北市議會組織規程」、「台北市政府組織規程」、「高雄市議會組織規程」，以及「高雄市政府組織規程」等法令，以為實施自治之依據。	憲法第一一八條規定「直轄市之自治，以法律定之」。所謂直轄市，亦稱院轄市，受中央之指揮監督，其地位與省相當。依「市組織法」第二條規定：「凡人口聚居地方，設市，受行政院之指揮監督，……，市設市政府，以為市之行政組織，市議會為市之立法機關。市政府之職權，行中央委辦事項，及指揮監督其基層之自治事項。」依直轄市自治法第二條：「人口聚居達一百五十萬以上，且在政治、經濟、文化及都會發展上有特殊需要者，得設市。」 　　根據後法推翻前法原則，「市組織法」之規定應屬失效。市議會依「直轄市自治法」，由市民依法選舉市議員組織之。市議員任期四年，連選得連任。市議員總額，市人口在一百五十萬人以下者，不得超過四十四人；最多不得超過五十二人，應參酌各市財政、區域狀況，於「市議會組織規程」定之。市有原住民人口在四千人以上者，應有原住民選出之市議員名額（第十四條第一、二項）。市議會之職權與「省縣自治法」中之省議會職權相同。 　　市政府依「直轄市自治法」第三十條，市長、副市長之產生、任期、職務性質及市長之重要人事任免權等，均同於省縣自治法中省政府之規定，並無特殊規定。
縣議會	臺灣省各縣市實施地方自治，是以一九五○年公布之「臺灣省各縣市實施地方自治綱要」，為其主要依據，一九五九年復經省政府修正公布後，適用至今。	依「省縣自治法」第十七條之規定，縣（市）議會由縣（市）民依法選舉縣（市）議員組織之。縣（市）議員任期均為四年，連選得連任；縣（市）議員之總額，縣（市）人口在十萬人以下者，不得超過十一人；人口在二十萬人以下者，不得超過十九人；人口在四十萬人以下者，不得超三十三人；

（續）表3-9　省（市）縣地方自治體制之法令依據

單位	修憲前省（市）縣地方制度	修憲後省（市）縣地方制度
	此外，縣市政府、縣市議會以及相關之公職人員選舉，則是以「臺灣省各縣市政府組織規程準則」、「臺灣省各縣市議會組織規程」及「臺灣省各縣市公職人員選舉罷免規程」等行政命令做爲依據。	人口在八十萬人以下者，不得超過四十三人；人口在一百六十萬人以下者，不得超過五十七人；最多不得超過六十五人。此外，並參酌各該縣（市）財政、區域狀況，於縣（市）議會組織規程準則定之。縣（市）有平地原住民人口在一千五百人以上者，於前之總額應有平地原住民選出之縣（市）議員名額。有山地鄉者，應有山地原住民選出之縣議員名額（第十七條）。依區域選出之縣（市）議員所以採定額制，主要係爲議事方便；人口數愈多，讓席次呈相對比率下降，以免席次過度膨脹。第十九條則規定縣（市）議會之職權如下： 一、議決縣（市）規章。 二、議決縣（市）預算。 三、議決縣（市）特別稅課、臨時稅課及附加稅課。 四、議決縣（市）財產之處分。 五、議決縣（市）政府組織規程及所屬事業機構組織規程。 六、議決縣（市）政府提案事項。 七、審議縣（市）決算之審核報告。 八、議決縣（市）議員提案事項。 九、接受人民請願。 十、其他依法律、中央法規或省自治法規賦予之職權。 　其議決縣（市）規章，除法律、省法規另有規定者外，應函由縣（市）政府轉報省政府備查，備查時不得逕行修正（第十九條）。
縣政府	同上。	依憲法第一二六條，縣設縣政府，置縣長一人，縣長由縣民選舉之。第一二七條，縣長辦理縣自治，並執行中央及省委託事項。 　依「省縣自治法」第三十六條之規定，縣（市）政府置縣（市）長一人，綜理縣（市）政，並指導監督所轄鄉（鎮、市）自治，由縣（市）民依法選舉之，任期四年，連選得連任一次（第三十六條第一項）。

■少數民族與偏遠地區人民的權利保障

增修條文第十八條第六項規定：「國家對於自由地區山胞之地位及政治參與，應予保障；對其教育文化、社會福利及經濟事業，應予扶助並促其發展。對於金門馬祖地區人民亦同。」針對少數民族部分，政府成立「原住民委員會」，以加強對原住民權益的保障及施行。針對偏遠地區部分，由於金門、馬祖兩地，四十多年來處於一切以軍事優先為考慮的戰地政務體制，人民的權益受到相當程度的縮減，因此必須加強金門、馬祖的地方建設，以改善其經濟生活。

■僑居國外國民的參政權保障

增修條文第十八條第七項規定：「國家對僑居國外國民之政治參與，應予保障。」乃繼中華民國憲法第一五一條對僑民經濟事業之扶助與保護之後，更進一步對僑居國外國民的政治參與給予保障，以爭取僑居國外國民對政府的支持。

整體而論，有關「基本國策」的規定，通常概屬「方針條款」，尚須經由立法單位（立法院）詳加規劃並落實於法律的訂定，俾供行政部門確實執行，否則無異望梅止渴、畫餅充飢。當然，以憲法層次來規範人民基本的生活權利，是值得肯定，但切忌淪於空中樓閣。

（八）影響與評估

第二階段修憲是由具有最新民意基礎的第二屆國民大會代表來修憲；而選舉結果，中國國民黨獲得國民大會代表總席次的75%以上，故能充分主導第二階段的修憲。而在野黨唯有採議事杯葛與肢體抗爭的方式來凸顯其政治立場。故先後發生「黑槍事件」（《中國時報》，1992/03/25：2）、「垃圾、蟑螂大戰」（《自立早報》，1992/04/14：2；《聯合報》，1992/04/15：2）、「四一九群眾運動」（《中國時報》，1992/04/19：3；1992/04/20：3）、「民主進步黨國民大會代表集體在場

內遊行而爆發打群架事件」、「民主進步黨國民大會黨團退出第二屆國
民大會臨時會」（《中國時報》，1992/05/19：2）等事件。由於第二屆國
民大會在第二階段修憲過程中紛擾衝突不斷，再加上民主進步黨、無黨
籍先後退出修憲，中國國民黨內部亦對「總統委選、直選案」、「立委
任期延長案」未達一致的共識，而使修憲歧見更趨複雜難解。總計第二
屆國民大會臨時會全體國民大會代表共提出一五五項修憲案及一四一條
關於社會福利、教育、軍事、公共行政、山地同胞條款等建議案。但一
五五項修憲案中，僅有四分之一通過一讀。通過二讀的只有二十一條。
五月十八日，中國國民黨代表將其整理合併，濃縮為「黨九條」，後因
中國國民黨黨籍國民大會代表反對將立法委員任期延長為四年，「黨九
條」又被刪成「黨八條」[18]，並於五月二十七日三讀通過。

　　縱觀第二階段的修憲，總計有二十六條憲法條文及三條憲法增修條
文受到影響，這對中華民國憲法實質內容造成極大的變遷。表面上，第
二階段修憲雖僅增加八條增修條文，但亦因原憲法條文變動幅度甚大，
在將修改內容歸併在八條增修條文之中，每一條增修條文實包含原憲法
一章中的數類事項，使得第二階段修憲條文都是冗長繁複，而對中華民
國中央政府體制造成極大改變。按中華民國現行憲法有關中央體制規
定，外表為五權憲法的架構，但較傾向於內閣制的色彩。行政院、立法
院分別為國家最高行政與最高立法機關（憲法第五十三條、第六十二
條），行政院須向民選產生的立法院負責（憲法第五十七條）。至於國民
大會平時只有選舉及罷免總統、副總統與修憲權（憲法第二十七條），
並且每六年集會一次（憲法第二十九條）。現行憲法有關中央體制的設
計與孫中山所規劃之五權憲法的實質精神顯有差異，但較接近西方內閣
制的精神。此次修憲結過果，可明顯看出以下數點：

　　第一，第二階段修憲時，國民大會自主意識提高，要求大幅擴權，
後雖打消，卻為第三次修憲的發展奠立基礎。第二階段修憲並賦予國民
大會對司法院院長、副院長、大法官、考試院院長、副院長、考試委
員、監察院院長、副院長、監察委員等人事同意權（增修條文第十三條

第一項、第十四條第二項及第十五條第二項）、國民大會並得至少每年集會一次（增修條文第十一條第三項）、國民大會集會時，得聽取總統國情報告，並檢討國是，提供建言（增修條文第十一條第四項）。而國民大會職權增加的結果，意味著對國民大會與立法院之間的互動關係，勢必產生一定程度的影響，而使未來走向「雙國會」的可能性增加。

　　第二，因總統選舉方式的改變，勢必使總統的民意基礎將增加。尤其是第二階段修憲的結果，賦予總統有關司法院院長、副院長、大法官、考試院院長、副院長、考試委員、監察院院長、副院長、監察委員的人事提名權（增修條文第十三條第一項、第十四條第二項、第十五條第二項）。此外，又提高監察委員彈劾總統的標準，將彈劾「提議權」由四分之一提高為二分之一，並將「決議權」由二分之一提高為三分之二，造成彈劾總統的困難度提高（增修條文第十五條第五項）。復以，第一階段修憲所賦予總統緊急命令權（增修條文第七條）與總統為決定國家安全有關大政方針，得設國家安全會議及所屬國家安全局（增修條文第九條），都使總統職權大幅增加，進一步的改變其與行政院院長在原憲法體制的關係，並逐漸趨向「雙重行政首長制」，甚至朝「總統制」發展。

　　第三，監察委員改由總統提名，國民大會同意任命之，使原為「共同相當於西方國會」之監察院，不再具有西方國會的性質，同時並增列了監察委員「須超出黨派以外，依據法律獨立行使職權」。故監察委員不再行使考試院與司法院人員之任命同意權，且不再享有言論免責權，而受「公務員服務法」之約束。

第三節　第三次中華民國憲法增修條文的制定

一、制定時間：一九九四年七月二十八日第二屆國民大會第四次臨時會第三
　　　　　　　十二次大會三讀通過修正原增修條文第一條至第十八條為第

一條至第十條

二、制定地點：台北市陽明山中山樓

三、公布時間：一九九四年八月一日總統（83）華總（一）義字第四四八八
　　　　　　　號令公布

四、本節摘要：第三次中華民國憲法增修條文的主要內容如下：其一，變更
　　　　　　　總統選舉產生方式，改由中華民國自由地區全體人民直接選
　　　　　　　舉之，自一九九六年第九任總統、副總統選舉實施。總統、
　　　　　　　副總統候選人應聯名登記，在選票上同列一組圈選，以得票
　　　　　　　最多之一組為當選。在國外之中華民國自由地區人民亦得返
　　　　　　　國行使選舉權；其二，對於行政院院長的副署權，則予以縮
　　　　　　　限，規定總統發布依憲法經國民大會或立法院同意任命人員
　　　　　　　之任免命令，無須行政院院長之副署，以明政治責任之歸
　　　　　　　屬；其三，就原憲法增修條文中已失去規範意義之過渡規定
　　　　　　　及未實施之條文刪除

一、肇因

　　一九九二年五月第二屆國民大會臨時會通過憲法增修條文第十一至
第十八條之後，修憲工作並未因此底定。主因在於第二階段修憲，雖然
通過自一九九六年起，第九任中華民國總統、副總統改由自由地區全體
人民選舉之，但選舉方式究竟採取「公民直選」或「委任直選」，並沒
有具體結論，因此第二次增修條文第十二條第二項，即規定總統應於一
九九五年五月二十日前召集國民大會臨時會，以憲法增修條文定出總
統、副總統的選舉方式，而決定了第三次修憲的勢在必行[19]。

　　此外，第二屆國民大會臨時會第二階段修憲結束後，至第二屆國民
大會第四次臨時會第三次修憲開始前，國內政治情勢有極大轉變：其
一，是民主進步黨（最大在野黨）在一九九二年年底的第二屆立法委員
選舉與一九九三年年底的縣市長選舉中，「得票率」大幅成長，而逐漸

形成兩黨競爭的態勢（**表3-10、表3-11**）[20]。其二，是中國國民黨的內部嚴重衝突，最終導致中國國民黨內部次級團體「新國民黨連線」於一九九二年八月宣布脫離中國國民黨，而另組新黨（www.np.org.tw/np1/np11.htm）。各黨之間的實力消長也間接的反應在第三次修憲過程之中。

　　一九九三年八月二十三日，陳子欽等一五三位國民大會代表，依據憲法第三十條第一項第四款規定提案連署，請求總統李登輝於一九九四年二月，召集國民大會臨時會，以修改憲法。此外，第五屆司法院大法官亦將於一九九四年九月任期屆滿，新任大法官必須經由總統提名，經國民大會同意任命；因此總統李登輝乃於一九九四年三月三十日依法發布第二屆國民大會第四次臨時會召集令，並定於一九九四年四月二十九日集會（國民大會秘書處，1994a：1-2）。

　　一九九三年十二月十九日，中國國民黨成立「修憲策劃小組」，並召開第一次會議，小組召集人由副總統李元簇擔任，李元簇說：「由於

表3-10　第二屆立法委員選舉之席次與比例表

政黨名稱	得票率	區域	全國不分區	山胞	僑民	總席次	席次率
中國國民黨	53.02%	67	19	5	4	95	59.01%
民主進步黨	31.03%	38	11	0	2	51	31.68%
社會民主黨	1.92%	1	0	0	0	1	0.61%
無黨籍	14.03%	14	0	0	0	14	8.7%
合計	100%	120	30	5	6	161	100%

資料來源：中央選舉委員會，《第二屆立法委員選舉實錄》，台北：國暉，
　　　　　1994/05，頁1019-51。

表3-11　一九九三年第十二屆縣市長選舉之席次與比例表

政黨名稱	得票率	總席次	席次率
中國國民黨	47.3%	16	69.57%
民主進步黨	41.2%	6	26.1%
無黨籍	11.5%	1	4.33%
合計	100%	23	100%

資料來源：《中國時報》，1993/11/28：2。*
＊兩黨得票率與席次率的嚴重扭曲，此乃選舉制度造成。

第二階段憲改未完成，所以國民大會要求在明年四月進行第三次修憲，小組就是在這一背景下成立。」（中國國民黨中央政策會，1994：5）並以「不修改憲法本文，而僅修訂增修條文的方式」完成修憲議案。修憲策劃小組前後計開會十一次，以「維持五權憲法基本架構」與「小幅修憲、維持國家穩定」兩項為修憲原則，作成建議案。該建議案經一九九四年四月十八日中國國民黨臨時中常會通過後，再向中國國民黨臨中全會提出。修憲策劃小組成員共十三人，名單如下：

召集人：李元簇（副總統、中國國民黨副主席）

成　員：郝柏村（總統府資政、中國國民黨副主席）、林洋港（司法院院長、中國國民黨副主席）、連戰（行政院院長、中國國民黨副主席）、蔣彥士（總統府秘書長）、邱創煥（考試院院長）、劉松藩（立法院院長）、施啓揚（總統府國家安全委員會秘書長）、許水德（中國國民黨中央委員會秘書長）、宋楚瑜（臺灣省省主席）、陳金讓（國民大會秘書長）、饒穎奇（立法委員、中國國民黨中央政策委員會執行長）、謝隆盛（國民大會代表、中國國民黨國民大會工作會主任）[21]。

修憲策劃小組下設「修憲諮詢顧問小組」，就決策的流程而言，所有有關修憲的提案都須先交至修憲諮詢顧問小組研議後，作出原則再送到修憲策劃小組議決，所以修憲諮詢顧問小組在整個第三次修憲的過程中扮演重要的角色。其成員共二十　人，名單如下：

召集人：施啓揚

國民大會代表：林鴻池、朱新民、穆閩珠、吳茂雄、王富茂、林銘德、林國華、吳建國、李增昌、郭柏村。

學者兼全國不分區國民大會代表：董翔飛、荊知仁、李念祖、蘇永欽。

學　者：胡佛、呂亞力。

立法委員：王金平、謝深山、關中、魏鏞、高育仁、洪玉欽、黃主
文、鄭逢時、劉光華。

從政黨員：徐立德（行政院副院長）、呂有文（司法院副院長）、毛
高文（考試院副院長）、鄭水枝（監察院副院長）、馬英
九（法務部部長）。

此外，中國國民黨政策研究工作會亦於一九九三年十二月二十三日
起，分別在一個月內舉行五次憲政改革系列座談會，廣泛邀請學者、專
家及朝野三黨的民意代表參與討論，茲將座談結果分別節錄如下（中國
國民黨中央政策會，1994a：6-10）：

1.中央政府體制與國家發展：
　(1)修憲應從歷史面、現實面考量，避免引起太大的政治對立與衝
　　突，應以理性和平的對話過程形成共識，不必力求絕對完美，
　　但求設計的制度務實可行，爲社會所接受。
　(2)衡酌國內政治發展、民意趨向、國際形勢、兩岸關係，及人民
　　四十多年來的傳統經驗與民主習慣，總統公民直選意義非常明
　　顯，已爲大家共識。
　(3)總統公民直選後，總統有相當厚實的民意基礎，自然不可能爲
　　虛位元首，而爲一擁有最高政治權力的領袖，於是整個中央政
　　府體制必朝總統制或偏向總統制規劃調整，唯仍應明確規定權
　　責相符的一套制度。
　(4)爲因應總統公民直選，應及早研究制定「總統、副總統選罷法」
　　的相關法則。
　(5)民主進步黨依舊以其「臺灣憲法」爲版本，主張大幅修憲或制
　　憲、美國式總統制、三權分立及單一國會。
2.中央政府體制與總統選舉方式：
　(1)總統公民直選已爲大勢所趨，在黨籍國民大會代表間亦大致形

成共識；至於是否有提前實施總統直選的必要，部分黨籍國民大會代表雖有所爭議，主張沒有提前必要，但態度上並非十分堅持。

(2)如果總統直選要提前，最佳時機以一九九五年年底和國民大會代表、立法委員一同改選最為可行。

(3)總統若以直選方式產生，究應以相對多數或絕對多數為當選條件，意見分歧、各有主張，然而目前黨籍國民大會代表大多傾向以相對多數方式選出總統。此外，民主進步黨籍和無黨籍國民大會代表皆主張相對多數方式。

(4)黨籍國民大會代表大多認為總統如果直選，應先確立中央政府體制，如此總統才能依據憲法架構行使職權。

(5)黨籍國民大會代表大多主張五權憲法架構下的小幅修憲，沒必要廢除國民大會，就是單一國會兩院制，也只是立法程序的分工，並非立法權項目的割裂，遇有二機關意見相左時，可召開聯席會議解決。

3.總統公民直選前提下的憲政架構：

(1)依據中華民國憲法增修條文第十二條，已非常清楚規定中華民國第九任總統由公民直選產生。

(2)當前憲法十八條增修條文已有前後不符的情形，應加以調整，重新佈局，根據最新憲法架構排定順序，凡已完成憲政任務之相關條文可予刪除。

(3)將來的理想憲政架構，應該邁向西方三權分立的總統制；而從務實的觀點分析，中華民國應採廣義的總統制，或就憲法包括增修條文在內的現行憲政制度作一改良，以確立公民直選的總統是這種憲政體制下政治運作的重心。

(4)總統直選後，具有堅強的民意基礎與相當大的決策權力，行政院院長應會像南韓或法國第五共和一樣，只是總統的部屬而已，向總統負責。

(5)有部分學者認爲當前政治生態廢除國民大會恐不容易，國會定位問題不如暫時維持現狀，俟五權憲法架構再實行一段時間，人民有更成熟的憲政認知，待時機成熟時，自然可作適當變動。

(6)大多數學者主張立法委員任期應調整爲四年較適宜，與總統任期一致，方可避免法國「左右共治」局面的出現。此外亦有部分學者主張採期中選舉，每二年改選半數立法委員，以促進民意代表的新陳代謝，並對改進選風有所助益。

4.總統公民直選後的行政權與立法權互動關係：

(1)修憲不應只著意於制度的設計，而須與時代潮流、現實、政治力相配合，無論憲法條文如何完善，也不可能涵蓋所有層面，經驗告訴我們，需要利用憲政慣例以補憲法條文之不足。

(2)在討論總統公民直選後行政權與立法權的關係時，不應太執著於死的條文，而應重視動態平衡關係，二者應取得制衡地位，並先確定現行體制爲何。

(3)總統直選後，有關行政院院長副署權問題，爭議較多，尙難形成共識，有主張取消者，亦有認爲應採正面表列方式規定行政院院長副署權的範圍。

(4)有部分學者和民代主張立法院應擁有部會首長的人事同意權，立法委員爲其背書，以促使行政院院長注意部會首長的品德操守與能力。

(5)建議成立一個健全的國會，下設預算局及法制局，使總統與行政權合一，而國會的立法權也要合一，以力求行政權與立法權能互相制衡。

5.總統公民直選後的中央政府體制與國會：

(1)總統公民直選是一項突破，正是一個很好的憲政改革切入點，亦是一項極佳的憲改動力。

(2)總統公民直選後，首先要面臨的就是國民大會的存廢問題。大

多數學者專家主張採單一國會，務實的作法是在下屆選舉時，同時解散國民大會與立法院，有意者都可以重新參選國會議員，化機關之爭爲個人政治上的公平競爭。

(3)單一國會的議員人數可比現有的一百六十一位立法委員稍微增加，不要超過二百人，但爲顧及政治生態，仍應將省議員人數一併考量，如果選國會議員比選省議員還容易，則此制度就有問題。

(4)國會議員的選區制度，部分學者主張採行小選舉區制，因爲小選舉區制度有助於政黨紀律的維持與政黨政治的健全。

(5)國會議員任期應採四年制，與直選後的總統任期一致較爲適宜。

一九九四年四月二十三、二十四日兩天，中國國民黨召開第十四屆中央委員會臨時會議，針對修憲策劃小組所提「對第二屆國民大會第四次臨時會代表同志政治任務之提示」一案進行討論。會中，通過以下七項修憲要點[22]：

1.總統、副總統之選舉，依下列規定，自中華民國八十五年第九任總統、副總統選舉實施：

(1)總統、副總統由中華民國自由地區全體人民直接選舉之。

(2)總統、副總統候選人應聯名登記，在選票上同列一組圈選，以得票最高之一組爲當選。

(3)居住海外之中華民國公民有投票權。

2.總統、副總統之罷免，依下列規定，由國民大會提出，交由選舉人投票決定：

(1)國民大會提出之罷免案，須經代表總額四分之一之提議，代表總額三分之二同意。

(2)罷免案之投票，經選舉人過半數之投票，其中過半數同意，即爲通過。

3. 總統發布須經國民大會或立法院同意任命人員之任免命令，無須行政院院長副署。

4. 國民大會設議長、副議長，於集會時主持會議，對外代表國民大會，自第三屆國民大會實施。

5. 立法委員任期自第三屆起，改為四年；並調整第二屆國民大會代表與立法委員之任期，使總統與國民大會代表、立法委員之選舉與就職日期相配合。

6. 國民大會代表及立法委員之待遇與報酬，應以法律規定。除通案調整外，單獨增加待遇或報酬之法律，應自下屆起實施。

7. 山胞名稱修改為原住民。

二、過程

(一) 第二屆國民大會第四次臨時會的召集

本次臨時會，係由陳子欽等一五一位代表於一九九三年八月二十三日提出連署，請求總統依法於一九九四年二月召集國民大會臨時會，行使修改憲法之職權。其後經徵詢簽署代表意見，咸認為延至同年四月間召開為宜。國民大會秘書處自一九九四年一月四日起至一月十日止，將該簽署書置於國民大會秘書處三樓仁愛廳公開陳列閱覽，並函請每一位簽署代表確認。陳列期間屆滿，簽署書無異議確定。

依照憲法第三十條第一項第四款之規定，召集臨時會應有國民大會代表五分之二以上請求。國民大會代表現有總額人數為三一四人，五分之二以上人數為一二六人，簽署代表人數為一五三人，同意延至四月間召集人數為一二八人，均已足憲法上所規定人數之標準。該簽署書於一九九四年三月八日，由國民大會秘書處處長汪俊容送達總統府。並由總統府第一局局長顏慶章接受，轉請總統依憲法之規定，召集國民大會臨時會。

一九九四年三月三十日，總統依據中華民國憲法第二十七條第一項第三款、第三十條第一項第四款、同條第二項暨第二次憲法增修條文第十一條第一項、第十三條第一項規定，召集第二屆國民大會第四次臨時會。四月二十九日，第二屆國民大會第四次臨時會開始報到，五月二日正式開會。本次臨時會各政治團體之國民大會代表報到比例如**表3-12**所示。

由表3-12分析可知，中國國民黨國民大會代表席次比例，仍超過修憲所需的「四分之三」。但因爲只超出八席，加上中國國民黨國民大會代表面臨內部派系鬥爭，故多少給予在野政治團體一些實質的參與空間。

(二) 提案與讀會

本次臨時會秘書處自一九九四年四月二十七日代表開始報到起，至五月十九日下午五時三十分截止，共收受代表所提合於憲法第一七四條第一款修憲程序之修憲提案總計一一七案。依照「國民大會議事規則」第十六條規定程序（須有代表總額五分之一以上之連署，並擬具具體條文及附具理由），完成收受提案手續後，提報該年五月二十四日主席團第六次會議核議。會中決議，各案連署人如有撤銷簽署或增加簽署者，均得於五月二十五日下午五時三十分以前辦理撤簽、加簽事宜。嗣後其

表3-12 第二屆國民大會第四次臨時會各政治團體之國民大會代表報到比例表

政治團體名稱	國民大會代表席次	國民大會代表比例
中國國民黨	249	77.57%
民主進步黨	63	19.63%
全國民主非政黨聯盟	1	0.31%
新黨	1	0.31%
無黨籍	7	2.18%
合計	321	100%

資料來源：國民大會秘書處，《第二屆國民大會第四次臨時會實錄》，台北：國民大會秘書處，1994a，頁8。

中第三號、第三十一號、第三十三號、第九十五號、第一〇六號等五案因部分連署人撤銷簽署，致不足法定修憲提議人數，其餘一一二件修憲提案，均列入一讀會議事日程，提報大會[23]。

　　五月二十七日，第十四次大會進行一讀會議程，開始即有代表蔡明華提出修憲一讀會額數問題，經主席蔡文斌宣布，第一讀會開會人數應採三分之二之高標準，因出席人數未達三分之二之法定修憲人數，故改開談話會。第一讀會是否應有代表三分之二出席，始得開議，抑或依照國民大會組織法第八條規定有代表三分之一以上之出席，即可開議。會中代表紛紛就此一問題進行熱烈討論。有關一讀會開議人數究為三分之一或三分之二的爭議，仁智互見，未有定論，最後經朝野政黨協商，於六月一日第十七次大會作成決議：「有關修憲第一讀會開議出席人數之爭議，送請司法院大法官會議解釋。至於聲請書之內容，授權秘書處依司法院大法官審理案件法之有關規定擬定之。」[24]本案作成決議後，大會始正式進入修憲之一讀會議程，依照五月二十四日主席團第六次會議就一讀會進行程序作成決議：先朗讀全部議案案由，經各案提案人分別說明提案要旨後，再進行大體討論。主席陳重熙首先宣布朗讀修憲提案各案案由，朗讀完畢，預定次日大會進行提案說明。

　　六月二日第十八次大會，繼續進行一讀會議程，並由各提案人說明要旨；六月三日第十九次大會，進行一讀會大體討論。會議開始不久，發生了代表蘇治洋遁至發言台前掌摑代表郭素春，以致會場秩序混亂，議事中斷，延至上午十一時五十分始進行修憲提案之大體討論，由朝野政黨協商進行交叉辯論。及一讀會對修憲提案之大體討論完畢後，主席楊思勤徵詢出席代表無異議後，一讀會議程至此結束。

　　依據國民大會議事規則第四十三條第二項之規定，修憲提案經一讀會大體討論後，應即交付審查。又依據國民大會提案審查委員會組織規程第二條之規定，提案之審查分設八個委員會，其中第一審查委員會審查關於憲法之提案及不屬於其他審查委員會之提案。本次臨時會代表提出之修憲提案共計一一七件，其中符合憲法規定者一一二件，經依照國

民大會議事規則第十五條規定之程序送交主席團決議提請大會討論，旋經五月二十七日、五月三十日、五月三十一日、六月一日、六月二日、六月三日第十四、十五、十六、十七、十八、十九次六次大會，進行朗讀議案，提案人要旨說明及解釋疑義暨大體討論等第一讀會程序後，大會決議：修憲提案一一二件交第一審查委員會審查。

　　第一審查委員會當即依照國民大會提案審查委員會組織規程及國民大會議事規則等有關規定，進行修憲提案之審查工作。首先於五月二十六日、五月三十一日、六月二日、六月三日召開召集人第一、二、三、四次會議，研商修憲提案審查方式及審查結果處理原則等事項，最後決議：審查修憲提案之進行程序依案號順序逐案審查。

　　第一審查委員會隨即依照大會通過之日程表，於六月六日舉行第一次會議開始審查修憲提案，至六月二十三日舉行第十三次會議，全部審查工作遂告完成。計先後舉行修憲提案審查會議十三次，召集人會議七次。（國民大會秘書處1994a：371-7）

　　審查委員會對修憲提案之審查結果，提報大會進行二讀討論之修憲提案計有：第七十五號、第四號、第十五號、第四十一號、第六十六號、第五十六號、第一號、第八十一號、第九十號、第九十三號、第九十七號、第一〇〇號、第一一五號等十三案，其中由荊知仁等二一六位代表所提之第七十五號中國國民黨版案，是二讀會中的主要討論依據，其內文如下（國民大會秘書處，1994a：383-90）[25]：

案由：

　　為依照憲法增修條文第十二條第二項之規定，決定總統、副總統之選舉方式，並使憲政體制運作更為順暢，擬具中華民國憲法增修條文部分條文修正草案，依照憲法第二十七條第一項第三款及第一七四條第一款之規定，提請公決案。

具體條文：

前言（前言未修正）

第一條第一項（原增修條文第一條第一項第一款、第三款及第四款均未修正）

二、自由地區平地原住民及山地原住民各三人。

第一條第二項

前項第三款及第四款之名額，採政黨比例方式選出之。第一款每直轄市、縣市選出之名額及第三款、第四款各政黨當選之名額，在五人以上十人以下者，應有婦女當選名額一人，超過十人者，每滿十人應增婦女當選名額一人。

第一條第三項

國民大會之職權如左，不適用憲法第二十七條第一項第一款、第二款之規定：

一、依增修條文第二條第六項之規定，補選副總統。

二、依增修條文第二條第八項之規定，提出總統、副總統罷免案。

三、依增修條文第二條第九項之規定，議決監察院提出之總統副總統彈劾案。

四、依憲法第二十七條第一項第三款及第一七四條第一款之規定，修改憲法。

五、依憲法第二十七條第一項第四款及第一七四條第二款之規定，複決立法院所提之憲法修正案。

六、依增修條文第四條第一項、第五條第二項、第六條第二項之規定，對總統提名任命之人員，行使同意權。

第一條第四項

國民大會依前項第一款及第四款至第六款規定集會，或有國民大會代表五分之一以上請求召集會議時，由總統召集之；依前項第二款及第三款之規定集會時，由國民大會議長通告集會，國民大會設議長前，由立法院院長通告集會；不適用憲法第二十九條及第三十條之規定。

第一條第五項

國民大會集會時，得聽取總統國情報告，並檢討國是，提供建言；如

一年內未集會，由總統召集會議爲之，不受憲法第三十條之限制。

第一條第六項（原增修條文第十一條第四項，未修正）

第一條第七項

國民大會第二屆國民大會代表任期至中華民國八十五年五月十九日止，第三屆國民大會代表任期自中華民國八十五年五月二十日開始，不適用憲法第二十八條第二項之規定。

第一條第八項

國民大會自第三屆國民大會起設議長、副議長各一人，由國民大會代表互選之。議長對外代表國民大會，並於開會時主持會議。

第二條第一項

總統、副總統由中華民國自由地區全體人民直接選舉之，自中華民國八十五年第九任總統、副總統選舉實施。總統、副總統候選人應聯名登記，在選票上同列一組圈選，以得票最多之一組爲當選。僑居國外之中華民國自由地區人民選舉權之行使，以法律定之。

第二條第二項

總統發布依憲法經國民大會或立法院同意任命人員之任免命令，無須經行政院院長之副署，不適用憲法第三十七條之規定。

第二條第三項（原增修條文第七條，未修正）

第二條第四項

總統爲決定國家安全有關大政方針，得設國家安全會議及所屬國家安全局，其組織以法律定之。

第二條第五項（原增修條文第十二條第三項，未修正）

第二條第六項（原增修條文第十二條第五項，未修正）

第二條第七項

總統、副總統均缺位時，由行政院院長代行其職權，並依本條第一項規定補選總統、副總統，繼任至原任屆滿爲止，不適用憲法第四十九條之有關規定。

第二條第八項

總統、副總統之罷免案，須經國民大會代表總額四分之一之提議，三分之二之同意後提出，並經中華民國自由地區選舉人總額過半數之投票，有效票過半數同意罷免時，即爲通過。

第二條第九項

監察院向國民大會提出之總統、副總統彈劾案，經國民大會代表總額三分之二同意時，被彈劾人應即解職。

第三條第一項（原增修條文第一條第一項第一款、第三款及第四款均未修正）

二、自由地區平地原住民及山地原住民各三人。

第三條第二項

前項第三款、第四款名額，採政黨比例方式選出之。第一款每省、直轄市選出之名額及第三款、第四款各政黨當選之名額，在五人以上十人以下者，應有婦女當選名額一人，超過十人者，每滿十人應增婦女當選名額一人。

第三條第三項

立法院立法委員之任期自第三屆立法委員起爲四年，不適用憲法第六十五條之有關規定。

第三條第四項

立法院第二屆立法委員任期至中華民國八十五年五月三十一日止，第三屆立法委員任期自中華民國八十五年六月一日開始。

第四條（原增修條文第十三條，未修正）

第五條（原增修條文第十四條，未修正）

第六條第一項（原增修條文第十五條第一項，未修正）

第六條第二項

監察院設監察委員二十九人，並以其中一人爲院長、一人爲副院長，任期六年，由總統提名，經國民大會同意任命之。憲法第九十一條至第九十三條之規定停止適用。

第六條第三項（原增修條文第十五條第三項，未修正）

第六條第四項（原增修條文第十五條第四項，未修正）

第六條第五項（原增修條文第十五條第五項，未修正）

第六條第六項（原增修條文第十五條第六項，未修正）

第六條第七項（原增修條文第十五條第七項，未修正）

第七條

　國民大會代表及立法委員之報酬或待遇，應以法律定之。除年度通案
　調整者外，單獨增加報酬或待遇之規定，應自次屆起實施。

第八條（原增修條文第十七條，未修正）

第九條第一項（原增修條文第十八條第一項，未修正）

第九條第二項（原增修條文第十八條第二項，未修正）

第九條第三項（原增修條文第十八條第三項，未修正）

第九條第四項（原增修條文第十八條第四項，未修正）

第九條第五項（原增修條文第十八條第五項，未修正）

第九條第六項

　國家對於自由地區原住民之地位及政治參與，應予保障；對其教育文
　化、社會福利及經濟事業，應予扶助並促其發展。對於金門、馬祖地
　區人民亦同。

第九條第七項（原增修條文第十八條第七項，未修正）

第十條（原增修條文第十條，未修正）

　　依本次臨時會之日程表，應於七月五日召開第二十一次大會，進行
修憲提案第二讀會議程。當日，首先由秘書長陳金讓報告：「本次大會
將進行二讀程序，現在出席代表有一四五人，已足組織法所規定之法定
開議人數。可否先行開議，俟二讀會討論議決時，再依照憲法第一七四
條之規定，以三分之二之出席及出席代表四分之三之決議行之。」及至
主席楊作洲宣布開會之後，民主進步黨黨籍國民大會代表鄭寶清立刻質
疑出席人數未滿三分之二，不能進行二讀會，隨即代表們對二讀會開議
人數問題爭論不休，致會場秩序混亂。主席於是向大會報告：「根據七

月一日主席團第十二次會議決議，二讀會有關程序性之附屬動議，依國民大會組織法、現行議事規則及會議規範處理，以代表總額三分之一之出席及出席代表過半數之決議行之；二讀會有關修憲實質內容，應依照憲法第一七四條第一款規定之修憲程序，以三分之二之出席、出席代表四分之三以上通過處理。在場人數未達憲法第一七四條規定之實質修憲人數，本次會議改為一般大會。」但部分代表仍有異議，以致議事無法順利進行[26]（《第二屆國民大會第四次臨時會第二十一次大會速記錄》，1994b：3）。六日，朝野政黨仍圍繞此一話題，整日議程癱瘓。七日下午，中國國民黨國民大會工作會主任謝隆盛提出緊急動議，建議大會休會三天，以示對民主進步黨的抗議。此舉再度演成民主進步黨黨籍國民大會代表周家齊與中國國民黨黨籍國民大會代表劉孟昌的推擠，雙方人馬扭打成一團。其後主席張輝元進行表決謝隆盛所提緊急懲戒動議之提案，在場一九六人，以一〇九票通過休會的提案（《第二屆國民大會第四次臨時會第二十一次大會速記錄》，1994b：7）。

　　國民大會於七月十日復會，但一直到七月十八日第二十四次大會始正式進入修憲之二讀議程，經討論後始決議：二讀會於進行逐條議決時必須以代表總額三分之二出席，出席代表四分之三決議行之。不過本決議乃是規定「議決」時所需之人數限制，而對「開議」所需之人數則未有決議[27]。為此，主席團第十四次會議乃根據國民大會議事規則第七十三條之解釋權而決議，引用國民大會組織法以代表總額三分之一之出席，其議決以出席代表過半數之同意行之。並對「修憲提案審查報告書」之處理程序提出三項建議：

1. 先處理審查會決議通過、提報大會進行討論者計十三案。
2. 次處理審查會決議予以擱置者計十一案與不予審查者計二案。
3. 最後處理審查會決議審查不予通過、報請大會決定之修憲提案計八十六案；其中未保留發言權者優先處理。

　　在審查報告書處理程序確定以後，依照議事規則規定，由第一審查

委員會召集人王富茂說明審查經過及審查結果，其要點如次：

1.經決議審查通過，提報大會進行二讀討論之修憲案。

2.經決議審查不予通過，報請大會決定之修憲案。

3.經決議予以擱置之修憲案。

4.經決議不予審查之修憲案。建請大會就審查通過之修憲案進行二
　讀之實質討論，其他部分僅就程序上來進行處理。

七月二十一日第二十七次大會，依國民大會議事規則規定，應就審
查結果提報大會進行二讀之修憲提案（包括修正案）進行廣泛討論，但
中國國民黨黨籍國民大會代表林銘德等四十位提程序動議，認為由民主
進步黨所提之修正案第三號等九項，因不符修正案要件，應不予成立
（《第二屆國民大會第四次臨時會第二十七次大會速記錄》，1994b：
11）。民主進步黨黨籍國民大會代表許瑞峰對「程序動議」提出詢問，
秘書長辦公室主任董翔飛表示該動議應為「秩序動議」，於是多位國民
大會代表發言抗議程序動議不合法，結果由主席李碧梅宣布，經徵求提
案人同意並表決後通過將該程序動議修正為秩序問題，始和平落幕。
（《第二屆國民大會第四次臨時會第二十七次大會速記錄》，1994b：15）
下午開議後，主席由蔡文斌擔任，並宣布上午主席對林銘德等代表所提
程序動議之處理，因未清點人數及未兩面俱呈，而宣布上午的表決為不
合法。隨即，顏明聖等三十位民主進步黨黨籍國民大會代表隨後提出
「革命程序動議」，主張解散國民大會（《第二屆國民大會第四次臨時會
第二十七次大會速記錄》，1994c：16-7），此舉立刻引發朝野國民大會
代表陸續發言。其間主席並以在場人數不足三分之二法定人數宣布改開
談話會，最後至散會時仍未有任何決議。及至第二十八、二十九次大會
中，仍有代表繼續針對上述九項修正案之成立與否表示意見，民主進步
黨黨籍國民大會代表仍堅持第二十七次大會中主席李碧梅的裁定是非法
的，修正案之成立與否應由大會討論後決議，但民主進步黨所提之修正
案卻尚未進行說明即遭封殺。中國國民黨方面則表示該案確實不符修正

案之提案要件，故不應成立。民主進步黨要求譴責李碧梅及主席團，但經大會表決並未通過。此外，二十五日上午國民大會主席團會議通過修憲提案二讀進行方式，決定依憲法章節對經審查會通過送大會二讀之修憲提案及其修正案分類後，各類別在進行廣泛討論後進行逐條、逐項、逐款表決。民主進步黨則主張必要時應於每款中再逐段表決，並以「僑民選舉權」[28]為例發表意見。主席團將是否分段表決的主張，提交大會決定。當天下午，朝野黨團的協商會議並未達成共識，民主進步黨國民大會黨團代表向謝隆盛提出三點要求：

1. 在憲法中明定保障原住民傳統命名權，並對原來將原住民所區分之平地原住民、山地原住民取消合併。
2. 有關總統直選條文和僑民選舉總統應分段表決。
3. 憲法前言中「為因應國家統一前需要」改成「因應國家發展之需要」等較中性字眼，並在「中華民國自由地區」下加「台澎金馬」等字眼。

前述三項條件經中國國民黨黨中央議決不接受，並決定採強勢作為，以維持會場秩序。中國國民黨黨中央認為就「僑民選舉權」引發之分段表決若獲成功，則無異通過民主進步黨黨版直選案及封殺中國國民黨黨版案，屆時修憲就成為民主進步黨滿分，中國國民黨零分的局面。惟當時中國國民黨內部意見分歧，僑選國民大會代表與國民大會次級團體「松柏聯誼會」王慈官、趙玲玲等代表呼籲支持黨版修憲案，不同意採分段表決。另「國民大會聯誼社」陳瓊讚、王文正等代表及「同心會」張光輝等代表則反對僑民投票權入憲。此種現象與第二階段修憲時直選、委選頗有異曲同工之妙。

二十六日第三十次大會，國民大會首先對主席團前一天決議不列入二讀的九項修正案進行討論，在朝野兩黨多位代表發言後，主席黃來鎰宣布表決，在場二四八人，贊成者二〇五人，通過。主席以場面混亂，再次清點人數，結果在場人數二六三人，贊成者二〇二人，表決通過。

該九項修正案經大會討論並表決通過不予列案討論（《第二屆國民大會第四次臨時會第二十七次大會速記錄》，1994c：18）。

　　二十七日國民大會主席團報告，是否應「分段」表決二讀修憲提案時，引發「僑民選舉總統」是否入憲之爭議。松柏聯誼會和僑選國民大會代表抗議中國國民黨國民大會黨團暗示部分黨籍國民大會代表，可分段表決總統直選條文的立場。而民主進步黨則和支持分段表決的中國國民黨國民大會代表合流。就民主進步黨黨團所提出之動議，乃將中國國民黨黨版之總統直選與僑民選舉總統合併條文分成三段表決。另中國國民黨在國民大會的次級團體「國民大會聯誼社」則提出針對同一條文分成兩段表決的動議，兩者雖在分段上有不同，但在排除僑民選舉權上則屬一致。最後大會未能對條項款表決或分段表決做成任何結論。到了二十八日晚上，民主進步黨國民大會黨團決定退出第二屆國民大會第四次臨時會（《聯合報》，1994/07/29：2），而形成中國國民黨一黨修憲的態勢。二十九日凌晨，大會對第一審查委員會通過提報大會進行二讀之修憲提案及其修正案，均已逐條討論議決完畢。依據國民大會議事規則第四十五條規定「第二讀會修正議決之條項文句，得由主席團交原審查委員會或指定代表若干人整理之」，本次臨時會「第二讀會修正議決條項文句整理小組」前經主席團第十五次會議決議並報請大會，推舉施啓揚、荊知仁等九位代表組成。整理小組當即就二讀會逐條議決通過之憲法增修條文，進行文句條項之整理，並以中國國民黨所提修憲案第七十五號案的內容為藍本，再加上已通過的修正案條文排入適宜的條項內予以整理，結果如下：

1. 「國民大會行使職權之程序，由國民大會定之，不適用憲法第三十四條之規定。」（修正案第二十七號）定為第一條第九項。

2. 「行政院院長之免職命令，須新提名之行政院院長經立法院同意後生效。」（修正案第二十七號）定為第二條第三項（原第二條第三項改列同條第四項，餘依此類推）。

3. 前開修憲案之第一條第三項第一款至第三款所引述之第二條第六
項、第八項、第九項等，因第二條之項次有更動，故應分別改爲
同條第七項、第九項、第十項，才能前後一致。

4. 「國家對於公營金融機構之管理，應本企業化經營之原則；其管
理、人事、預算、決算及審計，得以法律爲特別之規定。」（修
正案第二十六號）定爲第九條第三項（原第九條第三項改列同條
第四項，餘依此類推）。

條項文句整理小組報告完畢後，主席呂學樟隨即徵詢大會同意並宣
布中華民國憲法增修條文第一條至第十條業經二讀會逐條討論議決，且
由整理小組整理條項文句完竣，完成二讀會程序。隨後林銘德等三十三
位代表依據國民大會議事規則第四十六條「第三讀會應於第二讀會之下
次會議行之。但有出席代表二十八人以上之連署或附議，經出席代表過
半數之同意，得於二讀會後接續進行三讀」之規定，提出接續進行三讀
之動議，經第三十二次大會主席呂學樟提付表決，大會決議二讀會後接
續進行三讀會。

三讀會開始，即有謝隆盛、林銘德等一八六位代表提文字修正動議
如次：二讀會通過之憲法增修條文第二條第一項後段：「僑居國外之中
華民國自由地區人民選舉權之行使，以法律定之。」擬請在三讀會中作
文字之修正。修正文字如下：「在國外之中華民國自由地區人民返國行
使選舉權，以法律定之。」主席就本項文字修正動議提付表決，清點在
場人數爲二二八人，贊成者二一五人，大會決議：憲法增修條文第二條
第一項後段文字修正通過。在文字修正動議處理完畢後，主席宣布：中
華民國憲法增修條文第一條至第十條已完成第三讀會文字修正程序，現
依照憲法第一七四條第一款與本會議事規則第四十六條之規定，進行全
案條文之表決。經清點在場人數爲二二〇人，贊成者爲二一四人，超過
四分之三之法定人數，通過。主席宣布大會決議：中華民國憲法增修條
文第一條至第十八條修訂爲第一條至第十條共十條條文，完成三讀法定

程序，第三讀會至此結束。八月一日，由總統公布實施，第三次修憲乃告完成（國民大會秘書處，1994a：427-82）。

三、分析

第三次中華民國憲法增修條文的內容詳**表3-13**。

第二屆國民大會第四次臨時會，總共完成憲法增修條文第一條至第十條，而將原來增修條文第一至十八條中已經不再適用的部分條文刪除，再另外增加一些新的規定。例如自第三屆起國民大會代表任期改為四年、國民大會設置議長、行使職權之程序不由法律規定，改由國民大會自行決定（第一條）；正、副總統應搭檔競選、僑民返國具有投票權、總統人事命令副署義務之範圍限制縮小（第二條）；國民大會代表與立法委員之待遇以法律定之，除年度通案調整者外，單獨增加報酬或待遇之規定，應自次屆起實施（第七條）等，茲就改變新增部分，析述如下：

（一）國民大會

■國民大會職權重行規定（憲法增修條文第一條第三項）

國民大會職權不適用憲法第二十七條第一項第一款之規定，而改為：

1. 補選副總統（憲法增修條文第二條第六項）。
2. 提出總統、副總統罷免案（憲法增修條文第二條第八項）。
3. 議決監察院提出之總統、副總統彈劾案（憲法增修條文第二條第九項）。
4. 修改憲法（憲法第二十七條第一項第三款及第一七四條第一款）。
5. 複決立法院所提之憲法修正案（憲法第二十七條第一項第四款及

表3-13　第三次中華民國憲法增修條文的內容

條	條文內容	備註
1	第一項：國民大會代表依左列規定選出之，不受憲法第二十六條及第一三五條之限制： 　　　一、自由地區每直轄市、縣市各二人，但其人口逾十萬人者，每增加十萬人增一人。 　　　二、自由地區平地原住民及山地原住民各三人。 　　　三、僑居國外國民二十人。 　　　四、全國不分區八十人。 　　第二項：前項第三款及第四款之名額，採政黨比例方式選出之。第一款每直轄市、縣市選出之名額及第三款、第四款各政黨當選之名額，在五人以上十人以下者，應有婦女當選名額一人，超過十人者，每滿十人應增婦女當選名額一人。 　　第三項：國民大會之職權如左，不適用憲法第二十七條第一項第一款、第二款之規定： 　　　一、依增修條文第二條第七項之規定，補選副總統。 　　　二、依增修條文第二條第九項之規定，提出總統、副總統罷免案。 　　　三、依增修條文第二條第十項之規定，議決監察院提出之總統、副總統彈劾案。 　　　四、依憲法第二十七條第一項第三款及第一七四條第一款之規定，修改憲法。 　　　五、依憲法第二十七條第一項第四款及第一七四條第二款之規定，複決立法院所提之憲法修正案。 　　　六、依增修條文第四條第一項、第五條第二項、第六條第二項之規定，對總統提名任命之人員，行使同意權。 　　第四項：國民大會依前項第一款及第四款至第六款規定集會，或有國民大會代表五分之二以上請求召集會議時，由總統召集之；依前項第二款及第三款之規定集會時，由國民大會議長通告集會。國民大會設議長前，由立法院院長通告集會，不適用憲法第二十九條及第三十條之規定。 　　第五項：國民大會集會時，得聽取總統國情報告，並檢討國是，提供建言，如一年內未集會，由總統召集會議為之，不受憲法第三十條之限制。 　　第六項：國民大會代表自第三屆國民大會代表起，每四年改選一次，不適用憲法第二十八條第一項之規定。	本條凍結 憲法第二十六條 憲法第一三五條 憲法第二十七條第一項第一款 憲法第二十七條第一項第二款 憲法第二十九條 憲法第三十條 憲法第二十八條第一項 憲法第二十八條第二項 憲法第三十四條

（續）表3-13　第三次中華民國憲法增修條文的內容

條	條文內容	備註
	第七項：國民大會第二屆國民大會代表任期至中華民國八十五年五月十九日止，第三屆國民大會代表任期自中華民國八十五年五月二十日開始，不適用憲法第二十八條第二項之規定。	
	第八項：國民大會自第三屆國民大會起設議長、副議長各一人，由國民大會代表互選之。議長對外代表國民大會，並於開會時主持會議。	
	第九項：國民大會行使職權之程序，由國民大會定之，不適用憲法第三十四條之規定。	本條凍結
2	第一項：總統、副總統由中華民國自由地區全體人民直接選舉之，自中華民國八十五年第九任總統、副總統選舉實施。總統、副總統候選人為聯名登記，在選票上同列一組圈選，以得票最多之一組為當選。在國外之中華民國自由地區人民返國行使選舉權，以法律定之。 第二項：總統發布依憲法經國民大會或立法院同意任命人員之任免命令，無須行政院院長之副署，不適用憲法第三十七條之規定。 第三項：行政院院長之免職命令，須新提名之行政院院長經立法院同意後生效。 第四項：總統為避免國家或人民遭遇緊急危難或應付財政經濟上重大變故，得經行政院會議之決議發布緊急命令，為必要之處置，不受憲法第四十三條之限制。但須於發布命令後十日內提交立法院追認，如立法院不同意時，該緊急命令立即失效。 第五項：總統為決定國家安全有關大政方針，得設國家安全會議及所屬國家安全局，其組織以法律定之。 第六項：總統、副總統之任期，自第九任總統、副總統起為四年，連選得連任一次，不適用憲法第四十七條之規定。 第七項：副總統缺位時，由總統於三個月內提名候選人，召集國民大會補選，繼任至原任期屆滿為止。 第八項：總統、副總統均缺位時，由行政院院長代行其職權，並依本條第一項規定補選總統、副總統，繼任至原任期屆滿為止，不適用憲法第四十九條之有關規定。 第九項：總統、副總統之罷免案，須經國民大會代表總額四分之一之提議，三分之二之同意後提出，並經中華民國自由地區選舉人總額過半數之投票，有效票過半數同意罷免時，即為通過。 第十項：監察院向國民大會提出之總統、副總統彈劾案，經國民大會代表總額三分之二之同意時，被彈劾人應即解職。	憲法第三十七條 憲法第四十三條 憲法第四十七條 憲法第四十九條

（續）表3-13　第三次中華民國憲法增修條文的內容

條	條文內容	備註
3	第一項：立法院立法委員依左列規定選出之，不受憲法第六十四條之限制： 　　一、自由地區每省、直轄市各二人，但其人口逾二十萬人者，每加二十萬人增一人。 　　二、自由地區平地原住民及山地原住民各三人。 　　三、僑居國外國民六人。 　　四、全國不分區三十人。 第二項：前項第三款、第四款名額，採政黨比例方式選出之。第一款每省、直轄市選出之名額及第三款、第四款各政黨當選之名額，在五人以上十人以下者，應有婦女當選名額一人，超過十人者，每滿十人應增婦女當選名額一人。	本條凍結 憲法第六十四條
4	第一項：司法院設院長、副院長各一人，大法官若干人，由總統提名，經國民大會同意任命之，不適用憲法第七十九條之有關規定。 第二項：司法院大法官，除依憲法第七十八條之規定外，並組成憲法法庭審理政黨違憲之解散事項。 第三項：政黨之目的或其行為，危害中華民國之存在或自由民主之憲政秩序者為違憲。	本條凍結 憲法第七十九條
5	第一項：考試院為國家最高考試機關，掌理左列事項，不適用憲法第八十三條之規定： 　　一、考試。 　　二、公務人員之銓敘、保障、撫卹、退休。 　　三、公務人員任免、考績、級俸、陞遷、褒獎之法制事項。 第二項：考試院設院長、副院長各一人，考試委員若干人，由總統提名，經國民大會同意任命之，不適用憲法第八十四條之規定。 第三項：憲法第八十五條有關按省區分別規定名額，分區舉行考試之規定，停止適用。	本條凍結 憲法第八十三條 憲法第八十四條 憲法第八十五條
6	第一項：監察院為國家最高監察機關，行使彈劾、糾舉及審計權，不適用憲法第九十條及第九十四條有關同意權之規定。 第二項：監察院設監察委員二十九人，並以其中一人為院長、一人為副院長，任期六年，由總統提名，經國民大會同意任命之。憲法第九十一條至第九十三條之規定停止適用。 第三項：監察院對於中央、地方公務人員及司法院、考試院人員之彈劾案，須經監察委員二人以上之提議，九人以上之審查及決定，始得提出，不受憲法第九十八條之限制。	本條凍結 憲法第九十條 憲法第九十四條 憲法第九十一條 憲法第九十二條 憲法第九十三條 憲法第九十八條 憲法第一〇〇條

（續）表3-13　第三次中華民國憲法增修條文的內容

條	條文內容	備註
	第四項：監察院對於監察院人員失職或違法之彈劾，適用憲法第九十五條、第九十七條第二項及前項之規定。 　　第五項：監察院對於總統、副總統之彈劾案，須經全體監察委員過半數之提議，全體監察委員三分之二以上之決議，向國民大會提出，不受憲法第一○○條之限制。 　　第六項：監察委員須超出黨派以外，依據法律獨立行使職權。 　　第七項：憲法第一○一條及第一○二條之規定，停止適用。	憲法第一○一條 憲法第一○二條
7	國民大會代表及立法委員之報酬或待遇，應以法律定之。除年度通案調整者外，單獨增加報酬或待遇之規定，應自次屆起實施。	
8	省、縣地方制度，應包含左列各款，以法律定之，不受憲法第一○八條第一項第一款、第一一二條至第一一五條及第一二二條之限制： 　　一、省設省議會，縣設縣議會，省議會議員、縣議會議員分別由省民、縣民選舉之。 　　二、屬於省、縣之立法權，由省議會、縣議會分別行之。 　　三、省設省政府，置省長一人，縣設縣政府，置縣長一人，省長、縣長分別由省民、縣民選舉之。 　　四、省與縣之關係。 　　五、省自治之監督機關為行政院，縣自治之監督機關為省政府。	本條凍結 憲法第一○八條第一項第一款 憲法第一一二條 憲法第一一三條 憲法第一一四條 憲法第一一五條 憲法第一二二條
9	第一項：國家應獎勵科學技術發展及投資，促進產業升級，推動農漁業現代化，重視水資源之開發利用，加強國際經濟合作。 　　第二項：經濟及科學技術發展，應與環境及生態保護兼籌並顧。 　　第三項：國家對於公營金融機構之管理，應本企業化經營之原則；其管理、人事、預算、決算及審計，得以法律為特別之規定。 　　第四項：國家應推行全民健康保險，並促進現代和傳統醫藥之研究發展。 　　第五項：國家應維護婦女之人格尊嚴，保障婦女之人身安全，消除性別歧視，促進兩性地位之實質平等。 　　第六項：國家對於殘障者之保險與就醫、教育訓練與就業輔導、生活維護與救濟，應予保障，並扶助其自立與發展。 　　第七項：國家對於自由地區原住民之地位及政治參與，應予保障；對其教育文化、社會福利及經濟事業，應予扶助並促其發展。對於金門、馬祖地區人民亦同。 　　第八項：國家對於僑居國外國民之政治參與，應予保障。	
10	自由地區與大陸地區間人民權利義務關係及其他事務之處理，得以法律為特別之規定。	

第一七四條第二款）。

6. 對總統提名任命之人員，行使同意權（憲法增修條文第四條第一項、第五條第二項、第六條第二項之規定）。

■國民大會開會召集權之修正

1. 總統召集

(1)補選副總統（增修條文第二條第七項）。

(2)修改憲法（憲法第二十七條第一項第三款及第一七四條第一款）。

(3)複決立法院所提之憲法修正案（憲法第二十七條第一項第四款及第一七四條第二款）。

(4)對總統提名任命之人員，行使同意權（憲法增修條文第四條第一項、第五條第二項、第六條第二項）。

(5)國民大會代表五分之二以上請求召集（憲法增修條文第一條第四項）。

2. 國民大會議長通告集會，國民大會設議長前，由立法院院長通告集會。

(1)提出總統、副總統罷免案（憲法增修條文第二條第九項）。

(2)議決監察院提出之總統、副總統彈劾案（憲法增修條文第二條第十項）。

■第二屆國民大會代表任期的規定

為使國民大會代表之選舉與任期配合總統，修憲中乃將國民大會第二屆國民大會代表任期至一九九六年五月十九日止，第三屆國民大會代表任期自一九九六年五月二十日開始，不適用憲法第二十八條第二項之規定（憲法增修條文第一條第七項）。

■國民大會設議長、副議長

中華民國憲法原無國民大會設置議長之規定，依國民大會組織法，

以主席團主持議事，然以每次集會選舉主席團頗費周章，且常因主席團輪流主持會議而影響議事效率。考慮設置議長以提升議事效能。並於本次修憲中明定，國民大會自第三屆國民大會起設議長、副議長各一人，由國民大會代表互選之。議長對外代表國民大會，並於開會時主持會議（憲法增修條文第一條第八項）。

國民大會設置議長後，對外代表國民大會更具政治性象徵意義，表示國民大會乃是一個具有獨立意志的常設機構，對外可以表示意見；而國民大會行使職權之程序，由國民大會定之，更見國民大會希望能擁有國會自律以維護其作為國會之尊嚴。

■國民大會代表、立法委員可以單獨自行調整待遇

中央民意代表之待遇應以法律加以規定，大法官會議已有解釋（七十六、二八二、二九九）。故而第三次修憲特予明定，國民大會代表、立法委員之報酬或待遇，應以法律定之。除年度通案調整者外，單獨增加報酬或待遇，應以法律定之。除年度通案調整者外，單獨增加報酬或待遇之規定，應自次屆起實施（第三次憲法增修條文第七條）。

由以上的變更可知，此次修憲的結果，國民大會基於增修條文第一條第五項的規定：「國民大會集會時，得聽取總統國情報告，並檢討國是，提供建言，如一年內未集會，由總統召集會議為之，不受憲法第三十條之限制。」將每年集會一次；換言之，國民大會為憲法中之機關，由不同地區選出的代表所組成，有一定的任期，有具體的職權，每年定期集會，有年度預算，有法定編制與人員，事實上，已屬常設，應無爭議。另有學者質疑國民大會常設化，復設置議長，是否國民大會有擴權化的目的？實則設置議長的構想，應係制度面之考量，藉以追求憲政體制之完整與合理、議事領袖之培育以及議事效能的提升而已，與所謂常設化，應無邏輯上的關係。至於一個機關享有何種職權，必須透過憲法或法律明定，絕非將主席團改為議長即可擁有，例如國民大會之人事同

意權、司法院之政黨違紀處分權，均係基於憲法增修條文的明定，始能享有；又如立法權、預算權是立法院職權，調查權與彈劾權係監察院之職掌，即使國民大會想擁有，如果不能透過修憲的程序以明示，又豈能將主席團改爲議長即可獲得，故國民大會設置議長係就制度考量結果而來，並非擴權之舉（董翔飛，1997：171-2）。

然隨著國民大會行使職權之程序，由國民大會本身定之，而不受立法院之立法規範，往後國民大會若自行立法恢復創制、複決二權，則往後憲政體制的發展勢將更形複雜化、衝突化；蓋立法院制定法律，國民大會有複決權，而立法院未制定者，國民大會可運用創制權立法，而形成不平衡的雙國會制。

（二）總統、副總統

■總統、副總統由人民直選

總統、副總統之選舉，在第二階段修憲時僅明定由自由地區全體人民選舉產生，惟選舉方式尚待確定。及至本次修憲，直接選舉方式已成社會共識。故增修條文乃明定總統、副總統由中華民國自由地區全體人民直接選舉之，並自一九九六年第九任總統、副總統選舉起實施。另規定總統、副總統候選人應聯名登記，在選票上同列一組圈選。其當選票數採相對多數，以得票最多之一組爲當選。僑居國外之中華民國自由地區人民選舉權之行使，以法律定之（增修條文第二條第一項）。然該條文的問題在於文中規定「以得票最多之一組爲當選」，換言之，即採行「相對多數」而摒棄「絕對多數」原則，來選舉總統、副總統。二者差別在於採行「絕對多數」原則即須過半數，而相對多數者即以得票最高即告當選，無須考量是否過半數。此兩種方式實各有利弊，以絕對多數而言，有利於產生更具民意基礎的總統，但不利於社會成本，尤其當參選總統、副總統組數過多，在第一輪投票未能產生絕對多數總統時，須進行「第二輪投票」，這勢將增加社會成本，再者亦將使選舉激情時間延長，甚而使少數政黨成爲關鍵少數的決定性因素。就相對多數而言，

雖產生方便，避免社會成本過高，免於社會激情持續過久，惟其缺點在於容易形成「少數總統」。尤其當總統得票低於省長時，則難免產生「葉爾欽效應」。

　　總統公民直選，其主要意義在於強化總統之政治象徵意義，透過人民直接行使投票即係人民主權的直接體現，且較能擺脫來自政黨派系、官僚體系及議會政客等人情包袱的糾纏，尤其是直選過程中所展現的選民總意志的力量，可以用來創造、凝聚國家此一生命共同體，展現國家意志的統一與主權的象徵。

　　總統公民直選採相對多數當選制的設計乃是基於政黨政治未臻成熟、社會動員的成本，以及因過度社會動員可能產生的政治危機，尤其各黨派權謀勝選第一的優先考量等等因素而造成的。然而，相對多數當選制可能造成葉爾欽效應或阿葉德效應，導致政局不穩或憲政危機，值得三思。

　　總統公民直選之後，由於總統擁有廣大堅實的民意基礎，因此，總統與國民大會、行政院、立法院的互動，變成以總統為政治核心，尤其是國會多數黨與總統隸屬同一政黨時，更屬必然。惟國會多數黨與總統隸屬政黨不同時，則考驗總統的智慧以化解僵局了，此時，國會漸漸成為政治核心，乃屬自然的轉移。

■ 總統、副總統的缺位補選

　　依第二階段憲法增修條文第十二條第五項規定：「總統、副總統均缺位時，由立法院院長於三個月內通告國民大會臨時會集會補選總統、副總統，繼任至原任期屆滿為止。」因第三次修憲，總統、副總統既已改由人民直選，故而總統、副總統均缺位時，由行政院院長代行其職權，並由人民投票補選總統、副總統，繼任至原任期屆滿為止，不適用憲法第四十九條之有關規定（增修條文第二條第七項）。

　　所謂「總統缺位」，係指總統於任期中發生死亡、辭職或被罷免情事時，由副總統繼任其職位，其任期至原總統剩餘任期屆滿時為止。

　　副總統因繼任總統或於其任內發生辭職、死亡或被罷免而缺位時，是否任其懸缺，抑或召集國民大會臨時會補選新的副總統至原任副總統剩餘任期爲止，憲法本文原無進一步說明，惟默察四十年來所累積的憲政慣例，第三任副總統陳誠於任內病逝，第五任副總統嚴家淦、第七任副總統李登輝均於任內繼任總統，但所遺副總統缺位，均未由國民大會重行補選，而任其空懸，設若在副總統缺位期間，總統再發生缺位或不能視事情事將由誰繼任總統，或代行總統職權？一九九六年第一屆國民大會第四次會議，曾就此問題進行討論，並由王雨生等三五〇位代表連署提案：「副總統爲預備總統，關係至爲重大，設若於當選數月之內發生病故不幸事件，豈可六年虛懸其位？」建議修訂臨時條款，增列「動員戡亂時期，副總統缺位時，其任期尚有六個月以上者，應即補選」，經大會討論結果，決議留待修憲時參考。

　　第二屆國民大會臨時會有鑑於副總統輔弼元首，地位重要，缺位時自應即時補選，可使中樞襄贊得人，而可避免總統、副總統均缺位時之憲政危機，爰於增修條文第十二條第五項規定：「副總統缺位時，由總統於三個月內提名候選人，召集國民大會補選，繼任至原任期屆滿爲止。」以補憲法規定之不足，同時規定副總統缺位時由總統提名其繼任人選，不僅有利政治和諧，亦符政黨政治之原理（董翔飛，1997：231-2）。

■ 總統、副總統的罷免

　　依第二次憲法增修條文第十二條第四項第一款規定，總統、副總統之罷免，由國民大會代表提出之罷免案，經代表總額四分之一提議，代表總額三分之二同意，即爲通過。到了第三次修憲，總統、副總統改由人民直接選舉後，其罷免亦經修改，規定總統、副總統之罷免案，須經國民大會代表總額四分之一提議，三分之二同意後提出，並經中華民國自由地區選舉人總額過半數之投票，有效票過半數同意罷免時，即爲通過（增修條文第二條第八項）。檢視該條的缺失在於總統、副總統既由

人民直接選舉，自應由人民直接罷免。然依憲法增修條文第二條第九項規定來看，總統、副總統之罷免，是由國民大會提出通過，始得由全民行使罷免投票決定。若國民大會不予提出罷免案，或提出罷免案未達規定之國民大會代表四分之一提議，三分之二同意，則選民無從罷免總統、副總統。

■ 總統、副總統的彈劾

依憲法增修條文第二條第十項規定：「監察院向國民大會提出之總統、副總統彈劾案，經國民大會代表總額三分之二同意時，被彈劾人應即解職。」另增修條文第六條第五項規定：「監察院對於總統、副總統之彈劾案，須經全體監察委員過半數之提議，全體監察委員三分之二以上之決議，向國民大會提出，不受憲法第一〇〇條之限制。」亦即總統、副總統之彈劾，應由監察院通過後提出，交由國民大會行使同意權。事實上，憲法經三階段修改後，監察委員產生方式已改變，彈劾案宜否仍由監察院提出不無疑問。原憲法規定，監察委員是由省、市議會選舉產生，故由監察院提出對總統彈劾，交由國民大會行使同意權尚屬合理。現今憲法增修條文規定監察委員是由總統提名，經國民大會同意任命（增修條文第六條第二項）。對總統的彈劾案卻由經總統提名之監察委員提出，實有待考量。

■ 總統職權的擴大

憲法第二十七條規定之副署制度，其範圍並無限制。本次修憲則規定，總統發布依憲法經國民大會或立法院同意任命人員之任免命令，無須經行政院院長之副署，不適用憲法第三十七條之規定（增修條文第二條第二項）。根據此規定，有關行政院院長、司法院院長、副院長、大法官、考試院院長、副院長、考試委員、監察院院長、副院長、監察委員等由總統提名，經國民大會、立法院同意之任免命令，無須行政院院長之副署。換言之，總統在政府五院中擁有四院的人事提名權。原憲法僅規定行政院院長由總統提名，經立法院同意任命，及司法院長、副院

長、大法官、考試院長、副院長、考試委員由總統提名,經監察院同意
任命。憲法增修條文第四、五、六條,將司法院長、副院長、大法官、
考試院長、副院長、考試委員、監察院長、副院長、監察委員,均規定
由總統提名,經國民大會同意任命之,而使總統提名範圍不僅包括原有
的行政、司法、考試三院人事,現在又擴及監察院長、副院長、監察委
員。此一提名權賦予總統更廣闊的政治影響力,蓋監察院職掌政治風
紀,且具有對總統彈劾之權,然經總統提名之監察委員與總統的關係絕
非陌路,若欲使監察委員彈劾總統顯非至當。大法官、考試委員均應秉
公執行憲法賦予之職權,今由總統提名,是否會造成政治酬庸之嫌?亦
有學界質疑。惟從司法院大法官會議做成釋字第四一九號可看出,大法
官雖是總統提名產生,但卻未必全然支持總統讓「副總統兼行政院院長」
的決定;換言之,大法官雖由總統提名產生,但仍能秉公執行憲法賦予
之職權[29]。不過,從長遠角度觀之,仍宜就司法院長、副院長、大法
官、考試院長、副院長、考試委員、監察院長、副院長、監察委員之任
期做適當調配,以防弊端。

　　再根據憲法增修條文第二條第二項的規定,勢將減縮行政院的職
權,蓋中華民國憲法有關中央政府體制之規定,原較具有濃厚的內閣制
精神;行政院與立法院分別為國家最高行政與立法機關,行政院須向民
選產生之立法院負責。行政院院長統有八部兩會,擁有絕大多數行政
權。總統所擁有者多為國家元首權,其所具有之行政實權並不多,如憲
法第三十六條「總統統率全國陸海空軍」、憲法第五條「總統對於院與
院間之爭執,除本憲法有規定者外,得召集有關各院院長會商解決
之」、憲法第四十三條之「緊急命令權」、第五十七條之「覆議核可
權」,均須經行政院會議之決議行之。故依中華民國現行憲法之規定,
總統實為「統而不治」,行政院院長為「治而不統」。然經過三次修憲,
總統職權增加,一方面漸漸改變中央體制的精神,另一方面卻未有相對
制衡的設計,此種缺乏權責平衡之憲法體制,極易形成總統有權、行政
院負責的憲政體制。

　　尤其憲法增修條文第二條第五項規定，總統爲決定國防、外交、自由地區與大陸地區關係及其他有關國家安全大政方針，得設國家安全會議及所屬國家安全局。總統就各該大政方針所作之決定，由行政院執行之。總統主持國家安全會議，其成員包括副總統、行政院院長、副院長及相關部會首長等。然依據憲法第五十三條「行政院爲國家最高行政機關」，第五十八條第二項「行政院院長、各部會首長，須將應行提出於立法院之法律案、預算案、戒嚴案、大赦案、媾和案、條約案，及其他重要事項或涉及各部會共同關係之事項，提出於行政院會議決議之」的規定，行政院應爲國家最高行政機關，行政院院長及國家最高行政首長，享有國家最高行政決策全權，由總統提名，經立法院同意，對立法院負責。行政院的職權憲法雖無明文規定，但從比較憲法及行政院組織法所涵蓋之機關觀之，行政權的範圍自應包括國防、外交、內政、財政、經濟、農業、交通、教育、文化、法務、衛生、環保等等。增修條文中之「國家安全大政方針」係由「動員戡亂大政方針」演變而來，而動員戡亂大政方針之法源不是「憲法」而是「臨時條款」，係動員戡亂時代背景下之產品，旨在增加政府在變亂時期的應變權力，只適用在動員戡亂時期，變亂平定之後，條文的效力便告消失。第一屆國民大會代表在一九六六年二月舉行第四次會議於討論該案時，特別謹慎將原草案「動員戡亂時期，得設置動員戡亂委員會決定動員戡亂有關大政方針，並有處理戰地政務之全權」修正爲「動員戡亂時期，本憲政體制，授權總統得設置動員戡亂機構，決定動員戡亂大政方針，並處理戰地政務事宜」，似有意強調「總統決定動員戡亂大政方針，應不得逾越憲政體制」。以往歷任總統對於動員戡亂大政方針之詮釋亦極爲縮限，以免與行政權之重疊，復因總統與行政院長多屬同一政黨，而國家安全會議亦僅扮演幕僚角色，故在實際運作上尚未發生重大齟齬與窒礙。故「國家安全會議」及所屬「國家安全局」這兩個機構本爲動員戡亂時期臨時條款所設非常體制的產物，本當隨動員戡亂時期終止而予廢止，卻未料隨著回歸憲法與修憲之際，予以就地合法，明顯破壞原憲法中總統與行政

院院長之既存關係。且增修條文中所謂「總統爲決定國家安全有關大政方針，得設國家安全會議及所屬國家安全局，其組織以法律定之」，然何謂「國家安全」？又何謂「有關大政方針」？增修條文修正案除將總統之職權，由「決定動員戡亂大政方針」變爲「決定國家安全有關大政方針」外，並擴及國防、外交及自由地區與大陸地區關係，並明定總統就各該大政方針所作之決定，由行政院執行之。依現代國際政治觀念，整體外交必然涉及國防、國際貿易、國際交通、國際衛生、國際金融、國際環保以及教育、文化、法務及國際事務，而此等事務亦無一不屬行政權之領域，再以「國家安全有關大政方針」概念極爲模糊，若擴張解釋則所有行政權無不涵蓋其中。另國家安全會議之組織法，無論將國家安全會議定位爲決策機關或諮詢機關，而以總統爲「主席」，行政院院長爲「第二副主席」之設計，將使國家安全會議有成爲「太上行政院」的可能，如此行政院不但不再是國家最高行政機關，而破壞憲法上最高行政決策權的規定，並淪爲「奉宣單位」，卻仍須受立法院監督，受立法院質詢，並對立法院負政策成敗的政治責任；相反的，總統變成國家最高行政機關，主導國家施政並決定國家安全大政方針，卻不受立法院監督、不接受立法院質詢、也不對立法院負政治責任，甚至反可以解散立法院，而造成有權者（總統）無責（無須對立法院負責），有責者（行政院院長）無權，此種設計豈能稱爲權責相符。

　　行憲以來，雖憲法第五十七條明定行政院向立法院負責，但憲政慣例上，行政院長多於新的總統就任前，同總統提出總辭，而立法院增額選出立法委員後，反而未提出總辭，但第三次憲法增修條文修正後，因總統已改爲公民直選，較諸行政院院長顯具更爲堅強的民意基礎，故行政院院長向新任總統提出總辭更屬必然。惟第二屆立法委員產生之後，因係全面改選，有別於以往之增補選及增額選，雖憲法未規定行政院院長須向新國會提總辭，然基於政黨政治及對新國會之尊重，於新國會產生後，行政院院長亦提出總辭，或爲日後必然之趨勢。

（三）公營金融機構管理原則

第三次憲法增修條文第九條第三項：「國家對於公營金融機構之管理，應本企業化經營之原則；其管理、人事、預算、決算及審計，得以法律爲特別之規定。」乃本次修憲唯一非中國國民黨規劃範圍而入憲的條文（該案早在第二次修憲的時候，便曾以第二屆國民大會臨時會第一三七號修憲案提出）。該條文係源自中國國民黨黨籍國民大會代表張福興、符寶玲所提之第九十三號修憲案（國民大會秘書處，1994a：355-7），根據第九十三號修憲案的提案說明，表示該案係針對中華民國憲法第一四九條之規定：「金融機構，應依法受國家之管理」而提，且僅單獨就公營金融機構另訂一條。第九十三號修憲案的提出，顯示財政部數十年來多次提出「公營銀行管理法」，皆遭到審計部等機關以構成違憲而反對。其實，分析憲法第一四九條，並未就國家管理公、民營金融機構做原則性的規定，而目前關於公營企業（公營金融機構屬之）的管理，是依「國營事業管理法」爲之，該法第四條即規定：「國營事業應依照企業方式經營……」，基本上仍視國營企業同行政機關；因此，國營企業的人事制度及會計財務均需比照行政機關的人事和經費規定辦理，這往往損及公營金融機構的競爭力。此番由具有公營金融機構主管身分的國民大會代表提出，即是藉由修憲手段以突破此一限制。

（四）影響與評估

本次修憲所採用的「形式體例」特殊，在於將原來增修條文第一至十八條中（第一階段修憲制定增修條文第一至十條，第二階段修憲制定增修條文第十一至十八條）已經不再適用的部分條文刪除（失去規範意義之過渡規定及未實施之條文），再另外增加一些新的規定，而完成新的憲法增修條文第一條至第十條。採取此種的修憲方式，其缺點在於中華民國所採的「憲法增修條文」方式，以作爲修憲的「形式體例」，乃因襲美國所採的「憲法修正案」方式。這可在第一、第二階段修憲時看

出。美國修憲方式的特徵在於：其一，修正的條文基本上都是「增補」（補充憲法的不足，此乃肇因於美國制憲過程匆忙，爲補其疏漏而不得不爲之），而非「增修」（修包括「改」與「廢」）[30]；因此，美國修憲體例對其憲法的整體性、延續性、可讀性並不構成妨礙。反觀中華民國所採的「憲法增修條文」方式，到了第三次修改的時候，便很難自增修條文中看出其延續性；復以，採取累加修改的結果，外觀上已完全看不出任何次序，例如，有關國民大會的條文散見於各條文之中，往往不能讓讀者一目瞭然，這便欠缺整體性、可讀性。其二，美國憲法修正案乃是一種不附期限的增補，而中華民國所採的憲法增修條文方式，乃是一種附有終期的修正案。蓋中華民國憲法增修條文前言明定：「爲『因應國家統一前之需要』，依照憲法第二十七條第一項第三款及第一七四條第一款之規定，增修本憲法條文」；換言之，「憲法增修條文」是「因應國家統一前之需要」而設置，將來一旦情況改變，則「憲法增修條文」可能即遭廢除。總之，三次的修憲體例前後不一，再加上修憲後的體例亦與原憲法條文的簡潔形成對比，這對中華民國憲法的穩定成長並非好處。

第四節　第四次中華民國憲法增修條文的制定

一、制定時間：一九九七年七月十八日第三屆國民大會第二次會議三讀通過

二、制定地點：台北市陽明山中山樓

三、公布時間：一九九七年七月二十一日總統（86）華總（一）義字第八六○○一六七○二○號令公布

四、本節摘要：第四次中華民國憲法增修條文的主要內容如下：其一，總統任命行政院院長，無須經立法院同意，本項調整旨在賦予民選總統根據民意逕行任命行政院院長的權力，以維政治安定；其二，總統經諮詢立法院院長後，得宣告解散立法院，

此乃為解決行政與立法之間可能產生的僵局，惟其要件屬被動式之解散，即只能在立法院通過對行政院院長之不信任案後始得解散之；其三，立法院得對行政院院長提出不信任案，由於行政院乃須對立法院負責，因此，實踐行政與立法制衡的原理，授權立法院對行政院院長有倒閣權，應可落實責任政治的施政理念，促進行政效率之提升；其四，司法院院長、副院長改由大法官兼任，以期司法組織更合理；其五，為落實司法獨立精神，規定行政院不得刪減司法預算，以避免行政院之干預；其六，精簡省級政府組織，將省政府改為委員制，省議會改為省諮議會，省府委員及諮議員均由行政院院長提請總統任命，以達提高行政效率，加強為民服務功能

一、肇因

第三屆國民大會第二次會議係由徐鴻進、張川田、江文如等代表發起，並經二二六位代表之連署，依據中華民國憲法增修條文第一條第四項之規定請求總統召集。蓋一九九一年四月，中華民國開始以「增修條文」方式作為憲政改革工程，並以「一機關二階段」的修憲方式進行；第一次的修憲，共通過憲法增修條文第一至第十條，旨在賦予第二屆中央民意代表產生的法源；第二次的修憲，則通過憲法增修條文第十一至第十八條，主要賦予國民大會對總統提名的監察院院長、副院長、監察委員、司法院院長、副院長、大法官、考試院院長、副院長、考試委員等之人事任命擁有同意權；第三次的修憲，旨在延續第二次修憲尚未完成的工作。而根據第三次修憲的規定，賦予總統、副總統直接民選（第三次中華民國憲法增修條文第二條第一項）與省、市長直接民選（第三次中華民國憲法增修條文第八條第一項第三款）的法源依據。但由於總統與台灣省省長所管轄的人口有81％重疊，管轄的區域有98％重疊。在

中央與省的職權幾乎重疊的情形下，省地位的調整遂成為第四次修憲的主因之一，亦是國家發展會議期間朝野政黨討論的重心（http://www.kmt.org.tw/7/gogo/gogo37.html）。

隨後中央政府便依據第三次中華民國憲法增修條文第八條第一項第三款與第二條第一項的規定，分別在一九九四年十二月三日，由臺灣地區人民首次直接選出省、市長，在一九九六年三月二十三日，由中華民國自由地區人民首次直接選出總統、副總統。而在第四次修憲之前，也依法改選產生第三屆立法委員與第三屆國民大會代表，其結果詳**表3-14**、**表3-15**、**表3-16**、**表3-17**、**表3-18**。

由這五張表可分析出，在第三次修憲之後到第四次修憲這段期間，國內政治有明顯的改變，茲分數點說明：其一，由表3-17可知，第三屆國民大會代表選舉的結果，中國國民黨在國民大會的席次，已由第二屆國民大會的二三九席大幅滑落至第三屆國民大會的一八三席；換言之，較上次喪失了五十六席。主因在於新黨自中國國民黨分裂出去時，也同時帶走不少原本屬於中國國民黨的選票，加上民主進步黨的實力亦有所增長的結果，使得中國國民黨在本次國民大會進行修憲工程時，已無法同以往一樣以超過「四分之三」的國民大會代表席次，而進行所謂的一黨修憲。這意味著未來欲進行修憲工程時，必須先透過政黨合作的模式，方能完成修憲工作。於是政黨協商勢所難免，這也將有助於中華民國政黨政治運作的日趨成熟，俾有利於民主政治的發展。其二，由於新黨的掘起，使得原本中國國民黨與民主進步黨兩黨競爭的態勢，轉而變

表3-14　第一屆臺灣省長選舉得票比例表

編號	臺灣省長候選人	政黨	得票數	得票率
1	蔡正治	無黨籍	37,256	0.44%
2	朱高正	新黨	362,377	4.31%
3	宋楚瑜	中國國民黨	4,726,012	56.22%
4	吳梓	無黨籍	25,397	0.31%
5	陳定南	民主進步黨	3,254,887	38.72%

資料來源：《中國時報》，1994/12/04：1。

表3-15　第三屆立法委員選舉之席次與比例表

	中國國民黨	民主進步黨	新黨	其他	合計
區域代表	61	41	16	4	122
不分區代表	15	11	4	0	30
平地原住民代表	3	0	0	0	3
山地原住民代表	3	0	0	0	3
僑選代表	3	2	1	0	6
總席次	85	54	21	4	164
席次率	52%	33%	13%	2%	100%
得票率	46.06%	33.17%	12.95%	7.82	100%

資料來源：《自立早報》，1995/12/03：4。

表3-16　首次民選中華民國總統、副總統選舉得票比例表

中華民國總統、副總統候選人	政黨	得票數	得票率
李登輝、連　戰	中國國民黨	5,813,699	54%
彭明敏、謝長廷	民主進步黨	2,274,586	21.13%
林洋港、郝柏村	新黨	1,603,790	14.9%
陳履安、王清峰	無黨籍	1,074,044	9.97%

資料來源：《中國時報》，1995/03/24：1。

表3-17　第三屆國民大會代表選舉之席次與比例表

	區域代表	不分區代表	僑選代表	總席次	席次率	得票率
中國國民黨	129	43	11	183	54.79%	49.68%
民主進步黨	68	25	6	99	29.64%	29.85%
新黨	31	12	3	46	13.77%	13.67%
無黨籍	6	0	0	6	1.8%	6.8%

資料來源：《自立早報》，1995/03/24：1。

表3-18　近十年重要選舉政黨得票比例消長走勢表

	1989年 立法委員	1991年 國民大會	1992年 立法委員	1993年 縣市長	1994年 省市長	1995年 立法委員	1996年 總統	1996年 國民大會
中國國民黨	60.14%	71.17%	53.02%	47.47%	52.05%	46.06%	54%	49.68%
民主進步黨	28.28%	23.94%	39.42%	41.03%	39.42%	33.17%	21.13%	29.85%
新黨	尚未成立	尚未成立	尚未成立	8.42%	7.7%	12.95%	14.9%	13.67%
其他	11.58%	4.89%	15.95%	8.42%	0.83%	7.82%	9.97%	6.8%

資料來源：《自立早報》，1995/03/24：1；《中國時報》，1995/03/24：12。

成多黨競爭的態勢；換言之，未來立法院出現聯合內閣的機會已大有可能。尤其，從表3-18可看出中國國民黨自一九八九年以後，在歷屆立法委員的選戰中，是以平均7％的失票率往下滑落。而第三屆立法委員的席次亦僅維持在過半邊緣，只要少數立法委員缺席或因故跑票，便隨時面臨政治危機。

　　執政的中國國民黨除面臨在野黨日趨嚴厲的政權挑戰之外，黨內派系的相互傾軋亦或多或少削弱中國國民黨的實力；復以時代變遷的結果，黨內同志要求進行政黨體質民主改革的呼聲愈見高漲，加上中國國民黨黨主席李登輝於一九九六年三月二十三日以絕對多數的選票，當選中華民國自由地區首屆民選總統，遂在強大的民意基礎下，開始進行更深化的民主改革。

　　一九九六年八月，中國國民黨舉行第十四屆四中全會，會中主要針對「黨」與「政府」提出改革方案，俾因應時代需求與順應世界潮流。八月二十四日，分別通過「黨的再造案」與「如何貫徹總統就職演說揭示之重大改革案」（《中央日報》，1996/08/25：4；《中央月刊》，1996/08：9），前者針對「黨」，作為中國國民黨進行自我改造的依據。

　　緊接著在八月三十一日，總統李登輝接見朝野國民大會黨團代表時，指出要在國家安全與政局安定的前提下，進行新一階段的國家發展、憲政改革與政黨關係的調整。同時決定由朝野各政黨依比例推薦產生的六十位國民大會代表組成「憲政改革委員會」，預定自九月起開始運作，每月開會一次，同時也安排到各縣市舉辦座談會，聽取民眾對憲改的意見。各黨推薦名單如下（《中國時報》，1996/08/31：2）：

1. 中國國民黨：蘇南成、荊知仁、郎裕憲、謝瑞智、沈銀和、許慶復、柯三吉、彭錦鵬、朱新民、吳東昇、陳建銘、蔡仁元、張玲、吳靜瑜、黃澎孝、林鴻池、鄭美蘭、龍應達、陳運棟、李文鴻、劉裕猷、陳美子、蔡永常、陳明仁、林正國、卓政防、賴健榮、廖國棟、王智，共二十九位。

2.民主進步黨：陳秀惠、莊勝榮、陳耀昌、林勝利、劉一德、張富美、王明玉、徐宜生、陳儀深、戴榮聖、賴勁麟、李文忠、劉俊秀、邱太三、顏明聖、周衡、王東暉、藍世聰、李昆澤，共十九位。

3.新黨：許歷農、李炳南、紀欣、曲兆祥、楊敏華、王高成、湯紹成、何振盛、李新、林忠山、馮滬祥，共十一位。

4.無黨籍：江文如，共一位。

及至十月四日，總統府秘書長黃昆輝舉行記者會，公布總統李登輝核定的「國家發展會議」籌備委員會委員名單，並由總統府秘書長黃昆輝為籌備會執行長，行政院秘書長趙守博、行政院研考會主委黃大洲、總統府副秘書長陳錫蕃、黃正雄等四人為副執行長，另有籌備委員二十九人，名單如下（《聯合報》，1996/10/05：4）：

1.政黨代表六人：
　(1)中國國民黨：饒穎奇（中央政策會執行長、立法委員）、黃主文（立法委員）。
　(2)民主進步黨：尤清（台北縣縣長）、邱義仁（黨秘書長）。
　(3)新黨：周陽山（立法委員）、賴士葆（國民大會代表）。
　(4)民意機關代表五人：謝隆盛（國民大會副議長）、王金平（立法院副院長）、劉炳偉（臺灣省議會議長）、陳健治（台北市議會議長）、陳田錨（高雄市議會議長）。

2.政府機關代表五人：黃昆輝（總統府秘書長）、徐立德（行政院副院長）、吳容明（臺灣省副省長）、陳師孟（台北市副市長）、黃俊英（高雄市副市長）。

3.與議題相關之主管部會首長五人：林豐正（內政部長）、章孝嚴（外交部部長）、王志剛（經濟部部長）、江丙坤（經建會主委）、張京育（陸委會主委）。

4.學術界及各界代表八人：田弘茂（國策中心主任、國策顧問）、

　　謝瑞智（臺灣師範大學教授、國民大會代表）、黃天麟（第一銀行董事長）、曹興誠（聯華電子董事長、國策顧問）、辜振甫（海基會董事長、資政）、翁松燃（香港中文大學教授）、王效蘭（聯合報暨民生報發行人）、賴浩敏（中選會委員、律師）。

　　總統府秘書長黃昆輝並強調，對國家未來的發展深具影響，而且和上次召開的的國是會議有所不同，國是會議是體制外的會議，而國家發展會議則是界定為體制內的會議，由政黨、政府機關、民意機構及社會各界代表組成，選擇的議題都是針對有關國家未來發展，也是各界比較缺乏共識、需要凝聚社會共識的重要議題，即「健全憲法體制」、「加速經濟發展」、「增進兩岸關係」三項議題。待凝聚共識後，將可交行政及立法部門參採落實（《中國時報》，1996/10/05：4）。

　　十一月十六日，國家發展會議籌備委員會舉行第三次會議，會中通過推薦出席人員名單，包括各政黨代表、民意代表、行政人員代表、學者專家和社會賢達等共一一七人，加上籌備委員三十三人列為當然出席人員，以及總統李登輝指定出席的二十人，總計全部出席人數為一七〇人。會中同時通過國家發展會議議程草案，擬定於一九九六年十二月二十三日至二十八日在台北國際會議中心舉行五天，其中二十五日休會一天。另外，為凝聚共識，在大會前將舉行定名為「專題綜合研討會」的會前會，於十二月五日至十五日舉行十天；並由內政部主辦一至二場，特別以中央及省市民意代表為對象的研討會（《聯合報》，1996/11/17：3）。

　　十二月十八日晚上，總統李登輝以中國國民黨黨主席身分，在台北賓館主持中國國民黨黨內對國家發展會議議題共識整合會議，出席者計有：副總統兼行政院院長連戰、中國國民黨秘書長吳伯雄、考試院院長許水德、臺灣省省長宋楚瑜、立法院院長劉松藩、立法委員蕭萬長、國民大會議長錢復、高雄市市長吳敦義、國家安全會議秘書長丁懋時、台北市議會議長陳健治、政策會執行長饒穎奇、總統府秘書長黃昆輝、中

國國民黨副秘書長洪玉欽、政策會副執行長黃主文、臺灣省省議會議長劉炳偉、中國國民黨文工會主任蔡璧煌、學者蔡政文、田弘茂等人，目的在於決定中國國民黨在國家發展會議的結論底線。在會議前，中國國民黨黨主席李登輝首先明白地指出三點原則：

    1. 維持政局的安定最爲重要。
    2. 不能失去民主的體制。
    3. 行政效率不但要維持還要提升。

隨後即由蔡政文與田弘茂兩位教授各自針對中央政府採「混合制」[31] 與簡化行政層級的「省虛級化」做詳細的說明；其中，所謂混合制主要的內涵有四（《新新聞週刊》，511期：16-24）：

    1. 總統任命行政院院長不須經立法院同意。
    2. 總統可主持國務會議商討國家大政方針。
    3. 行政院院長可咨請總統解散國會。
    4. 立法院有對行政院院長行使不信任投票的權限。

報告結束，便由與會者參與討論，最後由黨主席李登輝裁示，針對中央政府體制，必須在五權憲法的架構底下做適合國內體制的漸進改革，採取改良式的混合制與包括省在內的各級政府權責重新釐清，但不使用「廢省」、「虛省」名詞。

二十三日，國家發展會議舉行第一次主席團會議，由召集人連戰主持，並通過負責協商及整合共識的成員名單（《中國時報》，1996/12/22：4）：

    1. 召集人：連戰。
    2. 執行長：黃昆輝。
    3. 副召集人：蕭萬長、張俊宏、李慶華、賴浩敏、田弘茂。
    4. 全體會議層級：

(1)第一次全體會議（經濟發展組），主席為：施振榮、徐立德、陳文茜、賴士葆。

(2)第二次全體會議（兩岸關係組），主席為：朱高正、丁懋時、許信良、辜振甫。

(3)第三次全體會議（憲政體制與政黨政治組），主席為：吳伯雄、姚嘉文、陳癸淼、錢復。

5.分組會議層級：

(1)憲政體制與政黨政治分組：

五人小組（負責分組結論整理及報告）：周陽山、邱義仁、張晉城、黃主文、謝瑞智。

主持人：（共同負責結論的協商與整理）

第一次會議：姚嘉文、陳癸淼、劉松藩、錢　復。

第二次會議：吳伯雄、沈富雄、陳癸淼、廖義男。

第三次會議：姚嘉文、陳癸淼、劉松藩、錢　復。

第四次會議：吳伯雄、沈富雄、陳癸淼、廖義男。

(2)經濟發展分組：

五人小組（負責分組結論整理及報告）：江丙坤、林忠正、莊國欽、賴士葆、魏啓林。

主持人：（共同負責結論的協商與整理）

第一次會議：王金平、吳乃仁、施振榮、賴士葆。

第二次會議：施振榮、徐立德、陳文茜、賴士葆。

第三次會議：徐立德、吳乃仁、施振榮、賴士葆。

第四次會議：施振榮、王金平、陳文茜、賴士葆。

(3)兩岸關係分組：

五人小組（負責分組結論整理及報告）：王世榕、吳安家、林郁方、張京育、陳忠信。

主持人：（共同負責結論的協商與整理）

第一次會議：宋楚瑜、周　荃、許信良、辜振甫。

　　第二次會議：丁懋時、朱高正、陳水扁、辜振甫。

　　第三次會議：宋楚瑜、周　荃、許信良、辜振甫。

　　第四次會議：丁懋時、朱高正、陳水扁、辜振甫。

　　十二月二十三日，國家發展會議正式登場，三大議題中，以「憲政體制及政黨政治」議題最受朝野重視。尤其各黨分別提出各自的主張，有重疊之處，亦有相異部分。在此僅就三黨所提「憲政體制與政黨政治」議題部分比較如**表**3-19。會議期間，新黨基於「護省」、「反對總統擴權」、「軍政軍令一元化」、「黨營事業之禁止」與「國會權限之修正」等五項原則未能落實，而在二十七日宣布退出國家發展會議。（《新新聞週刊》，534期：41）另根據張俊宏於會後發表之「國、民兩黨協商的私密筆記」透露，國家發展會議雖達成的共識有一九二項[32]，但最最重要的共識應該是最後階段五大基礎改革事項的確認：

　　1.五權變為三權憲法。

　　2.四級政府變為兩級。

　　3.五項選舉的廢除與凍結。

　　4.中央職權的重大調整。

　　5.黨營事業的重大限制。

　　這些事項之所以形成的重要關鍵，是在二十六、二十七日兩天的政黨協商中完成；而新黨的退出，是中國國民黨與民主進步黨能獲致共識的主因，蓋民主進步黨擔心新黨的退出會造成國家發展會議的協商破裂，進而促使民主進步黨的分裂，而總統李登輝改革的失敗也必然深化中國國民黨的內部衝突（凍省派與反凍省派），故在兩黨一致的考量下，終能達成一致的共識（《新新聞週刊》，534期：40-7）。

　　二十八日，國家發展會議閉幕，並由無黨籍代表廖義男針對「憲政體制與政黨政治」向李總統登輝及全體與會代表，提出二十二項改革共識，以作為總結報告。隨後總統李登輝即宣告將成立「國家發展諮詢會

表3-19　朝野三黨對國發會憲政體制與政黨政治議題主張比較表

	中國國民黨	民主進步黨	新黨
中央政府體制	一、改良式混合制，總統任命行政院院長，不須立法院同意。 二、總統主持國務會議或國家安全會議。 三、行政院院長得咨請總統解散立法院。 四、立法院得對行政院院長提出不信任案。 五、保留國民大會，但凍結其創制、複決權。 六、審計權回歸立法院，調查權仍由監察院行使。 七、司法、考試、監察制度，維持現制。 八、全國性事務人民得行使創制複決權。 九、軍政、軍令權維持現制。	一、單一國會制，廢國民大會，擴大立法院，增加立法委員名額，任期與總統一致。 二、立法院新增職權：對總統有彈劾權、調查權、審計權。 三、國會功能健全後，民選總統應有一定實權。	一、責任內閣制，回歸憲法之五權制。 二、恢復行政院院長完整之副署權。 三、行政院院長應由立法委員提名後經選舉產生。 四、立法院正、副院長由政黨協商後選舉產生，當選後應退出政黨。
中央與地方權限	一、研究調整省府之功能業務，以增行政效率、提升國家競爭力。 二、取消鄉鎮市選舉，以簡化政府層級，落實專業人才治理。 　其餘如權限劃分、財政劃分，是否增設副首長等六項議題，開放討論。	一、廢省。以修憲增修條文凍結憲法第十章、十一章有關省之規定。 二、提高縣市之地位與職權。 三、下屆省長、省議員停止選舉。 四、中央政府成立專責委員會處理廢省後之相關問題。	一、簡化省府之組織與職掌。 二、以「一省多市」原則調整行政區域。 三、增設台中市為院轄市，並擴增台北、高雄市之轄區。 四、中央與地方若有爭議，應由大法官會議召開憲法法庭決定之。
選舉制度	一、總統選舉，維持現制。 二、立法委員名額增至兩百名，國民大會代表名額適度減少，地方民代則開放討論，立法委員任	一、兩票制（一票投候選人，一票投政黨）。單選區。 二、各政黨在國會席次，依政黨得票比例分配。	一、總統、立法委員、國民大會代表任期同為四年，同時選舉、就任。 二、省、市、縣長及議員任期同為四年，同時選舉

（續）表3-19　朝野三黨對國發會憲政體制與政黨政治議題主張比較表

	中國國民黨	民主進步黨	新黨
	期調爲四年。 三、立法委員及國民大會代表選舉採單一選區兩票制，比例代表名額佔20％，候選人不得重複登記，席次分配採分別計算分立制。地方民代則採單一選區制。 四、選區劃分由中央成立超然的委員會統事。 五、僑選及全國不分區代表產生方式維持現制。 其餘開放討論。	三、區域代表、政黨比例代表席次各佔一半。 四、選區劃分由國會定之。 五、政黨門檻維持5％。 六、投票年齡降爲十八歲。	，但與前項中央選舉間隔兩年。 三、立法委員總額定爲兩百五十席，區域與不分區各半。 四、採兩票制，依各政黨得票分配名額，若選區當選名額不足，則以不分區名額補足。 五、選區以推持現狀爲前提，選區重劃應經立法院及省、市議會同意。 六、公費選舉。
政黨政治	一、不必定政黨法，修法即可。 二、政黨得經營投資事業。 三、儘速研疑政治獻金法、政治中立法。 四、司法人員應暫停政黨活動，但不得剝奪其公餘參政權利。 五、政黨得經營投資電子媒體。	一、政黨入憲，確定政黨地位。 二、政黨運作應立法規範。 三、政黨不得投資或經營營利事業。 四、政黨經費以國家預算補助。	一、制定政黨法。 二、政黨不得投資或經營營利事業。 三、現有之黨營事業應限期出售，設立政黨公共基金。 四、政黨應退出電了媒體，全部股票應上市。

資料來源：《聯合報》，1996/12/23：2。

議」（《中央日報》，1996/12/29：1），旨在研謀良策，俾有助於國家發展。至於「憲政體制與政黨政治」的二十二項改革共識內容如下（《中央日報》，1996/12/29：3）：

壹、中央政府體制：

　　一、總統、行政院、立法院的關係

　　　　1.總統任命行政院院長，不需經立法院同意。

　　2.總統於必要時得解散立法院，而行政院院長亦得咨請總統解
　　　散立法院，但需有必要之規範或限制。

　　3.立法院得對行政院院長提出不信任案。

　　4.審計權改隸立法院。

　　5.對總統、副總統之彈劾權需符合憲法嚴格程序，並改由立法
　　　院行使。

　　6.立法院各委員會建立聽證制度及調閱權之法制化。

二、國民大會與創制複決權之行使

　　凍結國民大會之創制複決權，人民得就全國性事務行使創制、
　　複決權。

貳、中央與地方權限劃分及行政區域與政府層級之調整

一、調整精簡省府功能業務與組織，並成立委員會完成規劃及執
　　行，同時自下屆起凍結省自治選舉。

二、取消鄉鎮市級之自治選舉，鄉鎮市長改爲依法派任。

三、縣市增設副縣市長，縣市政府職權應予增強。

四、地方稅法通則、財政收支劃分法應盡速完成立法或修正，以健
　　全地方財政。

參、改進選舉制度、淨化選風

一、中央民意代表總額與任期

　　1.主張國民大會代表的總額適度減少，改由政黨比例代表產
　　　生，並自下屆起停止選舉。任期維持現制四年。

　　2.立法委員之總額要視國民大會與省議會名額的調整情形，於
　　　必要時得增加至二百至二百五十名爲原則，任期應改爲四
　　　年。

二、中央及地方民意代表選舉制度暨選區劃分

　　1.中央民意代表選舉制度採單一選區制與比例代表制二者混合
　　　的兩票制，並成立跨黨派的小組研議。

　　2.選區的劃分則希望成立超然中立的超黨派選區劃分審議委員

會。

　　3.淨化選風、修改選罷法、改善選舉制度。

肆、政黨政治與政黨良性互動

　　一、有關政黨財務、補助及政治獻金之擬定

　　　　1.黨營事業不得從事壟斷性事業之經營，不得承接公共工程，
　　　　　不得參與政府採購之招標，不得赴大陸投資。

　　　　2.國家對於政黨之補助應以協助政黨從事政策研究及人才培養
　　　　　為主。現階段可以在選罷法中，酌予提高補助額度。

　　二、政黨不得干預司法，司法人員應退出政黨活動。

　　三、公務人員應保持政治（行政）中立。

　　四、立法院協商機制應予法制化、制度化。

　　五、政黨組織及運作應受法律規範。

　　分析此次國家發展會議，就實質而言，主要達成五大基礎改革的共
識（其一，五權憲法變為三權憲法；其二，四級政府變為兩級政府；其
三，五項選舉的廢除與凍結；其四，中央職權的重大調整；其五，黨營
事業的重大限制）。基本上，這些重大共識一旦落實，則無異於制憲。
就形式而言，有效的民主政黨協商模式已逐漸成熟，執政黨放棄一黨獨
大心態，在野黨也能採取理性的抗衡方式，經由溝通，共同協商解決政
治議題，這是值得肯定的。

　　由於國家發展會議做出「凍結省長與省議員選舉」的決議，故臺灣
省政府與省議會的反彈，也在會後達到最高點，並擬召開「臺灣省發展
會議」做為反制（《聯合報》，1996/12/31：2）。而最震撼的事件則是臺
灣省省長宋楚瑜於十二月三十一日在省議會宣布辭去省長與中國國民黨
中常委（《聯合報》，1997/01/01：1-4），使中國國民黨黨內凍省派與反
凍省派的政治衝突日趨表面化、白熱化，並持續到第四次修憲完成，始
告一個段落，但也為中國國民黨的再一次分裂，埋下伏筆。

　　一九九七年一月二十九日，中國國民黨中常會通過中央修憲策劃小

組成員名單共十九人（《中國時報》，1997/01/28：4），成員名單如下：

連戰（中國國民黨副主席）、俞國華（中國國民黨中常委）、劉松藩（立法院院長）、邱創煥（中國國民黨中常委）、王金平（立法院副院長）、徐立德（行政院副院長）、許水德（考試院院長）、錢復（國民大會議長）、謝隆盛（國民大會副議長）、宋楚瑜（臺灣省省長）、黃昆輝（總統府秘書長）、丁懋時（國家安全會議秘書長）、饒穎奇（中央政策會執行長）、劉炳偉（省議會議長）、陳田錨（高雄市議會議長）、陳健治（台北市議會議長）、吳伯雄（中國國民黨秘書長）、吳敦義（高雄市市長）、蕭萬長（立法委員）。

二月十三日，中國國民黨修憲策劃小組召開第一次會議，通過「中國國民黨修憲策劃小組作業流程表」，如**表3-20**。

一九九七年三月十七日，中國國民黨修憲諮詢顧問小組分組會議上，決議確立總統「任免」行政院院長條文入憲，明定「行政院院長由總統『任免』之」[33]（《自由時報》，1997/03/18：4），並刪除原增修條文第二條第三項行政院院長免職命令之生效條件規定。根據中國國民黨修憲諮詢顧問小組主要成員的說法如次：

蔡政文（行政院政務委員、臺灣大學政治系教授）（http://www.kmt.org.tw/7/s1.htm）：由人民直接選舉產生之總統應成為政治穩定的核心；為此，總統任命行政院院長，不須經立法院同意；總統可解散立法院。蓋未來不論是總統與行政院院長分屬不同政黨，或者是組成聯合內閣，皆有可能產生政治僵局，影響國家政務之推動與政治之穩定。為彌補現制缺乏解決政治僵局的機制問題，總統應有解散立法院的權力，立法院亦得對行政院行使不信任案。總統解散立法院，亦即由人民來擔任政治僵局的最後裁判者，符合主權在民的理念。

彭錦鵬（國立臺灣大學政治系副教授）（http://www.kmt.org.tw/7/s2.htm）：此次修憲並不會對立法院形成削權。首先，總統提名行政院院長固然不須立法院同意，但是總統之任命行政院院長必定要基於立法院

表3-20　中國國民黨修憲策劃小組作業流程表

時間進度	工作內容
1997/02/13	策劃小組第一次會議。
1997/02/14	諮詢顧問小組成立※。
1997/04/10	策劃小組完成議題研究，提出初步結論。
1997/04/11-25	策劃小組與國民大會代表同志分批座談。
1997/04/30	策劃小組將結論提報中常會。
1997/05/03	舉行中國國民黨臨中全會，通過政治任務提示案。
1997/05/上旬	國民大會第二次會議開始。
1997/07/底	國民大會第二次會議閉幕，策劃小組任務結束。

資料來源：《中央日報》，1997/02/14：2。

※「諮詢顧問小組」的成員名單，共計六十人，下分國民大會代表、立法委員、從政主管、黨務主管及學者專家等五大系統，成員名單如下（《中央日報》，1997/02/14：2）：

1. 召集人：蕭萬長。
2. 國民大會代表部分：莊隆昌、蔡志弘、謝瑞智、沈銀和、陳建銘、廖榮清、黃澎孝、張光輝、劉德成、吳國重、劉憲同、徐守志、陳子欽、呂學樟，及預定在三月二十一日產生的新任國民大會黨團書記長。
3. 立法委員部分：洪昭男、黃主文、廖福本、曾永權、鄭逢時、林志嘉、高育仁、洪性榮、劉光華、陳瓊讚、潘維剛、莊金生。
4. 從政主管部分：馬英九、蔡政文、葉金鳳、趙守博、林豐正、廖正豪、黃大洲、姜豪、吳容明、林鉅浪、陳進興、邱聰智。
5. 黨務主管部分：洪玉欽、鍾榮吉、簡漢生、許文志、蔡璧煌、劉泰英、黃昭順、丁守中。
6. 學者專家部分：田弘茂、黃德福、陳新民、柯三吉（國民大會代表）、彭錦鵬（國民大會代表）、周育仁、許慶復（國民大會代表）、蘇永欽、劉孔中、朱新民（國民大會代表）、鄭又平、荊知仁（國民大會代表）。

的權力生態，而無法任意專斷，否則行政院院長隨時都會遭到倒閣的命運。因此，總統的任命權，其實只在於避免行政院院長難產的僵局。其次，立法院增加了審計權、調閱權、聽證權、提出彈劾總統、副總統案之權，這些都使立法院的國會權責更為完整。

謝瑞智（國大代表、國立臺灣師範大學公訓系教授）（http://www.kmt.org.tw/7/s3.htm）：總統有「任命行政院院長不須立法院同意權」看來似總統之特權，但事實上如總統與立法院多數黨同黨時，這一規定並

無意義，因總統無論任命何人，立法院都會同意。如屬不同黨時，總統
勢須任命聯合政黨所推薦之人選，否則，必爲不信任案所推翻，這時因
限於總統對立法院解散權之限制，總統並不能多次解散立法院。所以總
統之任命行政院院長並不能如意的實行，除非沒有一個黨在立法院獲得
過半席次，而聯合政權亦無法談妥，或者有多人爭取時，總統才有自主
的任命權。其次，就總統之解散立法院權而言，如立法院多數黨與總統
同黨，總統會設法予以維護，不會將其解散；如屬不同黨，立法院會設
法彈劾總統，而總統也會考慮如何解散立法院，兩機構會劍拔弩張，且
立法委員會因考慮重新選舉耗費鉅資，基於自身利害，而不分黨派以對
抗總統之解散權，而引發政局之不安。雖然彈劾總統案尚須提經國民大
會決議，但總統之威望將受嚴重之打擊。如立法院對行政院提不信任案
之同時，並對總統提彈劾案，雖然尚須經調查再投票，就是通過仍需召
集國民大會再由國民大會議決，此時已經過了三個月，而致整個政局動
盪不安，且行政院長早已辭職，而總統又無法解散立法院，則總統與行
政院將同時蒙難。

　　周育仁（國立中興大學公共行政系教授）（http://www.kmt.org.tw/7/
s4.htm）：有人批評中國國民黨修憲版本所規劃的中央政府體制是超級
總統制，總統權力被無限擴大。但如果全盤評析中國國民黨的版本，其
實會發現總統的權力在共治的情況下將十分有限；而在非共治期間，總
統的權力也受到立法院的有效制衡。蓋總統雖有逕行任命行政院院長、
解散立法院、決定大政方針並由行政院執行的權力，惟上述權力皆受到
相關機制的限制。在任命行政院院長方面，如果總統與立院多數黨同
黨，其任命空間較大。惟當不同黨時，立法院多數黨一定會要求總統任
命該黨所支持的人選，否則就倒閣。是以立法院雖失去同意權，實質上
仍具有絕對的權力制衡總統的任命權。另總統雖有權解散立法院，但如
果總統之政治判斷錯誤，錯估民意，其所屬政黨不但無法贏得國會大
選，反而可能因此失去更多立法院的席次，總統的聲望與影響力也會因
此而大幅下滑。就此而論，總統在行使解散權時，一定會全盤考慮其對

總統所屬政黨的利弊得失，不可能濫用解散權。換言之，民意之向背與權力重分配之考量，都將限制總統濫用解散權。而國家安全會議調整後，總統所作之決定由行政院執行之的設計，被認為係為總統大幅擴權作準備。其實總統所決定的乃是類似「國統綱領」、「務實外交」的大政方針，至於具體相關政策與命令，則仍須由行政院與立法院負責決定之。在總統所屬政黨與立法院多數黨相同時，總統依憲法之規定可以透過國家安全會議主導大政方針，同黨的行政院院長也會配合總統所決定的大政方針制定政策，此與現行政治運作並無不同。當出現共治時，憲法仍賦予總統積極參與制定國防、外交與兩岸關係等大政方針的權力，以確保國家安全不至於因政府更迭而陷入危機。惟行政院院長乃是最高行政首長，總統上述決定如不尊重行政院院長的意見，其所決定之大政方針恐怕很難被落實。職是之故，總統自會相當程度尊重行政院院長對大政方針之意見與立法院所代表之民意，不可能一意孤行。就此而言，在共治時期，總統決定國家安全大政方針的權力，仍會受制於行政與立法部門。此外，從兩個例證可以證明執政黨無意搞超級總統制。其一，是執政黨並未賦予總統「主動」將行政院院長免職的權力。在共治時，如果行政院院長杯葛總統所決定的大政方針，由於總統無權將行政院院長免職，對行政院院長之杯葛將無可奈何。其次，在應否賦予總統主動向立法院提出覆議方面，執政黨的決議是不賦予。受到此一限制，一旦立法院不支持總統決定之大政方針，或作出與大政方針不符的決定，總統就無法僅憑出席三分之一加一席立法委員支持，即可貫徹其大政方針。凡此皆顯示執政黨無意大幅擴張總統之權力。職是之故，所謂總統透過國安會議擴權之說，並不正確。整體而言，執政黨所賦予總統之權力，無論是在共治或非共治期間，都受制於立法院或民意之監督，並無缺乏制衡與權責不符的問題。在左右共治時期，總統權力有限，具有實權的行政院院長，需向立法院負責。在非共治時期，則由行政院院長代表總統向立法院負責，立法院代表選民監督行政院之政策、法案與預算。如果總統不尊重立法院所代表的民意，立法院不可能會支持其大政

方針。職是之故，總統想濫權也不容易。至於憲法五十七條第二項立法院得移請行政院變更重要政策的設計被凍結，是因爲已賦予立法院倒閣權，自無必要再重複維持此一機制，並不像一般人所認爲的是企圖削弱立法院的職權。是以，在修憲以後，總統所屬政黨如無法贏得立法院過半席次，其權力將十分有限；如過半，總統有實權，但絕對會受到立法院的制衡。此種制度，應是如假包換的雙首長制，絕非超級總統制。

　　包宗和（國立臺灣大學政治系教授，非中國國民黨修憲諮詢顧問小組成員，但屬中國國民黨智囊學者）（http://www.kmt.org.tw/7/s5.htm）：行政院院長由總統任命之，不再需要經過立法院的同意。但這並不表示立法院對總統所任命的新閣揆毫無置喙的餘地。蓋立法院得經全體立法委員三分之一以上連署，對行政院院長提出不信任案。如經全體立委二分之一以上贊成，行政院長應於十日內提出辭職，故立法委員得以提出不信任案的方式來解除行政院長職務。立法院對總統所提閣揆人選，乃是由「事先的同意權」改爲「事後的確認權」。總統在考慮行政院長人選時，仍不得不顧及立法院的政治生態。至於行政院院長在辭職前亦得呈請總統解散立法院，這顯示立法院在提出不信任案時，除基於政黨政治因素外，也宜於有其他具體理由，以免立法院對不信任案之運用流於浮濫。

二、過程

(一) 第三屆國民大會第二次會議的召集

　　國民大會係於一九九七年三月二十三日接獲代表徐鴻進等代表的簽署書，當即依規定自三月二十三日起至二十九日止在國民大會秘書處二樓和平廳公開陳列，經公告徵詢無誤後，遂於一九九七年三月三十一日咨請總統依法頒布召集令；四月二日，總統李登輝頒布國民大會召集令，定於五月五日召開第三屆國民大會第二次會議，並於五月一日至三

日辦理報到。

國民大會議長錢復表示，這次大會的主要任務，包括修憲、聽取總統國情報告及討論一般提案（《中國時報》，1997/04/03：4）。二十八日，中國國民黨第十四屆中央委員會第二次臨時全體會議，修正通過以國家發展會議憲政改革共識為藍本的「對第三屆國民大會第二次會議代表同志政治任務之提示案」，正式交付黨籍國民大會代表修憲任務。修正通過的政治任務提示案指出，國民大會今年修憲將依慣例不修憲法本文，僅就目前憲法增修條文十條規定，配合國家發展會議共識修正為十二條，名稱仍延用「中華民國憲法增修條文」的名稱（《中央日報》，1997/04/29：1）。

依據國民大會議事規則第七條規定，國民大會於開會前開預備會議，以決定程序委員會未產生前之議事日程等事項。該次會議預備會議於一九九七年五月五日上午九時二十分在台北市陽明山中山樓中華文化堂舉行，出席代表三一五人，由議長錢復擔任主席，代理秘書長陳川、秘書處處長汪俊容均列席會議。開會前，新黨代表集體在發言台前舉白布條要求先修治安再修憲，並要求副總統兼行政院院長連戰下台。代理秘書長在會場秩序混亂中報告如次（國民大會秘書處，1998：11）：

1. 依照國民大會組織法第八條規定：「國民大會非有代表三分之一以上人數之出席，不得開議。」根據內政部本年三月二十八日函告，國民大會代表現有人數為三三四人，三分之一以上人數為一一二人。

2. 本次會議已報到人數為二二二人，現在出席代表人數為一一六人，已足法定開議人數。

主席報告預備會議議事日程內容之後，新黨代表多人依序上台以程序問題、權宜問題繼續抗議，並聚集在發言台前，會場秩序混亂，主席因而宣布休息二十分鐘進行政黨協商。休息之後繼續開會，由秘書處報告政黨協商結論如下（國民大會秘書處，1998：11-2）：

1. 上午由三黨各自就程序問題發言至中午十二時爲止。

2. 下午就新黨提案變更議程（列爲第一案），討論新黨所提之案，發言時間按照中國國民黨：民主進步黨：新黨爲三：二：一之比例分配，每人五分鐘發言。提案人另說明十分鐘。本議題討論，以不超過四十五分鐘爲限。

（二）提案與讀會

五月一日，國民大會代表報到首日，中國國民黨即將黨版修憲案送交國民大會秘書處，而排第一案。十日，國民大會第二次會議，國民大會秘書處截止收受修憲提案，總計收受提案共一二八件[34]；其中，中國國民黨與民主進步黨黨版修憲提案均順利提出，新黨則因無法跨過六十七人的修憲提案連署門檻，而無法提黨版修憲案。另根據國民大會所通過的議事日程，將於五月十四日至十九日進行修憲案第一讀會提案人說明及大體的討論，一二八件修憲案提案人都將上台做十分鐘的提案內容說明，然後再進行大體討論。因必須在三天內完成，朝野國民大會代表經協商原則同意夜晚加開會議討論。五月二十日至二十二日進行修憲審查會；五月二十七日至三十日，依據修憲案提案性質分成五組進行審查，其中以第二組中央政府制度最受朝野國民大會代表重視。六月十六日至二十五日則進行二讀會討論，六月二十六日進行修憲三讀會審查（《中國時報》，1997/05/11：4）。國民大會修憲三黨版本爭議條文見**表3-21**。

五月十九日，國民大會完成一二八件修憲案的一讀會（國民大會秘書處，1998：158-61）；此外，中國國民黨黨團工作會主任莊隆昌、書記長陳子欽與民主進步黨國民大會黨團總召集人張川田、幹事長李文忠及副總召集人陳儀深等，針對兩黨修憲版本進行重點協商，在兩個多小時的會談後，共同發表五點協商聲明（《臺灣日報》，1997/05/20：2）：

1. 民主進步黨國民大會黨團請中國國民黨國民大會黨團向上層反映

表3-21　國民大會修憲三黨版本爭議條文比較表

	中國國民黨	民主進步黨	新黨
國民大會選舉	國民大會總額二五四人，依總統選舉各政黨得票比例產生。（一票制甲案）	甲案（雙首長制）：國民大會總額一百人，另依政黨選票依政黨比例產生。 乙案（總統制）：廢除國民大會。	甲案：國民大會總額二百人，依政黨得票比例產生。 乙案：國民大會總額二五〇人，分區選舉及政黨比例選舉產生，區域國民大會代表一四八人，比例國民大會代表一〇二人。
總統選舉方式	總統選舉採絕對多數，得票未過半數時，由前二名高票進行第二輪選舉。	依現制由相對多數產生。	甲案：同中國國民黨版。 乙案：同民主進步黨版。
國家安全會議入憲	國家安全會議及所屬國安局入憲。	國家安全會議入憲，國安局則不入憲。	甲案：刪除。 乙案：依現制。
解散國會權與立法院倒閣權	（總統主動權） 　總統得諮詢行政院院長、立法院長後，解散立法院，在宣布戒嚴、發布緊急命令期間、立法院提議彈劾，或立法院改選一年內，不得解散。	（總統被動權） 　立法院通過對行政院之不信任案後二十日內，總統得基於必要之情勢或行政院院長之咨請，於咨請立法院長後宣告解散立法院。	（總統被動權） 　立法院經立法委員三分之一以上連署，對行政院院長提出不信任案。立法委員總額過半數贊成，行政院院長十日內解職，並得建請總統解散立法院。
行政院院長產生方式	行政院院長由總統任命之。	同上。	行政院院長由總統自立法委員中擇一任命之。
立法委員產生方式	立法委員選舉採日本式單一選區一票制。立法委員總數二百人，區域一五〇人，政黨比例五十人。	立法委員選舉採德國單一選區兩票與政黨比例代表混合制。立法委員總數二五〇人，區域一二五人，原住民十三人，全國不分區一一二人。	現制選區兩票制，立法委員總數二百人，區域一〇二人，不分區九十八人。
調閱權	立法院得經院會或委員會之決議，要求行政院就議案涉及事項提供參考資料，必要時得經院會決議調閱文件原本。	立法院得向政府相關機關調閱其所發布之命令及各種有關文件。	與中國國民黨版大體相同。

（續）表3-21　國民大會修憲三黨版本爭議條文比較表

	中國國民黨	民主進步黨	新黨
省府定位	省級選舉凍結後，省府仍為縣自治之監督機關，省議會改為省諮詢議會，仍維持現制。省主席、省政委員、諮詢議員由行政院院長提請總統任命之。	甲案（雙首長制）：省設省政委員會，不設省議會，縣自治之監督機關為行政院，憲法第一〇八、一〇九條關於省長、省議員選舉停止適用，省政委員會依行政院指示，監督縣自治事項。 　　乙案（總統制）：省制廢止，明定省制落日條款。	甲案：維持原制。 　　乙案：增列省之轄區不得超過中央政府統治權轄區的二分之一，其餘同甲案。 　　丙案：暫列省縣之立法權，其餘同甲案。
修憲公投	維持現制	甲案（雙首長制）：國民大會總額三分之一提議，三分之二出席，出席三分之二決議，擬憲法修正案，提請公民複決。立法委員四分之一提議，三分之二出席，出席三分之二維持現制，擬憲法修正案，提請國民大會複議。 　　乙案（總統制）：由全體公民二十分之一連署，提出憲法修正案，交由公民複決。立法委員四分之一提議，三分之二出席，出席三分之二決議，得修改之。	維持現制
覆議權	行政院對立法院決議之法案移請覆議，經出席立法委員三分之二維持原案，行政院院長應即接受該決議或辭職。	覆議時如經立法委員總額過半數維持原案，行政院院長應即接受，如未以總額過半數維持原案，原案視為經立法院否決。	與民主進步黨版大致相同。

資料來源：《臺灣日報》，1997/05/20：2。

總統制主張。

2. 中國國民黨同意就解散權、倒閣權取消之問題向上層反映。

3. 總統任命行政院院長，不須經立法院同意之問題，民主進步黨表示可以有所處理。

4. 民主進步黨願意就立法懈怠問題進行處理。

5. 中國國民黨向民主進步黨提出希望尊重中國國民黨版之國民大會總額與職權問題。

依據國民大會議事規則第十六條之規定：「修改憲法之提案應有代表總額五分之一之連署，並應擬具具體條項及附具理由送由程序委員會提報大會於一讀會交付修憲審查委員會審查。」又第四十六條第二項亦規定，修憲議案經大體討論後，應即交付審查。故修憲審查委員會依大會通過之日程表，於五月二十一日召開第一次審查會議，進行為期三天半修憲提案大體討論之議程；其間，共舉行四次的修憲審查委員會會議，對修憲提案大體討論之議程，至此全部結束。而所有修憲提案則依類別分送各審查小組進行五天半（五月二十六日下午至三十一日）的分組審查（詳**表3-22**）。

六月一日，中國國民黨與民主進步黨的黨對黨談判，分別各由吳伯雄（中國國民黨秘書長）與許信良（民主進步黨黨主席）於圓山飯店展

表3-22　修憲審查委員會分組審查分工表

組別	任務別	處理案件
第一審查小組	審查關於人民權利義務之修憲提案。	共有十一案
第二審查小組	審查關於中央政府體制之修憲提案。	共有五十四案
第三審查小組	審查關於中央與地方權限及地方制度之修憲提案。	共有十案
第四審查小組	審查關於基本國策之修憲提案。	共有四十四案
第五審查小組	審查不屬於其他各審查小組之修憲提案。	共有二十五案
※以上合計一四四案，比原修憲提案件數（一二八件）為多，係因部分修憲提案內容包含多項不同性質的條文，必須將之分別送請相關審查小組進行審查之故。		

資料來源：國民大會秘書處，《第三屆國民大會第二次會議實錄》，台北：國民大會秘書處，1998，頁168。

開協商（《臺灣時報》，1997/06/02：2）。六日，中國國民黨與民主進步黨的「雙首長制」與「總統制」都順利進入二讀，兩黨的協商更趨頻繁；二十五日，兩黨達成十四項修憲共識，以作爲協商底線。若依此分析，則中央政府體制應是朝向「大總統、中立法院、小行政院」的架構（請參考表3-23）。

　　七月二日，國民大會爆發本會期以來最嚴重的肢體衝突，事件主因是中國國民黨與民主進步黨聯手護航的修憲再付審查提案，然新黨利用程序發言的杯葛方式，使當天的國民大會議程陷於停滯；中國國民黨與民主進步黨便於傍晚時分完成動員準備，要求停止發言訴諸表決。新黨則以退場手段，擬造成在場人數不足，以阻止程序進行。惟現場仍有二三八位代表，新黨國民大會代表眼見無法阻止程序進行，遂在發言台前拉起「程序無正義，憲法將不義」等布條表示抗議。議長錢復將該案付諸表決，中國國民黨與民主進步黨聯手以二一二票通過再付審查案。新黨國民大會代表湯紹成、汪志冰則拿走議事槌和議事槌木墊不讓議長錢復敲槌，以宣布該提案通過。此時，中國國民黨與民主進步黨多位國民大會代表衝上前去譴責新黨國民大會代表，而引發嚴重肢體衝突。新黨國民大會代表在混亂後集體退場抗議，隨後，朝野三黨各自發表聲明，譴責對方破壞議事（《聯合報》，1996/07/03：1）。分析該事件，遠因即在新黨因理念因素，自始至終未能有效參與修憲，故惟能利用議事規則以達到干擾議程，凸顯立場的效果。

　　七月十八日第三十二次大會於完成修憲案第二讀會逐條討論議決程序後，整理小組隨即在中山樓三樓圓廳進行整理，由代表蘇南成擔任召集人，另有湯紹成、楊敏華代表新黨列席。整理小組首先就第二讀會議決通過之條文與未修正之現行增修條文，進行條項次序編列，經整理後爲第一條至第十一條。再接編列之條次，逐條逐項進行核對並作文句整理，其中經文句整理者有七項條文，整理情形如次（國民大會秘書處，1998：568-9）：

表3-23　中國國民黨與民主進步黨六二五協商共識分析表

項	議題	內容	理由	影響
1	凍省	凍結省級自治選舉。 一九九九年起改官派。	精簡政府層局，簡化行政程序。	一、地方財政自主權調整。 二、地方政治勢力面臨調整。
2	國民大會代表選制	一、國民大會代表選舉維持現制。 二、國民大會代表總額由三三四人減爲二五四人。	避免現任國民大會代表反彈。	
3	總統選制	總統選舉採絕對多數。	維持政局穩定。	進行二輪投票的機會大增。
4	立法委員選制	一、立法委員任期改爲四年，自本屆起實施。 二、立法委員總額增爲二五〇人。 三、選區不調整（維持中選區）。	一、與總統、國民大會代表任期一致，減少選舉次數，節省社會成本。 二、增加立法委員總額，旨供省議員換跑道，以降低凍省阻力。	
5	彈劾總統權	彈劾門檻由原來五分之三改爲，立法院對總統、副總統犯內亂、外患罪之彈劾案，須經全體立法委員二分之一提案，全體立法委員三分之二以上決議，向國民大會提出。	一、設高門檻，以防濫用。 二、立法院用以制衡總統。	使彈劾總統更形困難。
6	行政院院長同意權	取消行政院院長同意權。	可有效解決左右共治時的政治僵局。	行政院院長成爲總統的幕僚長，使政府體制傾向總統制。
7	倒閣權	一、立法委員三分之一以上提不信任案，經立法委員二分之一以上同意時，行政院院長應辭職。 二、行政院院長上任一年內，立	立法院用以制衡行政院，藉以代替失去的行政院院長同意權。	降低立法院對行政院提不信任案的門檻，將使倒閣機會大增；但行政院院長上任一年內與立法委員倒閣

（續）表3-23　中國國民黨與民主進步黨六二五協商共識分析表

項	議題	內容	理由	影響
		法院不能提出倒閣。 三、立法委員倒閣失敗，一年內不得對同一行政院院長再提倒閣案。		失敗，一年內不得對同一行政院院長再提倒閣案的設計，又將使倒閣次數大減。
8	解散權	一、立法院提出倒閣時，總統才有主動解散國會權。 二、立法委員新就任一年內，總統不得解散國會。 三、戒嚴時期、緊急命令期間不得動用解散權。	總統用以制衡立法院。	左邊三項的規定，旨在防止總統利用解散國會權來威脅國會、解散國會，進而獨裁。
9	覆議權	行政院移請立法院覆議門檻從三分之二降到二分之一，沒有過，行政院院長應接受，但不用請辭。		立法院更具權力。
10	聽證、調閱權	立法院得行使聽證、調閱權。		立法院更具權力。
11	審計權	審計權部分，立法院得設審計長，審計長任期八年。		立法院更具權力。
12	婦女參政權	婦女政黨比例產生名額，保障名額為四分之一。	保障婦女參政機會。	
13	中小企業保障	保障中小企業維持原案。		
14	司法預算獨立	司法預算獨立編列。	維持司法公平獨立審判。	

資料來源：《中央日報》，1997/06/26：2；《新新聞週刊》，539期：28-30。

1. 整理條文第一條第三項第六款。第二讀會議決通過之條文為：「六、依增修條文第四條第七項、第五條第一項、第六條第二項、第七條第二項之規定，對總統提名任命之人員，行使同意權。」因條文中之「第四條第七項」有關審計長之相關修憲提案，經大會決議予以擱置，故將「第四條第七項」刪除。

2. 整理條文第四條第二項。本項為原增修條文第三條第二項未修正，其條文為：「前項第三款、第四款名額，採政黨比例方式選

出之。第一款每省、直轄市選出之名額及第三款、第四款各政黨當選之名額，在五人以上十人以下者，應有婦女當選名額一人，超過十人者，每滿十人應增婦女當選名額一人。」條文中「第一款每省、直轄市」經整理為：「第一款每直轄市、縣市」。

3. 整理條文第四條第六項。第二讀會議決通過之條文為：「立法委員，除現行犯外，在會期中，非經立法院許可，不得逮捕或拘禁。」經整理為：「立法委員除現行犯外，在會期中，非經立法院許可，不得逮捕或拘禁。憲法第七十四條之規定，停止適用。」

4. 整理條文第五條第一項。第二讀會議決通過之條文為：「司法院設大法官十五人，並以其中一人為院長、一人為副院長，由總統提名，經國民大會同意任命之，不適用憲法第七十九條之有關規定。」於條文中「經國民大會同意任命之，」之下，增列「自中華民國九十二年起實施，」一句。

5. 整理條文第五條第二項。第二讀會議決通過之條文為：「司法院大法官任期八年，不分屆次，個別計算，並不得連任。但兼任院長、副院長之大法官，不受任期之保障。」將條文中「兼任」二字，整理為「並為」二字。

6. 整理條文第五條第三項。第二讀會議決通過之條文為：「民國九十二年總統提名之大法官，其中八位大法官，含正、副院長，任期四年，其餘大法官任期為九年。不適用前項任期之規定。」將條文中之「民國」、「正、副院長」分別整理為「中華民國」及「院長、副院長」。

7. 整理條文第十條第十項。第二讀會議決通過之條文為：「國家應依民族意願，保障原住民族之地位及政治參與，並對其教育文化、交通水利、衛生醫療、經濟土地及社會福利事業予以保障扶助並使其發展，其辦法另以法律定之。」於條文末增列「對於金門、馬祖地區人民亦同。」一句。

　　整理小組條項文句整理完竣後，主席宣布宣讀第二讀會修正議決之條項文句整理小組整理之中華民國憲法增修條文。宣讀完畢後，由蘇南成向大會報告條項文句整理之經過及結果；然後，主席徵詢大會同意整理小組所整理之中華民國憲法增修條文第一條至第十一條條文後，完成第二讀會程序，接續進行第三讀會。

　　七月十八日，歷時近三個月的國民大會修憲工程，在新黨退席下，經中國國民黨與民主進步黨兩黨國民大會代表以二六九人出席，二六一人支持的表決下，由國民大會副議長謝隆盛敲下議事槌，正式宣告完成修憲三讀程序。完成三讀入憲的重要條文有：臺灣省省長、臺灣省省議員停選官派、立法院的閣揆同意權遭取消、解散立法院及倒閣權設計、行政組織員額彈性鬆綁、司法預算獨立、大法官任期員額調整、立法委員不逮捕特權縮減等重要條款；另原本兩黨協商的立法院增加調閱權、聽證權、審計權及延長立法委員任期爲四年全遭否決（《中央日報》，1997/07/19：2）。總統李登輝於七月二十一公布實施，第四次修憲至此乃告完成（國民大會秘書處，1998：608）。

　　分析此次修憲工程，是總統李登輝主政以來，第四次修憲。第一次是在一九九一年，促成國會全面改選；第二次在一九九二年，確立總統、臺灣省長直接民選的原則，並將監察院由民意機關變更爲非民意機關，同時賦予國民大會人事同意權；第三次是一九九四年，定出總統直接民選的具體方式。本次修憲最重要的部分則是完成凍省和取消立法院對行政院院長同意權的兩項目標，並且引進倒閣權和解散國會權兩項機制，以及司法院院長、副院長改由大法官兼任之，但也意外取消了行之五十年之久的教科文預算下限。其次，從五月五日開始至七月十八日完成三讀，原本中國國民黨與民主進步黨的修憲是以國家發展會議的共識爲依據；但歷經黨對黨談判與近二十餘次的政黨和國民大會黨團間的協商，其間的反覆討論，幾度面臨破裂，最後在兩黨高層領導人的各自不斷整合下，終於達成十四項共識，雙方也依原定十四項共識合作進行修憲。這象徵著以往一黨修憲的時代已不復存在，未來黨與黨之間的既競

爭又合作的關係，將是完成修憲的主要關鍵。

　　二十三日，國民大會閉幕。但中國國民黨秘書長吳伯雄與民主進步黨黨主席許信良都明確承諾，「總統選制」、「公投入憲」、「訂定停止國民大會選舉、鄉鎮市長與鄉鎮市民代表選舉的落日條款」等議題，將是下一階段修憲主軸；換言之，第五次修憲勢所難免，然能否順利達成，則端視政黨之間的合作基礎是否穩健爲斷（《聯合報》1996/07/19：1）。

三、分析

　　第四次中華民國憲法增修條文的內容詳**表3-24**。

　　第三屆國民大會第二次會議，總共完成憲法增修條文第一條至第十一條，而將原來增修條文第一至十條中已經不再適用的部分條文刪除，再另外增加一些新的規定。

　　縱觀本次憲法增修條文的重點，在於安排總統、行政院院長及立法院三者之間的關係，最終並以「雙重行政首長制」作爲中華民國中央政府體制的運作模式。此次修憲所體現的特徵，在於分裂行政權（擴大總統權與縮小行政院院長權）與弱化立法權。茲就中央政府體制改變部分，析述如下：

（一）總統與行政院關係的調整

1. 總統發布行政院院長與依憲法經國民大會或立法院同意任命人員之任免命令及解散立法院之命令，無須行政院院長之副署（第四次憲法增修條文第二條第二項）。

2. 行政院院長由總統任命之。行政院院長辭職或出缺時，在總統未任命行政院院長前，由行政院副院長暫行代理（第四次憲法增修條文第三條第一項）。

3. 一方面規定行政院爲最高行政機關（憲法第五十三條），另一方

表3-24　第四次中華民國憲法增修條文的內容

條	條文內容	備註
1	第一項（第一項未修正）：國民大會代表依左列規定選出之，不受憲法第二十六條及第一三五條之限制： 　　一、自由地區每直轄市、縣市各二人，但其人口逾十萬人者，每增加十萬人增一人。 　　二、自由地區平地原住民及山地原住民各三人。 　　三、僑民國外國民二十人。 　　四、全國不分區八十人。 　第二項（第二項修正）：前項第一款每直轄市、縣市選出之名額，在五人以上十人以下者，應有婦女當選名額一人，超過十人者，每滿十人，應增婦女當選名額一人。 第三款及第四款之名額，採政黨比例方式選出之，各政黨當選之名額，每滿四人，應有婦女當選名額一人。 　第三項：國民大會之職權如左，不適用憲法第二十七條第一項第一款、第二款之規定： 　　一、依增修條文第二條第七項之規定，補選副總統。（第一款未修正） 　　二、依增修條文第二條第九項之規定，提出總統、副總統罷免案。（第二款未修正） 　　三、依增修條文第二條第十項之規定，議決立法院提出之總統、副總統彈劾案。（第三款修正） 　　四、依憲法第二十七條第一項第三款及第一七四條第一款之規定，修改憲法。（第四款未修正） 　　五、依憲法第二十七條第一項第四款及第一七四條第二款之規定，複決立法院所提之憲法修正案。（第五款未修正） 　　六、依增修條文第五條第一項、第六條第二項、第七條第二項之規定，對總統提名任命之人員行使同意權。（第六款修正） 　第四項（第四項修正）：國民大會依前項第一款及第四款至第六款規定集會，或有國民大會代表五分之三以上請求召集會議時，由總統召集之；依前項第二款及第三款之規定集會時，由國民大會議長通告集會，不適用憲法第二十九條及第三十條之規定。 　第五項（第五項未修正）：國民大會集會時，得聽取總統國情報告，並檢討國是，提供建言；如一年內未集會，由總統召集會議爲之，不受憲法第三十條之限制。 　第六項（第六項修正）：國民大會代表每四年改選一次，不適用憲法第二十八條第一項之規定。	本條凍結 憲法第二十六條 憲法第一三五條 憲法第二十七條 第一項第一款 憲法第二十七條 第一項第二款 憲法第二十九條 憲法第三十條 憲法第二十八條 第一項 憲法第三十四條

（續）表3-24　第四次中華民國憲法增修條文的內容

條	條文內容	備註
	第七項（原第七項刪除，原第八項修正，改列爲第七項）：國民大會設議長、副議長各一人，由國民大會代表互選之。議長對外代表國民大會，並於開會時主持會議。 第八項（原第九項未修正，改列爲第八項）：國民大會行使職權之程序，由國民大會定之，不適用憲法第三十四條之規定。	
2	第一項（第一項未修正）：總統、副總統由中華民國自由地區全體人民直接選舉之，自中華民國八十五年第九任總統、副總統選舉實施。總統、副總統候選人應聯名登記，在選票上同列一組圈選，以得票最多之一組爲當選。在國外之中華民國自由地區人民返國行使選舉權，以法律定之。 第二項（第二項修正）：總統發布行政院院長與依憲法經國民大會或立法院同意任命人員之任免命令及解散立法院之命令，無須行政院院長之副署，不適用憲法第三十七條之規定。 第三項（原第三項刪除，原第四項未修正，改列爲第三項）：總統爲避免國家或人民因遇緊急危難或應付財政經濟上重大變故，得經行政院會議之決議發布緊急命令，爲必要之處置，不受憲法第四十三條之限制。但須於發布命令後十日內提交立法院追認，如立法院不同意時，該緊急命令立即失效。 第四項（原第五項未修正，改列爲第四項）：總統爲決定國家安全有關大政方針，得設國家安全會議及所屬國家安全局，其組織以法律定之。 第五項（第五項增列）：總統於立法院通過對行政院院長之不信任案後十日內，經諮詢立法院院長後，得宣告解散立法院。但總統於戒嚴或緊急命令生效期間，不得解散立法院。立法院解散後，應於六十日內舉行立法委員選舉，並於選舉結果確認後十日內自行集會，其任期重新起算。 第六項（第六項修正）：總統、副總統之任期爲四年，連選得連任一次，不適用憲法第四十七條之規定。 第七項（第七項未修正）：副總統缺位時，由總統於三個月內提名候選人，召集國民大會補選，繼任至原任期屆滿爲止。 第八項（第八項未修正）：總統、副總統均缺位時，由行政院院長代行其職權，並依本條第一項規定補選總統、副總統，繼任至原任期屆滿爲止，不適用憲法第四十九條之有關規定。 第九項（第九項未修正）：總統、副總統之罷免案，須經國民大會代表總額四分之一之提議，三分之二之同意後提出，並經中華民國自由地區選舉人總額過半數之投票，有效票過半數同意罷免時，即爲通過。 第十項（第十項修正）：立法院向國民大會提出之總統、副總統彈劾	本條凍結 憲法第三十七條 憲法第四十三條 憲法第四十七條 憲法第四十九條

（續）表3-24　第四次中華民國憲法增修條文的內容

條	條文內容	備註
	案，經國民大會代表總額三分之二同意時，被彈劾人應即解職。	
3	第一項（第一項增列）：行政院院長由總統任命之。行政院院長辭職或出缺時，在總統未任命行政院院長前，由行政院副院長暫行代理。憲法第五十五條之規定，停止適用。 　第二項（第二項增列）：行政院依左列規定，對立法院負責，憲法第五十七條之規定，停止適用： 　　一、行政院有向立法院提出施政方針及施政報告之責。立法委員在開會時，有向行政院院長及行政院各部會首長質詢之權。 　　二、行政院對於立法院決議之法律案、預算案、條約案，如認為有窒礙難行時，得經總統之核可，於該決議案送達行政院十日內，移請立法院覆議。立法院對於行政院移請覆議案，應於送達十五日內作成決議。如為休會期間，立法院應於七日內自行集會，並於開議十五日內作成決議。覆議案逾期未議決者，原決議失效。覆議時，如經全體立法委員二分之一以上決議維持原案，行政院院長應即接受該決議。 　　三、立法院得經全體立法委員三分之一以上連署，對行政院院長提出不信任案。不信任案提出七十二小時後，應於四十八小時內以記名投票表決之。如經全體立法委員二分之一以上贊成，行政院院長應於十日內提出辭職，並得同時呈請總統解散立法院；不信任案如未獲通過，一年內不得對同一行政院院長再提不信任案。 　第三項（第三項增列）：國家機關之職權、設立程序及總員額，得以法律為準則性之規定。 　第四項（第四項增列）：各機關之組織、編制及員額，應依前項法律，基於政策或業務需要決定之。	本條凍結 憲法第五十五條 憲法第五十七條
4	第一項（第一項修正）：立法院立法委員自第四屆起二百二十五人，依左列規定選出之，不受憲法第六十四條之限制： 　　一、自由地區直轄市、縣市一百六十八人。每縣市至少一人。 　　二、自由地區平地原住民及山地原住民各四人。 　　三、僑居國外國民八人。 　　四、全國不分區四十一人。 　第二項（第二項修正）：前項第三款、第四款名額，採政黨比例方式選出之。第一款每直轄市、縣市選出之名額及第三款、第四款各政黨當選之名額，在五人以上十人以下者，應有婦女當選名額一人，超過十人者，每滿十人應增婦女當選名額一人。	本條凍結 憲法第六十四條 憲法第九十條 憲法第一○○條 增修條文第七條 第一項 憲法第七十四條

（續）表3-24　第四次中華民國憲法增修條文的內容

條	條文內容	備註
	第三項（第三項增列）：立法院經總統解散後，在新選出之立法委員就職前視同休會。 　　第四項（第四項增列）：總統於立法院解散後發布緊急命令，立法院應於三日內自行集會，並於開議七日內追認之。但於新任立法委員選舉投票日後發布者，應由新任立法委員於就職後追認之。如立法院不同意時，該緊急命令立即失效。 　　第五項（原第六條第五項修正，改列爲第五項）：立法院對於總統、副總統犯內亂或外患罪之彈劾案，須經全體立法委員二分之一以上之提議，全體立法委員三分之二以上之決議，向國民大會提出，不適用憲法第九十條、第一○○條及增修條文第七條第一項有關規定。 　　第六項（第六項增列）：立法委員除現行犯外，在會期中，非經立法院許可，不得逮捕或拘禁。憲法第七十四條之規定，停止適用。	
5	第一項（第一項修正）：司法院設大法官十五人，並以其中一人爲院長、一人爲副院長，由總統提名，經國民大會同意任命之，自中華民國九十二年起實施，不適用憲法第七十九條之有關規定。 　　第二項（第二項修正）：司法院大法官任期八年，不分屆次，個別計算，並不得連任。但並爲院長、副院長之大法官，不受任期之保障。 　　第三項（第三項修正）：中華民國九十二年總統提名之大法官，其中八位大法官，含院長、副院長，任期四年，其餘大法官任期爲八年。不適用前項任期之規定。 　　第四項（原第二項未修正，改列爲第四項）：司法院大法官，除依憲法第七十八條之規定外，並組成憲法法庭審理政黨違憲之解散事項。 　　第五項（原第三項未修正，改列爲第五項）：政黨之目的或其行爲，危害中華民國之存在或自由民主之憲政秩序者爲違憲。 　　第六項（第六項增列）：司法院所提出之年度司法概算，行政院不得刪減，但得加註意見，編入中央政府總預算案，送立法院審議。	本條凍結 憲法第七十九條
6	第一項（第一項未修正）：考試院爲國家最高考試機關，掌理左列事項，不適用憲法第八十三條之規定： 　　一、考試。 　　二、公務人員之銓敘、保障、撫卹、退休。 　　三、公務人員任免、考績、級俸、陞遷、褒獎之法制事項。 　　第二項（第二項未修正）：考試院設院長、副院長各一人，考試委員若干人，由總統提名，經國民大會同意任命之，不適用憲法第八十四條之規定。	本條凍結 憲法第八十三條 憲法第八十四條 憲法第八十五條

（續）表3-24　第四次中華民國憲法增修條文的內容

條	條文內容	備註
	第三項（第三項未修正）：憲法第八十五條有關按省區分別規定名額，分區舉行考試之規定，停止適用。	
7	第一項（第一項未修正）：監察院為國家最高監察機關，行使彈劾、糾舉與審計權，不適用憲法第九十條及第九十四條有關同意權之規定。 　第二項（第二項未修正）：監察院設監察委員二十九人，並以其中一人為院長、一人為副院長，任期六年，由總統提名，經國民大會同意任命之。憲法第九十一條至第九十三條之規定停止適用。 　第三項（第三項未修正）：監察院對於中央、地方公務人員及司法院、考試院人員之彈劾案，須經監察委員二人以上之提議，九人以上之審查及決定，始得提出，不受憲法第九十八條之限制。 　第四項（第四項未修正）：監察院對於監察院人員失職或違法之彈劾，適用憲法第九十五條、第九十七條第二項及前項之規定。 　第五項（原第五項刪除，原第六項未修正，改列為第五項）：監察委員須超出黨派以外，依據法律獨立行使職權。 　第六項（原第七項未修正，改列為第六項）：憲法第一〇一條及第一〇二條之規定，停止適用。	本條凍結 憲法第九十條 憲法第九十四條 憲法第九十一條 憲法第九十二條 憲法第九十三條 憲法第九十八條 憲法第一〇一條 憲法第一〇二條
8	（原第七條改列，未修正） 　國民大會代表及立法委員之報酬或待遇，應以法律定之。除年度通案調整者外，單獨增加報酬或待遇之規定，應自次屆起實施。	
9	第一項（第一項修正）：省、縣地方制度，應包括左列各款，以法律定之，不受憲法第一〇八條第一項第一款、第一〇九條、第一一二條至第一一五條及第一二二條之限制： 　一、省設省政府，置委員九人，其中一人為主席，均由行政院院長提請總統任命之。 　二、省設省諮議會，置省諮議會議員若干人，由行政院院長提請總統任命之。 　三、縣設縣議會，縣議會議員由縣民選舉之。 　四、屬於縣之立法權，由縣議會行之。 　五、縣設縣政府，置縣長一人，由縣民選舉之。 　六、中央與省、縣之關係。 　七、省承行政院之命，監督縣自治事項。 　第二項（第二項增列）：第十屆臺灣省議會議員及第一屆臺灣省省長之任期至中華民國八十七年十二月二十日止，臺灣省議會議員及臺灣省省長之選舉自第十屆臺灣省議會議員及第一屆臺灣省省長任期之屆滿日起停止	本條凍結 憲法第一〇八條 第一項第一款 憲法第一〇九條 憲法第一一二條 憲法第一一三條 憲法第一一四條 憲法第一一五條 憲法第一二二條

（續）表3-24　第四次中華民國憲法增修條文的內容

條	條文內容	備註
	辦理。	
	第三項（第三項增列）：臺灣省議會議員及臺灣省省長之選舉停止辦理後，臺灣省政府之功能、業務與組織之調整，得以法律為特別之規定。	
10	第一項（第一項未修正）：國家應獎勵科學技術發展及投資，促進產業升級，推動農漁業現代化，重視水資源之開發利用，加強國際經濟合作。 　　第二項（第二項未修正）：經濟及科學技術發展，應與環境及生態保護兼籌並顧。 　　第三項（第三項增列）：國家對於人民興辦之中小型經濟事業，應扶助並保護其生存與發展。 　　第四項（第四項未修正）：國家對於公營金融機構之管理，應本企業化經營之原則；其管理、人事、預算、決算及審計，得以法律為特別之規定。 　　第五項（第五項未修正）：國家應推行全民健康保險，並促進現代和傳統醫藥之研究發展。 　　第六項（第六項未修正）：國家應維護婦女之人格尊嚴，保障婦女之人身安全，消除性別歧視，促進兩性地位之實質平等。 　　第七項（第七項修正）：國家對於身心障礙者之保險與就醫、無障礙環境之建構、教育訓練與就業輔導及生活維護與救助，應予保障，並扶助其自立與發展。 　　第八項（第八項增列）：教育、科學、文化之經費，尤其國民教育之經費應優先編列，不受憲法第一六四條規定之限制。 　　第九項（第九項增列）：國家肯定多元文化，並積極維護發展原住民族語言及文化。 　　第十項（第十項修正）：國家應依民族意願，保障原住民族之地位及政治參與，並對其教育文化、交通水利、衛生醫療、經濟土地及社會福利事業予以保障扶助並促其發展。其辦法另以法律定之。對於金門、馬祖地區人民亦同。 　　第十一項（第十一項未修正）：國家對於僑居國外國民之政治參與，應予保障。	本條凍結 憲法第一六四條
11	（原第十條改列，未修正） 　　自由地區與大陸地區間人民權利義務關係及其他事務之處理，得以法律為特別之規定。	

面又規定總統主持國家安全會議（憲法增修條文第二條第四項）。國家安全會議由總統主持，行政院院長爲國家安全會議的成員，且總統所定的大政方針「由行政院執行之」。這樣的規定，將使行政院院長成爲「總統的幕僚長」；但是，卻未凍結「行政院爲最高行政機關」的規定（憲法第五十三條），且仍規定「行政院對立法院負責」（凍結憲法第五十七條，但改以憲法增修條文第三條第二項取代）。然而，「不是最高行政機關」的國家安全會議，憑什麼要求「最高行政機關」的行政院執行其命令，難道「最高」（行政院）之外還有「最高」（國家安全會議）？這不僅在法理上講不通，在現實政治的運作上遲早會發生窒礙難行與衝突之處。此外，總統是否擁有對行政院院長的獨立免職權？總統假國家安全會議所爲之決策，是否能拘束行政院院長？也未有明確的規範，完全端視未來制度運作慣例的建立。

（二）總統與立法院關係的調整

■總統對立法院有解散權

1. 一般時期：
   (1)總統於立法院通過對行政院院長之不信任案後十日內，經諮詢立法院院長後，得宣告解散立法院（第四次憲法增修條文第二條第五項）。
   (2)立法院經總統解散後，在新選出之立法委員就職前視同休會（第四次憲法增修條文第四條第三項）。
2. 特別時期：
   (1)但總統於戒嚴或緊急命令生效期間，不得解散立法院。立法院解散後，應於六十日內舉行立法委員選舉，並於選舉結果確認後十日內自行集會，其任期重新起算（第四次憲法增修條文第二條第五項）。

(2)總統於立法院解散後發布緊急命令，立法院應於三日內自行集
　會，並於開議七日內追認之。但於新任立法委員選舉投票日後發
　布者，應由新任立法委員於就職後追認之。如立法院不同意時，
　該緊急命令立即失效（第四次憲法增修條文第四條第四項）。

■立法院對總統有彈劾權

　　立法院對於總統、副總統犯內亂或外患罪之彈劾案，須經全體立法
委員二分之一以上之提議，全體立法委員三分之二以上之決議，向國民
大會提出（第四次憲法增修條文第四條第六項）。立法院向國民大會提
出之總統、副總統彈劾案，經國民大會代表總額三分之二同意時，被彈
劾人應即解職（第四次憲法增修條文第二條第十項）。

■立法院在形式上雖有彈劾總統之權，但在實質上卻不容易做到

　　蓋立法院欲彈劾總統，須經全體立法委員二分之一以上之提議，全
體立法委員三分之二以上之決議，向國民大會提出（第四次憲法增修條
文第四條第六項）。再經國民大會代表總額三分之二之同意，才能彈劾
成功（第四次憲法增修條文第二條第十項）。除了彈劾門檻過高，不易
達成之外；也限定總統只有在涉及內亂、外患等情事時，才會面臨彈
劾，至於政策錯誤或道德過失，均不在彈劾的範圍之列。尤其，總統尚有
片面解散立法院之權；立法院醞釀彈劾總統之際，即可能已先遭解散。

（三）行政院與立法院關係的調整

■行政院得向立法院提覆議案

　　行政院對於立法院決議之法律案、預算案、條約案，如認為有窒礙
難行時，得經總統之核可，於該決議案送達行政院十日內，移請立法院
覆議。立法院對於行政院移請覆議案，應於送達十五日內作成決議。如
為休會期間，立法院應於七日內自行集會，並於開議十五日內作成決
議。覆議案逾期未議決者，原決議失效。覆議時，如經全體立法委員二
分之一以上決議維持原案，行政院院長應即接受該決議（第四次憲法增

修條文第三條第二項第二款）。

■立法院得向行政院提不信任案，行政院得呈請總統解散立法院

立法院得經全體立法委員三分之一以上連署，對行政院院長提出不信任案。不信任案提出七十二小時後，應於四十八小時內以記名投票表決之。如經全體立法委員二分之一以上贊成，行政院院長應於十日內提出辭職，並得同時呈請總統解散立法院；不信任案如未獲通過，一年內不得對同一行政院院長再提不信任案（第四次憲法增修條文第三條第二項第三款）。

■分析行政與立法部門之間的制衡關係，極可能形成以下的憲政體制

即總統面臨一個反對黨佔多數席次的立法院，而任命了一位多數立法委員支持的行政院院長，行政院院長即可能基於反對黨的立場，而不出席國家安全會議，甚至拒絕執行國家安全會議的所謂「大政方針」；反之，總統若堅持任命一個較易控制的行政院院長，卻又可能面臨立法院的不信任案，雖然總統可藉解散立法院來回應；但是，憲法既然規定行政院院長向立法院負責，則何以立法院依憲法對行政院院長表示不信任，卻要面臨遭到被總統解散的命運。總統與行政院院長反倒不必和立法院一起接受選民的仲裁？其問題的關鍵在於，總統在實際上既然藉國家安全會議取代了最高行政首長的角色，則為何不能乾脆規定總統直接向立法院負責，而偏偏要行政院院長代其負責？反之，行政院院長在實際上既非最高行政首長卻又如何向立法院負責。總之，任何民主憲法的基本設計原則，皆必須考慮儘量避免發生憲政僵局；尤其，更必須考慮在萬一發生憲政僵局時，應有循民主法則進行對應的化解機制，而目前這種「總統有權無責、行政院院長有責無權」的體制，一方面，將明知可能會發生的「憲政僵局」植入憲法之中（如行政院院長向立法院負責，卻須執行總統的命令）；另一方面，又幾乎缺乏循民主法則化解憲政僵局的對應機制（如總統可片面任免行政院院長及解散立法院），如此的修憲結果，實為將來中華民國中央政府體制的憲政運作埋下危機。

（四）國民大會

■ 選舉權的縮減

乃國民大會變動最大之職權。依憲法本文相關之規定，國民大會六年定期集會一次之主要目的，便是選舉中華民國之總統、副總統。憲法增修條文訂定後，中華民國總統由全體人民直接選舉之（第四次憲法增修條文第二條第一項），確定憲法本文對中華民國總統、副總統由國民大會選舉產生之制度已被取代；自此，國民大會已無此權。惟憲法增修條文仍保留副總統缺位時之補選權。依第四次憲法增修條文第二條第七項之規定：「副總統缺位時，由總統於三個月內提名候選人，召集國民大會補選，繼任至原任期屆滿爲止。」然副總統除隨時備任總統之外，於法並無實權；且國民大會僅有在副總統缺位時始能選舉之，而此亦非屬經常性運用之職權。因此，憲法增修條文中國民大會之選舉權與本文相較已大爲縮減。

■ 罷免權

憲法本文第二十七條第二項規定國民大會得罷免總統、副總統。本職權國民大會僅於一九五○年使用過一次（罷免李宗仁），迄今皆備而未用。增修條文確定總統採用民選後，總統之產生乃直接根據於人民多數之同意，倘若代表人民之國民大會可對總統進行罷免，將使行使對總統之選舉權與罷免權的機關不一致；此外，民選總統具強大民意基礎，其職位當非國民大會所能輕言撼動。故第四次憲法增修條文將國民大會之罷免權改爲罷免提案權，依第一條第三項與第二條第九項之規定，總統、副總統之罷免案，須經國民大會代表總額四分之一提議，三分之二同意後提出；並經選舉人總額過半數之投票，於有效票過半數同意罷免時爲通過。換言之，第四次憲法增修條文將國民大會之「罷免總統、副總統權」改爲「罷免提案權」，而將最後之決定權交給人民，應是對總統由人民直選的相對設計，亦是對國民大會職權之削減。

■ 議決彈劾案

　　一九九四年的憲法增修條文仍維持憲法本文中所定監察院得提案彈劾總統，並由國民大會議決之設計，但一九九七年的第四次憲法增修條文則是將監察院得提案彈劾總統權改由立法院職掌。國民大會對立法院決議向國民大會提出之總統彈劾案有決議權，增修條文保留憲法本文之此項設計（第四次憲法增修條文第一條第三項第三款）。再依第四次憲法增修條文第二條第十項規定，立法院向國民大會提出之總統、副總統彈劾案，經國民大會代表總額三分之二同意時，被彈劾人應即解職。

■ 修憲權

　　中華民國憲法修改之程序有二種，惟均須經國民大會之議決程序決議之：

1. 第四次憲法增修條文第一條第三項第四款規定，依憲法第二十七條第一項第三款及第一七四條第一項之規定，由國民大會代表總額五分之一的提議，三分之二之出席，出席代表四分之三的決議，修改憲法。此為憲法原定國民大會之修憲職權，增修條文未加變動。

2. 第四次憲法增修條文第一條第三項第五款規定，依憲法第二十七條第一項第四款及第一七四條第二項之規定，複決立法院經立法委員四分之一的提議，四分之三之出席，出席委員四分之三之決議向國民大會提出之憲法修正案。此亦為憲法原定國民大會之修憲案複決權，增修條文亦未變動。此須特加說明者，國民大會對立法院所提出之憲法修正案議決所須程序，是依國民大會代表三分之二出席、四分之三決議之「修憲程序」或是依一般議事之普通程序，憲法均無定文。雖然此種修憲程序於中華民國從未使用過，但憲法未對此詳加規定，不能不稱為是一種疏漏。修改憲法堪稱憲法上的重大變革，其複決程序應詳定於憲法中以為妥，否則屆時仍須靠大法官會議之解釋，無謂徒增程序上之困擾。

■人事同意權

乃憲法增修後國民大會增加之重要職權。按憲法本文原本並未給予國民大會對中央政府官員任何人事之任命同意權，但根據第四次憲法增修條文第五條第一項、第六條第二項、第七條第二項之規定，對總統提名任命之人員，如考試院正、副院長、考試委員、司法院正、副院長、大法官、監察院正、副院長、監察委員，均須經國民大會行使同意權。按原憲法之規定，考試院與司法院人事案，均交由具國會特性之監察院行使同意權；然修憲後監察院之性質已從具國會性質的機關變成非民意機關，而與司法、考試權相近；因此，一併將三權之人事案交由國民大會議決同意，即成為增修條文中國民大會所加添的重要權力。就理論分析，國民大會增加此類職權的原因不外憲法增修後，中華民國總統改由直選產生，並增加了提名三院人事之權力。而總統之地位既在五院之上，三院之人事權倘由立法院行使，總統勢必降格以求；然修憲以來，總統權力擴增，中華民國唯一可堪抗衡總統權者，當僅有地位亦在五院及總統之上的國民大會，而非立法院。因此，不論就 中山先生的權能區分原則或西方民主理論的責任政治原理而言，由民選產生並代表國民行使「政權」的國民大會對總統提名三院人事案之職權行同意權，是對總統超然於中央政府機關之上、統率五院權力的一種監督。另就政治現實論之，自第一屆國民大會代表退職，第二屆國民大會代表上任開議以來，雖因總統改由民選而導致國民大會職權被取代，故有廢除國民大會或將之無形化的意見，然因主導將總統選舉方式趨向於人民直選的中國國民黨仍堅持維護五權憲法之形式架構，復以具同樣民選基礎的國民大會代表不願自廢武功的情況下，國民大會不但未廢除，反添加了包括司法、考試、監察三院人事案在內的諸項職權。由此，不難看出國民大會添加此職權背後之政治妥協色彩。

■提供國是建言權

此為憲法增修後始賦予國民大會之職權。依第四次憲法增修條文第

一條第五項規定，國民大會每年集會時，得聽取總統國情簡報，並檢討國是，提供建言。惟此等規定僅爲總統須對國民大會作宣示性文告，國民大會得檢討國事、提出建議而已。此並無任何民主政治權利與責任之實質意義，亦非國家行政立法間的互動關係，故僅爲國民大會代表一種形式上參與國政的象徵而已。

■ 創制複決權

此爲國民大會最受爭議的職權。憲法中原規定國民大會欲行使此兩權，須待全國有半數之縣市曾經行使，方能由國民大會行使，此就行憲初期中華民國人民之程度觀察，本就屬至難之極；俟中央政府撤退來台之後，更無形中將兩權凍結。國民大會於一九六〇年第三次會議時修改臨時條款，規定於會議閉幕後設置機構，研擬辦法，再由總統召集國民大會討論。總統於一九六六年即召集國民大會臨時會，規定國民大會於動員戡亂時期得制定辦法，創制並複決中央法律，不受憲法第二十七條之限制。並於同年八月八日公布「國民大會創制複決兩權行使辦法」，對國民大會創制複決權之行使予較詳細之規定。但是，其運作之細部內容，如由何公布、是否須經副署、行政院認爲窒礙難行時可否提請覆議；均未明確規定。尤可議者是未載明實施日期，致雖有兩權行使方法之制定，卻僅見條文，而未見實施。

一九九一年廢除臨時條款，上述辦法喪失法源依據後，自然無效；而增修條文又並未對兩權之行使另加規定或限制，理論上國民大會行使創制複決之規定又回歸憲法本文。然須加以說明的是國民大會於設計之初，是代表人民於中央行使選舉、罷免、創制、複決四種政權，其理由之一是因土地廣闊、人口眾多，人民不易直接行使選舉、罷免、創制、複決四種政權；其二則是因人民智識水準低落，行使四權有其實質上的困難，故以國民大會代行之。今中華民國有效統治領域僅及台、澎、金、馬，人民智識程度提高，上述二項理由自不成立，何以仍須國民大會代行此二項職權？倘國民大會通過辦法得創制、複決法律，則立法院

與國民大會即成爲中華民國兩個最高立法機關，不但違反憲法第六十二條「立法院爲中華民國最高立法機關」之規定，日後二機關所立之法相衝突時，又如何解決？而更大的問題在於中華民國憲法本文與增修條文均未禁止國民大會代表兼任政府官員，試問以兼任國民大會代表之政府官員創制、複決國家法律，此乃政權治權相互混淆，而形成「裁判兼球員」的情況。故國民大會之創制、複決權在相關問題尚未解決之前，仍以凍結爲妥。

（五）行政院

1. 國家機關之職權、設立程序及總員額，得以法律爲準則性之規定。（第四次憲法增修條文第三條第三項）
2. 各機關之組織、編制及員額，應依前項法律，基於政策或業務需要決定之。（第四次憲法增修條文第三條第四項）

（六）立法院

■對行政院提不信任案權（倒閣權）

　　第四次憲法增修條文爲使立法、行政與總統三權能採搭配成套之方式運作，而對三機關之職權多所更易。就立法院而言，除將覆議門檻降爲全體立法委員人數二分之一外，亦新增一項本屬內閣制重要特徵之不信任案的權力。依第四次憲法增修條文第四條第二項第三款「立法院得經全體立法委員三分之一以上連署，對行政院院長提出不信任案。不信任案提出七十二小時後，應於四十八小時內以記名投票表決之。如經全體立法委員二分之一以上贊成，行政院長應於十日內提出辭職，也得同時呈請總統解散立法院；不信任案如未獲通過，一年內不得對同一行政院長再提不信任案。」故不信任案係針對行政機關爲之，若得通過，行政機關即須改組，俗稱「倒閣」。不信任案權本屬內閣制國家國會或民意機關專屬之權利，係爲立法權制衡行政權的重要機制，亦爲辨別內閣制國家與總統制國家之重要特徵。

　　依本條規定，立法院發動倒閣須全體委員三分之一以上之連署，並須於七十二小時（亦即三天）後記名投票表決之。表決時若有全體委員二分之一以上通過時，行政院長則須於十天內去職。但是，行政院長得同時呈請總統解散立法院，使立法院亦須全部改選；同時，若倒閣未成功，一年內不得對同一院長再次行使之。此種設計將使立法院於提案倒閣時，亦有被解散重選的認知，故能斟酌使用該項權利；再就務實面考量，此番賦予立法院不信任案權，應被視為是一種用以制衡、影響行政權的機制，而並非是一種可慣常使用的權力。

■ 彈劾總統提案權

　　中華民國憲法原本規定監察院為民意機關，專司彈劾糾舉之職，並與國民大會共掌總統之彈劾及罷免權。然憲法增修之後，監察院之組成乃直接源自於總統之提名，能否盡責監督總統，實不無疑問。為使權責得以相符，故將監察院之彈劾權轉移至立法院，第四次憲法增修條文第四條第五項即規定：「立法院對總統或副總統犯內亂或外患罪之彈劾案，須經全體立法委員二分之一以上之提議，全體立法委員三分之二以上之決議，向國民大會提出，不適用憲法第九十條、第一〇〇條及增修條文第七條第一項有關規定。」

　　本條文與原增修條文不同之處，除由立法院取代彈劾提案權外，亦限定僅能對正、副總統犯內亂或外患罪時始得提案彈劾，而較原條文設計並未對彈劾條件設限為嚴。立法院所新增之彈劾案若與國民大會對總統可提出之罷免案相較，後者實為選擇權的相對權利，是一種對總統政治責任的追究；而立法院新增之彈劾提案權，則是針對總統違法失職時對其公職身分的撤職處分，這與監察院對其他中央或地方公職人員之處分在意義上是相同的。

■ 不得逮捕、拘禁權的縮減

　　根據第四次憲法增修條文第四條第五項：「立法委員除現行犯外，在會期中，非經立法院許可，不得逮捕或拘禁。憲法第七十四條之規

定，停止適用。」本項條文的通過，將使立法委員由「任期」中（包含開會與休會期間）的不受逮捕拘禁權，縮減成「會期」中（只有開會期間）的不受逮捕拘禁權（與國民大會的規定一致）；換言之，立法委員之人身保障的時間被縮減不少。分析通過此項條文的導火線，實與「蔡永常條款」未能通過有關，此涉及國民大會與立法院長久以來的對立心結有關。

其實，民意代表的言論免責權與不受逮捕拘禁權，乃民主國家的憲政通例，旨在防止行政部門濫權，藉職權威脅或逮捕民意代表，使民意代表無法負起監督行政部門的職責。

當然，一旦民意代表具有言論免責權與不受逮捕拘禁權，一方面自然能無懼於行政部門的威脅，而盡心盡力的監督行政部門；另一方面，自易因民意代表具有言論免責權與不受逮捕拘禁權，而造就合法規範的特權，若民意代表藉此斂財為惡，將造成惡質的政治文化。故民意代表的言論免責權與不受逮捕拘禁權，實為兩權相害取其輕的產物，亦為維持民主憲政機制的必要成本。此外，民意代表具有言論免責權與不受逮捕拘禁權的利弊得失，並非制度上的必然，選民的抉擇、政黨的提名策略與民意代表本身的政治素養，都是決定的因素，這都有賴良質政治文化的形成。

（七）司法院

■關於司法院院長、副院長之規定

1.明定司法院正、副院長為大法官：根據憲法增修條文第五條第一項規定：「司法院設大法官十五人，並以其中一人為院長、一人為副院長，由總統提名，經國民大會同意任命之，自中華民國九十二年起實施，不適用憲法第七十九條之有關規定。」依此規定，司法院院長、副院長均為大法官之一員。

檢視各國法例，釋憲機構首長多具有構成員之身分，其任命資格及任期亦與構成員同。關於司法院之院長、副院長如改採並任大法官或由

大法官充任制度，可強化司法院爲審判機關之地位，亦可減少司法院院長僅爲司法行政首長之指摘。但院長、副院長之任命，係由總統提名，又無任期保障，故甚難脫離政治因素，而得完全獨立行使職權，以維持釋憲機關之超然立場。甚者，以院長之地位影響其他大法官的立場，則勢將改變釋憲結果。

2.院長、副院長之本職不受任期之保障：依憲法增修條文第五條第一項前段規定：「司法院設大法官十五人，並以其中一人爲院長，一人爲副院長」，並未採用法院組織法第五十條：「最高法院置院長一人，特任，綜理全院行政事務，並任法官」之立法體例，而係採用憲法增修條文原第六條第二項關於監察院組織之立法方法，則司法院院長、副院長之本職，不僅在理論上係大法官，院長、副院長爲其兼充之職務，參照監察院院長、副院長之先例，亦應爲相同之解釋。院長、副院長之本職既爲大法官，其任期及保障自應與一般大法官同，始足以維持其超然之立場，不致成爲總統或政黨干預大法官行使職權之橋樑。但依據憲法增修條文第五條第二項但書規定：「並爲院長、副院長之大法官不受任期之保障」之文字解釋；換言之，大法官「並」爲院長及副院長者，將喪失任期之保障。此項但書，將迫使司法院院長、副院長欲保住其正、副院長及大法官之職位，必須成爲政治人物，仰承總統之意旨行事，此種犧牲司法獨立機能，遷就政治現實之立法，思慮顯欠缺周詳，並將遺害無窮，故應從速修正。

■關於大法官之規定

1.大法官人數縮減：根據憲法本文第七十九條及前憲法增修條文第四條第一項規定：「司法院設院長、副院長各一人，大法官若干人」，對大法官具體人數未設明文，得由司法院組織法視實際需要定之。而依現行司法院組織法規定，大法官連同院長、副院長共十九人。第四次憲法增修條文第五條第一項的規定，將大法官明定爲十五人，司法院正、副院長均由大法官出任，大法官應自二○○三年起分兩批任命，其八年

任期之計算，不分屆次，個別爲之等等，均是甚具改革意義的新規定，可以提高大法官的獨立性，且於促進經驗傳承，具有實質正面的作用。

2.**大法官任期的縮減**：通常各國對大法官之任期，係採憲法中明定或授權法律規定之。中華民國憲法第八十一條只規定：「法官爲終身職」，但並未就大法官之任期特設規定，而司法院組織法第四條則規定大法官之任期爲九年，故引發大法官是否爲法官及司法院組織法上述規定是否違憲之爭議。然經憲法增修條文第五條第二項規定：「司法院大法官任期八年」，將大法官任期之規定提升至憲法層次，因而廢止現行司法院組織法第五條第二項關於「大法官之任期每屆爲九年」之規定（憲法高於法律），故此項規定是否違憲之疑議，自此消除。

3.**大法官輪半改選**：

(1)**大法官任期個別計算**：司法院大法官之任用，劃分屆次，含有大法官係政治性職務之意義，並易發生大法官全數或大多數同時更換（例如本屆大法官五分之四以上爲新人），使釋憲工作難以傳承或連續之情形，故司法院組織法於一九九二年修正時，司法院提出之草案，曾將大法官之任期修正爲個別計算，不分屆次，然立法院審查會未予採納。此番憲法增修條文第五條第二項明定大法官之任期爲「不分屆次，個別計算」，應屬適當。此項規定，其實施期間並無限制，而使現行司法院組織法第五條第二項大法官「分屆」及第三項「大法官出缺時，其繼任人之任期至原任期屆滿之日爲止」之規定，因牴觸憲法而失效。故現有大法官之任期即應分別計算。

(2)**新任大法官不得連任**：司法院大法官任期屆滿後，現行司法院組織法並未禁止連任，實際上，大法官任滿時未滿六十五歲而願連任者，均獲總統提名連任，已成中華民國憲政慣例。因此，大法官在任期內，並無爲尋求連任而不超然行使職權之顧慮。憲法增修條文第五條第二項明定「不得連任」，可消除大法官爲求連任而不獨立行使職權之疑慮，亦屬適當。

(3)現任大法官是否仍可連任：關於憲法增修條文第五條第二項「禁止連任」之規定，對於現任大法官是否適用，各方見解不一。部分學者認爲並無延後實施之規定，故現任大法官自在適用之列；部分學者則舉法律不溯既往之原則，故主張本條項既無現任大法官亦應適用之例外規定，自不適用於現任大法官。按現任大法官係依司法院組織法任用，該法並不禁止連任，而禁止連任之規定，足以影響大法官服公職之權益，自應僅對依修正後規定任命之大法官發生效力。且全部禁止連任，亦足以影響釋憲工作之連續與傳承。因此，現任大法官任期屆滿後，總統仍可依新法予以提名任用。關於此點，德國聯邦憲法法院法修正增設禁止連任、再任之規定後，即係如此實施，可供參證。惟連任以後，即適用新法之規定，不得再連任。

(4)司法預算獨立：司法院所提出之年度司法概算，行政院不得刪減，但得加註意見，編入中央政府總預算案，送立法院審議。（第四次憲法增修條文第五條第六項）這項新的規定，使得司法預算脫離行政院的控制，亦使立法院成爲統合政府預算的最後決定單位，重新規整了行政、立法、司法三院在預算體系及程序中的分量與位置；對於預算制度與司法自主精神的提升，均有強化作用，值得肯定。

(5)未明確規定大法官之保障：大法官爲法官之一種，自應受憲法第八十條及第八十一條之保障，故司法院組織法於一九九二年十一月二十日修正時，一方面於第五條第一項規定：「大法官須超出黨派以外，獨立行使職權，不受任何干涉」，同條第二項復規定：「大法官之任期，每屆爲九年」；另一方面於同條第四項規定：「大法官任期屆滿而未連任者，視同停止辦理案件之司法官，適用司法人員人事條例第四十條第三項規定」。換言之，任期屆滿後，仍爲現職司法官，受終身職之保障，上述「任期」之規定，實質上僅爲行使職權之期間，以免牴觸憲

法關於法官終身職之規定，並確保大法官行使職權之超然獨立。司法院組織法此等規定，亦可認為係以法律再對於大法官之身分及職權。加以保障，以消除大法官是否為憲法上法官，及是否適用憲法第八十條及第八十一條之爭議。憲法增修條款第五條第二項明定大法官之任期為八年，並未排除憲法第八十一條法官為終身職規定之適用，而「大法官」與「法官」兩個名詞不一，大法官是否為憲法第八十條及第八十一條所稱之法官，迄今仍有疑義。故司法院組織法一旦廢止，則大法官之保障亦隨之喪失，其行使職權能否繼續保持超然獨立，殆有疑慮。關於大法官之保障，非賦予其特權，而係確保大法官超然獨立行使職權所必要，故宜從速規定。

（八）地方制度部分：精省

本次修憲在地方制度上，不考慮「廢省」或「增設省區」之主張，而以「精省條款」凍結省級自治選舉（第四次憲法增修條文第九條第二項），將省政府改為「委員制」、省議會改為「省諮議會」（第四次增修條文第九條第一項），省政府委員及諮議員均由行政院院長提請總統任命。因此，確定了臺灣省政府功能、業務與組織的精簡，省成為中央派出專事監督縣自治的合議制機構，並有省諮議會的設置，對省政府提供政策專業或政治上的建言。

就地方自治學理論之，省級自治乃地方自治的重要一環，國民政府遷台後，基於許多因素[35]，而未依憲法規定推行地方自治。直到一九九四年第三次憲法增修條文第八條，始明文規定：「省設省政府，置省長一人，由省民選舉之」。一九九四年七月，立法院根據該條規定，三讀通過「省縣自治法」、「直轄市自治法」，並於一九九四年底選舉首任臺灣省省長。然首任民選臺灣省省長僅就職二年，即經國家發展會議於一九九六年十二月二十七日做成精省共識，且落實於第四次憲法增修條文。然既要精省，則當初何必大費周章地推動省自治？其主因不外中央

政府與臺灣省省政府統轄範圍幾近重疊；而省長直接民選的結果，勢必與總統職權有所衝突，一旦地方與中央爭權，則易形成憲政危機，俄國「葉爾欽效應」即是顯例。至於其他精省理由，如減少預算浪費、提高行政效率，皆與民主實踐無重大關係。

分析該次精省之後，臺灣省省制將走向「福建省化」，即成為行政院所屬縣市自治監督協調機關。若依「省縣自治通則」而制定的「省自治法」規定，省政府在人事、財政、組織權等方面享有極大的自主空間，但在臺灣省自治權取消後，臺灣省政府的業務勢將重新調整（第四次憲法增修條文並未規定調整的項目及幅度）。當時曾擬於省組織法草案中將未來省政府業務精簡為民政、農林、教育、社會四廳及一管理處（管理處處長地位則等同於現在的省秘書長），其業務與職權視行政院授權而定。此外，未來臺灣省政府將設置九位省政府委員、四十多位省諮議會議員、省政府委員比照十三職等政務官，省諮議會組織則比照內政部中央選舉委員會，依政黨代表、婦女、學者專家、區域作功能性的分配（中國時報，1998/5/3：4；《自由時報》，1998/5/3：4）。

一九九七年七月十八日第三屆國民大會第二次會議三讀通過「第四次中華民國憲法增修條文」，其中第九條即有關「精省」規定。八月二十七日，行政院便訂頒「臺灣省政府功能業務與組織調整委員會設置要點」（行政院於一九九九年三月八日修正）；九月七日，行政院召開第三次精省會議，交通部長林豐正擔任協調角色（曾擔任宋楚瑜的副省長），法務部長城仲模則做法律文字的潤飾。經協商後，「臺灣省政府功能業務與組織暫行條例草案」對凍結省自治事項部分，明確列舉十三項「除外條款」[36]，以縮減未來省政府業務範圍。

一九九七年十月，立法院三讀通過省政府組織功能調整暫行條例之後一星期，十月二十二日，大法官會議對修憲精省之後，省究竟是否為公法人，做出第四六七號解釋。解釋文如下：「中華民國八十六年七月二十一日公布之憲法增修條文第九條施行後，省為地方制度層級之地位仍未喪失，惟不再有憲法規定之自治事項，亦不具備自主組織權，自非

地方自治團體性質之公法人。符合上開憲法增修條文意旨制定之各項法律，若未劃歸國家或縣市等地方自治團體之事項，而屬省之權限且得爲權利義務主體者，於此限內，省自得具有公法人資格。」

　　大法官在解釋理由書中，說明指出：第一，該案係憲法適用有疑義而聲請解釋，而非違憲之審查；第二，中央和地方權限的劃分，係基於憲法，或憲法授權的法律加以規範；第三，憲法中符合「享有就自治事項制定規章並執行之權限，及具有自主組織權者」，得爲地方自治團體性質之公法人。據此觀之，修憲後，省做爲地方制度層級的地位並未喪失，但一無自治事項，二無自主組織權，故非「地方自治團體性質之公法人」；但是，在國家、地方自治團體之外，尚有其他公法人存在，早爲中華民國法制承認，基於憲法增修條文第九條，對省政府的組織型態、權限範圍與中央和縣市相關的功能業務調整等，均授權以法律爲特別之規定，「立法機關自得本於此項授權，在省仍爲地方制度之層級的前提下，妥爲制定相關法律，並在此限度內，省自得具有其他公法人之資格」。故就省的法律定位而言，臺灣省雖已非地方自治團體法人，但在省制依舊維持的情形下，其公法人人格應不受影響，除非未來憲法增修條文廢止憲法本文規定所保障的省法人地位。所以，問題的爭議不在於省是否仍爲公法人，而是成爲何種性質的公法人。據此論之，第四次憲法增修條文並未廢除省制，只是取消了省的地方自治權，使其權限主要限於承行政院之命監督縣自治事項，而成爲具有象徵性意義的公法上社團法人或具有專業功能的公營造物法人。

（九）基本國策部分

　　本次對基本國策的修改方面，較爲重要的部分有：取消教科文預算下限、增加對建構無障礙環境的保障、國家應扶助並保護人民興辦之中小型經濟事業生存與發展、增加對原住民地位、交通、水利、衛生醫療及政治參與的保障（金、馬地區人民亦同）。

　　上述條文中最引人爭議者，乃是教科文經費下限的刪除。依中華民

國憲法第一六四條規定：「教育、科學、文化之經費，在中央不得少於其預算總額15％，在省不得少於其預算總額25％，在縣市不得少於其預算總額35％。其依法設置之教育、文化基金及產業，應予以保障。」而此次增修條文第十條第七項規定：「教育、科學、文化之經費應優先編列，不受憲法第一六四條規定之限制」；換言之，原本中華民國憲法規定各級政府對教科文經費所定不得少於預算總額百分比的下限已遭凍結。此一基本國策中最具特色的遠見，在政府高倡全面提升教育品質的政策下，卻又將教育經費下限刪除，實為矛盾。

（十）影響與評估

■政黨協商日益成熟

本次修憲過程中，由於中國國民黨在國民大會的代表席次已由第二屆國民大會的二三九席大幅滑落至第三屆國民大會的一八三席；換言之，中國國民黨在本次國民大會進行修憲工程時，已無法同以往一樣以超過「四分之三」的國民大會代表席次，而進行所謂的一黨修憲。因此，必須先透過政黨合作的模式，方能完成修憲工作，於是政黨協商勢所難免，這也將有助於中華民國政黨政治運作的日趨成熟，俾有利於民主政治的發展。縱觀該次修憲過程，各主要政黨的協商次數如下：

1. 中國國民黨與民主進步黨之間的協商，計有黨團協商十六次、黨中央協商四次。
2. 中國國民黨與新黨之間的協商，計有黨團協商五次、黨中央協商一次。
3. 民主進步黨與新黨之間的協商，計有黨團協商三次。

■中央政府體制規範不明，權責不清

就本次整體修憲內容分析，中華民國中央政府體制表面上雖朝「雙重行政首長制」改造，但卻有成為「超級總統制」的可能。其原因在於

經過本次修憲之後，根據第四次憲法增修條文第二條第二項的規定：
「總統發布行政院院長與依憲法經國民大會或立法院同意任命人員之任
免命令及解散立法院之命令，無須行政院院長之副署。」再根據第四次
憲法增修條文第三條第一項的規定：「行政院院長由總統任命之」，換
言之，根據第四次憲法增修條文的規定，行政院院長勢必成為總統的幕
僚長。但根據第四次憲法增修條文第三條第二項的規定：「行政院院長
對立法院負責」，於是，倘若行政院院長與總統不同黨時，則可能出現
法國第五共和左右共治的情勢，然左右共治運作的順暢與否，其主要關
鍵乃取決於兩位行政首長（行政院院長與總統）的主觀作為，而非客觀
的制度安排；換言之，雙方或其中一方必須具有成熟而穩健的妥協性，
便成為制度成敗的關鍵，故不論就學理或政治現實而言，左右共治的情
形是極複雜且不穩定的制度；此外，即使總統與行政院院長同屬一黨，
但立法院黨團若與總統分屬同黨異派時，行政院院長也未必聽命於總
統，於是衝突的情勢極易發生。況且，行政院院長不論是否受到立法院
多數席次的支持，總統皆可隨時片面任免行政院院長，而不必經由立法
院的同意；且總統在黜免行政院院長後，甚至可以不任命新的行政院院
長，而由行政院副院長無限期的「暫行代理」；而暫行代理院長的行政
院副院長與立法院之間的責任關係如何，也未作明確規範。至於行政院
院長與立法院的關係，則由於行政院院長做為最高行政首長的憲法地位
在實際上已被總統取代，因此立法院即使主張行政院院長應當對其負政
治責任，亦已失去實質意義。於是倒閣，不啻要縣政府主任秘書代替縣
長負政治責任一樣，完全違反責任政治的基本規範。何況，立法院雖有
倒閣權（亦即提出不信任案），但總統亦可先發制人地解散立法院，由
於行政院院長及總統均不必參加大選，而同立法委員一樣地訴諸選民考
驗，若萬一在解散且大選後，反對黨仍佔立法院的多數，亦未能課以行
政院院長及總統任何政治責任，這更促使總統有恃無恐的運用解散立法
院權。

第五節　第五次中華民國憲法增修條文的制定

一、制定時間：一九九九年九月三日第三屆國民大會第四次會議三讀修正通
過增修條文第一條、第四條、第九條及第十條

二、制定地點：台北市陽明山中山樓

三、公布時間：一九九九年九月十五日總統華統（一）義字第八八〇〇二一
三三九〇號令修正公布增修條文第一條、第四條、第九條及
第十條
經司法院大法官會議於二〇〇〇年三月二十四日以釋字四九
九號解釋為無效

四、本節摘要：第五次中華民國憲法增修條文的主要內容如下：其一，變更
國民大會代表產生方式，改為第四屆代表三百人，依立法委
員選舉各政黨所推薦及獨立參選之候選人得票數之比例分配
名額，直轄市及各縣市共一百九十四人，原住民、僑民十八
人及全國不分區八十二人之名額分配；第五屆起代表為一百
五十人，依直轄市及各縣市一百人、原住民四人、僑民六人
及全國不分區四十人之名額分配，國民大會代表之任期為四
年，但於任期中遇立法委員改選時同時改選。其二，國民大
會代表與立法委員任期延長至二〇〇二年六月三十日；第四
屆立法委員任期原至二〇〇二年一月三十一日，本次修憲將
其任期延長至二〇〇二年六月三十日，第三屆國民大會代表
任期亦同時延長，以配合同步改選。其三，加強基本國策之
規範，如軍人權益之保障、社會福利與救助及增訂澎湖特殊
地區人民之保障，使其與原住民、金門、馬祖等地區享有政
治地位等特別保障

一、肇因

一九九七年七月二十三日，國民大會閉幕。當時中國國民黨秘書長吳伯雄與民主進步黨黨主席許信良都明確承諾，「總統選制」、「公投入憲」、「訂定停止國民大會選舉」、「鄉鎮市長與鄉鎮市民代表選舉的落日條款」等議題，將是下一階段修憲主軸，亦是第五次修憲的肇因。

一九九八年十二月，第四屆立法委員改選（詳**表3-25**），中國國民黨獲得過半數的立法委員席次；換言之，中國國民黨將擁有立法主導權。

二、過程

（一）第三屆國民大會第四次會議的召集

一九九九年五月七日，總統李登輝依第四次中華民國憲法增修條文第一條之規定，發布第三屆國民大會第四次會議於一九九九年六月八日

表3-25　第四屆立法委員選舉之席次與比例表

區分 政黨別	候選 人數	得票數	得票率	當選 人數	不分區 當選數	僑選 當選數	全部 席數	席次率
中國國民黨	115	4,659,679	46.43%	96	23	4	123	54.67%
民主進步黨	79	2,966,835	29.56%	52	15	3	70	31.11%
新黨	36	708,465	7.06%	7	3	1	11	4.89%
建國黨	17	145,118	1.45%	1	0	0	1	0.44%
民主聯盟	21	375,117	3.74%	4	0	0	4	1.78%
新國家連線	12	157,826	1.57%	1	0	0	1	0.44%
其他	17	1,022,789	10.19%	15	0	0	15	6.67%
合計	397	10,035,829	100.00%	176	41	8	225	100.00%

資料來源：《聯合報》，1998/12/06：1。

集會。是日上午，第三屆國民大會第四次會議於台北市陽明山中山樓中華文化堂舉行開幕。十五日，第三屆國民大會第四次會議第三次大會通過議事日程（詳**表3-26**）。

（二）提案與讀會

六月二十四日，第三屆國民大會第四次會議舉行第八次大會，進行修憲案第一讀會提案人說明及大體討論。隨即秘書處報告如次（《第三屆國民大會第四次會議第八次大會議事日程》，1999：2）：

1. 依照憲法第一七四條第一款規定，憲法之修改，應由國民大會代表總額五分之一之提議。國民大會代表現有人數為三一六人，五分之一人數為六十四人。本次會議依據大會通過之日程表，本年六月十七日下午五時三十分截止收受代表修憲提案，並於六月二十一日中午十二時截止收受代表修憲提案之補正，秘書處共收到

表3-26 第三屆國民大會第四次會議會議日程表

日期	0900-1200	1230-1430	1430-1730	1800-	備註
6/8	預備會議				討論第一次大會議事日程。
6/17	大會		大會	程序委員會議	修憲提案截止收受。
6/21	憲政論壇		大會	程序委員會議	大會聽取總統國情報告。檢討國是，提供建言。
6/24	大會	程序委員會議	大會		大會修憲案第一讀會提案人說明及大體討論。
6/28	憲政論壇修憲審查委員會總召集人各審查小組召集人聯席會議		大會	程序委員會議	憲政論壇、修憲審查委員會總召集人及各審查小組召集人聯席會議。
6/30	修憲審查委員會		修憲審查委員會		修憲審查委員會進行修憲審查。
7/28	大會		大會	程序委員會議	修憲案第二讀會
8/4	大會		大會	程序委員會議	修憲案第三讀會

資料來源：整理自《第三屆國民大會第四次會議第三次大會議事日程》，1999：1-9。

修憲提案計四十九件，經提程序委員會第五次會議審定，提報大
會進行第一讀會。

2. 依照國民大會議事規則第四十五條規定：「修改憲法之議案，應
　經過讀會之程序。大會進行讀會之議程時，開議人數依國民大會
　組織法第八條前段之規定。」第四十六條規定：「第一讀會朗讀
　議案後，提案人須說明其要旨，出席代表如有疑義時，得請提案
　人解釋之。前項議案經大體討論後，應即交付審查。」本次大會
　於朗讀所有修憲提案案由後，依提案案號順序，分別由提案人一
　人說明提案要旨，俟全部提案說明完畢後，進行大體討論。

3. 依國民大會議事規則第三十一條規定：「提案之說明以十分鐘為
　度，討論質疑或應答之發言以五分鐘為度，但取得主席之許可
　者，得延長一次以三分鐘為限。違反前項限度者，主席得終止其
　發言。」

4. 本年六月二十二日政黨協商第五次會議，針對第一讀會政黨發言
　時間之分配與次序達成結論：「原則按政黨比例分配（中國國民
　黨：三；民主進步黨；二、新黨；一、第四黨團：一），如時間
　充裕，則開放代表自由登記發言。三黨黨版說明時間加倍。」經
　提六月二十三日程序委員會第五次會議決議：「提案說明每案仍
　為十分鐘，另三黨於其所有黨版提案說明結束後再增加三十分
　鐘，並由三黨自行調配時間。」

接著，主席提出四點說明（《第三屆國民大會第四次會議舉行第八
次大會速記錄》，1999：13-4）：

1. 首先請秘書處朗讀所有修憲提案案由後，依照提案的案號順序，
　分別由提案人一人說明提案的要旨，等到四十九個提案全部說明
　後，再進入廣泛討論。不過政黨協商結論提到，每個提案以十分
　鐘為度說明，另外各政黨黨版修憲案，不論中國國民黨、民主進
　步黨、新黨各有幾個黨版修憲案，都可再增加三十分鐘的說明，

目前所了解的，中國國民黨有一個黨版案、民主進步黨有兩個黨版案、新黨有七個黨版案，各案作十分鐘爲度的說明後，各政黨可另要求三十分鐘的說明。也就是說中國國民黨雖然只有一個黨版修憲案，也可以增加三十分鐘的說明；民主進步黨有兩個黨版修憲案，可以各作十分鐘說明，另再增加三十分鐘的說明；新黨有七個黨版修憲案，每個案各十分鐘說明，共七十分鐘外，還可以再加三十分鐘的說明，這是經過政黨協商的結論。

2. 提案說明後，如提案人不在場時，得出提案連署人一位代爲說明，或者是如修憲提案第一號提案人江昭儀代表，事先要求將提案說明延到明天，因爲他今天人不在場，所以可以延後說明。

3. 三黨黨版提案的說明，依程序委員會第五次會議的決議，可以各增加三十分鐘爲度。

4. 關於大體討論，每位代表所質疑的發言時間，是以五分鐘爲度，根據本席的衡量，一讀會的說明共有三天半的時間，光是提案說明每案十分鐘，再加上各政黨增加三十分鐘說明，就有五百八十分鐘，也就是說提案說明將佔據九個多小時，將近十個小時的時間，而三天半一讀會的說明，也不過是二十一個小時。如果加上今天、明天和下星期二，每天上午十點鐘以後才開會的話，那二十一個小時可能還要扣掉三個半小時，只剩下十七個半小時，而說明已佔據將近十個小時，剩下能夠廣泛討論的時間，也不過七個半小時至八小時，每個人五分鐘質疑爲度的話，八小時頂多只有一百位代表同仁可以提出質疑，所以對於廣泛討論的質疑，本席希望每位代表的質疑，以三分鐘爲度，主要是期望有更多的代表可以上台發言，不過大家大可不必著急，也許有人會說想發言的人還很多，而且三分鐘也不足以討論憲法大事，但因爲緊接著修憲審查會和分組審查，一共還有九天，照理說，如果大家要發言的話，仍大有空間，爲了讓廣泛討論時，有更多的代表同仁有發言機會，所以我希望每位的質疑以三分鐘爲度。

以上四點經湯火聖、邱奕彬等代表發言後，便開始由提案人說明修憲提案案由要旨。茲將四十九件修憲提案整理於**表**3-27。

六月二十九日，提案人說明修憲提案案由要旨完成。本應進行修憲提案大體討論，但同日下午，主席宣布：

1. 茲因新黨主張六月三十日起休會，俟三黨一派有共識後再行復會，議事日程所列討論事項第二案，經徵詢大會同意合併爲：秦繼華、李炳南等三十位代表提：「國、民兩黨毀憲分贓，協議不成，延宕議程，無視人民權利與民生修憲議題，將國民大會變爲國賓小會，黨意超越民意，新黨不恥兩黨無恥自肥、擴權修憲，故提議自六月三十日起休會，俟三黨一派有共識後再行復會，以順乎民意。」請決定案。

2. 鄭麗文、陳宗仁等五十七位代表提：「第三屆國民大會第四次會議，自八十八年六月三十日起休會，至八十八年七月二十九日恢復舉行大會，並請程序委員會於八十八年七月二十八日舉行會議，排定相關議事日程，於復會時送請大會議決。」提請公決。

3. 江文如等二十位代表提：「第三屆國民大會第四次會議，自八十八年六月三十日起休會，至八十八年七月十日恢復舉行大會，並請程序委員會於八十八年七月九日舉行會議，排定相關議事日程，於復會時送請大會議決。」提請公決。

隨後由各提案人說明，再進行提案表決，結果僅鄭麗文等代表的提案通過並決議如下：

1. 本會自六月三十日起休會，至七月二十九日復會，賡續修憲及未了重要任務。

2. 第二階段會議日程之安排，由程序委員會於七月二十八日審定後，提報七月二十九日第十二次大會議決。

主席接著宣布：

表3-27　第三屆國民大會第四次會議修憲提案表

案號	提案人	案由要旨
1	江昭儀、莊勝榮等六十七位代表提	國民大會與立法院合併之修憲案 一、國民大會及立法院合併爲國會。第一屆國會議員於民國九十一年二月一日就職，任期四年，連選得連任。 (一)國會議員總額爲二百二十五人，依左列規定選出之，不受憲法第二十六條之限制： 　1.自由地區直轄市、縣市一百六十八人。每縣市至少一人。 　2.自由地區平地原住民及山地原住民各四人。 　3.僑居國外國民八人。 　4.全國不分區四十一人。 (二)國會之權限除原立法院之職權外，亦包括憲法之修正權及總統提名人選之人事同意權等。 (三)憲法之修正須經國會議員總額四分之一之提議，三分之二之出席，及出席議員三分之二之決議，擬定憲法修正案，提交全國人民複決。此項憲法修正案，應於全國人民複決前六個月公告之。 二、國民大會第三屆國民大會代表任期延至中華民國九十一年一月三十一日止。
2	呂文義等七十八位代表提	爲對特殊地區之弱勢人民爲普遍性全方位的照顧，以促進國家均衡發展，擬修訂憲法增修條文第十條第十項爲：「國家應依民族意願，保障原住民之地位及政治參與，並對其教育文化、交通水利、衛生醫療、經濟土地及社會福利事業予以保障扶助並促其發展，其辦法另以法律定之。對於金門、馬祖、澎湖地區人民亦同。」原條文中增列「澎湖」，敬請公決案。
3	陳耀昌等六十五位代表提	爲了回歸雙首長制的憲政精神，避免臺灣式三首長制的缺點，使憲政秩序趨於安定，建議廢除副總統。即廢除憲法增修條文第二條，有關「副總統選舉、罷免及彈劾」之適用規定。
4	洪秀菊等七十一位代表提	憲法增修條文第一條，增加下面一項 　國民大會定期集會，每年六月至八月，或十二月到二月，必要時得延長之。國民大會遇有左列情事之一時，得開臨時會： 一、總統之咨請。 二、國民大會代表五分之二以上之請求。
5	曾憲棨、馬家珍等七十六位代表提	爲榮民取得法源，請將「榮民」兩字入憲。 　憲法增修條文第十條增列一項，保障榮民之條款，列爲第十二項：「國家應尊重退役榮民對社會之貢獻，並對其就養、就業、就醫、就學應予保障。」

（續）表3-27　第三屆國民大會第四次會議修憲提案表

案號	提案人	案由要旨
6	陳進發、陳婉眞等六十六位代表提	修改憲法第四條（原條文）「中華民國領土，依其固有之疆域，非經國民大會之決議，不得變更之」，修正文：「中華民國領土，依主權獨立、治權行使可及爲疆域，經國民大會之決議，得變更之。」
7	陳進發、洪平朗等六十六位代表提	增修條文第六條：「考試院設院長、副院長各一人，考試委員若干人，由總統提名，經國民大會同意任命之。」增修文爲：「考試院設院長、副院長各一人，考試委員若干人（任期四年），由總統提名，經國民大會同意任命之。」
8	陳進發、張倉顯等六十五位代表提	增修條文第七條：「監察院設監察委員二十九人，並以其中一人爲院長、一人爲副院長，任期六年，由總統提名，經國民大會同意任命之。」其中任期六年，擬改爲四年，其餘不變。
9	陳婉眞等七十一位代表提	修訂憲法第六十五條爲：「立法委員之任期爲二年，連選得連任，其選舉於每屆任滿前三個月內完成之。自第五屆起適用。」
10	傅淑眞、邱建勇等六十九位代表提	地方政府人事、教育、警察經費由中央政府全額補貼，地方政府稅收移做地方建設及發展經費，不受憲法第一六四條、第一〇九條第一項第十款、第一一〇條第一項第九款及第一四七條限制。
11	傅淑眞、邱建勇等七十二位代表提	國家應施行募兵制，但戰爭期間得徵召人民服役，不受憲法第二十條之限制。
12	常照倫、湯美娥等八十五位代表提	茲增訂憲法增修條文第十二條至十八條基本人權及檢察官獨立行使職權入憲案。
13	黃清賢、張樹清等七十三位代表提	爲全面給予公營事業企業化、自主化經營空間，擬提中華民國憲法增修條文第十條第三項修正案。修正條文爲：「國家對於公營事業機構之管理，應本企業化經營之原則，其經營決策、管理、人事、預算及審計，得以法律爲特別之規定。」
14	陳建銘、卓政防等八十八位代表提	擬刪除憲法增修條文第九條第一項第三款：「省設省諮議會，置省諮議會議員若干人，由行政院院長提請總統任命之。」
15	蔡啓方等七十七位代表提	國民大會、立法院、監察院合併爲國民議會，簡稱國會。至民國九十一年元月一日第一屆國民議會成立開始運作。增修條文第一、第四、第七條合併爲第一條。
16	湯美娥、陳進發等六十七位代表提	一、廢止中華民國憲法增修條文第一條第三項第四款之規定。（該條文規定內容爲：「依憲法第二十七條第一項第三款及第一七四條第一款之規定，修改憲法。」） 二、修正中華民國憲法增修條文第一條第三項條文內容爲：「國民大會之職權如左，不適用憲法第二十七條第一項第一款、第二款、第三款及第一七四條第一款之規定。」

（續）表3-27　第三屆國民大會第四次會議修憲提案表

案號	提案人	案由要旨
17	謝仲瑜、陳建銘等一二七位代表提	為保障五歲至六歲兒童受教育之權利，爰增列修訂憲法增修條文第十條第十二項如下：「五歲至十二歲之兒童，一律受基本教育，免納學費，其貧苦者，由政府供給書籍。」
18	謝仲瑜、王銘源等一二六位代表提	為保障三歲至五歲兒童受托兒及幼稚教育之權利，爰增列修訂憲法增修條文第十條第十三項如下：「各級政府應廣設公立托兒所及幼稚教育機構，保障二歲至五歲之兒童受托兒及幼稚教育之權利。設置尚不足之地區，應發行托兒及幼稚教育券。補助兒童參與私立托兒所及幼稚教育機構。」
19	莊勝榮、陳大鈞等六十六位代表提	修正中華民國憲法增修條文第一條、第二條、第四條、第五條、第六條、第七條、第八條，增列第十二條。（停止國民大會代表選舉、凍結國民大會、修憲公民複決）
20	陳鏡仁、陳明仁等一五六位代表提	為改革國會制度及提升並維護人民權利義務，以因應當前憲政及政經文化之變遷，爰依中華民國憲法增修條文第一條第三項第四款之規定，擬具憲法增修條文部分條文修正草案，提請公決案。
21	鍾佳濱、李昆澤等六十八位代表提	擬將憲法增修條文第五條前三項修訂如下： 　司法院設大法官十五人，並以其中一人為院長、一人為副院長，由總統提名，經國民大會同意任命之，不適用憲法第七十九條之有關規定。 　司法院大法官任期十二年，不分屆次，個別計算，並不得連任。但並為院長、副院長之大法官，其院長、副院長之任期四年，並得連任一次。 　大法官因故出缺時，得依第一項之規定重新任命，其任期以補足原任期為限，但所補任期不足六年者，得再連任一次。 　中華民國九十二年總統提名之大法官，其中五位大法官，任期四年，另五位大法官，任期八年，其餘五位大法官任期為十二年，不適用第二項任期之規定。 　前四項之規定，除任命程序外，其餘自中華民國九十二年起實施。 　原增修條文後三項維持不變。
22	簡慈慧、丁詠蓀等七十五位代表提	擬增列憲法增修條文：「人民有依法律服兵役或其他替代役之義務，不受憲法第二十條規定之限制。」
23	王東暉等七十二位代表提	廢除立法院、國民大會成立新國會提案。刪除憲法增修條文第一條、第四條、第八條。憲法第三章、第六章停止適用，新增憲法增修條文第一條之一：

（續）表3-27　第三屆國民大會第四次會議修憲提案表

案號	提案人	案由要旨
		國會第一屆設國會議員四百人，自第二屆起至第四屆止，全國不分區名額每屆遞減五十名。第五屆起設國會議員二百人。 　國會議員依左列規定選出： 一、自由地區直轄市、縣市每選區至少一人，每滿十五萬人增加一席。 二、原住民族共八人。 三、僑居國外國民八人。 四、全國不分區二百五十人。 　前項第三款、第四款採政黨比例方式選出之。第一款及第三款、第四款當選之名額，每滿四人應有婦女當選名額一人。
24	劉一德等七十一位代表提	國民大會代表產生方式變更案。 　國民大會代表自第四屆起，採單一選區兩票制產生。按現行之國民大會代表選區，每區選出一名國民大會代表，全國合計五十四席。另一政黨票決定一〇八席之政黨比例全國不分區代表，以及十三席之僑民代表之各政黨席次。 　國民大會代表總額為一百七十五名。不受憲法增修條文第一條第一、二、三、四項之限制。政黨需於半數以上之選區推出候選人，始得列入政黨選票。 　區域國民大會代表候選人得同時列名全國政黨比例代表名單，二項皆當選時由政黨遞補之。
25	彭芳谷、杜震華等九十七位代表提	茲修正憲法增修條文第十條，於原第八項與第九項之間，增列一項如下：「社會救助、福利服務、國民就業、社會保險及醫療保健等社會福利支出，不得低於中央政府總預算的15％；對於社會救助和國民就業等之救濟性支出應優先寬列。」
26	謝明輝、呂文義等一二八位代表提	為整體規劃治安體系，提高警察公正執法機能，落實執行政府公權力，充實執勤裝備，加強科學化之偵防，改善警察風紀，提升警察士氣，紓解地方政府財政負擔，靈活調度經費，爰建議在憲法增修條文中，增訂條文如下，提請公決案。 　「地方警察機關所需經費，由中央主管警政機關編列預算支應，不受憲法第一〇九條第一項第十款、第一一〇條第九款及第一四七條之限制。」
27	謝明輝、陳雪生等九十三位代表提	為統一警察指揮系統，建立教育與升遷之一貫體系，警察人員之管理，應由中央統籌辦理，俾發揮全面偵防犯罪功能，爰建議在憲法增修條文中，增訂條文如下，提請公決案。

（續）表3-27　第三屆國民大會第四次會議修憲提案表

案號	提案人	案由要旨
		「警察人員之管理，由中央立法並執行之，不適用憲法第一○八條第一項第十一款、第十七款、第一○九條第一項第十款及第一○○條第一項第九款之有關規定。」
28	謝明輝等七十九位代表提	為合理延長犯罪嫌疑人留置時限，期使檢警續密蒐集證據，以發現犯罪事實，並兼顧保障人權，維護社會治安，爰建議在憲法增修條文中，增訂條文如下，提請公決案。 「人民因犯罪嫌疑被逮捕拘禁時，其逮捕拘禁機關應將逮捕拘禁原因，以書面告知本人及其指定之親友，並至遲於四十八小時內移送該管法院審問。本人或他人亦得聲請該管法院，於二十四小時內向逮捕之機關提審，不適用憲法第八條第二項有關之規定。」
29	徐正邦、田昭容等八十五位代表提	茲修正憲法第一四三條第一項如下：「中華民國領土內之土地屬於國民全體。因區分地目定為農地，地價受損害者，國家應予補償。農地佔國土之最低比例，以法律定之。人民依法取得土地所有權，應受法律保障與限制。私有土地應照價納稅，政府並得照價收買。」
30	邱智淵、劉銘龍等六十五位代表提	為國家之永續發展、人民生活品質之提升與健康福祉之保障，特提案修正憲法增修條文第九條第二項：「人民之環境權應予保障。國家應保護自然資源及生態環境，經濟及科學技術發展應以國家之永續發展為前提。」敬請大會公決之。
31	王高成、邱建勇等六十九位代表提	增列憲法增修條文第十二條：「憲法之修改，須有國民大會及立法院各以總額五分之一之提議，二分之一之出席，及出席代表三分之二之決議，始得通過。憲法第一七四條停止適用。」
32	王高成、邱建勇等六十九位代表提	茲刪除憲法增修條文第一條第四項之「如一年內未集會，由總統召集會議為之，不受憲法第三十條之限制」。
33	王高成、劉一德等七十位代表提	茲修改憲法增修條文第四條第一項為： 　立法院立法委員總額自第五屆起為一百六十人，依左列規定選出之，不受憲法第六十四條之限制： 一、自由地區直轄市、縣市一百零七人。每縣市至少一人。 二、自由地區平地原住民及山地原住民各二人。 三、僑居國外國民八人。 四、全國不分區四十一人。 　前項第三款、第四款名額，採二票制政黨比例方式選出之。前項各款當選名額，每滿四人，應有婦女當選名額一人。

（續）表3-27　第三屆國民大會第四次會議修憲提案表

案號	提案人	案由要旨
34	秦繼華、楊敏華等六十七位代表提	茲修正憲法增修條文第二條第一項如下：「總統、副總統由中華民國自由地區全體人民直接選舉之。總統、副總統候選人應聯名登記，在選票上同列一組圈選，以得票過半數之一組為當選。選舉結果無人當選時，應就得票數較多之二組候選人，於十四日內舉行第二次投票，以得票最多之一組為當選，並自中華民國八十九年第十任總統、副總統選舉實施。在國外之中華民國自由地區人民行使選舉權，以法律定之。」
35	秦繼華、楊敏華等六十六位代表提	茲修正憲法增修條文第二條第九項如下：「總統、副總統之罷免案，須經國民大會代表總額四分之一之提議，二分之一同意後提出，或經自由地區選舉人5％之連署提議，並經全國選舉人總額過半數之投票，有效票過半數同意罷免時，即為通過。」
36	秦繼華、楊敏華等六十四位代表提	茲修正憲法增修條文第四條第五項如下：「立法院對於總統、副總統之彈劾案，須有全體立法委員四分之一以上之提議，全體立法委員過半數之審查及決議，同國民大會提出之，不適用憲法第九十條、第一○○條及增修條文第七條第一項有關規定。」
37	秦繼華、楊敏華等六十七位代表提	茲增列憲法增修條文第五條第七項如下：「政黨應公平競爭，不得獨佔、壟斷或優越使用國家資源，並不得投資或經營營利經濟事業。政黨、政黨附屬或從屬團體及各所屬財產之管理、運用與處分，應以法律定之。」
38	汪志冰、秦繼華等九十一位代表提	中央及地方民意代表選舉，各選區及全國不分區、僑居國外國民及山地、平地原住民當選名額，每滿四人，應有婦女當選名額一人。憲法本文第二十六條及第六十四條停止適用。
39	李炳南、秦繼華等六十六位代表提	中華民國自由地區人民得依法行使創制複決權，但不得牴觸憲法。憲法第二十七條第二項之規定，停止適用。
40	楊世雄、秦繼華等六十七位代表提	擬增列憲法增修條文：「人民有依法律服兵役或其他替代役之權利與義務，憲法第二十條之規定停止適用。」提請大會公決案。
41	陳金德、劉一德等七十一位代表提	為建立健全的現代化政治體制，以因應國家發展之各項需要，特提案修正憲法增修條文。是否有當，敬請公決。
42	陳金德、劉一德等七十位代表提	為建立健全的現代化政治體制，以因應國家發展之各項需要，特提案修正憲法增修條文前言、第一條、第四條、第十條，並增列憲法增修條文第九條之一、第十二條、第十三條。是否有當，敬請公決。
43	王東暉等七十二位代表提	為建立健全的現代化政治體制，以因應國家發展之各項需要，特提案修正憲法增修條文前言、第一條、第四條、第十條，並增列

（續）表3-27　第三屆國民大會第四次會議修憲提案表

案號	提案人	案由要旨
		憲法增修條文第九條之一、第十二條、第十三條。是否有當，敬請公決。
44	王明玉等七十一位代表提憲法修正案	第二條：「中華民國之主權屬於國民全體，由法定國家機關及人民以公民投票方式行使之。」 　第一三六條：「創制複決兩權及其他類型公民投票之行使，以法律定之。」
45	謝明璋、楊金海等六十四位代表提	修訂憲法增修條文第十條第十項之「金門、馬祖」為「澎湖、金門及馬祖」，增列「澎湖」案。 　新增修條文為：「國家應依民族意願，保障原住民族之地位及政治參與，並對其教育文化、交通水利、衛生醫療、經濟土地及社會福利事業予以保障扶助並促其發展，其辦法另以法律定之。對於澎湖、金門及馬祖地區人民亦同。」
46	謝明璋、楊金海等六十四位代表提	修訂憲法第一五三條之「勞工、農民」為「勞工、農民及漁民」，增列「漁民」案。 　新增修條文為：「國家為改良勞工、農民及漁民之生活，增進其生產技能，應制定保護勞工、農民及漁民之法律，實施保護勞工、農民及漁民之政策。憲法第一五三條第一項之規定，停止適用。」
47	江文如等八十九位代表提	擬請增列憲法增修條文兩項條文為：「國民大會第三屆國民大會代表、第九任總統、副總統及立法院第四屆立法委員之任期均延至中華民國九十二年六月三十日止，第四屆國民大會代表、第十任總統、副總統及第五屆立法委員均應於中華民國九十二年五月三十一日前同時選出，其任期均自中華民國九十二年七月一日起算。 　立法院立法委員之任期自第五屆起為四年，不適用憲法第六十五條之規定。」請公決案。
48	江文如等七十七位代表提	擬請修改憲法增修條文第一條第八項為：「國民大會之組織、預算及行使職權之程序，由國民大會定之，不適用憲法第三十四條及第六十三條之規定。」請公決案。
49	謝明璋、楊金海等六十四位代表提	修訂憲法第十五條，增列「智慧權」案。 　新增修條文為：「人民之生存權、工作權、財產權及智慧權，應予保障。憲法第十五條之規定，停止適用。」

資料來源：《第三屆國民大會第四次會議第八次大會議事日程》附件，1999：1-11。

1. 本會在休會期間為廣徵民意，賦予政黨凝聚全民對修憲共識之機制，擬請大會同意凡經政黨協商達成共識者得提出修憲提案，由程序委員會提報七月二十九日第十二次大會，與現有四十九件修憲提案繼續進行第一讀會提案人說明及大體討論。

2. 代表一般提案原定於七月一日截止收受，徵詢大會同意延至八月二日截止收受。

3. 代表所提之一般提案，如認為具有時效性急需處理者，擬交由本會代表一般提案及人民請願案件專案處理小組逕行處理，不必提報大會。其餘部分，仍依既定程序辦理。

4. 休會期間，大會工作人員仍繼續調用辦理各項業務。

　　該次休會一個月的決定，乃中國國民黨與民主進步黨協商的結果。就中國國民黨而言，乃基於隔年總統大選做考量，即連戰能否與宋楚瑜搭配代表中國國民黨競選總統或宋楚瑜自行參選。待情勢明朗化，再決定修憲方向。七月二十九日，第三屆國民大會第四次會議第十二次大會召開（此時，宋楚瑜已明確表態自行參選總統），會中主要通過新的議事日程，並繼續進行修憲提案第一讀會大體討論（《第三屆國民大會第四次會議第十二次大會議事日程》，1999：2）。三十日第十三次大會完成所有第一讀會程序，並交修憲審查委員會審查。

　　依大會通過之日程表規定，修憲審查委員會於本年八月二日開始審查，迄八月十三日結束，歷時十天，共舉行修憲審查委員會議八次、各審查小組會議三次。經決議通過之修憲提案及其修正動議共有十五案：第二號、第五號、第九號、第二十號、第二十五號、第二十六號、第二十八號、第三十九號、第四十一號（修正條文第十二條）、第四十二號（修正條文第一條第一、二項；第九條之一）、第四十三號（修正條文第一條第一、二項；第九條之一）、第四十五號、第四十八號、修正動議第三號。決議不通過之修憲提案共有三十九案：第一號、第三號、第四號、第六號、第七號、第八號、第十號、第十一號、第十二號、第十三

號、第十四號、第十五號、第十六號、第十七號、第十八號、第十九
號、第二十一號、第二十二號、第二十三號、第二十四號、第二十七
號、第二十九號、第三十號、第三十一號、第三十二號、第三十三號、
第三十四號、第三十五號、第三十六號、第三十七號、第三十八號、第
四十號、第四十一號（修正條文前言、第一至十一條、第十三至十六
條）、第四十二號（修正條文前言；第一條第三、四項；第四、十、十
二、十三條）、第四十三號（修正條文前言；第一條第三、四項；第
四、十、十二、十三條）、第四十四號、第四十六號、第四十七號、第
四十九號（《第三屆國民大會第四次會議修憲審查委員會第七次會議速
記錄》，1999：11-64）。

十四日，中國國民黨籍學者柯三吉、彭錦鵬、謝瑞智等人提出國民
大會代表延任案；十六日，即遭中國國民黨秘書長章孝嚴裁示不支持三
學者所提之延任案；十七日，中國國民黨與民主進步黨進行國民大會黨
團協商，但延任案未獲共識；十九日，兩黨團再度協商未果（民主進步
黨黨團提出修憲案的修正案，希望將國民大會改成全額政黨比例代表
制，國民大會代表可以延任到二○○二年），彭錦鵬、陳金德、鄭麗文
等人直奔台南，請許文龍同意代轉書面文件給李登輝；二十日，李登輝
因颱風受阻，取消台南之行，許文龍未與李登輝會面，然國民大會議長
蘇南成宣稱已當面向李登輝報告國民大會代表延任案；二十五日，蘇志
誠在中國國民黨中常會後告訴陳鏡仁延任案應予封殺；二十九日，章孝
嚴與蘇南成、陳金讓等人餐敘，再度強調反對延任案。

八月三十日第三屆國民大會第四次會議舉行第十四次大會，會中程
序委員會報告，於八月二十日止，計收代表對修憲審查結果提出之修正
案十件，其中尤以第九號與第十號最為重要，即劉一德等六十四位民主
進步黨黨籍國民大會代表所提的「國民大會代表延任案」[37]（國民大會
秘書處，1999b：4-5）。然後主席再依政黨協商的結論，先表決修憲審
查委員會不予通過的三十九件修憲提案，再依修憲審查委員會通過的十
四個修憲提案，按條文次序進行十八次的表決（《第三屆國民大會第四

次會議第十四次大會速記錄》，1999：33-40；《第三屆國民大會第四次會議第十四次大會議事錄》，1999：7-12）。三十一日，第三屆國民大會第四次會議舉行十五次大會，會中確認可進行第二讀會的條文計有十二案十六項條文及代表所提修正案條文八件（《第三屆國民大會第四次會議第十五次大會議事錄》，1999：2）。

　　九月一日至二日，國民大會開始進行第二讀會逐條討論。民主進步黨內部對是否應將國民大會代表延任案列為國會改革的策略手段，也出現重大分歧。黨內大老施明德[38]、張俊宏，立法院黨團正副總召集人李應元、陳昭南等人，支持國民大會黨團幹事長劉一德，主張凍結明年三月與總統大選同時進行的國民大會代表選舉，改而依附下屆立法委員選舉，依據政黨得票率分配國民大會代表席次，但是此案將使本屆國民大會代表的任期延長兩年一個月，民主進步黨中央因此重申若有黨籍國民大會代表支持延任案，一律送交中評會處分，民主進步黨總統提名人陳水扁也明確表示，國民大會代表與人民的契約是一任四年，沒有任何理由延任（《臺灣日報》，1999/02：15）。二日晚上，中國國民黨秘書長章孝嚴宴請黨籍國民大會代表，並在會中下達「封殺國民大會代表延任案」的指令。章孝嚴認為只要國民大會代表延任案順利被封殺，即可提前閉會。為貫徹封殺延任案的成效，黨部也要求不分區國民大會代表不能做出任何違反黨中央決策的舉動，否則一定黨紀處分。章孝嚴另表示，對於修憲二讀會的表決方式，中國國民黨堅決反對無記名表決，因為修憲案是重大事情，一定要採記名表決才能動用黨紀，而中國國民黨也不會和民主進步黨有任何交換動作，如果因為延任案沒有過關而影響其他修憲提案，中國國民黨也在所不惜。民主進步黨國民大會黨團則發出說帖，為促成凍結國民大會代表選舉配套延任案過關作最後努力（《自由時報》，1999/09/03：1）。此外，九月二日晚七點多，陳金德、江文如和劉一德三人前往陽明山中山樓與議長蘇南成就隔日的表決進行決戰前的溝通與沙盤推演，並針對所有可能發生的狀況先行擬定應對措施，最後決定修憲表決將採用秘密投票的方式進行（《臺灣日報》，1999/09/04：

3）。

　　九月三日，國民大會開始進行第二讀會逐條議決，朝野三黨皆派要
員督陣。會議開始，先由秘書長陳川報告出席代表一〇九人，已足法定
開議人數；接著由主席蘇南成宣布進行第二讀會逐條議決程序（此時出
席代表三〇三人，已足法定人數）。上午十一時二十分，無黨籍國民大
會代表江文如提議，建請主席裁決修憲案進行二、三讀會表決時，採無
記名投票，以免國民大會同仁遭受外界之干擾後，立即獲得民主進步黨
及部分中國國民黨籍國民大會代表的支持，希望予以交付表決處理，不
過中國國民黨國民大會黨團書記長陳明仁上台表明反對立場，並根據國
民大會議事規則第三十八條規定：「表決方法得由主席酌定以舉手、起
立、表決器或投票行之。主席裁定無記名投票時，如有出席代表三分之
一以上提議，則應採用記名投票」，因此不應交付表決。隨後，陳明仁
表示具有一份三分之一之國民大會代表連署的提案，要求於修憲案進行
二、三讀會時應採記名投票。主席蘇南成表示，要裁定無記名投票後，
才有議事規則第三十八條的適用，故未理會陳明仁的提案。隨即新黨籍
國民大會代表唐元亮、邱建勇等輪番上台發言，指主席違反議事規則，
並強調延任案屬重大修憲案，牽涉國民大會代表自身利益，故怎可以無
記名秘密投票進行。主席蘇南成表示，有人提偶發動議，若不處理才違
反議事規則。此時，中國國民黨國民大會工作會主任陳鏡仁提出一份一
一八位國民大會代表的連署動議，建請大會往後處理所有修憲案表決
時，全部採記名投票。主席蘇南成裁示兩動議分別表決，結果出席國民
大會代表二四二人，有一五〇人投票支持江文如案，只有八十七人支持
陳鏡仁案，江文如案通過。現場一片歡聲雷動，而新黨籍國民大會代表
則大罵「議長違法」、「表決無效」，全體並在發言台前拉布條抗議，主
席蘇南成乃裁示休息十分鐘，並與中國國民黨秘書長章孝嚴進入主席休
息室密談。十二時二十七分，主席蘇南成步出休息室，民主進步黨黨籍
國民大會代表高喊「議長加油！」，陳明仁則上台發言要求黨籍不分
區、海外國民大會代表在表決時一起離席，結果再度引來一陣噓聲，新

黨籍國民大會代表則衝上主席台包圍主席蘇南成，議程再次中斷。下午一時十三分，民主進步黨黨團提出劉一德案第一、二、三項包裹表決。

下午二時四十分，主席蘇南成宣布開始進行劉一德案的無記名投票，新黨大喊「罷免議長」，陳明仁大罵蘇南成「橫柴拿入灶」，新黨邱建勇、潘懷宗上前推翻圈票處，氣氛火爆。中國國民黨部分國民大會代表及新黨全部三十九位國民大會代表以退席方式，使出席人數未達三分之二門檻來杯葛投票。現場清點人數兩次，分別為二〇二人及二〇〇人，連續兩次未達法定的二一一人。此時陳鏡仁、陳明仁提議建請大會提早閉會，主席蘇南成宣布表決閉會案，但未對前案出席人數不足作裁示。為此，退席的中國國民黨及新黨國民大會代表重新入場，此時出席人數達二六一人，表決閉會案未過關後，主席蘇南成立刻利用此機會表決延任案，造成現場一片譁然。國、新兩黨國民大會代表要求重新清點人數，主席蘇南成卻置之不理。結果第一次表決出席二七二人中有一九八票贊成、四十七票反對、二十七票棄權，未達出席人數的四分之三而未通過。當時，民主進步黨黨團已準備提案閉會，卻遭到黨籍國民大會代表反對，因此撤回閉會案。而民主進步黨黨籍國民大會代表陳宗仁則要求重付表決，在二七〇位出席代表中，有二〇四票贊成、四十四票反對、二十二票棄權，表決結果劉一德版修憲案獲得四分之三通過，新黨則於譴責主席蘇南成讓憲政改革蒙羞之後，退出議程抗議（《第三屆國民大會第四次會議第十八次大會速記錄》，1999：1-48；《中國時報》，1999/09/04：3）。

四日凌晨一時三十分，國民大會完成二讀程序，並經議決而進行三讀。主席蘇南成宣布仍以無記名投票進行全案條文表決；凌晨四時二十分，表決結果為出席代表二一四人，有二一一票贊成、二票反對、一票棄權，達出席代表四分之三之法定人數而通過。旋即陳金德等六十七位代表提議立即閉會，經大會舉手表決通過，於是第三屆國民大會第四次會議正式閉會（《第三屆國民大會第四次會議第十八次大會速記錄》，1999：32-4）。

三、分析

第五次中華民國憲法增修條文的內容詳**表3-28**。

本次修憲，主要修改增修條文第一、四、九、十等四條，茲就條文變動部分分析如下：

（一）國民大會部分

■國民大會代表採取全額政黨比例代表制產生

根據第五次中華民國憲法增修條文第一條第一項、第二項的規定，即第四屆起，國民大會代表全部的名額乃依附於立法委員選舉的各政黨所推薦及獨立參選之候選人得票數之比例分配當選名額；換言之，未來區域國民大會代表將成為歷史名詞，而完全由各政黨立法委員得票率計算產生，但是國民大會代表如何依附立法委員選票計算產生，具體辦法卻付之闕如。例如：「獨立參選的候選人」之間如何彼此協調得票比例，以分配當選國民大會代表名額？第四屆國民大會的席次分配僅簡單規定，第四屆各縣市產生一九四人、原住民六人、不分區一百人（內含僑選十八人），第五屆各縣市產生一百人、原住民四人、不分區四十六人，但各種類和各縣市是否依人口數或其他標準分配則尚無答案，都需賴立法院進一步立法確認，才能落實。

此外，國民大會民意基礎雖被剝奪，但既有職權不變，將成為「不分區元老院」；復以，選出無黨無派的國民大會代表機率是零，所以未來的「國民大會」可謂成為「政黨派系代表大會」。其結果可能使本次修憲明顯違背了中華民國憲法第七條：「中華民國人民，無分男女、宗教、種族、階級、『黨派』，在法律上一律平等」的規定，蓋對一個無黨無派的公民而言，其選舉及被選舉為國民大會代表的參政權被剝奪了。政黨政治為民主制度的運作基礎，但政黨權力不可以凌駕人民權力。本次修憲結果極可能將國家政權轉交政黨派系分贓，國民大會並將

表3-28　第五次中華民國憲法增修條文的內容

條	條文內容	備註
1	第一項（原第一項與原第六項修正）：國民大會代表第四屆為三百人，依左列規定以比例代表方式選出之。並以立法委員選舉，各政黨所推薦及獨立參選之候選人得票數之比例分配當選名額，不受憲法第二十六條及第一三五條之限制。比例代表之選舉方法以法律定之。 　一、自由地區直轄市、縣市一百九十四人，每縣市至少當選一人。 　二、自由地區原住民六人。 　三、僑居國外國民十八人。 　四、全國不分區八十二人。 　第二項（原第二項與原第六項修正）：國民大會代表自第五屆起為一百五十人，依左列規定以比例代表方式選出之。並以立法委員選舉，各政黨所推薦及獨立參選之候選人得票數之比例分配當選名額，不受憲法第二十六條及第一三五條之限制。比例代表之選舉方法以法律定之。 　一、自由地區直轄市、縣市一百人，每縣市至少當選一人。 　二、自由地區原住民四人。 　三、僑居國外國民六人。 　四、全國不分區四十人。 　第三項（原第二項、原第三項與原第六項修正）：國民大會代表之任期為四年，但於任期中遇立法委員改選時同時改選，連選得連任。第三屆國民大會代表任期至第四屆立法委員任期屆滿之日止，不適用憲法第二十八條第一項之規定。第一項及第二項之第一款各政黨當選之名額，在五人以上十人以下者，應有婦女當選名額一人。第三款及第四款各政黨當選之名額，每滿四人，應有婦女當選名額一人。國民大會之職權如左，不適用憲法第二十七條第一項第一款、第二款之規定： 　一、依增修條文第二條第七項之規定，補選副總統。 　二、依增修條文第二條第九項之規定，提出總統、副總統罷免案。 　三、依增修條文第二條第十項之規定，議決立法院提出之總統、副總統彈劾案。 　四、依憲法第二十七條第一項第三款及第一七四條第一款之規定，修改憲法。 　五、依憲法第二十七條第一項第四款及第一七四條第二款之規定，複決立法院所提之憲法修正案。 　六、依增修條文第五條第一項、第六條第二項、第七條第二項之規定，對總統提名任命之人員，行使同意權。 　第四項（原第四項未修正）：國民大會依前項第一款及第四款至第六款	本條凍結憲法本文： 第二十六條 第二十七條第一項第一款 第二十七條第一項第二款 第二十八條第一項 第二十九條 第三十條 第三十四條 第一三五條

（續）表3-28　第五次中華民國憲法增修條文的內容

條	條文內容	備註
	規定集會，或有國民大會代表五分之二以上請求召集會議時，由總統召集之；依前項第二款及第三款之規定集會時，由國民大會議長通告集會，不適用憲法第二十九條及第三十條之規定。 　第五項（原第五項未修正）：國民大會集會時，得聽取總統國情報告，並檢討國是，提供建言；如一年內未集會，由總統召集會議為之，不受憲法第三十條之限制。 　第六項（原第七項未修正，改列為第六項）：國民大會設議長、副議長各一人，由國民大會代表互選之。議長對外代表國民大會，並於開會時主持會議。 　第七項（原第八項未修正，改列為第七項）：國民大會行使職權之程序，由國民大會定之，不適用憲法第三十四條之規定。	
2	第一項：總統、副總統由中華民國自由地區全體人民直接選舉之，自中華民國八十五年第九任總統、副總統選舉實施。總統、副總統候選人應聯名登記，在選票上同列一組圈選，以得票最多之一組為當選。在國外之中華民國自由地區人民返國行使選舉權，以法律定之。 　第二項：總統發布行政院長與依憲法經國民大會或立法院同意任命人員之任免命令及解散立法院之命令，無須行政院院長之副署，不適用憲法第三十七條之規定。 　第三項：總統為避免國家或人民因遇緊急危難或應付財政經濟上重大變故，得經行政院會議之決議發布緊急命令，為必要之處置，不受憲法第四十三條之限制。但須於發布命令後十日內提交立法院追認，如立法院不同意時，該緊急命令立即失效。 　第四項：總統為決定國家安全有關大政方針，得設國家安全會議及所屬國家安全局，其組織以法律定之。 　第五項：總統於立法院通過對行政院院長之不信任案後十日內，經諮詢立法院院長後，得宣告解散立法院。但總統於戒嚴或緊急命令生效期間，不得解散立法院。立法院解散後，應於六十日內舉行立法委員選舉，並於選舉結果確認後十日內自行集會，其任期重新起算。 　第六項：總統、副總統之任期為四年，連選得連任一次，不適用憲法第四十七條之規定。 　第七項：副總統缺位時，由總統於三個月內提名候選人，召集國民大會補選，繼任至原任期屆滿為止。 　第八項：總統、副總統均缺位時，由行政院長代行其職權，並依本條第一項規定補選總統、副總統，繼任至原任期屆滿為止，不適用憲法第四	本條凍結憲法本文： 第三十七條 第四十三條 第四十七條 第四十九條

（續）表3-28　第五次中華民國憲法增修條文的內容

條	條文內容	備註
	十九條之有關規定。 第九項：總統、副總統之罷免案，須經國民大會代表總額四分之一之提議，三分之二之同意後提出，並經中華民國自由地區選舉人總額過半數之投票，有效票過半數同意罷免時，即為通過。 第十項：立法院向國民大會提出之總統、副總統彈劾案，經國民大會代表總額三分之二同意時，被彈劾人應即解職。	
3	第一項：政院院長由總統任命之。行政院院長辭職或出缺時，在總統未任命行政院院長前，由行政院副院長暫行代理。憲法第五十五條之規定，停止適用。 第二項：行政院依左列規定，對立法院負責，憲法第五十七條之規定，停止適用： 　　一、行政院有向立法院提出施政方針及施政報告之責。立法委員在開會時，有向行政院院長及行政院各部會首長質詢之權。 　　二、行政院對於立法院決議之法律案、預算案、條約案，如認為有窒礙難行時，得經總統之核可，於該決議案送達行政院十日內，移請立法院覆議。立法院對於行政院移請覆議案，應於送達十五日內作成決議。如為休會期間，立法院應於七日內自行集會，並於開議十五日內作成決議。覆議案逾期未議決者，原決議失效。覆議時，如經全體立法委員二分之一以上決議維持原案，行政院院長應即接受該決議。 　　三、立法院得經全體立法委員三分之一以上連署，對行政院院長提出不信任案。不信任案提出七十二小時後，應於四十八小時內以記名投票表決之。如經全體立法委員二分之一以上贊成，行政院院長應於十日內提出辭職，並得同時呈請總統解散立法院；不信任案如未獲通過，一年內不得對同一行政院院長再提不信任案。 第三項：國家機關之職權、設立程序及總員額，得以法律為準則性之規定。 第四項：各機關之組織、編制及員額，應依前項法律，基於政策或業務需要決定之。	本條凍結憲法本文： 第五十五條 第五十七條
4	第一項（原第一項未修正）：立法院立法委員自第四屆起二百二十五人，依左列規定選出之，不受憲法第六十四條之限制： 　　一、自由地區直轄市、縣市一百六十八人，每縣市至少一人。 　　二、自由地區平地原住民及山地原住民各四人。 　　三、僑居國外國民八人。 　　四、全國不分區四十一人。 第二項（原第二項未修正）：前項第三款、第四款名額，採政黨比例方	本條凍結憲法本文： 第六十四條 第六十五條 第七十四條 第九十條 第一〇〇條

（續）表3-28　第五次中華民國憲法增修條文的內容

條	條文內容	備註
	式選出之。第一款每直轄市、縣市選出之名額及第三款、第四款各政黨當選之名額，在五人以上十人以下者，應有婦女當選名額一人，超過十人者，每滿十人應增婦女當選名額一人。 　　第三項（第三項新增列）：第四屆立法委員任期至中華民國九十一年六月三十日止。第五屆立法委員任期自中華民國九十一年七月一日起爲四年，連選得連任，其選舉應於每屆任滿前或解散後六十日內完成之，不適用憲法第六十五條之規定。 　　第四項（原第三項未修正）：立法院經總統解散後，在新選出之立法委員就職前，視同休會。 　　第五項（原第四項未修正）：總統於立法院解散後發布緊急命令，立法院應於三日內自行集會，並於開議七日內追認之。但於新任立法委員選舉投票日後發布者，應由新任立法委員於就職後追認之。如立法院不同意時，該緊急命令立即失效。 　　第六項（原第五項未修正）：立法院對於總統、副總統犯內亂或外患罪之彈劾案，須經全體立法委員二分之一以上之提議，全體立法委員三分之二以上之決議，向國民大會提出，不適用憲法第九十條、第一〇〇條及增修條文第七條第一項有關規定。 　　第七項（原第六項未修正）：立法委員除現行犯外，在會期中，非經立法院許可，不得逮捕或拘禁。憲法第七十四條之規定，停止適用。	增修條文第七條第一項
5	第一項：司法院設大法官十五人，並以其中一人爲院長、一人爲副院長，由總統提名，經國民大會同意任命之，自中華民國九十二年起實施，不適用憲法第七十九條之有關規定。 　　第二項：司法院大法官任期八年，不分屆次，個別計算，並不得連任。但並爲院長、副院長之大法官，不受任期之保障。 　　第三項：中華民國九十二年總統提名之大法官，其中八位大法官，含院長、副院長，任期四年，其餘大法官任期爲八年。不適用前項任期之規定。 　　第四項：司法院大法官，除依憲法第七十八條之規定外，並組成憲法法庭審理政黨違憲之解散事項。 　　第五項：政黨之目的或其行爲，危害中華民國之存在或自由民主之憲政秩序者爲違憲。 　　第六項：司法院所提出之年度司法概算，行政院不得刪減，但得加註意見，編入中央政府總預算案，送立法院審議。	本條凍結憲法本文： 第七十九條
6	第一項：考試院爲國家最高考試機關，掌理左列事項，不適用憲法第八十三條之規定：	本條凍結憲法本文：

（續）表3-28　第五次中華民國憲法增修條文的內容

條	條文內容	備註
	一、考試。	第八十三條
	二、公務人員之銓敘、保障、撫卹、退休。	第八十四條
	三、公務人員任免、考績、級俸、陞遷、褒獎之法制事項。	第八十五條
	第二項：考試院設院長、副院長各一人，考試委員若干人，由總統提名，經國民大會同意任命之，不適用憲法第八十四條之規定。	
	第三項：憲法第八十五條有關按省區分別規定名額，分區舉行考試之規定，停止適用。	
7	第一項：監察院為國家最高監察機關，行使彈劾、糾舉與審計權，不適用憲法第九十條及第九十四條有關同意權之規定。	本條凍結憲法本文：
	第二項：監察院設監察委員二十九人，並以其中一人為院長、一人為副院長，任期六年，由總統提名，經國民大會同意任命之。憲法第九十一條至第九十三條之規定停止適用。	第九十條 第九十四條 第九十一條
	第三項：監察院對於中央、地方公務人員及司法院、考試院人員之彈劾案，須經監察委員二人以上之提議，九人以上之審查及決定，始得提出，不受憲法第九十八條之限制。	第九十二條 第九十三條 第九十八條
	第四項：監察院對於監察院人員失職或違法之彈劾，適用憲法第九十五條、第九十七條第二項及前項之規定。	第一〇一條 第一〇二條
	第五項：監察委員須超出黨派以外，依據法律獨立行使職權。	
	第六項：憲法第一〇一條及第一〇二條之規定，停止適用。	
8	國民大會代表及立法委員之報酬或待遇，應以法律定之。除年度通案調整者外，單獨增加報酬或待遇之規定，應自次屆起實施。	
9	第一項（原第一項未修正）：省、縣地方制度，應包括左列各款，以法律定之，不受憲法第一〇八條第一項第一款、第一〇九條、第一一二條至第一一五條及第一二二條之限制： 　　一、省設省政府，置委員九人，其中一人為主席，均由行政院院長提請總統任命之。 　　二、省設省諮議會，置省諮議會議員若干人，由行政院院長提請總統任命之。 　　三、縣設縣議會，縣議會議員由縣民選舉之。 　　四、屬於縣之立法權，由縣議會行之。 　　五、縣設縣政府，置縣長一人，由縣民選舉之。 　　六、中央與省、縣之關係。 　　七、省承行政院之命，監督縣自治事項。 　第二項（原第三項修正）：臺灣省政府之功能、業務與組織之調整，得	本條凍結憲法本文： 第一〇八條第一項第一款 第一〇九條 第一一二條 第一一三條 第一一四條 第一一五條 第一二二條

（續）表3-28　第五次中華民國憲法增修條文的內容

條	條文內容	備註
	以法律爲特別之規定。	
10	第一項（原第一項未修正）：國家應獎勵科學技術發展及投資，促進產業升級，推動農漁業現代化，重視水資源之開發利用，加強國際經濟合作。 　第二項（原第二項未修正）：經濟及科學技術發展，應與環境及生態保護兼籌並顧。 　第三項（原第三項未修正）：國家對於人民興辦之中小型經濟事業，應扶助並保護其生存與發展。 　第四項（原第四項未修正）：國家對於公營金融機構之管理，應本企業化經營之原則；其管理、人事、預算、決算及審計，得以法律爲特別之規定。 　第五項（原第五項未修正）：國家應推行全民健康保險，並促進現代和傳統醫藥之研究發展。 　第六項（原第六項未修正）：國家應維護婦女之人格尊嚴，保障婦女之人身安全，消除性別歧視，促進兩性地位之實質平等。 　第七項（原第七項未修正）：國家對於身心障礙者之保險與就醫、無障礙環境之建構、教育訓練與就業輔導及生活維護與救助，應予保障，並扶助其自立與發展。 　第八項（第八項新增列）：國家應重視社會救助、福利服務、國民就業、社會保險及醫療保健等社會福利工作；對於社會救助和國民就業等救濟性支出應優先編列。 　第九項（第九項新增列）：國家應尊重軍人對社會之貢獻，並對其退役後之就學、就業、就醫、就養予以保障。 　第十項（原第八項未修正）：教育、科學、文化之經費，尤其國民教育之經費應優先編列，不受憲法第一六四條規定之限制。 　第十一項（原第九項未修正）：國家肯定多元文化，並積極維護發展原住民族語言及文化。 　第十二項（原第十項修正）：國家應依民族意願，保障原住民族之地位及政治參與，並對其教育文化、交通水利、衛生醫療、經濟土地及社會福利事業予以保障扶助並促其發展，其辦法另以法律定之。對於澎湖、金門、馬祖地區人民亦同。 　第十三項（原第十一項未修正）：國家對於僑居國外國民之政治參與，應予保障。	本條凍結憲法本文： 第一六四條
11	自由地區與大陸地區間人民權利義務關係及其他事務之處理，得以法律爲特別之規定。	

淪爲政黨掌控的工具，此乃背叛了民主制度「主權在民」的精神。

■第三屆國民大會代表延長任期兩年一個月

根據第五次中華民國憲法增修條文第一條第三項的規定：「第三屆國民大會代表任期至第四屆立法委員任期屆滿之日止」；再根據第五次中華民國憲法增修條文第四條第三項的規定：「第四屆立法委員任期至中華民國九十一年六月三十日止」。而第三屆國民大會代表任期原本應於二○○○年五月屆滿任期，就此推算的話，第三屆國民大會代表將藉由此番修憲而延長任期兩年一個月。

關於國民大會代表延任案如其有牴觸，可能與中華民國憲法增修條文第八條「國民大會代表及立法委員之報酬或待遇，應以法律定之。除年度通案調整者外，單獨增加報酬或待遇之規定，應自次屆起實施」有關，因爲在進步的法治國家都有利益迴避原則；也就是說，現任立法者必須對與己身有密切相關的法案迴避，以國民大會代表延任案爲例，民意代表任期的延長、薪資的增加等，都應該是利益迴避的對象。而在中華民國憲法增修條文第八條中，對於報酬或待遇已有明確的規範，但是任期制的延長在中華民國憲法增修條文中並未明文規範。不過，延任案勢必牽涉到報酬薪資的支給，以此論之，當有違憲之虞；更何況，國民大會代表將自身的任期延長爲兩年若屬合理，那麼延長二十年或改爲終身職又有何不可。

（二）立法院部分

■第四屆立法委員延長任期五個月

根據第五次中華民國憲法增修條文第四條第三項前段「第四屆立法委員任期至中華民國九十一年六月三十日止」的規定，第四屆立法委員將可延長其任期五個月。而之所以延長其任期五個月，乃是基於以下兩點考量（國民大會秘書處，1999c：21）：

1.因會計年度改採曆年制，故將立法委員任期改爲於年中屆滿，以

避免選舉期間與預算審查期間衝突。

2. 為減少選舉次數，並同時避免選舉時間與預算審查時間衝突，建議立法院修改相關法令，將第十三屆縣、市長及第十四屆縣市議員之任期延至二〇〇二年六月三十日止，與立法委員同時改選。

此外，該規定不僅讓第四屆立法委員任期明確地延長五個月；同時，在二〇〇二年六月三十日第四屆立法委員任期屆滿之前，總統不能解散第四屆立法委員。但是，立法院仍得對行政院院長提出不信任案。換言之，立法院得對行政院院長提出不信任案以及行政院院長可呈請總統解散立法院，乃是第四次修憲時，讓行政院與立法院相互制衡的重大設計。然而，第五次修憲則將第四屆立法委員任期屆滿之日期明確規定，就暫時中止了這項機制。故若依第五次增修條文第四條第三項的規定，總統將無法依第五次憲法增修條文第二條第五項的規定解散第四屆立法委員，但第四屆立法委員是否仍能對行政院院長提出不信任案，則有疑問。可能解釋的情形之一，就是第四屆立法委員仍能繼續依增修條文第三條第二項第三款規定，對行政院院長提出不信任案。但如果讓第四屆立法委員在不虞會被解散的前提下，仍能對行政院院長提出不信任案，則顯然破壞了原先這兩種機制作為成套制衡設計的構想，行政與立法間將難維持均衡的制衡關係。這次修憲可能產生這樣重大的憲政問題，居然會被國民大會代表忽略，足證第五次修憲過程的輕率。

■第五屆立法委員任期為四年

根據第五次中華民國憲法增修條文第四條第三項後段「第五屆立法委員任期自中華民國九十一年七月一日起為四年，連選得連任，其選舉應於每屆任滿前或解散後六十日內完成之，不適用憲法第六十五條之規定」的規定，第五屆立法委員任期為四年。依該規定，只能解釋第五屆立法委員的任期「原則上」（立法委員的任期具有不確定性，可能隨時遭總統解散而重新改選）為四年，第六屆以後立法委員的任期，則未見規定。其實，依國民大會代表當時的構想，是要將立法委員任期由目前

的三年改爲四年，但因修憲過程草率的結果而造成規定不清，只能留待
未來大法官解釋或由國民大會提案修正。

（三）影響與評估

■民主政黨政治的破敗

「國民大會代表延任案」的通過，無異是朝野國民大會代表對其所
屬政黨的集體叛變。首先，就民主憲政的原理而言，人民選舉國民大會
代表，任期四年，此乃人民與國民大會代表所簽訂的契約，國民大會代
表所享有的權利與義務，皆不能逾越人民授權範圍。除非國民大會代表
得到人民的同意，否則不能更改自己的任期；此外，所有攸關國民大會
代表權益的變動，基於利益迴避的原則，亦應自次屆開始實施（第五次
中華民國憲法增修條文第八條）。

再就政黨運作而言，朝野兩黨既已嚴令封殺延任案，但朝野黨籍國
民大會代表竟私下串聯運作，置黨紀處分於不顧。由此可知，若認爲國
民大會代表改由政黨比例代表制產生的話，政黨即可利用黨紀處分，以
約束黨籍國民大會代表的想法，實令人存疑。僅以投票方式而論，如果
未來以政黨比例代表制產生的國民大會代表，均仿效此次國民大會代表
以無記名投票方式進行議決，試問政黨要如何進行處分？

憲法是國家的根本大法，國民大會代表受人民委託、政黨提名而有
修憲之權，故國民大會代表修憲應經由政黨協商，並以民意爲依歸，方
爲民主政治之常軌。此次延任案所採修憲方式，既經政黨協商反對，民
意更是全面反彈，惟國民大會代表仍一意孤行，而置政黨、民意不顧，
則國民大會代表修憲的正當性就不足。其實，在民主政治制度的設計
上，民意機關是爲了監督行政機關而存在，民意機關如果自肥，便自失
立場，又如何代表人民去監督政府。

■政治精英未能堅持民主理念

民主政治要長治久安，除人民自覺監督外，政治精英堅持民主理念

亦極重要，譬如美國華盛頓即屬一例。而在此次修憲過程中，當時朝野黨團皆對無記名投票持反對意見，但國民大會議長蘇南成在主持議事表決時，卻多次作出嚴重違反民主程序規則的裁決，以為國民大會代表延任案護航。

其一，此次國民大會延任案能通過的關鍵，在於採無記名投票，使所有國民大會代表得以肆無忌憚地進行議決。而根據國民大會議事規則第三十八條的規定：「表決方法得由主席酌定以舉手、起立、表決器或投票行之。主席裁定無記名投票時，如有出席代表三分之一以上之提議，則應採用記名投票。」依此條文，採何種方式表決，屬於主席的裁決權；但採記名表決則是少數者的權力，以留下紀錄作為爭取多數者支持的手段。但主席蘇南成處理議事時，則以大會公決採無記名投票，並以此為由規避這項條文；在表決通過採無記名投票之後，主席蘇南成也僅宣布以無記名投票修憲的提案通過，並未做出任何裁示，規避反對延任案之國民大會代表按此提議記名表決。甚至當中國國民黨國民大會黨團幹部和新黨國民大會代表聯手提出一○六人要求應採記名投票的提案時，蘇南成仍拒不處理，違背議事規則的情況相當明確。

其二，國民大會議事規則第十一條也規定：「出席代表對於在場人數提出疑問，經清點不足法定人數時，不得進行表決。」但在表決國民大會代表延任案時，主席蘇南成卻無視新黨清點人數之要求，逕以表決散會動議的出席人數作為表決延任案的人數，才使該案達到進行表決所需法定人數的門檻。

其三，在第一次表決被否決的延任案，使得本來不足出席人數而無法表決的延任案，竟然還可以裁決再次投票，這種擺明一定要讓延任案過關，而置程序正義於不顧的行徑，實非政治家的風範。

■ 程序瑕疵

依國民大會議事規則第五十條規定，第三讀會得為文字上之更正，除發現議案內容有互相牴觸，不得為修正動議。前項修正動議，須有代

表五分之一連署並附具理由，於議案全體之議決前提出，經代表總額三分之二之出席，出席代表四分之三之同意為之。

　　國民大會三讀通過的憲法增修條文第一條第三項內容，與劉一德所提的修正版本文字相較，多出「國民大會代表任期為四年，但於任期中遇立法委員改選時同時改選」等三十字，非僅涉及議事規則的文字更正而已。但國民大會在九月四日凌晨進行三讀會表決時，卻不見國民大會代表提出修正動議，明顯違反議事規則第五十條的規定。上述增加的文字，早在國民大會秘書處收受修憲案之修正案時，民主進步黨黨團總召集人陳金德就在截止收件後補提出，但程序委員會以涉及實質的憲法變動而予以否決，並有案可稽。及至九月四日凌晨，當修憲文字整理小組彙整即將進入三讀文字時，民主進步黨黨籍國民大會代表周威佑要求加入上述文字，雖有謝瑞智等代表認為不妥，但最後還是將上述文字加上去，以致引發不符修憲程序的疑義；換言之，修憲文字整理小組擅自利用職權，將非屬劉一德版的修正文字加入三讀條文中，並長達三十字，足以影響修正案的本意和修憲的合法性，嚴重牴觸國民大會議事規則。

■解決方式

　　1.司法途徑：即提請司法院大法官釋憲，逕行宣告國民大會代表延任違憲，以解決困境。反對學者認為大法官解釋只能針對憲法本文做解釋而不能推翻憲法本文。憲法第一七五條明定，憲法之修改須經國民大會之決議或複決，故司法院大法官並不宜參與或介入憲法之修改。依憲法第七十八條之規定：「司法院解釋憲法」；換言之，司法院大法官僅得就適用憲法發生疑義或法律命令牴觸憲法疑義，為「解釋憲法」，以判定法律或命令有無違背憲法。此即所謂司法的「違憲審查權」。因此，司法院大法官並無就國民大會「三讀通過」之憲法增修條文以「解釋憲法」權限，而宣告為「違憲無效」。未來國民大會通過之延任修憲案被提請司法院大法官解釋其效力時，司法院大法官宜審慎為之，以免產生另一種的憲政危機，即造成憲法條文效力面對司法院大法官宣告無

效之不確定性，而嚴重破壞憲法崇高至上的絕對效力與價值。

　　國民大會作爲中華民國憲法明定的唯一修憲機關，其自行延長任期固然缺乏正當性，卻未必缺乏合法性。即使是廣受爭議的無記名投票，國民大會議事規則也未明文禁止，因此由大法官來質疑修憲機關不無疑義。依大法官會議基於「依法而治」和「迴避政治」原則，恐怕不宜介入。

　　贊成學者則認爲，如果憲法本身違反上位階的憲法原則時，大法官自得依違反憲法原則宣告憲法本文內容違憲。並以大法官過去既能擺脫臨時條款的牽絆，做出釋字二六一號解釋，未嘗不能在延任案上扮演積極的角色。

　　2.修憲途徑：即由總統召集國民大會臨時會，重新表決國民大會代表延任案。但關鍵在於推翻延任案除了需要四分之三的國民大會代表支持以外，對剛剛通過延任案的多數國民大會代表而言，豈有可能突然改變立場。召集國民大會臨時會的結果，可能只會提供國民大會代表趁機遂行利益要脅罷了。

　　3.立法途徑：即由立法院通過對行政院的不信任案，然後由行政院院長提請總統解散立法院，強迫國民大會同時改選，藉此防堵國民大會代表延任。但多數立法委員基於自身利害及改選風險的考量，恐怕不會輕易訴諸倒閣。更何況，不論倒閣或解散立法院，皆攸關政局安定，故不宜輕率爲之。

　　4.公民投票途徑：即以延任修憲條文，背離民意而訴諸公民投票，蓋中華民國憲法前言載明：「中華民國國民大會受全體國民之付託……，以修改憲法。」因此，國民大會之「修憲權」應本於且須完全依據「全體國民之付託」爲之，而此次國民大會之延任修憲，完全違背上項修憲原則，不但議事程序草率與粗糙，而且自肥任期，可謂牴觸民主憲政常規，破壞憲政理論，直接侵害人民之基本參政權。因此，可利用隔年總統大選時一併舉行公民投票，由人民決定是否廢除國民大會。然而問題在於公民投票並無法源依據，而各政黨對公民投票的見解不一，要

各政黨臨時形成共識，實屬難事。

5.行政途徑：即請總統以延任案的程序及內容可能涉及違憲，而據此聲請大法官解釋，並在大法官做成解釋之前，不予公布第五次憲法增修條文，以形成未符法定程序的公布要件而無法生效。蓋憲法並未規定總統何時應該公布國民大會通過的修憲案，過去的憲政慣例，總統公布修憲案使之生效的時間亦不一致。此與憲法載有明文規定總統應於十日內公布立法院通過的法律案，並不相同。此外，總統聲請釋憲，並非拒絕公布修憲案，而是基於延任案屬憲法上的重大爭議，需待司法過程仲裁，以為謹慎。此舉旨在提供過渡性的救濟，故具有憲法妥當性。

■ 最後結果

一九九九年九月九日，民主進步黨籍立法委員鄭寶清便以國民大會明顯超越修憲權力為由，提出「國民大會通過立法委員、國民大會代表延任案是否違憲」、「國民大會代表修憲權之界線」、「大法官得否針對國民大會通過的修憲案進行違憲審查」三項憲政爭議，聲請釋憲。[39]釋憲聲請書指出，本屆國民大會，超越國民大會代表與選民間之「有限性委託」關係，恣意修訂通過之憲法增修條文第一條第三項後段及增修條文第四條第三項前段，使本屆（第三屆）國民大會代表與本屆（第四屆）立法委員，自現有任期予以延任之規定，違反國民主權原理之民主原則「定期改選」，且已明顯超越國民大會修憲權力，動搖憲章存在形式，已達「憲法破棄」，過度破毀憲法核心及本質。釋憲聲請書並表示，憲法之修改是否有其界限，學說上雖有「修憲有界限說」及「修憲無界限說」的兩種見解，但對於憲法的修改不得違反「國民主權原理」與侵犯「人民基本權利」的意旨，則是學界的通論。憲法之修改必有其界限，本屆國民大會所修訂通過之憲法增修條文第一條第二項、第四條第三項規定第三屆國民大會代表及第四屆立法委員一併延至民國九十一年六月三十一日，牴觸憲法第一條、第二條所揭示國民主權原理之民主原則之不可侵犯性，上述「國民主權原理」與「人民基本權利」不得作為修憲侵害

的客體或標的，構成修憲界限所在（《自由時報》，19899/09/10：2）。

　　十四日，中國國民黨以國民大會議長蘇南成主導延任修憲案通過，是「背離民意」，而開除其黨籍（《中國時報》，1999/09/15：15）。十月二十七日，立法委員郝龍斌完成一一二位立法委員的連署，向大法官會議聲請釋憲。

　　二○○○年三月二十四日，司法院大法官於第一一三八次會議中，就(1)立法委員郝龍斌等一一二人聲請書為一九九九年九月十五日修正公布之中華民國憲法增修條文第一條第一項至第三項、第四條第三項規定有違憲疑義，聲請解釋案；(2)立法委員鄭寶清等七十九人聲請書為一九九九年九月十五日修正公布之中華民國憲法增修條文第一條第三項後段、第四條第三項前段規定有違憲疑義，聲請解釋案；(3)立法委員鄭寶清等八十人聲請書為第三屆國民大會於一九九九年九月四日修訂通過中華民國憲法增修條文第一條第第三項後段、第四條第三項前段規定，自行延長任期，其效力如何？以及國民大會修憲權之界限為何？發生疑義，聲請解釋案；(4)立法委員鄭寶清等八十人聲請書為大法官得否對國民大會通過之修憲案作違憲審查，發生疑義，聲請解釋案；(5)立法委員洪昭男等一○三人聲請書為行使職權，認第三屆國民大會第四次會議於一九九九年九月三日至四日舉行之第十八次大會，以無記名投票方法完成中華民國憲法增修條文修正案之二讀與三讀程序，以及修正後憲法增修條文第一條第三項後段、第四條第三項前段規定，均有違憲疑義，聲請解釋案，併案作成釋字第四九九號解釋。其解釋理由如次：

　　本件聲請人立法委員對一九九九年九月十五日公布之中華民國憲法增修條文，因行使職權發生違憲疑義，聲請解釋。其聲請意旨經綜合歸納有下列五點：

　　1.國民大會一九九九年九月四日凌晨所三讀通過之憲法增修條文，其二讀會及三讀會皆採無記名投票，與現行修憲程序不符，且在二讀會增修條文修正案已遭否決，竟違反議事規則重行表決，而

告通過，有明顯重大之瑕疵。

2. 憲法第二十五條規定國民大會代表全國國民行使政權，因此國民大會代表與選民間應有某種委任關係，增修條文第一條第一項改爲所謂「政黨比例代表制」，不僅與上開條文之意旨歧異，抑且使未參加政黨或其他政治團體之人民，無從當選爲國民大會代表，又發生與憲法第七條平等原則不符之疑義，而立法院已有委員擬具公職人員選舉罷免法相關條文修正案，其合憲性繫於前述疑義之解決。

3. 增修條文第四條第三項均有第四屆及第五屆立法委員任期之起止日期，惟總統具有解散立法院之權限，此次增修並未改變；又增修條文第一條第三項前段既規定國民大會代表任期中遇立法委員改選時同時改選，後段復將第三屆國民大會代表任期固定爲至第四屆立法委員任期屆滿之日止，均不相一致，究應適用何者，滋生疑義。況立法委員之任期乃聲請人等行使職權之基礎，須明確釋示以解除聲請人行使職權之不確定狀態。

4. 審議預算爲聲請人之憲法上職權，增修條文分別延長國民大會代表及立法委員之任期，則業經通過之八十九年度預算如何執行，亦與聲請人等行使職權有關。

5. 延長國民大會代表及立法委員之任期，係違反與選民之約定，增修條文未規定自下屆起實施，但關於報酬或待遇之增加，增修條文第八條則明定應自次屆起實施，是否兩相矛盾，乃聲請人擬依憲法第一七四條第二款提案修憲之前提，應有明確之解釋。相關機關國民大會則對本院受理權限有所質疑，國民大會指派代表到院說明及所提書面意見，除主張依修憲程序增訂之條文，即屬憲法條文，而憲法條文之間不生相互牴觸問題，本院自無權受理外，又以司法院大法官審理案件法第四條解釋之事項，以憲法條文有規定者爲限爲由，認本院不應受理解釋云云。

查憲法第七章已就司法定有專章,其中第七十八條規定:「司法院解釋憲法,並有統一解釋法律及命令之權。」第七十九條第二項前段規定:「司法院設大法官若干人,掌理本憲法第七十八條規定事項。」是司法院大法官掌理解釋憲法及統一解釋法令之職權,依上開條文固甚明確。惟憲法為維護其作為國家最高規範之效力、釐清各種法規間之位階關係並使釋憲機關之職掌更為確立,在第七章之外,尚就相關事項作個別規定,此為憲法第一一七條:「省法規與國家法律有無牴觸發生疑義時,由司法院解釋之。」第一七一條:「法律與憲法牴觸者無效。法律與憲法有無牴觸發生疑義時,由司法院解釋之。」及第一七三條:「憲法之解釋由司法院為之。」等相關條文之所由設也。關於上述第一七三條規定之文字經遍查國民大會制憲實錄,自一九三四年三月一日國民政府立法院發表之中華民國憲法草案初稿,以迄一九三五年五月五日國民政府宣布之中華民國憲法草案(即俗稱五五憲草),均將「憲法之解釋由司法院為之」條文列於「附則」或「憲法之施行及修正」之章節。迨現行憲法制定時,既已有前述第七章第七十八條及第七十九條之規定,又於第十四章憲法之施行及修改,保留「憲法之解釋,由司法院為之」之文字作為第一七三條。對照以觀,第一七三條顯非為一般性之憲法解釋及統一解釋而設,乃係指與憲法施行及修改相關之事項,一旦發生疑義,其解釋亦屬本院大法官之職權。故有關憲法第一七四條第一款國民大會代表總額應如何計算、國民大會非以修憲為目的而召集之臨時會得否行使修憲職權、前述有關憲法修改人數之規定應適用於國民大會何種讀會等有關修改憲法之程序事項,分別經本院作成釋字第八十五號、第三一四號及第三八一號解釋在案;依修改憲法程序制定性質上等同於憲法增修條文之動員戡亂時期臨時條款,其第六項第二款及第三款第一屆中央民意代表繼續行使職權之規定,與憲法民意代表有固定任期應定期改選之精神有無牴觸發生疑義等相關之實質內容,亦經本院釋字第二六一號解釋釋示有案。

按法律規範之解釋,其首要功能即在解決規範競合與規範衝突,包

括對於先後制定之規範因相互牴觸所形成缺漏而生之疑義（此爲學理上之通說，參照 Karl Larenz, Methodenlehre der Rechtswissenschaft, 6. Aufl.,1991, S. 313ff.; Emillo Betti, Allgemeine Auslegungslehreals Methodik der Geisteswissenschaften, 1967, S. 645ff.），斯爲釋憲機關職責之所在。本件聲請意旨所指之疑義，除指摘修憲程序有明顯重大瑕疵，乃修改憲法是否踐行憲法及相關議事規範所定之程序問題，因涉違憲審查之密度，另予闡釋外，其餘既屬於前述增修條文與憲法本文或增修條文相互之間衝突或矛盾所形成，又爲聲請人行使職權之事項，即相關機關於八十九年元月十九日向本院提出之補充說明亦稱：「對任何時點之有效憲法條文，如果發生條文之間有矛盾或疑義之現象，釋憲機關得應聲請而進行釋憲工作。」本件聲請基本上係對經公布之憲法增修條文發生矛盾與疑義，而向本院提出，自不應對本院受理聲請解釋發生疑問。至相關機關所執司法院大法官審理案件法第四條之文字，質疑本院受理權限，實則聲請意旨所述之疑義，無一而非憲法本文或增修條文規定之事項，又此項規定旨在防止聲請釋憲事項逾越範圍涉及與憲法全然無關之事項，並非謂解釋憲法僅限對特定條文作文義闡釋，其質疑自不成立。

　　本件聲請無論就憲法、本院解釋先例及法理論斷，均與司法院大法官審理案件法第五條第一項第三款所定要件相符，應予受理，合先說明如上。

　　憲法爲國家根本大法，其修改關係憲政秩序之安定及全國國民福祉至鉅，應由修憲機關循正當修憲程序爲之。國民大會依憲法第二十五條、第二十七條第一項第三款及八十六年七月二十一日修正公布之憲法增修條文第一條第三項第四款規定，係代表全國國民行使修改憲法權限之唯一機關，並無其他任何制約，與其他國家修改憲法須分別經由國會中不同議院之決議，或先經國會通過修改案再提交公民複決或另由各邦（州）依法定程序予以批准，皆不相同，是國民大會修改憲法尤須踐行正當修憲程序，充分反映民意。國民大會依修改憲法程序制定憲法增修條文，須符合公開透明原則，並應遵守憲法第一七四條及國民大會議事

規則之規定，俾符全國國民之合理期待與信賴。蓋基於國民主權原則（憲法第二條），國民主權必須經由國民意見表達及意思形成之溝通程序予以確保。易言之，國民主權之行使，表現於憲政制度及其運作之際，應公開透明以滿足理性溝通之條件，方能賦予憲政國家之正當性基礎。而修憲乃最直接體現國民主權之行為，依國民大會先後歷經九次修憲，包括動員戡亂時期臨時條款及增修條文之制定與修改，未有使用無記名投票修憲之先例，此亦屬上開原則之表現；國民大會代表及其所屬政黨並藉此公開透明之程序，對國民負責，國民復可經由罷免或改選程序追究其政治責任。是現行國民大會議事規則第三十八條第二項關於無記名投票之規定，於通過憲法修改案之讀會並無適用餘地。蓋通過憲法修改案之讀會，其踐行不僅應嚴格遵守憲法之規定，其適用之程序規範尤應符合自由民主憲政秩序之意旨（參照本院釋字第三八一號闡釋有案）。

國民大會於一九九九年九月四日三讀通過修正之憲法增修條文，依其議事錄及速記錄之記載，修憲之議事程序實有諸多瑕疵，諸如：(1)二讀及三讀會採無記名投票；(2)復議案之處理未遵守議事規則；(3)散會動議既經成立未依規定優先處理；(4)已否決之修憲案重行表決與一般議事規範不符；(5)二讀會後之文字整理逾越範圍等。第按瑕疵行為依其輕重之程度，產生不同法律效果。修改憲法乃國民主權之表達，亦係憲法上行為之一種，如有重大明顯瑕疵，即不生其應有之效力（參照本院釋字第四一九號解釋理由書，載《司法院大法官解釋續編》，第十冊，第三三二頁）。所謂明顯，係指事實不待調查即可認定；所謂重大，就議事程序而言則指瑕疵之存在已喪失其程序之正當性，而違反修憲條文成立或效力之基本規定（參照本院釋字第三四二號解釋理由書，前引續編，第八冊，第一九頁）。前述各種瑕疵之中，無記名投票已達重大明顯之程度。國民大會行使職權之程序，得就開議之出席人數、可決人數、提案暨表決等事項，於不牴觸憲法與法律範圍內，自行訂立議事規範行之。國民大會議事規則第三十八條第二項規定：「前項之表決方法，得由主席酌定以舉手、起立、表決器或投票行之。主席裁定無記名投票

時，如有出席代表三分之一以上之提議，則應採用記名投票。」此項規定在一般議案之表決固有其適用，若屬於通過憲法修改案之讀會時仍採用無記名投票，則與前述公開透明原則有違。查本件國民大會於一九九九年九月四日議決通過之憲法增修條文，其二讀及三讀程序，依第三屆國民大會第四次會議第十八次大會議事錄記載，係採無記名投票方式，毋論已與前述公開透明原則有所牴觸，即衡諸會議時所適用之國民大會議事規則第三十八條第二項，亦顯屬有違。蓋依上開議事錄記載，修憲案於進行二讀會及三讀會以前，已有代表提議：於修憲各議案進行二讀會及三讀會時以無記名投票方式為之，經表決結果，在場人數二百四十二人，贊成者為一百五十人。惟另有代表提案依國民大會議事規則第三十八條第二項規定建請大會在處理所有修憲提案表決時，採用記名投票方式行之。經表決結果，在場人數二百四十二人，贊成者有八十七人，投票贊成者已超過出席代表三分之一。依前述議事規則第三十八條第二項規定意旨，表決方式即應採用記名投票，方屬正辦，此不因大會主席就表決方式有無裁決而有異，蓋上述規定之意旨，乃在尊重少數代表之意見，以實現程序正義。詎大會竟以多數決採用無記名投票，表決修憲提案，顯已違反議事規則第三十八條第二項所定三分之一以上代表人數得為提議之保障規定，亦與行憲以來修憲程序之先例不符，致選民對國民大會代表行使職權之意見無從知悉。憲法第一三三條「被選舉人得由原選舉區依法罷免之」之規定以及本院釋字第四○一號解釋：「國民大會代表經國內選舉區選出者，其原選舉區選舉人，認為國民大會代表所為之言論及表決不當者，得依法罷免」之釋示，暨依本院釋字第三三一號解釋意旨，各政黨對該黨僑居國外國民及全國不分區之代表追究其黨紀責任，使其喪失黨員資格，連帶喪失代表身分，均無從貫徹。聲請意旨指修憲行為具有明顯重大瑕疵非無理由，此部分之修憲程序違反修憲條文發生效力之基本規範。

　　本件相關機關國民大會雖主張：修憲程序之合憲性，依本院釋字第三四二號、第三八一號解釋，均屬議會自律事項，釋憲機關不應加以審

究；並以外國之案例主張修憲程序不受司法審查；又國會議員基於自由委任地位，採公開或不公開之表決，均為憲法精神之所許云云。惟查憲法條文之修改應由憲法所定之機關依正當修憲程序議決通過，為憲法條文有效成立之前提，一旦發生疑義，釋憲機關自有受理解釋之權限，已見前述；至於相關機關所踐行之議事程序，於如何之範圍內為內部自律事項，何種情形已逾越限度而應受合憲性監督，則屬釋憲機關行使審查權之密度問題，並非謂任何議事程序皆得藉口內部自律事項，而規避其明顯重大瑕疵之法律效果；又國民大會通過憲法修改案之讀會，其出席及贊成人數必須符合憲法第一七四條第一款之規定，至於僅作大體討論即交付審查之一讀會其開議出席人數究採上開條款所定人數抑國民大會組織法第八條代表總額三分之一或參照一般會議規範所定出席人數為之，由國民大會依議事自律原則自行處理，但其處理仍應符合自由民主憲政秩序之原則，並非毫無限制，本院釋字第三四二號及第三八一號解釋分別闡釋有案。再所謂自律事項並不包括國民大會代表參與會議時之一切行為，故未經依法宣誓或其宣誓故意違反法定方式者，即不得行使職權（諸如投票、表決等），其未依法宣誓之國民大會代表，可否出席會議方屬應由國民大會自行處理之自律事項，亦經本院釋字第二五四號解釋釋示在案，是相關機關以自律事項為由，主張本院無權審究，並不足採。關於相關機關以比較憲法上理論或案例主張修憲程序不受司法審查乙節，按修改憲法及制定法律之權限由同一機關（即國會）行使之國家（如德國、奧地利、義大利、土耳其等），修憲與立法之程序僅出席及可決人數有別，性質上並無不同，修憲程序一旦發生疑義時，憲法法院得予審查，為應邀到院多數鑑定人所肯認，相關機關對此亦無異詞。在若干國家司法實例中，憲法法院對修憲條文有無牴觸憲法本文不僅程序上受理，抑且作實體審查者，非無其例（例如德國聯邦憲法法院一九七〇年十二月十五日判決 BVerfGE30, 1ff. 譯文見本院大法官書記處編，《德國聯邦憲法法院裁判選輯（八）》，二二六－二八三頁；義大利憲法法院一九八八年十二月二十九日判決sent. n.1146/1988，並參照T.

Martines, Diritto Constituzionale, Nono ed. 1998, p.375；土耳其憲法法院一九七一年六月七日一三八五五號判決及一九七二年七月二日一四二三三號判決，引自 Ernst E. Hirsch, Verfassungswidrige Verfassungsanderung Zu zwei Entscheidungen des Turkischen Verfassungsgerichts, Archiv des offentlichen Rechts, 98, 1973）。若修改憲法與制定法律之機關及程序皆屬有異者（如美國），則觀點較爲分歧。相關機關一面援引美國聯邦最高法院一九三九年Coleman v. Miller, 307 U.S. 433（1939）一案，主張國會得專屬並完全決定修憲程序，不受司法審查，一面又引該國學者之著作，謂修憲程序爲政治性程序，聯邦憲法第五條有關修憲程序之規定乃獨立於一般法律程序之外，司法機關不應干預云云（見相關機關所引述之Laurence H. Tribe, American Constitutional Law, vol. 1, 3rd ed., p.105（2000））。實則上開Coleman案中最高法院對修憲程序是否均爲政治性問題而不予司法審查，或仍可能屬於一般憲法問題得由法院予以解釋，在美國並未形成多數意見。一九八四年美國聯邦最高法院在關於加州公民提議修改聯邦憲法之有關事件中，大法官Rehnquist表達該院之見解，認爲不能以Coleman一案，即論斷一切修憲程序均屬政治問題，而排除於法院審查之外（Uhler v. AFL-CIO, 468 U.S. 1310（1984）），顯見美國法院對修憲程序仍得斟酌憲法之意旨而爲適當之審查。即使相關機關所引述之該美國學者於同一著作中亦認爲：「若國會對一項僅獲三十五州批准之修憲案，認已符合憲法第五條所定須四分之三州同意之要求，即不可能期待法院亦尊重國會之判斷。」（Tribe, American Constitutional Law, op. cit., p.105）及「學者對修憲程序是否可供司法審查見解之歧異，多在於法院介入審查範圍廣狹之不同」（Ibid., p.372）。姑不論中華民國憲法對憲法之施行及修改，賦予釋憲機關解釋之權限，已如上述，外國之法制自難比擬，縱以相關機關所引之美國憲法實例，亦不足以質疑釋憲機關對修憲程序審查之範圍。

至於相關機關以自由委任理論爲其採無記名投票理由一節，按現代民主國家固多採自由委任而非強制委任，即民意代表係代表全國人民，

而非選區選民所派遣，其言論表決對外不負責任，原選區之選民亦不得予以罷免，但非謂民意代表行使職權因此全然不受公意或所屬政黨之約束，況且中華民國憲法明定各級民意代表均得由原選舉區罷免之（憲法第一三三條及本院釋字第四○一號解釋），與多數歐美國家皆有不同，就此而言，亦非純粹自由委任，從而尚不能以自由委任作為其違背議事規則之明文規定採無記名投票之正當理由。

　　國民大會依正當修憲程序行使憲法第一七四條修改憲法職權，所制定之憲法增修條文與未經修改之憲法條文係處於同等位階，惟憲法條文中具有本質之重要性而為規範秩序存立之基礎者，如聽任修改條文予以變更，則憲法上整體規範秩序將形同破毀，此等修改之條文則失其應有之正當性。中華民國憲法雖未明定不可變更之條款，然憲法條文中，諸如：第一條所樹立之民主共和國原則、第二條國民主權原則、第二章保障人民權利以及有關權力分立與制衡之原則，具有本質之重要性，亦為憲法基本原則之所在。基於前述規定所形成之自由民主憲政秩序（參照現行憲法增修條文第五條第五項及本院釋字第三八一號解釋），乃現行憲法賴以存立之基礎，凡憲法設置之機關均有遵守之義務。國民大會為憲法所設置之機關，其具有之職權既為憲法所賦予，亦應受憲法之規範。國民大會代表就職時宣誓效忠憲法，此項效忠係指對憲法忠誠，憲法忠誠在依憲法第一七四條規定行使修憲權限之際，亦應兼顧。憲法之修改如純為國家組織結構之調整，固屬「有權修憲之機關衡情度勢，斟酌損益」之範疇（見前引本院解釋續編，第十冊，三三三頁），而應予尊重，但涉及基於前述基本原則所形成之自由民主憲政秩序之違反者，已悖離國民之付託，影響憲法本身存立之基礎，應受憲法所設置其他權力部門之制約，凡此亦屬憲法自我防衛之機制。從而牴觸憲法基本原則而形成規範衝突之條文，自亦不具實質正當性。

　　本屆國民大會於一九九九年九月四日通過之憲法增修條文第一條第一項前段：「國民大會代表第四屆為三百人，依左列規定以比例代表方式選出之。並以立法委員選舉，各政黨所推薦及獨立參選之候選人得票

數之比例分配當選名額，不受憲法第二十六條及第一三五條之限制。」
第二項前段：「國民大會代表自第五屆起爲一百五十人，依左列規定以
比例代表方式選出之。並以立法委員選舉，各政黨所推薦及獨立參選之
候選人得票數之比例分配當選名額，不受憲法第二十六條及第一三五條
之限制」，均以立法委員選舉，各政黨所推薦及獨立參選之候選人得票
數之比例分配計算國民大會代表之當選名額，而稱之爲比例代表方式。
第按所謂比例代表，乃依政黨或候選人得票數之比例計算當選及議員議
席分配之方法，而有別於多數代表制、少數代表制等方式，比例代表制
之採行仍須以舉辦該特定公職人員之選舉爲前提，若本身未曾辦理選
舉，而以他種性質不同、職掌相異公職人員選舉之得票作爲當選與否及
分配席次之依據，則等同於未經選舉程序而產生，先進民主國家亦未有
此種所謂選舉之事例（參照中央選舉委員會一九九九年十二月二十八日
八十八中選一字第八八九一三五六號致本院秘書長函），是依照此種方
式產生之國民大會代表，已不具民意代表身分，充其量爲各政黨指派之
代表，誠如聲請解釋意旨所稱，國民大會行使政權，須以國民直接選舉
之代表組成爲前提，如適用新修改之增修條文則無異由政黨指派未經選
舉之人員代表國民行使政權，明顯構成規範衝突。若此等代表僅賦予諮
詢性功能尚無不可，但仍得行使憲法第四條領土變更之議決權，增修條
文第一條補選副總統，提案罷免總統、副總統，議決總統、副總統彈劾
案，修改憲法，複決憲法修正案暨對司法、考試及監察三院人事之同意
等本質上屬於民意代表方能擁有之各款職權，非僅與憲法第二十五條構
成明顯之規範衝突，抑且牴觸憲法第一條民主國之基本原則。是上述有
關國民大會代表產生方式之增修條文，與民主之憲政秩序有違。或謂在
國會採兩院制之國家，第一院固多屬民選產生，第二院則尙有由任命甚
至世襲之議員組成者，則以一院依附於另一院已較任命或世襲者「民主
性質」多矣。然查現代國家採兩院制之國會，其中一院若非由民選，其
職權必遠遜於直接民選之一院，更無由民選產生之一院其權限爲立法，
依附之一院則有權制憲或修憲之理。況此種任命、世襲制度，或係基於

歷史因素，或係出自聯邦體制，且已爲現代大多數民主國家所不取。相關機關國民大會於二○○○年三月二十三日向本院補提書面說明，一面舉出奧地利、荷蘭、比利時、愛爾蘭、瑞士、西班牙等國，謂此等國家之國會均設有兩院，且採比例代表制，一面謂國民大會採比例代表制係一九九六年十二月國家發展會議之共識，符合國家發展需要等語。查上述國家之國會其一院雖採比例代表制，另一院均另行選舉或以其他方式產生，均無所謂依附式之比例代表方式，更無未經選舉者有權制定國家最高規範致違反民主國家基本原則之情形。至國家發展會議亦僅建議國民大會代表改採政黨比例代表方式，並未倡議國民大會代表既可本身不必舉行選舉，又得自行延任，從而相關機關所述各節，均不足作爲國民大會代表改爲依附方式產生之正當理由。又憲法第二十八條第二項每屆國民大會代表之任期，至次屆國民大會開會之日爲止，旨在維持政權機關之連續性，此次修改既未停止上開第二十八條第二項之適用，又第一條第三項增訂「國民大會代表之任期爲四年，但於任期中遇立法委員改選時同時改選」，則立法委員依增修條文第二條第五項規定，經總統解散時，國民大會代表亦同遭解散，規範內容相互矛盾，亦明顯可見。上開增修條文雖有以獨立參選之立法委員得票比例分配同屬獨立參選之國民大會代表當選名額之設計，但既屬獨立參選則不屬任何黨派或政團，自無共同之政策綱領可言，依附他人而獲得當選，則候選人無從以本身之理念與主張訴諸選民而獲選，於憲法所保障人民參政權之意旨不相符合。

　　按代議民主之正當性，在於民意代表行使選民賦予之職權須遵守與選民約定，任期屆滿，除有不能改選之正當理由外應即改選，乃約定之首要者，否則將失其正當性。本院釋字第二六一號解釋：「民意代表之定期改選，爲反映民意，貫徹民主憲政之途徑」，亦係基於此一意旨。所謂不能改選之正當理由，須與本院釋字第三十一號解釋所指：「國家發生重大變故，事實上不能依法辦理次屆選舉」之情形相當。若任期屆滿，無故延任，則其行使職權已非選民所付託，於國民主權原則下民意

代表之權限應直接源自國民賦予之理念不符，難謂具有正當性。本件國民大會修正通過之增修條文，將第四屆立法委員任期延長至二〇〇二年六月三十日止，又將第三屆國民大會代表任期延至第四屆立法委員任期屆滿之日止，計立法委員延任五個月，國民大會代表則延長二年又四十二日。關於立法委員之延任，據相關機關國民大會指派之代表到院陳述，係基於配合會計年度之調整，俾新選出之立法委員有審議次年度中央政府預算而為之設計。惟查民意代表任期之延長須有前述不能依法改選之事由始屬正當，審議預算年度之調整與國家遭遇重大變故不能相提並論，其延任自屬欠缺正當性。況自一九九七年增修條文施行後，立法院得因通過對行政院院長之不信任案，而遭總統解散，解散後重新選出之立法委員，其任期重新起算（上開條文第二條第五項），則未來各屆立法委員之任期可能起迄參差不一，是配合會計年度而調整任期勢將徒勞。而國民大會代表自行延任則謂出於實現改革國會之構想，並舉第一屆及第二屆國民大會代表亦有延長任期之情事云云。然所謂國會改革不外結構與功能兩方面之調整，觀乎本次憲法之增修，國民大會功能部分未見有任何變動，選舉方式之變更固屬結構之一環，此次修憲廢棄區域選舉而改採依附式之所謂「比例代表」，姑不論此種方式並非真正選舉，即使改變選舉方式，與任期延長亦無關聯，縱如相關機關所言，延任有助於國會改革，惟手段與其欲達成之目的並不相當。至以往國民大會代表延任，或係發生於戒嚴及動員戡亂之非常時期，或係純屬總統、副總統改為直接民選，國民大會相關職權廢除後之配合措施，皆與本件情形有殊，不足以構成常態下之憲政先例。又利益迴避乃任何公職人員行使職權均應遵守之原則，憲法增修條文第八條：「國民大會代表及立法委員之報酬或待遇，應以法律定之。除年度通案調整者外，單獨增加報酬或待遇之規定，應自次屆起實施。」除揭示民意代表行使職權應遵守利益迴避原則外，復具舉輕明重之作用；蓋報酬或待遇之調整尚應自次屆起實施，則逕行延長任期尤與憲法本旨不符，聲請意旨指延長任期違反民主憲政原理，與增修條文第八條產生矛盾，洵屬有理。

　　第三屆國民大會於一九九九年九月四日第四次會議第十八次大會以無記名投票方式表決通過憲法增修條文第一條、第四條、第九條暨第十條之修正，其程序違背公開透明原則及當時適用之國民大會議事規則第三十八條第二項規定，其瑕疵已達明顯重大之程度，違反修憲條文發生效力之基本規範；其中第一條第一項至第三項、第四條第三項內容並與憲法中具有本質重要性而爲規範秩序賴以存立之基礎，產生規範衝突，爲自由民主憲政秩序所不許。至於第九條、第十條之修正內容本身雖無可議，然因其過程有違前述修憲正當程序，自應一併失其效力。上開修正之第一條、第四條、第九條暨第十條應自本解釋公布之日起失其效力，一九九七年七月二十一日修正公布之原增修條文繼續適用。

　　分析上文可知，大法官在第四九九號解釋宣告政黨比例代表制的修憲條文違憲，是基於修憲條文明定下屆國民大會代表的產生，依附在下屆立法委員選舉的政黨得票比例上，明顯構成規範衝突，不符民主憲政運作。大法官認爲國民大會代表不能依附立法委員選舉產生，主要因爲國民大會是代表人民行使政權的唯一機關，國民大會代表既是民意代表，其權力來源直接來自人民的委託，即應以國民直接選舉產生，大法官認爲如按修憲條文依附立法委員選舉的政黨比例產生，則國民大會代表將不具民意代表身分，充其量僅爲各政黨指派的代表而已。此外，基於權源與職權相符原則，國民大會代表依現行憲法得行使領土變更之議決權、補選副總統、提案罷免總統與副總統、議決總統與副總統彈劾權、修改憲法，並複決憲法修正案及對司法、考試、監察三院人事之同意權。本質上，這些都是民意代表才能擁有的職權，又如何能交由不具民意代表身分的政黨代表行使。因此，大法官認爲，如欲改變國民大會代表由人民直選產生的「權源」，須先大幅萎縮國民大會代表職權。至於國民大會代表職權應萎縮到什麼程度，才符合政黨比例代表制的權源、職權相符原則，第四九九號解釋則有「若此等代表僅賦予『諮詢性』功能尚無不可」的原則性說法，可做爲朝野政黨改革國民大會的參考。

第六節　第六次中華民國憲法增修條文的制定

一、制定時間：二○○○年四月二十四日第三屆國民大會第五次會議第五次
　　　　　　　大會三讀通過

二、制定地點：台北市陽明山中山樓

三、公布時間：二○○○年四月二十五日總統華總（一）義字第八九○○一
　　　　　　　○八三五○號公布

　　　　　　　現行增修條文

四、本節摘要：第六次中華民國憲法增修條文的主要內容如下：其一，將一
　　　　　　　九九九年因司法院認為程序瑕疵一併宣告無效之軍人權益、
　　　　　　　社會福利救助等及金、馬、澎特殊地區保障條款恢復入憲；
　　　　　　　其二，進行國會之改革，重新定位國民大會，改為非常設
　　　　　　　化，未來國民大會代表只依任務需要由政黨比例產生之，任
　　　　　　　務結束辭職；其三，國民大會職權亦配合大幅縮減，除保留
　　　　　　　複決立法院所提之憲法修正案、領土變更案及議決立法院提
　　　　　　　出之總統、副總統彈劾案外，其餘原有職權，包括補選副總
　　　　　　　統、提出總統、副總統罷免案、修改憲法、對總統提名任命
　　　　　　　之人員行使同意權等各項職權，均改由立法院行使；其四，
　　　　　　　將司法院大法官排除憲法第八十一條及有關法官終身職待遇
　　　　　　　之適用

一、肇因

　　一九九九年九月四日國民大會通過延任案後，反對者即聚集商討聲
請大法官釋憲的可行性。然「九二一」大地震發生後，輿論界對於國民
大會代表延任案的爭論也沉寂下來。十月中旬，主張聲請釋憲的聲浪再

起，復以當時輿論呼籲釋憲的氣氛已醞釀成熟，立法委員郝龍斌以此鼓吹立法委員簽名，並邀請曾擔任中國國民黨不分區國民大會代表的律師李念祖，撰寫聲請釋憲案。十月二十七日，郝龍斌終於完成一一三人連署。同日當時，中國國民黨籍台北市市長馬英九於中國國民黨中常會發言要求儘速聲請延任案釋憲。其實，民主進步黨立法委員鄭寶清也早已完成連署，但受制於黨內壓力，遲遲不敢提出。其後，隨第十屆中華民國總統、副總統選舉日期的逼近，基於選戰的考量，各黨皆對國民大會延任案採取較為保留的態度，並靜待司法院大法官做出解釋，以免影響選情。

　　二○○○年三月十八日，依法改選產生第十屆中華民國總統、副總統。是日，中央選舉委員會正式宣布民主進步黨總統候選人陳水扁獲勝，擊敗其他各組總統候選人而當選中華民國第十任總統（詳**表3-29**）。對於陳水扁這項歷史性的勝利，其所代表的意義在於這是中華民國在臺灣所進行的第一次政權和平轉移；可是，也由於陳水扁只獲得全體投票選民中的39％的支持，而勢將成為少數總統。也就是說，未來陳水扁的政權將承受來自於以中國國民黨佔多數席次的立法部門的嚴厲制衡。

　　分析民主進步黨總統候選人陳水扁獲勝的原因，主要在於中國國民黨黨內派系的相互傾軋所致。尤其是中國國民黨因凍省問題，而導致中國國民黨內部以宋楚瑜為核心的另一次分裂（宋楚瑜於三月十九日宣布

表3-29　第十屆中華民國總統、副總統選舉得票比例表

中華民國總統、副總統候選人	政黨	得票數	得票率
宋楚瑜、張昭雄	無黨籍	4,664,932	36.84％
連戰、蕭萬長	中國國民黨	2,925,513	23.1％
許信良、朱惠良	無黨籍	79,429	0.63％
李敖、馮滬祥	新黨	16,782	0.13％
陳水扁、呂秀蓮	民主進步黨	4,977,697	39.30％

資料來源：http://vote.nccu.edu.tw/cec/vote3.asp?pass1=A2000A0000000000aaa

組黨，即「親民黨」），於是表現在總統大選時，中國國民黨不僅輸掉了裡子（執政權），也輸掉了面子（只獲得23％的選票，遠低於上屆的54％）；自此，只得正式宣告結束長達五十四年的在台執政地位。所幸，這場由中華民國政府所進行的第一次政權轉移過程是以和平方式進行，這正也象徵著中華民國在臺灣的民主政治正穩健成熟的發展。近十年重要選舉得票率消長詳**表3-30**。

　　二○○○年三月二十四日，司法院大法官做成釋字第四九九號憲法解釋，認定一九九九年九月間國民大會所為之自延任期等修憲案，在程序上及實質內容上均具有明顯重大的瑕疵，違反修憲條文發生效力之規範，即日起失其效力，一九九七年七月修正公布之憲法原增修條文應繼續適用。大法官會議這項解釋的重點有三（《中國時報》，2000/03/25）：

1. 修憲機關必須受制於民主憲法的基本原則，即修憲程序應該依據正當程序，方能符合國民主權原理，取得修憲之正當性；修憲內容應該與憲法中具有本質之重要性規範相互調和，不能形成破毀

表3-30　近十年重要選舉政黨得票率消長走勢表

	中國國民黨	民主進步黨	新黨	其他	宋楚瑜
1989年立法委員	60.14％	28.28％	尚未成立	11.58％	
1992年國民大會	71.17％	23.94％	尚未成立	4.89％	
1992年立法委員	53.02％	39.42％	尚未成立	15.95％	
1993年縣市長	47.47％	41.03％	8.42％	8.42％	
1994年省市長	52.05％	39.42％	7.7％	0.83％	
1995年立法委員	46.06％	33.17％	12.95％	7.82％	
1996年總統	54％	21.13％	14.9％	9.97％	
1996年國民大會	49.68％	29.85％	13.67％	6.8％	
1997年縣市長	42.12％	43.32％	1.42％	13.14％	
1998年立法委員	54.67％	31.11％	4.89％	9.33％	
2000總統	23.1％	39.3％	0.13％	0.63％	36.8％

資料來源：作者自行整理。

憲法整體規範程序的結果。亦即民主憲法同時設定了修憲的程序界限與實質界限，即使是修憲機關，亦不能逾越。

2. 憲法設置釋憲機關，具有責任維護憲法作為國家最高規範的效力，釐清法規間的位階關係，並解決規範相互牴觸所形成的缺漏疑義。簡言之，憲法設置釋憲機關（即大法官）的理由，在於憲法需要一種活的聲音，隨時保衛憲法，並且解決不同憲政機關（如國民大會與立法院）之間發生的權限爭議，以使憲政主義能夠具體落實。

3. 民主共和國的憲法所要防止的一種弊端，乃是民意代表與其所代表的人民之間，因民意代表自身利益凌駕選民利益所生的利益衝突，國民大會自延任期的修憲案，就是此項利益衝突的具體事例，大法官闡釋憲法否定此種利益衝突作為效力的必要性，不過是在盡其保障憲法的責任而已。

三月二十七日，在大法官會議解釋國民大會代表延任案失效後，中央選舉委員會緊急召開委員會議，會中決議三月三十日發布第四屆國民大會代表選舉公告，四月六日公告候選人登記日期及必備事項，四月九日至四月十三日受理候選人登記，四月十九日前審定國民大會代表候選人名單並通知抽籤，四月二十五日公告國民大會代表候選人名單與競選活動期間之起、止日期及每日競選活動之起、止時間。四月二十六日至五月五日辦理政見發表會，五月三日公告選舉人數，五月六日投票，應選名額共有三三九名[40]，五月十二日公告當選人名單，國民大會代表選舉的競選活動期間為十日。

為此，中國國民黨及民主進步黨國民大會黨團強烈要求中央選舉委員會暫緩國民大會代表選舉，配合國民大會召開第五次修憲會議廢國民大會，以避免發生憲政危機。但問題在於這項要求的基本前提是，國民大會第五次會議可以及時完成廢國民大會的修憲案；否則，不論是依法或從整體考量來看，中央選舉委員會還是應依既定時程，辦理國民大會

代表選舉。蓋第三屆國民大會代表任期至二〇〇〇年五月十九日止，所以中央選舉委員會就必須依法在五月十九日前十天選出下一屆的國民大會代表，否則就違反憲法和選罷法的規定。為此，中央選舉委員會就必須儘速發布選舉公告，如期舉行選舉。如果國民大會第五次會議在五月六日前完成廢國民大會修憲程序，屆時國民大會代表選舉當然可以停辦；但這個前提充滿不確定性，故要求中央選舉委員會暫緩辦理選舉，既不合理也不合法。

同日晚間，中國國民黨及民主進步黨國民大會黨團，就是否再次召開會議進行政黨協商，經過充分交換意見後，達成共識，並由中國國民黨國民大會黨團書記長蔡正元及民主進步黨國民大會黨團總召集人陳金德分別代表兩黨團共同簽署協議，並對外宣布。惟實施日期與配套措施，仍須再進一步的經兩黨中央秘書長以上層級之協商。若修憲議題能獲致更明確的共識，又為社會大眾所接受，兩黨同意經由連署後呈請總統召集國民大會，最快可在四月中旬召開第三屆國民大會第五次會議進行修憲（http://www.nasm.gov.tw/meeting/meeting-0504.HTM）。

二十八日，民主進步黨國民大會黨團向黨主席林義雄提出廢除國民大會配套措施，並預定在二十九、三十兩天與中國國民黨高層協商。國民大會黨團總召集人陳金德表示，配套措施的兩大方向為「廢國民大會」及「訂定落日條款」，而五權憲法架構中的監察院、考試院存廢則傾向保留。為顧及修憲高門檻的風險，訂定落日條款是民主進步黨國民大會黨團最後底線，同意讓第四屆國民大會如期選舉，但第四屆國民大會唯一功能是完成第三屆國民大會未完成的修憲工作。三十日上午，中國國民黨及民主進步黨為推動國會改造，而進行黨對黨的協商，雙方達成「凍結國民大會職權」（http://www.nasm.gov.tw/meeting/meeting-0505.HTM）成為虛級化機構的修憲共識，協商結論如下：

1. 第三屆國民大會代表任期至二〇〇〇年五月十九日屆滿，不再延任。

2.二○○○年五月二十日起，國民大會機關名稱維持不變，走向虛級化、非常設化，國民大會代表依議題需要，於立法院提出總統、副總統彈劾案，或憲法修正案時，三個月內採政黨比例代表制產生。每次集會爲期一個月，集會結束即解除職務。

3.基於穩定政局、符合民意考量，自二○○○年五月二十日起，國民大會職權合理調整如下：

(1)移轉至立法院的職權：

A.補選副總統。

B.罷免總統、副總統提案權。

C.對總統提名任命之司法院、考試院、監察院人員，行使同意權。

D.變更領土決議權。

E.聽取總統國情報告。

(2)停止行使的職權：

A.憲法修改權。

B.聽取總統國情報告，檢討國是、提供建言。

(3)國民大會代表行使的職權：

A.議決立法院提出之總統、副總統彈劾案。

B.複決立法院所提之憲法修正案。

4.國民大會代表行使職權應依所屬政黨主張執行，其程序由立法院定之。

5.兩黨共同連署，咨請總統於四月十一日前召集國民大會代表集會。

6.本次國民大會集會，僅就兩黨協商共識進行議決。

7.兩黨一致呼籲全國人民及其他黨派，全力支持，共同推動國會改革。

三十一日上午，各黨協商代表[41]於國民大會秘書處五樓博愛廳進

行。首先由秘書處報告，已於三十日收到謝明輝、蔡正元等一八四位代表連署書，請求總統於二○○○年四月八日召集第三屆國民大會第五次會議。當經核對連署代表人數為一八四人，已達憲法增修條文第一條第六項五分之二以上請求召集會議之人數，並依連署代表請求於三十日及三十一日辦理公告及公開陳列閱覽事宜，公開陳列期間，如連署代表未提出異議，期滿即告確定，即於四月一日轉呈總統依法召集會議。此外，達成協商事項如**表**3-31。

二、過程

（一）第三屆國民大會第五次會議的召集

四月八日上午九時，第三屆國民大會第五次會議預備會議於陽明山中山樓中華文化堂舉行。出席代表二四○人。首先由秘書處報告如次

表3-31　第三屆國民大會第五次會議政黨協商第一次會議紀錄

提案	結論
1.本會是否以大會決議方式函請行政院轉中央選舉委員會延緩辦理第四屆國民大會代表選舉事宜？敬請決定。	有關函請中央選舉委員會延緩辦理第四屆國民大會代表選舉乙節，由秘書處研擬草案，以三黨共同提案方式，提報四月八日預備會議決定，並透過立法院民主進步黨、中國國民黨黨團以提案方式支持。
2.本次會議是否不予受理代表一般提案？敬請決定。	為使本次會議任務單純化，同意本次會議不予受理代表一般提案，並提報大會。
3.有關代表修憲提案及其修正案之補正日期，是否得以縮短為一天？敬請決定。	有關代表修憲案及其修正案之補正日期縮短為一天。以及對修憲審查結果提出修正案之收受日期縮短為三天之建議，原則同意，並提報大會決定。
4.第三屆國民大會第五次會議日程表草案，請討論案。	第三屆國民大會第五次會議日程表之會期安排，自四月八日至四月二十五日止，詳細內容授權秘書處研擬。
5.其他協商事項。	有關國民大會秘書處員工權益問題，請三黨提案經大會決議，建請有關部門妥善照顧。

資料來源：http://www.nasm.gov.tw/meeting/meeting-0506.HTM

（《第三屆國民大會第五次會議預備會議速記錄》，2000：5-6）：

1. 總統二○○○年四月一日令：「茲依據中華民國憲法增修條文第一條之規定，第三屆國民大會第五次會議定於中華民國八十九年四月八日集會。」當經由秘書處分函轉達各代表在案，謹報請鑑察。

2. 內政部二○○○年四月五日函告略以：國民大會代表人數截至本年四月五日為止為三一五人。惟依司法院大法官釋字第八十五號解釋意旨，國民大會代表於集會日前如有出缺遞補情事，其總額仍請逕予查明增減。謹報請鑑察。

3. 第三屆國民大會第五次會議政黨協商第一次會議協商結論，謹報請鑑察。

4. 依據國民大會程序委員會組織規程第二條第一項之規定，程序委員會於國民大會每次集會後七日內成立。茲擬具第三屆國民大會第五次會議程序委員會委員選舉有關事宜如次，謹報請鑑察。

5. 本次會議程序委員會委員候選人之登記，擬自本（八）日起開始受理，至四月十日（星期一）中午十二時截止收受，下午三時辦理候選人列名順序抽籤事宜，並擬定於四月十一日（星期二）舉行第一次大會選舉之。有關程序委員會委員選舉投票及開票事宜，擬依上次會議成例準用「國民大會代表互選議長副議長投票及開票辦法」有關規定辦理。

會中並討論以下事項（《第三屆國民大會第五次會議預備會議速記錄》，2000：6-30）：

1. 第三屆國民大會第五次會議第一次大會議事日程草案，請討論案。
   決議：照案通過。

2. 陳鏡仁、蔡正元等九十四位代表提：請行政院轉請中央選舉委員

會在第三屆國民大會第五次會議期間，延緩辦理第四屆國民大會代表選舉事宜，以維憲政運作。敬請大會公決。

決議：通過。

3.莊勝榮等三十一位代表臨時動議：本會此次修憲期間，應邀請所有大法官列席「指導」，以免再度發生修憲而違憲之憲政危機，是否有當，敬請公決。

決議：交由程序委員會排入大會議程再作處理。

國民大會第五次會議程序委員會十一日下午召開第一次會議，為了讓修憲案趕在四月二十六日，下屆國民大會代表選舉活動開始日前，完成國民大會虛級化修憲三讀，決議大幅縮短修憲案補正天數，由三天改為一天，收受對修憲審查結果修正案天數，由五天改為三天。會議原則確定此次會議以修憲為主，四月十四日進行修憲一讀會大體討論、十五、十六兩日進行修憲審查會、十九日截止收受對修憲審查結果修正案、二十一日進行處理修憲審查報告書、二十四日進行修憲二讀會、二十五日進行修憲三讀會後閉會。同日，民主進步黨、中國國民黨、新黨三黨黨中央敲定修憲條文內容，要點如次（《中國時報》2000/04/12）：

1.國民大會走向虛級化。
2.依議題採政黨比例產生「任務型」國民大會代表。
3.國民大會多數職權移轉立法院，僅保留複決立法院所提修憲案、彈劾正、副總統、領土變更案等職權。

並將共同連署提案，向國民大會秘書處遞送修憲案，進入修憲一讀會討論。另外，對於立法院行使司法、考試、監察三院人事同意權門檻，是否應由二分之一調高為三分之二；社會福利、澎湖及軍人保障之條款入憲；「任務型」國民大會代表是否分區域選出；立法委員人數是否再增加等問題，三黨出現不同主張和意見，最後同意在十九日前另行協商、討論，若有共識，再以修正案方式提出。不過，中國國民黨籍國

民大會代表獲黨團同意私下連署，主張立法委員從下屆起改爲二五〇人，社福、澎湖及軍人保障等修憲案，連署人數已達到提案門檻，預定於截止收受修憲提案前以個別名義提出。三黨共同提出連署修憲案內容如下：

第一條

第一項：國民大會代表三百人，於立法院提出憲法修正案、領土變更案，經公告半年；或提出總統、副總統彈劾案時，應於三個月內採比例代表制選出之，比例代表制之選舉方式以法律定之。

第三項：國民大會職權爲複決立法院提出之憲法修正案、領土變更案及議決立法院提出之總統、副總統彈劾案。

第二條

第九項：總統、副總統之罷免案，經立法委員總額四分之一之提議、三分之二之同意後提出，並經中華民國自由地區選舉人數總額過半數之投票，有效票過半數同意罷免時，即爲通過。

第四條

第三項：立法院於每年集會時，得聽取總統國情報告。

第五項：中華民國領土，依其固有之疆域，非經全體立法委員四分之一之提議、四分之三之出席，及出席委員四分之三之決議，並提經國民大會代表三分之二之出席、出席代表四分之三之同意複決，不得變更之。

第七項：立法院對於總統、副總統的彈劾案，須經全體立法委員二分之一以上之提議、全體立法委員三分之二以上之決議，向國民大會提出。

第五條

第一項：司法院大法官十五人，以其中一人爲院長、一人爲副院長，由總統提名、經立法院同意任命之。

第六條

第二項：考試院設院長、副院長各一人，考試委員若干人，由總統提
　　名，經立法院同意任命之。

第七條

第二項：監察院設監察委員二十九人，以其中一人為院長，一人為副院
　　長，任期六年，由總統提名，經立法院同意任命之。

　　四月十二日上午，第三屆國民大會第五次會議第二次大會出席代表
計有二四二人。上午十時十八分談話會結束，即由主席陳金讓宣布開
會。在進行討論事項時，通過由程序委員會提：鑑於本次會議時間緊
迫，建請大會同意將代表修憲提案及其修正案之補正日期縮短為一天，
以及對修憲審查結果提出修正案之收受日期縮短為三天，以資因應；以
及第三屆國民大會第五次會議日程表草案。另莊勝榮等三十一位代表臨
時動議：本會此次修憲期間，應邀請所有大法官列席「指導」，以免再
度發生修憲而違憲之憲政危機乙案，經李金億等七位代表發言，最後決
議：本案保留。

　　下午五時三十分召開程序委員會第二次會議，會中審定本次會議計
收受有關修改憲法之提案七件，並決議：(1)修憲提案第三號領銜提案人
增列代表蔡正元；修憲提案第六號連署人數更正為一二○人；(2)請秘書
處將修憲提案印送全體代表，並提報大會進行一讀。有關修憲一讀會進
行程序，決議：一讀會進行程序依照議事規則之相關規定進行，並提報
大會決定。另三黨一派共同將國民大會虛級化的修憲版本送入國民大
會，成為這次大會的第三號修憲提案，雖然有二二九位國民大會代表連
署，但是距離修憲門檻的二三七席，還差八席；因此，國民大會職權到
底能不能在這屆國民大會代表的手中徹底凍結，可說是變數重重
（http://www.ftvn.com.tw/news/20000413/000412170102.htm）。

　　十四日，國民大會將進入修憲案一讀會提案人說明及大體討論，並
加班召開修憲審查會。朝野各黨全力加強凝聚內部共識，希望在二十四
日合力完成國民大會虛級化修憲案三讀程序。中國國民黨中央為防黨籍

國民大會代表「跑票」，決議在處理修憲案表決時，採記名投票，以釐清責任。民主進步黨持高度配合的態度。上午十時，舉行第三次大會，出席代表計有二七八人，主席陳金讓宣布開會。秘書處首先報告：第三屆國民大會第五次會議修憲審查委員會總召集人如次：

中國國民黨：朱新民、劉權漳、陳明仁。
民主進步黨：張倉顯、湯美娥。
新黨：李炳南。
第四黨團：江文如。

接著，繼續進行討論事項，就修憲提案一讀會提案人說明及大體討論。主席宣布：「一讀會進行程序，依照國民大會議事規則第四十六條規定：『一讀會朗讀議案後，提案人須說明其要旨，出席代表如有疑義時，得請提案人解釋之。前項議案經大體討論後，應即交付審查。』本次大會於朗讀所有修憲提案案由後，依提案案號順序，分別由提案人一人說明提案要旨，俟全部提案說明完畢後，進行大體討論。」經秘書處朗讀所有第一號至第七號修憲提案案由後，主席即宣布進行提案人說明提案要旨。下午會議則進行大體討論。依照國民大會議事規則第四十六條規定：「一讀會朗讀議案後，提案人須說明其要旨，出席代表如有疑義時，得請提案人解釋之。前項議案經大體討論後，應即交付審查。」經主席宣布：本次會議已完成一讀會所有程序，爰依國民大會議事規則第四十六條第二項之規定，將修憲提案七件交付修憲審查委員會審查。會中決議：修憲提案第一號至第七號交付修憲審查委員會審查。

另蔡正元、李炳南、劉一德、江文如等八十五位代表提臨時動議，建請修改國民大會議事規則第三十八條第二項規定為：「前項之表決方法，得由大會議決或主席酌定以舉手、起立、表決器、無記名投票或記名投票行之。記名投票時，應於票上刊印代表姓名，由代表圈選贊成、反對或棄權。」經大會表決通過。換言之，各界矚目的國民大會虛級化修憲案在二、三讀會表決時，將採取記名方式為之，此舉將壓縮反對該

修憲案的勢力串連跑票的機率，國民大會虛級化修憲案過關機會大增[42]。

同日，內政部在中午以時間匆促、政治的正當性、政局安定、適法性沒有問題等四大理由[43]，行文行政院，建請延緩辦理國民大會代表選舉，視修憲結果再即刻規劃相關選務；行政院同意延緩國民大會代表選舉[44]（《中國時報》，2000/04/15）。

四月十五日修憲審查委員會第一次會議，本次會議有出席委員二三四人。依照國民大會修憲審查委員會組織規程第八條規定：「修憲審查委員會或各審查小組應有參加委員三分之一以上人數之出席，始得開議。」修憲審查委員會參加委員爲三一五人，三分之一以上人數爲一〇五人。因出席人數不足法定開議人數，先進行談話會，至上午十時二十二分談話會結束後才正式舉行審查會（《第三屆國民大會第五次會議修憲審查委員會第一次會議速記錄》，2000：1-22）。

會中討論大會交付審查委員會審查之修憲提案第一號案至第七號案等共七件，提請審查案。主席宣布：本審查委員會依修憲審查委員會組織規程之規定，將以兩天之時間對大會交付之七件修憲提案進行審查。有關審查程序及方式，依本審查會總召集人第一次會議之決議：本次修憲審查委員會不設分組。審查委員會審查修憲提案之程序，照秘書處擬具之分類表，依提案性質類別分類進行審查。有關審查委員會議決修憲提案及其修正動議之時機，依成例定於四月十六日下午三時於全部修憲提案討論完畢後進行，其程序則依提案案號順序逐條議決之。有關委員發言方式，由委員就各類議題自由登記發言。主席並徵詢審查會，同意依照總召集人會議決議之程序及方式進行審查。經主席宣布：今天本次審查會議主要審查與國會產生方式及職權調整有關之議題，包括第二號、第三號（第一條、第二條、第四條至第八條）、第四號（第一條、第二條第二項、第七項、第九項、第三條、第四條、第五條、第六條、第八條）、第六號。各位委員可選擇相關之議題自由登記發言，每位委員發言時間以五分鐘爲限。依據修憲審查委員會組織規程第十條規定，對於修憲提案之修正動議，應有委員總額八分之一連署，擬具具體條項

並附具理由，於各案討論時以書面提出之。

針對第一案發言委員有：陳明仁、邱建勇等十六位代表。下午二時三十分繼續開會，進行與國會產生方式及職權調整有關修憲提案之審查。繼續發言委員：劉東隆、江順裕等十三位代表。之後主席宣布：茲有王水彰等四十一位代表提出對修憲提案第二號案之修正動議，依據修憲審查委員會組織規程第十條規定，對於修憲提案之修正動議，應有委員總額八分一之連署，擬具具體條項並附具理由，於各案討論時以書面提出之。王水彰等所提之修正動議符合法定要件，可否列入明日審查會議程進行議決。（眾無異議）最後主席宣布：今天登記發言之委員現已全部發言完畢。本審查會經過兩天的時間，對大會交付審查之七件修憲提案，已全部審查完竣。隨後進行修憲提案及其修正案之表決。依總召集人會議之決定，表決程序依案號順序逐條議決。秘書處已依據此項原則擬具表決順序一覽表，並依據修憲審查委員會組織規程第八條，「審查會對議案之議決，以出席委員過半數之同意為之」的規定，而逐一完成表決（《第三屆國民大會第五次會議修憲審查委員會第二次會議速記錄》，2000：29-42）。

同日上午，中國國民黨國民大會黨團書記長蔡正元表示，為了反制大法官利用第三九六號釋憲案機會「自肥」，將在三黨國民大會虛級化修憲案共同提案中，在人事同意權條文部分，增列大法官不適用終身優遇的排除條款。蓋依中國國民黨國民大會黨團委由國民大會代表謝瑞智研議有關釋憲第三九六號文中，大法官擴張解釋指稱大法官比照法官終身優遇，適用憲法第八十一條對法官終身職、非受刑事懲戒處分或禁治產宣告，不得免職；非依法律不得停職、轉任或減俸的規定。大法官在前述釋憲案中已經明顯自肥意圖，大法官為任期制，不應適用法官終身職優遇規定，因此將在本次修憲提案中，在三黨共同提案版本的司法院人事權條文，增列大法官不適用憲法第八十一條的排除文字。蔡正元強調已經徵詢過朝野國民大會代表和黨團的意見，幾乎沒有人反對。新黨國民大會黨團副召王高成上午表示，新黨初步不反對該增列條文，不過

此時提出容易造成外界認為，國民大會代表挾怨報復的觀感，是否支持還需黨團會議決定，至於民主進步黨團則表示還需做進一步評估。

根據四個政黨對七項修憲案的主張態度，其中本次修憲主軸議題的第三號案三黨共同修憲版本，獲得民主進步黨、中國國民黨、新黨一致支持，親民黨則採反對態度。另列為本次修憲第一案廢除大法官會議案及第七號案的限縮大法官釋憲範圍案，雖然民、國兩黨黨鞭稍早都宣稱不會支持廢大法官案，不過黨團似乎有意放縱國民大會代表反彈情緒，採開放態度，新黨黨團表示反對，親民黨則有成員表達支持。此外，由三黨國民大會代表私下連署的軍人、社會福利、金馬保障條款的第五號修憲案，三黨都採同意支持態度，因此過關應該不是問題。至於第二號修憲案增加立法委員名額的主張，只有親民黨表示反對，民、國、新三黨採開放表決態度。

十六日，修憲審查委員第二次會議，出席委員共二九○人，繼續審查大會交付審查委員會審查之修憲提案第一號案至第七號案。在三黨一派強力動員及黨團間彼此協調合作下，七件修憲案中通過六案，其中最重要的朝野三黨共同版國民大會虛級化修憲案，獲得超過出席人數八成以上的支持，遠超過二讀會所需票數。國民大會將在二十一日處理修憲審查報告書，決定是否讓這六項修憲案進入二讀。審查過程中，朝野政黨高度合作，不僅原先預期可能會被封殺的新黨版修憲案，在民、國兩黨主動要求復議下通過審查；國、民兩黨採開放投票的廢除大法官等兩項相關提案，也高票過關。由於七項修憲提案分成二十五個序號進行表決，國、民兩黨黨團在表決前，已將黨團對各提案的態度清楚勾劃好，逐一發給成員，免得成員「舉錯手」。下午三時四十五分審查會開始表決，第一案廢除大法官的提案，國、民兩黨都採開放態度，結果通過審查；第二案增加二十五個立法委員名額提案，及明定立法委員名額增加「自第五屆起」的修正動議，以一五五票通過；第三案共同版修憲案分為八條憲法增修條文表決，都高票通過。不過在表決第四案新黨版修憲案時，修憲版前四條條文都遭否決，此時新黨國民大會代表林忠山程序

發言，要求國、民兩黨應支持讓此修憲版本通過審查會，進入大會處理階段，後來審查會休息五分鐘，三黨進行協商，最後以投票贊成提請復議、重新表決的方式，重新表決新黨版修憲案，結果八條憲法增修條文都通過審查。限制大法官釋憲範圍的第七項修憲案，民、國兩黨仍採開放態度，最後二四二名出席人員中，有一六七人贊成。第五案修憲案有關離島定位、社會福利、軍人保障條款，獲得四黨一致支持，高票通過審查。唯一被封殺的第六項修憲案，有關國民大會組織、人事移轉事宜，中國國民黨已表明這種問題不宜入憲，將由三黨代表擇期拜訪立法院，請立法院另行修改立院組織法，接收原有國民大會的人事（《聯合報》，2000/04/17）。

十八日，朝野國民大會代表進行修憲協商，在任務單純化的考量之下，一切以先前三黨達成共識的修憲版本為主，決定阻止廢大法官的修憲案進入二讀會。不過，民主進步黨、中國國民黨兩黨國民大會黨團對取消大法官終身優遇、立法委員總額再增加二十五席有高度共識，同意開放黨籍國民大會代表投票，預料這兩案可順利進入國民大會二、三讀會。有關降低立法院、「任務型」國民大會代表的修憲門檻，及司法、考試、監察等三院人事同意權門檻；「任務型」國民大會代表選舉方式，因非屬協商範圍，同意交由立法院訂定相關職權行使辦法規範。協商中民主進步黨國民大會代表主張應該將現行立法院修憲案表決門檻由四分之三降為三分之二，以免未來修憲案可能難以過關，但其他政黨認為，本次修憲應以單純化為主，降低修憲門檻，宜交由未來的立法院自行處理。關於司法、考試、監察等三院人事同意權門檻，新黨、中國國民黨主張宜有較高的門檻，以免立法院濫權。民主進步黨國民大會代表則認為，人事同意權門檻是否由二分之一提高到三分之二，宜由未來行使人事同意權的立法院自行訂定之，不必在憲法中明定門檻限制。朝野國民大會黨團也同意，在修憲提案之修正提案中明定「國民大會職權調整後，國民大會組織法應於二年內配合修正」，以確實照顧國民大會職員工的相關權益（《中國時報》，2000/04/19）。

　　十九日下午，第三屆國民大會第五次會議程序委員會第三次會議。會中審議收到修憲提案審查結果修正案十件，決議：所有修正案十件依議事規則第十六條第二項之規定，交秘書處印送全體代表。另對大會處理第三屆國民大會第五次會議修憲審查委員會審查報告書進行程序，決議：大會處理審查報告書之進行程序，依照政黨協商結論進行，惟對審查通過者，仍須逐案表決。有關第四次大會議事日程草案案，決議：第四次大會議事日程草案修正通過。

　　二十日，國民大會將表決修憲審查報告書，朝野國民大會黨團都發出甲級動員令，預定從下午三時起逐案、逐條進行表決，民主進步黨主席林義雄、中國國民黨秘書長林豐正都親臨督陣，希望儘速完成國民大會虛級化的修憲目標。大會將針對日前修憲審查會的表決結果，再度進行表決確認，通過的修憲提案才能進入二讀會繼續審查。修憲二讀會預定在四月二十四日進行。民主進步黨、中國國民黨、新黨均有高度共識，除了三黨協商獲致共識的修憲第三號案將進入二讀會外，有關取消大法官享有終身優遇，以及立法委員名額提高到二五〇名兩案，民、國兩黨都採取「開放而傾向支持」的態度，預料也可望進入二讀會；至於新黨所提的第四號修憲案，則會在今天予以封殺不進入二讀會（《中國時報》，2000/04/21）。

　　二十一日，第三屆國民大會第五次會議第四次大會，計有出席代表二九九人。會中就程序委員會報告：本次會議代表對修憲審查委員會審查通過之議案提出修正案，於四月十九日下午五時三十分截止日期計收受十件，經提程序委員會第三次會議審定，各案均符合成立要件，經決議：「交秘書處依議事規則第十六條第二項規定，於二讀會開議前三日印送全體代表。」並已依日程表規定於四月二十日印送全體代表。隨後討論第三屆國民大會第五次會議修憲審查委員會審查報告書，經主席宣布：依據本會議事規則第四十六條之一規定：「大會就審查完竣之議案，於審查委員會說明其審查之經過及結果後，應議決進行二讀會或不予審議。」本次大會之進行程序擬分三階段進行：第一階段先由修憲審

查委員會總召集人說明審查經過及其結果。第二階段由聲明保留在大會發言權者發言。第三階段對修憲審查委員會審查報告書之處理，預定於下午三時進行議決。修憲審查委員會總召集人陳明仁報告審查經過與結果。因登記發言代表有十二位，經徵詢大會同意每位代表發言時間以三分鐘爲度。發言代表計有：戴榮聖、周衡等十二位代表。稍後，主席宣布逐案處理審查結果決議不予通過之修憲提案，再繼續對審查結果決議通過之修憲提案及其修正動議進行處理。另廖榮清等二四八位代表提臨時動議：本次大會進行二、三讀會表決時，應依下列方式表決之（《第三屆國民大會第五次會議第四次大會速記錄》，2000：37）：

1. 大會通過進行二讀會之修憲案，依國民大會議事規則第三十八條第二項規定，於二讀會時逐條採用記名投票表決。

2. 未經大會審查之修憲提案之修正案，於進行二讀會時，依國民大會議事規則第三十八條第二項規定，於二讀會時逐條採用舉手表決。

3. 修憲案於二讀會議決後，依國民大會議事規則第四十九條規定，接續進行三讀會。並依議事規則第三十八條第二項規定，於三讀會時就全案記名投票表決之。

經大會投票表決，決議：通過。下午，第三屆國民大會第五次會議程序委員會第四次會議在陽明山中山樓三樓圓廳舉行。會中主要決議有關秘書處擬具「中華民國憲法增修條文部分條文修正草案對照表」壹種，擬於二讀會時分送全體代表參考乙案，決議：修憲審查委員會審查通過之原修憲提案第一號、第七號案，業經第四次大會決議不予審議，原針對該項修憲提案審查結果所提之修正案第五號、第九號等兩案，已無所依附，應不予處理並提報大會備查。另對照表修正通過，請秘書處於二讀會時印送全體代表參考。並建議大會依照對照表所列順序，依次逐條討論議決。

二十四日，國民大會將進行修憲案第二、三讀會的表決，民主進步

黨、中國國民黨、新黨為展現合力通過國民大會虛級化的決心，各黨中央高層游錫堃、林豐正、郝龍斌等人都將前往陽明山督陣，黨籍國民大會代表若違反黨的決策，一律開除黨籍。第五次大會計有出席代表三一二人，由代議長陳金讓主持。會中討論修憲案二讀會：第三屆國民大會第五次會議修憲審查委員會審查通過經大會議決進行二讀之條文及其修正案，逐條議決案。經主席宣布進行程序，修憲案二讀會，首先朗讀針對修憲審查委員會審查通過之修憲提案所提之修正案條文後（除修正案第五號、第九號外），依修正案案號順序，分別由提案人說明要旨，提案說明時間為十分鐘，俟全部修正案說明完畢後，進行廣泛討論。隨後由秘書處依次逐案朗讀各修正案條文。修正案第一號、第二號提案人經主席徵詢提案人未作說明；修正案第三號提案人蔡志弘代表說明；修正案第四號提案人江昭儀代表說明。

　　修正案第六號、第七號經主席徵詢提案人未作說明；修正案第八號提案人林勝利代表說明；修正案第十號經主席徵詢提案人未作說明。經主席宣布結束修正案提案人說明，繼續進行二讀會廣泛討論，發言代表包括尤松雄、蔡亮亮等十七位代表。下午一時三十分繼續開會，逐條討論與逐條議決修憲案，修正憲法增修條文第一條及其修正案第二號、第四號、第八號、第十號條文（有關國民大會），發言代表有邱建勇；修正憲法增修條文第二條及其修正案第四號（有關總統部分），發言代表有邱建勇、李榮勝、莊勝榮、江惠貞等四位代表；修正憲法增修條文第四條及其修正案第一號、第三號、第七號條文（有關立法院部分），發言代表有王戴春滿、林昌、邱建勇等三位代表；修正憲法增修條文第五條及其修正案第六號條文（有關司法院部分），發言代表有王智、戴榮聖、陳建銘、莊勝榮等四位代表；修正憲法增修條文第九條條文（有關省縣地方制度部分），發言代表有陳大鈞；修正憲法增修條文第十條條文（有關基本國策部分），發言代表有徐鴻進。

　　經清點在場人數二八〇人，已達代表總額三分之二之出席。隨後進行二讀會逐條議決（**表3-32**），二讀會逐條議決之進行程序，依照四月

表3-32　二讀會各項提案決議表

提案案號	主要內容	表決方式	表決結果 在場人數／贊成人數 （須達出席代表四分之三）
修正案第十號	第三屆國民大會代表任期至八十九年五月十九日止，國民大會組織法應於二年內配合修正。	舉手表決	297／292
修正憲法增修條文第一條條文	依政黨比例代表制選出三百名任務型國民大會代表。	記名投票	299／291
修正憲法增修條文第二條條文	總統、副總統罷免案，須經四分之一立法委員提議，三分之二同意後提出，並經全國人民投票，過半數贊成才能罷免。	記名投票	295／284
修正憲法增修條文第四條條文	領土變更須經立法院同意，國民大會複決。　對總統、副總統彈劾須經三分之二立法委員決議後，向國民大會提出。	記名投票	293／286
修正案第六號第一項	司法院大法官除原法官轉任者外，不適用法官終身職待遇之規定。	舉手表決	285／249
修正憲法增修條文第五條條文	司法院大法官由總統提名，經立法院同意任命之。	記名投票	296／279
修正憲法增修條文第六條條文	考試院正、副院長、考試委員由總統提名，經立法院同意任命之。	記名投票	283／277
修正憲法增修條文第七條第二項條文	監察委員二十九人，由總統提名，經立法院同意任命之。	記名投票	284／280
修正憲法增修條文第七條條文	國民大會代表集會期間之費用以法律定之	記名投票	284／279
修正憲法增修條文第八條條文	臺灣省政府之功能、業務與組織之調整，得以法律為特別之規定。	記名投票	288／282
修正憲法增修條文第九條條文	增訂社會福利、軍人保障條項。	記名投票	290／290

資料來源：http://www.nasm.gov.tw/meeting/meeting-0503.HTM

二十一日第四次大會通過廖代表榮清等二四八人臨時動議為之。

　　經主席宣布，修憲案二讀會逐條表決完畢，請「二讀會修正議決之條項文句整理小組」代表朱新民報告中華民國憲法增修條文第一條、第二條、第四條至第十條修正條文之整理情形。主席經徵詢大會同意照二讀會修正議決之條項文句整理小組整理之中華民國憲法增修條文部分條文修正草案通過，並請秘書處宣讀中華民國憲法增修條文部分條文修正草案。隨後主席宣布進行第三讀會，並以記名投票進行全案條文表決。經過記名表決，二百八十七人領票，二百八十五人贊成，二人棄權，通過修憲三讀程序，晚間十一時二十二分當主席陳金讓敲下議事槌後，整個修憲工作才算功德圓滿落幕（《第三屆國民大會第五次會議第五次大會速記錄》，2000：1-93）。

三、分析

　　第六次中華民國憲法增修條文的內容詳**表3-33**。

　　第三屆國民大會第五次會議第五次大會所進行的第六次修憲，總共完成憲法增修條文第一條至第十一條，而將原來增修條文第一至十一條中已經不再適用的部分條文刪除，再另外增加一些新的規定。縱觀該次憲法增修條文的重點，在於將國民大會的權力轉移至立法院，而改變了國民大會、總統與立法院三者之間的權力關係。故此次修憲所體現的特徵在於強化立法權，虛化國民大會。茲就目前中央政府體制改變的部分，分析如下：

（一）　國民大會現有職權

■ 複決立法院所提修憲案

　　根據第六次憲法增修條文第一條第一項與第二項第一款的規定，於立法院提出憲法修正案，並經半年公告[45]，而採政黨比例代表制之選舉方式（由立法院以法律定之）於三個月內產生，以複決立法院所提修憲

表3-33　第六次中華民國憲法增修條文的內容

條	條文內容	備註
1	第一項（第一項修正）：國民大會代表三百人，於立法院提出憲法修正案、領土變更案，經公告半年，或提出總統、副總統彈劾案時，應於三個月內採比例代表制選出之，不受憲法第二十六條、第二十八條及第一三五條之限制。比例代表制之選舉方式以法律定之。 　第二項（第二項修正）：國民大會之職權如左，不適用憲法第四條、第二十七條第一項第一款至第三款及第二項、一七四條第一款之規定： 　　一、依憲法第二十七條第一項第四款及第一七四條第二款之規定，複決立法院所提之憲法修正案。 　　二、依增修條文第四條第五項之規定，複決立法院所提之領土變更案。 　　三、依增修條文第二條第十項之規定，議決立法院提出之總統、副總統彈劾案。 　第三項（第三項修正）：國民大會代表於選舉結果確認後十日內自行集會，國民大會集會以一個月爲限，不適用憲法第二十九條及第三十條之規定。 　第四項（第四項修正）：國民大會代表任期與集會期間相同，憲法第二十八條之規定停止適用。 　第三屆國民大會代表任期至中華民國八十九年五月十九日止。國民大會職權調整後，國民大會組織法應於二年內配合修正。	本條凍結憲法本文： 第四條 第二十六條 第二十七條第一項第一款 第二十七條第一項第二款 第二十七條第一項第三款 第二十七條第二項 第二十八條 第二十九條 第三十條 第一三五條 第一七四條第一款
2	第一項：總統、副總統由中華民國自由地區全體人民直接選舉之，自中華民國八十五年第九任總統、副總統選舉實施。總統、副總統候選人應聯名登記，在選票上同列一組圈選，以得票最多之一組爲當選。在國外之中華民國自由地區人民返國行使選舉權，以法律定之。 　第二項（第二項修正）：總統發布行政院院長與依憲法經立法院同意任命人員之任免命令及解散立法院之命令，無須行政院院長之副署，不適用憲法第三十七條之規定。 　第三項：總統爲避免國家或人民遭遇緊急危難或應付財政經濟上重大變故，得經行政院會議之決議發布緊急命令，爲必要之處置，不受憲法第四十三條之限制。但須於發布命令後十日內提交立法院追認，如立法院不同意時，該緊急命令立即失效。 　第四項：總統爲決定國家安全有關大政方針，得設國家安全會	本條凍結憲法本文： 第三十七條 第四十三條 第四十七條 第四十九條

（續）表3-33　第六次中華民國憲法增修條文的內容

條	條文內容	備註
	議及所屬國家安全局，其組織以法律定之。	
	第五項：總統於立法院通過對行政院院長之不信任案後十日內，經諮詢立法院院長後，得宣告解散立法院。但總統於戒嚴或緊急命令生效期間，不得解散立法院。立法院解散後，應於六十日內舉行立法委員選舉，並於選舉結果確認後十日內自行集會，其任期重新起算。	
	第六項：總統、副總統之任期爲四年，連選得連任一次，不適用憲法第四十七條之規定。	
	第七項（第七項修正）：副總統缺位時，總統應於三個月內提名候選人，由立法院補選，繼任至原任期屆滿爲止。	
	第八項：總統、副總統均缺位時，由行政院院長代行其職權，並依本條第一項規定補選總統、副總統，繼任至原任期屆滿爲止，不適用憲法第四十九條之有關規定。	
	第九項（第九項修正）：總統、副總統之罷免案，須經全體立法委員四分之一之提議，全體立法委員三分之二之同意後提出，並經中華民國自由地區選舉人總額過半數之投票，有效票過半數同意罷免時，即爲通過。	
	第十項：立法院向國民大會提出之總統、副總統彈劾案，經國民大會代表總額三分之二同意時，被彈劾人應即解職。	
3	第一項：行政院院長由總統任命之。行政院院長辭職或出缺時，在總統未任命行政院院長前，由行政院副院長暫行代理。憲法第五十五條之規定，停止適用。 　　第二項：行政院依左列規定，對立法院負責，憲法第五十七條之規定，停止適用： 　　一、行政院有向立法院提出施政方針及施政報告之責。立法委員在開會時，有向行政院長及行政院各部會首長質詢之權。 　　二、行政院對於立法院決議之法律案、預算案、條約案，如認爲有窒礙難行時，得經總統之核可，於該決議案送達行政院十日內，移請立法院覆議。立法院對於行政院移請覆議案，應於送達十五日內作成決議。如爲休會期間，立法院應於七日內自行集會，並於開議十五日內作成決議。覆議案逾期未議決者，原決議失效。覆議時，如經全體立法委員二分之一以上決議維持原案，行政院院長應即接受該決議。 　　三、立法院得經全體立法委員三分之一以上連署，對行政院院長	本條凍結憲法本文： 第五十五條 第五十七條

（續）表3-33　第六次中華民國憲法增修條文的內容

條	條文內容	備註
	提出不信任案。不信任案提出七十二小時後，應於四十八小時內以記名投票表決。如經全體立法委員二分之一以上贊成，行政院院長應於十日內提出辭職，並得同時呈請總統解散立法院；不信任案如未獲通過，一年內不得對同一行政院院長再提不信任案。 　　第三項：國家機關之職權、設立程序及總員額，得以法律為準則性之規定。 　　第四項：各機關之組織、編制及員額，應依前項法律，基於政策或業務需要決定之。	
4	第一項：立法院立法委員自第四屆起二百二十五人，依左列規定選出之，不受憲法第六十四條之限制： 　　一、自由地區直轄市、縣市一百六十八人。每縣市至少一人。 　　二、自由地區平地原住民及山地原住民各四人。 　　三、僑居國外國民八人。 　　四、全國不分區四十一人。 　　第二項：前項第三款、第四款名額，採政黨比例方式選出之。第一款每直轄市、縣市選出之名額及第三款、第四款各政黨當選之名額，在五人以上十人以下者，應有婦女當選名額一人，超過十人者，每滿十人應增婦女當選名額一人。 　　第三項（第三項增列）：立法院於每年集會時，得聽取總統國情報告。 　　第四項（原第三項未修正，改列為第四項）：立法院經總統解散後，在新選出之立法委員就職前，視同休會。 　　第五項（第五項增列）：中華民國領土，依其固有之疆域，非經全體立法委員四分之一之提議，全體立法委員四分之三之出席，及出席委員四分之三之決議，並提經國民大會代表總額三分之二之出席，出席代表四分之三之複決同意，不得變更之。 　　第六項（原第四項未修正，改列為第六項）：總統於立法院解散後發布緊急命令，立法院應於三日內自行集會，並於開議七日內追認之。但於新任立法委員選舉投票日後發布者，應由新任立法委員於就職後追認之。如立法院不同意時，該緊急命令立即失效。 　　第七項（第七項修正）：立法院對於總統、副總統之彈劾案，須經全體立法委員二分之一以上之提議，全體立法委員三分之二	本條凍結憲法本文： 第六十四條 第七十四條 第九十條 第一〇〇條 增修條文第七條第一項

（續）表3-33　第六次中華民國憲法增修條文的內容

條	條文內容	備註
	以上之決議，向國民大會提出，不適用憲法第九十條、第一○○條及增修條文第七條第一項有關規定。 　　第八項（原第六項未修正，改列為第八項）：立法委員除現行犯外，在會期中，非經立法院許可，不得逮捕或拘禁。憲法第七十四條之規定，停止適用。	
5	第一項（第一項修正）：司法院設大法官十五人，並以其中一人為院長、一人為副院長，由總統提名，經立法院同意任命之，自中華民國九十二年起實施，不適用憲法第七十九條之規定。司法院大法官除法官轉任者外，不適用憲法第八十一條及有關法官終身職待遇之規定。 　　第二項：司法院大法官任期八年，不分屆次，個別計算，並不得連任。但並為院長、副院長之大法官，不受任期之保障。 　　第三項：中華民國九十二年總統提名之大法官，其中八位大法官，含院長、副院長，任期四年，其餘大法官任期為八年，不適用前項任期之規定。 　　第四項：司法院大法官，除依憲法第七十八條之規定外，並組成憲法法庭審理政黨違憲之解散事項。 　　第五項：政黨之目的或其行為，危害中華民國之存在或自由民主之憲政秩序者為違憲。 　　第六項：司法院所提出之年度司法概算，行政院不得刪減，但得加註意見，編入中央政府總預算案，送立法院審議。	本條凍結憲法本文： 第七十九條 第八十一條
6	第一項：考試院為國家最高考試機關，掌理左列事項，不適用憲法第八十三條之規定： 　　一、考試。 　　二、公務人員之銓敘、保障、撫卹、退休。 　　三、公務人員任免、考績、級俸、陞遷、褒獎之法制事項。 　　第二項（第二項修正）：考試院設院長、副院長各一人，考試委員若干人，由總統提名，經立法院同意任命之，不適用憲法第八十四條之規定。 　　第三項：憲法第八十五條有關按省區分別規定名額，分區舉行考試之規定，停止適用。	本條凍結憲法本文： 第八十三條 第八十四條 第八十五條
7	第一項：監察院為國家最高監察機關，行使彈劾、糾舉及	本條凍結憲法本文：

（續）表3-33　第六次中華民國憲法增修條文的內容

條	條文內容	備註
	審計權，不適用憲法第九十條及第九十四條有關同意權之規定。 　第二項（第二項修正）：監察院設監察委員二十九人，並以其中一人爲院長、一人爲副院長，任期六年，由總統提名，經立法院同意任命之。憲法第九十一條至第九十三條之規定停止適用。 　第三項：監察院對於中央、地方公務人員及司法院、考試院人員之彈劾案，須經監察委員二人以上之提議，九人以上之審查及決定，始得提出，不受憲法第九十八條之限制。 　第四項：監察院對於監察院人員失職或違法之彈劾，適用憲法第九十五條、第九十七條第二項及前項之規定。 　第五項：監察委員須超出黨派以外，依據法律獨立行使職權。 　第六項：憲法第一〇一條及第一〇二條之規定，停止適用。	第九十條 第九十四條 第九十一條 第九十二條 第九十三條 第九十八條 第一〇一條 第一〇二條
8	第八條（第八條修正）：立法委員之報酬或待遇，應以法律定之。除年度通案調整者外，單獨增加報酬或待遇之規定，應自次屆起實施。國民大會代表集會期間之費用，以法律定之。	
9	第一項：省、縣地方制度，應包括左列各款，以法律定之，不受憲法第一〇八條第一項第一款、第一〇九條、第一一二條至第一一五條及第一二二條之限制： 　　一、省設省政府，置委員九人，其中一人爲主席，均由行政院院長提請總統任命之。 　　二、省設省諮議會，置省諮議會議員若干人，由行政院院長提請總統任命之。 　　三、縣設縣議會，縣議會議員由縣民選舉之。 　　四、屬於縣之立法權，由縣議會行之。 　　五、縣設縣政府，置縣長一人，由縣民選舉之。 　　六、中央與省、縣之關係。 　　七、省承行政院之命，監督縣自治事項。 　第二項（原第二項刪除，原第三項修正，改列爲第二項）：臺灣省政府之功能、業務與組織之調整，得以法律爲特別之規定。	本條凍結憲法本文： 第一〇八條第一項第一款 第一〇九條 第一一二條 第一一三條 第一一四條 第一一五條 第一二二條

（續）表3-33　第六次中華民國憲法增修條文的內容

條	條文內容	備註
10	第一項：國家應獎勵科學技術發展及投資，促進產業升級，推動農漁業現代化，重視水資源之開發利用，加強國際經濟合作。 第二項：經濟及科學技術發展，應與環境及生態保護兼籌並顧。 第三項：國家對於人民興辦之中小型經濟事業，應扶助並保護其生存與發展。 第四項：國家對於公營金融機構之管理，應本企業化經營之原則；其管理、人事、預算、決算及審計，得以法律為特別之規定。 第五項：國家應推行全民健康保險，並促進現代和傳統醫藥之研究發展。 第六項：國家應維護婦女之人格尊嚴，保障婦女之人身安全，消除性別歧視，促進兩性地位之實質平等。 第七項：國家對於身心障礙者之保險與就醫、無障礙環境之建構、教育訓練與就業輔導及生活維護與救助，應予保障，並扶助其自立與發展。 第八項（第八項增列）：國家應重視社會救助、福利服務、國民就業、社會保險及醫療保健等社會福利工作，對於社會救助和國民就業等救濟性支出應優先編列。 第九項（第九項增列）：國家應尊重軍人對社會之貢獻，並對其退役後之就學、就業、就醫、就養予以保障。 第十項：教育、科學、文化之經費，尤其國民教育之經費應優先編列，不受憲法第一六四條規定之限制。 第十一項（原第九項未修正，改列為第十一項）：國家肯定多元文化，並積極維護發展原住民族語言及文化。 第十二項（原第十項修正，改列為第十二項）：國家應依民族意願，保障原住民族之地位及政治參與，並對其教育文化、交通水利、衛生醫療、經濟土地及社會福利事業予以保障扶助並促其發展，其辦法另以法律定之。對於澎湖、金門及馬祖地區人民亦同。 第十三項（原第十一項未修正，改列為第十三項）：國家對於僑居國外國民之政治參與，應予保障。	本條凍結憲法本文：第一六四條
11	自由地區與大陸地區間人民權利義務關係及其他事務之處理，得以法律為特別之規定。	

案。

■複決立法院所提領土變更案

　　根據第六次憲法增修條文第一條第一項與第二項第二款的規定,於
立法院提出領土變更案,並經半年公告,而採政黨比例代表制之選舉方
式(由立法院以法律定之)於三個月內產生,以複決立法院所提領土變
更案。

■議決立法院所提總統、副總統彈劾案

　　根據第六次憲法增修條文第一條第一項與第二項第三款的規定,於
立法院提出總統、副總統彈劾案時,採政黨比例代表制之選舉方式(由
立法院以法律定之)於三個月內產生,以議決立法院所提總統、副總統
彈劾案。

(二)　立法院得自國民大會的職權

■提出中華民國領土變更案

　　中華民國領土,依其固有之疆域,非經全體立法委員四分之一之提
議,全體立法委員四分之三之出席,及出席委員四分之三之決議,並提
經國民大會代表總額三分之二之出席,出席代表四分之三之複決同意,
不得變更之(第六次憲法增修條文第一條第一項與第四條第五項)。

■行使司法、考試、監察三院人事同意權(第六次憲法增修條文第二條第二項)

　　司法院設大法官十五人,並以其中一人為院長、一人為副院長,由
總統提名,經立法院同意任命之(第六次憲法增修條文第五條第一
項);考試院設院長、副院長各一人,考試委員若干人,由總統提名,
經立法院同意任命之(第六次憲法增修條文第六條第二項);監察院設
監察委員二十九人,並以其中一人為院長、一人為副院長,任期六年,
由總統提名,經立法院同意任命之(第六次憲法增修條文第七條第二

項）。

■補選副總統

副總統缺位時，總統應於三個月內提名候選人，由立法院補選，繼任至原任期屆滿爲止（第六次憲法增修條文第二條第七項）。

■提出罷免正、副總統案

總統、副總統之罷免案，須經全體立法委員四分之一之提議，全體立法委員三分之二之同意後提出，並經中華民國自由地區選舉人總額過半數之投票，有效票過半數同意罷免時，即爲通過（第六次憲法增修條文第二條第九項）。

■聽取總統國情報告

立法院於每年集會時，得聽取總統國情報告（第六次憲法增修條文第四條第三項）。

（三）取消大法官終身優遇制度

根據第六次憲法增修條文第五條第一項後段：「司法院大法官除法官轉任者外，不適用憲法第八十一條及有關法官終身職待遇」的規定，未來不具實任司法官身分的大法官，任滿後即不得享有優遇，也不適用「司法官退養金給與辦法」享有高額退養金，只適用「政務人員退職酬勞金給與條例」，二者差別極大[46]。蓋依中華民國法律對司法官享有的保障制度分別有「終身職」、「優遇」及「退養金」三種，但並非三者並存。其中最近受到爭議的優遇問題，即是針對年滿七十歲或滿六十五歲身體欠佳的司法官設立，以符憲法對司法官終身職的保障，終身享有薪俸。後來爲鼓勵司法官及時退休，並且兼顧偵查、審判品質，「司法官退養金給與辦法」隨之而生，退休司法官除可依年資領取退職金外，還可另外加領一筆「退養金」，也就是說，優遇與否的差別就是在於退養金的有無。依退養金辦法，訂定六十五歲以前退休的司法官可加領退

職金10%的退養金，七十歲以後退休可加領5％，爲鼓勵優退，六十五歲以上未滿七十歲退休者，則可加領退職金140％的退養金，以此估計最高可能領取一千多萬元的退休金。現行「司法官退養金給與辦法」定有大法官準用規定，但大法官不適用優遇後，不具司法官身分的大法官即不得再享有這項退養金給與辦法，只適用政務人員退職酬勞金給與條例，以五百萬元的退職金爲例，原來大法官最高可另外加領退職金一點四倍，即七百萬的退養金，共計可領約一千二百萬的退休金，如今非實任司法官的大法官將減少總金額的六成退休金，差別很大（《聯合報》，2000/04/25：2）。

　　如此修改的主因在於第三屆國民大會對司法院大法官所做釋字第四九九號憲法解釋，判定第三屆國民大會所爲之第五次修憲案違憲失效，所引發的反彈，故該項規定很明顯是「對於大法官的報復條款」。其實，大法官的保障條款，已規定於「司法院組織法」第五條第三項：「大法官任期屆滿而未連任者，視同停止辦理案件之司法官，適用司法人員人事條例第四十條第三項之規定。」司法院組織法及司法人員人事條例，都是普通法律，這些規定都屬法律層次，不是憲法層次的規定。要修改的話，只要立法院修改司法院組織法即可，根本不需國民大會動用修憲權來處理。再則，該項顯然將大法官分成兩類：法官出身者（可以適用一般法官之優遇）、非法官出身者（不能適用一般法官之優遇），而造成「一院兩制」的差別待遇，獨立釋憲的公信力，多少受到影響。蓋司法院組織法規定大法官的保障條款，其主旨在於讓大法官生活無憂，排除社會與政治困擾，以確保大法官獨立釋憲的功能，發揮憲法守護的精神。如今基於意氣之爭，而排除部分大法官的優遇條款，實非社稷之福。

（四）保障軍人條文入憲

　　根據第六次憲法增修條文第十條第九項的規定：「國家應尊重軍人對社會之貢獻，並對其退役後之就學、就業、就醫、就養予以保障。」

（五）影響與評估

第六次憲法增修條文修正通過後，中華民國自行憲以來的憲政體制將出現重大改變，代表人民行使政權的國民大會從此走向虛級化，朝任務取向集會。原屬國民大會多數職權將移轉至立法院，形成準單一實權國會（國民大會並未「廢除」），總統（有權無責）與行政（有責無權）、立法（一院獨大）兩院的互動新局，同時也宣告五權憲法體制正式走入歷史。縱觀國民大會從五五憲草所設計的常設政權機關，到制憲時成為任務取向的常設機關（僅保留少數政權），第一屆國民大會代表曾企圖將國民大會變回常設且具實權的政權機關，卻功敗垂成。第二、三屆國民大會代表則積極尋求轉型，企圖將國民大會變成正常國會的第二院，如今卻變成一個任務取向的非常設機關（任務終了即行解散），只保留複決修憲、領土變更，及議決彈劾總統、副總統等三權。

平心而論，中華民國憲法的主要問題並非出在國民大會的體制設計，而是出在操縱國民大會的政黨及國民大會代表身上。十年來六次修憲，總是政治權謀過多而制度理念太少，造成憲政主義幾近破產。每次修憲倉促，思慮不深，缺乏完整配套措施的結果，是一修再修，讓憲法應有的穩定性難以在人民的心理上萌芽生根，導致人民希望廢除國民大會。為順應民意，朝野政黨在短短一個月的時間之內，利用任期將屆的國民大會代表通過任務型國民大會修憲案，但倉促為之的結果，將致未來憲政運作堪慮。茲就本次修憲後可能發生的問題，整理如下：

■任務型國民大會與立法院的衝突

未來修憲案主動權將從國民大會移至立法院，依據第六次憲法增修條文的規定，當立法院提出修憲案時，將依政黨比例代表制產生任務型國民大會，並在一個月內行使贊成或反對的複決權。如果任務型國民大會否決立法院修憲案，立即產生立法院與任務型國民大會的憲政衝突。再者，為了改善國民大會年年修憲的問題，這次修憲將國民大會所獨佔

的修憲權改成由立法院主動提案、國民大會被動複決的「兩機關、兩階段」修憲模式。換言之，不論「複決」或「議決」，發動者都是立法院，而國民大會的功能顯然在於以第二層的民意來加以制衡立法院，使立法院在從事這些重大決定時，不至於脫離民意。因此，在組織和程序的設計上，便應使此一制衡功能極大化。但就法條分析，由於立法院行使這些職權（複決修憲、領土變更，及議決彈劾總統、副總統）都需跨過四分之三或三分之二的高門檻，才能提出，而就目前及未來的立法院政黨生態而言，將無任何一個政黨可單獨佔有立法院四分之三或三分之二的席次，所以任何修憲案的提出，一定要透過政黨協商，並達成高度共識後，才有可能提出。

然就憲法學理論之，任務型國民大會的組成，應以民意而非黨意為依歸，因此愈是超政黨化，才愈能發揮制衡政黨與多元選擇的功能。可是此番修憲所設計的全額政黨比例代表制，正好反其道而行，人民最後只能選擇經由主流政黨所制定的協商版；最後結果是黨意取代了民意。

總之，為使國民大會能成為真正的「『國民』的大會」，而非「『政黨』的大會」，則在未來國民大會的制度設計上，就應該朝淡化政黨色彩、強化委任投票[47]的方向去規劃。也就是使國民大會的運作更趨近於公民投票的實質（謝政道，1999：222-7）。當國民大會代表基本上是依民意付託而投票（國民大會代表投票以記名方式為之，以示對其選民負責）；因此，在正常情況，任務型國民大會應能在一週內即行表決並解散閉會。

■立法院與總統的衝突

依據第六次憲法增修條文的規定，國民大會原有的聽取總統國情報告權，將轉移至立法院。換言之，未來立法院每年集會時，將可藉由聽取總統國情報告，而使立法院與總統之間產生溝通管道，但總統的國情報告將可能壓縮行政院院長的備詢空間。此外，總統至立法院從事國情報告，立法委員原則上僅可提供「建言」，但不可「質詢」，故總統與行

政院院長對立法院的關係仍有差別，但立法委員是否能正確掌握「建言」與「質詢」的分際，則有待規則建立與事實證明。但以目前政治生態分析，總統陳水扁屬民主進步黨籍，而中國國民黨在立法院則是佔絕對優勢的多數黨，如果未來立法院在訂定相關辦法時，明定若干牽制總統赴立法院國情報告的規定，勢必會引發總統與立法院之間的衝突，屆時釋憲在所難免。因此，立法院必須對總統國情報告如何運作，研議出具體可行的方案，才不會淪為另類的「質詢」。其實，中華民國總統至立法院從事國情報告，正如美國總統至美國國會發表國情咨文一樣，其意義僅為一種宣示性、象徵性。但關鍵在於將美國的制度搬到中華民國來用，正如「橘」踰淮而北為「枳」，故是否能同樣的運作順暢，則有待事實的檢證。

■ 總統和行政院院長的衝突

依據第六次憲法增修條文的規定，將原本總統應到國民大會提出國情報告並聽取建言的設計，轉移至立法院，形成總統和行政院院長各自到立法院提出報告並聽取建言或接受質詢的情況。當總統和行政院院長意見不同的時候，究竟應該以誰為準（誰主控行政權），便成為憲政問題。以往，當總統的政策方向和行政院院長有所不同時，仍然要由行政院院長向立法院提出法案或預算，方能落實政策，其間藉由協調運作，仍有緩衝的機會，不致發生衝突。如今，將國民大會職權硬生生地轉移至立法院，並缺乏配套措施，早晚會發生嚴重的衝突。尤其當總統任命立法院多數黨黨籍人士為行政院院長時，當中國國民黨黨籍的立法委員支持同黨籍的行政院院長，以抗衡不同黨籍的總統時，又該如何處理？將益形混亂複雜（**表**3-34）。

換言之，當總統基於現實政治的考量而任命行政院院長之後，便會涉入立法院，而形成雙行政、單立法的三角權力關係。其中，雙行政的權力關係又可演變成如**表**3-35所示的三種制度走向。

就表3-35的分析可知，不論走向「總統制」或「內閣制」，都會使

表3-34　總統與行政院院長的任命關係

總統的 任命權	立法院的 過半數支持	行政院院長
✓	✓	行政院院長獲得總統的任命上台，且因擁有立法院過半數的支持，所以比較容易推行政策，而不易倒閣。
✓	✕	行政院院長獲得總統的任命上台，但因缺乏立法院過半數的支持，所以比較不易推行政策，而容易倒閣。
✕	✓	不存在此種狀況。
✕	✕	不存在此種狀況。

表3-35　總統與行政院院長的權力關係所造成的制度走向

總統	行政院院長	制度走向
實權	實權	雙重行政首長制
實權	虛權	成為總統制（行政院院長成為總統的幕僚長）
虛權	實權	成為內閣制（總統成為虛位元首）
虛權	虛權	不存在此種狀況

整個政治制度的行政權責關係呈現比較清晰的輪廓。若走向「雙重行政首長制」的話，則須視總統與行政院院長之間的行政權力分配情形而定。

■立法院和總統、行政院院長之間缺乏制衡機制

　　目前的憲政體制，是總統掌握行政院院長的「任命權」[48]，而行政院院長向立法院負責。立法院對政策不滿，可對行政院院長提出不信任案，而行政院院長亦可提請總統解散立法院，並立即進行改選；若行政院院長不同意立法院的法案，只能經總統核可，於該決議案送達行政院十日內，移請立法院覆議。但只要立法院二分之一維持原議，行政院院長就必須接受。從這三角關係可以看出，若是立法院存心刁難總統及行政院院長，只要完全按己意立法、通過預算，而不動用不信任案，則總統和行政院院長就完全沒有辦法應付。過去中國國民黨一黨執政，總統和立法院均由其掌握，這個問題並未顯現出來；如今，總統屬民主進步黨籍，中國國民黨卻仍據立法院多數地位，其間的失衡狀態就暴露無

遺。因而，一方面民主進步黨汲汲於組建立法院多數聯盟；另一方面，中國國民黨黨籍立法委員若能團結，就可主動立法交由新政府執行。屆時，國民大會的職權全數移交立法院，不啻是增添立法院多數黨向總統及行政院長進行政治角力的武器。其結果若非政潮不斷，就是總統和行政院長須以更多的利益交換來安撫或個別擊破立法委員，以期施政平順。倘若政治交易的過程中，連必須獨立行使職權的司法、考試和監察三院人事也包括在內，則恐將損及憲政機關的公信力，進而使得憲政危機勢難避免。蓋司法、考試、監察三院的人事同意權已由國民大會移轉至立法院，而進一步地擴大了立法院的權力，使立法院對司法、考試、監察三院的控制，集法案、預算與人事於一身；復以，立法院目前的同意權門檻僅採普通多數，故可能使這三個最需要保持獨立自主的機關，基於利益交換，而成為某一派系的禁臠。

總結，在這次修憲促使國民大會虛級化後，未來立法院獨擁國會大權，是否會藉此而遂行各種政治利益的勒索，並繼國民大會之後成為政治亂源，而埋下未來的政治隱憂，歷史將會說明一切。

其實，任何政治制度的設計不外國家權力結構如何安排與分配的一項政治建設工程。當這項政治建設工程被制度化（institutionalization）與秩序化（normalization）（葉啟政，1991：105-52）的結果，就是生產一套基本法來規範國家權力，而這套基本法就是通稱的「憲法」（constitution）。在架構一套憲法的時候，制憲者必須從宏觀的角色來規劃不同機構之間的權力對應關係，讓權責相符（有權負責，無權免責）；同時，要將情況模擬至最壞的狀況下，該制度仍能應付、化解，而非訴諸當權者的道德良知。

以此觀之，第六次修憲並未將中央政府體制的問題做整體考量，致使缺失不斷。由最近數次修憲過程的各種記錄分析可知，中華民國的修憲方向實朝美國總統制而行。為此，仍需完成以下修憲工作，方滿足總統制的基本要件：

1.總統必須以絕對多數制產生。

2.總統可以否決立法院通過的法案，但不能解散立法院；立法院想要維持被總統否決的法案，必須三分之二多數通過。

3.行政院院長向總統負責，而不必向立法院負責。

4.立法院無權對行政院院長提出不信任案，而行政院院長亦無權提請總統解散立法院。

　　如今，本次國民大會修憲草率的結果，不僅未能化解以往憲政運作的危機，並因此次修憲後，修憲提案權專屬於立法院，而立法院提出修憲案，必須立法委員四分之一提案、四分之三出席、出席立法委員四分之三同意，方可提出。以立法院目前的情況，中國國民黨和民主進步黨合作的話，尚有可能跨越修憲提案門檻，而進行修憲；但及至二〇〇一年年底立法院改選後，多黨競爭的態勢一旦出現，則屆時各政黨之間的利害關係益形複雜，修憲困難度必然大幅提高，憲政僵局可能的解決方式，便不外訴諸大法官會議解釋途徑。

第七節　第七次中華民國憲法增修條文的制定

一、制定時間：二〇〇四年八月二十三日第五屆立法院第五會期第一次臨時會通過憲法修正案。

二〇〇五年四月二十四日第三屆國民大會第五次會議第五次大會複決通過立法院所提中華民國憲法增修條文修正案。

二、制定地點：台北市。

三、公布時間：二〇〇五年六月十日總統華總一義字第09400087551號令修正公布第1、2、4、5、8條條文；並增訂第12條條文。

現行增修條文。

四、本節摘要：第七次中華民國憲法增修條文的主要內容如下：(一)中華民國領土，依其固有疆域，非經全體立法委員四分之一之提議，

全體立法委員四分之三之出席，及出席委員四分之三之決議，提出領土變更案，並於公告半年後，經中華民國自由地區選舉人投票複決，有效同意票過選舉人總額之半數，不得變更之。(二)憲法之修改，須經立法院立法委員四分之一之提議，四分之三之出席，及出席委員四分之三決議，提出憲法修正案，並於公告半年後，經中華民國自由地區選舉人投票複決，有效同意票過選舉人總額之半數，即通過之。(三)立法委員自第七屆起減為一百一十三人，任期四年。(四)立法委員席次分配如下：1.自由地區直轄市、縣市七十三人。每縣市至少一人。依各直轄市、縣市人口比例分配，並按應選名額劃分同額選舉區選出之。2.自由地區平地原住民及山地原住民各三人。3.全國不分區及僑居國外國民共三十四人。依政黨名單投票選舉之，由獲得百分之五以上政黨選舉票之政黨依得票比率選出之，各政黨當選名單中，婦女不得低於二分之一。(五)總統、副總統之彈劾案，須經立法院全體立法委員分之一以上之提議，全體立法委員三分之二以上之決議，聲請司法院大法官審理。

一、肇因

第七次中華民國憲法增修條文的制定乃源自一九九六年「國家發展會議」的「二十二項改革共識」而來，此乃當時這些共識並非透過一次修憲的方式來加以解決，而是經由一九九七年的第四次修憲、二○○○年的第六次修憲的點滴式修憲工程陸續完成部分共識。所以，二○○五年的第七次修憲仍舊延續前述模式來實現「國家發展會議」的憲改共識。同時，本次修憲亦因第六次修憲時，將國民大會改為任務取向，而使修憲程序變更為「先由立法院提出憲法修正案，經公告半年後的三個月內採比例代表制選出國民大會代表，並在一個月內複決立法院所提之

憲法修正案。」

　　當然，在二〇〇〇年第六次修憲至二〇〇五年第七次修憲期間（**表3-36**），亦因數次中央級選舉議題的操作與少數政府長期執政所形成的朝野衝突，也左右了整個修憲議題的方向（謝政道、吳大平：2005：76-101）。

　　二〇〇〇年五月二十日，隸屬民主進步黨黨籍的陳水扁依法就任第十屆中華民國總統，然而我國政局卻未就此穩定，其主因就在陳水扁擔任總統到二〇〇五年六月十日第七次修憲完成的這段期間，立法院始終由泛藍黨派掌握多數席次，而引發行政與立法之間的衝突（**表3-37**）。茲就陳水扁擔任總統到二〇〇五年六月十日第七次修憲完成的這段期間，所任命之歷任行政院院長與立法院的互動情形簡述如下：

（一）唐飛內閣

　　2000年5月20日，民主進步黨籍的陳水扁就任中華民國第十任民選總統[49]，但立法院仍由中國國民黨擁有絕對的多數席次。於是，立即面臨行政院院長應當如何產生的問題。中國國民黨認為總統陳水扁應依照法國第五共和雙首長制的憲政慣例，即當總統不能掌握國會絕對多數時，應任命國會絕對多數黨或聯盟的領袖來擔任行政院院長，俾實施「左右共治」（芮正皋，1992；張台麟，1995；劉嘉甯，1990）。顯然，

表3-36　近十幾年重要選舉政黨得票率消長走勢表

	1989年	1992年	1992年	1995年	1996年	1996年	1998年	2000年	2001年	2004年	2004年	2004年
	立委	國大	立委	立委	總統	國大	立委	總統	立委	國大	總統	立委
國民黨	60.14%	71.17%	53.02%	46.06%	54%	49.68%	54.67%	23.1%	28.6%	38.92%	49.89%	32.83%
民進黨	28.28%	23.94%	39.42%	33.17%	21.13%	29.85%	31.11%	39.3%	33.4%	42.52%	50.11%	35.72%
親民黨	—	—	—	—	—	—	—	36.8%	18.6%	6.11%	—	13.90%
新黨	—	—	—	12.95%	14.9%	13.67%	4.89%	0.13%	2.6%	0.88%	—	0.12%
台聯	—	—	—	—	—	—	—	—	7.8%	7.05%	—	7.79%
無聯	—	—	—	—	—	—	—	—	0.65%	—	—	3.69%

資料來源：作者自行整理

表3-37　陳水扁擔任總統時期之歷任行政院院長與民主進步黨在立法院席次的對應表

總統屆期	總統任期	總統姓名	行政院長在任期間	行政院院長姓名	立法院屆期	立法委員任期	執政黨立法委員席次立法院立法委員總席次
10	2000/05/20 2004/05/20	陳水扁 DPP	2000/05/20 2000/10/06	唐飛 KMT	4	1999 2002	70（DPP）：225（總席次）
			2000/10/06 2002/02/01	張俊雄 DPP	4	1999 2002	70（DPP）：225（總席次）
			2002/02/01 2004/05/20	游錫堃 DPP	5	2002 2005	87（DPP）：225（總席次）
11	2004/05/20 2008/05/20		2004/05/20 2005/02/01	游錫堃 DPP	5	2002 2005	87（DPP）：225（總席次）
			2005/02/01 2005/06/10	謝長廷 DPP	6	2005 2008	89（DPP）：225（總席次）

資料來源：作者自行整理（各政黨立法委員席次常有變動，特此說明）。

總統陳水扁並未接受這樣的見解，而是依據其個人的主觀意願，任命中國國民黨籍的唐飛擔任行政院院長[50]。由於唐飛的任命並非黨（民主進步黨籍的總統）對黨（掌握國會絕對多數的中國國民黨）協商的結果，所以當時的中國國民黨對於唐飛擔任行政院院長一事，乃強調唐飛是以個人身份，而非黨的身份（即表明中國國民黨未必支持唐飛）入閣，故未符合法國第五共和雙首長制左右共治的憲政慣例。

　　隨後，內閣閣員的人事任命經過一個多月的安排才完成。由內閣閣員的任命過程可知，行政院院長唐飛對其內閣的人事布局，並無完整的掌控權，而是由總統陳水扁所介入主導（《自立晚報》，2000/5/12：2）。其實，唐飛臨時受命組閣，乃屬過渡內閣性質，除借重唐飛協助政府總預算案通過外，亦讓總統的嫡系人馬能有足夠時間，來熟悉政務。惟五個月不到，行政院院長唐飛便因「核四廠續建問題」與總統陳水扁的見解相左[51]，而藉病自行請辭（《聯合晚報》，2000/10/04），並留下究竟是總統或者行政院院長享有真正的政策主導權的問題[52]。

（二）張俊雄內閣

　　二〇〇〇年十月六日，總統陳水扁任命張俊雄（民主進步黨籍）出任行政院院長[53]，而確立內閣爲「少數政府[54]」（minority government）的型態。不旋，行政院院長張俊雄未同立法院協商，便宣布停建核四廠[55]，進而引發在野黨派的反彈，並尋求發動正副總統的罷免案[56]與對行政院的倒閣案[57]。

　　二〇〇〇年十一月，繼停建核四廠決策的爭議後，陳水扁總統透過「府院黨九人決策小組」的決議（黃德福，2001：113-26），由行政院院長張俊雄向立法院提出《勞動基準法修正案》，俾將法定工時改爲每週四十四小時，而意圖推翻二〇〇〇年六月，由立法院三讀通過[58]，總統公布的《勞動基準法》第三十條有關「縮短工時爲每兩週八十四小時案」的法律規定，而再次形成立法部門與行政部門的嚴重對立。往後行政院所提的「三三三方案」、「老人津貼」等重大政策，都在立法院受在野黨派的杯葛，而難以推動。究其主因就在於行政院無法透過覆議方式來推翻立法院所主導的政策與預算，致使行政院的施政陷於停滯。

（三）游錫堃內閣

　　二〇〇一年年底，民主進步黨將第五屆立法委員選舉之競選主軸定調爲「國會席次減半」、「單一選票兩票制」、「兩黨政治穩定政局」等三大方向，主張朝向兩黨政治的憲政體制方向來修正。及至第五屆立法委員改選之後（表3-38），張俊雄請辭行政院院長，總統陳水扁改任命

表3-38　各政黨在第五屆立法委員的席次分配

泛綠黨派聯盟			泛藍黨派聯盟		
100		10	115		
民主進步黨	台灣團結聯盟	無黨籍	中國國民黨	親民黨	新黨
87	13	10	68	46	1

資料來源：中央選舉委員會（http://210.69.23.140/pdf/B2001005.pdf）

游錫堃（民主進步黨籍）出任行政院院長。分析此次立法院改選結果，各政黨在第五屆立法委員的席次分配方面（詳**表3-38**），民主進步黨的立法委員席次大幅成長至八十七席，雖未超過半數席次，而依舊維持「少數政府」的內閣型態，卻也成為立法院比較多數黨。加上同為獨派色彩的台灣團結聯盟，只要能透過議題合作的方式（或威逼利誘的方式），拉攏到無黨籍與少數泛藍陣營立法委員的支持，便能在立法院獲得過半數的支持，從而使行政院能順利推動政策。

二〇〇四年，中華民國第十一屆總統大選結束，陳水扁因「三一九槍擊案」以得票率50.11%而驚險連任（**表3-39**），隨後行政院院長游錫堃因總統改選而率全體行政院政務官總辭，但游錫堃旋獲總統陳水扁的任命而再度擔任行政院院長，然而「少數政府」的內閣型態仍未改變。

（四）謝長廷內閣

第六屆立法委員改選之後，游錫堃請辭行政院院長，總統陳水扁改任命謝長廷（民主進步黨籍）出任行政院院長。分析此次立法院改選結果，各政黨在第六屆立法委員的席次分配方面（詳**表3-40**），民主進步

表3-39　第十一屆中華民國總統、副總統選舉得票比例表

中華民國總統、副總統候選人	政黨	得票數	得票率
陳水扁、呂秀蓮	民主進步黨	6471970	50.11%
連戰、宋楚瑜	中國國民黨	6442452	49.89%

資料來源：：中央選舉委員會（http://210.69.23.140/pdf/A2004005.pdf）

表3-40　各政黨在第六屆立法委員的席次分配

泛綠黨派聯盟				泛藍黨派聯盟		
101		10		114		
民主進步黨	台灣團結聯盟	無黨團結聯盟	無黨籍	中國國民黨	親民黨	新黨
89	12	6	4	79	34	1

資料來源：中央選舉委員會（http://210.69.23.140/pdf/B2004005.pdf）

黨的立法委員席次只略微成長二席，依舊未能掌握立法院過半席次，因
依舊維持「少數政府」的內閣型態，所以只能採取以往的相同策略來推
動政策。

二、過程

(一) 行政部門對憲政改革的規畫

　　二○○一年初，總統陳水扁邀集各界人士組成「經濟發展諮詢委員
會議」，又就該會部分成員組成「政府改造委員會」，以推動政府改造事
宜。其中關於憲政改革部分的規劃如下：

1.有關如何調整選舉期次、減少選舉次數，提升政府效能

　二○○二年一月十四日，政府改造委員會第二次委員會議決議事
　項：「現行中央公職人員選舉，經由歷次修憲，計有總統選舉及
　立法委員選舉兩種定期改選，惟因總統任期四年，立法委員任期
　三年，而依憲政體例，無論總統或立法委員改選，均須重新任命
　行政院長，進行內閣改組，致影響政務之推動」（http://www.
　president.gov.tw/2_special/innovation/index.html）。

2.有關中央民意代表選舉制度改革方案

　二○○二年五月五日，政府改造委員會第五次委員會議決議事
　項：「第五次委員會議決議立法委員選制改造原則如下：(1)立法
　委員的選舉，改採「單一選區兩票並立制」；易言之，此制實施
　後，全國應按照區域代表總額劃分為同額選舉區，每一選舉區應
　選出之名額為一人。選舉時，選民有兩張選票，一票投給區域代
　表，另一票投給政黨。(2)立法委員選舉區域代表人數佔總席位百
　分之六十，全國不分區代表人數佔總席位百分之四十。政黨應提
　列封閉式政黨比例代表候選人名單，各政黨依其政黨選票得票比

例，計算其所獲分配之席次，再按照候選名單排名次序，依序分配政黨比例代表席位。獲有全國政黨選票百分之五以上之政黨，方可參與分配政黨比例代表席位。(3)本選制改革方案應自第六屆立法委員選舉時實施」（http://www.president.gov.tw/2_special/innovation/index.html）。

3.有關立法委員總額暨各類代表名額改革方案

二〇〇二年五月五日，政府改造委員會第五次委員會議決議事項：「第五次委員會議決議立法委員選舉總額暨各類代表名額改造原則如下：(1)立法委員總額調整為一百五十人。(2)立法委員區域代表為九十人，其中直轄市、縣市選區代表八十四人，依人口數劃分選區，每縣市至少設一選區，各單一選區代表之產生，以多數決方式選出；原住民代表六人，以多數決方式選出。(3)立法委員不分區代表六十人，其中四人為海外僑民代表，均以政黨比例代表選出。(4)政黨於政黨比例代表候選名單中每提名四人應至少有婦女一人。另建議在區域立委選舉方面，各政黨提名之區域候選人，單一性別比例不得低於該政黨在區域立委選舉提名總額之百分之二十五。(5)此制應適用於第六屆立法委員」（http://www.president.gov.tw/2_special/innovation/index.html）。

4.有關立法委員自第六屆起任期延長為四年之建議修憲方案

二〇〇二年五月五日，政府改造委員會第五次委員會議決議事項：「鑑於現行我國公職人員中，總統、縣市長及地方民意代表任期均為四年，且現行立法委員任期三年過短，易造成新任立委不諳議事規則，導致議事效率不彰，因此第五次委員會議決議立法委員任期調整為四年，並自第七屆立法委員實施，第六屆立法委員任期則配合延長至二〇〇八年五月十九日止，以使立法委員的任期與總統的任期一致，並同時改選」（http://www.president.gov.tw/2_special/innovation/index.html）。

5.有關修憲時程建議方案

二○○二年五月五日，政府改造委員會第五次委員會議決議事項：「爲落實於第六屆立法委員選舉時實施新選制，第五次委員會議決議建請立法院於第五屆第二會期（二○○二年九月至十二月底）完成修憲提案，二○○三年八月三十一日前由國民大會複決修憲案，完成修憲程序；並建請立法院至遲於第五屆第四會期（二○○三年九月至十二月底）完成公職人員選罷法相關規定之修正，並由中選會發布選舉區劃分之變更公告，二○○五年一月二十日前完成立委改選程序」（http://www.president.gov.tw/2_special/innovation/index.html）。

（二）立法院「憲法修正案」提出過程

第五屆立法院自二○○二年三月立法委員提出第一件修憲提案到經院會交付審查之憲提案共有十九案。若依修憲議題區分，大概可歸納爲十項議題：國會改革（包括立法委員任期、席次、選制變更、婦女保障名額及身心障礙者保障名額等）；廢除國民大會及其職權之移轉；憲法修正程序、主權公投入憲；總統選舉制度及閣揆同意權；監察委員任期調整；警察預算由中央統一編列；選舉人年齡調整；刪除人民服兵役義務；立法委員不受逮捕特權之限縮（國民大會秘書處，2005：273-305）。

二○○四年二月二十五日，立法院修憲委員會召開第一次召集委員會議，針對修憲提案之審查方式做出決議；三月三日，立法院修憲委員會召開第二次召集委員會議審定修憲委員會議事日程（http://www.ly.gov.tw/ly/01_introduce/0105_comm/comm_ver02/comm_news/comm_news_03.jsp?ItemNO=01050203&NewsID=1&Unit=29）。隨後，三月十日召開第一次修憲委員會全體委員會，會中主要決議爲：「有關立法委員任期、席次、選區之調整均照協商結論通過。[59]」三月十七日召開第二次修憲委員會全體委員會，會中主要討論議題爲：「廢止任務型國大及其職權調整」，但未有共識[60]。三月二十日，第十一屆

中華民國總統、副總統選舉結果爲陳水扁、呂秀蓮連任成功。四月十四日召開第三次修憲委員會全體委員會，會中主要決議爲：「有關廢止任務型國大相關條文，依照委員曾永權等一○二人提案條文通過。[61]」五月五日召開第四次修憲委員會全體委員會，會中主要決議爲「有關廢除國大代表集會期間費用之條文，依照委員柯建銘等提案條文通過。[62]」此外，立法院修憲委員會又於二○○四年八月針對修憲案而舉辦六場公聽會（**表3-41**）。

　　二○○四年八月二十三日上午十時二十二分，立法院召開第5屆第5會期第1次臨時會第三次會議，會議重點在完成法定三讀修憲程序[63]。會中主要審議立法委員柯建銘等八十七人所提「中華民國憲法增修條文第四條條文修正草案」（**表3-42**）與立法委員廖風德等六十一人所提「中華民國憲法增修條文部分條文修正草案」（**表3-43**）。旋即兩案交由政黨採協商方式進行，俟協商完成之後方進入逐條討論與表決的二讀程

表3-41　立法院修憲委員會公聽會議題

時間	場次	議題	資料來源
930816	1	各國國會合理席次的比較與其妥適性，席次減半後選區劃分的依據（縣市vs.人口）	立法院公報，第93卷第36期(3370)，出版日期：2004/08/23頁次：73-113。
	2	可能的中央憲政體制與國會席次減半後在不同體制下運作的可能性	立法院公報，第93卷第36期(3370)，出版日期：20043/08/23頁次：113-143。
930817	3	我國實施單一選區制的利弊	立法院公報，第93卷第37期(3371)(下)，出版日期：2004/09/13頁次：197-227。
	4	單一選區制是否入憲	立法院公報，第93卷第37期(3371)(下)，出版日期：2004/09/13頁次：227-253。
930818	5	憲法修正程序	立法院公報，第93卷第37期(3371)(下)，出版日期：2004/09/13頁次：253-283。
	6	總統選舉制度與閣揆同意權	立法院公報，第93卷第37期(3371)(下)，出版日期：20043/09/13頁次：283-309。

資料來源：http://vote.nccu.edu.tw/cec/vote3.asp?pass1=A2000A0000000000aaa

表3-42　柯建銘等八十七人所提「中華民國憲法增修條文第四條條文修正草案」對照表

修正條文	現行條文	說明
第四條　立法院立法委員自第七屆起一百十三人，任期四年，依左列規定選出之，不受憲法第六十四條、第六十五條及第一百三十四條之限制： 一、直轄市、縣市八十四人。每縣市至少一人。 二、原住民六人。 三、全國不分區二十三人。 前項第一款各直轄市、縣市應選名額，依各直轄市、縣市人口數比例分配，並按應選名額劃分同額選舉區選出之；第三款名額，由獲得百分之五以上政黨選舉票之各政黨依得票比率選出之。各政黨提名候選人，單一性別比例不得低於四分之一。 立法院於每年集會時，得聽取總統國情報告。 立法院經總統解散後，在新選出之立法委員就職前，視同休	第四條　（立法委員之選舉） 立法院立法委員自第四屆起二百二十五人，依左列規定選出之，不受憲法第六十四條之限制： 一、自由地區直轄市、縣市一百六十八人。每縣市至少一人。 二、自由地區平地原住民及山地原住民各四人。 三、僑居國外國民八人。 四、全國不分區四十一人。 前項第三款、第四款名額，採政黨比例方式選出之。第一款每直轄市、縣市選出之名額及第三款、第四款各政黨當選之名額，在五人以上十人以下者，應有婦女當選名額一人，超過十人者，每滿十人應增婦女當選名額一人。 立法院於每年集會時，得聽取總統國情報告。	一、爲推動國會改革、立委席次減半、單一選區兩票制，爰擬具憲法增修條文第四條條文修正草案。 二、修正第一項、第二項；第三項至第八項，未修正，維持現行條文。 三、修正說明： (一)先進民主國家大多明定國會議員席次，如芬蘭憲法第二十四條定爲兩百人、挪威憲法第五十七條定爲一百六十五人、比利時憲法第六十三條定爲一百五十人、荷蘭憲法第五十一條定爲一百五十人及丹麥憲法第二十八條明定不得超過一百七十九人等；憲法未明定者，或規定另以法律定之，如日本憲法第四十三條規定眾議員席次以法律定之，其公職選舉法第四條爰明定眾議員席次爲五百人。我國憲法原未規定立法委員名額，增修條文於八十年四月初定時，仍未就名額多寡設限，迨至八十六年七月修憲，始於增修條文第四條明定，自第四屆起，立法委員名額爲二百二十五人。然眾所週知，第三屆立法委員實際名額爲一百六十四人，八十六年修憲時，增修條文第九條明定台灣省議會議員之選舉自第十屆

（續）表3-42　柯建銘等八十七人所提「中華民國憲法增修條文第四條條文修正草案」對照表

修正條文	現行條文	說明
會。 中華民國領土，依其固有之疆域，非經全體立法委員四分之一之提議，全體立法委員四分之三之出席，及出席委員四分之三之決議，並提經國民大會代表總額三分之二之出席，出席代表四分之三之複決同意，不得變更之。 總統於立法院解散後發布緊急命令，立法院應於三日內自行集會，並於開議七日內追認之。但於新任立法委員選舉投票日後發布者，應由新任立法委員於就職後追認之。如立法院不同意時，該緊急命令立即失效。 立法院對於總統、副總統之彈劾案，須經全體立法委員二分之一以上之提議，全體立法委員三分之二以上之決議，向國民大會提出，不適用憲法第九十條、第一百條及增修條文第七條第	立法院經總統解散後，在新選出之立法委員就職前，視同休會。 中華民國領土，依其固有之疆域，非經全體立法委員四分之一之提議，全體立法委員四分之三之出席，及出席委員四分之三之決議，並提經國民大會代表總額三分之二之出席，出席代表四分之三之複決同意，不得變更之。 總統於立法院解散後發布緊急命令，立法院應於三日內自行集會，並於開議七日內追認之。但於新任立法委員選舉投票日後發布者，應由新任立法委員於就職後追認之。如立法院不同意時，該緊急命令立即失效。 立法院對於總統、副總統之彈劾案，須經全體立法委員二分之一以上之提議，全體立法委員三分之二以上之決議，向國民大	任期屆滿日起不再辦理，爲使該屆省議員仍有參政空間，國民大會爰將立法委員名額增至二百二十五人。 (二)爲推動立法委員席次減半，提升國會問政品質，爰修正第一項，明定立法委員自第七屆起，名額爲一百十三人，任期四年。 (三)立法委員名額既定爲一百十三人，則區域立法委員及全國不分區立法委員宜各佔相當人數，考量我國向有原住民少數民族，爰分別規定由直轄市、縣市選出八十四人，原住民六人，全國不分區二十三人。（廢除僑選代表） (四)修正第二項前段之規定，明定區域立法委員採單一選舉區制（single-nember-district system）選出，全國不分區立法委員則採比例代表制（proportional representation system）選出。 (五)由於在單一選舉區制度下，保障女性應提名或應當選名額有實行困難，但爲落實單一性別之保障，仍應保留其精神。因此要求各政黨於提名時，其「提名總額」必須符合單一性別保障之精神。原條文係以「保障當選」，然現今民

（續）表3-42　柯建銘等八十七人所提「中華民國憲法增修條文第四條條文修正草案」對照表

修正條文	現行條文	說明
一項有關規定。立法委員除現行犯外，在會期中，非經立法院許可，不得逮捕或拘禁。憲法第七十四條之規定，停止適用。	會提出，不適用憲法第九十條、第一百條及增修條文第七條第一項有關規定。立法委員除現行犯外，在會期中，非經立法院許可，不得逮捕或拘禁。憲法第七十四條之規定，停止適用。	主國家均已經改採「保障提名」，以落實平等之精神。因此，明定採保障提名制度，亦即各政黨提名總額中，其單一性別的比例不得低於四分之一，爰修正第二項後段之規定。至於各政黨於區域、全國不分區、原住民提名人選中的落實比例，則由各政黨自行定之。

表3-43　廖風德等六十一人所提「中華民國憲法增修條文部分條文修正草案」對照表

修正條文	現行條文	說明
第一條　憲法第二十五條至第三十四條之規定，停止適用。中華民國自由地區選舉人於立法院提出憲法修正案、領土變更案，經公告半年，應於三個月內投票複決，不適用憲法第四條、第一百七十四條之規定。	第一條　國民大會代表三百人，於立法院提出憲法修正案、領土變更案，經公告半年，或提出總統、副總統彈劾案時，應於三個月內採比例代表制選出之，不受憲法第二十六條、第二十八條及第一百三十五條之限制。比例代表制之選舉方式以法律定之。國民大會之職權如左，不適用憲法第四條、第二十七條第一項第一款至第三款及第二項、第一百七十四條第一款之規定：一、依憲法第二十七條第一項第四款及第一百七十四條	一、爲順應民意，落實直接民權，有關國民大會之憲法第二十五條至第三十四條相關規定，停止適用。二、爲將原憲法增修條文間接民權之規定，改爲人民行使直接民權，原憲法增修條文第一條關於任務型國民大會之

（續）表3-43　廖風德等六十一人所提「中華民國憲法增修條文部分條
　　　　　　文修正草案」對照表

修正條文	現行條文	說明
	第二款之規定，複決立法院所提之憲法修正案。 二、依增修條文第四條第五項之規定，複決立法院所提之領土變更案。 三、依增修條文第二條第十項之規定，議決立法院提出之總統、副總統彈劾案。 國民大會代表於選舉結果確認後十日內自行集會，國民大會集會以一個月為限，不適用憲法第二十九條及第三十條之規定。 國民大會代表任期與集會期間相同，憲法第二十八條之規定停止適用。第三屆國民大會代表任期至中華民國八十九年五月十九日止。國民大會職權調整後，國民大會組織法應於二年內配合修正。	規定廢止後，有關複決憲法修正案、領土變更案等國民大會之職權，改由公民投票複決之。 三、原憲法第四條、第一百條及第一百七十四條關於領土變更及憲法修改程序之規定，停止適用。
第二條　總統、副總統由中華民國自由地區全體人民直接選舉之，自中華民國八十五年第九任總統、副總統選舉實施。總統、副總統候選人應聯名登記，在選票上同列一組圈選，以得票最多之一組為當選。在國外之中華民國自由地區人民返國行使選舉權，以法律定之。 總統發布行政院院長與依憲法經立法院同意任命人員之任免命令及解散立法院之命	第二條　總統、副總統由中華民國自由地區全體人民直接選舉之，自中華民國八十五年第九任總統、副總統選舉實施。總統、副總統候選人應聯名登記，在選票上同列一組圈選，以得票最多之一組為當選。在國外之中華民國自由地區人民返國行使選舉權，以法律定之。 總統發布行政院院長與依憲法經立法院同意任命人員之任免命令及解散立法院之命令，無	一、總統、副總統彈劾案，經立法院提出後，原由國民大會議決，任務型國民大會廢止後，改由司法院大法官組成憲法法庭審理之。 二、總統、副總統之罷免，係對人不對事，宜

（續）表3-43　廖風德等六十一人所提「中華民國憲法增修條文部分條文修正草案」對照表

修正條文	現行條文	說明
令，無須行政院院長之副署，不適用憲法第三十七條之規定。 總統爲避免國家或人民遭遇緊急危難或應付財政經濟上重大變故，得經行政院會議之決議發布緊急命令，爲必要之處置，不受憲法第四十三條之限制。但須於發布命令後十日內提交立法院追認，如立法院不同意時，該緊急命令立即失效。 總統爲決定國家安全有關大政方針，得設國家安全會議及所屬國家安全局，其組織以法律定之。 總統於立法院通過對行政院院長之不信任案後十日內，經諮詢立法院院長後，得宣告解散立法院。但總統於戒嚴或緊急命令生效期間，不得解散立法院。立法院解散後，應於六十日內舉行立法委員選舉，並於選舉結果確認後十日內自行集會，其任期重新起算。 總統、副總統之任期爲四年，連選得連任一次，不適用憲法第四十七條之規定。 副總統缺位時，總統應於三個月內提名候選人，由立法院補選，繼任至原任期屆滿爲止。	須行政院院長之副署，不適用憲法第三十七條之規定。 總統爲避免國家或人民遭遇緊急危難或應付財政經濟上重大變故，得經行政院會議之決議發布緊急命令，爲必要之處置，不受憲法第四十三條之限制。但須於發布命令後十日內提交立法院追認，如立法院不同意時，該緊急命令立即失效。 總統爲決定國家安全有關大政方針，得設國家安全會議及所屬國家安全局，其組織以法律定之。 總統於立法院通過對行政院院長之不信任案後十日內，經諮詢立法院院長後，得宣告解散立法院。但總統於戒嚴或緊急命令生效期間，不得解散立法院。立法院解散後，應於六十日內舉行立法委員選舉，並於選舉結果確認後十日內自行集會，其任期重新起算。 總統、副總統之任期爲四年，連選得連任一次，不適用憲法第四十七條之規定。 副總統缺位時，總統應於三個月內提名候選人，由立法院補選，繼任至原任期屆滿爲止。 總統、副總統均缺位時，由行政院院長代行其職權，並依本條第一項規定補選總統、副總	由全民投票複決之。而總統、副總統之彈劾，係對事不對人，宜由司法機關審理之。

（續）表3-43　廖風德等六十一人所提「中華民國憲法增修條文部分條
文修正草案」對照表

修正條文	現行條文	說明
總統、副總統均缺位時，由行政院院長代行其職權，並依本條第一項規定補選總統、副總統，繼任至原任期屆滿爲止，不適用憲法第四十九條之有關規定。 總統、副總統之罷免案，須經全體立法委員四分之一之提議，全體立法委員三分之二之同意後提出，並經中華民國自由地區選舉人總額過半數之投票，有效票過半數同意罷免時，即爲通過。 立法院提出總統、副總統彈劾案，聲請司法院大法官審理，經憲法法庭判決成立時，被彈劾人應即解職。	統，繼任至原任期屆滿爲止，不適用憲法第四十九條之有關規定。 總統、副總統之罷免案，須經全體立法委員四分之一之提議，全體立法委員三分之二之同意後提出，並經中華民國自由地區選舉人總額過半數之投票，有效票過半數同意罷免時，即爲通過。 立法院向國民大會提出之總統、副總統彈劾案，經國民大會代表總額三分之二同意時，被彈劾人應即解職。	
第四條　立法院立法委員自第七屆起一百一十三人，任期四年，依左列規定選出之，不受憲法第六十四條及第六十五條之限制： 一、自由地區直轄市、縣市七十三人。每縣市至少一人。 二、自由地區平地原住民及山地原住民各三人。 三、全國不分區及僑居國外國民共三十四人。 前項第一款各直轄市、縣市應選名額，依各直轄市、縣市人口比例分配，並按應選名額劃分同額選舉區選出	第四條　立法院立法委員自第四屆起二百二十五人，依左列規定選出之，不受憲法第六十四條之限制： 一、自由地區直轄市、縣市一百六十八人。每縣市至少一人。 二、自由地區平地原住民及山地原住民各四人。 三、僑居國外國民八人。 四、全國不分區四十一人。 前項第三款、第四款名額，採政黨比例方式選出之。第一款每直轄市、縣市選出之名額及第三款、第四款各政黨當選之名額，在五人以上十人以下	一、席次減半，從二百二十五席減爲一百一十三席。 二、改採單一選區兩票制。 三、爲促進兩性平權，落實任一性別政治平等之目的，我國實有必要仿效北歐諸國採行國會議員當選名額必須符合性別比例的原則，修訂憲法

（續）表3-43　廖風德等六十一人所提「中華民國憲法增修條文部分條文修正草案」對照表

修正條文	現行條文	說明
之；第二款應有平地原住民及山地原住民婦女當選名額至少一人；第三款名額依政黨名單投票選舉之，由獲得百分之五以上政黨選舉票之各政黨依得票比率選出之；前項任一性別當選名額之總額不得低於百分之三十。 立法院於每年集會時，得聽取總統國情報告。 立法院經總統解散後，在新選出之立法委員就職前，視同休會。 中華民國領土，依其固有疆域，非經全體立法委員四分之一之提議，全體立法委員四分之三之出席，及出席委員四分之三之決議，提出領土變更案，並於公告半年後，經中華民國自由地區選舉人投票複決，有效同意票過選舉人總額之半數，不得變更之。 總統於立法院解散後發布緊急命令，立法院應於三日內自行集會，並於開議七日內追認之。但於新任立法委員選舉投票日後發布者，應由新任立法委員於就職後追認之。如立法院不同意時，該緊急命令立即失效。 立法院對於總統、副總統之彈劾案，須經全體立法委員	者，應有婦女當選名額一人，超過十人者，每滿十人應增婦女當選名額一人。 立法院於每年集會時，得聽取總統國情報告。 立法院經總統解散後，在新選出之立法委員就職前，視同休會。 中華民國領土，依其固有之疆域，非經全體立法委員四分之一之提議，全體立法委員四分之三之出席，及出席委員四分之三之決議，並提經國民大會代表總額三分之二之出席，出席代表四分之三之複決同意，不得變更之。 總統於立法院解散後發布緊急命令，立法院應於三日內自行集會，並於開議七日內追認之。但於新任立法委員選舉投票日後發布者，應由新任立法委員於就職後追認之。如立法院不同意時，該緊急命令立即失效。 立法院對於總統、副總統之彈劾案，須經全體立法委員二分之一以上之提議，全體立法委員三分之二以上之決議，向國民大會提出，不適用憲法第九十條、第一百條及增修條文第七條第一項有關規定。 立法委員除現行犯外，在會期中，非經立法院許可，不得逮	增修條文第四條第二項之規定，明訂任一性別立法委員當選名額不得低於總額的百分之三十，以鼓勵各性別參與政治，落實兩性平權之理想。 中華民國領土變更案，經立法院提出後，原由國民大會議決，任務型國民大會廢止後，改由公民投票決定之。 總統、副總統彈劾案，經立法院提出後，原由國民大會議決，任務型國民大會廢止後，改由司法院大法官組成憲法法庭審理之。

（續）表3-43 廖風德等六十一人所提「中華民國憲法增修條文部分條文修正草案」對照表

修正條文	現行條文	說明
二分之一以上之提議，全體立法委員三分之二以上之決議，聲請司法院大法官審理，不適用憲法第九十條、第一百條及增修條文第七條第一項有關規定。 立法委員除現行犯外，在會期中，非經立法院許可，不得逮捕或拘禁。憲法第七十四條之規定，停止適用。	捕或拘禁。憲法第七十四條之規定，停止適用。	
第五條　司法院設大法官十五人，並以其中一人為院長、一人為副院長，由總統提名，經立法院同意任命之，自中華民國九十二年起實施，不適用憲法第七十九條之規定。司法院大法官除法官轉任者外，不適用憲法第八十一條及有關法官終身職待遇之規定。 司法院大法官任期八年，不分屆次，個別計算，並不得連任。但並為院長、副院長之大法官，不受任期之保障。 中華民國九十二年總統提名之大法官，其中八位大法官，含院長、副院長，任期四年，其餘大法官任期為八年，不適用前項任期之規定。 司法院大法官，除依憲法第七十八條之規定外，並組成	第五條　司法院設大法官十五人，並以其中一人為院長、一人為副院長，由總統提名，經立法院同意任命之，自中華民國九十二年起實施，不適用憲法第七十九條之規定。司法院大法官除法官轉任者外，不適用憲法第八十一條及有關法官終身職待遇之規定。 司法院大法官任期八年，不分屆次，個別計算，並不得連任。但並為院長、副院長之大法官，不受任期之保障。 中華民國九十二年總統提名之大法官，其中八位大法官，含院長、副院長，任期四年，其餘大法官任期為八年，不適用前項任期之規定。 司法院大法官，除依憲法第七十八條之規定外，並組成憲法法庭審理政黨違憲之解散事項。 政黨之目的或其行為，危害中	司法院大法官除依憲法第七十八條之規定行使職權，並組成憲法法庭審理政黨違憲之解散事項外，並增列審理立法院所提總統、副總統彈劾案之職權。

（續）表3-43　廖風德等六十一人所提「中華民國憲法增修條文部分條文修正草案」對照表

修正條文	現行條文	說明
憲法法庭審理總統、副總統之彈劾及政黨違憲之解散事項。 政黨之目的或其行為，危害中華民國之存在或自由民主之憲政秩序者為違憲。 司法院所提出之年度司法概算，行政院不得刪減，但得加註意見，編入中央政府總預算案，送立法院審議。	華民國之存在或自由民主之憲政秩序者為違憲。 司法院所提出之年度司法概算，行政院不得刪減，但得加註意見，編入中央政府總預算案，送立法院審議。	
第八條　立法委員之報酬或待遇，應以法律定之。除年度通案調整者外，單獨增加報酬或待遇之規定，應自次屆起實施。	第八條　立法委員之報酬或待遇，應以法律定之。除年度通案調整者外，單獨增加報酬或待遇之規定，應自次屆起實施。國民大會代表集會期間之費用，以法律定之。	配合廢除『任務型國民大會代表』相關條文修正。
第十二條　憲法之修改，須經立法院立法委員四分之一之提議，四分之三之出席，及出席委員四分之三之決議，提出憲法修正案，並於公告半年後，經中華民國自由地區選舉人投票複決，有效同意票過選舉人總額之半數，即通過之，不適用憲法第一百七十四條之規定。	憲法第一百七十四條　憲法之修改，應依左列程序之一為之： 一、由國民大會代表總額五分之一之提議，三分之二出席，及出席代表四分之三之決議，得修改之。 二、由立法院立法委員四分之一之提議，四分之三之出席，及出席委員四分之三之決議，擬定憲法修正案，提請國民大會複決。此項憲法修正案，應於國民大會開會前半年公告之。	一、本條增列。 二、憲法修正案，經立法院提出後，原由國民大會複決，任務型國民大會廢止後，改由公民投票複決之。

序，二讀完成之後，便開始針對修憲案進行三讀，結果出席委員一百九十八人，全數贊成修憲案之通過（**表3-44**）。會議主席王金平（立法院院長）最後向院會報告：「本次修憲案係八十九年所通過憲法增修條文賦予本院為唯一實質修憲之法定機關後，本院針對各政黨黨團所提出憲法增修條文之修正提案，歷經數次協商，而在今天完成法定三讀修憲程序之首例；在我國憲政史上，具重大的歷史意義，金平在此感謝各黨團能捐棄己見，共同協力完成此次之修憲工程，正面回應社會大眾對本院之殷切期盼。於此修憲之主體工程雖已告一段落，惟其相關之配套方案如「國民大會職權行使法草案」及「國民大會代表選舉法草案」，均須庚續有賴朝野黨團繼續努力，期盼於下（第六）會期開議後儘速完成立法工作，使相關修憲工程終能克竟其功，回應主流民意對憲政改革的殷殷期待。」隨後院會於十八時二十分散會。

二〇〇四年八月二十六日，總統府公告我國行憲以來第一次由立法院所提出之憲法修正案，依立法院通過之修憲提案，自第七屆立法委員起，席次減半為一百一十三席，任期由三年延為四年，採單一選區兩票制產生；廢除任務型國民大會，未來立院通過的憲法修正案、領土變更案，將交公民複決（**表3-45**）。惟這次修憲案，還要經公告半年之後，再經二〇〇五選出的任務型國民大會代表複決通過，方能正式生效。

二〇〇四年十二月十一日，立法院改選，第六屆立法委員就任之

表3-44　立法院修憲案二讀逐條表決與三讀表決情形

表決條文	出席	贊成	反對	棄權
憲法增修條文第一條	200	200	0	0
憲法增修條文第二條	201	201	0	0
憲法增修條文第四條	201	200	1	0
憲法增修條文第五條	201	200	0	1
憲法增修條文第八條	201	198	2	1
憲法增修條文第十二條	198	186	1	11
修憲提案三讀	198	198	0	0

表3-45　立法院三讀通過憲法增修條文修正案

	立法院提案修正的憲法增修條文包括第一、二、四、五、八及增訂第十二條條文，修正內容如下：
第一條	中華民國自由地區選舉人於立法院提出憲法修正案、領土變更案，經公告半年，應於三個月內投票複決，不適用憲法第四條，第一百七十四條之規定。 憲法第二十五條至三十四條之規定，停止適用。
第二條	僅修正第十項，修正內容如下：立法院提出總統、副總統彈劾案，聲請司法院大法官審理，經憲法法庭判決成立時，被彈劾人應即解職。
第四條	修正第一、二、五、七項，修正內容為：立法院立法委員自第七屆起一百一十三人，任期四年，連選得連任，於每屆任滿前三個月內，依左列規定選出之，不受憲法第六十四條及第六十五條之限制：一、自由地區直轄市、縣市七十三人。每縣市至少一人。二、自由地區平地原住民及山地原住民各三人。三、全國不分區及僑居國外國民共三十四人。前項第一款依直轄市、縣市人口比例分配，並按應選名額劃分同額選舉區選出之。第三款依政黨名單投票選舉之，由獲得百分之五以上政黨選舉票之政黨依得票比率選出之，各政黨當選名單中，婦女不得低於二分之一。中華民國領土，依其固有疆域，非經全體立法委員四分之一之提議，全體立法委員四分之三出席，及出席委員四分之三之決議，提出領土變更案，並於公告半年後，經中華民國自由地區選舉人投票複決，有效同意票過選舉人總額之半數，不得變更之。立法院對於總統、副總統之彈劾案，須經全體立法委員二分之一以上之提議，全體立法委員三分之二以上之決議，聲請司法院大法官審理，不適用憲法第九十條、第一百條及增修條文第七條第一項有關規定。
第五條	僅修正第四項，修正內容如下：司法院大法官，除依憲法第七十八條之規定外，並組成憲法法庭審理總統、副總統之彈劾及政黨違憲之解散事項。
第八條	立法委員之報酬或待遇，應以法律定之，除年度通案調整外，單獨增加報酬或待遇之規定，應自次屆起實施。
第十二條 （新增）	憲法之修改，須經立法院委員四分之一之提議，四分之三之出席，及出席委員四分之三之決議，提出憲法修正案，並於公告半年後，經中華民國自由地區選舉人投票複決，有效同意票過選舉人總額之半數，即通過之，不適用憲法第一百七十四條之規定。

資料來源：總統府網站

（http://www.president.gov.tw/2_special/2004constitution/document/result_930823.doc）

後，爲因應國民大會複決立法院所提之憲法修正案，而先後於該會期通過《國民大會代表選舉法》（20050114立法院三讀通過，20050205總統公布）、《國民大會組織法》（20050520立法院三讀通過，20050527總統公布）、《國民大會職權行使法》（20050520立法院三讀通過，20050527總統公布）。此乃按《第六次憲法增修條文》之規定，已將國民大會改爲非常設化，只有在任務需要時，方依比例代表制選出國民大會代表。而立法院通過的憲法修正案是在二〇〇四年八月二十六日公告，並於二〇〇五年二月二十六日公告滿半年，所以最遲應在二〇〇五年五月二十六日選出國民大會代表（依《第六次憲法增修條文》第一條第一項之規定，國民大會代表應於立法院提出憲法修正案，公告半年後，在三個月內選出之）。

（三）國民大會針對立法院提出之憲法修正案的複決過程

由於國民大會代表應於二〇〇五年五月二十六日前產生，所以中央選舉委員會依《國民大會代表選舉法》第一條第二項和《公職人員選舉罷免法》第七條第一項之規定，於二〇〇五年五月十四日舉辦國民大會代表選舉，並於五月二十日公告當選名單（**表3-46**）。

五月二十六日，國民大會代表當選之各政黨及聯盟代表舉行協商會議，並議定五月三十日爲國民大會集會首日。是日，主要是國民大會代表進行代表宣誓與決定國民大會主席團名單（國民大會秘書處，2005：183-4）。六月六日，國民大會舉行第一次會議，主要是由各政黨及聯盟代表進行修憲說明（國民大會秘書處，2005：185-254）；六月七日，國民大會舉行第二次會議，在民主進步黨和中國國民黨兩大政黨祭出黨紀的強力動員下，採記名投票方式來複決立法院提出的憲法修正案。開票結果贊成修憲的票數爲二百四十九票、反對修憲的票數爲四十八票，順利跨過四分之三（二百二十五票）的修憲門檻，而複決通過修正《中華民國憲法增修條文》第一條、第二條、第四條、第五條、第八條及增訂第十二條條文（國民大會秘書處，2005：255-72）。六月十日，總統

表3-46　任務型國民大會代表選舉結果與政黨名額分配比例表

政黨名稱	得票數	得票率	當選名額	當選比率
民主進步黨	1,647,791	42.517%	127	42.33%
中國國民黨	1,508,384	38.92%	117	39%
台灣團結聯盟	273,147	7.0479%	21	7%
親民黨	236,716	6.1078%	18	69%
張亞中等150人聯盟	65,081	1.6793%	5	1.67%
中國民眾黨	41,940	1.0822%	3	1%
新黨	34,253	0.8838%	3	1%
無黨團結聯盟	25,162	0.6492%	2	0.67%
農民黨	15,516	0.4004%	1	0.33%
建國黨	11,500	0.2967%	1	0.33%
公民黨	8,609	0.2221%	1	0.33%
王廷興等20人聯盟	7,499	0.1935%	1	0.33%

資料來源：國民大會秘書處，2005，《國民大會會議實錄》，台北市：國民大會秘書處，頁78-92。

公布該憲法修正案（**表3-47**），是爲《第七次中華民國憲法增修條文》。

三、分析

綜觀本次修憲內容，其主要重點爲：1.立法委員席次由二二五席減爲一一三席；2.立法委員任期由三年改爲四年；3.立法委員選舉制度改爲單一選區兩票制；4.廢除國民大會，改由公民複決憲法修正案；5.總統副總統之彈劾改由司法院大法官審理。以下茲就第《第七次憲法增修條文》對我國中央政府體制的主要規範及問題，整理如下：

（一）總統與行政院院長的權力對應關係

1.總統對行政院院長有任命權

根據《第七次憲法增修條文》第三條第一項的規定：「行政院院長由總統『任命』之」；換言之，總統可依己意任命行政院院

表3-47　第七次中華民國憲法增修條文的內容

條	條文內容	備註
1	第一項：中華民國自由地區選舉人於立法院提出憲法修正案、領土變更案，經公告半年，應於三個月內投票複決，不適用憲法第四條、第一七四條之規定。 第二項：憲法第二十五條至第三十四條及第一三五條之規定，停止適用。	本條凍結憲法本文： 第四條 第二十五條 第二十六條 第二十七條 第二十八條 第二十九條 第三十條 第三十一條 第三十二條 第三十三條 第三十四條 第一三五條 第一七四條
2	第一項：總統、副總統由中華民國自由地區全體人民直接選舉之，自中華民國八十五年第九任總統、副總統選舉實施。總統、副總統候選人應聯名登記，在選票上同列一組圈選，以得票最多之一組為當選。在國外之中華民國自由地區人民返國行使選舉權，以法律定之。 第二項：總統發布行政院院長與依憲法經立法院同意任命人員之任免命令及解散立法院之命令，無須行政院院長之副署，不適用憲法第三十七條之規定。 第三項：總統為避免國家或人民遭遇緊急危難或應付財政經濟上重大變故，得經行政院會議之決議發布緊急命令，為必要之處置，不受憲法第四十三條之限制。但須於發布命令後十日內提交立法院追認，如立法院不同意時，該緊急命令立即失效。 第四項：總統為決定國家安全有關大政方針，得設國家安全會議及所屬國家安全局，其組織以法律定之。 第五項：總統於立法院通過對行政院院長之不信任案後十日內，經諮詢立法院院長後，得宣告解散立法院。但總統於戒嚴或緊急命令生效期間，不得解散立法院。立法院解散後，應於六十日內舉行立法委員選舉，並於選舉結果確認後十日內自行集會，其任期重新起算。	本條凍結憲法本文： 第三十七條 第四十三條 第四十七條 第四十九條

（續）表3-47　第七次中華民國憲法增修條文的內容

條	條文內容	備註
2	第六項：總統、副總統之任期為四年，連選得連任一次，不適用憲法第四十七條之規定。 第七項：副總統缺位時，總統應於三個月內提名候選人，由立法院補選，繼任至原任期屆滿為止。 第八項：總統、副總統均缺位時，由行政院院長代行其職權，並依本條第一項規定補選總統、副總統，繼任至原任期屆滿為止，不適用憲法第四十九條之有關規定。 第九項：總統、副總統之罷免案，須經全體立法委員四分之一之提議，全體立法委員三分之二之同意後提出，並經中華民國自由地區選舉人總額過半數之投票，有效票過半數同意罷免時，即為通過。 第十項：立法院提出總統、副總統彈劾案，聲請司法院大法官審理，經憲法法庭判決成立時，被彈劾人應即解職。	
3	第一項：行政院院長由總統任命之。行政院院長辭職或出缺時，在總統未任命行政院院長前，由行政院副院長暫行代理。憲法第五十五條之規定，停止適用。 第二項：行政院依左列規定，對立法院負責，憲法第五十七條之規定，停止適用： 一、行政院有向立法院提出施政方針及施政報告之責。立法委員在開會時，有向行政院院長及行政院各部會首長質詢之權。 二、行政院對於立法院決議之法律案、預算案、條約案，如認為有窒礙難行時，得經總統之核可，於該決議案送達行政院十日內，移請立法院覆議。立法院對於行政院移請覆議案，應於送達十五日內作成決議。如為休會期間，立法院應於七日內自行集會，並於開議十五日內作成決議。覆議案逾期未議決者，原決議失效。覆議時，如經全體立法委員二分之一以上決議維持原案，行政院院長應即接受該決議。	本條凍結憲法本文： 第五十五條 第五十七條

（續）表3-47　第七次中華民國憲法增修條文的內容

條	條文內容	備註
	三、立法院得經全體立法委員三分之一以上連署，對行政院院長提出不信任案。不信任案提出七十二小時後，應於四十八小時內以記名投票表決之。如經全體立法委員二分之一以上贊成，行政院院長應於十日內提出辭職，並得同時呈請總統解散立法院；不信任案如未獲通過，一年內不得對同一行政院院長再提不信任案。 第三項：國家機關之職權、設立程序及總員額，得以法律為準則性之規定。 第四項：各機關之組織、編制及員額，應依前項法律，基於政策或業務需要決定之。	
4	第一項：立法院立法委員自第七屆起一一三人，任期四年，連選得連任，於每屆任滿前三個月內，依左列規定選出之，不受憲法第六十四條及第六十五條之限制： 　一、自由地區直轄市、縣市七十三人。每縣市至少一人。 　二、自由地區平地原住民及山地原住民各三人。 　三、全國不分區及僑居國外國民共三十四人。 第二項：前項第一款依各直轄市、縣市人口比例分配，並按應選名額劃分同額選舉區選出之。第三款依政黨名單投票選舉之，由獲得百分之五以上政黨選舉票之政黨依得票比率選出之，各政黨當選名單中，婦女不得低於二分之一。 第三項：立法院於每年集會時，得聽取總統國情報告。 第四項：立法院經總統解散後，在新選出之立法委員就職前，視同休會。 第五項：中華民國領土，依其固有疆域，非經全體立法委員四分之一之提議，全體立法委員四分之三之出席，及出席委員四分之三之決議，提出領土變更案，並於公告半年後，經中華民國自由地區選舉人投票複決，有效同意票過選舉人總額之半數，不得變更	本條凍結憲法本文： 第六十四條 第六十五條 第七十四條 第九十條 第一○○條 本條凍結增修條文部分： 增修條文第七條第一項

（續）表3-47　第七次中華民國憲法增修條文的內容

條	條文內容	備註
4	之。 　　第六項：總統於立法院解散後發布緊急命令，立法院應於三日內自行集會，並於開議七日內追認之。但於新任立法委員選舉投票日後發布者，應由新任立法委員於就職後追認之。如立法院不同意時，該緊急命令立即失效。 　　第七項：立法院對於總統、副總統之彈劾案，須經全體立法委員二分之一以上之提議，全體立法委員三分之二以上之決議，聲請司法院大法官審理，不適用憲法第九十條、第一百條及增修條文第七條第一項有關規定。 　　第八項：立法委員除現行犯外，在會期中，非經立法院許可，不得逮捕或拘禁。憲法第七十四條之規定，停止適用。	
5	第一項：司法院設大法官十五人，並以其中一人為院長、一人為副院長，由總統提名，經立法院同意任命之，自中華民國九十二年起實施，不適用憲法第七十九條之規定。司法院大法官除法官轉任者外，不適用憲法第八十一條及有關法官終身職待遇之規定。 　　第二項：司法院大法官任期八年，不分屆次，個別計算，並不得連任。但並為院長、副院長之大法官，不受任期之保障。 　　第三項：中華民國九十二年總統提名之大法官，其中八位大法官，含院長、副院長，任期四年，其餘大法官任期為八年，不適用前項任期之規定。 　　第四項：司法院大法官，除依憲法第七十八條之規定外，並組成憲法法庭審理總統、副總統之彈劾及政黨違憲之解散事項。 　　第五項：政黨之目的或其行為，危害中華民國之存在或自由民主之憲政秩序者為違憲。 　　第六項：司法院所提出之年度司法概算，行政院不得刪減，但得加註意見，編入中央政府總預算案，送立法院審議。	本條凍結憲法本文： 第七十九條 第八十一條

（續）表3-47　第七次中華民國憲法增修條文的內容

條	條文內容	備註
6	第一項考試院為國家最高考試機關，掌理左列事項，不適用憲法第八十三條之規定： 　　一、考試。 　　二、公務人員之銓敘、保障、撫卹、退休。 　　三、公務人員任免、考績、級俸、陞遷、褒獎之法制事項。 　　第二項：考試院設院長、副院長各一人，考試委員若干人，由總統提名，經立法院同意任命之，不適用憲法第八十四條之規定。 　　第三項：憲法第八十五條有關按省區分別規定名額，分區舉行考試之規定，停止適用。	本條凍結憲法本文： 第八十三條 第八十四條 第八十五條
7	第一項：監察院為國家最高監察機關，行使彈劾、糾舉及審計權，不適用憲法第九十條及第九十四條有關同意權之規定。 　　第二項：監察院設監察委員二十九人，並以其中一人為院長、一人為副院長，任期六年，由總統提名，經立法院同意任命之。憲法第九十一條至第九十三條之規定停止適用。 　　第三項：監察院對於中央、地方公務人員及司法院、考試院人員之彈劾案，須經監察委員二人以上之提議，九人以上之審查及決定，始得提出，不受憲法第九十八條之限制。 　　第四項：監察院對於監察院人員失職或違法之彈劾，適用憲法第九十五條、第九十七條第二項及前項之規定。 　　第五項：監察委員須超出黨派以外，依據法律獨立行使職權。 　　第六項：憲法第一○一條及第一○二條之規定，停止適用。	本條凍結憲法本文： 第九十條 第九十一條 第九十二條 第九十三條 第九十四條 第九十八條 第一○一條 第一○二條
8	立法委員之報酬或待遇，應以法律定之。除年度通案調整者外，單獨增加報酬或待遇之規定，應自次屆起實施。	
9	第一項：省、縣地方制度，應包括左列各款，以法律定之，不受憲法第一○八條第一項第一款、第一○	本條凍結憲法本文： 第一○八條第一項第一

（續）表3-47 第七次中華民國憲法增修條文的內容

條	條文內容	備註
	九條、第一一二條至第一一五條及第一二二條之限制： 一、省設省政府，置委員九人，其中一人爲主席，均由行政院院長提請總統任命之。 二、省設省諮議會，置省諮議會議員若干人，由行政院院長提請總統任命之。 三、縣設縣議會，縣議會議員由縣民選舉之。 四、屬於縣之立法權，由縣議會行之。 五、縣設縣政府，置縣長一人，由縣民選舉之。 六、中央與省、縣之關係。 七、省承行政院之命，監督縣自治事項。 第二項：台灣省政府之功能、業務與組織之調整，得以法律爲特別之規定。	款 第一○九條 第一一二條 第一一三條 第一一四條 第一一五條 第一二二條
10	第一項：國家應獎勵科學技術發展及投資，促進產業升級，推動農漁業現代化，重視水資源之開發利用，加強國際經濟合作。 第二項：經濟及科學技術發展，應與環境及生態保護兼籌並顧。 第三項：國家對於人民興辦之中小型經濟事業，應扶助並保護其生存與發展。 第四項：國家對於公營金融機構之管理，應本企業化經營之原則；其管理、人事、預算、決算及審計，得以法律爲特別之規定。 第五項：國家應推行全民健康保險，並促進現代和傳統醫藥之研究發展。 第六項：國家應維護婦女之人格尊嚴，保障婦女之人身安全，消除性別歧視，促進兩性地位之實質平等。 第七項：國家對於身心障礙者之保險與就醫、無障礙環境之建構、教育訓練與就業輔導及生活維護與救助，應予保障，並扶助其自立與發展。 第八項：國家應重視社會救助、福利服務、國民就業、社會保險及醫療保健等社會福利工作，對於社會救助和國民就業等救濟性支出應優先編列。	本條凍結憲法本文： 第一六四條

（續）表3-47　第七次中華民國憲法增修條文的內容

條	條文內容	備註
	第九項：國家應尊重軍人對社會之貢獻，並對其退役後之就學、就業、就醫、就養予以保障。 　　第十項：教育、科學、文化之經費，尤其國民教育之經費應優先編列，不受憲法第一六四條規定之限制。 　　第十一項：國家肯定多元文化，並積極維護發展原住民族語言及文化。 　　第十二項：國家應依民族意願，保障原住民族之地位及政治參與，並對其教育文化、交通水利、衛生醫療、經濟土地及社會福利事業予以保障扶助並促其發展，其辦法另以法律定之。對於澎湖、金門及馬祖地區人民亦同。 　　第十三項：國家對於僑居國外國民之政治參與，應予保障。	
11	自由地區與大陸地區間人民權利義務關係及其他事務之處理，得以法律為特別之規定。	
12	憲法之修改，須經立法院立法委員四分之一之提議，四分之三之出席，及出席委員四分之三之決議，提出憲法修正案，並於公告半年後，經中華民國自由地區選舉人投票複決，有效同意票過選舉人總額之半數，即通過之，不適用憲法第一七四條之規定。	本條凍結憲法本文： 第一七四條

　　長，不受其他機關（通常是指立法院）約束。

2.行政院院長副署權的縮減

　　除一般法令的公布、一般文武官員的任免，仍須經行政院院長或各相關部會首長副署外，以下三種情形，無須行政院院長副署（《第七次憲法增修條文》第二條第二項）：

(1)總統發布行政院院長之任免命令，無須行政院院長之副署。

(2)總統發布依憲法經立法院同意任命人員之任免命令，無須行政院院長之副署。

(3)總統發布解散立法院之命令,無須行政院院長之副署。

(二)行政院院長與立法院的權力對應關係

1.行政院得向立法院提覆議案(《第七次憲法增修條文》第三條第二項第二款)

(1)行政院覆議案的提出

行政院對於立法院決議之法律案、預算案、條約案,如認為有窒礙難行時,得經總統之核可,於該決議案送達行政院十日內,移請立法院覆議。

(2)立法院對覆議案的處理程序

A.開會期間

立法院對於行政院移請覆議案,應於送達十五日內作成決議。覆議案逾期未議決者,原決議失效。

B.休會期間

立法院應於七日內自行集會,並於開議十五日內作成決議。覆議案逾期未議決者,原決議失效。

(3)立法院對覆議案的表決

覆議時,如經全體立法委員「二分之一以上」決議維持原案,行政院院長應即接受該決議。

2.立法院得向行政院院長提不信任案(《第七次憲法增修條文》第三條第二項第三款)

(1)不信任案的提出

立法院得經全體立法委員三分之一以上連署,對行政院院長提出不信任案。

(2)不信任案的表決程序

A.不信任案提出七十二小時後,始能提出。

B.應於四十八小時內以記名投票表決之。

C.經全體立法委員二分之一以上贊成。

(3)不信任案的結果

　A.不信任案如未獲通過，一年內不得對同一行政院院長再提
　　不信任案。

　B.不信任案如獲通過，行政院院長有下列選擇：

　　・行政院院長應於十日內提出辭職。

　　・行政院院長得呈請總統解散立法院。

（三）總統與立法院的權力對應關係

1.總統有被動解散立法院權

　總統只能在憲法法定要件「立法院通過對行政院院長不信任案」
（《第七次憲法增修條文》第二條第五項）生效的前提下，始能解
散立法院。

　(1)一般時期

　　A.程序（《第七次憲法增修條文》第二條第五項）

　　　總統於立法院通過對行政院院長之不信任案後十日內，經
　　　「諮詢」立法院院長後，得解散立法院。

　　B.效果（《第七次憲法增修條文》第四條第四項）

　　　立法院經總統解散後，在新選出之立法委員就職前，視同
　　　休會。

　(2)特別時期

　　A.程序（《第七次憲法增修條文》第二條第五項）

　　　總統於戒嚴或緊急命令生效期間，不得解散立法院。立法
　　　院解散後，應於六十日內舉行立法委員選舉，並於選舉結
　　　果確認後十日內自行集會，其任期重新起算。

　　B.效果（《第七次憲法增修條文》第四條第六項）

　　　總統於立法院解散後發布緊急命令，立法院應於三日內自
　　　行集會，並於開議七日內追認之。但於新任立法委員選舉
　　　投票日後發布者，應由新任立法委員於就職後追認之。如

　　　　　立法院不同意時，該緊急命令立即失效。

2.立法院有彈劾總統提案權

　(1)有權機關

　　　A.立法院有主動提案權（《第七次憲法增修條文》第四條第七
　　　　項）

　　　B.司法院有被動審理總統、副總統之彈劾權（《第七次憲法增
　　　　修條文》第五條第四項）

　(2)程序

　　　A.立法院部分

　　　　立法院對於總統、副總統之彈劾案，須經全體立法委員二
　　　　分之一以上之提議，全體立法委員三分之二以上之決議，
　　　　聲請司法院大法官審理，（《第七次憲法增修條文》第四條
　　　　第七項）。

　　　B.司法院部分

　　　　立法院提出總統、副總統彈劾案，聲請司法院大法官審
　　　　理，經憲法法庭判決成立時，被彈劾人應即解職（《第七次
　　　　憲法增修條文》第二條第十一項）。

3.立法院得罷免總統（《第七次憲法增修條文》第二條第九項）

　(1)有權機關

　　　A.立法院有「主動提案權」

　　　B.中華民國自由地區選舉人有「被動議決權」

　(2)程序

　　　A.立法院部分

　　　　須經全體立法委員四分之一之提議，全體立法委員三分之
　　　　二之同意後提出。

　　　B.中華民國自由地區選舉人部分

　　　　經中華民國自由地區選舉人總額過半數之投票，有效票過
　　　　半數同意罷免時，即為通過。

（四）立法委員席次減半

　　根據《第七次憲法增修條文》第四條第一項、第二項的規定，我國第七屆立法委員席次將由二二五席減爲一一三席。其中七十三席由各縣市依選民數劃分選區，採一區一席直選方式產生；其中六席由原住民採直選方式產生；其中三十四席依不分區的政黨得票比例產生。立法委員席次減半的結果是好是壞，學者見解不一，但此類問題惟待將來實質運作之後，方能針對其優劣進行有效評估。

（五）立法委員選舉制度改爲「單一選區兩票制」

　　所謂「單一選區兩票制」實乃結合「單一選區制」與「比例代表制」而成的混合制。簡言之，區域選民在其選區投票時，可投兩票，但其中一票投區域立法委員，另一票則投政黨的不分區立法委員。通常，該制又可分爲「並立式單一選區兩票制」及「聯立式單一選區兩票制」兩種（李惠宗，2006：499-503）。

　　「並立式單一選區兩票制」乃是將每個單一選區的選舉結果和第二張票投政黨的結果分開計算。以立法院席次減半的修憲案爲例，若A黨在七十三個區域立法委員選具中贏得三十席，在政黨票部分獲得百分之三十的選票，則可分得的政黨比例代表席次，爲所有不分區立法委員三十四席的席次乘以百分之三十，即得十席，A黨席次爲不分區立法委員十席加上區域立法委員三十席，合計四十席。

　　「聯立式單一選區兩票制」乃是以第二張圈選政黨的票，決定每個政黨最終總席次。如A黨在政黨票部分獲百分之三十，它在立法委員的席次就是總立法委員席次的百分之三十，以一一三席總數算，就是三十四席，就算A黨在七十三個區域立法委員選舉中贏得三十席，A黨的政黨比例代表席次就是三十四減三十的四席。總計A黨席次爲不分區立法委員四席加上區域立法委員三十席，合計爲三十四席。換言之，「聯立式單一選區兩票制」是以政黨所得的票數來分配立法院總席次，但人民

從各選區選出來的人，則可優先取得各政黨分配到的席次，以降低政黨過度把持的缺點。

　　而我國此次修憲所採用的是「並立式單一選區兩票制」，或有學者以為「聯立式單一選區兩票制」比「並立式單一選區兩票制」為佳，但仍待將來實質運作之後，方能針對其優劣進行有效評估。況且我國現行所採行之「複數選區單記不可讓渡投票制」（single non-transferable vote under multi-member district system，簡稱SNTV）業已證明選民常會在資訊不明確的情況下投票，而往往造成優下劣上（民調第一名的結果使選民將票轉投給其他可能落選的候選人，而使原本民調第一名的候選人落選）或政黨得票率與當選率的扭曲（選票大量集中在某一候選人，且多出的票數無法轉移，而造成同區的同黨候選人落選）。

（六）影響與評估

　　二〇〇〇年五月二十日，隸屬民主進步黨黨籍的陳水扁依法就任第十屆中華民國總統之後，分析我國中央政府體制實際運作的過程可知，行政部門與立法部門始終衝突不斷。究其因，就在於當總統與立法院絕對多數黨派分屬敵對陣營時，總統對行政院院長的任命權是否包括主動免職權，並延伸出行政院院長應向總統負責或應向立法院負責的憲政爭議問題就此顯現（謝政道，2003；李惠宗，2006：414-44；程明修，2006：213-26）。

　　如表3-48所示，在李登輝（中國國民黨籍）擔任總統期間，同時擔任中國國民黨黨主席，加上中國國民黨掌控立法院絕對多數席次，所以並未產生行政院院長任命的問題。及至陳水扁擔任總統，由於民主進步黨未能掌控立法院絕對多數席次，總統又任命立法院絕對多數席次所不支持的行政院院長[64]。行政院院長所組成的少數政府，其施政必然面臨立法院（在野黨派掌控絕對多數席次）的杯葛，此乃民主政治運過程中，以權力制衡權力的基本常態，故豈能期望立法院在野黨派的無條件配合；立法院不配合就扣帽子或直接訴諸民意。分析核四案、罷免案、

表3-48　李登輝擔任總統時期之歷任行政院院長與中國國民黨在立法院席次的
對應表

總統屆期	總統任期	總統姓名	行政院長在任期間	行政院院長姓名	立法院屆期	立法委員任期	執政黨立法委員席次 立法院立法委員總次
09	1996/05/20 2000/05/20	李登輝 KMT	1996/05/20 1997/09/01	連戰 KMT	3	1996 1999	85（KMT）：164（總席次）
			1997/09/01 2000/05/20	蕭萬長 KMT	3	1996 1999	85（KMT）：164（總席次）
					4	1999 2002	123（KMT）：225（總席次）

資料來源：作者自行整理（各政黨立法委員席次常有變動，特此說明）。

倒閣案、釋憲案、聯合內閣等朝野政治攻防過程，便可知道當前朝野政黨激烈對立的憲政爭議，其實都環繞在總統是否應任命立法院絕對多數黨派的領袖來組閣的問題，此乃行政部門與立法部門陷入僵局，無法解套的主因。

　　其次，就學理解釋途徑分析，當總統對行政院院長有「主動免職權」時，則行政院院長對立法院負責的憲法規定便失去實質意義。因為當行政院院長只對立法院負責，不對總統負責時，總統可立即運用主動免職權，將行政院院長免職（總統如不將行政院院長免職，就要與行政院院長分享權力），再任命新的行政院院長；反之，當行政院院長只對總統負責，不對立法院負責時（此時行政院院長成了總統的幕僚長，總統可謂有權無責，行政院院長有責無權），立法院雖然得向行政院院長提不信任案（不信任案如未獲通過，一年內不得對同一行政院院長再提不信任案），可是行政院院長亦得呈請總統解散立法院。所以一個理性的行政院院長到底要對總統負責（尚得呈請總統解散立法院，待立法院改選結果再說）或對立法院負責（立即被總統免職），其答案實再也明顯不過。

　　再就立法院的立場來思考，當行政院院長只對總統負責，不對立法

院負責時，雖然得向行政院院長提不信任案，但卻可能面臨總統解散立法院的命運。假設立法委員毫不考慮選舉成本的大小、剩餘任期的長短和落選風險的高低，則當立法院改選結果，若由與總統屬同一陣營的黨派掌握立法院過半席次，此時不但行政院院長繼續留任，在野黨（或聯盟）在立法院的勢力、民間的聲望勢必將大受影響；況且，即使立法院改選結果，仍由在野黨（或聯盟）掌握立法院過半席次，此時總統仍可任命一個僅對總統負責，而不對立法院負責的行政院院長上台，立法院除了採取罷免總統或彈劾總統的手段外，別無他途。然我國憲法對罷免總統或彈劾總統所規定的門檻極高，除非總統幹到天怒人怨，否則並不可行。因此，立法委員若基於理性計算的結果，當然選擇透過立法手段來干擾行政運作，如通過行政院窒礙難行的法令、延宕或否決行政院送審的法令，而不會採取不信任案（倒閣權）的手段來對付行政院，以避免遭到總統解散。

　　總之，當雙方都從各自的政黨利益來思考問題時，就是採取立法怠惰和行政空轉的對抗方式來「相互保證摧毀」，但真正犧牲的卻是國家與人民的利益。此種大家最不願意見到的結果，就發生在我國現行憲法所採行的雙首長制，並且缺乏相關的憲政機制來加以化解。而第七次修憲的結果，就立法院而言，因為席次減半，勢必使一一三名立法委員的政治份量大為上升。以立法院現制所設十二個委員會的運作為例，未來平均每個委員會成員可能不到十人，加上開會門檻極低，所以只要三、四個立法委員就能掌控重大法案與預算的決定權，更遑論立法委員所擁有的「罷免總統副總統提案權」、「彈劾總統副總統提案權」、「通過司法、考試及監察三院人事的同意權」、「修憲提議權」、「對行政院院長提出不信任案權」、「否決行政院覆議案權」等權。也就是說，將來如果總統與立法院絕對多數黨派分屬敵對陣營時，行政與立法之間的衝突可能更加嚴重。

註釋

[1] 所謂「合法性」，意指事物無論在實質程序上，均能符合現行各種法律或行政命令的規範。由於法令必然是白紙黑字，所以通常是十分具體的法則；所謂「正當性」，意指事物能爲社會上大多數人所贊成認同，而這份贊成與認同，往往是來自人類道德、理性乃至於感情的判斷，所以通常是比較模糊的。

[2] 根據一項經驗性的研究，從一九八三年開始，民眾的集體抗議行動有逐年快速增加的趨勢，一九八三年僅有一七五次，以後依序分別爲一九八四年的二〇三次，一九八五年的二七四次，一九八六年的三三五次，一九八七年的七三三次，而一九八八年則又增至一一七二次。在此情況之下，中國國民黨再也無法如過去威權統治時期維持其一黨獨大的態勢。詳見張茂桂（等著），《民國七十年代臺灣地區「自力救濟」事件之研究》，台北：行政院研究發展考核委員會，1992；黃嘉樹，《國民黨在臺灣1945-1988》，台北：大秦，1994，頁578-762。

[3] 日本統治臺灣時期，臺灣人民只在地方選舉少量的民意代表，且性質上諮詢意義多於參與，更無正式的政黨組織。故中國國民黨來台後，乃甚易掌握這種欠缺自主性與多元性的家族式地方派系，從而建立威權的侍從體系（authoritarian clientalism）。詳閱若林正丈（著），洪金珠、許佩賢（譯），1994：131-46；趙建民，《威權政治》，台北：幼獅，1994。

[4] 蔣中正執政時期，歷任行政院八部二會首長及政務委員之中，只出現過三位臺灣省省籍人士：連震東、蔡培火、徐慶鍾。一九五九年中國國民黨「八屆二中全會」以前，在中國國民黨中常會內，屬臺灣省省籍人士僅佔一名；從「八屆二中全會」到一九七二年的「十屆三中全會」，台籍人士只佔二名。一九七二年以前，行政、立法、監察、司法、考試等五院的正、副院長和臺灣省政府主席，都由大陸省籍人士出任。總之，臺灣省籍的政界人士，只能在地方政治中發揮作用，至於中央層級，則只有一兩個人當作象徵性的點綴。

[5] 《八十年代》和《美麗島》兩大雜誌代表著當時黨外運動的兩條路線。康寧祥的《八十年代》被視爲是體制內溫和理性的論政路線；而《美麗島》則被認爲是體制外激烈的群眾路線。一九七九年十二月九日，美麗島雜誌高雄服務處兩名工作人員姚國建、邱勝雄在高雄市街頭爲次日所要舉辦的人權日大會預作宣傳時，遭鼓山分局的員警逮補，並毆打成傷，且至次日凌晨始由南區警備總部釋回，此一情勢引起黨外人士不滿；隔日，黨外人士在高雄紀念人權日，爲此與軍警發生激烈衝突，而釀成「美麗島事件」。請參閱李筱峰，《臺灣民主運動40年》，台北：自立晚報，1993，頁150。

[6] 一九八六年六月十三日，黨外公政會首都分會向公政會總會提出一份「民主時

間表」，建議總會作爲黨外運動訴求的主題。七月，黨外公政會秘密組成「組黨行動規劃小組」，成員包括：尤清、謝長廷、黃爾璇等九人，並開始具體地籌劃組黨事宜；八月十五日，黨外在台北市中山國小舉辦「行憲與組黨說明會」，群眾人潮洶湧，反應十分熱烈。首都分會人員於會中公開向民眾徵求新黨黨名；謝長廷提出「民主進步黨」爲新黨黨名；九月十九日，黨外代表進一步研議黨名、黨綱及黨章，當即簽署了十六名新黨發起人；二十七日，黨外再度舉行的溝通與組黨座談會中，即通過將在全國黨外後援會中提案發起組黨工作，使組黨工作與選舉後援會工作結合進行；二十八日上午，召開全國黨外後援會，會中首先變更議程把二十七日的組黨議案列入第一項提案，會議採秘密會商方式進行，不對外開放。游錫堃擔任主席，提案人尤清向大會說明提案內容，最後由大家一致鼓掌通過。該項決議是「爲推動民主政治發起組織新黨，並廣泛徵求發起人，至於黨名、黨綱及黨章再由全體發起人集會研討」。下午五時，又再繼續召開新黨發起人會；會中朱高正突然提出當天宣布成立新黨的主張，立即獲得在場者支持，會場氣氛頓時熱烈起來，終於全場人士一致起立鼓掌通過，主席宣布民主進步黨正式成立，此乃四十年來臺灣第一個在野政黨。

[7] 蔣經國去世後第三天，中國國民黨秘書長李煥與三位副秘書長共同討論黨主席繼任的問題。基於顧慮政局安定和一元領導的維持必要，都贊成由李登輝兼代黨主席，並決定於一月二十日的中常會上，由俞國華（時任行政院院長）領銜提案，通過任命。但是在中常會前夕，李煥接到蔣夫人宋美齡的親筆信函，希望中國國民黨採取集體領導模式。這一轉變，令李煥決定將中常會延到二十七日舉行。

　　及至二十六日晚上，蔣孝勇（蔣經國三子）去電俞國華，阻其不可以在中常會上提由李登輝代理黨主席案，並強調此爲蔣夫人宋美齡之意。二十七日上午，中常會準時召開，但原定由俞國華提由李登輝代理黨主席案遲遲未見蹤影。最後，以副秘書長職位列席的宋楚瑜突然舉手要求發言（依例不應主動發言），表示李登輝代理黨主席案不提出，將對黨、國造成傷害，並對不起故總統蔣經國。話畢，宋楚瑜離開會場，留下全場一片錯愕。此時，余紀忠趁勢邀集同志發言支持李登輝代理黨主席案，並順利獲得通過，而度過這次由蔣夫人宋美齡干預所造成的政治危機。詳閱周玉蔻，《李登輝的一千天》，台北：麥田，1993，頁30-8。

[8] 中國國民黨十三全會中央委員與候補中央委員的選舉結果，臺灣省省籍當選約四成的比例。而三十一席的中央常務委員中有十二個新人，且臺灣省省籍人士佔了一半。

[9] 參閱王杏慶，〈李登輝提名李元簇，國民黨內鬥已登場〉，《新新聞週刊》，1990/02/12，頁11。

[10] 謝東閔等八人決定以三大理由勸退林蔣（《中國時報》，1990/03/04：1）：一、連署林洋港與蔣緯國搭檔的國民大會代表此舉是違反黨紀的行為；二、儘管林洋港與蔣緯國宣稱他們是候選而不競選，但若因此造成黨的分裂，則將成為「歷史罪人」，並會遭黨紀處分；三、執政黨既然已推舉李登輝與李元簇為中國國民黨正副總統候選人，再無推翻最高決策之理，黨內同志都應盡全力輔選。

[11] 一九八六年八月，美國保護主義傾向日趨強烈，並首度引用「三〇一條款」（一九七四年貿易法）迫使臺灣對美貿易政策作出重大讓步。同時，美國也開始迫使新台幣升值，一九八六年新台幣在美國壓力下從一美元兌新台幣三九點八元上升為一美元兌新台幣三五點四三元。

一九八七年五月二日，臺灣宣布解除外匯管制，新台幣更是大幅升值，至一九八七年年底，已升值至一美元兌新台幣二八點二二元。

新台幣之升值與美國的貿易保護主義，使臺灣不得不尋求開發新的市場，中國大陸改革開放趨勢下形成的新市場，顯然急待臺灣廠商去開拓；同時，由於新台幣升值也使得臺灣勞力密集工業面臨嚴重困境，不得不考慮資金外移，中國大陸當然是理想的資金外移地點。

[12] 所謂「一國兩區」，乃本著法律衝突理論所提出的概念，其內涵在表達「臺灣地區」與「大陸地區」同樣屬於中國，但是在現實上，兩地區分別在兩個不同的政治實體有效統治下，彼此的治權都無法及於對方的領域，各有各的法律體系，只有相互承認對方的法律在其管轄區域內的適用性，才能正常進行雙方的互動交流；因此，「一國兩區」與法律衝突論之採用，實際上就表示了臺灣方面已正面認知中共法秩序存在於大陸之事實。

[13] 雙方並作出「聯合聲明」，其聲明內容如下（《聯合報》，1991/04/19：3）：其一，有關第九條中之國家安全會議、國家安全局與行政院人事行政局，民主進步黨認為應存在至第二屆國民大會產生代表召開第一次會議為止，中國國民黨表示將於該條文中增列限時落日條款，但在未完成立法程序前，其原有組織法規繼續適用至一九九三年十二月三十一日止，且在第二屆國大代表產生前，該三機關不得以法律定之。其二，民主進步黨主張資深國民大會代表缺乏民意基礎，不應主導憲政改革工作，應速退職。中國國民黨表示本年年底前，資深國民大會代表將全部退職。

[14] 中國國民黨中央修憲策劃小組，〈中國國民黨中央修憲策劃小組研擬的修憲方案（執政黨第二屆國代同志憲政座談會版）〉，《中央月刊》，第二十五卷，第二

期，1992/02，頁18-22。

[15] 第二讀會中逐條討論議決憲法增修條文之情形及結果，詳閱國民大會秘書處，《第二屆國民大會臨時會實錄》，台北：國民大會秘書處，1992，頁421-56。

[16] 中國國民黨在召開第十三屆三中全會時，企圖就修憲內容建立共識，但因黨內部對於總統產生方式及可能衍生出的中央政府體制變動過大等問題，存著兩派極大差異的看法，而無法達成妥協。在第二屆國民大會臨時會上仍無所突破，僅確立總統、副總統由中華民國自由地區全體人民選舉之原則，但並未決定總統選舉方式，只規定在一九九五年五月二十日前召開國民大會臨時會決定之。這意味著「一機關兩階段」並未完成憲改工作，這也意味著第三次修憲的不可避免。

[17] 中華民國憲法對於總統、副總統之罷免原無具體規定，而係規定於「總統副總統選舉罷免法」，根據該法第九條規定，國民大會對總統、副總統之罷免，是由代表總額六分之一的提議，以代表總額過半數之贊成通過。另第十條規定，國民大會在處理監察院提出彈劾案時，則以出席國民大會代表三分之二同意行之。

[18] 被刪除的該條，即「立法院任期延長四年」案。按中國國民黨將立法委員任期改為四年，旨在用以配合總統與國民大會任期均由六年改為四年的規定。一方面統一所有中央民代任期，以減少選舉次數；再方面立法委員任期配合總統任期，將有助於行政院院長位置的安定性（一九九五年十月十三日，大法官會議做成釋字第三八七號，該案正式確定在立法委員改選後，行政院應總辭）；蓋立法委員任期三年，總統任期四年，則行政院院長短則一年，長則三年，即因逢總統、立法委員改選，而必須率行行政院總辭，將可能造成政局不穩。

　　而當時國民大會反對立法委員延長任期的原因如下（實則與國民大會與立法院因「垃圾、蟑螂事件」所形成的心結有關）：一、立法院一院獨大的情況已經引起各方反感，如果任期再予延長，更無法駕馭；二、立法院議事效率低落，重大民生法案堆積如山，連帶影響行政效率與施政計畫；三、美國總統任期四年，相當於中華民國立法委員的美國眾議員任期為兩年，如今中華民國總統任期已從六年降為四年，立委任期自應減為兩年才合理；四、當前金權政治愈來愈明顯，如果立法委員任期縮短為兩年，在投資報酬率大幅降低的情況下，賄選及金權情況或有所改善；五、立法委員縮短為兩年，對於大鬧議場的不肖立法委員，民眾也有機會在短期內用選票將之趕出國會。

[19] 〈修憲，怎麼修〉，《中央月刊》，第二十七卷，第四期，1993/04，頁33。

[20] 「得票率」雖不等於「席位數」，但足可反應民意取向；尤其「席位數」的高低

常因選舉制度的方式而異。雷競旋，《選舉制度概論》，台北：洞察，1987，頁134-55。

[21] 〈中常會要聞〉，《中央月刊》，第二十七卷，第二期，1993/02，頁69。

[22] 〈第十四屆中央委員臨時全會「修憲議題順利通過」〉，《中央月刊》，第二十七卷，第五期，1993/05，頁18-20。

[23] 以上表列一一七案，除其中有五案因不足法定提議人數外，其餘一一二件修憲提案，秘書處經依照修憲提案案號順序，將有關各案之連署人、具體條文及所附具理由說明等詳細資料，彙整編印「第二屆國民大會第四次臨時會修憲提案」合訂本一冊，以供參考。詳閱國民大會秘書處，《第二屆國民大會第四次臨時會實錄》，台北：國民大會秘書處，1994，頁338-66。

[24] 國民大會秘書處（編），《第二屆國民大會第四次臨時會大會第十四次大會速記錄》，台北：國民大會秘書處，1994；陳滄海，〈憲法修改的讀會與出席人數之探討〉，《憲政時代》，第二十一卷，第四期，1996/04，頁25-45。

[25] 該案除第三條第三項：「立法院立法委員之任期自第三屆立法委員起為四年，不適用憲法第六十五條之有關規定。」未獲通過外（國民大會與立法院長期的對立所致），其餘均於七月二十九日，第二屆國民大會第四次臨時會第三十二次大會三讀通過「第三次中華民國憲法增修條文」。

[26] 爭議點在於進行二讀會時，出席人數標準究竟是「三分之一」或「三分之二」；修憲提案審查報告書之議決人數標準應以「過半數同意」或「四分之三通過」而產生。

[27] 依照國民大會議事規則第四十四條規定：「二讀會就審查完竣之議案，於審查委員會說明其審查之經過及結果，經廣泛討論後，依次逐條提付討論議決。前項議決以代表總額三分之二之出席，出席代表四分之三之決議行之。」即上開三分之二之出席及出席代表四分之三之決議的規定，乃指審查會議議通過提報大會進行二讀之修憲提案及其修正案，經廣泛討論後，逐條議決時之出席及議決標準。但「修憲提案審查報告書」處理程序之出席與議決人數，議事規則並未明確規定。

[28] 「僑民選舉總統」是否入憲的爭議，其關鍵在於「僑民」身分的界定紛歧，引發諸多顧慮和反對聲浪。持反對理由者認為三千萬僑胞都回來投票，臺灣地區僅有兩千萬，豈非要由華僑來決定誰來當總統，而由臺灣地區人民來背書。僑民既不當兵，又不繳稅，賦予其選舉權，有違權利義務關係。持贊成意見者，多將「僑民」做狹義解釋，乃指在台澎金馬擁有戶籍，因經商、求學或旅遊等原因而居住國外者，為選舉法上所稱之「僑民」，而非一般泛指的僑民，其人數

約三十萬人左右。

[29] 司法院，《司法院大法官會議釋字第四一九號》，（85）院台大二字第26674
號，1996/12/31；董翔飛，〈從權力制衡及國家永續性看副總統兼任行政院院長
之憲政爭議〉，《憲法解釋之理論與實務學術研討會》，中研院中山人文社會科
學研究所，1997/03/22-3。

[30] 只有禁酒條文是先「補」（美國憲法修正案第十八條）後「修」（美國憲法修正
案第二十一條）。

[31] 根據記者對蔡政文的採訪得知，其構想是根源自法國的第五共和，在新制中
「總統將成為整個政治的最穩定核心；因為，總統的民意基礎來自全民，立法委
員的基礎也來自全民，行政院院長將是代表總統與立法院互動的幕僚長，也因
此，並不需要行使同意權。而這設計的目的、將是避免不信任案和覆議權的爭
議，也能解決目前政府運作的困境」。而總統本身，如果政策有爭議，也可以經
由公民複決的方式監督。並不是總統因此就沒有了制衡機制，但「公民複決目
前並沒有設計，以法國第五共和的經驗，大部分的爭議還是憲法問題，而法國
的第五共和，並沒有因為公共政策產生過複決的前例」。而政策方面，總統可視
狀況解散國會，而國會也可以倒閣，權力制衡的機制還是有所顧及。而這樣的
想法，事實上，早就在第一次修憲時就已經有人提過。不過，「新憲政架構運
作要平順的話，必須要有一個先決條件，首先就是要限制在一定期間內的倒閣
和解散國會的次數，否則「法國的第三共和，每次內閣平均只有三到六個月的
壽命」。另一方面，政黨的紀律一定要加強「議員不能跑票」，這設計也有鞏固
政黨政治的意義。詳見黃創夏，〈訪混合制的原始草擬人蔡政文〉，《新新聞週
刊》，511期，頁19。

[32] 其中「經濟發展議題」有一三四項、「兩岸關係議題」有三十六項、「經濟發
展議題」有二十二項。蕭全政，〈國家發展會議的定位與意義〉，《理論與政
策》，第11卷，第2期，頁3-14；《中國時報》，1996/12/27：5。

[33] 後來中國國民黨黨版第三條第一項則將「任免」一詞改為「任命」，並對於總統
任免行政院院長命令無須行政院院長副署的規定，說明其提案理由係因行政院
院長之任免程序（憲法）已有特別的規定，並藉此說明中國國民黨並不認為總
統有意定的免職行政院院長權（國民大會秘書處，1998：219-28）。而民主進步
黨同意取消立法院的任命閣揆同意權，但不同意進一步賦予總統免職行政院院
長的權力。其黨版第一〇七號修憲提案（雙首長制）（國民大會秘書處，1998：
245-59）第二條第二項明定：「總統任命行政院院長，並依行政院院長提出辭
職而免除其職務，不適用憲法第五十五條之規定。行政院院長於立法院改選後

第一次集會前應向總統提出辭職。」此一規定與法國第五共和憲法第八條規定意旨相同。民主進步黨的雙首長制在於提供總統與行政院院長之間行政決策實權換軌的可能性，行政院院長的去職必然是因爲來自立法院多數支持的動搖，行政院院長爲了尊重立法院政治生態的改變，而必須向總統提出辭職。民主進步黨甚至特意在提案說明中指出中國國民黨對於行政院院長去職規定的忽略。簡言之，民主進步黨主張行政院院長的免職必須以行政院院長辭職爲前提；換言之，總統也就沒有主動免職行政院院長的權力。其黨版第二條第六項規定有總統免職行政院院長命令無須行政院院長副署的規定，應只是在解決行政院院長行使此一副署權的尷尬情境，並不能據此推理出總統可以任意免職行政院院長的結論，否則將是民主進步黨版內在法理邏輯上的重大矛盾。

[34] 本次會議各修憲提案，請參閱國民大會秘書處，《第三屆國民大會第二次會議實錄》，台北：國民大會秘書處，1998，頁127-57。

[35] 行憲之後的臺灣省地方自治，由於立法院遲遲未將「省縣自治通則草案」交付三讀，因而未能依照憲法完成省法制化，而始終存在於試辦狀態，其主要原因是臺灣省政府與中央政府所轄區域除福建省金門、連江兩縣外完全重疊，中央政府必須接收原屬臺灣省政府的諸多重要權限方得以維持其運作，在歷史的發展過程中，省制精簡的合理性乃反映在省區的縮小，此即台北市和高雄市的升格爲直轄市，另外則以行政院任命之省主席和省政府委員確保中央政府對臺灣省政府的控制。

[36] 十三項「除外條款」包括：縣市政府所在地變更事項、縣市規章備查事項、縣市政府延不執行縣市議會決議或不當之主持協商事項、縣市議會未審議完成地方總預算案之協商議決事項、縣市議會議決牴觸法規無效之函告事項、縣市議會不辭去原職、通知解除職務或解聘事項、縣市政府組織規程備查事項、縣市政府辦理委辦或自治事項，違背法令逾越權限，予以撤銷變更廢止或停止執行事項、縣市政府依法應爲而不爲之代行處理事項、縣市間事權爭議之解決事項、縣市長和縣市議員之解除職務事項、縣市長之停止職務事項、縣市長和縣市議員延期辦理改選或補選事項、省並得保留部分省產。

[37] 根據該修正案民主進步黨籍國民大會代表劉一德所指出，國民大會代表延任案是不得已的必要之惡，其見解如下（《自由時報》，1999/09/07：15）：

一、中國國民黨與民主進步黨在國家發展會議曾有共識，即先廢除國民大會區域選舉，改採全額政黨比例代表制，嗣後中國國民黨中央拒絕履行是項協議，只能透過國民大會會議來落實。

二、此次修正案，大家只注意到國民大會代表延任二年多，不知換來自第四屆

起採全額政黨比例代表共三百名，自第五屆起一百五十名。第四屆比目前少二十四名，第五屆少一七四名，向凍結國民大會邁進一小步。

三、何以必須延任至九十一年六月三十日，主要係配合立法委員四年一期的選舉，只有立法委員這種全國性的選舉，才能與政黨比例代表制配套，至於總統選舉，因有無黨無派的獨立候選人，實施上，既有困難，也不合理。

四、除此之外，中國國民黨何以反對此屆國民大會代表延任，主要還是反對全額政黨比例代表制的配套措施。因為延任等於廢除第四屆國民大會代表的區域選舉，而該選舉配合總統選舉，對中國國民黨絕對有利，在國民大會代表的選舉中，中國國民黨所以穩操勝券，主要還是靠金錢的介入，這樣，於選民選擇時，既投中國國民黨籍國民大會代表候選人，當然也一併投連蕭配了。

[38] 施明德指出，廢國民大會是上策，維持現狀是下策，劉一德案則是兩害相權取其輕的中策，如同凍省般，在廢不掉國民大會的情況下，希望能先凍結國民大會代表選舉。此外，國民大會改為全額政黨比例制，這是民主進步黨黨版修憲案的重點主張，部分黨內派系中人之所以提出國民大會代表延任案的配套主張，某種程度也是基於總統大選的現實策略需要，亦即一旦國民大會代表選舉凍結，將對中國國民黨運用國民大會代表提名權做為總統輔選樁腳的動員策略產生影響，就求得總統大選勝利的政治現實面來看，國民大會代表選舉的凍結，確實可弱化中國國民黨籍由國民大會代表提名構成綿密樁腳的輔選動員力。

[39] 根據「司法院大法官審理案件法」第五條規定，釋憲案必須經由三分之一以上立法委員，也就是七十五人以上的連署始得向大法官會議聲請釋憲。

[40] 第四屆國民大會代表共有三三九名，其中區域選舉應選名額二三三名，平地原住民及山地原住民各三名，僑民應選二十名，全國不分區八十名。因為人口的增加，台北縣第三、四選區、桃園縣第四選區、台中縣第三選區和彰化縣第一選區，各增加一名（《中國時報》，2000/03/28）。

[41] 協商代表：中國國民黨：陳鏡仁、蔡正元；民主進步黨：周威佑、藍世聰；新黨：李炳南、曲兆祥、王高成；無黨籍：江文如。

[42] 為了有效控制修憲議程關鍵時刻的出席人數，民、國兩黨都確定將在十六日修憲審查表決、二十一日大會審查報告及二十四、二十五日的二、三讀會表決時，進行強勢甲級動員，民主進步黨黨團總召集人陳金德和中國國民黨黨團書記長蔡正元皆表示，屆時只要有人不聽從黨團指揮或是不出席，都將面臨立即的黨紀伺候，直接開除黨籍或是遞補，兩黨黨鞭強調並不擔心出現跑票情況。

不過黨團還是積極利用議事手段，封殺黨團成員可能跑票的可能性（《中時晚報》，2000/04/14）。

[43] 一、大法官會議做成第四九九號解釋後，中央選舉委員會立即辦理選舉，由於時間匆促，各政黨都來不及舉辦初選，嚴重影響各政黨的提名作業。

二、國民大會正集會修憲，國民大會代表行使職權，必須在國民大會開會。如修憲與第四屆國民大會代表選舉同時進行，一方面，有意參選的國民大會代表須從事競選活動，將無法專心執行憲法賦予的職權，無法積極投入競選活動，並不公平。而如修憲完成，不須再改選國民大會代表，中央選舉委員會辦理的國民大會代表改選將失其法律效力，辦理選舉所耗費的社會成本將無可補救，已選出的國民大會代表也將面臨無職可就的窘境。暫緩選舉可保留彈性處理空間，在政治上有其正當性。

三、就政局的安定而言，總統大選剛選完，正值政黨輪替時期，內閣將全面改組，且國際情勢渾沌未明，若於短期間內動員各方面政治能量投入大規模選戰，可能造成人心浮動及內部的衝突，此時舉辦國民大會代表選舉將影響政局的安定。

四、中央選舉委員會是辦理選務機關，內政部主管選政，依憲法第二十八條第二項規定，每屆國民大會代表任期，至次屆國民大會開會之日止，且憲法增修條文並未凍結該項規定。該項規定是為給國民大會代表有充裕時間行使職權，於合理修憲期間內，其任期並未屆滿。因此，暫緩國民大會代表改選的適法性並無問題。

[44] 行政院秘書長謝深山指出，中央選舉委員會是「選務單位」，內政部才是「選政單位」。根據往例，延期選舉由「選政單位」而非中央選舉委員會決定。如民國六十七年立法委員、八十二年省議員選舉和臺灣省長選舉一併舉行，及上次的雲林縣長補選，都是由內政部對選舉日期做最後決定。謝深山說，內政部的簽呈詳列各項暫緩選舉理由。行政院同意內政部的意見，也把內政部意見轉給中央選舉委員會，決定暫緩辦理國民大會代表選舉。謝深山強調，這次國民大會修憲會議大約在四月二十五日結束，國民大會代表要不要改選，屆時即可明朗化。如果決定廢掉國民大會，就沒有必要改選國民大會代表；若要繼續選舉，屆時再由內政部會同中央選舉委員會辦理。

[45] 經半年公告的意義源自司法院釋字第三一四號解釋提到，根據中華民國國憲法憲法第一七四條第二款規定，由立法院提出憲法修正案交國民大會複決時，須於國民大會開會前半年公告之。換言之，修憲機關如果有修憲行為，應該在修憲會議召開半年前就公告給國民知道，讓全體國民預知修憲的目的，並有表達

意見和關心的機會，使全體國民都可以充分參與修憲議題的思考與論辯，以避免突襲性的修憲，這就是修憲程序上時間的正當性問題。

[46]一九九一年底，立法院司法委員會開始審議「司法院組織法」修正案，其中討論到組織法第五條，也就是大法官的職權任期時，司法院的原提案條文規定大法官「其保障準用關於實任法官之規定」。在審查會中有立法委員認為「大法官」與「法官」不同，而刪除是項規定。但當時的司委會委員黃主文、林鈺祥、吳梓又認為，適用最高法院法官任職滿十年以上而任法官者，卸任後應可回任原職務，因此又提請復議，將條文改為「曾任實任司法官之大法官任期屆滿而未連任者，視同停止辦理案件之司法官，適用司法人員人事條例之規定」；換言之，在該法進入院會二讀前，所謂的大法官優遇僅適用「實任法官之大法官」，其後則成為所有大法官適用大法官優遇。

[47]民意代表與選民的關係，其主要說法有二：

一、委任說（delegated theory）：或稱「命令委任說」（theory of imperative mandate），或稱「授權命令說」。該說主張民意代表在議會所為之言論及表決，不能憑自己的自由意志為之，而是必須依選區選民的委任命令為之。

二、代表說（representative theory）：或稱「自由委任說」（theory of free mandate）。該說主張民意代表在議會所為之言論及表決，不須依選區選民的委任命令為之，而是憑自己的自由意志為之。

[48]根據第六次憲法增修條文第三條第一項的規定：「行政院院長由總統任命之。」並凍結了憲法第五十五條：「行政院院長，由總統『提名』，經立法院『同意』任命之」的規定。換言之，依原本憲法的規定，行政院院長的任命要經由「提名」及「同意」這二個程序，且以「同意」較為重要，因行政院院長行事要向立法院負責（第六次憲法增修條文第三條第二項），若總統和立法院的意思不能一致時，則應以立法院意思為主（傾向內閣制）。而依第六次修憲的規定，則由總統逕行任命行政院院長，不受其他機關（指立法院）約束（指法律上的不受約束，而非政治上的不受約束）。但總統對行政院院長的「任命權」是否包括總統擁有對行政院院長的「獨立免職權」，則根據第六次憲法增修條文第二條第二項：「總統『發布』行政院院長『與』依憲法經立法院同意任命人員之『任免命令』及解散立法院之命令，無須行政院院長之副署，不適用憲法第三十七條之規定」來看，似有明確規範，但仍有待憲政慣例的建立或大法官會議的進一步解釋，方為明確。

[49]此處牽涉到總統改選之後，行政院院長是否必須辭職的問題，茲就可能發生的情況分析如下：

一、當總統對行政院院長有主動免職權時，對新任或連任的總統而言，行政院院長應否辭職已不重要，關鍵在於總統是否支持行政院院長繼續行使其職權。

二、當總統對行政院院長無主動免職權時，

　　(一)對新任的總統而言，行政院院長應該辭職，否則「總統任命行政院院長」的憲法規定將失去意義。

　　(二)對連任的總統而言，即使行政院院長仍爲總統所支持，亦應「禮貌性辭職」，再由總統重新任命爲妥，俾建立起憲法規範的一致性（即不管新任或連任的總統都應辭職的一致性）。

[50]總統陳水扁選擇唐飛的原因，本文推論有三：其一、政權轉移之際，必須穩定軍心（唐飛曾任參謀總長、國防部部長）；其二、唐飛個性溫和且服從性高，易於掌控（軍人出身，且空軍素質較高）；其三、唐飛的外省族群身分，具有族群諧和的象徵意義。

[51]當時唐飛除面對民主進步黨秘書長吳乃仁的不斷抨擊外（建立非核家園乃民主進步黨的重要政策），其所屬之部會首長多以總統府馬首是瞻。

[52]此處牽涉到總統是否有權影響行政院院長的內閣人事安排，學者或引司法院大法官會議《釋字第387號》解釋（該解釋明確表示，內閣人選應由行政院院長依其政治理念決定，再提請總統任命，總統應無權代行政院院長決定內閣人事），來強調「總統無權影響行政院院長的內閣人事安排」。但該解釋乃1995年10月13日所爲（當時行政院院長由總統提名，立法院同意任命之），實則經修憲後，實已對我國中央政府體制產生新的憲法規範。故基於情勢變遷原則，該號解釋能否適用現況，不無疑義；惟可循法定程序，聲請司法院大法官會議對此再予解釋。至於本文對此見解如下：

一、當總統對行政院院長有主動免職權時
　行政院院長的內閣人事安排很難不受總統所影響（除非總統本身無干涉內閣人事安排的主觀意願），否則可能面臨總統的免職。

二、當總統對行政院院長無主動免職權時

　　(一)若總統任命的是一位服從性高的行政院院長（即使不爲立法院佔絕對多數席次的在野黨或聯盟所支持），則依樣可以影響行政院院長的內閣人事安排。

　　(二)總統任命的是立法院佔絕對多數席次的在野黨或聯盟所支持行政院院長，則總統將很難干涉行政院院長的內閣人事安排。

[53]此舉明顯不符法國第五共和雙首長制的憲政慣例，蓋法國第五共和數次左右共

治的經驗所建立的憲政慣例乃是總統會任命國會絕對多數黨或聯盟所支持的領袖擔任總理，所以當總統的政黨屬性與國會絕對多數黨或聯盟一致時，權力會集中在總統；但是當總統的政黨屬性與國絕對多數黨或聯盟不一致時，權力分配就必須回歸憲法，也就是回歸到國會絕對多數黨或聯盟所支持的總理（總理不能侵奪憲法賦予總統的專屬行政權）。然而問題在於我國憲法並未明確規定中央政府體制必須比照法國第五共和雙首長制的換軌機制，除非我國總統願意遵循法國總統的決策模式，任命立法院絕對多數黨或聯盟所支持的領袖擔任行政院院長；但我國總統若要依個人主觀意願，發展特有的憲政慣例亦未嘗不可。

[54]少數政府通常必須藉由政黨協商機制與共識型政治文化（consensual political culture）的建立，方能順利運作；換言之，行政部門的要透過黨際協調、溝通，甚至收買，才能獲得國會絕對多數席次對其重大政策的支持。

[55]後經司法院大法官會議於二○○一年一月十五日做出《釋字第520號》解釋，認為行政院停建核四，屬國家重要政策之變更，儘速向立法院補行報告並備質詢，且立法院有聽取報告的義務；對此報告，若多數立法委員支持，則行政院即可貫徹其停建政策，若立法院反對或作成其他決議，則應視決議內容，由行政院和立法院朝野黨團協商解決方案。當朝野協商失敗時，大法官在解釋理由書中提出三種解決方式：(一)行政院院長自行請辭；(二)立法院可對行政院院長提出不信任案，使其去職，但立法院亦可能遭到解散，而必須改選；(三)立法院另行通過興建核四廠的相關法案，交行政院執行。

[56]二○○零年十月三十日，中國國民黨發動「正副總統罷免案」，並獲得一二一位立法委員的聯名支持，遠超越憲法所規定全體立法委員四分之一的提案門檻。此外，相關的《總統副總統選罷法》、《立法院職權行使法》亦加速修法，以取得法定程序的依據。最後因難以取得全體立法委員三分之二的同意而作罷。蓋須全體立法委員三分之二的同意方能提出，然後再經中華民國自由地區選舉人總額過半數之投票，有效票過半數同意罷免時，才算罷免成功。

[57]後來倒閣聲音無疾而終，主因在於當時泛藍黨派聯盟僅掌握立法院一一五席（只超過半數三席），且中國國民黨亦評估重新改選後，將有一定比例的席次流向親民黨，故何須冒此政治風險；復以，中國國民黨的立法委員多出身地方派系，屬組織型政治人物，這類型選舉所需準備時間較長，地方動員經費較多（經濟不景氣，募款不易），而難以說服這些出身地方派系的立法委員來支持倒閣。

[58]當時行政院決定尊重立法院而不提覆議案。

[59]立法院，20040327，〈立法院修憲委員會第五屆第一次會議紀錄〉，《立法院公

報》，第93卷，第16期(3350)，頁155-201。

[60]立法院，20040331，〈立法院修憲委員會第五屆第二次會議紀錄〉，《立法院公報》，第93卷，第17期(3351)，頁377-398。

[61]立法院，20040501，〈立法院修憲委員會第五屆第三次會議紀錄〉，《立法院公報》，第93卷，第23期(3357)(下)，頁235-243。

[62]立法院，20040522，〈立法院修憲委員會第五屆第四次會議紀錄〉，《立法院公報》，第93卷，第27期(3361)(下)，頁243-257。

[63]立法院，20040913，〈立法院第5屆第5會期第1次臨時會第3次會議紀錄〉，《立法院公報》，第93卷第37期(3371)(上)，頁95-126。

[64]總統任命行政院院長乃憲法上白紙黑字所明確賦予總統的權力，自不受任何低階法律的約束。學者或謂「修憲意旨」有言，「該項權力之行使仍必須『考量』立法院之政治情勢，任命立法院多數黨可接受之人選」，據而認為總統並無意定任命行政院院長之權。其實這樣的論述僅屬一種對總統的道德勸說，希望總統以國家利益為重，以避免立法與行政之間產生難解的憲政僵局，期而成為對總統的一種政治約束（屬任意規範），然此種方式的有效與否全在總統一念之間，若未能明瞭此一道理，則容易淪為學者個人一廂情願的想法。

第四章
中華民國憲法
修憲過程的分析

　　憲法的修改有全部修改及一部修改之別。全部修改無異於廢止舊憲法而制定新憲法。制定憲法可以不受任何拘束,而修改憲法須依憲法所規定的程序。故在說明憲法的修改以前,應先說明憲法制定權(verfassunggebende gewalt)。法國革命時代,阿伯耶士(Abbe Sieyes)分國家權力為兩種:一是制定憲法的權力(pouvoir constituant),二是憲法所設置的權力(pouvoir constitue)。制定憲法的權力就是憲法制定權,而必屬於國民。憲法所設置的權力就是立法行政司法各權,可由國民委任於議會及其他機關。兩種權力的位階不同,前者不受任何拘束,而得決定國家的根本組織,所以可視為主權。憲法制定權的觀念乃起源於英格蘭及蘇格蘭的長老教會制度(Presbyteral-Kirchensystem)。克倫威爾的「人民協約」(Agreement of the People)也有這種見解。美國獨立之時,各邦依此見解以制定憲法的為數不少,如Connecticut及Rhode Island等是。法國人士參加美國獨立戰爭的,例如Lameth、Lafayette、de Noailles等輩又將這個觀念傳入法國,而發揚光大之者則為阿伯耶士。但阿伯耶士並不能貫徹他的主張,他以為憲法制定權不但可由國民自己行使,而又可由國民特別選舉的代表,即所謂「憲法會議」(Assemblee de Revision)行使之。憲法會議既由人民的代表組織,則與議會無大差別。這與憲法制定權必須屬於國民之說,就有矛盾了。固然修改憲法與制定憲法有部分與全體之別,但修改若無限界,則部分之修改勢將影響於全體。除了憲法修正案須提交人民投票表決之外,改憲機關不難利用憲法的修改,使整個憲法全部改換面目。

　　　　　　　　　　　　　　——薩孟武,《中國憲法新論》,頁23-4

第一節 「動員戡亂時期臨時條款」的分析

中華民國憲法由制憲國民大會於一九四六年十二月二十五日通過，一九四七年十二月二十五日施行。不及半年，旋因國共內戰，即由第一屆行憲國民大會於一九四八年四月十八日通過「動員戡亂時期臨時條款」，並於五月十日公布施行。惟學者之間對「動員戡亂時期臨時條款」此種憲改體例是否合於法定形式的修憲程序，又其實質內容是否對中華民國憲法本文造成所謂的「憲法破棄」，乃各持己見。以下僅就學者對「動員戡亂時期臨時條款」之形式與實質兩方面的主要爭議，分述如次。

一、形式分析

分析過去數十年來，學者對「動員戡亂時期臨時條款」的性質爭論不休，究其爭議焦點不外以下兩項（詳**表4-1**）：

1.「動員戡亂時期臨時條款」是違憲條款或合憲條款？
2.「動員戡亂時期臨時條款」是制憲行為或修憲行為？

以下茲將學者之間主要的對立論點，彙整如次：

■正論1

就立法意旨來看，第一屆國民大會代表是提案制定「動員戡亂時期臨時條款」，並指出「動員戡亂時期臨時條款」是在「不變更憲法條文之範圍內」所制定的「不作憲法本身的修正，僅僅在憲法條文之後，再加一個『動員戡亂時期臨時條款』」（國民大會秘書處，1961a：220）。

據此推論，「動員戡亂時期臨時條款」並非憲法的修正，而是憲法

表4-1　學者對「動員戡亂時期臨時條款」性質的爭議分析表

動員戡亂時期臨時條款性質	方式	主要論點	說明
違憲條款	制憲行為	必反對「複數憲法說」	「戰時憲法說」、「憲法之特別法說」等理論，皆屬「複數憲法說」。
	修憲行為	屬形式憲法破棄說	憲法修改在解釋上只包含「固有意義之憲法修改」，和「增補條文」二種方式，「動員戡亂時期臨時條款」並不符合這二種方式，故為形式憲法破棄。
合憲條款	制憲行為	必支持「複數憲法說」	「戰時憲法說」、「憲法之特別法說」等理論，皆屬「複數憲法說」。
	修憲行為	屬憲法之一部說	由有權的修憲機構（國民大會）依有效的修憲程序（中華民國憲法第一七四條第一款）進行。

的制定。而且「動員戡亂時期臨時條款」的效力凍結了部分憲法條文，足證「動員戡亂時期臨時條款」的效力高於憲法，而類似法律中的特別法優於普通法原則。可是基於憲法最高性原則，國民大會無權制定效力等於或高於憲法之「動員戡亂時期臨時條款」。蓋就Hans Kelsen（1961：123）從純粹法學的法律位階論之，憲法是實定法秩序中的最高法，為一切下級規範的母法，故不能有複數憲法的情形，更不能適用特別法優於普通法的原則，而「動員戡亂時期臨時條款」（特別憲法）有凍結憲法（普通憲法）條文之效力，當然違憲（李鴻禧，1989：53-64）。

■反論1

　　根據「動員戡亂時期臨時條款」主要提案人王世杰所言：「這是屬於『修改』憲法的案，凡是變更或是廢止與補充憲法條文的提案，都是修改憲法。這個案對於憲法帶有補充的性質，是一個修改憲法的案，唯其如此，所以我們提案人要請大會依照憲法修改程序通過本案」（國民大會秘書處，1961a：267-8）。可知，「動員戡亂時期臨時條款」實屬憲法的修改。但當時為何不直接修改憲法本文？其主要原因在於當時僅

行憲數個月，就因中國共產黨叛亂，而必須進行戡亂工作。依當時中華民國憲法屬修正式內閣制的規定，本應由具實權的行政院院長爲之，根本無制定「動員戡亂時期臨時條款」的必要。惟當時眞正掌握政軍實權者爲中華民國總統蔣中正（依當時中華民國憲法規定，中華民國總統爲虛位元首）[1]，爲使蔣中正能名符其實的進行戡亂工作，便透過凍結憲法第三十九條（戒嚴權）與第四十三條（緊急命令權），將內閣制轉成總統制；復以，蔣中正反對修改憲法本文，故有「動員戡亂時期臨時條款」的限時性修憲體例出現。而蔣中正之所以不願修改憲法本文，其主因在於國共內戰初期，中國國民黨的軍事將領皆預期能在短期間內完成勦共工作，所以無需修改憲法本文（透過「動員戡亂時期臨時條款」延緩憲法實施日期）。這可由「『動員』『戡亂』時期『臨時』『條款』」的定名看出：

1.動員：擴充軍隊數量。

2.戡亂：視中共爲「叛亂團體」[2]。

3.臨時：指一段很短的時間，蓋當時中國國民黨認爲能在短時間打垮中共，所以是「凍結」憲法部分條文（第三十九條、第四十三條）而非「廢止」憲法。正由於凍結具有期限性，自不宜在本文直接增刪，且「動員戡亂時期臨時條款」成爲憲法一部分後，在憲法之內有特別法優於普通法的關係[3]，則無可置疑。當時，國民大會於「動員戡亂時期臨時條款」第四項規定：「第一屆國民大會，應由總統至遲於三十九年十二月二十五日以前，召集臨時會，討論有關修改憲法各案。如屆時動員戡亂時期，尚未依前項規定，宣告終止，國民大會臨時會，應決定臨時條款應否延長或廢止。」其目的就在防止中國國民黨藉戡亂之名，行獨裁之實。

4.條款：「條款」在中華民國立法習慣上向來的意義或爲法律中的條文（如概括條款）或爲條約中的條文（如一般條款、最後條款、保留條款等），或爲契約中的約定（如民法所稱絕賣條款，

保險法所稱基本條款、特約條款），而絕無單獨成為法律文件的
用法。事實上國民大會有意把臨時條款當成憲法內的一個特別條
文，還可以從條款分項而不分條（第二次修正始標上項數），且
在小幅修改內容時也不依增刪少數條文固定條次的習慣明顯看
出。故大法官會議釋字一五〇號的解釋[4]，實質上即採取「動員
戡亂時期臨時條款」為憲法內修憲的見解（《中國時報》，
1990/6/17）。

從現代法學觀點視之，憲法旨在規範有關國家組織、人民權利與基
本國策，故憲法的內容亦隨社會需要而變遷；復以，內容日趨龐雜，造
成規範類型呈現多元化，故複數憲法的出現（不執著於原法典上增刪的
絕對化原則），已漸為接受，例如西班牙採「附加條款」（國民大會秘書
處，1996b：190-2）、瑞士採「臨時條款」（國民大會秘書處，1996b：
459-62）、新加坡採「憲法修正條文」（國民大會秘書處，1996d：155-
60）。可見憲法的立、修法者如果因為歷史傳統或鑑於社會劇烈變動而
無法在形式上維持單一法典，當然可以和次級規範的立法者一樣不受單
一法典技術的限制。因此以「動員戡亂時期臨時條款」在形式上不符合
單一法典而有違憲法本質的說法，並無說服力（涂懷瑩，1993：21-5）。

■ 正論2

「動員戡亂時期臨時條款」並非是憲法的修正案，而是國民大會所
另行「制定」的，此在條款的前言中說得清清楚楚。「制定」與「修定」
雖只一字之異，但在法律的關係上則大有出入。制是新作，修是舊改；
新作是一個獨立的結構，而舊改仍屬原有的結構，但這並不是說新作的
結構與舊有結構之間了無關係。訊以衣服為例，我們可修一舊衣，但不
管如何綴補，仍屬舊衣，而新作則是另一件衣服；穿衣者會因新而棄
舊，這就成為兩者之間的關係。此一形式邏輯，常見於法制體系，造成
法效的階梯。現舉刑法看，這一法典曾經多次「修訂」；每次修訂，都
改列新修條文，而刪除舊的，且明文記載修訂時日等，但不管如何修

訂，仍為其刑法，仍保持其內在的邏輯結構。但後來立法院「制定」了
一部「戡亂時期檢肅匪諜條例」，這是一部獨立的新法，但在處罰叛亂
方面，則優先刑法而適用，成為具較高法效的特別法，此時刑法成為普
通法。原有有關叛亂的規定，也並未被刪改，而是不能適用，也就是法
效的中止，而非消滅。如戡亂時期已過，檢肅匪諜條例廢止，立即就可
恢復適用。用此兩例就可說明：國民大會所「制定」的「動員戡亂時期
臨時條款」是一部新制的衣或法，而憲法則是從未經「修改」的舊衣或
法；因原有的條文俱在，毫無損缺，更未見隻字記載何時「修訂」，此
則為法律形式所必備的。因之，兩者之間的關係只能類似懲治叛亂條例
之於刑法，亦即動員戡亂時期臨時條款的規定，對於憲法可優先適用，
成為憲法的特別法。不過，我們要在此鄭重指出的，也是前已說過的，
在法律體系的法效階梯上，憲法為最高，絕不能再有任何特別法優先適
用於憲法的餘地，否則，憲法何能為最高？因之，憲法除自作修訂外，
不容任何他法的牴觸，牴觸者無效。現「動員戡亂時期臨時條款」的規
定既抵觸了憲法，這個條款自當無效，又怎能視為憲法的一部分呢（胡
佛，1998b：263-4）？

　　依此分析「動員戡亂時期臨時條款」的存在形式可知，「動員戡亂
時期臨時條款」並未嵌入憲法典成為憲法之一部，而是自外於憲法典，
獨立成為一法典，故屬獨立結構，而非憲法本身之臨時規定或暫行條
款，又非憲法之修正條款或附加條款故屬制憲，而非修憲；換言之，修
憲條款只能在憲法本文或原修憲條款中為之，俾使修憲能在合理範圍內
運作，而不致使憲法零碎化及修憲條款無限制膨脹，故其效力具有問題
（張劍寒，1976：110）。

■反論2

　　前文問題的關鍵在於「動員戡亂時期臨時條款」究竟屬於「制憲條
款」或「修憲條款」。就「動員戡亂時期臨時條款」制定過程來看，國
民大會制定「動員戡亂時期臨時條款」，是依照憲法第一七四條第一款

的修憲程序爲之，故屬「修憲條款」。

　　實務上，國民大會通過「動員戡亂時期臨時條款」時，提案代表說明所提者即爲修憲案。司法院大法官會議解釋第一九九號解釋理由書[5]，肯定「動員戡亂時期臨時條款」乃「依憲法所定之程序而制定」，亦未對其合法性有所保留。一九四九年三月二十五日，代總統李宗仁依「動員戡亂時期臨時條款」規定，經行政院決議頒布財政金融方案，未署「動員戡亂時期臨時條款」的全銜，而逕以「憲法動員戡亂時期臨時條款」稱之。以上皆再再顯示「動員戡亂時期臨時條款」爲具有憲法效力的修憲案。

　　此外，中華民國憲法第十四章規定憲法之修正，並未就修憲體例的項目及範圍有特殊規定或限制。既未明定可在憲法本文外以單行法或單獨條文的方式進行修憲（如奧地利憲法第四十四條[6]或義大利憲法第一三八條[7]），也未明白限制應在憲法本文內明示修憲；因此，國民大會自應有權決定修憲的體例形式。況且，將「動員戡亂時期臨時條款」附隨憲法原文一體列置的編排方式，早爲民眾熟悉，更不待言（蘇永欽，1988：211-2）。

■ 正論3

　　就憲法修改型式來看，援引德國憲法學的破憲概念，認爲「動員戡亂時期臨時條款」在性質上爲違法的形式憲法破棄[8]。蓋依「形式憲法破棄」論之，憲法修改在解釋上只包含「固有意義之憲法修改」[9]（即修憲條文與憲法本文分離，很容易渙散憲法的明確性與單一性），和「增補條文」（僅能補充憲法條文不足之處，而不能牴觸憲法條文）兩種方式，「動員戡亂時期臨時條款」並不符合這兩種方式，故爲形式憲法破棄。雖中華民國憲法第十四章關於憲法修正之規定，並未就修憲體例有特殊規定或限制，但憲法修改型式若不加以嚴格限制，從而導出憲法破棄爲憲法所允許，則易陷入「未明白禁止，即係允許」的極端法實證主義思想泥沼之嫌。且修憲是否明示，並非取決於破棄憲法之特別法是

否在前言中表明依修憲程序所制定，而係依修改憲法是否直接在憲法典內爲之而定。因爲憲法上的修改概念，應是指「固有意義之憲法修改」，即憲法修改不僅實質侵犯被修改條文之效力，在形式上也同時侵犯被修改條文之文句，原條文應從憲法典消失。至於美國憲法的增補方式，因尚未達到嚴重破壞修憲明確性的要求地步，所以解釋上尚可爲中華民國憲法第一七四條憲法修改的概念所包容。「動員戡亂時期臨時條款」只在實質上侵犯憲法條文之效力，並未在形式上侵犯憲法條文之文句，所以並非「固有意義之憲法修改」；另外，「動員戡亂時期臨時條款」亦非憲法之增補條文，所以「動員戡亂時期臨時條款」並非憲法上的修改類型。由此觀之，「動員戡亂時期臨時條款」實屬違憲[10]（許宗力，1993：401-30）。

■反論3

學理上所謂的「憲法破棄」是指依修憲程序制定的某項法律，其與憲法規範的某項條文有衝突競合現象而產生替廢規範作用，但替廢規範並未明示修憲意圖，致使被替廢之憲法規範條文形式上依然存在。質言之，憲法破棄的形成必須具備三個要件（陳滄海，1995：302-3）：

1.在過程上，必須是以修憲程序制定一個獨立存在的法律之現象。
2.在實質上，這項法律必須有替廢憲法法典的某項規範之事實。
3.在形式上，這種替廢規範的發生是在未經明示的狀態中產生。

從以上三個要件來看，「動員戡亂時期臨時條款」似屬形式憲法破棄的憲法性法律。然依中華民國憲法的規定，修憲與立法分屬國民大會與立法院兩個機關；換言之，國民大會無權制定「憲法性法律」。或謂國民大會得依憲法創設法律，但國民大會對創制複決兩權的行使需「俟全國有半數之縣市曾經行使創制複決兩項政權時，才能由國民大會制定辦法並行使之（中華民國憲法第二十七條第二項），所以「動員戡亂時期臨時條款」並非國民大會創制的法律，既非法律，又要合法生效，必

屬憲法位階的規範。蓋就中華民國憲法第二十七條第一項的規定,其制定性質必屬原憲法的修改;復以,「動員戡亂時期臨時條款」前言明示,係依照中華民國憲法第一七四條第一款所制定,故非制憲行為,而屬修憲行為;因此,以破憲概念來批判「動員戡亂時期臨時條款」,恐怕站不住腳。再者,「動員戡亂時期臨時條款」既稱「條款」,而不稱「法」、「律」、「條例」或「通則」(中央法規標準法第二條對法律稱謂的規定),內容分「項」而不分「條」(一九六二第二次修正以前,各項且未冠數目),而與普通法從事形式實質修憲的方式截然不同,其有意成為憲法的一部分,實屬明顯。

■ 正論4

「動員戡亂時期臨時條款」是國民大會授權於總統,在動員戡亂時期所得行使之職權,亦即加強戰時統帥權之行使(管歐,1990:346),故其性質近於納粹德國的「授權法」,屬於破憲行為。蓋一九二三年三月二十四日,納粹黨控制下的國會以修憲程序制定的「國家及人民緊急解救法」,該法規定只要不涉及國會之存廢且在不侵害總統權限的範圍內,得由內閣制定與憲法牴觸的法律,但如內閣變更,該法即立時失效,且至遲該法的效力不得超過一九三七年四月一日;然事實上,國會卻分別於一九三七年一月三十日及一九二九年·月三十日在該法效力即將屆至時予以延長,並於一九四三年五月十日由政府再以命令延長一次。該項緊急解救法,不但替廢了憲法第六十八條立法權屬於聯邦議會的規定,而且只要不涉及國會存廢及不侵害總統權限的範圍之下,內閣可制定超越憲法規範的任何法律,此舉已完全破壞威瑪憲法的最高法典的存在,並成為希特勒內閣遂行獨裁統治的合法藉口(陳滄海,1995:302)。

■ 反論4

根據「動員戡亂時期臨時條款」主要提案人王世杰所言:「曾有人認為可以採取決議案的方式,由大會通過『授權』總統處置戡亂,無庸

修改憲法。這個意見，我們考慮結果，認為不當。因為大會決議案不能
與憲法有同等效力，影響憲法條文，說到修改憲法，同仁見仁見智，各
有不同，一般社會人士認為目前修改憲法，有損憲法尊嚴。但我們的提
案是有時間性的，僅能適用於戡亂時期，變亂平定以後，條文的效力便
要消失，我們考慮了很久，也參考了其他國家的先例，所以我們不用大
會的決議，也不作憲法本身的修正，僅僅係在憲法條文之後，再加一個
臨時性的條款，其制定的方式，仍照修憲方式，俾與憲法具有同等效
力」（國民大會秘書處，1961a，210-21）。文中明顯否定「授權」方
式。此外，把「動員戡亂時期臨時條款」類比成納粹德國時期的授權法
並不恰當，因為中華民國的修憲機關（國民大會）與立法機關（立法院）
不同，這與當時德國議會獨攬修憲與立法權不同，且「動員戡亂時期臨
時條款」明示修憲，並稱「條款」而不稱「法」，所有官方文獻均把
「動員戡亂時期臨時條款」直接置於憲法之後，根本無所謂破憲之虞。
再者，德國威瑪憲法時代的「立法修憲」數量浩繁，並不指明憲法被修
正的條文，終致不能辨識憲法的內容，以致引起憲法適用的困難，而
「動員戡亂時期臨時條款」的體例則是刻意保存憲法原文完整，凡凍結
或更動的憲法原文，均明文指出條項，故符合修憲明確性之要求（鍾國
允，1988：197-214）。

　　總結以上說法可知，學者對「動員戡亂時期臨時條款」性質的見解
不同，且各持之有故，言之成理；惟本文認為若從宏觀角度看待中華民
國憲法體系的變遷過程，則採「動員戡亂時期臨時條款」的制定，應屬
合憲性的修憲行為，較有助中華民國民主法治的正面發展，其理由如下：

（一）就合憲性而言，必須符合兩項修憲生效要件

　　1.由有權機關修改：根據中華民國憲法規定，只有國民大會有權
　　「修改憲法」（第二十七條第一項第三款）及「複決憲法修正案」
　　（第二十七條第一項第四款）；此外，並無其他機構享有。

　　2.依有效程序進行：必須根據中華民國憲法第一七四條所規定之程

序爲之，方屬有效（詳**表4-2**）。

（二）就修憲形式而言，中華民國憲法並未做任何明示限制

就形式而言，「動員戡亂時期臨時條款」與中華民國憲法確實分屬不同文獻。但若從宏觀的角度對「動員戡亂時期臨時條款」制定的歷史及目的作全盤的觀照，便不能不發現「動員戡亂時期臨時條款」實爲當時修憲者所能選擇採行的最佳修憲形式。其最初特徵有二：

1. 採取限時性修憲的體例：執政者考量行憲未及數月，便修改憲法，實情何以堪。復推測戡亂工作應能在短期完成，故採取此種限時修憲體例，以維持憲法本文形式不動（相當於延緩行憲日期）。不料，時局逆轉，實非當初制定「動員戡亂時期臨時條款」的國民大會代表所能預料。

2. 採取「侵犯憲法原文最小方式」：形式上，最初只凍結憲法第三十九條（戒嚴權）與第四十三條（緊急命令權）兩條。惟中華民國

表4-2 中華民國憲法修改程序具備合法性與正當性的說明表

第一七四條：憲法之修改，應依左列程序之一爲之：	明定修改憲法之程序，未按此程序進行憲法之修改，皆屬違憲。
第一款：一、由國民大會代表總額五分之一之提議，三分之二之出席，及出席代表四分之三之決議，得修改之。	國民大會修改憲法之程序。
第二款：二、由立法院立法委員四分之一之提議，四分之三之出席，及出席委員四分之三之決議，擬定憲法修正案，提請國民大會複決。此項憲法修正案，應於國民大會開會前半年公告之。	前段爲立法院修改憲法之程序；後段「此項憲法修正案，應於國民大會開會前半年公告之」，其中的「應於國民大會開會前半年公告之」即含「合法性」（一定要經過半年時間的公告）與「正當性」（半年公告旨在防止修憲機關閃電式修憲，造成草率或缺乏正當性的後遺症；此外，藉由半年期間的公開討論，亦較能形成社會的多數共識）。

　　政府遷臺後，陸續修改的結果，已影響中華民國憲法的內容頗巨。

　　學者或引德國破憲學說，以憲法修改僅得於憲法本文爲之，而將中華民國憲法第一七四條賦予國民大會修改憲法的權力，解釋成只得在憲法條文上增刪，就和把立法院的立法權解釋爲只得立法，不得修法或廢法一樣，顯然未能抓住憲法的精神。蓋一般法律的解釋，不能僅拘泥於通常字義，還須慮及法律制定的宗旨，推至憲法，亦是如此。今中華民國憲法未明文限制修改憲法的形式，故解釋上即沒有理由認爲國民大會不可因應情勢以附期限的修憲方式來修改憲法。此外，「動員戡亂時期臨時條款」雖曰「制定」，其實質意義與民主國家憲法中常見的修正條例的制定無異，只是憲法的修正，並不得超越憲法爲政治行爲性質的制憲。

　　至於學者援引「特別法優於普通法原則」，視「動員戡亂時期臨時條款」爲「戰時憲法」或「憲法之特別法」等見解[11]，皆屬「複數憲法說」的論點。而基於人類實際生活的需要，憲法多元化亦將是大勢所趨，自當不必固守僵硬的教條。凡只要符合憲法規範（由法定機關依法定程序制定、修改或廢除，故具合法性）、人民期待（正當性），不更動民主共和政體（涉及前世公民與後世公民的契約），便應讓法制多一點彈性，俾順應日趨複雜的社會需求。然本文不採此說的原因有二：

1.按中華民國憲法（由「制憲國民大會」制定）規定，國民大會（非「制憲國民大會」）只有「修憲權」而無「制憲權」。若以「複數憲法說」來解釋「動員戡亂時期臨時條款」，則必屬「制憲行爲」，故應由「制憲國民大會」制定，方符合憲法程序。

2.部分學者認爲「動員戡亂時期臨時條款」未附加於憲法本文之後，致造成位階不同或是複數憲法的型態。然而，「動員戡亂時期臨時條款」在條項中既已明示凍結憲法某一條文，其本質屬於增補條文的憲法修改，當無所謂位階問題；至於複數憲法之稱，更屬不當說詞，「動員戡亂時期臨時條款」既已凍結憲法條文，前法之事項既已被後法所替廢，當不致有同一事項分別存有一不

同規範之現象存在，何來複數之意。

　　嚴格而論，「動員戡亂時期臨時條款」的形式缺失僅二：其一，修憲條文與憲法本文分離，容易渙散憲法的明確性與單一性；其二，修憲條文在名稱未明示是修憲條文，使人難以全然肯定其爲修憲結果，從而對憲法成分不能確定。但此兩點瑕疵尚不致影響到「動員戡亂時期臨時條款」的合法修憲性質。

二、實質分析

　　由制憲史料分析可知，中華民國憲法的制定可說是各黨各派高度妥協下的產物，雖說不盡爲各方滿意，但民主法制的發展本就是一種先奠立於共識的基礎上，再經由實質的憲政運作中不斷求調適的過程。因此，只要能在和平穩定的政治環境下運作，仍不失爲一套可行的制度。可惜的是，當時不論是國際政治環境（第二次世界大戰剛結束，各國自顧不暇）或國內政治環境（國共內戰、各黨共識基礎薄弱、中國國民黨內鬥不斷）都無法提供這部憲法一個和平穩定的成長環境；故中華民國自行憲以來，國民大會便一再提出修改憲法的擬議。一九四八年，第一屆國民大會第一次會議，便有代表提出六件修憲案，並通過「動員戡亂時期臨時條款」，以應付吃緊的戰局（國民大會秘書處，1961a：219-21）。「動員戡亂時期臨時條款」制定之後，前後經過四次修訂，每次修訂，都依據憲法第一七四條第一款之規定程序爲之。歷次「動員戡亂時期臨時條款」對中華民國憲法的凍結情形如**表**4-3所示：

　　由表4-3的分析可知，一九四八年國民大會制定「動員戡亂時期臨時條款」，凍結憲法第三十九條（戒嚴權）與憲法第四十三條（緊急命令權），旨在讓總統由虛位元首成爲實權元首；一九五〇年國民大會第一次增訂「動員戡亂時期臨時條款」，國民大會成功的爲總統副總統得連選連任一次的規定解套；一九六六年，國民大會第三次修訂「動員戡

表4-3　「動員戡亂時期臨時條款」對中華民國憲法的凍結情形

時間	修憲名稱（在位總統）	修憲屆別	條文數目	凍結的憲法條文總數	所凍結的憲法條文	修憲重點
1946	中華民國憲法（制定）（蔣中正）	制憲國民大會	175條	0	0	修正式內閣制
1948	動員戡亂時期臨時條款（制定）（蔣中正）	第一屆國民大會第一次會議	4項	整條凍結：2	整條凍結：39、43。	以「緊急處分權」來凍結憲法第三十九條「戒嚴權」與第四十三條「緊急命令權」之適用。
1960	動員戡亂時期臨時條款第一次修正（蔣中正）	第一屆國民大會第三次會議	7項	整條凍結：3	整條凍結：39、43、47。	以凍結憲法第四十七條連任一次之限制，使總統副總統得連選連任。
1966	動員戡亂時期臨時條款第二次修正（蔣中正）	第一屆國民大會臨時會	8項	整條凍結：3 部分凍結：1	整條凍結：9、43、47。 部分凍結：27-2。	以凍結憲法第二十七條第二項關於創制、複決兩權之限制規定。
1966	動員戡亂時期臨時條款第三次修正（蔣中正）	第一屆國民大會第四次會議	10項	整條凍結：3 部分凍結：1	整條凍結：9、43、47。 部分凍結：27-2。	1.總統根據本項授權而公布「國家安全會議組織綱要」設置「國家安全會議」。 2.總統根據本項授權而在行政院下設置了「人事行政局」。
1972	動員戡亂時期臨時條款第四次修正（蔣中正）	第一屆國民大會第五次會議	11項	整條凍結：6 部分凍結：1	整條凍結：26、39、43、47、64、91。 部分凍結：27-2。	總統根據本項授權而公布「動員戡亂時期自由地區增加中央民意代表名額選舉辦法」，以辦理中央民意代表之選舉。

亂時期臨時條款」，授權總統得設置國家安全會議，決定國家大政方針，而取代「行政院會議」的功能，並將中華民國憲政推向「比總統制還總統制」的體制。至於「動員戡亂時期臨時條款」對中華民國憲法條文所造成的影響，可從兩個層面來探討：

(一) 歷次「動員戡亂時期臨時條款」對總統的特別授權部分

「動員戡亂時期臨時條款」賦予總統的特別授權，而對中華民國憲政結構確實產生非常明顯的影響，使原本傾向「修正式內閣制」[12]的中華民國憲法，一變而為「總統制」，甚至是「超級總統制」，其職權對憲政結構造成的影響如下：

1. 總統得根據「動員戡亂時期臨時條款」，基於大政方針的需要，超越憲法的規範（不經行政院的同意及立法院的通過），而在憲法所設定的政府體制之外，以命令設置或調整政府組織，設立所謂的「動員戡亂機構」，如國家安全會議、國家安全局及行政院人事行政局等機構。

2. 總統任期年限的解除，故可連選連任，直至終身。也連帶使選舉總統的國民大會代表皆不受憲政有關任期制度的限制，而可任職終身。

3. 根據中華民國憲法的規定，行政院院長向立法院負責，但依「動員戡亂時期國家安全會議組織綱要」的規定，行政院院長及有關部會首長為「國家安全會議」的組成份子，必須遵循國家安全會議主席（總統）的決定，而導致「動員戡亂時期臨時條款」的規定使得憲政規範受制於總統的絕對權力之下，即總統有權無責（不必向民意機關的立法院負責），行政院院長有責無權（仍須向立法院負責），從而破壞了現行憲制由行政院當權及負責的責任內閣制。

（二）國民大會在動員戡亂時期行使創制、複決兩權部分

　　一九六六年二月十二日，總統公布「動員戡亂時期臨時條款第二次修正案」，該次重點在於通過「國民大會創制複決兩權行使辦法」。蓋國民大會創制複決兩權的行使源自中華民國憲法第十七條「人民有選舉、罷免、創制、複決之權」與第一二三條「縣民關於縣自治事項，依法律行使創制複決之權」。在政治協商會議時期原定由「無形國民大會」行使，以反映人民直接立法之真義。立法院院長兼憲法起草委員會主任委員孫科，在制憲國民大會曾解釋中華民國憲法草案何以刪除「國民大會創制法律複決法律」的原因，即「五五憲章規定國民大會創制法律，複決法律，許多人都認為一個國家之內，不能有兩個行使立法權的機關，所以暫時先行使憲法修改之創議及複決立法院所提出之憲法修正案」（國民大會秘書處，1946：394），可以說對國民大會不宜行使創制複決兩權作了最好的詮釋，但部分代表仍以創制複決既係政權，即應由代表人民行使政權的國民大會行使，始能符合　中山先生權能劃分的原義。幾經協議，始有憲法第二十七條第二項之規定：「關於創制複決兩權，俟全國有半數之縣市曾經行使創制、複決兩項政權時，由國民大會制定辦法並行使之」。從表面上看，國民大會雖擁有這兩個政權，但必須要等到「全國有半數縣市已經行使過這兩項政權」時，國民大會才能制定辦法行使；反之，如沒有具備這個條件，國民大會不能行使之。故事實上已被制憲者透過這樣的立法技巧，把國民大會行使創制、複決兩權完全凍結（董翔飛，1997：187-9）。

　　一九六○年二月，第一屆國民大會第三次會議時，與會的國民大會代表便以憲法第二十七條之規定，剝奪國民大會行使創制複決兩權為由，乃循修改動員戡亂時期臨時條款之途徑，增訂如下條文：「國民大會創制複決兩權之行使，於國民大會第三次會議閉會後，設置機構，研擬辦法，連同有關憲法各案，由總統召集國民大會臨時會討論之」。

　　一九六六年二月一日，第三任中華民國總統，即依上述規定召開國

民大會臨時會，將原規定國民大會行使兩權及總統召集臨時會之字樣刪除，另訂如下條款：「動員戡亂時期，國民大會得制訂辦法，創制中央法律原則與複決中央法律，不受憲法第二十七條第二項之限制。在戡亂時期，總統對於創制案或複決案，認為有必要時，得召集國民大會臨時會討論之」，復於同年二月八日，制定「國民大會創制複決兩權行使辦法」，由總統於同年八月八日公布。

一九九〇年三月，第一屆國民大會第八次會議時，本擬提案修訂臨時條款，意圖每年自行集會一次，並定期行使創制複決兩權。旋因各方輿論強烈譴責，復經朝野疏導，而結束。

縱合以上分析，可知「動員戡亂時期臨時條款」恢復國民大會創制複決兩權的行使，本來應是使中華民國政治制度，更符合　中山先生的規定。但因時空環境的條件使然，復以制度運作乃因從整體觀之，故單有國民大會恢復創制複決兩權的行使，而未就國民大會與立法院的關係重新安排，則勢必產生憲政問題。蓋中華民國憲法第六十二條規定：「立法院為國家最高立法機關，由人民選舉之立法委員組織之，代表人民行使立法權。」；因此，立法院便可能因國民大會行使創制、複決兩權，而失其為國家最高立法機關的地位，國民大會亦可能因行使創制、複決兩權，而成為太上立法院。但國民大會代表與立法院的立法委員同由人民選舉而來，同是代表人民，國民大會憑什麼以創制、複決兩權來管理立法院的立法權呢？此乃中華民國憲法本身就與　中山先生權能區分學說的設計不同所致，故只恢復國民大會行使創制、複決兩權，而不重新調整國民大會與立法院的關係，僅會製造更多的問題。

第二節　「中華民國憲法增修條文」的分析

一九九一年五月一日，國民大會通過「中華民國憲法增修條文」，並廢止「動員戡亂時期臨時條款」，使中華民國由動員戡亂時期回歸憲政

常態。分析當時各方對中華民國中央政府體制走向的意見，不外有三：

　　1.維持現制：即採行中華民國憲法，而不做任何修正。蓋該部憲法自行憲以來，便因內戰而未能徹底實施；如今廢除「動員戡亂時期臨時條款」，正是給予實踐的好時機。

　　2.制憲：即廢止現行中華民國憲法，另行制訂新憲法。制憲通常完全由當時主導政治秩序的力量來決定，制憲是從零開始的政治工程，制憲力的運作過程中，將不可避免地摧毀原來的憲法規範；此外，其演進過程，通常是從矛盾妥協開始，逐漸修改調整出較爲和諧的體系理念，換言之，制憲者必須在每一個必要部分達成妥協。故制憲的成敗與否，往往取決於社會各方的共識能否達成一個公約數。而其結果若能再透過公民複決，以表全民意志的確認，則更具合理性。否則，只是製造一堆矛盾，甚者，在無法妥協的情況下，使整個社會陷入永無止境的分裂與混亂，其後果往往得不償失。

　　3.修憲：乃是就中華民國現行憲法，予以修正。修憲的基本前提是不能違反憲法所定的形式程序與實體界限；換言之，修憲是在憲法基本架構及其規範秩序之下，從事體制內的調整，並應受修憲理論的制約。故只要社會共識存在，修憲幅度可以很大，而未修改的部分，仍持續有效。因此在改革過程中，法規範不會出現空窗期，法秩序可以維持穩定性[13]。

　　但修憲與制憲的差異不在法規範改變的幅度，而在改變者與改變的程序是依據憲法，還是自外於憲法。衡諸當時情況，若以社會成本的概念來評估，顯然修憲較制憲適宜。其理由在於採取修憲方式來進行中央政府體制改造工程的社會成本要比以制憲方式來進行中央政府體制改造工程的社會成本低，因爲通常憲法本身都訂有修改憲法內容的條文（如中華民國憲法第一七四條），一旦憲法條文與現實政治環境脫節時，便可給予適度的修改，以適應現實的政治環境。而制憲通常是國家在某些重大危機，才會採取的手段。由於制憲是以毀棄原有憲法爲前提，再重新制定一部新的憲法；以當前國內、外的政治環境來看，勢必涉及中華

民國的法統與主權問題。屆時不論新憲法的名稱是「臺灣共和國憲
法」、「中華民國基本法」或「中華民國第二共和憲法」，都將會觸發統
獨問題，進一步的造成臺灣內部政局的不安，甚而引發中共的高度關
切，並導至臺海兩岸一觸即發的緊張情勢。這樣的結果與可能付出的社
會成本，是當時修憲者所不能也不願見到的局面。因此，採取制憲手段
通常僅在當時政治情況不可能更壞的情形下，才會被採納，故有「中華
民國憲法增修條文」的出現。

一、形式分析

　　如前所述，「動員戡亂時期臨時條款」的形式缺失有二：其一，修
憲條文與憲法本文分離，容易渙散憲法的明確性與單一性；其二，修憲
條文在名稱未明示是修憲條文，使人難以全然肯定其為修憲結果，從而
對憲法成分不能確定。及至「中華民國憲法增修條文」修憲方式產生，
已在修憲條文的名稱上明示為修憲條文，至於修憲條文與憲法本文分離
的缺點，則因涉及中華民國內部統獨意識型態與兩岸關係而未予以修改。
　　從比較憲法的觀點來看，中華民國在廢除「動員戡亂時期臨時條款」
之後，所採取的「中華民國憲法增修條文」修憲方式，其所採用的修憲
體例，應係因襲於「美國聯邦憲法增修條文」（amendment）修憲體
例。蓋「美國聯邦憲法」（共七條）與「美國聯邦憲法增修條文」（目前
共二十七條）二者之間的關係，通常是相輔相成（後者補充前者），彼
此並不相互牴觸（後法優於前法）。分析「美國聯邦憲法增修條文」的
內容，可發現其增修條文第一條至第十條，是關於保障基本人權之條
項，並與「美國聯邦憲法」本文所規範國家重要機關之組織和職權，兩
者恰好構成一部完整無缺的憲法；而「美國聯邦憲法增修條文」第十一
條至第二十七條，係因應憲法變遷而增修，並未凍結或排斥「美國聯邦
憲法」本文。此種保留憲法本文而不予修改，另以增修條文追加於後，
而稱「增修條文」第幾條的方式，乃美國聯邦憲法首創，但並未廣為世

界各國所因襲採行。因爲這種修憲體例的缺點在於不合憲法變遷之條文，若不予於刪除，而仍保留在憲法法典之中，既無意義又容易發生憲法本文與增修條文，相互矛盾牴觸的現象。此外，在增修條文部分，也會因爲先前增修的條文沒刪除，而導至與後來增修的條文產生矛盾牴觸的錯覺；例如「美國聯邦憲法增修條文」第十八條與第二十一條，就是否禁酒而做了先後完全相反的規定。故世界各國修憲方式，多以廢除原條文、修改原條文或追加新條文方式爲之。而中華民國的「動員戡亂時期臨時條款」及「中華民國憲法增修條文」，本質上均爲附於憲法之後的修憲條款[14]，而類似於「美國聯邦憲法增修條文」體例。然經仔細研析，「中華民國憲法增修條文」與「美國聯邦憲法增修條文」之間的差異頗巨，說明如次：

1. 表面上，二者皆稱「增修條文」；實際上，「中華民國憲法增修條文」是一種「附終期的增修條文」（「動員戡亂時期臨時條款」亦是），而「美國聯邦憲法增修條文」是一種「不附終期的增修條文」。也就是說，「中華民國憲法增修條文」的規範具有時間性，其效力只適用在國家統一前，爲適應臺灣地區政治社會所需的臨時性條款[15]。由此觀之，實與「動員戡亂時期臨時條款」無異。

2. 「中華民國憲法增修條文」的前言，明顯將憲法本文與增修條文之間作了區隔。亦即中華民國憲法本文與增修條文的關係，是屬兩個性質相同、位階相同的替廢規範之個體，若無被替廢之憲法本文，替廢之增修條文即不存在，而若無增修條文，憲法本文仍是一個完整的規範。而美國憲法與其增修條文之間，如果刪除增修條文，則美國憲法即不完整；換言之，美國憲法與其增修條文的關係，是一條一條逐漸累積的一個整體，故難用替廢與被替廢做截然的區別。

3. 「中華民國憲法增修條文」並非如同「美國聯邦憲法增修條文」將每次修改條文逐條附後，而係經過整理增刪。此乃始自一九九

四年第二屆國民大會第四次臨時會進行第三次修憲時，將前次所修訂的條文中有問題的條文，進行修改、刪除、增列，並合成新的增修條文。

其實，憲法修改的方式，原屬於形式問題，且世界各國憲法的修改體例，並無公定的學理原則。一般情況下，法律修改主要是以一項替廢規範（後法）替廢另一項被替廢規範（前法）。基本上，只要合於其同性質及同位階的原則，後法便有替廢前法的合法性效力。換言之，憲法修改體例，並非必然應以單一之模式處理；不同國情、不同政治背景，均可能產生不同之修改方式，只要不造成憲法破棄之情況，便具有合憲性，而為大眾所認同。「動員戡亂時期臨時條款」（中華民國憲法第一七四條）與「中華民國憲法增修條文」（第七次憲法增修條文第十二條）都符合修改憲法程序的規定，故二者性質皆屬「修憲」而非「制憲」，並為適應中華民國憲政變遷之需要所因應而生的修憲方式（陳滄海，1995：398-9）。憑心而論，「中華民國憲法增修條文」不過「動員戡亂時期臨時條款」的翻版，只是換湯不換藥罷了。所差者，「中華民國憲法增修條文」乃因應「國家統一前之需要」（第七次憲法增修條文已將「前言」取消），「動員戡亂時期臨時條款」乃因應「動員戡亂時期之需要」，二者內容皆牴觸憲法本文。

二、實質分析

一九九一年四月起，中華民國開始以「憲法增修條文」方式進行憲政改革工程，截至二○○○年四月為止，總共經歷六次的修訂，每次修訂，都依據憲法第一七四條第一款之規定程序為之。分析歷次「中華民國憲法增修條文」對中華民國憲法的凍結情形（**表4-4**），最先是以「一機關二階段」的修憲方式進行。

第一次修憲，重在程序修憲，修改內容大體上不涉及憲法內權力架

表4-4　歷次「中華民國憲法增修條文」對中華民國憲法的凍結情形分析表

時間	修憲名稱（在位總統）	修憲屆別	條文數目	凍結的憲法條文總數	所凍結的憲法條文	修憲重點
1946	中華民國憲法（蔣中正）	制憲國民大會	175條	0	0	修正式內閣制
1991	第一次中華民國憲法增修條文（李登輝）	第一屆國民大會第二次臨時會議	10條	整條凍結：5部分凍結：1	整條凍結：26、43、46、91、135部分凍結：28-1	重在程序修憲，修改內容大體上不涉及憲法內權力架構的變動，旨在賦予第二屆中央民意代表產生的法源。
1992	第二次中華民國憲法增修條文（李登輝）	第二屆國民大會臨時會議	8條	整條凍結：20部分凍結：2增修整條凍結：2增修部分凍結：1	整條凍結：30、47、79、83、84、85、90、91、92、93、94、98、100、101、102、112、113、114、115、122部分凍結：28-1、108-1-1增修整條凍結：3、4增修部分凍結：5-3	一、主要賦予國民大會對總統提名的監察委員、司法院正副院長、大法官、考試院正副院長、考試委員等之人事任命擁有同意權。二、總統直接民選。三、監察院由民意機關變成非民意機關。四、省長直接民選。五、憲法法庭的設立。
1994	第三次中華民國憲法增修條文（李登輝）	第二屆國民大會第四次臨時會	10條	整條凍結：28部分凍結：3	整條凍結：26、29、30、34、37、43、47、49、64、79、83、84、85、90、91、92、93、94、98、100、101、102、112、113、114、115、122、135部分凍結：27-1-1、27-1-2、28-1、28-2、108-1	一、國民大會代表任期改為四年。二、國民大會設置議長，行使職權之程序不由法律規定，改由國民大會自行決定。三、正副總統應搭檔競選。四、僑民返國具有投票權。五、總統人事命令副署義務之範圍限制縮小。六、國民大會代表與立法委員之待遇以法律定之。

（續）表4-4　歷次「中華民國憲法增修條文」對中華民國憲法的凍結情形分析表

時間	修憲名稱（在位總統）	修憲屆別	條文數目	凍結的憲法條文總數	所凍結的憲法條文	修憲重點
1997	第四次中華民國憲法增修條文（李登輝）	第三屆國民大會第二次會議	11條	整條凍結：33 部分凍結：3 增修部分凍結：1	整條凍結：26、29、30、34、37、43、47、49、55、57、64、74、79、83、84、85、90、91、92、93、94、98、100、101、102、109、112、113、114、115、122、135、146 部分凍結：27-1-1、27-1-2、28-1、108-1 增修部分凍結：7-1	一、台灣省省長、台灣省省議員停選官派。 二、立法院的閣揆同意權遭取消。 三、解散立法院及倒閣權設計。 四、行政組織員額彈性鬆綁。 五、司法預算獨立。 六、大法官任期員額調整。 七、立法委員不逮捕特權縮減。
1999	第五次中華民國憲法增修條文（李登輝）	第三屆國民大會第四次會議	11條	整條凍結：34 部分凍結：3 增修部分凍結：1	整條凍結：26、29、30、34、37、43、47、49、55、57、64、65、74、79、83、84、85、90、91、92、93、94、98、100、101、102、109、112、113、114、115、122、135、164 部分凍結：27-1-1、27-1-2、28-1、108-1-1 增修部分凍結：7-1	一、變更國民大會代表產生方式，改為第四屆代表三百人，依立法委員選舉各政黨所推薦及獨立參選之候選人得票數之比例分配名額；第五屆起代表為一百五十人；國民大會代表之任期為四年，但於任期中遇立法委員改選時同時改選。 二、國民大會代表與立法委員任期延長。 三、加強基本國策之規範，如軍人權益之保障、社會福利與救助及增訂澎

（續）表4-4 歷次「中華民國憲法增修條文」對中華民國憲法的凍結情形分析表

時間	修憲名稱（在位總統）	修憲屆別	條文數目	凍結的憲法條文總數	所凍結的憲法條文	修憲重點
						湖特殊地區人民之保障，使其與原住民、金門、馬祖等地區享有政治地位等特別保障。
2000	第六次中華民國憲法增修條文（李登輝）	第三屆國民大會第五次會議	11條	整條凍結：35 部分凍結：3 增修部分凍結：1	整條凍結：4、26、28、29、30、37、43、47、49、55、57、64、74、79、81、83、84、85、90、91、92、93、94、98、100、101、102、109、112、113、114、115、122、135、164 部分凍結：27-1-1、27-1-2、27-1-3、27-2、108-1-1、147-1-1 增修部分凍結：7-1	一、國民大會非常設化，未來國民大會代表只依任務需要由政黨比例產生之，任務結束辭職。 二、國民大會職權大幅縮減，除保留複決立法院所提之憲法修正案、領土變更案及議決立法院提出之總統副總統彈劾案外，其餘原有職權，包括補選副總統、提出總統、副總統罷免案、修改憲法、對總統提名任命之人員行使同意權等各項職權，均改由立法院行使。 三、將司法院大法官排除憲法第八十一條及有關法官終身職待遇之適用。 四、將軍人權益、社會福利救助等及金、馬、澎特殊地區保障條款入憲。
2005	第七次中華民國憲法增修條文（陳水扁）	第三屆國民大會第五次會議	11條	整條凍結：43 部分凍結：1 增部分凍結：1	整條凍結：4、25、26、27、28、29、30、31、32、33、34、37、43、47、49、	一、立法委員席次由225席減為113席。 二、立法委員任期由3年改為4年。 三、立法委員選舉制度改為單一選區兩票制。

（續）表4-4　歷次「中華民國憲法增修條文」對中華民國憲法的凍結情形分析表

時間	修憲名稱（在位總統）	修憲屆別	條文數目	凍結的憲法條文總數	所凍結的憲法條文	修憲重點
					55、57、64、65、74、79、81、83、84、85、90、91、92、93、94、98、100、101、102、109、112、113、114、115、122、135、164、174。部分凍結：108-1-1。增修部分凍結：7-1。	四、廢除國民大會，改由公民複決憲法修正案。五、總統副總統之彈劾改由司法院大法官審理。

構的變動。由執政當局用「自願退職條例」（別墅加優渥的退職金）同資深國民大會代表交換，而通過「中華民國憲法增修條文」第一條至第十條，除賦予第二屆中央民意代表產生的法源，並訂定以法律規範兩岸人民權利義務關係，將原本屬於「違章建築」的國家安全會議、國家安全局和人事行政局明文入憲，成為法定機關，而種下日後「挖東牆補西牆」的修憲模式。

　　第二次修憲，由新選出的第二屆國民大會代表進行實質修憲，通過中華民國憲法增修條文第十一條至第十八條，主要賦予國民大會對總統提名的監察委員、司法院正副院長、大法官、考試院正副院長、考試委員等之人事任命擁有同意權。此外，以省市長直選換取國民大會每年集會，國民大會自此朝成為常設機構邁進一步；而通過臺灣省省長直選，除落實地方自治精神外，卻於五年後因精省而停止，甚至造成中國國民黨內部的分裂，並埋下中國國民黨喪失中央政權的肇因。

　　第三次修憲，中國國民黨與民主進步黨為推動總統直選，而同意國民大會設置議長，並擁有考試、司法、監察院人事同意權，讓國民大會正式成為常設機構。

　　第四次修憲，中國國民黨與民主進步黨聯合完成多項修憲條文，包括取消立法院的行政院院長同意權、總統得被動宣告解散立法院、立法院得對行政院院長提出不信任案、立法委員人數增為二二五人，且立法院對總統的彈劾僅限於犯內亂或外患罪。但最引發政治效應的莫過於精省，將省長和省議會都送進歷史。在修憲的內容上，中央政府體制到底是總統制、超級總統制或雙首長制，則定位不清。

　　第五次修憲，中國國民黨與民主進步黨的國民大會代表再度聯手合作，將國民大會代表的選舉依附於立法委員的選舉，並依政黨比例代表制分配名額，且通過最受爭議的延任自肥案；隔年，延任案經大法官會議解釋為失效。

　　第六次修憲，中國國民黨以「菁英培植計畫」換取黨籍國民大會代表對其修憲案的支持。檢視該次修憲成果，主要是讓國民大會虛級化，原有的許多職權由立法院接收，造成五權憲法制度的名實皆亡。

　　第七次修憲，主要是凍結國民大會，對立法委員的任期、人數及選舉制度進行調整，並使人民對立法院所提之憲法修正案、領土變更案與總統、副總統之罷免案進行複決之權。

　　根據表4-4的分析，可看出「中華民國憲法增修條文」與「動員戡亂時期臨時條款」表面上最大的不同，在於「動員戡亂時期臨時條款」所凍結的憲法條文，最多僅七條；相對而言，「中華民國憲法增修條文」所凍結的憲法條文，最多達四十幾條。而就實質的憲政運作而論，二者對中華民國憲法中關於中央政府體制的運作，皆有極大的影響；特別是「中華民國憲法增修條文」不論就表面所凍結的憲法條文數目（中華民國憲法才一七五條）或是對中華民國憲法實質運作的條文規範部分（如中華民國憲法第五十七條），都可稱的上是「量變」加「質變」的變相制憲工程，只差沒有公開承認「修憲為名，制憲為實」的事實罷了。以下僅

就「五五憲草」、「中華民國憲法」、「動員戡亂時期臨時條款」與「中華民國憲法增修條文」的內容做比較，實可得出數點結論（詳**表**4-5）：

■ 國民大會部分

五五憲草賦予的職權最大；及至中華民國憲法時，則被架空不少；但於動員戡亂時期臨時條款第二次修正時，取得創制權與複決權，但截至動員戡亂時期臨時條款廢止，國民大會未曾使用過這兩權；到第七次中華民國憲法增修條文時，國民大會遭完全凍結。

■ 總統部分

第七次中華民國憲法增修條文賦予的職權最大；動員戡亂時期臨時條款次之；五五憲草再次；中華民國憲法最小。

■ 行政院部分

中華民國憲法明顯定位在內閣制，所以行政院院長職權最大；第七次中華民國憲法增修條文的規定，理論上是傾向雙首長制的設計，故行政院院長定位乃端視其與總統、立法院的關係而定；其餘則差不多。

■ 立法院部分

中華民國憲法賦予的職權最大，此乃中華民國憲法傾向內閣制的緣故。第七次中華民國憲法增修條文次之，因爲其有被解散的危機，故在職權的行使上，自然不免有所顧慮；動員戡亂時期臨時條款再次；五五憲草居末。

■ 司法院部分

第七次中華民國憲法增修條文賦予的職權最大，增加了由司法院大法官組成憲法法庭審理立法院所提出之總統、副總統彈劾案；動員戡亂時期臨時條款與中華民國憲法的規定相同；五五憲草居末。

■ 考試院部分

中華民國憲法賦予的職權最大；動員戡亂時期臨時條款與第七次中

表4-5　歷次重要憲改文獻對中央各政府機構之職掌比較

	五五憲草 關於中央政制的規定	中華民國憲法 關於中央政制的規定	動員戡亂時期臨時條款 關於中央政制的規定	第七次中華民國憲法增修條文 關於中央政制的規定
國民大會	一、選舉總統、副總統、立法院院長、副院長、監察院院長、副院長、立法委員、監察委員。 二、罷免總統、副總統、立法、司法、考試、監察各院院長、副院長、立法委員、監察委員。 三、創制法律。 四、複決法律。 五、修改憲法。 六、憲法賦予之其他職權。 七、總統對國民大會負責。 八、五院對國民大會負責。	一、選舉總統、副總統。 二、罷免總統、副總統。 三、修改憲法。 四、複決立法院所提之憲法修正案。 五、議決監察院對總統、副總統之彈劾案。 六、議決中華民國領土變更案。	一、選舉總統、副總統。 二、罷免總統、副總統。 三、修改憲法。 四、複決立法院所提之憲法修正案。 五、議決監察院對總統、副總統之彈劾案。 六、創制權。 七、複決權。 八、議決中華民國領土變更案。	無
總統	一、對外代表中華民國權。 二、統率三軍權。 三、行使締結條約及宣戰媾和之權。 四、依法行使大赦、特赦、減刑、復權之權。 五、依法任免文武官員權。 六、依法授與榮典權。 七、依法宣布戒嚴權。 八、發布緊急處分權。 九、依法公布法律發	一、對外代表中華民國權。 二、統率三軍權。 三、行使締結條約及宣戰媾和之權。 四、依法行使大赦、特赦、減刑、復權之權。 五、依法任免文武官員權。 六、依法授與榮典權。 七、依法宣布戒嚴權。 八、發布緊急命令權。 九、依法公布法律發	一、對外代表中華民國權。 二、統率三軍權。 三、行使締結條約及宣戰媾和之權。 四、依法行使大赦、特赦、減刑、復權之權。 五、依法任免文武官員權。 六、依法授與榮典權。 七、依法宣布戒嚴權。 八、發布緊急處分權。 九、總統為決定國家	一、對外代表中華民國權。 二、統率三軍權。 三、行使締結條約及宣戰媾和之權。 四、依法行使大赦、特赦、減刑、復權之權。 五、依法任免文武官員權。 六、依法授與榮典權。 七、任命行政院院長權。 八、發布緊急命令權。

（續）表4-5 歷次重要憲改文獻對中央各政府機構之職掌比較

	五五憲草 關於中央政制的規定	中華民國憲法 關於中央政制的規定	動員戡亂時期臨時條款 關於中央政制的規定	第七次中華民國憲法增修條文 關於中央政制的規定
	布命令權。 十、召集五院院長會商權。 十一、對立法院之議決案得提請國民大會複決。	布命令權。 十、召集五院院長會商權。 十一、覆議核可權。	安全有關大政方針，得設國家安全會議及所屬國家安全局。 十、依法公布法律發布命令權。 十一、召集五院院長會商權。 十二、覆議核可權。	九、依法宣布戒嚴權。 十、總統爲決定國家安全有關大政方針，得設國家安全會議及所屬國家安全局。 十一、被動解散立法院權。 十二、提名副總統權。 十三、依法公布法律發布命令權。 十四、召集五院院長會商權。 十五、覆議核可權。
行政院	一、行政權。	一、行政權。 二、提請總統核可覆議權。	一、行政權。 二、提請總統核可覆議權。	一、行政權。 二、提請總統核可覆議權。 三、被動呈請總統解散立法院權。
立法院	一、立法權。 二、質詢權。	一、立法權。 二、質詢權。 三、言論免責權。 四、不得逮捕拘禁權。 五、事後追認緊急處分權。 六、提出彈劾總統、副總統案。 七、移請總統解嚴權。 八、行政院對立法院負責。	一、立法權。 二、質詢權。 三、言論免責權。 四、不得逮捕拘禁權。 五、事後追認緊急處分權。 六、提出彈劾總統、副總統案。 七、移請總統解嚴權。 八、行政院對立法院負責。	一、立法權。 二、質詢權。 三、言論免責權。 四、不得逮捕拘禁權。 五、提出中華民國領土變更案。 六、事後追認緊急命令權。 七、提出彈劾總統、副總統案。 八、行使司法、考試、監察三院的

（續）表4-5 歷次重要憲改文獻對中央各政府機構之職掌比較

	五五憲草 關於中央政制的規定	中華民國憲法 關於中央政制的規定	動員戡亂時期臨時條款 關於中央政制的規定	第七次中華民國憲法增修條文 關於中央政制的規定
				人事同意權。 九、補選副總統。 十、罷免正、副總統案提出權。 十一、聽取總統國情報告。 十二、移請總統解嚴權。 十三、行政院對立法院負責。 十四、憲法修正案提出權。
司法院	一、掌理民事、刑事、行政訴訟之審判權。 二、司法行政權。 三、依法律提請總統行使特赦減刑復權之權。 四、統一解釋法律命令之權。	一、掌理民事、刑事、行政訴訟之審判權。 二、公務員之懲戒權。 三、解釋憲法權。 四、統一解釋法律及命令之權。	一、掌理民事、刑事、行政訴訟之審判權。 二、公務員之懲戒權。 三、解釋憲法權。 四、統一解釋法律及命令之權。	一、掌理民事、刑事、行政訴訟之審判權。 二、公務員之懲戒權。 三、解釋憲法權。 四、統一解釋法律及命令之權。 五、審理政黨違憲之解散事項權。
考試院	一、考試權。 二、掌理考選銓敘。 三、依法考選銓定公務人員任用資格。 四、依法考選銓定公職候選人資格。 五、依法考選銓定專門職業及技術人員執業資格。	一、考試權。 二、公務人員之任用、銓敘、考績、級俸、陞遷、保障、褒獎、撫卹、退休、養老等事項。 三、公務人員任免、考績、級俸、陞遷、褒獎之法制事項權。 四、提出法律權。 五、專門職業及技術	一、考試權。 二、公務人員之銓敘、保障、撫卹、退休權。 三、公務人員任免、考績、級俸、陞遷、褒獎之法制事項權。 四、提出法律權。 五、專門職業及技術人員執業資格之銓定。	一、考試權。 二、公務人員之銓敘、保障、撫卹及退休權。 三、公務人員任免、考績、級俸、陞遷、褒獎之法制事項權。 四、提出法律權。 五、專門職業及技術人員執業資格之銓定。

（續）表4-5　歷次重要憲改文獻對中央各政府機構之職掌比較

	五五憲草 關於中央政制的規定	中華民國憲法 關於中央政制的規定	動員戡亂時期臨時條款 關於中央政制的規定	第七次中華民國憲法增修條文 關於中央政制的規定
		人員執業資格之銓定。		
監察院	一、質詢權。 二、彈劾權。 三、懲戒權。 四、審計權。 五、提出總統、副總統、立法、司法、考試、監察各院院長、副院長彈劾案。	一、同意權。 二、彈劾權。 三、糾舉權。 四、審計權。 五、調閱權。 六、調查權。 七、糾正權。 八、提出總統、副總統彈劾案。	一、同意權。 二、彈劾權。 三、糾舉權。 四、審計權。 五、調閱權。 六、調查權。 七、糾正權。 八、提出總統、副總統彈劾案。	一、彈劾權。 二、糾舉權。 三、審計權。

華民國憲法增修條文次之；五五憲草居末。

■監察院部分

　　動員戡亂時期臨時條款與中華民國憲法賦予的職權最大；五五憲草次之；第七次中華民國憲法增修條文居末。

　　再藉由**表4-6**的說明，可看出中華民國歷來主要制憲與修憲過程中，共產生了「五五憲草」、「中華民國憲法」、「動員戡亂時期臨時條款」與「中華民國中華民國憲法增修條文」這四種主要憲政體制。其中「五五憲草」被認爲較符合　中山先生權能區分與五權憲法的制度規範，「中華民國憲法」則明顯是張君邁以內閣制爲立憲基礎，所創造出來的產物。然兩者皆因種種因素而空有理論上的條文產生，而未能有實際的運作經驗來評估其眞正的可行性。此外，「動員戡亂時期臨時條款」與「中華民國憲法增修條文」乃特定時空環境下所創造出來的產物，其是非功過實見人見智。惟不能認爲「動員戡亂時期臨時條款」與「中華民國憲法增修條文」不合學理或前所未有，便認定「動員戡亂時期臨時

表4-6　中華民國歷次主要制、修憲在理論與實踐上所傾向的中央政府體制

	名稱	理論上的中央政府體制	實踐上的中央政府體制
制憲	五五憲草	理論上傾向總統制	從未實施，故無從評估。
	中華民國憲法	理論上傾向內閣制	從未實施，故無從評估。
修憲	動員戡亂時期臨時條款第四次修正	理論上傾向總統制實際上是黨主席制	基於動員戡亂，而長期維持一黨統治的結果，故政治的重心在執政黨（中國國民黨）的黨主席。當中國國民黨黨主席擔任總統一職，則傾向總統制；當中國國民黨黨主席擔任行政院院長一職，則傾向內閣制，實際上是黨主席制。
	第七次中華民國憲法增修條文	理論上屬雙首長制實際上傾向總統制	總統與立法院分由不同政黨掌控時，本制度的缺點極易顯現。此點可由民主進步黨黨籍總統陳水扁任命的數位行政院院長所組成的行政院與由反對陣營所掌握的立法院的衝突，可窺出端倪。

條款」與「中華民國憲法增修條文」不合法或不存在，須知法諺有云：「刀劍之下，法律沉默」（amidst arms the laws silent），更何況法律相對於人而言，乃是提供服務與保護的手段與工具，至於它是一個好工具或壞工具，是用來造福人民抑是用以壓迫人民，常因觀察者之觀察角度不同而有種種見解產生。客觀而言，工具並無好壞之分，好壞乃由主觀認定之，例如一把刀，用於切菜是好，用於殺人是壞；又用刀殺人以自衛是好，而用刀蓄意殺人是壞，故知一把刀之好壞，因前後觀察角度不同而有種種見解，推至法律，亦知其本身非絕對好，非絕對壞，其好壞乃取決於社會環境如何而定。

第三節　中華民國憲政的未來展望

近代民主國家，莫不存有憲法，以為其立國基礎。分析各國憲法的內容不外保障人民的權利與規範政府體制，使政府（統治者）在憲法規

範之下行動，而不致流於專制；換言之，制憲者立憲的宗旨無非在限制政府權力，以防政府濫權。為使憲法對統治者的行為產生規範作用，憲法應當具有固定性，使統治者不能輕易變更，俾使統治者與被統治者皆能習於憲法規範，進而養成遵循憲法的精神。但憲法係因應人類社會的需要而產生，自當因應人類社會的需要而修改，故凡屬憲法成文國家莫不規定憲法修改程序，以適應人類社會變遷的需要。然憲法的修改並非全無限制，而是必須依循法理為之；也就是說，憲法的修改必須具備合法性（legality）與正當性（legitimacy）。所謂「合法性」，意指憲法的修改必須在程序上，符合現行憲法或法令的規範，故判定較易。當統治者因憲法規範對其施政產生不便，而未按憲法修改程序為之，則明顯違憲，即或人民暫時屈於統治者的武力威嚇而沉默不語，但從法理論之，人民實可在內心告訴自己，統治者的合法性已絲毫不存，一旦時機來臨，必推翻此一違法政權，此乃所謂「抵抗權」（陳新民，1988：143-73）概念之由來。所謂「正當性」，意指合乎憲法修改程序所修訂的內容或憲法所未規範（如憲政慣例）而新增的內容，能否為社會上大多數人所認同，而這份認同，往往來自人類感性與理性的判斷，故判定較難。例如美國總統華盛頓拒絕第三任總統的提名，而形成往後美國總統連選得連任一次的憲政慣例，即當時憲法未規範，但符合正當性；又如政府未經立法程序而宣布沒收少數富人財產，並將之分配給多數窮人，則是缺乏合法性，符合正當性。換言之，「正當性」的判定標準在於法律（憲法屬之）的制定、修改與廢止，其所造成的實質改變是否符合社會大眾的期待而定，只要這項改變符合社會大眾的期待，便符合正當性（未必具有合法行）。所謂「惡法亦法」，即指惡法（通常制定時是善法，隨時間變遷而不符社會大眾的需求，而淪為惡法）具備合法性（依法定程序制定），缺乏正當性（不符合社會大眾期待）。惟民主法治社會下，惡法必因應社會大眾的期待而修改成善法，因為統治者深知若不能順應民意的需要，則必然於下次選舉時，成為被統治者。因為在民主制度下，政府為統治者，人民為被統治者。但政府乃由人民中的部分人民

組成，而這批組成政府並成為統治者的部分人民，其合法性與正當性又來自全體人民，即被統治者的多數同意。一旦統治者不能獲得被統治者的支持，則會由被統治者之中的部分人民取代，並成為新的統治者，而原先的統治者則淪為被統治者的角色。因為在一個真正的民主法治社會之中，多數與少數的關係並非一成不變。少數可經由溝通與說服等方式而成為多數。例如，多數人主張A案，少數人主張B案，則少數服從多數。這是指在政策抉擇上的讓步，但每個人的權利仍是平等。在執行多數人同意的A案後，其造成的結果是由全體成員共同承擔，而非由少數一方或多數一方來分別承擔。當然，若A案的結果是造成善果的話，則在下次的決議或選舉中，自然又較為多數人所支持，反之若造成惡果，則會使原多數人中的部分成員轉而投向原來少數人的陣營，而使原本的少數人成為多數人（謝政道，1999：199）。所以民主制度是一種開放的政治系統，衝突在此可被轉化成競爭，競爭又可因為制度結構的關係而以和平的方式進行此乃民主政治之常理（Apter, 1977：142）。

　　依上述分析，「動員戡亂時期臨時條款」前言提及：「茲依照憲法第一百七十四條第一款程序，制定動員戡亂時期臨時條款」，實符合中華民國憲法第一七四條修改憲法程序的規定。換言之，「動員戡亂時期臨時條款」制定之初，乃由法定機構依法定程序所為，故具備合法性。然再分析中華民國憲法的內容，採用憲法第三十九條「戒嚴權」與第四十三條「緊急命令權」的規定，實足以應付當時中國共產黨的叛亂，而無制定「動員戡亂時期臨時條款」的必要（缺乏正當性）。之所以制定「動員戡亂時期臨時條款」，其目的在於讓總統蔣中正擁有「緊急處分權」，藉以凍結並取代應由行政政院長行使的「戒嚴權」與「緊急命令權」罷了。後來戡亂失敗，中華民國政府遷臺，許多國民大會代表有意廢除「動員戡亂時期臨時條款」，並進行憲法本文的直接修改[16]。然當時修憲與否，顯然受統治者（蔣中正堅持於反共復國之後，帶回中國大陸實施）的意志左右，而非依據一般學理思考及民意動向影響，此類歷史文獻之記載[17]，充塞各處，實足證明。爾後，基於國家仍處於分裂狀

態的事實及兩岸關係的持續緊張，「動員戡亂時期臨時條款」便十分合理化的繼續維持著。

　　當時，支持「動員戡亂時期臨時條款」的學者認為，國家正值非常時期，為維護國家安全，故可接受「動員戡亂時期臨時條款」對憲法所造成的傷害，此乃基於兩害相權取其輕的比例原則。反對「動員戡亂時期臨時條款」的學者，則每每以「強人政治」為由，視蔣中正為獨裁者，因而連帶全盤否定「動員戡亂時期臨時條款」的歷史定位。然而強人的功過，不宜採全是或全非的兩極價值判斷視之，推至「動員戡亂時期臨時條款」亦然。若以宏觀角度來審視中華民國的民主憲政發展，初期確實為一部充滿「人治色彩」的歷史，而非「法治色彩」的歷史。此乃民主法治制度移植自外國易，培養於本國難。見諸史實可知，中國由不民主入於民主之初，便有袁世凱（當時人民視袁世凱為美國的華盛頓）、曹錕（賄選憲法）之流，毀憲、廢憲；究其因，在於中國甫自數千年君主制度脫離，而入民主制度，統治者與被統治者皆需要時間來學習並適應民主制度的運作規則。就此審視，蔣中正確有「強人政治」之勢，但不至於「無法無天」；就此審視「動員戡亂時期臨時條款」，確實是「因人設制」，但何嘗不是「因時制宜」。不可否認，執政者長期地以「動員戡亂時期臨時條款」取代憲法規定，其背後的人治修憲的確是對民主憲政發展的扭曲。但衡諸史實，當初採取「動員戡亂時期臨時條款」的修憲方式，實乃當時環境下不得已的選擇，故有其合法性及部分正當性，然問題出在於隨著「動員戡亂時期臨時條款」實施的期間拉長與內容的擴張，而使「動員戡亂時期臨時條款」的合法性及正當性逐漸喪失。甚至及至一九九一年，「中華民國憲法增修條文」制定，藉以取代「動員戡亂時期臨時條款」之後，及至二〇〇五年的十五年期間，也修憲達七次之多。惟修憲結果卻讓中華民國憲政體制的屬性依舊在總統制與雙首長制之間擺盪不清，且頻繁修憲的結果，嚴重損害到憲法的固定性。但民主是漸進，而非冒進的過程，關鍵在於統治者與被統治者是否能在憲政發展的互動過程中，漸漸萌生出「民主法治」的種子，並隨

時局變遷而茁壯，使憲政的「人治色彩」漸淡，「法治色彩」漸濃，最終民主理念深植人心，則民主制度便告成熟。由此，綜觀未來中華民國憲政改革的途徑不外：回歸中華民國憲法本文、修憲與制憲三種模式，僅分析如次（詳**表4-7**）：

一、回歸中華民國憲法本文

亦即廢除「中華民國憲法增修條文」，而讓加諸於中華民國憲法條文的限制完全解除；就此言之，中華民國憲政體制勢將回歸內閣制的精神來運作。但是由於當初中華民國憲法內容的制定是以中國大陸為設計對象，加上情勢變遷的結果，該部憲法部分條文的規定已和當前實際情況顯得格格不入。所以即使回歸憲法本文，針對部分條文的修改亦勢不可免，例如蒙藏制度、地方制度等部分便顯得大而不當。

表4-7　中華民國憲政改革途徑各種建議方案之分析與評估表

方式	名稱		中華民國內部的爭議性	兩岸關係的緊張性
回歸中華民國憲法本文	中華民國憲法		低	低
修憲	修改憲法本文	小修	低	低
		大修	視修改情況而定	視修改情況而定
	憲法本文之外修改（附則方式）	美式憲法增修條文	低	低
		複數憲法	中	低
制憲	中華民國第二共和憲法		視修改情況而定	視修改情況而定
	基本法	中華民國基本法	中	中
		臺灣基本法	高	高
	臺灣共和國憲法		高	極高

二、修憲

(一) 修改憲法本文

即直接修改憲法本文，此乃學理爭議最少，各國最常採取的修憲方式。過去之所以不採取此種方式進行修憲，實有其特殊的歷史背景，並在憲政發展過程中變成一種不能直接修改憲法本文的禁忌。如今只要國民大會願意，隨時都可以採取直接修改憲法本文的修憲方式進行修憲。當然，部分學者主張中華民國憲法是由全體中國人民所選出的國民大會代表所制定，因此唯有全體中國人民才有權修改（光復大陸爲前提），只佔部分中國地域的金、馬、臺、澎地區人民並無權「僭越」全體中國人民來進行修憲。分析該理由實似是而非，蓋法律乃因應人類社會需要而存在，亦因應人類社會需要而修改或廢止；換言之，法律是人類適應社會生活，解決衝突而存在的工具，故爲一種手段而非目的。依此原則，中華民國政府有效統治權只及於金、馬、臺、澎地區，所以只需由金、馬、臺、澎地區依憲法程序所產生出來的國民大會代表，便可行使修憲權，以修改憲法，而非緊守死教條，不知通權達變。當然這個「變」，必須不違反合法性與正當性，否則無異革命。

至於直接修改憲法本文時，又可依修改程度而略分爲小修與大修，二者之間的區別模糊，但卻也涉及法律修改之有無界限說的學理爭議。例如中華民國憲政體制屬內閣制，則修改之後，內閣制精神不變，即謂小修；若修改之後，內閣制精神不存，即謂大修。但就學理析之，若要大修，則不如制憲，除非有不得已的因素存在。

(二) 憲法本文之外修改（附則方式）

■美式憲法增修條文

即指不直接修改憲法條文，僅將增補新的條文直接置於憲法典內最

後一條條文之後，逐以增修條文第幾條稱謂之。該方式亦屬合憲的修憲方式，不致有法理上的爭議。惟美式憲法增修條文只在補充憲法本文之不足，原則上，不宜「凍結」部分憲法原條文的適用，否則也應嚴格遵循「最少變動原則」，以免造成反客為主的後果。

■複數憲法

即承認特別法優於普通法原則，適用於憲法位階，而打破憲法最高且唯一性原則。採取該種方式的缺點在於，中華民國憲法只賦予國民大會修憲權，而憲法特別法的制定屬制憲行為，因此，有違憲之虞。解套方式即賦予國民大會行使創制權，問題便迎刃而解。但複數憲法在學理上的爭議，恐難達成共識。

三、制憲

即由金、馬、臺、澎地區人民選舉產生制憲代表，依實際環境需要，重新制定新的憲法或準憲法位階的法典（基本法）。惟不論制憲方式為何，其優點在於憲法適用性的時空爭論為之消失，因制憲意謂從新來過，絲毫不受舊憲拘束；而修憲所受的束縛較大，因既不能牴觸憲法的基本精神，又要受制於修憲者維護既得利益的抗拒心態。例如縱使認為五院制不當，也不能以修憲手段裁撤監察、考試二院，因五權憲法正是做為中華民國憲法最高指導原則之國父遺教的精髓所在，故不得牴觸。因此，若採制憲方式，則合理的政治結構比較可以預期。其缺點在於：其一、可能觸及金、馬、臺、澎地區人民之間的統獨對立，造成社會內部衝突。蓋制新憲、除舊憲的目的既是要建構一套以新憲為基礎的新的法律體制，從舊憲立場看當然不具合法性，因此，除非全國人民與朝野各黨對制憲的遂行懷有高度共識，否則難以在平和情況下達成目的；其二、制新憲不易遂行的另一個理由在於造成「兩個中國」或「一中一臺」的法律事實，因制憲行為是主權的行使，台灣地區人民若單獨

行使主權，制定一部只適用於臺灣地區的新憲法，縱使保留中華民國的稱號，仍不啻意謂著與大陸主權的分離，而成為一個法律上「新而獨立的國家」，這顯然不是主張大一統的中華人民共和國執政當局所能接受的事實，於是兩岸緊張勢必升高。

(一) 中華民國第二共和憲法

形式上保持中華民國國號，性質上是廢棄現行中華民國憲法，而重新制憲的體制外憲政改革行為；換言之，不再是以中華民國憲法為基礎的修憲行為，而是出自於政治力的替憲行為。

(二) 基本法

形式上保持中華民國國號，性質上是廢棄現行中華民國憲法，而重新制憲的體制外憲政改革行為；換言之，不再是以中華民國憲法為基礎的修憲行為，而是出自於政治力的替憲行為。與中華民國第二共和憲法所差者，只是「凍結」現行中華民國憲法，而非「廢棄」，俟光復大陸目標全部達成後即可再付「解凍」，事實上「基本法」一詞即隱有「過渡時期」的含義。

然採基本法模式制定新憲，可相當程度掃除部分人民的「台獨」疑慮，蓋制定新憲與徹底割斷中國臍帶的臺灣獨立，這兩者之間不盡然能夠劃上等號。例如採「德國基本法模式」，在基本法的前言裡，表明不放棄致力於統一的決心或不排除未來在一定條件下統一的可能，承認「中華人民共和國」是一個國家、一個國際法的主體，但這種承認不是國際法上的承認，而是國家法上的承認；換言之，兩國間所存在者並非國際法，而是國家法上的「內部關係」，也因此預留未來統一的可能性。類似這種承認對方是一個國家，卻又不是外國的情形，在理論上固然很難說得通，即是一個活生生的事實，不僅西德對東德如此，英國對愛爾蘭共和國，愛爾蘭共和國對英國也是如此，畢竟政治是活的，不是硬梆梆不能變通的。

（三）臺灣共和國憲法

性質上是廢棄現行中華民國憲法，而重新制憲的體制外憲政改革行為；換言之，不再是以中華民國憲法為基礎的修憲行為，而是出自於政治力的替憲行為。與中華民國第二共和憲法與基本法的差異，在於更改國號為「臺灣共和國」。當然，更改國號，不一定意謂著永遠與中國脫離，且同樣可以在憲法前言表明依然致力於未來與中國大陸統一的決心，但顯然絕非中華人民共和國所能接受。

總結，中華民國憲政的未來發展方向不外採取體制內改革與體制外改革兩種。從社會成本考量，若採取體制內改革的話，以直接修改憲法本文較不富學理上的爭議，又較具可接近性，所以是最佳的修憲方式。若採取體制外改革的話，則中華民國基本法（前言明定因應國家統一前的需要）的制定，較不易引起社會內部的統獨對立與中華人民共和國的疑慮，所以是最佳的制憲方式。此外，不論採取修憲或制憲方式，都應深思熟慮，謹慎為之，盡量避免事後修憲頻率過度頻繁，從而損及憲法的固定性，使憲法規範無法深植人心，造成人民對憲法的輕蔑，一旦如此，則民主制度賴以為靠的法治精神將無從落實，此乃制憲者與修憲者所當引以為鑑。

註釋

[1] 據陶希聖《八十自序》曾有下列一段記載：「民國三十七年三月，第一屆國民大會在南京國民大會堂開會。本黨中央舉行臨時全會，討論總統候選人之事。在臨時全會開會之前，蔣總裁擬提名胡適博士為總統候選人，諮詢吳稚暉先生意見，吳先生贊成。胡先生亦勉示同意。總裁囑陳布雷先生起草聲明，希聖亦與聞其事。中國青年黨領導人陳啓天先生訪問希聖，指出憲政制度之下，名與權不可分，憲法上總統大權不可輕易授之於人。希聖說道：『今日中國在蘇聯與美國兩大壓力之下，蔣總裁以一人當其衝。譬如入山走到谷窮路盡時，轉一個彎，又是一個上谷，或是一條大路。』陳先生慨嘆告辭而去。」摘自曾濟群（1995），《中華民國憲政法制與黨政關係》，台北：五南，頁168。

[2] 叛亂團體（insurgency）：有一政治目的之團體，對本國合法政府進行武裝戰爭

之行為，若有他國對此團體對其合法政府之戰爭是一種事實意義之戰爭，則此團體就可被稱叛亂團體。承認叛亂團體，其主要效果有二：其一，基於人道的考慮，叛亂團體若於被捕時，不得因此被視為海盜，而應視為戰俘。其二，就承認的第三國而言，合法政府對叛亂團體的行為不再負責，叛亂團體承認的方式，各國不會明示，而只發表聲明。例如，墨西哥內戰，美國發表聲明，請二者在戰爭中加以節制，不要擴大。外國稱其為戰爭（本國政府只會稱其為暴動）則就承認其為叛亂團體。例如，「南昌暴動」則尚未承認其為叛亂團體。後稱「勦匪戰爭」，則中共就取得叛亂團體的地位。其分別很微妙，國際公法中並沒有規定，叛亂者亦不會自承認其為叛亂團體，而是第三者為了方便或利益而稱之。此外，承認之國對此戰爭並不須遵守中立。別國可助合法政府平定之，叛亂者不能抱怨。叛亂者本身和合法政府戰爭時，要遵守戰爭法。合法政府以戰俘對待叛亂者時，則就是用事實來默示承認之，以期望對方的回報，此乃基於互利（陳治世，1995：98-9）。

[3] 即使在各國憲法本文內也可找出這種關係，例如新加坡憲法第一四九條第一項即規定：「當某一群眾在新加坡境內或境外採取行動或威脅將採取行動，以進行左列任一情事時，國會為禁止或防止該行動制定之法律、增修法律或依第三項制定之法律，縱使牴觸第九條、第十一條、第十二條、第十三條、第十四條之規定，或儘管超越本條以外之國會立法權限，前述各法律仍然有效。」

[4] 司法院大法官會議釋字第一五〇號解釋（1977/09/16）：「動員戡亂時期臨時條款第六項，並無變更憲法所定中央民意代表任期之規定。行政院有關第一屆立法委員遇缺停止遞補之命令，與憲法尚無牴觸。」

[5] 司法院大法官會議釋字第一九九號解釋（1985/09/27）：「國民大會組織法第四條規定之宣誓，係行使職權之宣誓，依動員戡亂時期臨時條款增加名額選出國民大會代表，既與國民大會原有代表依法共同行使職權，自應依上開規定宣誓。」

[6] 奧地利憲法第四十四條（國民大會秘書處，1996b：656-7）條文如下：

一、「憲法法律」，或「普通法律中所含憲法規定」，國民院須經議員至少半數之出席及投票議員三分之二以上多數之通過，方得制定；此等法律應標明為「憲法法律」或「憲法規定」。

二、「憲法法律」或在「普通（一般）法律所含之憲法規定」，若限制各邦立法與行政之權限時，須得聯邦院成員至少過半數之出席，出席成員逾三分之二以上之同意時，始得為之。（一九九四年增訂）

三、每次聯邦憲法之整體修改或聯邦憲法之部分修改而且由三分之一以上國民

院或聯邦院成員之要求時，於本法第四十二條程序未經聯邦總統簽署對外公布結束之前，應經全體國民複決。（一九九四年修訂）

[7] 義大利憲法第一三八條（國民大會秘書處，1996b：416）條文如下：

憲法與「憲法性法律」之修正，應經國會各院相隔三個月以上之二次繼續會議通過，並於第二次投票時獲得各院絕對多數之通過。

前項法律公布後三個月內，得因國會一院之五分之一議員，或五十萬選舉人，或五區議會之要求，交付全民複決投票。交付人民表決之法律，非經有效投票之多數通過，不得公布之。

法律經國會各院於第二次投票各以議員三分之二多數通過者，不必舉行全民複決投票。

[8] 德國憲法學者認為凡不更動憲法本文，而另以法律進行實質修憲者，皆稱為「破憲」。並區分「合法性破憲」（指經合憲程序通過的法律）與「違法性破憲」（指未經合憲程序通過的法律，並實質牴觸憲法規範的行為）。依此理論，德國威瑪憲法時代頒布的授權法，在性質上皆屬合法性破憲，而導致希特勒納粹政權的專政，故促成戰後西德基本法明白禁止以破憲方式進行修憲行為。詳涂懷瑩（1993），〈「臨時條款」在我國憲政史上之「發展」與「評價」〉，《憲政時代》，第18卷，第4期，頁60-5。

[9] 「固有意義之憲法修改」係指根據修憲條款之規定，由修憲機關依修憲程序針對不合時宜之憲法條文進行改正、增訂、替代或補充，惟以明白顯示於憲典內為必要（許宗力，1993：402-3）。

[10] 「形式憲法破棄」是指修憲機關在對憲法典保持原封不動之前提下，依修憲所需特別多數之決議，制定一個與憲法典有別，且牴觸憲法典內憲法條文之特別法律，爾後即由該特別法永久或暫時、全面或一部地取代被牴觸之憲法條文的地位，該憲法條文之雖形式上仍存於憲法典內，其效力已不復完整，甚至完全消滅，「動員戡亂時期臨時條款」與此相當。

[11] 「戰時憲法」或「憲法之特別法」的制定，其原因必基於承認現有憲法的規定無法應付「戰爭狀態」或「特別情勢」，故有制定「戰時憲法」或「憲法之特別法」等「複數憲法」的必要性，以適應人類社會的需要。

[12] 根據文獻所載，中華民國憲法確屬內閣制無庸置疑，但現今仍有部分學者硬稱中華民國憲法為總統制，實指鹿為馬。茲再舉一九四八年十月一日，王師曾於《風雲半月刊》所撰〈論責任內閣制兼勗翁院長〉一文，便言：「民國成立以來，從臨時政府組織大綱、中華民國臨時約法、天壇憲法草案、五五憲草，以至三十五年制憲國民大會由國民政府提出經國民青年民社三黨及社會賢達協商

審訂的中華民國憲法草案，關於中央制度之採取總統制抑採取內閣制，屢有變易。而最後制定的憲法，則明確了採取責任內閣制，憲法第五章行政規定各條，是很明顯地概括了責任內閣制的精義」（王師曾，1948：3）。

[13]國民大會秘書處，《國民大會憲政研討委員會參考資料》，台北：國民大會秘書處，餘不詳，甲類第二號，頁1-39。

[14]部分學者認為「中華民國憲法增修條文」才是標準美國模式的憲法修改方式，而不認為「動員戡亂時期臨時條款」是標準美國模式的憲法修改方式。這就如同生了一個「男孩」，但把他取名為「女孩」，他就似乎真的是女孩一樣的離譜。

[15]「中華民國憲法增修條文」前言：「為因應國家統一前之需要，依照憲法第二十七條第一項第三款及第一百七十四條第一款之規定，增修本憲法條文。」

[16]根據國民大會代表司馬既明（1995：175-248）的記述，茲整理摘要如次：反對修改憲法的計有民青兩黨出席代表，也有國民黨中的元老及參與制憲工作的代表，他們的理由是：憲法制定，曾經費過一番心血，而且現在還沒有實行，怎麼曉得是不好呢？行憲在乎事實，不在乎條文，等到實行以後，發現不妥，再來修改，未必為過，何必要在今日來做些不切實際的麻煩事？至於邊疆的代表們，似乎對修憲與否，並不感到興趣。記者訪問一些蒙古、新疆的代表，他們都採取觀望的態度，如果是大多數主張修改，他們也就以服從大多數為原則。修憲運動的暗流，正迅速的滋長著。但另一方面，倒轉這股暗流，匯成逆流的力量，也在推動著。四月十二日的第六次大會，……一踏進正式議程，修改憲法的駭浪，便普遍瀰漫於整個大會堂。但是，民青兩黨認為此次國大僅為行憲而開，且制憲是經三黨協議來的，現在既未行而遽改，無異破壞協議，故堅決表示反對。我們如果依據少數服從多數的原則來說，民青兩黨的出席代表人數，只佔了很小的比例，無論如何，是不能違拂大家的意見的。因此，當修憲問題提出討論的時候，他們就向最高當局聲明：假如大會通過了修憲的提案，將全體退席，甚至發動全國的護憲運動。最高當局以情勢嚴重，為了爭取外援與平定內亂，三黨合作的基礎是不容許破壞的，乃再三指示國民黨的代表，放棄修憲的意見；可是，大部分黨員似乎仍抱著非修不可的態度。莫德惠是無黨無派的社會賢達，動員戡亂時期臨時條款的主要意義，是擴大戡亂時期的總統職權。由莫德惠提出動員戡亂時期臨時條款，一方面可以緩和黨內修憲派的激情，一方面又可以取得三黨的相互諒解，這好像一切都已照著既定的方針，逐步開展著。但是，動員戡亂時期臨時條款提出後，若干修憲派，即表示如不修憲，即不支持此案的通過；民青兩黨，則表示如果修憲，即反對這個條款。方

針是既定的，如何小心謹慎打開出路，方才不至於僨事，這就成爲當局苦心焦慮的問題了！十六日傍晚，國民黨主要的負責人，在勵志社舉行緊急會議，商討結果，提出了一個折衷辦法，即原則上不通過修改憲法，而在莫德惠所提條款下附加兩條，硬性規定三十九年十二月二十五日以前，召開國大臨時會，討論有關修改憲法的提案，並將決定戡亂時期是否終了之權，交給國民大會。當天晚上十點鐘，蔣主席即約晤曾琦與徐傅霖，徵求民青兩黨的意見：「只要通過這個條款，不必修改憲法，如何？」民青兩黨表示同意。於昨十七日下午二時半，蔣主席又召集全體國民黨代表訓話，要求他們服從領袖、尊重黨紀，結果，總算獲得全體起立，一致接受。就在十七日下午，審查委員會還是亂糟糟的，一方面指責憲法不倫不類，非修改不可！一方面爭辯憲法制定之不易，神聖不可侵犯。蔣主席於五時許趕到會場，會場正引起軒然大波；一部分無黨無派代表及國民黨代表，仍持修憲主張，民青兩黨竭力反對，大肆咆哮；主席林彬復制止台下發言，台下則大罵林彬，連《民權初步》都沒有唸過，噓聲掌聲謾罵聲，秩序混亂得一團糟。林彬幾次宣布表決，都沒有人理會，甚至大半都自動退席了。蔣主席看了這些景象，心裡委實不高興，他乃以代表的身分發言，認爲國大代表是國人的模範，必要負責任、守紀律。經他這麼一說，情勢始稍好轉。隨後，林彬再度以擬定審查報告，提付表決。洪蘭友眼明手快，立即宣布在場人數爲二六三人，贊成者一九一人，應予通過提交大會。當夜，可說是修憲浪潮最高漲的一夜，反對審查報告，即主張修憲者，悲憤填膺，高呼不承認此「非法」通過，及「非法」表決的審查報告，並聲稱於大會中予以否決。於是，忙煞了許多主要負責人，也忙煞了許多中級幹部，他們盡力之所及，多方遊說、多方勸解。一宿無話，大家都還提心吊膽於明日的大會，恐怕橫生枝節，增加麻煩。十八日大會開始，蔣主席已端坐在長官席上。主席于斌及秘書長洪蘭友，一唱一和，若合符節，雖然有一點小風浪，可是在他們堅定的辭令和敏捷的手腕之下，整個會場竟被控制得服服貼貼，終於將審查報告，即動員戡亂時期臨時條款，迅速地順利通過了。

[17] 如反對修憲的國民大會代表陶元珍於國民大會第一次會議中即曾提「反對修改憲法案」，認爲若不修改憲法，則：可示行憲之決心；可昭大信於天下；可維各方之共信；四可杜共黨之口實（羅志淵，1969：595）。蔣中正於一九五八年十二月二十三日在「光復大陸設計委員會」第五次全體委員會議致詞表示反對修改憲法；隔年，於同一場合，重申不贊同修憲的主張（羅志淵，1969：597-9）。一九六一年十二月二十五日，再度堅定表明修憲應俟大陸光復之後商討進行。一九六六年的國民大會第一次臨時會正式決定不予修憲，理由爲：「凡屬

修憲問題，可留待大陸光復之後，從容商討，次第進行」（馬起華，1963：405）。此項決定表面看來，爲有權修憲機關之國民大會之決議，然則，事實上乃取決於當時蔣中正的態度。

附　錄

附錄一：中華民國憲法（一九四七年）

中華民國三十五年十二月二十五日國民大會通過
中華民國三十六年一月一日國民政府公布
中華民國三十六年十二月二十五日施行

憲法前言

　　中華民國國民大會受全體國民之付託，依據孫中山先生創立中華民國之遺教，爲鞏固國權，保障民權，奠定社會安寧，增進人民福利，制定本憲法，頒行全國，永矢咸遵。

第一章　總綱

第一條（國體）
　　中華民國基於三民主義，爲民有、民治、民享之民主共和國。
第二條（主權之歸屬）
　　中華民國之主權屬於國民全體。
第三條（國民）
　　具有中華民國國籍者，爲中華民國國民。
第四條（領土）
　　中華民國領土，依其固有之疆域，非經國民大會之決議，不得變更之。
第五條（民族之平等）
　　中華民國各民族一律平等。
第六條（國旗）
　　中華民國國旗定爲紅地，左上角青天白日。

第二章　人民之權利義務

第七條（平等權）
　　中華民國人民，無分男女、宗教、種族、階級、黨派，在法律上一律平等。
第八條（人身自由之保障）
　　人民身體之自由應予保障，除現行犯之逮捕由法律另定外，非經司法或警察機關依法定程序，不得逮捕拘禁。非由法院依法定程序，不得審問處罰。非依法定

程序之逮捕、拘禁、審問、處罰得拒絕之。

　　人民因犯罪嫌疑被逮捕拘禁時，其逮捕拘禁機關應將逮捕拘禁原因，以書面告知本人指定之親友，並至遲於二十四小時內移送該管法院審問。本人或他人亦得聲請該管法院，於二十四小時內向逮捕之機關提審。

　　法院對於前項聲請，不得拒絕，並不得先令逮捕拘禁之機關查覆。逮捕拘禁之機關對於法院之提審，不得拒絕或遲延。

　　人民遭受任何機關非法逮捕拘禁時，其本人或他人得向法院聲請追究，法院不得拒絕，並應於二十四小時內向逮捕拘禁之機關追究，依法處理。

第九條（不受軍事審判之自由）

　　人民除現役軍人外，不受軍事審判。

第十條（居住遷徙之自由）

　　人民有居住及遷徙之自由。

第十一條（表現意見之自由）

　　人民有言論、講學、著作及出版之自由。

第十二條（秘密通訊之自由）

　　人民有秘密通訊之自由。

第十三條（信仰宗教之自由）

　　人民有信仰宗教之自由。

第十四條（集會結社之自由）

　　人民有集會及結社之自由。

第十五條（生存權、工作權及財產權之保障）

　　人民之生存權、工作權及財產權，應予保障。

第十六條（請願權、訴願權及訴訟權）

　　人民有請願、訴願及訴訟之權。

第十七條（人民之參政權）

　　人民有選舉、罷免、創制及複決之權。

第十八條（應考試服公職之權）

　　人民有應考試、服公職之權。

第十九條（納稅之義務）

　　人民有依法律納稅之義務。

第二十條（服兵役之義務）

　　人民有依法律服兵役之義務。

第二十一條（受國民教育之權利義務）

人民有受國民教育之權利與義務。

第二十二條（人民其他權利之保障）

凡人民之其他自由及權利，不妨害社會秩序、公共利益者，均受憲法之保障。

第二十三條（人民自由權利之限制）

以上各條列舉之自由權利，除為防止妨礙他人自由、避免緊急危難、維持社會秩序或增進公共利益所必要者外，不得以法律限制之。

第二十四條（損害人民權利之賠償）

凡公務員違法侵害人民之自由或權利者，除依法律受懲戒外，應負刑事及民事責任。被害人民就其所受損害，並得依法律向國家請求賠償。

第三章　　國民大會

第二十五條（國民大會之地位）

國民大會依本憲法之規定，代表全國國民行使政權。

第二十六條（國民大會代表之產生方式）

國民大會以左列代表組織之：

一、每縣市及其同等區域各選出代表一人，但其人口逾五十萬人者，每增加五十萬人，增選代表一人。縣市同等區域以法律定之。

二、蒙古選出代表，每盟四人，每特別旗一人。

三、西藏選出代表，其名額以法律定之。

四、各民族在邊疆地區選出代表，其名額以法律定之。

五、僑居國外之國民選出代表，其名額以法律定之。

六、職業團體選出代表，其名額以法律定之。

七、婦女團體選出代表，其名額以法律定之。

第二十七條（國民大會之職權）

國民大會之職權如左：

一、選舉總統、副總統。

二、罷免總統、副總統。

三、修改憲法。

四、複決立法院所提之憲法修正案。

關於創制、複決兩權，除前項第三、第四兩款規定外，俟全國有半數之縣、市曾經行使創制、複決兩項政權時，由國民大會制定辦法並行使之。

第二十八條（國民大會代表之任期）

國民大會代表每六年改選一次。

每屆國民大會代表之任期，至次屆國民大會開會之日爲止。

現任官吏不得於其任所所在地之選舉區當選爲國民大會代表。

第二十九條（國民大會之集會）

國民大會於每屆總統任滿前九十日集會，由總統召集之。

第三十條（國民大會之臨時會）

國民大會遇有左列情形之一時，召集臨時會：

一、依本憲法第四十九條之規定，應補選總統、副總統時。

二、依監察院之決議，對於總統、副總統提出彈劾案時。

三、依立法院之決議，提出憲法修正案時。

四、國民大會代表五分之二以上請求召集時。

國民大會臨時會，如依前項第一款或第二款應召集時，由立法院院長通告集會。依第三款或第四款應召集時，由總統召集之。

第三十一條（國民大會之開會地點）

國民大會之開會地點，在中央政府所在地。

第三十二條（國民大會代表之言論免責特權）

國民大會代表在會議時所爲之言論及表決，對會外不負責任。

第三十三條（國民大會代表之不逮捕特權）

國民大會代表，除現行犯外，在會期中，非經國民大會許可，不得逮補或拘禁。

第三十四條（關於國民大會之附屬法規）

國民大會之組織，國民大會代表之選舉、罷免、及國民大會行使職權之程序，以法律定之。

第四章　總統

第三十五條（總統之地位）

總統爲國家元首，對外代表中華民國。

第三十六條（總統之統帥權）

總統統率全國陸海空軍。

第三十七條（總統之公布法令權）

總統依法公布法律，發布命令，須經行政院院長之副署，或行政院院長及有關部會首長之副署。

第三十八條（總統之外交權）

總統依本憲法之規定，行使締結條約及宣戰、媾和之權。

第三十九條（總統之宣布戒嚴權）

　　總統依法宣布戒嚴，但須經立法院之通過或追認。立法院認為必要時，得決議移請總統解嚴。

第四十條（總統之赦免權）

　　總統依法行使大赦、特赦、減刑及復權之權。

第四十一條（總統之任免官員權）

　　總統依法任免文武官員。

第四十二條

　　總統依法授與榮典。

第四十三條（總統之發布緊急命令權）

　　國家遇有天然災害、癘疫或國家財政經濟上有重大變故，須為急速處分時，總統於立法院休會期間，得經行政院會議之決議，依緊急命令法，發布緊急命令，為必要之處置，但須於發布命令一個月內，提交立法院追認，如立法院不同意時，該緊急命令立即失效。

第四十四條（總統之權限爭議處理權）

　　總統對於院與院間之爭執，除本憲法有規定者外，得召集有關各院院長會商解決之。

第四十五條（總統副總統之被選資格）

　　中華民國國民年滿四十歲者，得被選為總統、副總統。

第四十六條（總統副總統之選舉方法）

　　總統、副總統之選舉，以法律定之。

第四十七條（總統副總統之任期與連任）

　　總統、副總統之任期為六年，連選得連任一次。

第四十八條（總統就職之宣誓）

　　總統應於就職時宣誓，誓詞如左：

　　「余謹以至誠，向全國人民宣誓，余必遵守憲法，盡忠職務，增進人民福利，保衛國家，無負國民付託。如違誓言，願受國家嚴厲之制裁。謹誓。」

第四十九條（總統缺位時之繼任）

　　總統缺位時，由副總統繼任，至總統任期屆滿為止。總統、副總統均缺位時，由行政院院長代行其職權，並依本憲法第三十條之規定，召集國民大會臨時會，補選總統、副總統，其任期以補足原任總統未滿之任期為止。總統因故不能視事時，由副總統代行其職權。總統、副總統均不能視事時，由行政院院長代行其職權。

第五十條（總統解職時之代行職權）

　總統於任滿之日解職，如屆期次任總統尚未選出，或選出後總統、副總統均未就職時，由行政院院長代行總統職權。

第五十一條（行政院長代行總統職權之期限）

　行政院院長代行總統職權時，其期限不得逾三個月。

第五十二條（總統之刑事豁免權）

　總統除犯內亂或外患罪外，非經罷免或解職，不受刑事上之訴究。

第五章　行政

第五十三條（行政院之地位）

　行政院爲國家最高行政機關。

第五十四條（行政院之主要人員）

　行政院設院長、副院長各一人，各部會首長若干人，及不管部會之政務委員若干人。

第五十五條（行政院院長之任命）

　行政院院長，由總統提名，經立法院同意任命之。

　立法院休會期間，行政院院長辭職或出缺時，由行政院副院長代理其職務，但總統須於四十日內咨請立法院召集會議，提出行政院院長人選，徵求同意，行政院院長職務，在總統所提行政院院長人選未經立法院同意前，由行政院副院長暫行代理。

第五十六條（行政院副院長及各部會首長之任命）

　行政院副院長、各部會首長及不管部會之政務委員，由行政院院長提請總統任命之。

第五十七條（行政院與立法院之主要關係）

　行政院依左列規定，對立法院負責：

　一、行政院有向立法院提出施政方針及施政報告之責。

　立法委員在開會時，有向行政院院長及行政院各部會首長質詢之權。

　二、立法院對於行政之重要政策不贊同時，得以決議移請行政院變更之。行政院對於立法院之決議，得經總統之核可，移請立法院覆議。覆議時，如經出席立法委員三分之二維持原決議，行政院院長應即接受該決議或辭職。

　三、行政院對於立法院決議之法律案、預算案、條約案，如認爲有窒礙難行時，得經總統之核可，於該決議案送達行政院十日內，移請立法院覆議。覆議時，如經出席立法委員三分之二維持原案，行政院院長應即接受該決議或辭職。

第五十八條（行政院會議之組織及其職權）

　　行政院設行政院會議，由行政院院長、副院長、各部會首長及不管部會之政務委員組織之，以院長爲主席。

　　行政院院長、各部會首長，須將應行提出於立法院之法律案、預算案、戒嚴案、大赦案、宣戰案、媾和案、條約案及其他重要事項，或涉及各部會共同關係之事項，提出於行政院會議議決之。

第五十九條（行政院提出預算案之期間）

　　行政院於會計年度開始三個月前，應將下年度預算案提出於立法院。

第六十條（行政院提出決算之期間）

　　行政院於會計年度結束後四個月內，應提出決算於監察院。

第六十一條（關於行政院組織之授權規定）

　　行政院之組織，以法律定之。

第六章　立法

第六十二條（立法院之地位）

　　立法院爲國家最高立法機關，由人民選舉之立法委員組織之，代表人民行使立法權。

第六十三條（立法院之職權）

　　立法院有議決法律案、預算案、戒嚴案、大赦案、宣戰案、媾和案、條約案及國家其他重要事項之權。

第六十四條（立法委員之產生方式）

　　立法院立法委員依左列規定選出之：

　　一、各省、各直轄市選出者，其人口在三百萬以下者五人，其人口超過三百萬者，每滿一百萬人增選一人。

　　二、蒙古各盟旗選出者。

　　三、西藏選出者。

　　四、各民族在邊疆地區選出者。

　　五、僑居國外之國民選出者。

　　六、職業團體選出者。

　　立法委員之選舉及前項第二款至第六款立法委員名額之分配，以法律定之。婦女在第一項各款之名額，以法律定之。

第六十五條（立法委員之任期）

　　立法委員之任期爲三年，連選得連任，其選舉於每屆任滿前三個月內完成之。

第六十六條（立法院正副院長之產生）

立法院設院長、副院長各一人，由立法委員互選之。

第六十七條（立法院之委員會）

立法院得設各種委員會。

各種委員會得邀請政府人員及社會上有關係人員到會備詢。

第六十八條（立法院之會期）

立法院會期，每年兩次，自行集會，第一次自二月至五月底，第二次自九月至十二月底，必要時得延長之。

第六十九條（立法院之臨時會）

立法院遇有左列情事之一時，得開臨時會：

一、總統之咨請。

二、立法委員四分之一以上之請求。

第七十條（立法院對預算案所爲提議之限制）

立法院對於行政院所提預算案，不得爲增加支出之提議。

第七十一條（立法院開會時之列席人員）

立法院開會時，關係院院長及各部會首長得列席陳述意見。

第七十二條（法律案公布之期限）

立法院法律案通過後，移送總統及行政院，總統應於收到後十日內公布之，但總統得依照本憲法第五十七條之規定辦理。

第七十三條（立法委員之言論免責特權）

立法委員在院內所爲之言論及表決，對院外不負責任。

第七十四條（立法委員之不逮捕特權）

立法委員，除現行犯外，非經立法院許可，不得逮捕或拘禁。

第七十五條（立法委員不得兼任官吏）

立法委員不得兼任官吏。

第七十六條（關於立法院組織之授權規定）

立法院之組織，以法律定之。

第七章　司法

第七十七條（司法院之地位及職權）

司法院爲國家最高司法機關，掌理民事、刑事、行政訴訟之審判，及公務員之懲戒。

第七十八條（司法院解釋憲法及統一解釋法令之權）

司法院解釋憲法，並有統一解釋法律及命令之權。

第七十九條（司法院之主要人員）

司法院設院長、副院長各一人，由總統提名，經監察院同意任命之。

司法院設大法官若干人，掌理本憲法第七十八條規定事項，由總統提名，經監察院同意任命之。

第八十條（法官之地位）

法院須超出黨派以外，依據法律獨立審判，不受任何干涉。

第八十一條（法官身分之保障）

法官為終身職。非受刑事或懲戒處分或禁治產之宣告，不得免職，非依法律，不得停職、轉任或減俸。

第八十二條（關於司法院組織之授權規定）

司法院及各級法院之組織，以法律定之。

第八章 考試

第八十三條（考試院之地位及職權）

考試院為國家最高考試機關，掌理考試、任用、銓敘、考績、級俸、陞遷、保障、褒獎、撫卹、退休、養老等事項。

第八十四條（考試院之主要人員）

考試院設院長、副院長各一人，考試委員若干人，由總統提名，經監察院同意任命之。

第八十五條（選拔公務人員之方法）

公務人員之選拔，應實行公開競爭之考試制度，並應按省區分別規定名額，分區舉行考試。非經考試及格者，不得任用。

第八十六條（應經考試院依法考選銓定之資格）

左列資格，應經考試院依法考選銓定之：

一、公務人員任用資格。

二、專門職業及技術人員執業資格。

第八十七條（考試院提出法律案之權）

考試院關於所掌事項，得向立法院提出法律案。

第八十八條（考試委員之地位）

考試委員須超出黨派以外，依據法律獨立行使職權。

第八十九條（關於考試院組織之授權規定）

考試院之組織，以法律定之。

第九章　監察

第九十條（監察院之地位及職權）

　監察院爲國家最高監察機關，行使同意、彈劾、糾舉及審計權。

第九十一條（監察委員之產生方式）

　監察院設監察委員，由各省市議會、蒙古西藏地方議會及華僑團體選舉之。其名額分配，依左列之規定：

一、每省五人。

二、每直轄市二人。

三、蒙古各盟旗共八人。

四、西藏八人。

五、僑居國外之國民八人。

第九十二條（監察院正副院長之產生）

　監察院設院長、副院長各一人，由監察委員互選之。

第九十三條（監察委員之任期）

　監察委員之任期爲六年，連選得連任。

第九十四條（監察院同意權之行使）

　監察院依本憲法行使同意權時，由出席委員過半數之議決行之。

第九十五條（監察院之調查權）

　監察院爲行使監察權，得向行政院及其各部會調閱其所發布之命令及各種有關文件。

第九十六條（監察院之委員會）

　監察院得按行政院及其各部會之工作，分設若干委員會，調查一切設施，注意其是否違法或失職。

第九十七條（監察院之糾正權、糾舉權與彈劾權）

　監察院經各該委員會之審查及決議，得提出糾正案，移送行政院及其有關部會，促其注意改善。

　監察院對於中央及地方公務人員，認爲有失職或違法情事，得提出糾舉案或彈劾案，如涉及刑事，應移送法院辦理。

第九十八條（監察院彈劾公務人員之程序）

　監察院對於中央及地方公務人員之彈劾案，須經監察委員一人以上之提議，九人以上之審查及決定，始得提出。

第九十九條（監察院彈劾司法院、考試院人員之程序）

　　監察院對於司法院或考試院人員失職或違法之彈劾，適用本憲法第九十五條、第九十七條及第九十八條之規定。

第一百條（監察院彈劾總統、副總統之程序）

　　監察院對於總統、副總統之彈劾案，須有全體監察委員四分之一以上之提議，全體監察委員過半數之審查及決議，向國民大會提出之。

第一百零一條（監察委員之言論免責特權）

　　監察委員在院內所爲之言論及表決，對院外不負責任。

第一百零二條（監察委員之不逮捕特權）

　　監察委員，除現行犯外，非經監察院許可，不得逮捕或拘禁。

第一百零三條（監察委員兼職之限制）

　　監察委員不得兼任其他公職或執行業務。

第一百零四條（審計長之設置）

　　監察院設審計長，由總統提名，經立法院同意任命之。

第一百零五條（決算之審核及報告）

　　審計長應於行政院提出決算後三個月內，依法完成其審核，並提出審核報告於立法院。

第一百零六條（關於監察院組織之授權規定）

　　監察院之組織，以法律定之。

第十章　中央與地方之權限

第一百零七條（中央立法並執行之事項）

　　左列事項，由中央立法並執行之：

　　一、外交。

　　二、國防與國防軍事。

　　三、國籍法及刑事、民事、商事之法律。

　　四、司法制度。

　　五、航空、國道、國有鐵路、航政、郵政及電政。

　　六、中央財政與國稅。

　　七、國稅與省稅、縣稅之劃分。

　　八、國營經濟事業。

　　九、幣制及國家銀行

　　十、度量衡。

　　十一、國際貿易政策。

十二、涉外之財政經濟事項。

十三、其他依本憲法所定關於中央之事項。

第一百零八條（中央立法並執行或由省縣執行之事項）

左列事項，由中央立法並執行，或交由省縣執行之：

一、省縣自治通則。

二、行政區劃。

三、森林、工礦及商業。

四、教育制度。

五、銀行及交易所制度。

六、航業及海洋漁業。

七、公用事業。

八、合作事業。

九、二省以上之水陸交通運輸。

十、二省以上之水利、河道及農牧事業。

十一、中央及地方官吏之銓敘、任用、糾察及保障。

十二、土地法。

十三、勞動法及其他社會立法。

十四、公用徵收。

十五、全國戶口調查及統計。

十六、移民及墾殖。

十七、警察制度。

十八、公共衛生。

十九、振濟、撫卹及失業救濟。

二十、有關文化之古籍、古物及古蹟之保存。

前項各款，省於不牴觸國家法律內，得制定單行法規。

第一百零九條（省立法並執行或交由縣執行之事項）

左列事項，由省立法並執行之，或交由縣執行之：

一、省教育、衛生、實業及交通。

二、省財產之經營及處分。

三、省市政。

四、省公營事業。

五、省合作事業。

六、省農林、水利、漁牧及工程。

　　七、省財政及省稅。

　　八、省債。

　　九、省銀行。

　　十、省警政之實施。

　　十一、省慈善及公益事項。

　　十二、其他依國家法律賦予之事項。

　　前項各款，有涉及二省以上者，除法律別有規定外，得由有關各省共同辦理。

　　各省辦理第一項各款事務，其經費不足時，經立法院議決，由國庫補助之。

第一百十條（縣立法並執行之事項）

　　左列事項，由縣立法並執行之：

　　一、縣教育、衛生、實業及交通。

　　二、縣財產之經營及處分。

　　三、縣公營事業。

　　四、縣合作事業。

　　五、縣農林、水利、漁牧及工程。

　　六、縣財政及縣稅。

　　七、縣債。

　　八、縣銀行。

　　九、縣警衛之實施。

　　十、縣慈善及公益事業。

　　十一、其他依國家法律及省自治法賦予之事項。

　　前項各款，有涉及二縣以上者，除法律別有規定外，得由有關各縣共同辦理。

第一百十一條（剩餘權之歸屬）

　　除第一百零七條、第一百零八條、第一百零九條及第一百十條列舉事項外，如有未列舉事項發生時，其事務有全國一致之性質者屬於中央，有全省一致之性質者屬於省，有一縣之性質者屬於縣，有爭議時，由立法院解決之。

第十一章　地方制度

第一節　省

第一百十二條（省民代表大會之召集與省自治法之制定）

　　省得召集省民代表大會，依據省縣自治通則，制定省自治法，但不得與憲法抵觸。

　　省民代表大會之組織及選舉，以法律定之。

第一百十三條（省自治法之內容）

　省自治法應包含左列各款：

　一、省設省議會，省議會議員由省民選舉之。

　二、省設省政府，置省長一人，省長由省民選舉之。

　三、省與縣之關係。

　屬於省之立法權，由省議會行之。

第一百十四條（省自治法之審查）

　省自治法制定後，須即送司法院。司法院如認爲有違憲之處，應將違憲條文宣布無效。

第一百十五條（省自治法發生重大障礙之解決）

　省自治法施行中，如因其中某條發生重大障礙，經司法院召集有關方面陳述意見後，由行政院院長、立法院院長、司法院院長、考試院院長與監察院院長組織委員會，以司法院院長爲主席，提出方案解決之。

第一百十六條（省法規與國家法律牴觸之結果）

　省法規與國家法律牴觸者無效。

第一百十七條（省法規與國家法律有無牴觸之解釋）

　省法規與國家法律有無牴觸發生疑義時，由司法院解釋之。

第一百十八條（直轄市之自治制度）

　直轄市之自治，以法律定之。

第一百十九條（蒙古各盟旗之自治制度）

　蒙古各盟旗地方自治制度，以法律定之。

第一百二十條（西藏之自治制度）

　西藏自治制度，應予以保障。

第二節　縣

第一百二十一條（縣自治）

　縣實行縣自治。

第一百二十二條（縣民代表大會之召集與縣自治法之制定）

　縣得召集縣民代表大會，依據省縣自治通則，制定縣自治法，但不得與憲法及省自治法牴觸。

第一百二十三條（縣民之行使參政權）

　縣民關於縣自治事項，依法律行使創制、複決之權，對於縣長及其他縣自治人員，依法律行使選舉、罷免之權。

第一百二十四條（縣議會之組成與職權）

　　縣設縣議會，縣議會議員由縣民選舉之。

　　屬於縣之立法權，由縣議會行之。

第一百二十五條（縣單行規章與國家法律等牴觸之結果）

　　縣單行規章，與國家法律或省法規牴觸者無效。

第一百二十六條（縣長之設置）

　　縣設縣政府，置縣長一人。縣長由縣民選舉之。

第一百二十七條（縣長之職權）

　　縣長辦理縣自治，並執行中央及省委辦事項。

第一百二十八條（市準用縣之規定）

　　市準用縣之規定。

第十二章　選舉、罷免、創制、複決

第一百二十九條（行使選舉權之方法）

　　本憲法所規定之各種選舉，除本憲法別有規定外，以普通、平等、直接及無記名投票之方法行之。

第一百三十條（行使選舉權之年齡）

　　中華民國國民年滿二十歲者，有依法選舉之權。除本憲法及法律別有規定者外，年滿二十三歲者，有依法被選舉之權。

第一百三十一條（公開競選之原則）

　　本憲法所規定各種選舉之候選人，一律公開競選。

第一百三十二條（選舉公正之維護）

　　選舉應嚴禁威脅利誘。選舉訴訟，由法院審判之。

第一百三十三條（罷免權之行使）

　　被選舉人得由原選舉區依法罷免之。

第一百三十四條（婦女當選名額之保障）

　　各種選舉，應規定婦女當選名額，其辦法以法律定之。

第一百三十五條（內地生活習慣特殊之國民代表名額及選舉）

　　內地生活習慣特殊之國民代表名額及選舉，其辦法以法律定之。

第一百三十六條（創制複決權之行使）

　　創制複決兩權之行使，以法律定之。

第十三章　基本國策

第一節　國防

第一百三十七條（國防之目的）

　　中華民國之國防，以保衛國家安全，維護世界和平爲目的。

　　國防之組織，以法律定之。

第一百三十八條（陸海空軍之任務）

　　全國陸海空軍，須超出個人、地域及黨派關係以外，效忠國家，愛護人民。

第一百三十九條（軍隊國家化）

　　任何黨派及個人不得以武裝力量爲政爭之工具。

第一百四十條（軍民分治）

　　現役軍人不得兼任文官。

第二節　外交

第一百四十一條（外交之基本原則與目的）

　　中華民國之外交，應本獨立自主之精神，平等互惠之原則，敦睦邦交，尊重條約及聯合國憲章，以保護僑民權益，促進國際合作，提倡國際正義，確保世界和平。

第三節　國民經濟

第一百四十二條（國民經濟之基本原則）

　　國民經濟應以民生主義爲基本原則，實施平均地權，節制資本，以謀國計民生之均足。

第一百四十三條（土地政策）

　　中華民國領土內之土地屬於國民全體。人民依法取得之土地所有權，應受法律之保障與限制。私有土地應照價納稅，政府並得照價收買。

　　附著於土地之礦及經濟上可供公眾利用之天然力，屬於國家所有，不因人民取得土地所有權而受影響。土地價值非因施以勞力資本而增加者，應由國家徵收土地增值稅，歸人民共享之。

　　國家對於土地之分配與整理，應以扶植自耕農及自行使用土地人爲原則，並規定其適當經營之面積。

第一百四十四條（發展國家資本）

　　公用事業及其他有獨佔性之企業，以公營爲原則。其經法律許可者，得由國民經營之。

第一百四十五條（節制私人資本）

　　國家對於私人財富及私營事業，認爲有妨害國計民生之平衡發展者，應以法律限制之。

　　合作事業應受國家之獎勵與扶助。

　　國民生產事業及對外貿易，應受國家之獎勵、指導及保護。

第一百四十六條（農業建設之政策）

　　國家應運用科學技術，以興修水利，增進地力，改善農業環境，規劃土地利用，開發農業資源，促成農業之工業化。

第一百四十七條（省縣經濟平衡發展之政策）

　　中央爲謀省與省間之經濟平衡發展，對於貧瘠之省，應酌予補助。

　　省爲謀縣與縣間之經濟平衡發展，對於貧瘠之縣，應酌予補助。

第一百四十八條（貨暢其流）

　　中華民國領域內，一切貨物應許自由流通。

第一百四十九條（金融機構之管理）

　　金融機構，應依法受國家之管理。

第一百五十條（普設平民金融機構）

　　國家應普設平民金融機構，以救濟失業。

第一百五十一條（華僑經濟事業之保護）

　　國家對於僑居國外之國民，應扶助並保護其經濟事業之發展。

第四節　社會安全

第一百五十二條（促使人民之充分就業）

　　人民具有工作能力者，國家應予以適當之工作機會。

第一百五十三條（勞工及農民之保護）

　　國家爲改良勞工及農民之生活，增進其生產技能，應制定保護勞工及農民之法律，實施保護勞工及農民之政策。婦女兒童從事勞動者，應按其年齡及身體狀態，予以特別之保護。

第一百五十四條（勞資關係及其糾紛之處理）

　　勞資雙方應本協調合作原則，發展生產事業。勞資糾紛之調解與仲裁，以法律定之。

第一百五十五條（社會保險及社會救濟之實施）

　　國家爲謀社會福利，應實施社會保險制度。人民之老弱殘廢，無力生活，及受非常災害者，國家應予以適當之扶助與救濟。

第一百五十六條（婦女兒童福利政策之實施）

　　國家為奠定民族生存發展之基礎，應保護母性，並實施婦女、兒童福利政策。

第一百五十七條（衛生保健事業及公醫制度之推行）

　　國家為增進民族健康，應普遍推行衛生保健事業及公醫制度。

第五節　教育文化

第一百五十八條（教育文化之目標）

　　教育文化，應發展國民之民族精神，自治精神，國民道德，健全體格與科學及生活智能。

第一百五十九條（受教育機會之平等）

　　國民受教育之機會，一律平等。

第一百六十條（基本教育及補習教育）

　　六歲至十二歲之學齡兒童，一律受基本教育，免納學費。其貧苦者，由政府供給書籍。

　　已逾學齡未受基本教育之國民，一律受補習教育，免納學費，其書籍亦由政府供給。

第一百六十一條（獎學金之設置）

　　各級政府應廣設獎學金名額，以扶助學行俱優無力升學之學生。

第一百六十二條（教育文化機關之監督）

　　全國公私立之教育文化機關，依法律受國家之監督。

第一百六十三條（各地區教育之均衡發展）

　　國家應注重各地區教育之均衡發展，並推行社會教育，以提高一般國民之文化水準，邊遠及貧瘠地區之教育文化經費，由國庫補助之。其重要之教育文化事業，得由中央辦理或補助之。

第一百六十四條（教育科學文化經費之比例在各級預算上應佔之比例）

　　教育、科學、文化之經費，在中央不得少於其預算總額百分之十五，在省不得少於其預算總額百分之二十五，在市、縣不得少於其預算總額百分之三十五，其依法設置之教育文化基金及產業，應予以保障。

第一百六十五條（教育科學藝術工作者生活之保障）

　　國家應保障教育、科學、藝術工作者之生活，並依國民經濟之進展，隨時提高其待遇。

第一百六十六條（科學發明與創造之獎勵及古蹟古物之保護）

　　國家應獎勵科學之發明與創造，並保護有關歷史、文化、藝術之古蹟、古物。

第一百六十七條（對於教育事業及從事教育者之鼓勵）

國家對於左列事業或個人，予以獎勵或補助：

一、國內私人經營之教育事業成績優良者。

二、僑居國外國民之教育事業成績優良者。

三、於學術或技術有發明者。

四、從事教育久於其職而成績優良者。

第六節　邊疆民族地位之保障

第一百六十八條（邊疆民族地位之保障）

國家對於邊疆地區各民族之土地，應予以合法之保障，並於其地方自治事業，特別予以扶植。

第一百六十九條（邊疆地區教育文化等事業之積極舉辦）

國家對於邊疆地區各民族之教育、文化、交通、水利、衛生及其他經濟、社會事業應積極舉辦，並扶助其發展。對於土地使用，應依其氣候、土壤性質，及人民生活習慣之所宜，予以保障及發展。

第十四章　憲法之施行及修改

第一百七十條（本憲法所稱法律之定義）

本憲法所稱之法律，謂經立法院通過，總統公布之法律。

第一百七十一條（法律不能牴觸憲法）

法律與憲法牴觸者無效。

法律與憲法有無牴觸發生疑義時，由司法院解釋之。

第一百七十二條（命令不能牴觸憲法或法律）

命令與憲法或法律牴觸者無效。

第一百七十三條（解釋憲法之機關）

憲法之解釋，由司法院爲之。

第一百七十四條（修改憲法之程序）

憲法之修改，應依左列程序之一爲之：

一、由國民大會代表總額五分之一之提議，三分之二之出席，及出席代表四分之三之決議，得修改之。

二、由立法院立法委員四分之一之提議，四分之三之出席，及出席委員四分之三之決議，擬定憲法修正案，提請國民大會複決。此項憲法修正案，應於國民大會開會前半年公告之。

第一百七十五條（憲法之實施）

　　本憲法規定事項，有另定實施程序之必要者，以法律定之。

　　本憲法施行之準備程序，由制定憲法之國民大會議定之。

附錄二：動員戡亂時期臨時條款的制定（一九四八年）

一九四八年四月十八日第一屆國民大會第一次會議第十二次大會通過
一九四八年五月十日國民政府公布
一九五四年三月十一日第一屆國民大會第二次會議第七次大會決議「動員戡亂時期臨時條款」繼續有效

　　茲依照憲法第一百七十四條第一款程序，制定動員戡亂時期臨時條款如左：
第一項
　　總統在動員戡亂時期，為避免國家或人民遭遇緊急危難，或應付財政經濟上重大變故，得經行政院會議之決議，為緊急處分，不受憲法第三十九條或第四十三條所規定程序之限制。
第二項
　　前項緊急處分，立法院得依憲法第五十七條第二款規定之程序，變更或廢止之。
第三項
　　動員戡亂時期之終止，由總統宣告，或由立法院咨請總統宣告之。
第四項
　　第一屆國民大會，應由總統至遲於三十九年十二月二十五日以前，召集臨時會，討論有關修改憲法各案。如屆時動員戡亂時期，尚未依前項規定，宣告終止，國民大會臨時會，應決定臨時條款應否延長或廢止。
附　錄

附錄三：動員戡亂時期臨時條款的第一次修正（一九六〇年）

一九六〇年三月十一日第一屆國民大會第三次會議第六次大會修正通過
一九六〇年三月十一日總統公布

第一項

　　總統在動員戡亂時期，爲避免國家或人民遭遇緊急危難，或應付財政經濟上重大變故，得經行政院會議之決議，爲緊急處分，不受憲法第三十九條或第四十三條所規定程序之限制。

第二項

　　前項緊急處分，立法院得依憲法第五十七條第二款規定之程序，變更或廢止之。

第三項

　　動員戡亂時期，總統副總統得連選連任，不受憲法第四十七條連任一次之限制。

第四項

　　國民大會創制、複決兩權之行使，於國民大會第三次會議閉會後，設置機構，研擬辦法，連同有關修改憲法各案，由總統召集國民大會臨時會討論之。

第五項

　　國民大會臨時會，由第三任總統，於任期內適當時期召集之。

第六項

　　動員戡亂時期之終止，由總統宣告之。

第七項

　　臨時條款之修訂或廢止，由國民大會決定之。

附錄四：動員戡亂時期臨時條款的第二次修正（一九六六年）

一九六六年二月七日國民大會臨時會第三次大會修正
一九六六年二月十二日總統公布

第一項

　　總統在動員戡亂時期，爲避免國家或人民遭遇緊急危難或應付財政經濟上重大變故，得經行政院會議之決議，爲緊急處分，不受憲法第三十九條或第四十三條所規定程序之限制。

第二項

　　前項緊急處分，立法院得依憲法第五十七條第二款規定之程序變更或廢止之。

第三項

　　動員戡亂時期，總統副總統得連選連任，不受憲法第四十七條連任一次之限制。

第四項

　　動員戡亂時期，國民大會得制定辦法，創制中央法律與複決中央法律，不受憲法第二十七條第二項之限制。

第五項

　　在動員戡亂時期，總統對於創制案或複決案，認有必要時，得召集國民大會臨時會討論之。

第六項

　　國民大會於閉會期間，設置研究機構，研討憲政有關問題。

第七項

　　動員戡亂時期之終止，由總統宣告之。

第八項

　　臨時條款之修訂或廢止，由國民大會決定之。

附錄五：動員戡亂時期臨時條款的第三次修正（一九六六年）

一九六六年三月十九日第一屆國民大會第四次會議第九次大會修正
一九六六年三月二十二日總統公布

第一項

　　總統在動員戡亂時期，爲避免國家或人民遭遇緊急危難或應付財政經濟上重大變故，得經行政院會議之決議，爲緊急處分，不受憲法第三十九條或第四十三條所規定程序之限制。

第二項

　　前項緊急處分，立法院得依憲法第五十七條第二款規定之程序，變更或廢止之。

第三項

　　動員戡亂時期，總統副總統得連選連任，不受憲法第四十七條連任一次之限制。

第四項

　　動員戡亂時期，本憲法體制，授權總統得設置動員戡亂機構，決定動員戡亂有關大政方針，並處理戰地政務。

第五項

　　總統爲適應動員戡亂需要，得調整中央政府之行政機構及人事機構，並對於依選舉產生之中央公職人員，因人口增加或因故出缺，而能增選或補選之自由地區及光復地區，均得訂頒辦法實施之。

第六項

　　動員戡亂時期，國民大會得制定辦法，創制中央法律原則與複決中央法律，不受憲法第二十七條第二項之限制。

第七項

　　在戡亂時期，總統對於創制案或複決案認爲必要時，得召集國民大會臨時會討論之。

第八項

　　國民大會閉會期間，設置研究機構，研討憲政有關問題。

第九項

　　動員戡亂時期之終止，由總統宣告之。
　第十項
　　臨時條款之修訂或廢止，由國民大會決定之。

附錄六：動員戡亂時期臨時條款的第四次修正（一九七二年）

一九七二年三月十七日第一屆國民大會第五次會議第九次大會修正
一九七二年三月二十三日總統公布

第一項

　　總統在動員戡亂時期，爲避免國家或人民遭遇緊急危難，或應付財政經濟上重大變故，得經行政院會議之決議，爲緊急處分，不受憲法第三十九條或第四十三條所規定程序之限制。

第二項

　　前項緊急處分，立法院得依憲法第五十七條第二款規定之程序，變更或廢止之。

第三項

　　動員戡亂時期，總統副總統得連選連任，不受憲法第四十七條連任一次之限制。

第四項

　　動員戡亂時期，本憲政體制，授權總統，得設置動員戡亂機構，決定動員戡亂有關大政方針，並處理戰地政務。

第五項

　　總統爲適應動員戡亂需要，得調整中央政府之行政機構、人事機構及其組織。

第六項

　　動員戡亂時期，總統得依下列規定，訂頒辦法，充實中央民意代表機構，不受憲法第二十六條、第六十四條及第九十一條之限制：

　　在自由地區，增加中央民意代表名額，定期選舉，其須由僑居國外國民選出之立法委員及監察委員，事實上不能辦理選舉者，得由總統訂定辦法遴選之。

　　第一屆中央民意代表，係經全國人民選舉所產生，依法行使職權，其增選補選者亦同。

　　大陸光復地區，次第辦理中央民意代表之選舉。

　　增加名額選出之中央民意代表，與第一屆中央民意代表，依法行使職權。

　　增加名額選出之國民大會代表，每六年改選，立法委員每三年改選，監察委員每六年改選。

第七項

　動員戡亂時期，國民大會得制定辦法，創制中央法律原則，與複決中央法律，不受憲法第二十七條第二項之限制。

第八項

　在戡亂時期，總統對於創制案或複決案，認爲有必要時，得召集國民大會臨時會討論之。

第九項

　國民大會於閉會期間，設置研究機構，研討憲政有關問題。

第十項

　動員戡亂時期之終止，由總統宣告之。

第十一項

　臨時條款之修訂或廢止，由國民大會決定之。

附錄七：第一次中華民國憲法增修條文（一九九一年）

一九九一年四月二十二日第一屆國民大會第二次臨時會議第六次大會三讀通過
一九九一年五月一日總統（80）華總（一）義字第二一二四號令公布

前言

　　為因應國家統一前之需要，依照憲法第二十七條第一項第三款及第一百七十四條第一款之規定，增修本憲法條文如左：

第一條（國大代表應選名額分配）

第一項

　　國民大會代表依左列規定選出之，不受憲法第二十六條及第一百三十五條之限制：

　　一、自由地區每直轄市、縣市各二人，但其人口逾十萬人者，每增加十萬人增一人。

　　二、自由地區平地山胞及山地山胞各三人。

　　三、僑居國外國民二十人。

　　四、全國不分區八十人。

第二項

　　前項第一款每直轄市、縣市選出之名額及第三款、第四款各政黨當選之名額，在五人以上十人以下者，應有婦女當選名額一人，超過十人者，每滿十人應增婦女當選名額一人。

第二條（立法委員應選名額分配）

第一項

　　立法院立法委員依左列規定選出之，不受憲法第六十四條之限制：

　　一、自由地區每省、直轄市各二人，但其人口逾二十萬人者，每增加十萬人增一人；逾一百萬人者，每增加二十萬人增一人。

　　二、自由地區平地山胞及山地山胞各三人。

　　三、僑居國外國民六人。

　　四、全國不分區三十人。

第二項

　　前項第一款每省、直轄市選出之名額及第三款、第四款各政黨當選之名額，在

五人以上十人以下者，應有婦女當選名額一人，超過十人者，每滿十人應增婦女當選名額一人。

第三條（監察委員應選名額分配）

第一項

監察院監察委員由省、市議會依左列規定選出之，不受憲法第九十一條之限制：

一、自由地區臺灣省二十五人。

二、自由地區每直轄市各十人。

三、僑居國外國民二人。

四、全國不分區五人。

第二項

前項第一款臺灣省、第二款每直轄市選出之名額及第四款各政黨當選之名額，在五人以上十人以下者，應有婦女當選名額一人，超過十人者，每滿十人應增婦女當選名額一人。

第三項

省議員當選為監察委員者，以二人為限；市議員當選為監察委員者，各以一人為限。

第四條（國代立委監委之選舉罷免方法）

國民大會代表、立法院立法委員、監察院監察委員之選舉罷免，依公職人員選舉罷免法之規定辦理之。僑居國外國民及全國不分區名額，採政黨比例方式選出之。

第五條（第二屆國代立委監委選舉期限及職權之行使）

第一項

國民大會第二屆國民大會代表應於中華民國八十年十二月三十一日前選出，其任期自中華民國八十一年一月一日起至中華民國八十五年國民大會第三屆於第八任總統任滿前依憲法第二十九條規定集會之日，不受憲法第二十八條第一項限制。

第二項

依動員戡亂時期臨時條款增加名額選出之國民大會代表，於中華民國八十二年一月三十一日前，與國民大會第二屆國民大會代表共同行使職權。

第三項

立法院第二屆立法委員及監察院第二屆監察委員應於中華民國八十二年一月三十一日前選出，均自中華民國八十二年二月一日開始行使職權。

第六條（第二屆國大臨時會召開期限）

　國民大會爲行使憲法第二十七條第一項第三款之職權，應於第二屆國民大會代表選出後三個月內由總統召集臨時會。

第七條（總統發布緊急命令權）

　總統爲避免國家或人民遭遇緊急危難或應付財政經濟上重大變故，得經行政院會議之決議發布緊急命令，爲必要之處置，不受憲法第四十三條之限制。但須於發布命令後十日內提交立法院追認，如立法院不同意時，該緊急命令立即失效。

第八條（未修訂之動戡法律適用期限）

　動員戡亂時期終止時，原僅適用於動員戡亂時期之法律，其修訂未完成程序者，得繼續適用至中華民國八十一年七月三十一日止。

第九條（國家安全會議、國安局、人事行政局之設置及原組織法規適用期限）

第一項

　總統爲決定國家安全有關大政方針，得設國家安全會議及所屬國家安全局。

第二項

　行政院得設人事行政局。

第三項

　前二項機關之組織均以法律定之，在未完成立法程序前，其原有組織法規得繼續適用至中華民國八十二年十二月三十一日止。

第十條（兩岸人民關係法律之制定）

　自由地區與大陸地區間人民權利義務關係及其他事務之處理，得以法律爲特別之規定。

附錄八：第二次中華民國憲法增修條文（一九九二年）

一九九二年五月二十七日第二屆國民大會臨時會議第二七次大會三讀通過
一九九二年五月二十八日總統（81）華總（一）義字第二六五六號令公布

前言

　　爲因應國家統一前之需要，依照憲法第二十七條第一項第三款及第一百七十四條第一款之規定，增修本憲法條文如左：

第十一條（國民大會職權與代表之任期）

第一項

　　國民大會之職權，除依憲法第二十七條之規定外，並依增修條文第十三條第一項、第十四條第二項及第十五條第二項之規定，對總統提名之人員行使同意權。

第二項

　　前項同意權之行使，由總統召集國民大會臨時會爲之，不受憲法第三十條之限制。

第三項

　　國民大會集會時，得聽取總統國情報告，並檢討國是，提供建言；如一年內未集會，由總統召集臨時會爲之，不受憲法第三十條之限制。

第四項

　　國民大會代表自第三屆國民大會代表起，每四年改選一次，不適用憲法第二十八條第一項之規定。

第十二條（正副總統之選舉、任期、罷免與缺位之補選）

第一項

　　總統、副總統由中華民國自由地區全體人民選舉之，自中華民國八十五年第九任總統副總統選舉實施。

第二項

　　前項選舉之方式，由總統於中華民國八十四年五月二十日前召集國民大會臨時會，以憲法增修條文定之。

第三項

　　總統、副總統之任期，自第九任總統、副總統起爲四年，連選得連任一次，不適用憲法第四十七條之規定。

第四項

　總統、副總統之罷免，依左列規定：

　一、由國民大會代表提出之罷免案，經代表總額四分之一之提議，代表總額三分之二之同意，即爲通過。

　二、由監察院提出之彈劾案，國民大會爲罷免之決議時，經代表總額三分之二之同意，即爲通過。

第五項

　副總統缺位時，由總統於三個月內提名候選人，召集國民大會臨時會補選，繼任至原任期屆滿爲止。總統、副總統均缺位時，由立法院院長於三個月內通告國民大會臨時會集會補選總統、副總統，繼任至原任期屆滿爲止。

第十三條（司法院正副院長、大法官之任命與憲法法庭之組成）

第一項

　司法院設院長、副院長各一人，大法官若干人，由總統提名，經國民大會同意任命之，不適用憲法第七十九條之有關規定。

第二項

　司法院大法官，除依憲法七十八條之規定外，並組成憲法法庭審理政黨違憲之解散事項。

第三項

　政黨之目的或其行爲，危害中華民國之存在或自由民主之憲政秩序者爲違憲。

第十四條（考試院職權與正副院長、考試委員之任命）

第一項

　考試院爲國家最高考試機關，掌理左列事項，不適用憲法第八十三條之規定：

　一、考試。

　二、公務人員之銓敍、保障、撫卹、退休。

　三、公務人員任免、考績、級俸、陞遷、褒獎之法制事項。

第二項

　考試院設院長、副院長各一人，考試委員若干人，由總統提名，經國民大會同意任命之，不適用憲法第八十四條之規定。

第三項

　憲法第八十五條有關按省區分別規定名額，分區舉行考試之規定，停止適用。

第十五條（監察院職權、監委、正副院長之任命與彈劾案之提出）

第一項

　監察院爲國家最高監察機關，行使彈劾、糾舉及審計權，不適用憲法第九十條

及第九十四條有關同意權之規定。

第二項

　監察院設監察委員二十九人，並以其中一人爲院長、一人爲副院長，任期六年，由總統提名，經國民大會同意任命之。憲法第九十一條至第九十三條、增修條文第三條，及第四條、第五條第三項有關監察委員之規定，停止適用。

第三項

　監察院對於中央、地方公務人員及司法院、考試院人員之彈劾案，須經監察委員二人以上之提議，九人以上之審查及決定，始得提出，不受憲法第九十八條之限制。

第四項

　監察院對於監察院人員失職或違法之彈劾，適用憲法第九十五條、第九十七條第二項及前項之規定。

第五項

　監察院對於總統、副總統之彈劾案，須經全體監察委員過半數之提議，全體監察委員三分之二以上之決議，向國民大會提出，不受憲法第一百條之限制。

第六項

　監察委員須超出黨派以外，依據法律獨立行使職權。

第七項

　憲法第一百零一條及第一百零二條之規定，停止適用。

第十六條（監察院新職權與三院人員任命新規定之施行日）

第一項

　增修條文第十五條第二項之規定，自提名第二屆監察委員時施行。

第二項

　第二屆監察委員於中華民國八十二年二月一日就職，增修條文第十五條第一項及第三項至第七項之規定，亦自同日施行。

第三項

　增修條文第十三條第一項及第十四條第二項有關司法院、考試院人員任命之規定，自中華民國八十二年二月一日施行。中華民國八十二年一月三十一日前之提名，仍由監察院同意任命，但現任人員任期未滿前，無須重新提名任命。

第十七條（省縣地方制度）

　省、縣地方制度，應包含左列各款，以法律定之，不受憲法第一百零八條第一項第一款、第一百十二條至第一百十五條及第一百二十二條之限制：

　一、省設省議會，縣設縣議會，省議會議員、縣議會議員分別由省民、縣民選

舉之。

　　二、屬於省、縣之立法權，由省議會、縣議會分別行之。

　　三、省設省政府，置省長一人，縣設縣政府，置縣長一人，省長、縣長分別由省民、縣民選舉之。

　　四、省與縣之關係。

　　五、省自治之監督機關為行政院，縣自治之監督機關為省政府。

第十八條（國家應實施之政策）

第一項

　　國家應獎勵科學技術發展及投資，促進產業升級，推動農漁業現代化，重視水資源之開發利用，加強國際經濟合作。

第二項

　　經濟及科學技術發展，應與環境及生態保護兼籌並顧。

第三項

　　國家應推行全民健康保險並促進現代和傳統醫藥之研究發展。

第四項

　　家應維護婦女之人格尊嚴，保障婦女之人身安全，消除性別歧視，促進兩性地位之實質平等。

第五項

　　國家對於殘障者之保險與就醫、教育訓練與就業輔導、生活維護與救濟，應予保障，並扶助其自立與發展。

第六項

　　國家對於自由地區山胞之地位及政治參與，應予保障；對其教育文化、社會福利及經濟事業，應予扶助並促其發展。對於金門、馬祖地區人民亦同。

第七項

　　國家對於僑居國外國民之政治參與，應予保障。

附錄九：第三次中華民國憲法增修條文（一九九四年）

一九九四年七月二十八日第二屆國民大會第四次臨時會第三十二次大會三讀通過
修正原增修條文第一條至第十八條爲第一條至第十條
一九九四年八月一日總統（83）華總（一）義字第四四八八號令公布

前言

　爲因應國家統一前之需要，依照憲法第二十七條第一項第三款及第一百七十四條第一款之規定，增修本憲法條文如左：
第一條
第一項
　國民大會代表依左列規定選出之，不受憲法第二十六條及第一百三十五條之限制：
　一、自由地區每直轄市、縣市各二人，但其人口逾十萬人者，每增加十萬人增一人。
　二、自由地區平地原住民及山地原住民各三人。
　三、僑居國外國民二十人。
　四、全國不分區八十人。
第二項
　前項第三款及第四款之名額，採政黨比例方式選出之。第一款每直轄市、縣市選出之名額及第三款、第四款各政黨當選之名額，在五人以上十人以下者，應有婦女當選名額一人，超過十人者，每滿十人應增婦女當選名額一人。
第三項
　國民大會之職權如左，不適用憲法第二十七條第一項第一款、第二款之規定：
　一、依增修條文第二條第七項之規定，補選副總統。
　二、依增修條文第二條第九項之規定，提出總統、副總統罷免案。
　三、依增修條文第二條第十項之規定，議決監察院提出之總統、副總統彈劾案。
　四、依憲法第二十七條第一項第三款及第一百七十四條第一款之規定，修改憲法。
　五、依憲法第二十七條第一項第四款及第一百七十四條第二款之規定，複決立

法院所提之憲法修正案。

　　六、依增修條文第四條第一項、第五條第二項、第六條第二項之規定，對總統提名任命之人員，行使同意權。

第四項

　　國民大會依前項第一款及第四款至第六款規定集會，或有國民大會代表五分之二以上請求召集會議時，由總統召集之；依前項第二款及第三款之規定集會時，由國民大會議長通告集會。國民大會設議長前，由立法院院長通告集會，不適用憲法第二十九條及第三十條之規定。

第五項

　　國民大會集會時，得聽取總統國情報告，並檢討國是，提供建言，如一年內未集會，由總統召集會議為之，不受憲法第三十條之限制。

第六項

　　國民大會代表自第三屆大會代表起，每四年改選一次，不適用憲法第二十八條第一項之規定。

第七項

　　國民大會第二屆國民大會代表任期至中華民國八十五年五月十九日止，第三屆國民大會代表任期自中華民國八十五年五月二十日開始，不適用憲法第二十八條第二項之規定。

第八項

　　國民大會自第三屆國民大會起設議長、副議長各一人，由國民大會代表互選之。議長對外代表國民大會，並於開會時主持會議。

第九項

　　國民大會行使職權之程序，由國民大會定之，不適用憲法第三十四條之規定。

第二條

第一項

　　總統、副總統由中華民國自由地區全體人民直接選舉之，自中華民國八十五年第九任總統、副總統選舉實施。總統、副總統候選人為聯名登記，在選票上同列一組圈選，以得票最多之一組為當選。在國外之中華民國自由地區人民返國行使選舉權，以法律定之。

第二項

　　總統發布依憲法經國民大會或立法院同意任命人員之任免命令，無須行政院院長之副署，不適用憲法第三十七條之規定。

第三項

行政院院長之免職命令，須新提名之行政院院長經立法院同意後生效。

第四項

總統爲避免國家或人民遭遇緊急危難或應付財政經濟上重大變故，得經行政院會議之決議發布緊急命令，爲必要之處置，不受憲法第四十三條之限制。但須於發布命令後十日內提交立法院追認，如立法院不同意時，該緊急命令立即失效。

第五項

總統爲決定國家安全有關大政方針，得設國家安全會議及所屬國家安全局，其組織以法律定之。

第六項

總統、副總統之任期，自第九任總統、副總統起爲四年，連選得連任一次，不適用憲法第四十七條之規定。

第七項

副總統缺位時，由總統於三個月內提名候選人，召集國民大會補選，繼任至原任期屆滿爲止。

第八項

總統、副總統均缺位時，由行政院院長代行其職權，並依本條第一項規定補選總統、副總統，繼任至原任期屆滿爲止，不適用憲法第四十九條之有關規定。

第九項

總統、副總統之罷免案，須經國民大會代表總額四分之一之提議，三分之二之同意後提出，並經中華民國自由地區選舉人總額過半數之投票，有效票過半數同意罷免時，即爲通過。

第十項

監察院向國民大會提出之總統、副總統彈劾案，經國民大會代表總額三分之二之同意時，被彈劾人應即解職。

第三條

第一項

立法院立法委員依左列規定選出之，不受憲法第六十四條之限制：

一、自由地區每省、直轄市各二人，但其人口逾二十萬人者，每加二十萬人增一人。

二、自由地區平地原住民及山地原住民各三人。

三、僑居國外國民六人。

四、全國不分區三十人。

第二項

　前項第三款、第四款名額，採政黨比例方式選出之。第一款每省、直轄市選出之名額及第三款、第四款各政黨當選之名額，在五人以上十人以下者，應有婦女當選名額一人，超過十人者，每滿十人應增婦女當選名額一人。

第四條

第一項

　司法院設院長、副院長各一人，大法官若干人，由總統提名，經國民大會同意任命之，不適用憲法第七十九條之有關規定。

第二項

　司法院大法官，除依憲法第七十八條之規定外，並組成憲法法庭審理政黨違憲之解散事項。

第三項

　政黨之目的或其行爲，危害中華民國之存在或自由民主之憲政秩序者爲違憲。

第五條

第一項

　考試院爲國家最高考試機關，掌理左列事項，不適用憲法第八十三條之規定：

　一、考試。

　二、公務人員之銓敘、保障、撫卹、退休。

　三、公務人員任免、考績、級俸、陞遷、褒獎之法制事項。

第二項

　考試院設院長、副院長各一人，考試委員若干人，由總統提名，經國民大會同意任命之，不適用憲法第八十四條之規定。

第三項

　憲法第八十五條有關按省區分別規定名額，分區舉行考試之規定，停止適用。

第六條

第一項

　監察院爲國家最高監察機關，行使彈劾、糾舉及審計權，不適用憲法第九十條及第九十四條有關同意權之規定。

第二項

　監察院設監察委員二十九人，並以其中一人爲院長、一人爲副院長，任期六年，由總統提名，經國民大會同意任命之。憲法第九十一條至第九十三條之規定停止適用。

第三項

　監察院對於中央、地方公務人員及司法院、考試院人員之彈劾案，須經監察委

員二人以上之提議，九人以上之審查及決定，始得提出，不受憲法第九十八條之限制。

第四項

監察院對於監察院人員失職或違法之彈劾，適用憲法第九十五條、第九十七條第二項及前項之規定。

第五項

監察院對於總統、副總統之彈劾案，須經全體監察委員過半數之提議，全體監察委員三分之二以上之決議，向國民大會提出，不受憲法第一百條之限制。

第六項

監察委員須超出黨派以外，依據法律獨立行使職權。

第七項

憲法第一百零一條及第一百零二條之規定，停止適用。

第七條

國民大會代表及立法委員之報酬或待遇，應以法律定之。除年度通案調整者外，單獨增加報酬或待遇之規定，應自次屆起實施。

第八條

省、縣地方制度，應包含左列各款，以法律定之，不受憲法第一百零八條第一項第一款、第一百十二條至第一百十五條及第一百二十二條之限制：

一、省設省議會，縣設縣議會，省議會議員、縣議會議員分別由省民、縣民選舉之。

二、屬於省、縣之立法權，由省議會、縣議會分別行之。

三、省設省政府，置省長一人，縣設縣政府，置縣長一人，省長、縣長分別由省民、縣民選舉之。

四、省與縣之關係。

五、省自治之監督機關為行政院，縣自治之監督機關為省政府。

第九條

第一項

國家應獎勵科學技術發展及投資，促進產業升級，推動農漁業現代化，重視水資源之開發利用，加強國際經濟合作。

第二項

經濟及科學技術發展，應與環境及生態保護兼籌並顧。

第三項

國家對於公營金融機構之管理，應本企業化經營之原則；其管理、人事、預

算、決算及審計，得以法律爲特別之規定。

第四項

　　國家應推行全民健康保險，並促進現代和傳統醫藥之研究發展。

第五項

　　國家應維護婦女之人格尊嚴，保障婦女之人身安全，消除性別歧視，促進兩性地位之實質平等。

第六項

　　國家對於殘障者之保險與就醫、教育訓練與就業輔導、生活維護與救濟，應予保障，並扶助其自立與發展。

第七項

　　國家對於自由地區原住民之地位及政治參與，應予保障；對其教育文化、社會福利及經濟事業，應予扶助並促其發展。對於金門、馬祖地區人民亦同。

第八項

　　國家對於僑居國外國民之政治參與，應予保障。

第十條

　　自由地區與大陸地區間人民權利義務關係及其他事務之處理，得以法律爲特別之規定。

附錄十：第四次中華民國憲法增修條文（一九九七年）

一九九七年七月十八日第三屆國民大會第二次會議三讀通過
一九九七年七月二十一日總統（86）華總（一）義字第八六○○一六七○二○號
令公布

前言
　　為因應國家統一前之需要，依照憲法第二十七條第一項第三款及第一百七十四
條第一款之規定，增修本憲法條文如左：
第一條
第一項
　　國民大會代表依左列規定選出之，不受憲法第二十六條及第一百三十五條之限
制：
　　一、自由地區每直轄市、縣市各二人，但其人口逾十萬人者，每增加十萬人增
一人。
　　二、自由地區平地原住民及山地原住民各三人。
　　三、僑民國外國民二十人。
　　四、全國不分區八十人。
第二項
　　前項第一款每直轄市、縣市選出之名額，在五人以上十人以下者，應有婦女當
選名額一人，超過十人者，每滿十人，應增婦女當選名額一人。
　　第三款及第四款之名額，採政黨比例方式選出之，各政黨當選之名額，每滿四
人，應有婦女當選名額一人。
第三項
　　國民大會之職權如左，不適用憲法第二十七條第一項第一款、第二款之規定：
　　一、依增修條文第二條第七項之規定，補選副總統。
　　二、依增修條文第二條第九項之規定，提出總統、副總統罷免案。
　　三、依增修條文第二條第十項之規定，議決立法院提出之總統、副總統彈劾
案。
　　四、依憲法第二十七條第一項第三款及第一百七十四條第一款之規定，修改憲
法。

五、依憲法第二十七條第一項第四款及第一百七十四條第二款之規定，複決立法院所提之憲法修正案。

六、依增修條文第五條第一項、第六條第二項、第七條第二項之規定，對總統提名任命之人員行使同意權。
第四項

國民大會依前列第一款及第四款至第六款規定集會，或有國民大會代表五分之三以上請求召集會議時，由總統召集之；依前項第二款及第三款之規定集會時，由國民大會議長通告集會，不適用憲法第二十九條及第三十條之規定。
第五項

國民大會集會時，得聽取總統國情報告，並檢討國是，提供建言；如一年內未集會，由總統召集會議爲之，不受憲法第三十條之限制。
第六項

國民大會代表每四年改選一次，不適用憲法第二十八條第一項之規定。
第七項

國民大會設議長、副議長各一人，由國民大會代表互選之。議長對外代表國民大會，並於開會時主持會議。
第八項

國民大會行使職權之程序，由國民大會定之，不適用憲法第三十四條之規定。
第二條
第一項

總統、副總統由中華民國自由地區全體人民直接選舉之，自中華民國八十五年第九任總統、副總統選舉實施。總統、副總統候選人應聯名登記，在選票上同列一組圈選，以得票最多之一組爲當選。在國外之中華民國自由地區人民返國行使選舉權，以法律定之。
第二項

總統發布行政院院長與依憲法經國民大會或立法院同意任命人員之任免命令及解散立法院之命令，無須行政院院長之副署，不適用憲法第三十七條之規定。
第三項

總統爲避免國家或人民因遇緊急危難或應付財政經濟上重大變故，得經行政院會議之決議發布緊急命令，爲必要之處置，不受憲法第四十三條之限制。但須於發布命令後十日內提交立法院追認，如立法院不同意時，該緊急命令立即失效。
第四項

總統爲決定國家安全有關大政方針，得設國家安全會議及所屬國家安全局，其

組織以法律定之。

第五項

　　總統於立法院通過對行政院院長之不信任案後十日內，經諮詢立法院院長後，得宣告解散立法院。但總統於戒嚴或緊急命令生效期間，不得解散立法院。立法院解散後，應於六十日內舉行立法委員選舉，並於選舉結果確認後十日內自行集會，其任期重新起算。

第六項

　　總統、副總統之任期爲四年，連選得連任一次，不適用憲法第四十七條之規定。

第七項

　　副總統缺位時，由總統於三個月內提名候選人，召集國民大會補選，繼任至原任期屆滿爲止。

第八項

　　總統、副總統均缺位時，由行政院院長代行其職權，並依本條第一項規定補選總統、副總統，繼任至原任期屆滿爲止，不適用憲法第四十九條之有關規定。

第九項

　　總統、副總統之罷免案，須經國民大會代表總額四分之一之提議，三分之二之同意後提出，並經中華民國自由地區選舉人總額過半數之投票，有效票過半數同意罷免時，即爲通過。

第十項

　　立法院向國民大會提出之總統、副總統彈劾案，經國民大會代表總額三分之二同意時，被彈劾人應即解職。

第三條

第一項

　　行政院院長由總統任命之。行政院院長辭職或出缺時，在總統未任命行政院院長前，由行政院副院長暫行代理。憲法第五十五條之規定，停止適用。

第二項

　　行政院依左列規定，對立法院負責，憲法第五十七條之規定，停止適用：

　　一、行政院有向立法院提出施政方針及施政報告之責。立法委員在開會時，有向行政院院長及行政院各部會首長質詢之權。

　　二、行政院對於立法院決議之法律案、預算案、條約案，如認爲有窒礙難行時，得經總統之核可，於該決議案送達行政院十日內，移請立法院覆議。立法院對於行政院移請覆議案，應於送達十五日內作成決議。如爲休會期間，立法院應

於七日內自行集會,並於開議十五日內作成決議。覆議案逾期未議決者,原決議失效。覆議時,如經全體立法委員二分之一以上決議維持原案,行政院院長應即接受該決議。

　　三、立法院得經全體立法委員三分之一以上連署,對行政院院長提出不信任案。不信任案提出七十二小時後,應於四十八小時內以記名投票表決之。如經全體立法委員二分之一以上贊成,行政院院長應於十日內提出辭職,並得同時呈請總統解散立法院;不信任案如未獲通過,一年內不得對同一行政院院長再提不信任案。

第三項

　　國家機關之職權、設立程序及總員額,得以法律為準則性之規定。

第四項

　　各機關之組織、編制及員額,應依前項法律,基於政策或業務需要決定之。

第四條

第一項

　　立法院立法委員自第四屆起二百二十五人,依左列規定選出之,不受憲法第六十四條之限制:

　　一、自由地區直轄市、縣市一百六十八人。每縣市至少一人。

　　二、自由地區平地原住民及山地原住民各四人。

　　三、僑居國外國民八人。

　　四、全國不分區四十一人。

第二項

　　前項第三款、第四款名額,採政黨比例方式選出之。第一款每直轄市、縣市選出之名額及第三款、第四款各政黨當選之名額,在五人以上十人以下者,應有婦女當選名額一人,超過十人者,每滿十人應增婦女當選名額一人。

第三項

　　立法院經總統解散後,在新選出之立法委員就職前視同休會。

第四項

　　總統於立法院解散後發布緊急命令,立法院應於三日內自行集會,並於開議七日內追認之。但於新任立法委員選舉投票日後發布者,應由新任立法委員於就職後追認之。如立法院不同意時,該緊急命令立即失效。

第五項

　　立法院對於總統、副總統犯內亂或外患罪之彈劾案,須經全體立法委員二分之一以上之提議,全體立法委員三分之二以上之決議,向國民大會提出,不適用憲

法第九十條、第一百條及增修條文第七條第一項有關規定。

第六項

　立法委員除現行犯外，在會期中，非經立法院許可，不得逮捕或拘禁。憲法第七十四條之規定，停止適用。

第五條

第一項

　司法院設大法官十五人，並以其中一人為院長、一人為副院長，由總統提名，經國民大會同意任命之，自中華民國九十二年起實施，不適用憲法第七十九條之有關規定。

第二項

　司法院大法官任期八年，不分屆次，個別計算，並不得連任。但並為院長、副院長之大法官，不受任期之保障。

第三項

　中華民國九十二年總統提名之大法官，其中八位大法官，含院長、副院長，任期四年，其餘大法官任期為八年。不適用前項任期之規定。

第四項

　司法院大法官，除依憲法第七十八條之規定外，並組成憲法法庭審理政黨違憲之解散事項。

第五項

　政黨之目的或其行為，危害中華民國之存在或自由民主之憲政秩序者為違憲。

第六項

　司法院所提出之年度司法概算，行政院不得刪減，但得加註意見，編入中央政府總預算案，送立法院審議。

第六條

第一項

　考試院為國家最高考試機關，掌理左列事項，不適用憲法第八十三條之規定：

　一、考試。

　二、公務人員之銓敘、保障、撫卹、退休。

　三、公務人員任免、考績、級俸、陞遷、褒獎之法制事項。

第二項

　考試院設院長、副院長各一人，考試委員若干人，由總統提名，經國民大會同意任命之，不適用憲法第八十四條之規定。

第三項

　　憲法第八十五條有關按省區分別規定名額，分區舉行考試之規定，停止適用。

第七條

第一項

　　監察院為國家最高監察機關，行使彈劾、糾舉與審計權，不適用憲法第九十條及第九十四條有關同意權之規定。

第二項

　　監察院設監察委員二十九人，並以其中一人為院長、一人為副院長，任期六年，由總統提名，經國民大會同意任命之。憲法第九十一條至第九十三條之規定停止適用。

第三項

　　監察院對於中央、地方公務人員及司法院、考試院人員之彈劾案，須經監察委員二人以上之提議，九人以上之審查及決定，始得提出，不受憲法第九十八條之限制。

第四項

　　監察院對於監察院人員失職或違法之彈劾，適用憲法第九十五條、第九十七條第二項及前項之規定。

第五項

　　監察委員須超出黨派以外，依據法律獨立行使職權。

第六項

　　憲法第一百零一條及第一百零二條之規定，停止適用。

第八條

　　國民大會代表及立法委員之報酬或待遇，應以法律定之。除年度通案調整者外，單獨增加報酬或待遇之規定，應自次屆起實施。

第九條

第一項

　　省、縣地方制度，應包括左列各款，以法律定之，不受憲法第一百零八條第一項第一款、第一百零九條、第一百十二條至第一百十五條及第一百二十二條之限制：

　　一、省設省政府，置委員九人，其中一人為主席，均由行政院院長提請總統任命之。

　　二、省設省諮議會，置省諮議會議員若干人，由行政院院長提請總統任命之。

　　三、縣設縣議會，縣議會議員由縣民選舉之。

　　四、屬於縣之立法權，由縣議會行之。

　　五、縣設縣政府，置縣長一人，由縣民選舉之。

　　六、中央與省、縣之關係。

　　七、省承行政院之命，監督縣自治事項。

第二項

　　第十屆臺灣省議會議員及第一屆臺灣省省長之任期至中華民國八十七年十二月二十日止，臺灣省議會議員及臺灣省省長之選舉自第十屆臺灣省議會議員及第一屆臺灣省省長任期之屆滿日起停止辦理。

第三項

　　臺灣省議會議員及臺灣省省長之選舉停止辦理後，臺灣省政府之功能、業務與組織之調整，得以法律為特別之規定。

第十條

第一項

　　國家應獎勵科學技術發展及投資，促進產業升級，推動農漁業現代化，重視水資源之開發利用，加強國際經濟合作。

第二項

　　經濟及科學技術發展，應與環境及生態保護兼籌並顧。

第三項

　　國家對於人民興辦之中小型經濟事業，應扶助並保護其生存與發展。

第四項

　　國家對於公營金融機構之管理，應本企業化經營之原則；其管理、人事、預算、決算及審計，得以法律為特別之規定。

第五項

　　國家應推行全民健康保險，並促進現代和傳統醫藥之研究發展。

第六項

　　國家應維護婦女之人格尊嚴，保障婦女之人身安全，消除性別歧視，促進兩性地位之實質平等。

第七項

　　國家對於身心障礙者之保險與就醫、無障礙環境之建構、教育訓練與就業輔導及生活維護與救助，應予保障，並扶助其自立與發展。

第八項

　　教育、科學、文化之經費，尤其國民教育之經費應優先編列，不受憲法第一百六十四條規定之限制。

第九項

國家肯定多元文化，並積極維護發展原住民族語言及文化。

第十項

國家應依民族意願，保障原住民族之地位及政治參與，並對其教育文化、交通水利、衛生醫療、經濟土地及社會福利事業予以保障扶助並促其發展。其辦法另以法律定之。對於金門、馬祖地區人民亦同。

第十一項

國家對於僑居國外國民之政治參與，應予保障。

第十一條

自由地區與大陸地區間人民權利義務關係及其他事務之處理，得以法律爲特別之規定。

附錄十一：第五次中華民國憲法增修條文（一九九九年）

中華民國八十八年九月三日第三屆國民大會第四次會議三讀修正通過增修條文第一條、第四條、第九條及第十條

中華民國八十八年九月十五日總統華統（一）義字第八八○○二一三三九○號令修正公布增修條文第一條、第四條、第九條及第十條

經司法院大法官會議於中華民國八十九年三月二十四日以釋字四九九號解釋為無效

前言

　　為因應國家統一前之需要，依照憲法第二十七條第一項第三款及第一百七十四條第一款之規定，增修本憲法條文如左：

第一條

第一項

　　國民大會代表第四屆為三百人，依左列規定以比例代表方式選出之。並以立法委員選舉，各政黨所推薦及獨立參選之候選人得票數之比例分配當選名額，不受憲法第二十六條及第一百三十五條之限制。比例代表之選舉方法以法律定之。

　　一、自由地區直轄市、縣市一百九十四人，每縣市至少當選一人。

　　二、自由地區原住民六人。

　　三、僑居國外國民十八人。

　　四、全國不分區八十二人。

第二項

　　國民大會代表自第五屆起為一百五十人，依左列規定以比例代表方式選出之。並以立法委員選舉，各政黨所推薦及獨立參選之候選人得票數之比例分配當選名額，不受憲法第二十六條及第一百三十五條之限制。比例代表之選舉方法以法律定之。

　　一、自由地區直轄市、縣市一百人，每縣市至少當選一人。

　　二、自由地區原住民四人。

　　三、僑居國外國民六人。

　　四、全國不分區四十人。

第三項

國民大會代表之任期爲四年，但於任期中遇立法委員改選時同時改選，連選得連任。第三屆國民大會代表任期至第四屆立法委員任期屆滿之日止，不適用憲法第二十八條第一項之規定。第一項及第二項之第一款各政黨當選之名額，在五人以上十人以下者，應有婦女當選名額一人。第三款及第四款各政黨當選之名額，每滿四人，應有婦女當選名額一人。國民大會之職權如左，不適用憲法第二十七條第一項第一款、第二款之規定：

一、依增修條文第二條第七項之規定，補選副總統。

二、依增修條文第二條第九項之規定，提出總統、副總統罷免案。

三、依增修條文第二條第十項之規定，議決立法院提出之總統、副總統彈劾案。

四、依憲法第二十七條第一項第三款及第一百七十四條第一款之規定，修改憲法。

五、依憲法第二十七條第一項第四款及第一百七十四條第二款之規定，複決立法院所提之憲法修正案。

六、依增修條文第五條第一項、第六條第二項、第七條第二項之規定，對總統提名任命之人員，行使同意權。

第四項

國民大會依前項第一款及第四款至第六款規定集會，或有國民大會代表五分之二以上請求召集會議時，由總統召集之；依前項第二款及第三款之規定集會時，由國民大會議長通告集會，不適用憲法第二十九條及第三十條之規定。

第五項

國民大會集會時，得聽取總統國情報告，並檢討國是，提供建言；如一年內未集會，由總統召集會議爲之，不受憲法第三十條之限制。

第六項

國民大會設議長、副議長各一人，由國民大會代表互選之。議長對外代表國民大會，並於開會時主持會議。

第七項

國民大會行使職權之程序，由國民大會定之，不適用憲法第三十四條之規定。

第二條

第一項

總統、副總統由中華民國自由地區全體人民直接選舉之，自中華民國八十五年第九任總統、副總統選舉實施。總統、副總統候選人應聯名登記，在選票上同列一組圈選，以得票最多之一組爲當選。在國外之中華民國自由地區人民返國行使

選舉權，以法律定之。

第二項

　　總統發布行政院院長與依憲法經國民大會或立法院同意任命人員之任免命令及解散立法院之命令，無須行政院院長之副署，不適用憲法第三十七條之規定。

第三項

　　總統為避免國家或人民因遇緊急危難或應付財政經濟上重大變故，得經行政院會議之決議發布緊急命令，為必要之處置，不受憲法第四十三條之限制。但須於發布命令後十日內提交立法院追認，如立法院不同意時，該緊急命令立即失效。

第四項

　　總統為決定國家安全有關大政方針，得設國家安全會議及所屬國家安全局，其組織以法律定之。

第五項

　　總統於立法院通過對行政院院長之不信任案後十日內，經諮詢立法院院長後，得宣告解散立法院。但總統於戒嚴或緊急命令生效期間，不得解散立法院。立法院解散後，應於六十日內舉行立法委員選舉，並於選舉結果確認後十日內自行集會，其任期重新起算。

第六項

　　總統、副總統之任期為四年，連選得連任一次，不適用憲法第四十七條之規定。

第七項

　　副總統缺位時，由總統於三個月內提名候選人，召集國民大會補選，繼任至原任期屆滿為止。

第八項

　　總統、副總統均缺位時，由行政院院長代行其職權，並依本條第一項規定補選總統、副總統，繼任至原任期屆滿為止，不適用憲法第四十九條之有關規定。

第九項

　　總統、副總統之罷免案，須經國民大會代表總額四分之一之提議，三分之二之同意後提出，並經中華民國自由地區選舉人總額過半數之投票，有效票過半數同意罷免時，即為通過。

第十項

　　立法院向國民大會提出之總統、副總統彈劾案，經國民大會代表總額三分之二同意時，被彈劾人應即解職。

第三條

第一項

行政院院長由總統任命之。行政院院長辭職或出缺時，在總統未任命行政院院長前，由行政院副院長暫行代理。憲法第五十五條之規定，停止適用。

第二項

行政院依左列規定，對立法院負責，憲法第五十七條之規定，停止適用：

一、行政院有向立法院提出施政方針及施政報告之責。立法委員在開會時，有向行政院院長及行政院各部會首長質詢之權。

二、行政院對於立法院決議之法律案、預算案、條約案，如認為有窒礙難行時，得經總統之核可，於該決議案送達行政院十日內，移請立法院覆議。立法院對於行政院移請覆議案，應於送達十五日內作成決議。如為休會期間，立法院應於七日內自行集會，並於開議十五日內作成決議。覆議案逾期未議決者，原決議失效。覆議時，如經全體立法委員二分之一以上決議維持原案，行政院院長應即接受該決議。

三、立法院得經全體立法委員三分之一以上連署，對行政院院長提出不信任案。不信任案提出七十二小時後，應於四十八小時內以記名投票表決之。如經全體立法委員二分之一以上贊成，行政院院長應於十日內提出辭職，並得同時呈請總統解散立法院；不信任案如未獲通過，一年內不得對同一行政院院長再提不信任案。

第三項

國家機關之職權、設立程序及總員額，得以法律為準則性之規定。

第四項

各機關之組織、編制及員額，應依前項法律，基於政策或業務需要決定之。

第四條

第一項

立法院立法委員自第四屆起二百二十五人，依左列規定選出之，不受憲法第六十四條之限制：

一、自由地區直轄市、縣市一百六十八人。每縣市至少一人。

二、自由地區平地原住民及山地原住民各四人。

三、僑居國外國民八人。

四、全國不分區四十一人。

第二項

前項第三款、第四款名額，採政黨比例方式選出之。第一款每直轄市、縣市選出之名額及第三款、第四款各政黨當選之名額，在五人以上十人以下者，應有婦

女當選名額一人，超過十人者，每滿十人應增婦女當選名額一人。

第三項

第四屆立法委員任期至中華民國九十一年六月三十日止。第五屆立法委員任期自中華民國九十一年七月一日起爲四年，連選得連任，其選舉應於每屆任滿前或解散後六十日內完成之，不適用憲法第六十五條之規定。

第四項

立法院經總統解散後，在新選出之立法委員就職前，視同休會。

第五項

總統於立法院解散後發布緊急命令，立法院應於三日內自行集會，並於開議七日內追認之。但於新任立法委員選舉投票日後發布者，應由新任立法委員於就職後追認之。如立法院不同意時，該緊急命令立即失效。

第六項

立法院對於總統、副總統犯內亂或外患罪之彈劾案，須經全體立法委員二分之一以上之提議，全體立法委員三分之二以上之決議，向國民大會提出，不適用憲法第九十條、第一百條及增修條文第七條第一項有關規定。

第七項

立法委員除現行犯外，在會期中，非經立法院許可，不得逮捕或拘禁。憲法第七十四條之規定，停止適用。

第五條

第一項

司法院設大法官十五人，並以其中一人爲院長、一人爲副院長，由總統提名，經國民大會同意任命之，自中華民國九十二年起實施，不適用憲法第七十九條之有關規定。

第二項

司法院大法官任期八年，不分屆次，個別計算，並不得連任。但並爲院長、副院長之大法官，不受任期之保障。

第三項

中華民國九十二年總統提名之大法官，其中八位大法官，含院長、副院長，任期四年，其餘大法官任期爲八年。不適用前項任期之規定。

第四項

司法院大法官，除依憲法第七十八條之規定外，並組成憲法法庭審理政黨違憲之解散事項。

第五項

政黨之目的或其行為，危害中華民國之存在或自由民主之憲政秩序者為違憲。

第六項

司法院所提出之年度司法概算，行政院不得刪減，但得加註意見，編入中央政府總預算案，送立法院審議。

第六條

第一項

考試院為國家最高考試機關，掌理左列事項，不適用憲法第八十三條之規定：

一、考試。

二、公務人員之銓敘、保障、撫卹、退休。

三、公務人員任免、考績、級俸、陞遷、褒獎之法制事項。

第二項

考試院設院長、副院長各一人，考試委員若干人，由總統提名，經國民大會同意任命之，不適用憲法第八十四條之規定。

第三項

憲法第八十五條有關按省區分別規定名額，分區舉行考試之規定，停止適用。

第七條

第一項

監察院為國家最高監察機關，行使彈劾、糾舉與審計權，不適用憲法第九十條及第九十四條有關同意權之規定。

第二項

監察院設監察委員二十九人，並以其中一人為院長、一人為副院長，任期六年，由總統提名，經國民大會同意任命之。憲法第九十一條至第九十三條之規定停止適用。

第三項

監察院對於中央、地方公務人員及司法院、考試院人員之彈劾案，須經監察委員二人以上之提議，九人以上之審查及決定，始得提出，不受憲法第九十八條之限制。

第四項

監察院對於監察院人員失職或違法之彈劾，適用憲法第九十五條、第九十七條第二項及前項之規定。

第五項

監察委員須超出黨派以外，依據法律獨立行使職權。

第六項

憲法第一百零一條及第一百零二條之規定，停止適用。

第八條

　　國民大會代表及立法委員之報酬或待遇，應以法律定之。除年度通案調整者外，單獨增加報酬或待遇之規定，應自次屆起實施。

第九條

第一項

　　省、縣地方制度，應包括左列各款，以法律定之，不受憲法第一百零八條第一項第一款、第一百零九條、第一百十二條至第一百十五條及第一百二十二條之限制：

　　一、省設省政府，置委員九人，其中一人爲主席，均由行政院院長提請總統任命之。

　　二、省設省諮議會，置省諮議會議員若干人，由行政院院長提請總統任命之。

　　三、縣設縣議會，縣議會議員由縣民選舉之。

　　四、屬於縣之立法權，由縣議會行之。

　　五、縣設縣政府，置縣長一人，由縣民選舉之。

　　六、中央與省、縣之關係。

　　七、省承行政院之命，監督縣自治事項。

第二項

　　臺灣省政府之功能、業務與組織之調整，得以法律爲特別之規定。

第十條

第一項

　　國家應獎勵科學技術發展及投資，促進產業升級，推動農漁業現代化，重視水資源之開發利用，加強國際經濟合作。

第二項

　　經濟及科學技術發展，應與環境及生態保護兼籌並顧。

第三項

　　國家對於人民興辦之中小型經濟事業，應扶助並保護其生存與發展。

第四項

　　國家對於公營金融機構之管理，應本企業化經營之原則；其管理、人事、預算、決算及審計，得以法律爲特別之規定。

第五項

　　國家應推行全民健康保險，並促進現代和傳統醫藥之研究發展。

第六項

　　國家應維護婦女之人格尊嚴,保障婦女之人身安全,消除性別歧視,促進兩性地位之實質平等。

第七項

　　國家對於身心障礙者之保險與就醫、無障礙環境之建構、教育訓練與就業輔導及生活維護與救助,應予保障,並扶助其自立與發展。

第八項

　　國家應重視社會救助、福利服務、國民就業、社會保險及醫療保健等社會福利工作;對於社會救助和國民就業等救濟性支出應優先編列。

第九項

　　國家應尊重軍人對社會之貢獻,並對其退役後之就學、就業、就醫、就養予以保障。

第十項

　　教育、科學、文化之經費,尤其國民教育之經費應優先編列,不受憲法第一百六十四條規定之限制。

第十一項

　　國家肯定多元文化,並積極維護發展原住民族語言及文化。

第十二項

　　國家應依民族意願,保障原住民族之地位及政治參與,並對其教育文化、交通水利、衛生醫療、經濟土地及社會福利事業予以保障扶助並促其發展,其辦法另以法律定之。對於澎湖、金門、馬祖地區人民亦同。

第十三項

　　國家對於僑居國外國民之政治參與,應予保障。

第十一條

　　自由地區與大陸地區間人民權利義務關係及其他事務之處理,得以法律為特別之規定。

附錄十二：第六次中華民國憲法增修條文（二○○○年）

中華民國八十九年四月二十四日第三屆國民大會第五次會議第五次大會三讀通過
中華民國八十九年四月二十五日總統華總（一）義字第八九○○一○八三五○號
公布
現行增修條文

前言
　　爲因應國家統一前之需要，依照憲法第二十七條第一項第三款及第一百七十四
條第一款之規定，增修本憲法條文如左：
第一條
第一項
　　國民大會代表三百人，於立法院提出憲法修正案、領土變更案，經公告半年，
或提出總統、副總統彈劾案時，應於三個月內採比例代表制選出之，不受憲法第
二十六條、第二十八條及第一百三十五條之限制。比例代表制之選舉方式以法律
定之。
第二項
　　國民大會之職權如左，不適用憲法第四條、第二十七條第一項第一款至第三款
及第二項、第一百七十四條第一款之規定：
　　一、依憲法第二十七條第一項第四款及第一百七十四條第二款之規定，複決立
法院所提之憲法修正案。
　　二、依增修條文第四條第五項之規定，複決立法院所提之領土變更案。
　　三、依增修條文第二條第十項之規定，議決立法院提出之總統、副總統彈劾
案。
第三項
　　國民大會代表於選舉結果確認後十日內自行集會，國民大會集會以一個月爲
限，不適用憲法第二十九條及第三十條之規定。
第四項
　　國民大會代表任期與集會期間相同，憲法第二十八條之規定停止適用。第三屆
國民大會代表任期至中華民國八十九年五月十九日止。國民大會職權調整後，國
民大會組織法應於二年內配合修正。

第二條

第一項

　　總統、副總統由中華民國自由地區全體人民直接選舉之，自中華民國八十五年第九任總統、副總統選舉實施。總統、副總統候選人應聯名登記，在選票上同列一組圈選，以得票最多之一組為當選。在國外之中華民國自由地區人民返國行使選舉權，以法律定之。

第二項

　　總統發布行政院院長與依憲法經立法院同意任命人員之任免命令及解散立法院之命令，無須行政院院長之副署，不適用憲法第三十七條之規定。

第三項

　　總統為避免國家或人民遭遇緊急危難或應付財政經濟上重大變故，得經行政院會議之決議發布緊急命令，為必要之處置，不受憲法第四十三條之限制。但須於發布命令後十日內提交立法院追認，如立法院不同意時，該緊急命令立即失效。

第四項

　　總統為決定國家安全有關大政方針，得設國家安全會議及所屬國家安全局，其組織以法律定之。

第五項

　　總統於立法院通過對行政院院長之不信任案後十日內，經諮詢立法院院長後，得宣告解散立法院。但總統於戒嚴或緊急命令生效期間，不得解散立法院。立法院解散後，應於六十日內舉行立法委員選舉，並於選舉結果確認後十日內自行集會，其任期重新起算。

第六項

　　總統、副總統之任期為四年，連選得連任一次，不適用憲法第四十七條之規定。

第七項

　　副總統缺位時，總統應於三個月內提名候選人，由立法院補選，繼任至原任期屆滿為止。

第八項

　　總統、副總統均缺位時，由行政院院長代行其職權，並依本條第一項規定補選總統、副總統，繼任至原任期屆滿為止，不適用憲法第四十九條之有關規定。

第九項

　　總統、副總統之罷免案，須經全體立法委員四分之一之提議，全體立法委員三分之二之同意後提出，並經中華民國自由地區選舉人總額過半數之投票，有效票

過半數同意罷免時，即爲通過。

第十項

　　立法院向國民大會提出之總統、副總統彈劾案，經國民大會代表總額三分之二同意時，被彈劾人應即解職。

第三條

第一項

　　行政院院長由總統任命之。行政院院長辭職或出缺時，在總統未任命行政院院長前，由行政院副院長暫行代理。憲法第五十五條之規定，停止適用。

第二項

　　行政院依左列規定，對立法院負責，憲法第五十七條之規定，停止適用：

　　一、行政院有向立法院提出施政方針及施政報告之責。立法委員在開會時，有向行政院院長及行政院各部會首長質詢之權。

　　二、行政院對於立法院決議之法律案、預算案、條約案，如認爲有窒礙難行時，得經總統之核可，於該決議案送達行政院十日內，移請立法院覆議。立法院對於行政院移請覆議案，應於送達十五日內作成決議。如爲休會期間，立法院應於七日內自行集會，並於開議十五日內作成決議。覆議案逾期未議決者，原決議失效。覆議時，如經全體立法委員二分之一以上決議維持原案，行政院院長應即接受該決議。

　　三、立法院得經全體立法委員三分之一以上連署，對行政院院長提出不信任案。不信任案提出七十二小時後，應於四十八小時內以記名投票表決之。如經全體立法委員二分之一以上贊成，行政院院長應於十日內提出辭職，並得同時呈請總統解散立法院；不信任案如未獲通過，一年內不得對同一行政院院長再提不信任案。

第三項

　　國家機關之職權、設立程序及總員額，得以法律爲準則性之規定。

第四項

　　各機關之組織、編制及員額，應依前項法律，基於政策或業務需要決定之。

第四條

第一項

　　立法院立法委員自第四屆起二百二十五人，依左列規定選出之，不受憲法第六十四條之限制：

　　一、自由地區直轄市、縣市一百六十八人。每縣市至少一人。

　　二、自由地區平地原住民及山地原住民各四人。

三、僑居國外國民八人。

四、全國不分區四十一人。

第二項

　前項第三款、第四款名額，採政黨比例方式選出之。第一款每直轄市、縣市選出之名額及第三款、第四款各政黨當選之名額，在五人以上十人以下者，應有婦女當選名額一人，超過十人者，每滿十人應增婦女當選名額一人。

第三項

　立法院於每年集會時，得聽取總統國情報告。

第四項

　立法院經總統解散後，在新選出之立法委員就職前，視同休會。

第五項

　中華民國領土，依其固有之疆域，非經全體立法委員四分之一之提議，全體立法委員四分之三之出席，及出席委員四分之三之決議，並提經國民大會代表總額三分之二之出席，出席代表四分之三之複決同意，不得變更之。

第六項

　總統於立法院解散後發布緊急命令，立法院應於三日內自行集會，並於開議七日內追認之。但於新任立法委員選舉投票日後發布者，應由新任立法委員於就職後追認之。如立法院不同意時，該緊急命令立即失效。

第七項

　立法院對於總統、副總統之彈劾案，須經全體立法委員二分之一以上之提議，全體立法委員三分之二以上之決議，向國民大會提出，不適用憲法第九十條、第一百條及增修條文第七條第一項有關規定。

第八項

　立法委員除現行犯外，在會期中，非經立法院許可，不得逮捕或拘禁。憲法第七十四條之規定，停止適用。

第五條

第一項

　司法院設大法官十五人，並以其中一人為院長、一人為副院長，由總統提名，經立法院同意任命之，自中華民國九十二年起實施，不適用憲法第七十九條之規定。司法院大法官除法官轉任者外，不適用憲法第八十一條及有關法官終身職待遇之規定。

第二項

　司法院大法官任期八年，不分屆次，個別計算，並不得連任。但並為院長、副

院長之大法官，不受任期之保障。

第三項

中華民國九十二年總統提名之大法官，其中八位大法官，含院長、副院長，任期四年，其餘大法官任期為八年，不適用前項任期之規定。

第四項

司法院大法官，除依憲法第七十八條之規定外，並組成憲法法庭審理政黨違憲之解散事項。

第五項

政黨之目的或其行為，危害中華民國之存在或自由民主之憲政秩序者為違憲。

第六項

司法院所提出之年度司法概算，行政院不得刪減，但得加註意見，編入中央政府總預算案，送立法院審議。

第六條

第一項

考試院為國家最高考試機關，掌理左列事項，不適用憲法第八十三條之規定：

一、考試。

二、公務人員之銓敘、保障、撫卹、退休。

三、公務人員任免、考績、級俸、陞遷、褒獎之法制事項。

第二項

考試院設院長、副院長各一人，考試委員若干人，由總統提名，經立法院同意任命之，不適用憲法第八十四條之規定。

第三項

憲法第八十五條有關按省區分別規定名額，分區舉行考試之規定，停止適用。

第七條

第一項

監察院為國家最高監察機關，行使彈劾、糾舉及審計權，不適用憲法第九十條及第九十四條有關同意權之規定。

第二項

監察院設監察委員二十九人，並以其中一人為院長、一人為副院長，任期六年，由總統提名，經立法院同意任命之。憲法第九十一條至第九十三條之規定停止適用。

第三項

監察院對於中央、地方公務人員及司法院、考試院人員之彈劾案，須經監察委

員二人以上之提議，九人以上之審查及決定，始得提出，不受憲法第九十八條之限制。

第四項

監察院對於監察院人員失職或違法之彈劾，適用憲法第九十五條、第九十七條第二項及前項之規定。

第五項

監察委員須超出黨派以外，依據法律獨立行使職權。

第六項

憲法第一百零一條及第一百零二條之規定，停止適用。

第八條

立法委員之報酬或待遇，應以法律定之。除年度通案調整者外，單獨增加報酬或待遇之規定，應自次屆起實施。國民大會代表集會期間之費用，以法律定之。

第九條

第一項

省、縣地方制度，應包括左列各款，以法律定之，不受憲法第一百零八條第一項第一款、第一百零九條、第一百十二條至第一百十五條及第一百二十二條之限制：

一、省設省政府，置委員九人，其中一人為主席，均由行政院院長提請總統任命之。

二、省設省諮議會，置省諮議會議員若干人，由行政院院長提請總統任命之。

三、縣設縣議會，縣議會議員由縣民選舉之。

四、屬於縣之立法權，由縣議會行之。

五、縣設縣政府，置縣長一人，由縣民選舉之。

六、中央與省、縣之關係。

七、省承行政院之命，監督縣自治事項。

第二項

臺灣省政府之功能、業務與組織之調整，得以法律為特別之規定。

第十條

第一項

國家應獎勵科學技術發展及投資，促進產業升級，推動農漁業現代化，重視水資源之開發利用，加強國際經濟合作。

第二項

經濟及科學技術發展，應與環境及生態保護兼籌並顧。

第三項

　國家對於人民興辦之中小型經濟事業，應扶助並保護其生存與發展。

第四項

　國家對於公營金融機構之管理，應本企業化經營之原則；其管理、人事、預算、決算及審計，得以法律為特別之規定。

第五項

　國家應推行全民健康保險，並促進現代和傳統醫藥之研究發展。

第六項

　國家應維護婦女之人格尊嚴，保障婦女之人身安全，消除性別歧視，促進兩性地位之實質平等。

第七項

　國家對於身心障礙者之保險與就醫、無障礙環境之建構、教育訓練與就業輔導及生活維護與救助，應予保障，並扶助其自立與發展。

第八項

　國家應重視社會救助、福利服務、國民就業、社會保險及醫療保健等社會福利工作，對於社會救助和國民就業等救濟性支出應優先編列。

第九項

　國家應尊重軍人對社會之貢獻，並對其退役後之就學、就業、就醫、就養予以保障。

第十項

　教育、科學、文化之經費，尤其國民教育之經費應優先編列，不受憲法第一百六十四條規定之限制。

第十一項

　國家肯定多元文化，並積極維護發展原住民族語言及文化。

第十二項

　國家應依民族意願，保障原住民族之地位及政治參與，並對其教育文化、交通水利、衛生醫療、經濟土地及社會福利事業予以保障扶助並促其發展，其辦法另以法律定之。對於澎湖、金門及馬祖地區人民亦同。

第十三項

　國家對於僑居國外國民之政治參與，應予保障。

第十一條

　自由地區與大陸地區間人民權利義務關係及其他事務之處理，得以法律為特別之規定。

附錄十三：第七次中華民國憲法增修條文（二○○五年）

中華民國九十四年六月十日總統華總一義字第09400087551號令修正公布第1、2、4、5、8條條文；並增訂第12條條文

現行增修條文

第一條

第一項

　中華民國自由地區選舉人於立法院提出憲法修正案、領土變更案，經公告半年，應於三個月內投票複決，不適用憲法第四條、第一百七十四條之規定。

第二項

　憲法第二十五條至第三十四條及第一百三十五條之規定，停止適用。

第二條

第一項

　總統、副總統由中華民國自由地區全體人民直接選舉之，自中華民國八十五年第九任總統、副總統選舉實施。總統、副總統候選人應聯名登記，在選票上同列一組圈選，以得票最多之一組爲當選。在國外之中華民國自由地區人民返國行使選舉權，以法律定之。

第二項

　總統發布行政院院長與依憲法經立法院同意任命人員之任免命令及解散立法院之命令，無須行政院院長之副署，不適用憲法第三十七條之規定。

第三項

　總統爲避免國家或人民遭遇緊急危難或應付財政經濟上重大變故，得經行政院會議之決議發布緊急命令，爲必要之處置，不受憲法第四十三條之限制。但須於發布命令後十日內提交立法院追認，如立法院不同意時，該緊急命令立即失效。

第四項

　總統爲決定國家安全有關大政方針，得設國家安全會議及所屬國家安全局，其組織以法律定之。

第五項

　總統於立法院通過對行政院院長之不信任案後十日內，經諮詢立法院院長後，得宣告解散立法院。但總統於戒嚴或緊急命令生效期間，不得解散立法院。立法

院解散後，應於六十日內舉行立法委員選舉，並於選舉結果確認後十日內自行集會，其任期重新起算。

第六項

總統、副總統之任期爲四年，連選得連任一次，不適用憲法第四十七條之規定。

第七項

副總統缺位時，總統應於三個月內提名候選人，由立法院補選，繼任至原任期屆滿爲止。

第八項

總統、副總統均缺位時，由行政院院長代行其職權，並依本條第一項規定補選總統、副總統，繼任至原任期屆滿爲止，不適用憲法第四十九條之有關規定。

第九項

總統、副總統之罷免案，須經全體立法委員四分之一之提議，全體立法委員三分之二之同意後提出，並經中華民國自由地區選舉人總額過半數之投票，有效票過半數同意罷免時，即爲通過。

第十項

立法院提出總統、副總統彈劾案，聲請司法院大法官審理，經憲法法庭判決成立時，被彈劾人應即解職。

第三條

第一項

行政院院長由總統任命之。行政院院長辭職或出缺時，在總統未任命行政院院長前，由行政院副院長暫行代理。憲法第五十五條之規定，停止適用。

第二項

行政院依左列規定，對立法院負責，憲法第五十七條之規定，停止適用：

一、行政院有向立法院提出施政方針及施政報告之責。立法委員在開會時，有向行政院院長及行政院各部會首長質詢之權。

二、行政院對於立法院決議之法律案、預算案、條約案，如認爲有窒礙難行時，得經總統之核可，於該決議案送達行政院十日內，移請立法院覆議。立法院對於行政院移請覆議案，應於送達十五日內作成決議。如爲休會期間，立法院應於七日內自行集會，並於開議十五日內作成決議。覆議案逾期未議決者，原決議失效。覆議時，如經全體立法委員二分之一以上決議維持原案，行政院院長應即接受該決議。

三、立法院得經全體立法委員三分之一以上連署，對行政院院長提出不信任

案。不信任案提出七十二小時後，應於四十八小時內以記名投票表決之。如經全體立法委員二分之一以上贊成，行政院院長應於十日內提出辭職，並得同時呈請總統解散立法院；不信任案如未獲通過，一年內不得對同一行政院院長再提不信任案。

第三項

　國家機關之職權、設立程序及總員額，得以法律為準則性之規定。

第四項

　各機關之組織、編制及員額，應依前項法律，基於政策或業務需要決定之。

第四條

第一項

　立法院立法委員自第七屆起一百一十三人，任期四年，連選得連任，於每屆任滿前三個月內，依左列規定選出之，不受憲法第六十四條及第六十五條之限制：

　一、自由地區直轄市、縣市七十三人。每縣市至少一人。

　二、自由地區平地原住民及山地原住民各三人。

　三、全國不分區及僑居國外國民共三十四人。

第二項

　前項第一款依各直轄市、縣市人口比例分配，並按應選名額劃分同額選舉區選出之。第三款依政黨名單投票選舉之，由獲得百分之五以上政黨選舉票之政黨依得票比率選出之，各政黨當選名單中，婦女不得低於二分之一。

第三項

　立法院於每年集會時，得聽取總統國情報告。

第四項

　立法院經總統解散後，在新選出之立法委員就職前，視同休會。

第五項

　中華民國領土，依其固有疆域，非經全體立法委員四分之一之提議，全體立法委員四分之三之出席，及出席委員四分之三之決議，提出領土變更案，並於公告半年後，經中華民國自由地區選舉人投票複決，有效同意票過選舉人總額之半數，不得變更之。

第六項

　總統於立法院解散後發布緊急命令，立法院應於三日內自行集會，並於開議七日內追認之。但於新任立法委員選舉投票日後發布者，應由新任立法委員於就職後追認之。如立法院不同意時，該緊急命令立即失效。

第七項

立法院對於總統、副總統之彈劾案，須經全體立法委員二分之一以上之提議，全體立法委員三分之二以上之決議，聲請司法院大法官審理，不適用憲法第九十條、第一百條及增修條文第七條第一項有關規定。

第八項

立法委員除現行犯外，在會期中，非經立法院許可，不得逮捕或拘禁。憲法第七十四條之規定，停止適用。

第五條

第一項

司法院設大法官十五人，並以其中一人為院長、一人為副院長，由總統提名，經立法院同意任命之，自中華民國九十二年起實施，不適用憲法第七十九條之規定。司法院大法官除法官轉任者外，不適用憲法第八十一條及有關法官終身職待遇之規定。

第二項

司法院大法官任期八年，不分屆次，個別計算，並不得連任。但並為院長、副院長之大法官，不受任期之保障。

第三項

中華民國九十二年總統提名之大法官，其中八位大法官，含院長、副院長，任期四年，其餘大法官任期為八年，不適用前項任期之規定。

第四項

司法院大法官，除依憲法第七十八條之規定外，並組成憲法法庭審理總統、副總統之彈劾及政黨違憲之解散事項。

第五項

政黨之目的或其行為，危害中華民國之存在或自由民主之憲政秩序者為違憲。

第六項

司法院所提出之年度司法概算，行政院不得刪減，但得加註意見，編入中央政府總預算案，送立法院審議。

第六條

第一項

考試院為國家最高考試機關，掌理左列事項，不適用憲法第八十三條之規定：

一、考試。

二、公務人員之銓敘、保障、撫卹、退休。

三、公務人員任免、考績、級俸、陞遷、褒獎之法制事項。

第二項

　　考試院設院長、副院長各一人，考試委員若干人，由總統提名，經立法院同意任命之，不適用憲法第八十四條之規定。

第三項

　　憲法第八十五條有關按省區分別規定名額，分區舉行考試之規定，停止適用。

第七條

第一項

　　監察院為國家最高監察機關，行使彈劾、糾舉及審計權，不適用憲法第九十條及第九十四條有關同意權之規定。

第二項

　　監察院設監察委員二十九人，並以其中一人為院長、一人為副院長，任期六年，由總統提名，經立法院同意任命之。憲法第九十一條至第九十三條之規定停止適用。

第三項

　　監察院對於中央、地方公務人員及司法院、考試院人員之彈劾案，須經監察委員二人以上之提議，九人以上之審查及決定，始得提出，不受憲法第九十八條之限制。

第四項

　　監察院對於監察院人員失職或違法之彈劾，適用憲法第九十五條、第九十七條第二項及前項之規定。

第五項

　　監察委員須超出黨派以外，依據法律獨立行使職權。

第六項

　　憲法第一百零一條及第一百零二條之規定，停止適用。

第八條

　　立法委員之報酬或待遇，應以法律定之。除年度通案調整者外，單獨增加報酬或待遇之規定，應自次屆起實施。

第九條

第一項

　　省、縣地方制度，應包括左列各款，以法律定之，不受憲法第一百零八條第一項第一款、第一百零九條、第一百十二條至第一百十五條及第一百二十二條之限制：

　　一、省設省政府，置委員九人，其中一人為主席，均由行政院院長提請總統任命之。

二、省設省諮議會，置省諮議會議員若干人，由行政院院長提請總統任命之。

三、縣設縣議會，縣議會議員由縣民選舉之。

四、屬於縣之立法權，由縣議會行之。

五、縣設縣政府，置縣長一人，由縣民選舉之。

六、中央與省、縣之關係。

七、省承行政院之命，監督縣自治事項。

第二項

台灣省政府之功能、業務與組織之調整，得以法律為特別之規定。

第十條

第一項

國家應獎勵科學技術發展及投資，促進產業升級，推動農漁業現代化，重視水資源之開發利用，加強國際經濟合作。

第二項

經濟及科學技術發展，應與環境及生態保護兼籌並顧。

第三項

國家對於人民興辦之中小型經濟事業，應扶助並保護其生存與發展。

第四項

國家對於公營金融機構之管理，應本企業化經營之原則；其管理、人事、預算、決算及審計，得以法律為特別之規定。

第五項

國家應推行全民健康保險，並促進現代和傳統醫藥之研究發展。

第六項

國家應維護婦女之人格尊嚴，保障婦女之人身安全，消除性別歧視，促進兩性地位之實質平等。

第七項

國家對於身心障礙者之保險與就醫、無障礙環境之建構、教育訓練與就業輔導及生活維護與救助，應予保障，並扶助其自立與發展。

第八項

國家應重視社會救助、福利服務、國民就業、社會保險及醫療保健等社會福利工作，對於社會救助和國民就業等救濟性支出應優先編列。

第九項

國家應尊重軍人對社會之貢獻，並對其退役後之就學、就業、就醫、就養予以保障。

第十項

教育、科學、文化之經費，尤其國民教育之經費應優先編列，不受憲法第一百六十四條規定之限制。

第十一項

國家肯定多元文化，並積極維護發展原住民族語言及文化。

第十二項

國家應依民族意願，保障原住民族之地位及政治參與，並對其教育文化、交通水利、衛生醫療、經濟土地及社會福利事業予以保障扶助並促其發展，其辦法另以法律定之。對於澎湖、金門及馬祖地區人民亦同。

第十三項

國家對於僑居國外國民之政治參與，應予保障。

第十一條

自由地區與大陸地區間人民權利義務關係及其他事務之處理，得以法律為特別之規定。

第十二條

憲法之修改，須經立法院立法委員四分之一之提議，四分之三之出席，及出席委員四分之三之決議，提出憲法修正案，並於公告半年後，經中華民國自由地區選舉人投票複決，有效同意票過選舉人總額之半數，即通過之，不適用憲法第一百七十四條之規定。

附錄十四：大法官會議對中央政府體制所做成的重要釋憲案

釋號	內文
1	＊　釋字第一號解釋（憲75）1949/01/06 立法委員依憲法第七十五條之規定不得兼任官吏，如願就任官吏，應即辭去立法委員。其未經辭職而就任官吏者，顯有不繼續任立法委員之意思，應於其就任官吏之時視爲辭職。
2	＊　釋字第二號解釋（憲78）1949/01/06 憲法第七十八條規定司法院解釋憲法，並有統一解釋法律及命令之權。其於憲法則曰解釋，其於法律及命令則曰統一解釋，兩者意義顯有不同。憲法第一百七十三條規定憲法之解釋由司法院爲之，故中央或地方機關於其職權上適用憲法發生疑義時，即得聲請司法院解釋；法律及命令與憲法有無牴觸，發生疑義時亦同。至適用法律或命令發生其他疑義時，則有適用職權之中央或地方機關，皆應自行研究，以確定其意義，而爲適用，殊無許其聲請司法院解釋之理由。惟該機關適用法律或命令時，所持見解與本機關或他機關適用同一法律或命令時所已表示之見解有異者，苟非該機關依法應受本機關或他機關見解之拘束，或得變更其見解，則對同一法律或命令之解釋，必將發生歧異之結束，於是乃有統一解釋本件。行政院轉請解釋未據原請機關說明，所持見解與本機關或他機關適用同一法律時，所已表示之見解有異，應不予解釋。
3	＊　釋字第三號解釋（憲71）1952/05/21 監察院關於所掌事項，是否得向立法院提出法律案，憲法無明文規定，而同法第八十七條則稱考試院關於所掌事項，得向立法院提出法律案，論者因執「省略規定之事項應認爲有意省略」以及「明示規定其一者應認爲排除其他」之拉丁法諺，認爲監察院不得向立法院提案。實則此項法諺並非在任何情形之下均可援用，如法律條文顯有闕漏，或有關法條尚有解釋之餘地時，則此項法諺，即不復適用。我國憲法間有闕文，例如憲法上由選舉產生之機關，對於國民大會代表及立法院立法委員之選舉，憲法則以第三十四條、第六十四條第二項載明「以法律定之」，獨對於監察院監察委員之選舉，則並無類似之規定，此項闕文，自不能認爲監察委員之選舉，可無需法律規定，或憲法對此有意省略，或故予排除，要甚明顯。憲法第七十一條，即憲草第七十三條，原規定「立法院開會時，行政院院長及各部會首長得出席陳述意見。」經制憲當時出席代表提出修正，將「行政院院長」改爲「關係院院長」。其理由爲：「考試院、司法院、監察院就其主管事項之法律案，關係院院長自得列席立法院陳述意見。」經大會接受，修正如今文，足見關係院院長係包括立法院以外之各院院長而言。又憲法第八十七條，即憲草第九十二條，經出席代表提案修正，主張將該條所定「考試院關於所掌事項提出法律案時，由考試院秘書長出席立法院說明之。」予以刪除。其理由即爲：「考試院關於主管事項之法律案，可向立法院提送，與他院同。如須出席立法院說明，應由負責之院長或其所派人員出席，不必於憲法中規定秘書長出席。」足徵各院皆可提案，爲當時制

釋號	內文
	憲代表所不爭。遍查國民大會實錄，及國民大會代表全部提案，對於此項問題，曾無一人有任何反對，或相異之言論，亦無考試院應較司法監察兩院有何特殊理由，獨需提案之主張。我國憲法依據　孫中山先生創立中華民國之遺教而制定，載在前言。依憲法第五十三條（行政）、第六十二條（立法）、第七十七條（司法）、第八十三條（考試）、第九十條（監察）等規定，建置五院。本憲法原始賦予之職權，各於所掌範圍內，為國家最高機關，獨立行使職權，相互平等，初無軒輊；以職務需要言，監察、司法兩院，各就所掌事項，需向立法院提案，與考試院同。考試院對於所掌事項，既得向立法院提出法律案，憲法對於司法、監察兩院，就其所掌事項之提案，亦初無有意省略，或故予排除之理由。法律案之議決，雖為專屬立法院之職權，而其他各院關於所掌事項，知之較稔，得各向立法院提出法律案，以為立法意見之提供者，於理於法均無不合。綜上所述，考試院關於所掌事項，依憲法第八十七條，既得向立法院提出法律案，基於五權分治平等相維之體制，參以該條及第七十一條之制定經過，監察院關於所掌事項，得向立法院提出法律案，實與憲法之精神相符。
4	＊　釋字第四號解釋（憲75）1952/06/20 聯合國韓國委員會我國副代表，既係由政府派充，且定有一年任期，不問其機構為臨時抑屬常設性質，應認其係憲法第七十五條所稱之官吏。
9	＊　釋字第九號解釋（憲172；刑訴374）1952/10/27 一、裁判如有違憲情形，在訴訟程序進行中，當事人自得於理由內指摘之。二、來文所稱第二點，未據說明所持見解與本機關或其他機關所已表示之見解，有何歧異，核與大法官會議規則第四條之規定不合，礙難解答。
13	＊　釋字第十三號解釋（憲81）1953/01/31 憲法第八十一條所稱之法官，係指同法第八十條之法官而言，不包含檢察官在內。但實任檢察官之保障，依同法第八十二條，及法院組織法第四十條第二項之規定，除轉調外，與實任推事同。
14	＊　釋字第十四號解釋（憲97）1953/03/21 查憲法與本問題有關之第九十七條、第九十八條、第九十九條，係由憲法草案第一百零二條、第一百零三條、第一百零四條而來。第一百零二條原稱：監察院對於行政院或其各部會人員，認為有違法失職情事，得提出彈劾案。第一百零三條，則為中央及地方行政人員之彈劾。第一百零四條，則為法官及考試院人員之彈劾。在制憲會議中，若丁代表認為監察院彈劾權行使之對象應包括立法委員、監察委員在內。曾經提出修正案數起，主張將第一百零二條行政院或其各部會人員，改為各院及其各部會人員，包括立法院、監察院人員在內，並將第一百零四條，有關法官及考試院人員之條文刪去。討論結果，對此毫無疑義之修正文均未通過，即所以表示立監委員係屬除外。若謂同時復以中央公務人員字樣，可藉解釋之途徑，使立監委員包括在內，殊難自圓其說。在制憲者之意，當立監委員為直接或間接之民意代表，均不認其為監察權行使之對象。至立監兩院其他人員，與國民大會職員、總統府及其所屬機關職員，自應屬監察權行使範圍。故憲法除規定行政、司法、考試三院外，復於第九十

釋號	內文
	七條第二項及第九十八條，另有中央公務人員之規定。國民大會代表為民意代表，其非監察權行使對象更不待言。憲法草案及各修正案，對於國大代表均無可以彈劾之擬議。與立監委員包括在內之各修正案不予採納者，實為制憲時一貫之意思。自治人員之屬於議事機關者，如省縣議會議員，亦為民意代表，依上述理由，自亦非監察權行使之對象。
15	＊　釋字第十五號解釋（憲103）1953/04/24 國民大會代表，代表國民行使政權，自係公職。依憲法第一百零三條之規定，監察委員不得兼任。查憲法第一百條及第二十條，將對於總統、副總統之彈劾與罷免劃分，由監察院與國民大會分別行使。若監察委員得兼任國民大會代表，由同一人行使彈劾權與罷免權，是與憲法劃分其職權之原意相違，其不應兼任屬明顯。再查憲法草案第二十六條第一款及第二款，原列立法委員、監察委員得為國民大會代表。嗣有代表多人，認為於理無當，提出修正案若干起，制憲大會依綜合審查委員會之意見，將該條第一第二兩款刪去，亦可為不得兼任之，佐證。
17	＊　釋字第十七號解釋（憲10）1953/05/15 國立編譯館纂，按照該館組織條例規定，係屬公職，依憲法第一百零三條，監察委員不得兼任。
19	＊　釋字第十九號解釋（憲103）1953/06/03 憲法第一百零三條所稱不得兼任其他公職，與憲法第七十五條之專限制兼任官吏者有別，其涵義不僅以官吏為限。
20	＊　釋字第二十號解釋（憲103）1953/07/10 省黨部、省婦女工作委員會，均係人民團體，其主任委員及理事，自非憲法第一百零三條所謂公職。至醫務人員，既須領證書始得執業，且經常受主管官廳之監督。其業務與監察職權顯不相容，應認係同條所稱之業務。公立醫院為國家或地方醫務機關，其院長及醫生並係公職，均在同條限制之列。
21	＊　釋字第二十一號解釋（憲29、47）1953/07/10 憲法第四十七條規定，總統任期為六年；同法第二十九條規定，國民大會於每屆總統任滿前九十日集會。憲法實施以後，首屆總統係於民國三十七年五月二十日就職，應至民國四十三年五月二十日任滿。所謂任滿前九十日，應自總統任滿前一日起算，足九十日為準。
22	＊　釋字第二十二號解釋（憲62、103）1953/08/04 立法委員、監察委員係依法行使憲法所賦予之職權，自屬公職，既依法支領歲費公費，應認為有給職。
24	＊　釋字第二十四號解釋（憲103；公服24）1953/09/03 公營事業機關之董事、監察人及總經理，與受有俸給之文武職公務員，均適用公務員服務法之規定，應屬於憲法第一百零三條、第七十五條所稱公職及官吏範圍之內。監察委員、立法委員均不得兼任。
25	＊　釋字第二十五號解釋（憲75、103）1953/09/03

釋號	內文
	省銀行之董事及監察人，均爲公營事業機關之服務人員。立法委員、監察委員不得兼任，已見本院釋字第二十四號解釋。 　　來文所列第一、第三、第四、第五各點，事屬統一法令解釋問題，既未據說明所持見解，與本機關或他機關所已表示之見解有何歧異，核與大法官會議規則第四條之規定不合，礙難解答。
29	＊　釋字第二十九號解釋（憲30）1953/12/29 國民大會遇有憲法第三十條列舉情形之一，召集臨時會時，其所行使之職權，仍係國民大會職權之一部分，依憲法第二十九條召集之國民大會，自得行使之。
30	＊　釋字第三十號解釋（憲27、62、75）1954/01/15 憲法第七十五條，雖僅限制立法委員不得兼任官吏，但並非謂官吏以外，任何職務即得兼任，仍須視其職務之性質，與立法委員職務是否相容。同法第二十七條規定，國民大會複決立法院所提之憲法修正案，並制定辦法，行使創制、複決兩權，若立法委員得兼國民大會代表，是以一人而兼具提案與複決兩種性質不相容之職務。且立法委員既行使立法權，復可參與中央法律之創制與複決，亦顯與憲法第二十五條及第六十二條規定之精神不符，故立法委員不得兼任國民大會代表。
31	＊　釋字第三十一號解釋（憲65、93）1954/01/29 憲法第六十五條規定，立法委員之任期爲三年；第九十三條規定，監察委員之任期爲六年。該項任期本應自其就職之日起，至屆滿憲法所定之期限爲止。惟值國家發生重大變故，事實上不能依法辦理。次屆選舉時，若聽任立法、監察兩院職權之行使陷於停頓，則顯與憲法樹立五院制度之本旨相違，故在第二屆委員，未能依法選出集會與召集以前，自應仍由第一屆立法委員、監察委員繼續行使其職權。
33	＊　釋字第三十三號解釋（憲97、98）1954/04/02 查民意代表，並非監察權行使對象，業經本院釋字第十四號解釋有案。省縣議會爲民意代表機關，其由議員互選之議長，雖有處理會務之責，但其民意代表身分並無變更，應不屬憲法第九十七條第二項及第九十八條所稱之公務人員。至議長處理會務如有不當情事，應由議會本身予以制裁。
38	＊　釋字第三十八號解釋（憲23、80、124、125）1954/08/27 憲法第八十條之規定，旨在保障法官獨立審判不受任何干涉。所謂依據法律者，係以法律爲審判之主要依據，並非除法律以外，與憲法或法律不相牴觸之有效規章，均行排斥而不用。至縣議會行使縣立法之職權時，若無憲法或其他法律之根據，不得限制人民之自由權利。
42	＊　釋字第四十二號解釋（憲18）1954/11/17 憲法第十八條所稱之公職，涵義甚廣，凡各級民意代表、中央與地方機關之公務員，及其他依法令從事於公務者皆屬之。
74	＊　釋字第七十四號解釋（憲28）1957/03/22 國民大會代表係各在法定選舉單位當選，依法集會，代表全國國民行使政權。而省縣議會議

釋號	內文
	員乃分別依法集會，行使屬於各該省縣之立法權。為貫徹憲法分別設置各級民意機關，賦予不同職權之本旨，國民大會代表自不得兼任省縣議會議員。
75	＊　釋字第七十五號解釋（憲28）1957/04/08 查制憲國民大會，對於國民大會代表不得兼任官吏，及現任官吏不得當選為國民大會代表之主張，均未採納。而憲法第二十八條第三項，僅限制現任官吏，不得於其任所所在地之選舉區當選為國民大會代表。足見制憲當時，並無限制國民大會代表兼任官吏之意，故國民大會代表非不得兼任官吏。
76	＊　釋字第七十六號解釋（憲25、62、90）1957/05/03 我國憲法係依據　孫中山先生之遺教而制定，於國民大會外並建立五院，與三權分立制度本難比擬。國民大會代表全國國民行使政權。立法院為國家最高立法機關，監察院為國家最高監察機關，均由人民直接間接選舉之代表或委員所組成。其所分別行使之職權，亦為民主國家國會重要之職權。雖其職權行使之方式，如每年定期集會、多數開議、多數決議等，不盡與各民主國家國會相同，但就憲法上之地位，及職權之性質而言，應認國民大會、立法院、監察院共同相當於民主國家之國會。
77	＊　釋字第七十七號解釋（憲164）1957/06/24 憲法第一百六十四條，所謂教育科學文化之經費，在市縣不得少於其預算總額百分之三十五，原係指編製預算時，在歲出總額所佔之比例數而言。至追加預算，實因預算執行中，具有預算法第五十三條所定情事，始得提出者，自不包括在該項預算總額之內。
81	＊　釋字第八十一號解釋（憲103）1958/12/17 民營公司之董事、監察人及經理人所執行之業務，應屬於憲法第一百零三條所稱執行業務範圍之內。
85	＊　釋字第八十五號解釋（憲30、174）1960/02/12 憲法所稱國民大會代表總額，在當前情形，應以依法選出，而能應召集會之國民大會代表人數，為計算標準。
86	＊　釋字第八十六號解釋（憲77）1960/08/15 憲法第七十七條所定司法院為國家最高司法機關，掌理民事、刑事訴訟之審判而言。高等法院以下各級法院，既分掌民事、刑事訴訟之審判，自亦應隸屬於司法院。
90	＊　釋字第九十號解釋（憲8、33、74、102；刑訴88）1961/04/26 一、憲法上所謂現行犯，係指刑事訴訟法第八十八條第二項之現行犯，及同條第三項以現行犯論者而言。 二、遇有刑事訴訟法第八十八條所定情形，不問何人，均得逕行逮捕之，不以有偵查權人未曾發覺之犯罪為限。 犯瀆職罪收受之賄賂，應認為刑事訴訟法第八十八條第三項第二款所稱之贓物。賄賂如為通貨，依一般觀察，可認為因犯罪所得，而其持有並顯可疑為犯罪人者，亦有上述條款之適用。

釋號	內文
117	＊　釋字第一一七號解釋（憲34）1966/11/09 第一屆國民大會代表出缺遞補補充條例第三條第一款及第四條之規定，與憲法尚無牴觸。
120	＊　釋字第一二〇號解釋（憲103）1967/03/01 新聞紙雜誌發行人執行之業務，應屬於憲法第一百零三條所稱業務範圍之內。
122	＊　釋字第一二二號解釋（憲32、73、101；刑96）1967/07/05 地方議會議員在會議時所爲之言論，應如何保障，憲法未設有規定。本院院解字第三七三五號解釋，尚不發生違憲問題。
137	＊　釋字第一三七號解釋（憲80）1973/12/24 法官於審判案件時，對於各機關就其職當所作有關法規標示之行政命令，固未可逕行排斥而不用，但仍得依據法律表示其合法適當之見解。
148	＊　釋字第一四八號解釋（憲15、172）1977/05/06 主管機關變更都市計劃，行政法院認非屬於對特定人所爲之行政處分，人民不得對之提起行政訴訟，以裁定駁回。該項裁定，縱與同院判例有所未合，當不發生確定終局裁判適用法律或命令是否牴觸憲法問題。
150	＊　釋字第一五〇號解釋（臨時條款6）1977/09/16 動員戡亂時期臨時條款第六項，並無變更憲法所定中央民意代表任期之規定。行政院有關第一屆立法委員遇缺停止遞補之命令，與憲法尚無牴觸。
156	＊　釋字第一五六號解釋（訴願1；行訴1；憲40）1979/03/16 主管機關變更都市計劃，係公法上之單方行政行爲，如直接限制一定區域內人民之權利、利益或增加其負擔，即具有行政處分之性質，其因而致特定人或可得確定之多數人之權益遭受不當或違法之損害者，自應許其提起訴願或行政訴訟以資救濟，本院釋字第一四八號解釋，應予補充釋明。
162	＊　釋字第一六二號解釋（憲77、80、81）1980/04/25 一、行政法院院長、公務員懲戒委員會委員長，均係綜理各該機關行政事務之首長，自無憲法第八十一條之適用。 二、行政法院評事、公務員懲戒委員會委員，就行政訴訟或公務員懲戒案件，獨立行使審判或審議之職權，不受任何干涉，依憲法第七十七條、第八十條規定，均應認係憲法上所稱之法官。其保障，應本發揮司法功能及保持法官職位安定之原則，由法律妥爲規定，以符憲法第八十條之意旨。
165	＊　釋字第一六五號解釋（憲33、73、101）1980/09/12 地方議會議員在會議時就有關會議事項所爲之言論，應受保障，對外不負責任，但就無關會議事項所爲顯然違法之言論，仍難免責。本院釋字第一二二號解釋，應予補充。
175	＊　釋字第十七五號解釋（憲53、62、77、83、90）1982/09/02 司法院爲國家最高司法機關，基於五權分治彼此相維之憲政體制，就其所掌有關司法機關之組織及司法權行使之事項，得向立法院提出法律案。

釋號	內文
185	＊　釋字第一八五號解釋（憲78）1984/01/27 司法院解釋憲法，並有統一解釋法律及命令之權，爲憲法第七十八條所明定，其所爲之解釋，自有拘束全國各機關及人民之效力，各機關處理有關事項，應依解釋意旨爲之，違背解釋之判例，當然失其效力。確定終局裁判所適用之法律，或其適用法律、命令所表示之見解，經本院依人民聲請解釋認爲與憲法意旨不符，其受不利確定終局裁判者，得以該解釋爲再審或非常上訴之理由，已非法律見解歧異問題。行政法院六十二年判字第六一〇號判例，與此不合部分應不予援用。
188	＊　釋字第一八八號解釋（憲78；大法官法7）1984/08/03 中央或地方機關就其職權上適用同一法律或命令發生見解歧異，本院依其聲請所爲之統一解釋，除解釋文內另有明定者外，應自公布當日起發生效力。各機關處理引起歧見之案件及其同類案件，適用是項法令時，亦有其適用。惟引起歧見之該案件，如經確定終局裁判，而其適用法令所表示之見解，經本院解釋爲違背法令之本旨時，是項解釋自得據爲再審或非常上訴之理由。
199	＊　釋字第一九九號解釋（國大組4Ⅰ；宣誓條例3Ⅰ；臨時條款）1985/09/27 國民大會組織法第四條規定之宣誓，係行使職權之宣誓，依動員戡亂時期臨時條款增加名額選出國民大會代表，既與國民大會原有代表依法共同行使職權，自應依上開規定宣誓。
216	＊　釋字第二一六號解釋（憲80；釋137；關稅31、55）1987/06/09 法官依據法律獨立審判，憲法第八十條載有明文。各機關依其職掌就有關法規爲釋示之行政命令，法官於審判案件時，固可予以引用，但仍得依據法律，表示適當之不同見解，並不受其拘束，本院釋字第一三七號解釋即係本此意旨；司法行政機關所發司法行政上之命令，如涉及審判上之法律見解，僅供法官參考，法官於審判案件時，亦不受其拘束。惟如經法官於裁判上引用者，當事人即得依司法院大法官會議法第四條第一項第二項第二款之規定聲請解釋。就關稅未繳清之貨物取得動產抵押權者，其擔保利益自不能存在於該貨物未繳之關稅上，此觀關稅法第三十一條第二項、第三項規定甚明。前司法行政部六十五年十一月十五日臺（六五）函民字第〇九九八二號及六十七年七月二十二日臺（六七）函民字第〇六三九二號函示執行法院，於拍賣關稅記帳之進口貨物時，應將該貨物未繳關稅情形，於拍賣公告內載明，並敘明應由買受人繳清關稅，始予點交，此項函示，核與上開法條意旨相符，不屬同法第五十五條第三項規定之範圍，既未侵害動產抵押權人之權益，亦爲確保關稅之稽徵所必要，與憲法保障人民財產權之本旨，並無牴觸。
235	＊　釋字第二三五號解釋（憲90、107、110、111；審計5；監院4Ⅰ；決算31）1989/03/17 中華民國憲法採五權分立制度，審計權乃屬監察權之範圍，應由中央立法並執行之，此觀憲法第九十條及第一百零七條第十三款規定自明。隸屬於監察院之審計部於省（市）設審計處，並依審計法第五條辦理各該省（市）政府及其所屬機關財務之審計，與憲法並無牴觸。
254	＊　釋字第二五四號解釋（國大組4）1990/03/16 國民大會組織法第四條規定之宣誓，係行使職權之宣誓，業經本院釋字第一九九號解釋釋示

釋號	內文
	在案，國民大會代表未爲宣誓或故意不依法定方式及誓詞完成宣誓者，自不得行使職權。本院上開解釋，應予補充。
261	＊　釋字第二六一號解釋（憲28；臨時條款6）1990/06/21 中央民意代表之任期制度爲憲法所明定，第一屆中央民意代表當選就任後，國家遭遇重大變故，因未能改選而繼續行使職權，及爲維繫憲政體制所必要。惟民意代表之定期改選，爲反映民意，貫徹民主憲政之途徑，而本院釋字第三十一號解釋、憲法第二十八條第二項及動員戡亂時期臨時條款第六項第二款、第三款，既無使第一屆中央民意代表無限期繼續行使職權或變更其任期之意，亦未限制次屆中央民意代表之選舉。事實上，自中華民國五十八年以來，中央政府已在自由地區辦理中央民意代表之選舉，逐步充實中央民意機構。爲適應當前情勢，第一屆未定期改選之中央民意代表除事實上已不能行使職權或經常不能行使職權者，應即查明解職外，其餘應於中華民國八十年十二月三十一日以前終止行使職權，並由中央政府依憲法之精神、本解釋之意旨及有關法規，適時辦理全國性之次屆中央民意代表選舉，以確保憲政體制之運作。
264	＊　釋字第二六四號解釋（憲70）1990/07/27 憲法第七十條規定：「立法院對於行政院所提預算案，不得爲增加支出之提議」，旨在防止政府預算膨脹，致增人民之負擔。立法院第八十四會期第二十六次會議決議：「請行政院在本（七十九）年度再加發半個月公教人員年終工作獎金，以激勵士氣，其預算再行追加」，係就預算案爲增加支出之提議，與上述憲法規定牴觸，自不生效力。
265	＊　釋字第二六五號解釋（憲10、23；動國安1、3）1990/10/05 動員戡亂時期國家安全法第三條第二項第二款關於入境限制之規定，乃爲維持社會秩序所必要，與憲法並無牴觸。至該法施行細則第十二條第六款前段，關於未在自由地區居住一定期間，得不許可入境之規定，係對主管機關執行上述法律時，提供認定事實之準則，以爲行使裁量權之參考，與該法確保國家安全、維護社會安定之立法意旨尚屬相符。惟上述細則應斟酌該法第三條第二項第二款規定之意旨，隨情勢發展之需要，檢討修正。
268	＊　釋字第二六八號解釋（憲18、86、172）1990/11/09 中華民國五十一年八月二十九日修正公布之考試法第七條規定：「公務人員考試與專門職業及技術人員考試，其應考資格及應試科目相同者，其及格人員同時取得兩種考試之及格資格」，如認此項規定有欠週全，應先修正法律，而在法律未修正前，考試院於中華民國七十一年六月十五日修正發布之考試法施行細則第九條第二項則規定：「公務人員考試及格人員，同時取得專門職業及技術人員考試及格資格者，其考試總成績，須達到專門職業及技術人員考試之錄取標準」，增設法律所無之限制，顯與首述法律使及格人員同時取得兩種資格之規定不符，並有違憲法保障人民權利之意旨，依憲法第一百七十二條之規定，應不予適用。
278	＊　釋字第二七八號解釋（憲85；教育人員21）1991/05/17 中華民國七十九年十二月十九日修正公布之教育人員任用條例第二十一條規定，學校職員之

釋號	內文
	任用資格，應經學校行政人員考試及格或經高普考試相當類科考試及格，與憲法第八十五條所定公務人員非經考試及格不得任用之意旨相符。同條關於在該條例施行前已遴用之各類學校現任職員，其任用資格「適用各該原有關法令」之規定，並不能使未經考試及格者取得與考試及格者相同之公務人員任用資格，因之，僅能繼續在原學校任職。考試院對此類學校職員，仍得以考試定其資格。
280	＊　釋字第二八○號解釋（憲83；公退施31）1991/06/14 領取一次退休金之公教人員，再任依契約用而由公庫支給報酬之編制外員工，其退休金及保險養老給付之優惠存款每月所生利息，如不能維持退休人員之基本生活（例如低於編制內委任一職等一級公務人員月俸額），其優惠存款自不應一律停止。銓敘部中華民國七十四年六月十二日（74）台華特三字第二二八五四號函，與上述意旨不符部分，應停止適用。
282	＊　釋字第二八二號解釋（憲25、62、90；釋76）1991/07/12 國民大會代表，依憲法所定職務之性質，不經常集會，並非應由國庫定期支給歲費、公費等待遇之職務，故屬無給職。本院釋字第七十六號解釋所稱：「就憲法上之地位及職權之性質而言，應認國民大會、立法院、監察院共同相當於民主國家之國會」，非謂各該機關在我國憲法上之性質、職權或其人員之待遇相同。本院上開解釋，應予補充至國民大會代表在特定情形下，例如集會行使職權時，所得受領之報酬，亦應與其他中央民意代表之待遇，分別以法律明定其項目及標準，始得據以編列預算支付之。 　國民大會代表，在同一時期所得受領之報酬，應歸一律。依動員戡亂時期臨時條款增加名額選出之國民大會代表，其所得受領之報酬，應與第二屆國民大會代表相同，乃屬當然。
283	＊　釋字第二八三號解釋（憲40；赦免3）1991/08/06 總統依憲法第四十條及赦免法第三條後段規定所為罪刑宣告無效之特赦，對於已執行之刑，不生溯及既往之效力。甚經宣告褫奪公權者，自赦免令生效之日起，回復其公權。至因有罪判決確定而喪失之公職，有向將來回復之可能者，得由當事人聲請主管機關，依有關法律處理之。
298	＊　釋字第二九八號解釋（憲77；釋243）1992/06/12 憲法第七十七條規定，公務員之懲戒屬司法院掌理事項。此項懲戒得視其性質於合理範圍內以法律規定由其長官為之。但關於足以改變公務員身分或對於公務員有重大影響之懲戒處分，受處分人得向掌理懲戒事項之司法機關聲明不服，由該司法機關就原處分是否違法或不當加以審查，以資救濟。有關法律，應依上述意旨修正之。本院釋字第二四三號解釋應予補充。至該號解釋，許受免職處分之公務員提起行政訴訟，係指受處分人於有關公務員懲戒及考績之法律修正前，得請司法救濟而言。
299	＊　釋字第二九九號解釋（釋282）1992/06/26 中央民意代表之待遇或報酬，應視其職務之性質，分別以法律規定適當之項目與標準，始得據以編列預算支付之，以建立民意代表依法支領待遇之制度，本院釋字第二八二號解釋已明示其旨。該解釋所稱國民大會代表為無給職，係指國民大會代表非應由國庫經常固定支給歲

釋號	內文
	費、公費或相當於歲費、公費之給與而言，並非在任何情形下，均毫無報酬之意。其所稱國民大會代表在特定情形下得受領報酬，主要係指集會行使職權時得受領各項合理之報酬，係屬立法裁量問題，應由立法機關本此意旨，於制定有關國民大會代表報酬之法律時，連同與其行使職權有直接關係而非屬於個人報酬性質之必要費用，如何於合理限度內核實開支，妥爲訂定適當項目及標準，以爲支給之依據。於修訂其他民意代表待遇之法律時，亦同。本院上開解釋，應予補充。
312	＊　釋字第三一二號解釋（憲15、83；釋187、201、266）1993/01/29 公務人員之公法上財產請求權，遭受損害時，得依訴願或行政訴訟程序請求救濟。公務人員退休，依據法令規定請領福利互助金，乃爲公法上財產請求權之行使，如有爭執，自應依此意旨辦理。本院釋字第一八七號、第二〇一號及第二六六號解釋應予補充。
314	＊　釋字第三一四號解釋（釋29；憲29）1993/02/25 憲法爲國家根本大法，其修改關係憲政秩序之安定及國民之福祉至鉅，應使國民預知其修改之目的並有表達意見之機會。國民大會臨時會係依個別不同之情形及程序而召集，其非以修憲爲目的而召集之臨時會，自不得行使修改憲法之職權，本院釋字第二十九號解釋應予補充。
325	＊　釋字第三二五號解釋（釋76；憲增15；憲95、96、57、67）1993/07/23 本院釋字第七十六號解釋認監察院與其他中央民意機構共同相當於民主國家之國會，於憲法增修條文第十五條規定施行後，監察院已非中央民意機構，其地位及職權亦有所變更，上開解釋自不再適用於監察院。惟憲法之五院體制並未改變，原屬於監察院職權中之彈劾、糾舉、糾正權及爲行使此等職權，依憲法第九十五條、第九十六條具有之調查權，憲法增修條文亦未修改，此項調查權仍應專由監察院行使。立法院爲行使憲法所賦予之職權，除依憲法第五十七條第一款及第六十七條第二項辦理外，得經院會或委員會之決議，要求有關機關就議案涉及事項提供參考資料，必要時並得經院會決議調閱文件原本，受要求之機關非依法律規定或其他正當理由不得拒絕。但國家機關獨立行使職權受憲法之保障者，如司法機關審理案件所表示之法律見解、考試機關對於應考人成績之評定、監察委員爲糾彈或糾正與否之判斷，以及訴訟案件在裁判確定前就偵查、審判所爲之處置及其卷證等，監察院對之行使調查權，本受有限制。基於同一理由，立法院之調閱文件，亦同受限制。
328	＊　釋字第三二八號解釋（憲4）1993/11/26 中華民國領土，憲法第四條不採列舉方式，而爲「依其固有之疆域」之概括規定，並設領土變更之程序，以爲限制，有其政治上及歷史上之理由。其所稱固有疆域範圍之界定，爲重大之政治問題，不應由行使司法權之釋憲機關予以解釋。
329	＊　釋字第三二九號解釋（憲38、58、631993/12/24 憲法所稱之條約係指中華民國與其他國家或國際組織所締結之國際書面協定，包括用條約或公約之名稱，或用協定等名稱而其內容直接涉及國家重要事項或人民之權利義務且具有法律上效力者而言。其中名稱爲條約或公約或用協定等名稱而附有批准條款者，當然應送立法院

釋號	內文
	審議，其餘國際書面協定，除經法律授權或事先經立法院同意簽訂，或其內容與國內法律相同者外，亦應送立法院審議。
331	＊　釋字第三三一號解釋（憲133；增修條文1、2、4；選罷69）1993/12/30 依中華民國憲法增修條文第四條規定，僑居國外國民及全國不分區之中央民意代表，係按該次選舉政黨得票總數比例方式產生，而非由選舉區之選民逐一以投票方式選出，自無從由選舉區之選民以投票方式予以罷免，公職人員選舉罷免法第六十九條第二項規定：「全國不分區、僑居國外國民選舉之當選人，不適用罷免之規定」，與憲法並無牴觸。惟此種民意代表如喪失其所由選出之政黨黨員資格時，自應喪失其中央民意代表之資格，方符憲法增設此一制度之本旨，其所遺缺額之遞補，應以法律定之。
342	＊　釋字第三四二號解釋（憲37、62、72；法規標準4、5、13）1994/04/08 立法院審議法律案，須在不牴解憲法之範圍內，依其自行訂定之議事規範爲之。法律案經立法院移送總統公布者，曾否踐行其議事應遵循之程序，除明顯牴觸憲法者外，乃其內部事項，屬於議會依自律原則應自行認定之範圍，並非釋憲機關審查之對象。是以總統依憲法第七十二條規定，因立法院移送而公布之法律，縱令與其議事規範不符之情形，然在形式上既已存在，仍應依中央法規標準法第十三條之規定，發生效力。法律案之立法程序有不待調查事實即可認定爲牴觸憲法，亦即有違反法律成立基本規定之明顯重大瑕疵者，則釋憲機關仍得宣告其爲無效。惟其瑕疵是否已達足以影響法律成立之重大程度，如尚有爭議，並有待調查者，即非明顯，依現行體制，釋憲機關對於此種事實之調查受有限制，仍應依議會自律原則，謀求解決。關於依憲法增修條文第九條授權設置之國家安全會議、國家安全局及行政院人事行政局之組織法律，立法院於中華民國八十二年十二月三十日移送總統公布施行，其通過各該法律之議事錄，雖未經確定，但尚不涉及憲法關於法律成立之基本規定。除此之外，其曾否經議決通過，因尚有爭議，非經調查，無從確認。依前開意旨，仍應由立法院自行認定，並於相當期間內議決補救之。若議決之結果與已公布之法律有異時，仍應依憲法第七十二條之規定，移送總統公布施行。
357	＊　釋字第三五七號解釋（憲104、105；審97）1994/07/08 依中華民國憲法第一百零四條設置於監察院之審計長，其職務之性質與應隨執政黨更迭或政策變更而進退之政務官不同。審計部組織法第三條關於審計長任期爲六年之規定，旨在確保其職位之安定，俾能在一定任期中，超然獨立行使職權，與憲法並無牴觸。
371	＊　釋字第三七一號解釋（憲171、173、78、79、80）1995/01/20 憲法爲國家最高規範，法律牴觸憲法者無效，法律與憲法有無牴觸發生疑義而須予以解釋時，由司法院大法官掌理，此觀憲法第一百七十一條、第一百七十三條、第七十八條及第七十九條第二項規定甚明。又法官依據法律獨立審判，憲法第八十條定有明文，故依法公布施行之法律，法官應以其爲審判之依據，不得認定法律爲違憲而逕行拒絕適用。惟憲法之效力既高於法律，法官有優先遵守之義務，法官於審理案件時，對於應適用之法律，依其合理之確信，認爲有牴觸憲法之疑義者，自應許其先行聲請解釋憲法，以求解決。是遇有前述情形

釋號	內文
	，各級法院得以之爲先決問題裁定停止訴訟程序，並提出客觀上形成確信法律爲違憲之具體理由，聲請本院大法官解釋。司法院大法官審理案件法第五條第二項、第三項之規定，與上開意旨不符部分，應停止適用。
381	＊　釋字第三八一號解釋（憲174；國大組8）1995/06/09 憲法第一百七十四條第一款關於憲法之修改，由國民大會代表總額三分之二之出席及出席代表四分之三之決議之規定，係指國民大會通過憲法修改案時，必須之出席及贊成之人數。至於憲法修改案應經何種讀會暨各次讀會之出席及議決人數，憲法及法律皆未規定。修改憲法所進行之一讀會程序，並非通過憲法修改案，其開議出席人數究採國民大會組織法第八條代表總額三分之一，或採憲法第一百七十四條第一款所定三分之二之出席人數，抑或參照一般會議規範所定出席人數爲之，係屬議會自律之事項，均與憲法無違。至自律事項之決定，應符合自由民主憲政秩序之原則，乃屬當然，併此指明。
387	＊　釋字第三八七號解釋（憲54、55、56、57）1995/10/13 行政院設院長、副院長各一人，各部會首長若干人，及不管部會之政務委員若干人；行政院院長由總統提名，經立法院同意任命之；行政院副院長、各部會首長及不管部會之政務委員，由行政院院長提請總統任命之。憲法第五十四條、第五十五條第一項、第五十六條定有明文。行政院對立法院負責，憲法第五十七條亦規定甚詳。行政院院長既須經立法院同意而任命之，且對立法院負政治責任，基於民意政治與責任政治之原理，立法委員任期屆滿改選後第一次集會前，行政院院長自應向總統提出辭職。行政院副院長、各部會首長及不管部會之政務委員係由行政院院長提請總統任命，且係出席行政院會議成員，參與行政決策，亦應隨同行政院院長一併提出辭職。
388	＊　釋字第三八八號解釋（憲52）1995/10/27 憲法第五十二條規定，總統除犯內亂或外患罪外，非經罷免或解職，不受刑事上之訴究。此係憲法基於總統爲國家元首，對內肩負統率全國陸海空軍等重要職責，對外代表中華民國之特殊身分所爲之尊崇與保障。現職總統競選連任時，其競選活動固應受總統副總統選舉罷免法有關規定之規範，惟其總統身分並未因參選而變更，自仍有憲法第五十二條之適用。
391	＊　釋字第三九一號解釋（憲63、70）1995/12/08 立法院依憲法第六十三條之規定有審議預算案之權，立法委員於審議中央政府總預算案時，應受憲法第七十條「立法院對於行政院所提預算案，不得爲增加支出之提議」之限制及本院相關解釋之拘束，雖得爲合理之刪減，惟基於預算案與法律案性質不同，尚不得比照審議法律案之方式逐條逐句增刪修改，而對各機關所編列預算之數額，在款項目節間移動增減並追加或削減原預算之項目。蓋就被移動增加或追加原預算之項目言，要難謂非上開憲法所指增加支出提議之一種，復涉及施政計畫內容之變動與調整，易導致政策成敗無所歸屬，責任政治難以建立，有違行政權與立法權分立，各本所司之制衡原理，應爲憲法所不許。
401	＊　釋字第四○一號解釋（憲32、73）1996/04/26 憲法第三十二條及第七十三條規定國民大會代表及立法委員言論及表決之免責權，係指國民

釋號	內文
	大會代表在會議時所爲之言論及表決，立法委員在立法院內所爲之言論及表決，不受刑事訴追，亦不負民事賠償責任，除因違反其內部所定自律之規則而受懲戒外，並不負行政責任之意。又罷免權乃人民參政權之一種，憲法第一百三十三條規定被選舉人得由原選舉區依法罷免之。則國民大會代表及立法委員因行使職權所爲言論及表決，自應對其原選舉區之選舉人負政治上責任。從而國民大會代表及立法委員經國內選舉區選出者，其原選舉區選舉人得以國民大會代表及立法委員所爲言論及表決不當爲理由，依法罷免之，不受憲法第三十二條及第七十三條規定之限制。
419	＊　釋字第四一九號解釋（憲4、55、憲增2）1996/12/31 一、副總統得否兼任行政院院長憲法並無明文規定，副總統與行政院院長二者職務性質亦非顯不相容，惟此項兼任如遇總統缺位或不能視事時，將影響憲法所規定繼任或代行職權之設計，與憲法設置副總統及行政院院長職位分由不同之人擔任之本旨未盡相符。引發本件解釋之事實，應依上開解釋意旨爲適當之處理。 二、行政院院長於新任總統就職時提出總辭，係基於尊重國家元首所爲之禮貌性辭職，並非其憲法上之義務。對於行政院院長非憲法上義務之辭職應如何處理，乃總統之裁量權限，爲學理上所稱統治行爲之一種，非本院應作合憲性審查之事項。 三、依憲法之規定，向立法院負責者爲行政院，立法院除憲法所規定之事項外，並無決議要求總統爲一定行爲或不爲一定行爲之權限。故立法院於中華民國八十五年六月十一日所爲「咨請總統儘速重新提名行政院院長，並咨請立法院同意」之決議，逾越憲法所定立法院之職權，僅屬建議性質，對總統並無憲法上之拘束力。
421	＊　釋字第四二一號解釋（憲增1-8）1997/02/21 中華民國八十三年八月一日公布之憲法增修條文第一條第八項規定，國民大會自第三屆國民大會起設議長、副議長，由國民大會代表互選之。國民大會議長對外代表國民大會，對內綜理會務，並於開會時主持會議，屬經常性之職位，與一般國民大會代表有異，自得由國庫支給固定報酬。至報酬之項目及額度，在合理限度內係屬立法機關之權限。是立法院通過八十六年度中央政府總預算中，關於議長、副議長之歲費、公費及特別費部分，與憲法尚無牴觸。 　國民大會議長、副議長，既爲憲法上之國家機關，對外代表國民大會，且屬經常性之職位，復受有國庫依其身分、職務定期支給相當之報酬，除法律另有規定外，自不得兼任其他公職或執行業務，併此敘明。
435	＊　釋字第四三五號解釋（憲73）1997/08/01 憲法第七十三條規定立法委員在院內所爲之言論及表決，對院外不負責任，旨在保障立法委員受人民付託之職務地位，並避免國家最高立法機關之功能遭致其他國家機關之干擾而受影響。爲確保立法委員行使職權無所瞻顧，此項言論免責權之保障範圍，應作最大程度之界定，舉凡在院會或委員會之發言、質詢、提案、表決以及與此直接相關之附隨行爲，如院內黨團協商、公聽會之發言等均屬應予保障之事項。越此範圍與行使職權無關之行爲，諸如蓄

釋號	內文
	意之肢體動作等，顯然不符意見表達之適當情節致侵害他人法益者，自不在憲法上開條文保障之列。至於具體個案中，立法委員之行為是否已逾越保障之範圍，於維持議事運作之限度內，固應尊重議會自律之原則，惟司法機關為維護社會秩序及被害人權益，於必要時亦非不得依法行使偵審之權限。
436	＊　釋字第四三六號解釋（憲77、80）1997/10/03 憲法第八條第一項規定，人民身體之自由應予保障，非由法院依法定程序不得審問處罰；憲法第十六條並規定人民有訴訟之權。現役軍人亦為人民，自應同受上開規定之保障。又憲法第九條規定：「人民除現役軍人外，不受軍事審判」，乃因現役軍人負有保衛國家之特別義務，基於國家安全與軍事需要，對其犯罪行為得設軍事審判之特別訴訟程序，非謂軍事審判機關對於軍人之犯罪有專屬之審判權。至軍事審判之建制，憲法未設明文規定，雖得以法律定之，惟軍事審判機關所行使者，亦屬國家刑罰權之一種，其發動與運作，必須符合正當法律程序之最低要求，包括獨立、公正之審判機關與程序，並不得違背憲法第七十七條、第八十條等有關司法權建制之憲政原理；規定軍事審判程序之法律涉及軍人權利之限制者，亦應遵守憲法第二十三條之比例原則。本於憲法保障人身自由、人民訴訟權利及第七十七條之意旨，在平時經終審軍事審判機關宣告有期徒刑以上之案件，應許被告直接向普通法院以判決違背法令為理由請求救濟。軍事審判法第十一條、第一百三十三條第一項、第三項，第一百五十八條及其他不許被告逕向普通法院以判決違背法令為理由請求救濟部分，均與上開憲法意旨不符，應自本解釋公布之日起，至遲於屆滿二年時失其效力。有關機關應於上開期限內，就涉及之關係法律，本此原則作必要之修正，並對訴訟救濟相關之審級制度為配合調整，且為貫徹審判獨立原則，關於軍事審判之審檢分立、參與審判軍官之選任標準及軍法官之身分保障等事項，亦應一併檢討改進，併此指明。
448	＊　釋字第四四八號解釋 1998/02/27 司法院為國家最高司法機關，掌理民事、刑事、行政訴訟之審判及公務員之懲戒，憲法第七十七條定有明文，可知民事與行政訴訟之審判有別。又依憲法第十六條人民固有訴訟之權，惟訴訟應由如何之法院受理及進行，應由法律定之，業經本院釋字第二九七號解釋在案。我國關於行政訴訟與民事訴訟之審判，依現行法律之規定，係採二元訴訟制度，分由不同性質之法院審理。關於因公法關係所生之爭議，由行政法院審判，因私法關係所生之爭執，則由普通法院審判。行政機關代表國庫出售或出租公有財產，並非行使公權力對外發生法律上效果之單方行政行為，即非行政處分，而屬私法上契約行為，當事人若對之爭執，自應循民事訴訟程序解決。行政法院五十八年判字第二七〇號判例及六十一年裁字第一五九號判例，均旨在說明行政機關代表國庫出售或出租公有財產所發生之爭議，應由普通法院審判，符合現行法律劃分審判權之規定，無損於人民訴訟權之行使，與憲法並無牴觸。
461	＊　釋字第四六一號解釋 1998/07/24 中華民國八十六年七月二十一日公布施行之憲法增修條文第三條第二項第一款規定行政院有向立法院提出施政方針及施政報告之責，立法委員在開會時，有向行政院院長及行政院各部

釋號	內文
	會首長質詢之權，此為憲法基於民意政治及責任政治之原理所為制度性之設計。國防部主管全國國防事務，立法委員就行政院提出施政方針及施政報告，關於國防事務方面，自得向行政院院長及國防部部長質詢之。至參謀總長在行政系統為國防部部長之幕僚長，直接對國防部部長負責，自非憲法規定之部會首長，無上開條文之適用。 　立法院為國家最高立法機關，有議決法律、預算等議案及國家重要事項之權。立法院為行使憲法所賦予上開職權，得依憲法第六十七條規定，設各種委員會，邀請政府人員及社會上有關係人員到會備詢。鑑諸行政院應依憲法規定對立法院負責，故凡行政院各部會首長及其所屬公務員，除依法獨立行使職權，不受外部干涉之人員外，於立法院各種委員會依憲法第六十七條第二項規定邀請到會備詢時，有應邀說明之義務。參謀總長為國防部部長之幕僚長，負責國防之重要事項，包括預算之擬編及執行，與立法院之權限密切相關，自屬憲法第六十七條第二項所指政府人員，除非因執行關係國家安全之軍事業務而有正當理由外，不得拒絕應邀到會備詢，惟詢問內容涉及重要國防機密事項者，免予答覆。至司法、考試、監察三院院長，本於五院間相互尊重之立場，並依循憲政慣例，得不受邀請備詢。三院所屬非獨立行使職權而負行政職務之人員，於其提出之法律案及有關預算案涉及之事項，亦有上開憲法規定之適用。
467	＊　釋字第四六七號解釋 19987/10/22 中華民國八十六年七月二十一日公布之憲法增修條文第九條施行後，省為地方制度層級之地位仍未喪失，惟不再有憲法規定之自治事項，亦不具備自主組織權，自非地方自治團體性質之公法人。符合上開憲法增修條文意旨制定之各項法律，若未劃歸國家或縣市等地方自治團體之事項，而屬省之權限且得為權利義務之主體者，於此限度內，省自得具有公法人資格。
468	＊　釋字第四六八號解釋 1998/10/22 憲法第四十六條規定：總統、副總統之選舉，以法律定之。立法機關依此制定法律，規範總統、副總統之選舉程序，應符合公平合理之原則。總統副總統選舉罷免法第二十三條第二項及第四項規定，總統、副總統候選人須於法定期間內尋求最近一次中央民意代表選舉選舉人總數百分之一點五以上之連署，旨在採行連署制度，以表達被連署人有相當程度之政治支持，藉與政黨推薦候選人之要件相平衡，並防止人民任意參與總統、副總統之候選，耗費社會資源，在合理範圍內所為適當之規範，尚難認為對總統、副總統之被選舉權為不必要之限制，與憲法規定之平等權亦無違背。又為保證連署人數確有同條第四項所定人數二分之一以上，由被連署人依同條第一項提供保證金新台幣一百萬元，並未逾越立法裁量之範圍，與憲法第二十三條規定尚無違背。總統副總統選舉連署及查核辦法係主管機關依總統副總統選舉罷免法第二十三條第九項授權所訂定，其授權有明確之目的及範圍，同辦法第二條第三項關於書件不全、不符規定或保證金不足者，中央選舉委員會應拒絕受理其申請之規定，符合法律授權之意旨，與憲法並無牴觸。惟關於上開被選舉權行使之要件，應隨社會變遷及政治發展之情形，適時檢討改進，以副憲法保障人民參政權之本旨，乃屬當然。
470	＊　釋字第四七○號解釋 1998/11/27

釋號	內文
	中華民國八十一年五月二十八日修正公布之憲法增修條文第十三條第一項規定司法院設院長、副院長各一人，大法官若干人，由總統提名，經國民大會同意任命之，不適用憲法第七十九條之有關規定，自此監察院已無行使同意之權。總統並分別於八十二年四月二日及八十三年七月三十日依前開增修條文規定，提名司法院院長、副院長、大法官，經國民大會同意任命。八十三年八月一日修正公布之憲法增修條文將上開同條文條次變更爲第四條第一項。八十六年七月二十一日修正公布之憲法增修條文雖針對前開增修條文加以修正，改列爲第五條第一項而異其內容，但明定自九十二年起實施。是在此之前所提名之司法院院長、副院長及大法官，自無從適用。未屆九十二年以前，司法院院長、副院長及本屆大法官出缺致影響司法院職權之正常運作時，其任命之程序如何，現行憲法增修條文漏未規定，要屬修憲之疏失，總統如行使提名權，應適用八十三年八月一日修正公布之憲法增修條文第四條規定程序爲之。
481	＊　釋字第四八一號解釋 1999/04/16 中華民國八十一年五月二十八日修正公布之中華民國憲法增修條文第十七條，授權以法律訂定省縣地方制度，同條第一款、第三款規定，省設省議會及省政府，省置省長一人，省議員與省長分別由省民選舉之，係指事實上能實施自治之省，應受上述法律規範，不受憲法相關條文之限制。省縣自治法遂經憲法授權而制定，該法第六十四條規定，轄區不完整之省，其議會與政府之組織，由行政院另定之。行政院據此所訂定之福建省政府組織規程，未規定由人民選舉省長及省議會議員，乃斟酌福建省之特殊情況所爲之規定，爲事實上所必需，符合母法授權之意旨，與憲法第七條人民在法律上平等之原則亦無違背。
498	＊　釋字第四九八號解釋 1999/12/31 地方自治爲憲法所保障之制度。基於住民自治之理念與垂直分權之功能，地方自治團體設有地方行政機關及立法機關，其首長與民意代表均由自治區域內之人民依法選舉產生，分別綜理地方自治團體之地方事務，或行使地方立法機關之職權，地方行政機關與地方立法機關間依法並有權責制衡之關係。中央政府或其他上級政府對地方自治團體辦理自治事項、委辦事項，依法僅得按事項之性質，爲適法或適當與否之監督。地方自治團體在憲法及法律保障之範圍內，享有自主與獨立之地位，國家機關自應予以尊重。立法院所設各種委員會，依憲法第六十七條第二項規定，雖得邀請地方自治團體行政機關有關人員到會備詢，但基於地方自治團體具有自主、獨立之地位，以及中央與地方各設有立法機關之層級體制，地方自治團體行政機關公務員，除法律明定應到會備詢者外，得衡酌到會說明之必要性，決定是否到會。於此情形，地方自治團體行政機關之公務員未到會備詢時，立法院不得因此據以爲刪減或擱置中央機關對地方自治團體補助款預算之理由，以確保地方自治之有效運作，及符合憲法所定中央與地方權限劃分之均權原則。
499	＊　釋字第四九九號解釋 2000/03/24 一、憲法爲國家根本大法，其修改關係憲政秩序之安定及全國國民之福祉至鉅，應由修憲機關循正當修憲程序爲之。又修改憲法乃最直接體現國民主權之行爲，應公開透明爲之，

釋號	內文
	以滿足理性溝通之條件，方能賦予憲政國家之正當性基礎。國民大會依憲法第二十五條、第二十七條第一項第三款及中華民國八十六年七月二十一日修正公布之憲法增修條文第一條第三項第四款規定，係代表全國國民行使修改憲法權限之唯一機關。其依修改憲法程序制定或修正憲法增修條文須符合公開透明原則，並應遵守憲法第一百七十四條及國民大會議事規則有關之規定，俾副全國國民之合理期待與信賴。是國民大會依八十三年八月一日修正公布憲法增修條文第一條第九項規定訂定之國民大會議事規則，其第三十八條第二項關於無記名投票之規定，於通過憲法修改案之讀會時，適用應受限制。而修改憲法亦係憲法上行為之一種，如有重大明顯瑕疵，即不生其應有之效力。所謂明顯，係指事實不待調查即可認定；所謂重大，就議事程序而言則指瑕疵之存在已喪失其程序之正當性，而違反修憲條文成立或效力之基本規範。國民大會於八十八年九月四日三讀通過修正憲法增修條文，其修正程序牴觸上開公開透明原則，且衡諸當時有效之國民大會議事規則第三十八條第二項規定，亦屬有違。依其議事錄及速記錄之記載，有不待調查即可發現之明顯瑕疵，國民因而不能知悉國民大會代表如何行使修憲職權，國民大會代表依憲法第一百三十三條規定或本院釋字第三三一號解釋對選區選民或所屬政黨所負政治責任之憲法意旨，亦無從貫徹。此項修憲行為有明顯重大瑕疵，已違反修憲條文發生效力之基本規範。
	二、國民大會為憲法所設置之機關，其具有之職權亦為憲法所賦予，基於修憲職權所制定之憲法增修條文與未經修改之憲法條文雖處於同等位階，惟憲法中具有本質之重要性而為規範秩序存立之基礎者，如聽任修改條文予以變更，則憲法整體規範秩序將形同破毀，該修改之條文即失其應有之正當性。憲法條文中，諸如：第一條所樹立之民主共和國原則、第二條國民主權原則、第二章保障人民權利、以及有關權力分立與制衡之原則，具有本質之重要性，亦為憲法整體基本原則之所在。基於前述規定所形成之自由民主憲政秩序，乃現行憲法賴以存立之基礎，凡憲法設置之機關均有遵守之義務。
	三、第三屆國民大會八十八年九月四日通過之憲法增修條文第一條，國民大會代表第四屆起依比例代表方式選出，並以立法委員選舉各政黨所推薦及獨立參選之候選人得票之比例分配當選名額，係以性質不同、職掌互異之立法委員選舉計票結果，分配國民大會代表之議席，依此種方式產生之國民大會代表，本身既未經選舉程序，僅屬各黨派按其在立法院席次比例指派之代表，與憲法第二十五條國民大會代表全國國民行使政權之意旨，兩不相容，明顯構成規範衝突。若此等代表仍得行使憲法增修條文第一條以具有民選代表身分為前提之各項職權，將牴觸民主憲政之基本原則，是增修條文有關修改國民大會代表產生方式之規定，與自由民主之憲政秩序自屬有違。
	四、上開增修條文第一條第三項後段規定：「第三屆國民大會代表任期至第四屆立法委員任期屆滿之日止」，復於第四條第三項前段規定：「第四屆立法委員任期至中華民國九十一年六月三十日止」，計分別延長第三屆國民大會代表任期二年又四十二天及第四屆立法委員任期五個月。按國民主權原則，民意代表之權限，應直接源自國民之授權，是以

釋號	內文
	代議民主之正當性，在於民意代表行使選民賦予之職權須遵守與選民約定，任期屆滿，除有不能改選之正當理由外應即改選，乃約定之首要者，否則將失其代表性。本院釋字第二六一號解釋：「民意代表之定期改選，爲反映民意，貫徹民主憲政之途徑」亦係基於此一意旨。所謂不能改選之正當理由，須與本院釋字第三十一號解釋所指：「國家發生重大變故，事實上不能依法辦理次屆選舉」之情形相當。本件關於國民大會代表及立法委員任期之調整，並無憲政上不能依法改選之正當理由，逕以修改上開增修條文方式延長其任期，與首開原則不符。而國民大會代表之自行延長任期部分，於利益迴避原則亦屬有違，俱與自由民主憲政秩序不合。 五、第三屆國民大會於八十八年九月四日第四次會議第十八次大會以無記名投票方式表決通過憲法增修條文第一條、第四條、第九條暨第十條之修正，其程序違背公開透明原則及當時適用之國民大會議事規則第三十八條第二項規定，其瑕疵已達明顯重大之程度，違反修憲條文發生效力之基本規範；其中第一條第一項至第三項、第四條第三項內容並與憲法中具有本質重要性而爲規範秩序賴以存立之基礎，產生規範衝突，爲自由民主憲政秩序所不許。上開修正之第一條、第四條、第九條暨第十條應自本解釋公布之日起失其效力，八十六年七月二十一日修正公布之原增修條文繼續適用。
520	＊　釋字第520號 2001/01/15 政院停建核四廠應向立院報告？ 預算案經立法院通過及公布手續爲法定預算，其形式上與法律相當，因其內容、規範對象及審議方式與一般法律案不同，本院釋字第三九一號解釋曾引學術名詞稱之爲措施性法律。主管機關依職權停止法定預算中部分支出項目之執行，是否當然構成違憲或違法，應分別情況而定。諸如維持法定機關正常運作及其執行法定職務之經費，倘停止執行致影響機關存續者，即非法之所許；若非屬國家重要政策之變更且符合預算法所定要件，主管機關依其合義務之裁量，自得裁減經費或變動執行。至於因施政方針或重要政策變更涉及法定預算之停止執行時，則應本行政院對立法院負責之憲法意旨暨尊重立法院對國家重要事項之參與決策權，依照憲法增修條文第三條及立法院職權行使法第十七條規定，由行政院院長或有關部會首長適時向立法院提出報告並備質詢。本件經行政院會議決議停止執行之法定預算項目，基於其對儲備能源、環境生態、產業關連之影響，並考量歷次決策過程以及一旦停止執行善後處理之複雜性，自屬國家重要政策之變更，仍須儘速補行上開程序。其由行政院提議爲上述報告者，立法院有聽取之義務。行政院提出前述報告後，其政策變更若獲得多數立法委員之支持，先前停止相關預算之執行，即可貫徹實施。倘立法院作成反對或其他決議，則應視決議之內容，由各有關機關依本解釋意旨，協商解決方案或根據憲法現有機制選擇適當途徑解決僵局，併此指明。
527	＊　釋字第527號 2001/06/15 地制法得聲請司法院解釋各規定之意涵？ 一、地方自治團體在受憲法及法律規範之前提下，享有自主組織權及對自治事項制定規

釋號	內文
527	章並執行之權限。地方自治團體及其所屬機關之組織，應由地方立法機關依中央主管機關所擬訂之準則制定組織自治條例加以規定，復為地方制度法第二十八條第三款、第五十四條及第六十二條所明定。在該法公布施行後，凡自治團體之機關及職位，其設置自應依前述程序辦理。惟職位之設置法律已有明確規定，倘訂定相關規章須費相當時日者，先由各該地方行政機關依地方制度法相關規定設置並依法任命人員，乃為因應業務實際需要之措施，於過渡期間內，尚非法所不許。至法律規定得設置之職位，地方自治團體既有自主決定設置與否之權限，自應有組織自治條例之依據方可進用，乃屬當然。 二、地方制度法第四十三條第一項至第三項規定各級地方立法機關議決之自治事項，或依同法第三十條第一項至第四項規定之自治法規，與憲法、法律、中央法規或上級自治團體自治法規牴觸者無效。同法第四十三條第五項及第三十條第五項均有：上述各項情形有無牴觸發生疑義得聲請司法院解釋之規定，係指就相關業務有監督自治團體權限之各級主管機關對決議事項或自治法規是否牴觸憲法、法律或其他上位規範尚有疑義，而未依各該條第四項逕予函告無效，向本院大法官聲請解釋而言。地方自治團體對函告無效之內容持不同意見時，應視受函告無效者為自治條例抑自治規則，分別由該地方自治團體之立法機關或行政機關，就事件之性質聲請本院解釋憲法或統一解釋法令。有關聲請程序分別適用司法院大法官審理案件法第八條第一項、第二項之規定，於此情形，無同法第九條規定之適用。至地方行政機關對同級立法機關議決事項發生執行之爭議時，應依地方制度法第三十八條、第三十九條等相關規定處理，尚不得逕向本院聲請解釋。原通過決議事項或自治法規之各級地方立法機關，本身亦不得通過決議案又同時認該決議有牴觸憲法、法律、中央法規或上級自治團體自治法規疑義而聲請解釋。 三、有監督地方自治團體權限之各級主管機關，依地方制度法第七十五條對地方自治團體行政機關（即直轄市、縣、市政府或鄉、鎮、市公所）辦理該條第二項、第四項及第六項之自治事項，認有違背憲法、法律或其他上位規範尚有疑義，未依各該項規定予以撤銷、變更、廢止或停止其執行者，得依同條第八項規定聲請本院解釋。地方自治團體之行政機關對上開主管機關所為處分行為，認為已涉及辦理自治事項所依據之自治法規因違反上位規範而生之效力問題，且該自治法規未經上級主管機關函告無效，無從依同法第三十條第五項聲請解釋，自治團體之行政機關亦得依同法第七十五條第八項逕向本院聲請解釋。其因處分行為而構成司法院大法官審理案件法第五條第一項第一款之疑義或爭議時，則另得直接聲請解釋憲法。如上述處分行為有損害地方自治團體之權利或法律上利益情事，其行政機關得代表地方自治團體依法提起行政訴訟，於窮盡訴訟之審級救濟後，若仍發生法律或其他上位規範違憲疑義，而合於司法院大法官審理案件法第五條第一項第二款之要件，亦非不得聲請本院解釋。至若無關地方自治團體決議事項或自治法規效力問題，亦不屬前開得

釋號	內文
	提起行政訴訟之事項，而純為中央與地方自治團體間或上下級地方自治團體間之權限爭議，則應循地方制度法第七十七條規定解決之，尚不得逕向本院聲請解釋。
530	＊　釋字第530號 2001/10/05 最高司法機關就審理事項有規則制訂權？ 　　憲法第八十條規定法官須超出黨派以外，依據法律獨立審判，不受任何干涉，明文揭示法官從事審判僅受法律之拘束，不受其他任何形式之干涉；法官之身分或職位不因審判之結果而受影響；法官唯本良知，依據法律獨立行使審判職權。審判獨立乃自由民主憲政秩序權力分立與制衡之重要原則，為實現審判獨立，司法機關應有其自主性；本於司法自主性，最高司法機關就審理事項並有發布規則之權；又基於保障人民有依法定程序提起訴訟，受充分而有效公平審判之權利，以維護人民之司法受益權，最高司法機關自有司法行政監督之權限。司法自主性與司法行政監督權之行使，均應以維護審判獨立為目標，因是最高司法機關於達成上述司法行政監督之目的範圍內，雖得發布命令，但不得違反首揭審判獨立之原則。最高司法機關依司法自主性發布之上開規則，得就審理程序有關之細節性、技術性事項為規定；本於司法行政監督權而發布之命令，除司法行政事務外，提供相關法令、有權解釋之資料或司法實務上之見解，作為所屬司法機關人員執行職務之依據，亦屬法之所許。惟各該命令之內容不得牴觸法律，非有法律具體明確之授權亦不得對人民自由權利增加法律所無之限制；若有涉及審判上之法律見解者，法官於審判案件時，並不受其拘束，業經本院釋字第二一六號解釋在案。司法院本於司法行政監督權之行使所發布之各注意事項及實施要點等，亦不得有違審判獨立之原則。檢察官偵查刑事案件之檢察事務，依檢察一體之原則，檢察總長及檢察長有法院組織法第六十三條及第六十四條所定檢察事務指令權，是檢察官依刑事訴訟法執行職務，係受檢察總長或其所屬檢察長之指揮監督，與法官之審判獨立尚屬有間。關於各級法院檢察署之行政監督，依法院組織法第一百十一條第一款規定，法務部部長監督各級法院及分院檢察署，從而法務部部長就檢察行政監督發布命令，以貫徹刑事政策及迅速有效執行檢察事務，亦非法所不許。憲法第七十七條規定：「司法院為最高司法機關，掌理民事、刑事、行政訴訟之審判及公務員之懲戒。」惟依現行司法院組織法規定，司法院設置大法官十七人，審理解釋憲法及統一解釋法令案件，並組成憲法法庭，審理政黨違憲之解散事項；於司法院之下，設各級法院、行政法院及公務員懲戒委員會。是司法院除審理上開事項之大法官外，其本身僅具最高司法行政機關之地位，致使最高司法審判機關與最高司法行政機關分離。為期符合司法院為最高審判機關之制憲本旨，司法院組織法、法院組織法、行政法院組織法及公務員懲戒委員會組織法，應自本解釋公布之日起二年內檢討修正，以副憲政體制。
539	＊　釋字第539號 2002/02/08 高地院庭長調任要點違憲？ 憲法第八十條規定：「法官須超出黨派以外，依據法律獨立審判，不受任何干涉。」除

釋號	內文
	揭示司法權獨立之原則外，並有要求國家建立完備之維護審判獨立制度保障之作用。又憲法第八十一條明定：「法官爲終身職，非受刑事或懲戒處分或禁治產之宣告，不得免職，非依法律，不得停職、轉任或減俸。」旨在藉法官之身分保障，以維護審判獨立。凡足以影響因法官身分及其所應享有權利或法律上利益之人事行政行爲，固須依據法律始得爲之，惟不以憲法明定者爲限。若未涉及法官身分及其應有權益之人事行政行爲，於不違反審判獨立原則範圍內，尚非不得以司法行政監督權而爲合理之措置。依法院組織法及行政法院組織法有關之規定，各級法院所設之庭長，除由兼任院長之法官兼任者外，餘由各該審級法官兼任。法院組織法第十五條、第十六條等規定庭長監督各該庭（處）之事務，係指爲審判之順利進行所必要之輔助性司法行政事務而言。庭長於合議審判時雖得充任審判長，但無庭長或庭長有事故時，以庭員中資深者充任之。充任審判長之法官與充當庭員之法官共同組成合議庭時，審判長除指揮訴訟外，於審判權之行使，及對案件之評決，其權限與庭員並無不同。審判長係合議審判時爲統一指揮訴訟程序所設之機制，與庭長職務之屬於行政性質者有別，足見庭長與審判長乃不同功能之兩種職務。憲法第八十一條所保障之身分對象，應限於職司獨立審判之法官，而不及於監督司法行政事務之庭長。又兼任庭長之法官固比其他未兼行政職務之法官具有較多之職責，兼任庭長者之職等起敘雖亦較法官爲高，然二者就法官本職所得晉敘之最高職等並無軒輊，其在法律上得享有之權利及利益皆無差異。司法院以中華民國八十四年五月五日（八四）院台人一字第○八七八七號函訂定發布之「高等法院以下各級法院及其分院法官兼庭長職期調任實施要點」（八十九年七月二十八日（八九）院台人二字第一八三一九號函修正爲「高等法院以下各級法院及其分院、高等行政法院法官兼庭長職期調任實施要點」），其中第二點或第三點規定於庭長之任期屆滿後，令免兼庭長之人事行政行爲，僅免除庭長之行政兼職，於其擔任法官職司審判之本職無損，對其既有之官等、職等、俸給亦無不利之影響，故性質上僅屬機關行政業務之調整。司法行政機關就此本其組織法上之職權爲必要裁量並發布命令，與憲法第八十一條法官身分保障之意旨尚無牴觸。健全之審判周邊制度，乃審判公平有效遂行之必要條件，有關審判事務之司法行政即爲其中一環。庭長於各該庭行政事務之監督及處理，均有積極輔助之功能。爲貫徹憲法第八十二條法院組織之法律保留原則，建立審判獨立之完備司法體制，有關庭長之遴選及任免等相關人事行政事項，仍以本於維護審判獨立之司法自主性（本院釋字第五三○號解釋參照），作通盤規劃，以法律規定爲宜，併此指明。
541	＊　釋字第541號 2002/04/04 92年10月任滿前，司法院正、副院長及大法官之任命程序？ 中華民國八十九年四月二十五日修正公布之憲法增修條文第五條第一項前段規定，司法院設大法官十五人，並以其中一人爲院長、一人爲副院長，由總統提名，經立法院同意任命之，自中華民國九十二年起實施，不適用憲法第七十九條之規定。關於司法院第六屆大法官於九十二年任期屆滿前，大法官及司法院院長、副院長出缺時，其任命之程

釋號	內文
	序，現行憲法增修條文未設規定。惟司法院院長、副院長及大法官係憲法所設置，並賦予一定之職權，乃憲政體制之一環，爲維護其機制之完整，其任命程序如何，自不能無所依循。司法院院長、副院長及大法官由總統提名，經民意機關同意後任命之，係憲法及其增修條文之一貫意旨，亦爲民意政治基本理念之所在。現行憲法增修條文既已將司法、考試、監察三院人事之任命程序改由總統提名，經立法院同意任命，基於憲法及其歷次增修條文之一貫意旨與其規範整體性之考量，人事同意權制度設計之民意政治原理，司法院第六屆大法官於九十二年任期屆滿前，大法官及司法院院長、副院長出缺時，其任命之程序，應由總統提名，經立法院同意任命之。
543	＊　釋字第543號 2002/05/03 緊急命令得再授權爲補充規定？ 憲法增修條文第二條第三項規定：「總統爲避免國家或人民遭遇緊急危難或應付財政經濟上重大變故，得經行政院會議之決議發布緊急命令，爲必要之處置，不受憲法第四十三條之限制。但須於發布命令後十日內提交立法院追認，如立法院不同意時，該緊急命令立即失效。」由此可知，緊急命令係總統爲應付緊急危難或重大變故，直接依憲法授權所發布，具有暫時替代或變更法律效力之命令，其內容應力求周延，以不得再授權爲補充規定即可逕予執行爲原則。若因事起倉促，一時之間不能就相關細節性、技術性事項鉅細靡遺悉加規範，而有待執行機關以命令補充，方能有效達成緊急命令之目的者，則應於緊急命令中明文規定其意旨，於立法院完成追認程序後，再行發布。此種補充規定應依行政命令之審查程序送交立法院審查，以符憲政秩序。又補充規定應隨緊急命令有效期限屆滿而失其效力，乃屬當然。
585	＊　釋字第585號 2004/12/15 眞調會條例違憲？ 立法院爲有效行使憲法所賦予之立法職權，本其固有之權能自得享有一定之調查權，主動獲取行使職權所需之相關資訊，俾能充分思辯，審愼決定，以善盡民意機關之職責，發揮權力分立與制衡之機能。立法院調查權乃立法院行使其憲法職權所必要之輔助性權力，基於權力分立與制衡原則，立法院調查權所得調查之對象或事項，並非毫無限制。除所欲調查之事項必須與其行使憲法所賦予之職權有重大關聯者外，凡國家機關獨立行使職權受憲法之保障者，即非立法院所得調查之事物範圍。又如行政首長依其行政權固有之權能，對於可能影響或干預行政部門有效運作之資訊，均有決定不予公開之權力，乃屬行政權本質所具有之行政特權。立法院行使調查權如涉及此類事項，即應予以適當之尊重。如於具體案件，就所調查事項是否屬於國家機關獨立行使職權或行政特權之範疇，或就屬於行政特權之資訊應否接受調查或公開而有爭執時，立法院與其他國家機關宜循合理之途徑協商解決，或以法律明定相關要件與程序，由司法機關審理解決之。 立法院調查權行使之方式，並不以要求有關機關就立法院行使職權所涉及事項提供參考資料或向有關機關調閱文件原本之文件調閱權爲限，必要時並得經院會決議，要求與調

釋號	內文
	查事項相關之人民或政府人員，陳述證言或表示意見，並得對違反協助調查義務者，於科處罰鍰之範圍內，施以合理之強制手段，本院釋字第三二五號解釋應予補充。惟其程序，如調查權之發動及行使調查權之組織、個案調查事項之範圍、各項調查方法所應遵守之程序與司法救濟程序等，應以法律為適當之規範。於特殊例外情形，就特定事項之調查有委任非立法委員之人士協助調查之必要時，則須制定特別法，就委任之目的、委任調查之範圍、受委任人之資格、選任、任期等人事組織事項、特別調查權限、方法與程序等妥為詳細之規定，並藉以為監督之基礎。各該法律規定之組織及議事程序，必須符合民主原則。其個案調查事項之範圍，不能違反權力分立與制衡原則，亦不得侵害其他憲法機關之權力核心範圍，或對其他憲法機關權力之行使造成實質妨礙。如就各項調查方法所規定之程序，有涉及限制人民權利者，必須符合憲法上比例原則、法律明確性原則及正當法律程序之要求。 茲就中華民國九十三年九月二十四日公布施行之「三一九槍擊事件真相調查特別委員會條例」（以下稱真調會條例），有關三一九槍擊事件真相調查特別委員會（以下稱真調會）之組織、職權範圍、行使調查權之方法、程序與強制手段等相關規定，是否符合上開憲法意旨，分別指明如下： 一、真調會條例第二條第一項前段「本會置委員十七人，由第五屆立法院各政黨(團)推薦具有專業知識、聲譽卓著之公正人士組成之，並由總統於五日內任命」、第二項後段「各政黨(團)應於本條例公布後五日內提出推薦人選，逾期未提出者，視為放棄推薦，其缺額由現額委員選出之召集委員於五日內逕行遴選後，由總統任命」、第十五條第二項「本會委員除名或因故出缺時，由原推薦之政黨(團)於五日內推薦其他人選遞補之；其逾期未提出推薦人選者，由召集委員逕行遴選後，總統於五日內任命之」暨第十六條「第二條及第十五條應由總統任命者，總統應於期限內任命；逾期未任命，視為自動生效」等規定有關真調會委員之任命，應經立法院院會決議並由立法院院長為之，方為憲法之所許。 二、同條例雖未規定真調會委員之任期，惟於符合立法院屆期不連續原則之範圍內，尚不生違憲問題。第十一條第二項規定「本會所需經費由行政院第二預備金項下支應，行政院不得拒絕」，於符合預算法令規定範圍內，亦不生違憲問題。 三、同條例第四條規定「本會及本會委員須超出黨派以外，依法公正獨立行使職權，對全國人民負責，不受其他機關之指揮監督，亦不受任何干涉」，其中「不受其他機關之指揮監督」係指「不受立法院以外機關之指揮監督」之意；第十五條第一項「本會委員有喪失行為能力、違反法令或其他不當言行者，得經本會全體委員三分之二以上同意，予以除名」，關於真調會委員除名之規定，並非排除立法院對真調會委員之免職權，於此範圍內，核與憲法尚無違背。 四、同條例第十五條第一項「本會委員有喪失行為能力、違反法令或其他不當言行者，得經本會全體委員三分之二以上同意，予以除名」之規定，以「違反法令或其他不

釋號	內文
	當言行」為除名事由，與法律明確性原則不盡相符，應予檢討修正。
	五、同條例第八條第一項前段「三一九槍擊事件所涉及之刑事責任案件，其偵查專屬本會管轄」、同條第二項「本會於行使前項職權，有檢察官、軍事檢察官依據法律所得行使之權限」；第十三條第一項「本會調查結果，如有涉及刑事責任者，由調用之檢察官或軍事檢察官逕行起訴」等規定，逾越立法院調查權所得行使之範圍，違反權力分立與制衡原則。
	六、同條例第十三條第三項規定「本會調查結果，與法院確定判決之事實歧異者，得為再審之理由」，違反法律平等適用之法治基本原則，並逾越立法院調查權所得行使之範圍。
	七、同條例第十二條第一項規定「本會對於調查之事件，應於三個月內向立法院提出書面調查報告，並公布之。如真相仍未查明，應繼續調查，每三個月向立法院及監察院提出報告，並公布之」，其中關於向監察院報告部分，與憲法機關各有所司之意旨不盡相符，應予檢討修正。
	八、同條例第八條第三項規定「本條例公布之日，各機關所辦理專屬本會管轄案件，應即檢齊全部案卷及證物移交本會」、同條第四項規定「本會行使職權，不受國家機密保護法、營業秘密法、刑事訴訟法及其他法律規定之限制。受請求之機關、團體或人員不得以涉及國家機密、營業秘密、偵查保密、個人隱私或其他任何理由規避、拖延或拒絕」、同條第六項規定「本會或本會委員行使職權，得指定事項，要求有關機關、團體或個人提出說明或提供協助。受請求者不得以涉及國家機密、營業秘密、偵查保密、個人隱私或其他任何理由規避、拖延或拒絕」，其中關於專屬管轄、移交卷證與涉及國家機關獨立行使職權而受憲法保障者之部分，有違權力分立與制衡原則，並逾越立法院調查權所得行使之範圍。
	九、同條例第八條第六項規定「本會或本會委員行使職權，得指定事項，要求有關機關、團體或個人提出說明或提供協助。受請求者不得以涉及國家機密、營業秘密、偵查保密、個人隱私或其他任何理由規避、拖延或拒絕」，其中規定涉及國家機密或偵查保密事項，一概不得拒絕之部分，應予適當修正。
	十、同條例第八條第四項前段規定「本會行使職權，不受國家機密保護法、營業秘密法、刑事訴訟法及其他法律規定之限制」、同條第六項規定「本會或本會委員行使職權，得指定事項，要求有關機關、團體或個人提出說明或提供協助。受請求者不得以涉及國家機密、營業秘密、偵查保密、個人隱私或其他任何理由規避、拖延或拒絕」，其中規定涉及人民基本權利者，有違正當法律程序、法律明確性原則。
	十一、同條例第八條第七項「違反第一項、第二項、第三項、第四項或第六項規定者，處機　關首長及行為人新臺幣十萬元以上一百萬元以下罰鍰，經處罰後仍繼續違反者，得連續處罰之」及第八項前段：機關首長、團體負責人或有關人員拒絕真調會或其委員調查，影響重大，或為虛偽陳述者，依同條第七項之規定處罰等規

釋號	內文
	定，有違正當法律程序及法律明確性原則。
	十二、同條例第八條第八項後段規定「機關首長、團體負責人或有關人員拒絕本會或本會委員調查，影響重大，或爲虛僞陳述者……並依刑法第一百六十五條、第二百十四條等相關規定追訴處罰」，係指上開人員若因受調查而涉有犯罪嫌疑者，應由檢察機關依法偵查追訴，由法院依法審判而言；上開規定應本此意旨檢討修正。
	十三、同條例第八條第九項規定「本會或本會委員行使職權，認有必要時，得禁止被調查人或與其有關人員出境」，逾越立法院之調查權限，並違反比例原則。上開五、六、八、十、十一、十三項有違憲法意旨部分，均自本解釋公布之日起失其效力。
	司法院大法官依憲法規定獨立行使憲法解釋及憲法審判權，爲確保其解釋或裁判結果實效性之保全制度，乃司法權核心機能之一，不因憲法解釋、審判或民事、刑事、行政訴訟之審判而有異。本件暫時處分之聲請，雖非憲法所不許，惟本案業經作成解釋，已無須予以審酌。

參考文獻

中文書目

丁樹範（1992），〈民國七十六年以來大陸政策之回顧與評估〉，《大陸政策宣導
　　與社會反應評估研究報告》，台北市：二十一世紀基金會。

小野川秀美（著），林明德、黃福慶（譯）（1982），《晚清政治思想研究》，台北
　　市：時報。

中央選舉委員會（1994），《第二屆立法委員選舉實錄》，台北市：國暉。

中國國民黨中央文工會（1992），《以民意修憲向歷史負責》，台北市：中央文
　　物。

中國國民黨中央政策會（1994），《第三階段憲法改革初探》，台北市：中國國民
　　黨中央政策會。

中國國民黨中央黨史史料編纂委員會（1992），《黨史史料叢刊》，台北市：近代
　　中國。

中國憲法學會（1993），《淺釋修憲》，台北市：中國憲法學會。

中華民國史料研究中心（1971），《中國現代史專題研究報告》，新店：中華民國
　　史料研究中心。

中華民國開國五十年文獻編纂委員會（1965），〈清廷的改革與反動（下）〉，《中
　　華民國開國五十年文獻（第一編，第八冊）》，台北市：中華民國開國五十
　　年文獻編纂委員會。

孔繁霖（1946），《五五憲草之評議》，南京：時代。

毛澤東（1977），〈中國人站起來了〉，《毛澤東選集（第五卷）》，北京：人民。

王丰（1996），《聯手》，汐止：新新聞。

王致雲（1984），《中華民國憲法論文集》，台北市：三民。

王雲五（1965），《岫廬論國是》，台北市：台灣商務。

───（1966），《國民大會躬歷記》，台北市：台灣商務。

王壽南（1981），《中華文化復興運動紀要》，臺北市：作者自印。

司馬既明（1995），《蔣介石國大現形記》，臺北市：桂冠。

史尚寬（1973），《憲法論叢》，台北市：作者自印。

左潞生（1988），《比較憲法》，台北市：正中。

立法院中華民國憲法草案宣傳委員會（編）（1981），《中華民國憲法草案說明書》，永和：文海。

任卓宣（1954），《中國憲法問題》，台北市：帕米爾。

行政院大陸委員會（編）（1997），《跨越歷史的鴻溝：兩岸交流十年的回顧與前瞻》，臺北：行政院大陸委員會。

行憲三十年紀念專刊編輯委員會（1977），《中華民國行憲三十年》，台北市：中華民國行憲三十年紀念大會籌備委員會。

何定藩（主編）（1960），《第一屆國民大會第三次會議專輯》，台北市：反共。

何金山（等著）（1990），《台北市學運1990.3.16-3.22》，台北市：時報文化。

何洛（1996），《李登輝全記錄1923 - 1996》，台北市：生活智庫。

吳玉山（2001），〈合作還是對立？半總統制府會分立下的憲政黨運作〉，明居正、高朗（主編），《憲政體制新走向》：163-210，台北：新台灣人教基金會。

吳相湘（編）（1960），《中國現代史叢刊（共六冊）》，台北市：正中。

吳經熊、黃公覺，《中國制憲史》，上海書店，餘不詳。

呂秀蓮（1997），《重審美麗島》，台北市：前衛。

李炳南（1990），《政治協商會議之研究》，政治大學三民主義研究所博士論文。

──（1992），《憲政改革與國是會議》，台北市：永然。

──（1994），《憲政改革與國民大會》，台北市：月旦。

──（1995），《第一階段憲政改革之研究》，台北市：行政院國科會科資中心。

──（1998），《不確定的憲改：第三階段憲政改革之研究》，台北市：揚智。

李敖（1995），《民進黨研究》，台北市：李敖出版社。

李雲漢（1986），〈同盟會與辛亥革命〉，《中國近代現代史論集（共三十五編）》，台北市：台灣商務。

──（1992），《中國國民黨黨史研究與評論》，台北市：近代中國。

李惠宗（2006），《憲法要義》，台北：元照。

李筱峰（1993），《台灣民主運動40年》，台北市：自立晚報。

李鴻禧（1989），《憲法與人權》，台北市：作者自印。

周玉蔻（1993），《李登輝的一千天》，台北市：麥田。

周治平（1968），《國民大會參考資料彙編》，台北市：三民。

周育仁（2001），〈政體制何去何從?——建構總統制與內閣換軌機制〉，明居正、
　　　高朗（主編），《憲政體制新走向》：1-26，台北：新台灣人教基金會。

卓兆恆（等編）（1981），《政治協商會議》，四川：人民。

林紀東（1987），《大法官會議憲法解釋析論》，台北市：五南。

───（1988a），《中華民國憲法逐條釋義（二）》，台北市：三民。

───（1988b），《中華民國憲法逐條釋義（四）》，台北市：三民。

───（1989），《中華民國憲法逐條釋義（三）》，台北市：三民。

───（1990a），《中華民國憲法逐條釋義（一）》，台北市：三民。

───（1990b），《中華民國憲法釋論》，台北市：大中國。

林桶法（1997），《從接收到淪陷》，台北市：東大。

林增平，章開沅（1980），《辛亥革命史（共三冊）》，北京：人民。

林增平、郭漢民、饒懷民（1991），《辛亥革命史研究備要》，湖南：湖南。

邵宗海（1995），《美國介入國共和談之角色》，臺北市：五南。

金沖及、胡繩武（1985），《辛亥革命史稿（第二卷）》，上海：人民。

阿修伯（1994），《新二二八何時爆發》，台北市：獨家。

柯威恩（著），廖天美（譯）（1992），《美國憲法釋義》，台北市：結構群。

胡佛（等著）（1998a），《改革憲政》，台北市：業強。

───（1998b），《政治學的科學探究（五）：憲政結構與政府體制》，台北市：
　　　三民。

胡頌平（1984），《胡適之先生年譜長編初稿》，臺北：聯經。

若林正丈（著），洪金珠、許佩賢（譯）（1994），《臺灣：分裂國家與民主化》，
　　　台北市：月旦。

革命開國文獻編輯小組（1996），《中華民國建國文獻：革命開國文獻（第一輯，
　　　史料二）》，新店：國史館。

孫震（等著）（1983），《中華民國經濟發展史》，第二冊，台北市：近代中國。

荊知仁（1981），《憲法變遷與行憲成長》，台北市：國民大會憲政研討會。

───（1985），《中國立憲史》，台北市：聯經。

───（1991），《憲政改革芻議》，台北市：政治大學法學院。

馬起華（1963），《憲法論》，台北市：作者自印。

高永光（1991），《修憲手冊》，台北市：民主文教。

涂懷瑩（1982），《中華民國憲法原理》，作者自印。

———（1993），《從「臨時條款」到「憲法增修條文」》，台北市：作者自印。

國史館（1990），《中華民國史事紀要(初稿)》，臺北市：中央文物。

國民大會秘書處（不詳），《中華民國憲法草案代表提案意見摘要》，台北市：國民大會秘書處。

———（不詳），《國民大會代表對於中華民國憲法草案意見彙編（上冊）》，南京：國民大會秘書處。

———（不詳），《國民大會憲政研討委員會參考資料》，台北市：國民大會秘書處。

———（1946），《國民大會實錄》，南京：國民大會秘書處。

———（1960），《國民大會憲政研討委員會參考資料（一）》，台北市：國民大會秘書處。

———（1961a），《第一屆國民大會實錄（第一編）》，台北市：國民大會秘書處。

———（1961b），《第一屆國民大會實錄（第二編）》，台北市：國民大會秘書處。

———（1961c），《第一屆國民大會實錄（第三編）》，台北市：國民大會秘書處。

———（1961d），《中華民國憲法之制定》，台北市：國民大會秘書處。

———（1961e），《憲法修正案彙編》，台北市：國民大會秘書處。

———（1963），《國民大會憲政研討委員會實錄》，台北市：國民大會秘書處。

———（1966a），《第一屆國民大會實錄（第四編）》，台北市：國民大會秘書處。

———（1966b），《第一屆國民大會實錄（第五編）》，台北市：國民大會秘書處。

———（1972），《第一屆國民大會實錄（第六編）》，台北市：國民大會秘書處。

———（1991a），《第一屆國民大會第二次臨時會特種審查委員會第六次會議速記錄》，台北市：國民大會秘書處。

———（1991b），《第一屆國民大會第二次臨時會實錄》，台北市：國民大會秘書處。

———（1992），《第二屆國民大會臨時會實錄》，台北市：國民大會秘書處。

———（1994a），《第二屆國民大會第四次臨時會實錄》，台北市：國民大會秘書處。

———（1994b），《第二屆國民大會第四次臨時會第二十一次大會速記錄》，台北

市：國民大會秘書處。

───（1994c），《第二屆國民大會第四次臨時會第二十七次大會速記錄》，台北市：國民大會秘書處。

───（1996a），《世界各國憲法大全（第一冊）》，台北市：國民大會秘書處。

───（1996b），《世界各國憲法大全（第二冊）》，台北市：國民大會秘書處。

───（1996c），《世界各國憲法大全（第三冊）》，台北市：國民大會秘書處。

───（1996d），《世界各國憲法大全（第四冊）》，台北市：國民大會秘書處。

───（1998），《第三屆國民大會第二次會議實錄》，台北市：國民大會秘書處。

───（1999a），《第三屆國民大會第四次會議修憲提案審查結果修正案》，台北市：國民大會秘書處。

───（1999b），《第三屆國民大會第四次會議速記錄》，台北市：國民大會秘書處。

───（1999c），《第三屆國民大會第四次會議修憲審查委員會議事日程》，台北市：國民大會秘書處。

───（1999d），《第三屆國民大會第四次會議修憲審查委員會議事錄》，台北市：國民大會秘書處。

───（1999e），《第三屆國民大會第四次會議修憲審查委員會速記錄》，台北市：國民大會秘書處。

───（1999f），《第三屆國民大會第四次會議修憲審查委員會審查小組議事日程》，台北市：國民大會秘書處。

───（2000a），《第三屆國民大會第五次會議程序委員會速記錄》，台北市：國民大會秘書處。

───（2000b），《第三屆國民大會第五次會議修憲審查委員會速記錄》，台北市：國民大會秘書處。

───（2000c），《第三屆國民大會第五次會議速記錄》，台北市：國民大會秘書處。

───（2005），《國民大會會議實錄》，台北市：國民大會秘書處。

國民大會憲政研討會（1981），《各國國會制度》，台北市：正中。

國防部史政局（1960），《三人會議商談經過概要》，台北市：國防部史政局。

國是會議實錄編輯小組（編）（1990），《國是會議實錄（上、中、下輯）》，台北市：國是會議秘書處。

張玉法（1977），《中國現代史》，臺北：東華。

———（1980a），《中國現代史論集（共十冊）》，台北市：聯經。

———（1980b），《現代中國史》，台北市：經世。

———（1982），〈學者對清李立憲運動的評估〉，《中國近代的維新運動——變法與立憲》，台北市：中研院近史所。

———（1985），《民國初年的政黨》，台北市：中研院近史所。

———（1986），《中國近代現代史編集（第十七輯）》，台北市：台灣商務。

———（1993），《辛亥革命史論》，台北市：三民。

張君勱（1971），《中華民國民主憲法十講》，台北市：台灣商務。

———（1986），《中華民國憲法與張君勱》，台北市：中國民主社會黨國民大會代表黨部。

張君勱先生遺著編輯委員會（1970），《國憲議》，台北市：台灣商務。

張朋園（1969），《立憲派與辛亥革命》，台北市：中國學術著作獎助會。

———（1978），《梁啓超與民國革命》，台北市：食貨。

———（1983），〈再論立憲派與辛亥革命〉，《辛亥革命研討會論文集》，台北市：中研院近史所。

張茂桂（等著）（1992），《民國七十年代台灣地區「自力救濟」事件之研究》，台北市：行政院研究發展考核委員會。

張劍寒（1976），《戒嚴法之研究》，台北市：漢苑。

張鏡影（1983），《比較憲法》，台北市：黎明。

教育部（主編）（1985），《中華民國建國史第一編革命開國（二）》，台北市：國立編譯館。

———（1991），《中華民國建國史第五篇戡亂與復國（二）》，台北市：國立編譯館。

梁敬淳（1972），《史迪威事件》，台北市：台灣商務。

———（1985），〈赫爾利調停國共之經過〉，《中國現代史論集（第十輯）：國共鬥爭》，台北市：聯經。

許宗力（1993），《法與國家權力》，台北市：月旦。

許相濤（1985），〈戰後初期之中蘇關係〉，《中國現代史論集（第十輯）：國共鬥爭》，台北市：聯經。

許陽明（編）（1991），《人民制憲會議實錄》，台北：民主進步黨中央黨部。

許雅棠（1992），《民治與民主之間》，台北市：唐山。

郭正亮（1998），《民進黨轉型之痛》，台北市：天下文化。

郭廷以（1980），《近代中國史綱》，香港：中文大學出版社。

郭緒印（1992），《國民黨派系鬥爭史》，上海：人民。

郭澄（1966），《蔣總統與中華民國同壽──修訂動員戡亂時期臨時條款的歷史意義》，台北市：中央文物。

陳立夫（1994），《成敗之鑑：陳立夫回憶錄》，台北市：正中。

陳治世（1995），《國際法》，台北市：臺灣商務。

陳芳明（1991），《在美麗島的旗幟下》，台北市：前衛。

───（1993），《和平演變在台灣》，台北市：前衛。

陳春生（1996），《台灣憲政與民主發展》，台北市：月旦。

陳啓天（1965），《寄園回憶錄》，臺北：商務。

陳陽德、衛芷言（1997），《中華民國憲法動態新論》，台北市：五南。

陳滄海（1995），《修憲與政治的解析》，台北市：幼獅。

陳慈陽（2005），《憲法學》，台北：元照。

傅正（主編）（1989），《雷震全集（共42集）》，台北市：桂冠。

曾濟群（1995），《中華民國憲政法制與黨政關係》，台北市：五南。

曾繁康（1985），《比較憲法》，台北市：三民。

程明修（2006），《國家法講義（一）──憲法基礎理論與國家組織》，台北：新學林。

程思遠（1980），《李宗仁先生晚年》，北京市：文史資料出版社。

───（1988），《政海秘辛》，香港：南粵。

黃大受（1991），〈馬歇爾調處之經過〉，《中華民國建國史（第五篇）：戡亂與復國（一）》，台北市：國立編譯館。

黃嘉樹（1994），《國民黨在台灣1945-1988》，台北市：大秦。

黃德福（2001），〈少數政府與責任政治：台灣「半總統制」之下的政黨競爭〉，明居正、高朗（主編），《憲政體制新走向》：97-140，台北：新台灣人教基金會。

黃錦堂（2001），〈台灣雙首長制的內涵：向總統制或向內閣制傾斜？〉，明居正、高朗（土編），《憲政體制新走向》：265-324，台北：新台灣人教基金會。

楊幼炯（1989），《中國政黨史》台北市：商務。

楊奎松（1997），《中共與莫斯科的關系：1920-1960》，台北市：東大。

楊家駱（主編）（1973），《大陸淪陷前之中華民國（第二冊）》，台北市：鼎文。

楊憲村（1995），《民進黨執政》，台北市：商業周刊。

葉啓政（1991），《制度化的社會邏輯》，台北市：東大。

董翔飛（等著）（1991），《憲改選輯——憲政改革的方向》，台北市：嵩山。

董翔飛（1997），《中國憲法與政府》，台北市：作者自印。

鄒文海（等編）（1981），《各國國會制度》，台北市：正中。

鄒文海（1955），《代議政治》，台北市：中央文物。

———（1977），《各國政府及政治》，台北市：正中。

———（1993），《比較憲法》，台北市：三民。

雷競旋（1987），《選舉制度概論》，台北市：洞察。

管歐（1990），《中華民國憲法論》，台北市：三民。

趙建民（1994），《威權政治》，台北市：幼獅。

趙賢明（1995），《臺灣三國志》，新店：獨家。

劉振鎧（1960），《中國憲政史話》，台北市：憲政論壇社。

劉慶瑞（1976a），《中華民國憲法要義》，台北市：三民。

———（1976b），《比較憲法》，台北市：大中國。

劉錫五（1958），《中華民國行憲史》，台北市：中華文化。

臺灣省文獻委員會（1992），《重修臺灣省通志（卷七）政治志、議會篇、選舉罷免篇》，南投：臺灣省文獻委員會。

蔣勻田（1976），《中國近代史轉捩點》，香港：友聯。

蔣永敬（1986），〈新四軍事件的前因〉，《中國近代現代史論集（第二十七編）：中共問題》，台北市：台灣商務。

蔣總統中興講詞總集編輯委員會（1971），《蔣總統民主憲政講詞集（卷二）》，台北市：蔣總統中興講詞總集編輯委員會。

鄭彥棻（1980），《憲法論叢》，台北市：三民。

鄭聲（1995），《警告民進黨》，台北市：日臻。

繆全吉（編）（1989），《中國制憲史資料彙編-憲法篇》，台北市：國史館。

謝政道（1999），《孫中山之憲政思想》，台北市：五南。

謝瑞智（1994），《修憲春秋》，台北市：文笙。

謝瀛洲（1946），《中國政府大綱》，上海：會文堂新記書局。

———（1956），《中華民國憲法論》，台北市：文英。

簡笙簧（編）（1992），《中國近百年憲政大事年表》，台北市：國史館。

薩孟武（1989），《中國憲法新論》，台北市：三民。

羅志淵（1969），《憲法論叢》，台北市：台灣商務。

———（1977），《中國憲法史》，台北市：台灣商務。

蘇永欽（1988），《憲法與社會》，台北市：三民。

中文報紙

《中央日報》
《中時晚報》
《中國時報》
《台灣日報》
《台灣時報》
《立法院公報》
《自由中國》
《自由時報》
《自立早報》
《總統府公報》
《聯合報》

中文期刊

中國國民黨中央修憲策劃小組（1992），〈中國國民黨中央修憲策劃小組研擬的修
　　憲方案（執政黨第二屆國代同志憲政座談會版)〉，《中央月刊》，第25卷，
　　第2期。

中國憲法學會（編印）（1994），〈「修憲問題」研討會〉，《憲政時代》，第19卷，
　　第4期。

文伯（1948），〈反對召開臨時國大〉，《青年臺灣週刊》，第9期。

方景仁（1947），〈政治改革芻議〉，《中國評論月刊》，第5期。

王師曾（1948），〈論責任內閣制兼勗翁院長〉，《風雲半月刊》，第1卷，第5期。

史尚寬（1960a），〈目前憲法是否有修改之可能與必要性之商榷〉，《法學叢
　　刊》，第17期。

———（1960b），〈論修改憲法與非修改憲法之分〉，《中國一周》，第517期。

田炯錦（1960），〈論修改憲法與創建例規〉，《法學叢刊》，第17期。

田桂林（1978），〈臨時條款之制定、修訂及其效力〉，《憲政論壇》，第24卷，第
　　7期。

立誠（1948），〈青年黨為什麼參加政府〉，《青年臺灣週刊》，第5期。

任卓宣（1960），〈臨時條款底性質與修改〉，《政治評論》，第3卷，第12期。

林濁水（1997），〈「半總統制」憲政運作展望〉，《國家政策雙週刊》，157：8-
　　10。

李公權（1948），〈談財政經濟緊急處分〉，《中國評論月刊》，第10期。

李念祖（1980），〈動員戡亂時期臨時條款在中華民國憲法上的地位——憲法之修正與非常時期憲政〉，《憲政時代》，第6卷，第2期。

———（2001），〈『核四案大法官解釋』研討會議題討論〉發言，《台灣本土法學雜誌》，20：104。

李鴻禧（1983），〈擴充臨時條款之商榷：憲法學底探討〉，《中國比較法學會學報》，第6期。

沈雲龍（1980），〈宋教仁與民初國會〉，《傳記文學》，第36卷，第2期。

胡佛（1990），〈我們的體制是責任內閣制〉，《中國論壇》，第29卷，第12期。

徐漢豪（1947），〈當前之選舉問題〉，《中國評論月刊》，創刊號。

荊知仁（1990），〈修憲意涵與途徑之分析〉，《理論與政策》，第5卷，第1期。

涂懷瑩（1993），〈「臨時條款」在我國憲政史上之「發展」與「評價」〉，《憲政時代》，第18卷，第4期。

張子敬（1948），〈評新貨幣政策〉，《青年臺灣週刊》，第14期。

張國慶（1985），〈抗戰勝利後美蘇國共在東北的角逐〉，《民國檔案》，第2期。

張潤蒼（1948），〈物價的前途〉，《風雲半月刊》，第1卷，第1期。

許宗力（1988），〈動員戡亂時期臨時條款之法律問題〉，《比較法學會學報》，第9輯。

———（2001），〈迎接立法國的到來？！——評釋字第五二0號解釋〉，《台灣本土法學雜誌》，20：62-3。

陳政均（1948），〈從援華法案說到幣制改革〉，《中國評論月刊》，第九期。

陳新民（1988），〈國民「抵抗權」的制度與概念〉，《政大法學論叢》，第37期。

陳滄海（1996），〈憲法修改的讀會與出席人數之探討〉，《憲政時代》，第21卷，第4期。

景昌極（1948），〈兵役芻議〉，《中國評論月刊》，第9期。

湯德宗（1992），〈對第二屆國民大會臨時會修憲之評價與展望〉，《法學評論》，第58卷，第10期。

———（2001），〈釋字第五二○號解釋座談會〉發言，《台灣本土法學雜誌》，20：80-91。

曾琦（1947），〈行憲定國論〉，《中國評論月刊》，第5期。

黃昭元（1998），〈九七修憲後我國中央政府體制的評估〉，《台大法學論叢》，27：2。

黃創夏（1996），〈訪混合制的原始草擬人蔡政文〉，《新新聞週刊》，511期。

楊日青（2000），〈憲法修改與政黨重組對憲政體制的影響〉，《理論與政策》，14
　　（2）：199-218。

楊皓清（1999），〈憲法變遷與憲法時刻之理論〉，《憲政時代》，第24卷，第2
　　期。

董保城（1990），〈制憲乎？修憲乎？〉，《中國比較法學會學報》，第9期。

董翔飛（1992），〈從憲法與憲政兩個面向探討我國總統、行政、立法三者間之互
　　動關係〉，《法學評論》，第58卷，第12期。

雋冬（1948），〈金圓卷往那裡跑〉，《風雲半月刊》，第1卷，第6期。

齊植璐（1947a），〈低調的物價對策〉，《中國評論月刊》，第6期。

———（1947b），〈急切需要的幾項政治經濟改革〉，《中國評論月刊》，第3期。

蕭全政（1997），〈國家發展會議的定位與意義〉，《理論與政策》，第11卷，第2
　　期。

謝政道（1998），〈辛亥革命前後的政治團體〉，《政大中山人文社會科學期刊》，
　　第6卷，第2期。

———（2003），〈我國憲政體制之定位〉，台灣政治學會年會暨世局變動中的台
　　灣政治學術研討會，（光碟版無頁碼）。

謝政道、吳大平（2005），〈我國憲政體制之研究：第七次憲法增修條文之初
　　探〉，慈惠學術專刊，第1期，頁76-101。

鍾國允（1988），〈動員戡亂時期臨時條款法律性質之分析〉，《臺大中山學術論
　　叢》，第8期。

蘇永欽（2004），〈大法官解釋政府體制的方法〉，《「政治理論與公法學對話」
　　——恭祝吳庚大法官榮退學術研討會論文集》，台北：恭祝吳庚大法官榮退
　　學術研討會。

網際網路

vote.nccu.edu.tw/cec

www.ftvn.com.tw/news

www.judicial.gov.tw/constitutionalcourt/p03.asp

www.kmt.org.tw

www.nasm.gov.tw/meeting

www.np.org.tw

英文書目

Acton, L. (1948), *Essays on Freedom and Power*, Cleveland: The World Publishing.

Apter, D. E. (1977), *Introduction to political Analysis*, Cambridge: Winthrop Publishers, Inc.

Arkes, H. (1990), *Beyond the Constitution*, Princeton: Princeton University Press.

Binder, L. (1971), "Crises of Political Development," in Leonard Binder, et al., *Crises and Sequences in Political Development*, Princeton: Princeton Univ. Press.

Bobbio, N. (1987), *The Future of Democracy*, Cambridge, UK :Polity Press.

Fairbank, J. K. (1986), *The Great Chinese Revolution: 1800-1985*, New York: Acornelua & Michael Bessie Book.

Kelsen H. (1961), *General Theory of Law and State*, translated by Anders Wedbery, New York: Russell & Rusell.

Murphy,P. L. (1986), *The Constitution in the twentieth century*, Washington, D.C.: American Historical Association.

Ranny, A. (1982), *Governing*, New York: Holt, Rinehart And Winston.

Sartori, G. (1984), *Parties and Party Systems*, New York: Cambridge Univ. Press.

POLIS 系列 10

中華民國修憲史

著　　者／謝政道
出 版 者／揚智文化事業股份有限公司
發 行 人／葉忠賢
總 編 輯／閻富萍
登 記 證／局版北市業字第 1117 號
地　　址／台北縣深坑鄉北深路三段 260 號 8 樓
電　　話／(02)2664-7780
傳　　真／(02)2664-7633
　E-mail ／service@ycrc.com.tw
印　　刷／鼎易印刷事業股份有限公司
　ISBN ／978-957-818-827-3
二版一刷／2007 年 7 月
定　　價／新台幣 650 元

國家圖書館出版品預行編目資料

中華民國修憲史／謝政道著. － 二版. -- 臺北
縣深坑鄉：揚智文化, 2007 [民 96]
　面；公分. --（POLIS 系列；10）
參考書目：面
ISBN　978-957-818-827-3

　1.憲法－中國－歷史

581.29　　　　　　　　　　　　96012004